本書出版得到國家古籍整理出版專項經費資助

古代字書輯刊

六書故

上册

〔宋〕戴侗 撰

黨懷興 劉斌 點校

中華書局

圖書在版編目(CIP)數據

六書故／(宋)戴侗撰；黨懷興，劉斌點校. —北京：中華書局,2012.6
(古代字書輯刊)
ISBN 978-7-101-08122-0

Ⅰ.六… Ⅱ.①戴…②黨…③劉… Ⅲ.漢字—字典—中國—宋代 Ⅳ.H163

中國版本圖書館 CIP 數據核字(2011)第 153896 號

責任編輯:秦淑華

古代字書輯刊
六 書 故
(全二册)
〔宋〕戴 侗 撰
黨懷興 劉 斌 點校
*
中 華 書 局 出 版 發 行
(北京市豐臺區太平橋西里 38 號 100073)
http://www.zhbc.com.cn
E-mail:zhbc@zhbc.com.cn
北京天來印務有限公司印刷
*
787×1092 毫米 1/16 · 60¾印張 · 4 插頁 · 512 千字
2012 年 6 月第 1 版 2012 年 6 月第 1 次印刷
印數：1-3000 册 定價：186.00 元

ISBN 978-7-101-08122-0

目録

前言

宋末元初戴侗的《六書故》，在中國文字學史上是一部非常特殊的著作。自刊行至今，學界的評論毀譽不一。有極力詆毁的，也有極力推舉的。極力詆毁的，如元吾邱衍《學古編》所説，戴侗「以鐘鼎文編此書」，「形古字今，雜亂無法」，「以門類爲次第，倉頡之法到此地爲一厄矣」。近人胡樸安説《六書故》及此後以「六書」命名的字書都是「無甚價值之文字學書」[一]。極力推崇的，如今人唐蘭所説：「由宋以來，文字學上的改革，到他是集大成了，他的解釋有些地方實勝過《説文》。」[二]「對於文字的見解，是許慎以後唯一的值得在文字學史上推舉的。」[三]

爲什麼對《六書故》會有如此對立的評價？從元代以來中國文字學的研究來看，元、明、清三代的文字學家大多輕視《六書故》，對其指責較多，這主要是因爲《六書故》打破了《説文解字》以來的文字學系統，從正統的角度看，這是大逆不道的。近代以來，越來越多的文字學家重新認識《六書故》，對《六書故》的評價逐漸趨於客觀，但這些研究還都是一鱗半爪。在中國文字學史上，我們究竟應對《六書故》作什麼樣的評價？《六書故》究竟是一部什麼樣的書？究竟有哪些重要内容、哪些成就和影響？究竟有哪些不足？這裏在前人研究的基礎上，對《六書故》作一個較爲全面的分析評價，在中國文字學史上給它一個應有的地位。

一、作者戴侗

戴侗，字仲達，或又稱戴合谿[四]，浙江永嘉（今浙江温州市）人，生於宋寧宗慶元庚申六年（一二〇〇）七月，卒於元世祖至

[一]《中國文字學史》二五一頁，中國書店一九八三年。
[二]《古文字學導論》三七〇頁，齊魯書社一九八一年。
[三]《中國文字學》二二七頁，上海古籍出版社一九七九年。
[四]清代吴玉搢《六書部叙考·序》。

元甲申二十一年（一二八四）四月，享年八十五歲〔一〕。

《四庫全書總目·六書故》下云：「《六書故》，三十三卷，宋戴侗撰。考《姓譜》，侗字仲達，永嘉人。淳祐中登進士第，由國子監簿守台州；德祐初由秘書郎遷軍器少監，辭疾不起，其所終，則莫之詳矣。」

據記載：「侗字仲達，登淳祐辛丑第，由國子監簿守台州；德祐初由秘書郎遷軍器少監，辭疾不起。著有《周易尚書四書家説》《六書故》。」〔二〕由此可知，戴侗於宋理宗淳祐元年（一二四一）登進士第，後由國子監簿守台州。宋恭帝德祐初年（一二七五）由秘書郎遷軍器少監，辭疾不起。辭疾不起的原因也許是由於他已看出南宋將要滅亡，將要被元取而代之的趨勢。在德祐元年三月，元將伯顏兵臨臨安，宋奉表投降，宋全太后、帝㬎等被擄去。當是由於不願做亡國奴而從此隱居起來，潛心著述。據凌迪知《古今萬姓統譜》記載，戴侗「年逾八十卒，有《易書四書家説》《六書故》内外篇」。疑此所言内外篇當分別指今存《六書故》及《六書通釋》。《易書四書家説》已佚。

戴侗屢言其爲書積三十年之功，在考證文字時也曾引述自己爲官時所聞所見，由此可以斷定，戴侗生活年代爲宋末元初。戴侗是一個跨越兩朝的人物。學術界或稱戴侗爲宋人、宋末人、南宋人，如《四庫全書總目》、劉葉秋《中國字典史略》、王力《中國語言學史》等；或稱戴侗爲元人、元初人，如清儒所輯《元藝文志》將《六書故》列入，清人丁福保《説文解字詁林》、今人張世禄《中國音韻學史》、何九盈《中國古代語言學史》等。兩説都各執一偏，稍欠允當。

戴侗生長於書香門第，其父戴蒙，字養伯，別號南谿，稱理學先生。其先由閩徙永嘉，居住在楠溪菰田（今永嘉縣溪口村）。宋光宗紹熙庚戌（一一九〇）年，用閤門舍人戴勳牒改名野，字子家，中進士第，調麗水尉，以公事與郡將忤，棄官從學朱晦庵（熹）於白鹿洞書院，後以原名復官，授池州司户參軍，擢太子講讀，終朝散大夫。著有《易書四書説》《五經説》《楠谿文集》《禹貢辨》等，統宋四派理學爲宋派，也工詩。繼承父親戴龜年與叔父戴溪志繼續在家鄉辦「蒙公書塾」，聲名遠播，宋光宗賜額「明文」旌表，故又稱「明文書院」，後也稱「戴蒙書院」。戴侗之兄戴仔，字守鏞，舉郡孝廉，「年四十棄場屋，肆力於學，《詩》《書》《易》《周禮》《四書》皆有傳述，其詩文曰《開治堂集》」〔三〕。戴侗有三個弟弟：戴儆、戴偃、戴俶。此外，戴侗的先人及伯、舅都對六書、訓詁之學有過研究，因此戴侗在書中常引述他們的觀點，如「先人曰、外王父曰、舅駉曰、伯曰」於

〔一〕參清道光丁酉年重修《菰田明文戴氏宗譜》卷四，《温州文獻叢書》之《六書故》一頁，上海社會科學院出版社二〇〇六年。
〔二〕《永嘉縣志》卷十三《人物志·儒林》，清張寶琳等修纂，光緒八年刻本。
〔三〕《永嘉縣志》卷十一《進士》，卷十三《人物志·儒林》。

《六書故》中習見。

二、《六書故》的寫作目的與成書

（一）寫作目的

在《六書通釋》及《六書故》正文某些文字的説解中，戴侗對他撰述《六書故》的動機有過具體的陳述。

「正名」爲治國之本，考文爲「正名」之基。戴侗認爲孔子提出的「正名」理論是非常正確的。國家混亂的根源就在於没有很好地正名，名實混亂，而名實混亂的根由在於文字的混亂：

名者，人治之大者也；文者，名治之大者也；文忒則名亂，名亂則實易；名亂而實易，則民聽惑、號令昏、法度舛、禮樂壞而亂益生。

因此，消除社會混亂的根本在於從文字入手，考定天下之文：

君子如欲善治，其必由正名乎？古之明民者，觀於天文，儀於地理，比類萬物，釐制百則，以正天下之名，以定天下之文，簡而覈，約而備，通而不越，察而不煩，事物載焉，法象備焉。

只有這樣，才能出現天下大治的局面：「故名不貳、實不遷而聽不惑，百官以治，萬民以察，法度粲焉，禮樂昭焉。」自秦以來的情況正是名實混亂，六書不講：

周之衰也，官失其守，士失其學，及秦焚書，先王之迹一絶不繼。自篆而八分，自八分而行楷，譌以傳譌，謬以傳謬，至於今日，文亂極矣，況於名乎？

由秦而下，六書之學遂廢，雖有學焉者，往往支離傅會而不適於道。至與曲藝小技下爲曹伍，故士益不屑，而其學益不講，千載而下，殆無傳焉〔一〕。

〔一〕《六書故叙》。

這種情況正是戴侗所不願看到的，因而，他要革除文字研究中的弊端，整治名實混亂的現狀，「由千載之下，溯千載之上，以探不傳之學」，以「正名百物」，從而承繼六書訓詁之學的道統。因此，可以説《六書故》是一部力圖改變自秦以來的文字研究現狀，探究文字本源，研究文字變遷的一部具有革新意義的文字學著作。

戴侗認爲六書是治學的根本。六書通，即可貫通所有文字；文字通，即可貫通辭章，明曉義理，進而知治天下萬物。相反，「訓詁之學不講，一字之義不明，而聖人之精義千載莫識」〔一〕。「夫不明於文而欲通於辭，不通於辭而欲得於意，是聾於律而議樂，盲於度而議器也，亦誣而已矣」〔二〕。進而戴侗指出：

> 六書者，群經諸子百氏之通釋也。六書苟通，由是而往，天下之書，不待注疏皆可讀也。六書不通，而以臆説謬爲之注疏，是聾而爲向者也，只益其迷。
>
> 六書既通，參伍以變，觸類而長，極文字之變不能逃焉，故士惟弗學，學必先六書。〔三〕
>
> 六書者，格物致知之學，不可徒以爲小學而已也。學文者必由是以入者，入學者先之。〔四〕

清人關於識字與讀經關係的論述與戴侗所述如出一轍。戴震説：「經之至者道也，所以明道者辭也，所以成辭者字也。必由字以通其辭，由辭以通其道。」可見，文字是一切學術的基礎，讀書明經要從考識文字始，已成爲向來方家治學的經驗之談。而戴侗較早地全面論述了這一問題。

總之，戴侗撰述《六書故》是要爲人們認識文字、正名辨物、讀書明經服務，進而「以通天下之故，以之正心、修身、齊家、治國、平天下，皆可以行其所無事矣」〔五〕。戴侗以考識文字爲治學根本的看法是正確的，但推而廣之，以爲「凡天地萬物之載具於六書，能治六書者，其知所以治天地萬物矣」〔六〕，則過分誇大了六書研究的作用。

（二）成書

《六書故》成書的具體時間不詳。

戴侗能完成《六書故》，是當時的社會歷史條件所促成的。這主要表現在：

〔一〕〔四〕《六書故》卷十四「振」下。
〔二〕〔三〕《六書故叙》。
〔五〕〔六〕《六書通釋》。

第一，以宋明理學爲代表的兩宋疑古思辨學風的影響

有宋一代在中國學術史上是一個特殊的時代，是一個推求義理、提倡思辨的時代，是一個學術自覺、學術變革的時代。宋人一反唐人恪守「五經、疏不破注」的陋習，敢於變革，創發新義，開一代疑古求真的風尚，對古典文獻的整理與研究從理論到實踐都有較大突破。自慶曆以後，劉敞、歐陽修等對經傳大膽懷疑，擺脱漢唐舊説，創發新義，發前人所未發，言前人所未言。先是劉敞撰《七經小傳》，開宋人評議漢儒之先聲。歐陽修撰《毛詩本義》《易童子問》，指陳漢代注釋的流弊，並對向來視爲經典的著作《爾雅》提出懷疑：「《爾雅》非聖人之書，不能無失。」〔一〕此後理學大家朱熹《詩集傳》《周易本義》《四書章句集注》《楚辭集注》等著作中，更進一步删削、顛倒經文，拋棄舊説，敢於懷疑，多有創見。從師承關係看，戴侗受程朱理學的影響是必然的。戴侗之父戴蒙曾從學於朱熹，戴侗又深受其父的薰陶。受理學疑古思辨精神的影響，戴侗對小學的研究，敢於懷疑權威，提出新見，他時時以探究小學問題的根本之「理」爲己任。正如他自叙《六書故》創作緣由所説：「夫不明於文而欲通於辭，不通於辭而欲得於意，是聾於律而議樂，盲於度而議器也，亦誣而已矣。先人既以是教於家，且將因許氏之遺文訂其得失，以傳於家塾而不果成。小子懼先志之墜，爰摭舊聞，輯成三十三卷，《通釋》一卷。」〔二〕可見，戴侗正是承繼其父訂正《説文解字》之志而撰成《六書故》。因此在《六書故》中戴侗直言《説文解字》謬誤的屢見不鮮，指斥《爾雅》的也隨處可見。當然也有一些指責是錯誤的。但他不恪守權威，不以權威爲是的精神，確是宋儒一貫風格的體現。

在一些具體問題的研究中，也正是理學家的思想給了戴侗認識問題的新理論視角。程朱理學認爲「理」與「器」是一對對立統一的範疇。「理」是「形而上」的「道」，是「抽象」的；「器」即個體的事物，是「形而下」的，是「具體」的。朱熹説：「形而上者，無形無影是此理；形而下者，有情有狀是此器。」有某物即有某理，某物是其理的具體實例。「格物窮理」是理學家的使命。戴侗深明「道」與「器」的關係，他在探討詞義引申的規律時認爲，具體的詞義之所以能引申出抽象的意義，就是因爲詞義的引申體現了「器」與「道」、「具體」與「抽象」的物理關係。他説：「夫有物則有則，則非離物也；有器則有道，道非離器也。」「聖人因器以著象，立象以盡意，引而申之，觸類而長之，而天下之精義靡有遺焉。」〔三〕戴侗關於「道與器」的闡述與程朱理學如出一轍，足見其所受影響之一斑。

〔一〕《小學考》卷三。

〔二〕《六書故叙》。

〔三〕《六書通釋》，下文未注出處者，均見此文。

第二，以宋代爲主的語言文字學的研究成果爲基礎

同時代及先代語言文字研究的成果是戴侗撰著《六書故》廣泛而堅實的基礎。

宋代語言文字學的研究，無論從方法論還是從新材料的發現上，都不同於先代，都取得了較大的成就，對後來的研究者啓迪不少，可以説元明清以來學者們對許多問題的研究，實際上宋代學者已開其先。戴侗能够在文字研究上取得一些成績，與宋代學者的學術積累是分不開的。如宋代王安石的《字説》、王聖美的「右文説」，都從一個新的角度對《説文解字》以來的文字學理論提出了挑戰，都在試圖探討語音與語義的特殊關係。雖然王氏的《字説》招來不少非議，但其追尋音義關係的意圖是值得肯定的。王聖美「右文説」對音義關係的探討基本上是正確的。戴侗對「六書推類」的研究、對同族字的系聯，實際上是對王聖美「右文説」的進一步發展與完善，使這一理論更加系統化、條理化。

清代及近代的語言文字學研究之所以能够取得豐碩的成果，其受王聖美以來「右文説」的影響是一個極爲重要的原因。再如金石學在宋代有長足發展，歐陽修《集古録》、趙明誠《金石録》都是較早系統地研究銅器的著作，較早地研究金石文字的是薛尚功的《歷代鐘鼎彝器款識法帖》。金石學的興旺發達，促使戴侗在《六書故》的文字考釋中大膽引用金文字形及銅器款識，取得了不少的成就。《説文》之學在宋代的發展也是前代不可比擬的。大、小徐對《説文解字》的研究在中國文字學史上是十分突出的，可謂《説文解字》的功臣。此後鄭樵的《説文解字》研究更是獨樹一幟，其《通志·六書略》關於文字、關於許慎《説文解字》的研究多有創見。戴侗《六書故》於大、小徐及鄭樵的文字學觀點取證不少，戴侗的一些觀點受他們的影響是顯而易見的，如「文字的母子説」等。

自漢許慎《説文解字》以來的歷代字書，給戴侗撰著《六書故》提供了可資借鑒的豐富資料。戴侗在《六書通釋》中對此有過明確説明：「凡字書有二：以文求之者，其傳於今則有《説文》《玉篇》《類篇》諸書焉；以聲求之者，則有《唐韻》《集韻》諸書焉。」自《説文》之後各種字書，戴侗屢加稱引，達三十多種，舉其要者有：《釋名》《字林》《玉篇》《廣雅》《切韻》《廣韻》《集韻》《鐘鼎篆韻》《汗簡》《古文四聲韻》《古今字詁》《字詁》《古今字林》《通俗文》《三蒼解詁》《説文篆韻譜》等等。前代字書爲《六書故》的成書提供了堅實的基礎。

此外，戴侗在《六書故》中還引用了大量的經傳注疏資料，條分縷析，詳加考辨，這都保證了其釋義的科學性。

第三，以「父子昆弟自爲師友」爲特徵的家學熏陶

戴侗生長於書香門第。因此，《六書故》的成書得力於戴侗的特殊家學是顯而易見的。如元代趙鳳儀在《六書故序》中所説：「公之父蒙從學於武夷，兄仔舉郡孝廉，父子昆弟，自爲師友，是書之成，淵源有自。」

在《六書故》及《六書通釋》中，戴侗也屢次提到家學對自己的影響。如《六書故叙》開首第一句話即是：「侗也聞諸先人曰：學莫大於格物，格物之方取數多者，書也，天地萬物、古今萬事皆聚於書。」繼而戴侗闡述「六書」之重要，認爲「六書」是「入學之户門，學者之所同先也」，其《六書故》即據先人遺訓，承先人之志編述而成。如在「道」下所言：「六書非小學也，侗故因先訓而備論之。」因此，可以説，戴侗關於文字的一些論述，其實來自於他的父親兄長及親戚，没有他們的熏陶與教導，戴侗是不可能寫出這樣有特色的文字學著作的。

第四，以「嚴謹、求實」爲目標的治學追求

清代學者桂馥《説文義證》把唐宋以來的小學研究分爲兩派：一爲「尊守點畫者」，一爲「私逞臆説者」，將王安石《字説》、楊桓《六書統》、周伯琦《六書正譌》與戴侗《六書故》劃歸此派。桂氏之説欠公允。清《四庫全書總目·經部·小學類》對《六書故》的評價倒較爲客觀：「其苦心考據，亦有不可盡泯者，略其紕繆而取其精要，於六書亦未嘗無所發明也。」戴侗在撰著《六書故》時不迷信權威，不盲從，如他所説「學者當唯是之從，不可據古而非今也」（一）。他於文字的説解絶不信口雌黄，他積三十年之功完成《六書故》，所追求的是通過一番苦心考證，透過迷霧，追尋文字表義之本，探討文字發展演變的規律。他於文字的説解考證都旁徵博引，達到信而有證。如他在《六書通釋》中所説：

> 欲以一方之見而盡萬物之載，難矣。況其名物錯糅，州異而縣殊，以名而求諸書，固常不盡，以字而求其物，又多不得。予書非能盡物也，姑著其有徵而信者焉，其所不知，以俟知者。
>
> 予爲六書三十年而才苟完，每參校一部，攤書滿案，左采右獲，手疲目眩。

他常撫書而嘆：「孰知夫作書者之難哉！」如元趙鳳儀在刊刻《六書故》所寫的《序》中所評價的：「群經子史百家之書，莫不爰據，示有徵也，析爲部九，卷三十有三。約而不遺，通而不鑿。」趙氏的評價是符合實際的。可見戴侗的寫作態度、治學追求，也正因此，其於文字的考證才有所發明。

戴侗撰著《六書故》歷時三十年，但在《六書通釋》中他仍幾次提到對其著作的不滿意：「予爲六書三十年而未卒功，非直不敏不勤，蓋不敢遽成也。天地萬物之載，一形諸書矣。時有今古，方有南北，天地之産，萬不足名也。以一人之心知一方之聞見，而自以爲能備天地萬物之載，誣矣。予觀古今字書，皆不免舛複疏落之失，蓋事物之浩繁錯糅，紀述者莫難焉。予之遲遲於卒

（一）《六書故》卷二十九「武」條。

書者，非直不敏不勤，蓋有待也。」戴侗所述是客觀的。因此，對於那些不懂的問題，他並没有强爲之説，而是留待智者。如戴侗在《六書故叙》中所説：「其所不知，固闕如也；抑其所知，亦焉敢自是乎哉？」在《六書通釋》中他進一步説：「聖人既没，百家蜂起，曲徑敗道，巧言亂德，皆由於鑿也。侗於六書，其所不知，蓋闕如也，不敢鑿也。以鑿爲知，其於疑也，可以無闕矣，其於天，則倍之逾遠。聖人之道不明，六書之學不講，學者各以其知馳騁於穿鑿之途，《詩》《書》六藝之説，始不勝其異，其鑿彌深，其知彌遠，此侗之先君子所以拳拳於六書，而侗之所以不敢鑿爲之説也。」因此在《六書故》中戴侗專闢卷三十三爲「疑」，此外，於每卷都還有「某之疑」，而在注釋中他於不明之處往往注曰「疑某某、未可曉、未喻、未詳、亦不可知、闕疑」等。這種不强爲之説解、實事求是的「闕疑」精神是值得稱道並發揚光大的。

三、《六書故》的版本

戴侗在《六書故叙》中稱，他繼承先人由文以通辭，由辭以通意的治學傳統，「爰摭舊聞，輯成三十三卷，《通釋》一卷。其所不知，固闕如也；抑其所知，亦焉敢自是乎哉？姑藏家塾，以俟君子。」説明《六書故》成書後，當時並未刊印。

最早刊印《六書故》的當是元代趙鳳儀，他在元延祐戊午（一三一八）來永嘉赴任，戴侗的孫子戴奎將家藏《六書故》稿獻出。趙鳳儀作於元延祐庚申（一三二〇）冬十月的《六書故序》稱他到任後，「郡博士與諸儒咸謂是書誠有益於經訓，宜傳以惠後學。……明年捐奉廩以倡刻而庋諸閣」。由此可知，《六書故》的最早刊本爲元趙鳳儀延祐庚申（一三二〇）年刊本[一]。國家圖書館存《六書故》殘本十卷六册。據今人王重民研究，此係元刊殘本。僅存卷六，卷十四、十五，卷十七、十八，卷二十，卷二十二、二十三，卷二十五、二十六。每半頁七行，行十七字。卷末有「孫奎謹校」字樣，卷内有「部省書畫之印、禮部評檢書畫關防」，關防上有墨書「温字十六號」。此當即後來所加蓋。國圖所存元刊殘本是現存所見《六書故》最早的本子，當即趙鳳儀刊本之殘存。

明影抄元刊本，温州市圖書館藏，爲近代永嘉黄氏（群）敬鄉樓舊藏。卷首及扉頁有「汲古主人印、子晉印、壽陽祁氏藏書、明善堂所見書畫印記、菉猗齋賞鑒圖書、尚鄉師保之家」等明清藏家印記，卷末有「黄群過目」印記。是本紙葉高二四〇毫米，闊

[一] 錢劍夫認爲：「趙鳳儀《序》則謂是書刻於元仁宗延祐元年（一三一四）。」參《中國古代字典辭典概論》二六九頁，商務印書館一九八六年。劉葉秋《中國字典史略》（中華書局一九八三年）、何九盈《中國古代語言學史》（河南人民出版社一九八五年）認爲刻於延祐七年（一三二〇）。

一五六毫米，左右雙欄，半頁七行，行十七字，楷書。白口，雙黑魚尾。是本書口大多標記本葉所刻字數（分大字、小字計數），多標在上白口，也有標在下白口的，如《六書故》弟一第一葉上白口標「大百十二，小六十四」字樣，第二葉上白口標有「大六十九，小百七十四」字樣，經計數，大字包括字頭，小字爲本葉注釋字總數。是本每卷頁碼序號「二十」，有時寫作「廿」，「四」，有時寫作「亖」，全書並不統一。是本下白口多標有刻工姓名、姓或名，如《六書故》弟一第一葉書口下端標有「張云谷」，第二葉只標「云谷」，三、四葉標「云」，第五、六葉標「俊」，但第七到十葉未標。有時候刻工寫在上白口，或者下白口頁碼序號的緊右邊或左邊。書口其他刻工姓名字有「玉、卲、卞、明、王、伯大、伯、徐、洪澤、周、正、同、宋、裕、日、大、主、商、真、丁、一玉、合、大、吉、口、下、佐、左」。由於年代久遠，温州市圖書館藏本第二十卷十四葉前面五行起缺二十二字；第二十六卷二十七葉後面三行、五行「左氏傳」下各缺五字；第三十一卷十八葉前面七行「又曰哀」下缺三字，下面一行夾注「鄭荀董」下缺四字[一]。是本爲現存較早、價值較大的《六書故》版本。是本前有「趙鳳儀序、六書故叙、王誌跋、袁大壯六書故賦、六書故目、六書故通釋」等。

此後，明萬曆三十六年戊申（一六〇八）秋日嶺南張萱於懸塵曇據秘閣藏木雕版出的新校訂本[二]，秘閣所藏當爲元刊本，因張萱於明萬曆三十三年（一六〇五）奉命整理内閣藏書（内閣藏書多爲宋金元善本），並編有《内閣書目》八卷，是書著録有《六書故》二十册，全本，又有三十三册本不全，標明作者爲「宋永嘉戴侗」[三]。此本原題「永嘉戴侗著，明嶺南張萱訂」。張萱校訂《六書故》，將元刊本中的「六書故通釋」改爲「六書通釋」，並增加了幾處按語，有的標爲「萱曰」。此書分爲十六册，楷書，行款基本上與元刊本同，白口，半頁七行行十七字，注釋小字雙行三十四字。此本版框略小於元刊本，每卷卷末標有男××校字樣，計有四男，即「男張元光、男張元瑩、男張元炳、男張元渙」，四人當爲張萱之子。是書偶在下白口右處標出當頁所刻字數以及刻工姓名或姓或名，刻工名姓計有：劉應祥、賞宇、徐太、楊臣、楊文、蔡守、胡鳳、劉祥、蓁、劉、楊、王、式等，其中「劉」爲簡體字「刘」。是書吉林省圖書館、廣東省中山圖書館有藏[四]，另美國國會圖書館有藏，書内有「楝亭曹氏藏書」印記[五]。

〔一〕參《温州文獻叢書》之《六書故》三頁，上海社會科學院出版社二〇〇六年。

〔二〕參吉林省圖書館藏張萱校訂本《六書故》卷十五末題記。

〔三〕明張萱《内閣藏書目録》卷五「字學部」，三頁，載民國吴興張均衡輯《適園叢書》第一集。

〔四〕《中國古籍善本總目・經部》一百六十九頁，線裝書局二〇〇五年。

〔五〕參王重民《中國善本書提要・經部・小學類・六書故》。

清代西蜀李鼎元刊本，刻於乾隆四十九年（一七八四）。是本前有趙鳳儀《六書故序》，還有李氏的《重刻六書故序》。李氏在《序》中稱「余在翰林職司校理，得見宋刻原本。恐其流傳日少，六書之故無從求正，因手自抄録，細加讎校，選工重刻，以公同好」。李氏重刊《六書故》之功不可没，但《序》中云「得見宋刻原本」，實爲虚言。李氏刊本收録元代趙鳳儀《六書故序》，趙氏在《序》中已明言據戴侗之孫所獻家藏書稿刊刻，趙氏刊本即元刊本，當是《六書故》的最早刊本，再則，戴侗生長於南宋，終老於元朝初年，戴氏屢言積三十年之功完成《六書故》，因此，其書成稿也當在元朝初年，這樣看來，《六書故》是不可能有宋本的。李本版式也異於明影抄元本，楷書，四周單欄，半頁七行，行十七字。白口，無魚尾。書口標有「六書故弟×」字樣，並有頁碼。李本每卷第二行標有「永嘉戴侗著　西蜀李鼎元校刊」字樣。從李氏《重刻六書故序》可知，明嶺南張萱刻本「流傳於世者甚少，購之書肆絶不可得」；從對李氏刊本與張萱校訂本的比較可以看出，李本完全依照張萱校訂本重刻，版式、全書分卷、每卷頁次以及每葉起迄字都完全一致；再從校勘記看，也可斷定李氏刊本以明張萱校訂本爲底本，因爲明張萱校訂本把《六書故通釋》改爲《六書通釋》，李本同，正文注釋中有幾處張萱所加的話，李本悉數照刻，如卷二第七頁「晤」下有「萱曰又人之相見曰晤」兩行小字；卷六第八十二頁「泣」下有「萱曰又與澀通内經寒氣入經稽遲泣而不行泣乃澀也」共二十二字；卷七第十二頁「璜」下有「萱曰即玦也古不謂之玦而謂之璜」十四字；卷二十四第二十頁「營」下有「萱曰一云香草」六字。這在元刊本以及明影抄元本中都是不可能有的。從李本與元殘本、明影抄元本校勘記看，李本與此兩本多異，因此也可以斷定，李氏可能連元本以及明影抄元本都没有看到，如李本卷十四第五頁「把」下「一子爲把」，非，元殘本、明影抄元本作「一手爲把」，是。同類情況在卷十四有七條，足見元殘本、明影抄元本一脈相承，李本承張萱本而來。李氏在重刻時對張萱校訂本個别訛缺之處有校訂，但也有漏刻整葉的問題，如明張萱校訂本卷四有「又三十六」頁，李氏刻本漏刻此頁。總體來説，李本與明張萱校訂本不同的地方少。

此外，另有日本翻刻李氏本，開卷有「紀伊小原八三郎源良直藏書之記」，國家圖書館有存。

《四庫全書》本。清修《四庫全書》在「經部·小學類·字書之屬」收録了《六書故》，所據爲兩江總督采進本，不知具體爲何本。是本很有可能依明代張萱刊本，因爲多處照録張氏校語。是本校勘品質較差。抄寫者依據文意，常常改動文字，如卷九第十七頁「故先王焉制」，明影抄元本同，四庫本改爲「故先王爲制」，符合文意，但有徑改原文之嫌。《四庫全書》收録《六書故》時基本上按規範楷書重新謄抄，將《六書故》中原來的隸古定字全部加以改正。特别是把原書中有礙清廷的字眼隨意改動，如《六書通釋》第二十三頁「狄教也」，四庫本改爲「異教也」。是本校於乾隆四十六年（一七八一），前有提要，評價《六書故》之是非功過，持論較爲公允。「提要」後爲《六書通釋》並三十三卷正文。囿於體例，是本没有收録戴侗《自叙》及《六書故目》。

另有清同治年間《小學匯函》本。劉葉秋《中國字典史略》、錢劍夫《中國古代字典辭典概論》均持此説。查檢叢書《小學匯函》，並未收録《六書故》。

明代凌迪知《古今萬姓統譜》稱戴侗所述有「《六書故》内外篇」，疑「内外篇」所指當爲《六書故》正文及前所附《六書故通釋》。

元本殘缺，明影抄元本不易見且有幾處缺頁，《四庫全書》本雖易見，但因編入時手自抄録，錯訛較多，是較差的本子，使用當慎。因此李鼎元刊本爲自清以來流傳較廣且較爲完整的本子。李氏刊本雕刻精良，保存了原書大量隸古定字。本書所用爲李鼎元刊本。

四、《六書故》的體例

在《六書故目》《六書故叙》及《六書通釋》中，戴侗闡述了他編纂《六書故》的基本原則與體例。結合這三篇所述及《六書故》一書的具體情況，綜括《六書故》體例如下，以便讀者瞭解、使用《六書故》。

（一）説解體例

《六書故》對於文字的説解，必在字頭後先列古字形，次列反切，然後字義，間或析形。如〔一〕：

晚　縛遠切，日薄暮也。（卷二）

祺　渠之切，福也。《詩》云：「壽考維祺，以介景福。」毛氏曰：「吉也。」又作禥。〔二〕（卷三）

第一，注音

《六書故》説解體例先注反切。如《六書通釋》所説：「侗嘗謂當先叙其聲，次叙其文，次叙其名，然後製作之道備矣。聲，形而上者也；文，形而下者也；非文則無以著其聲，故先文而繼以聲。聲，陽也，文，陰也；聲爲經，文爲緯；聲圓而文方，聲備而文不足。」因此，凡一詞的多個義項，戴侗注意從聲音上加以區別，不同義項，注明不同的反切。如：

冥　莫經切，於書傳爲晦冥。海水深黑故曰冥海。别作溟。又上聲，日入也。别作暝。又莫曆切。《周官》：「冥氏掌設弧張，爲穽擭以攻猛獸。」《説文》曰：「冥，幽也。从日、从六，冂聲。日數十，十六日而月始虧幽也。」（卷二）

〔一〕　因排版原因，字頭後之古字形一律省去。

〔二〕　因排版原因，《六書故》中雙行小字注均排爲小五號字。

第二，釋義

《六書故》釋義較爲全面系統。一般先列本義，依次爲引申義、假借義。釋義大都引文獻爲證。此外對一些字義引用其他資料加以考證。正如戴侗所説（一）：「凡訓義正而通者，大書，不著所出，衆之所同，非一家言也；義之隱者，表其所出，示有徵也。凡義之疑者，注於下方，疑於義者，雖先秦古書皆羅之，核於義者，雖後出必進之。」可見，《六書故》凡大書者，均爲「訓義正而通者」，即可成定論的説解。凡雙行小字，均爲存異説或戴侗對一些問題的考辨。如：

昆　古渾切，於經傳爲昆弟、昆兄也。又作罤。又爲後昆。《書》曰：「垂裕後昆。」又曰：「昆命于元龜。」孔氏曰：「後也。」按：《書》言後昆，則昆不可訓後。又爲昆蟲。《記》曰：「昆蟲毋作。」《説文》曰：「昆，同也。从日、从比。」又作「蚰」，曰：「蟲總名也。讀若昆。」説具蟲下。又爲昆侖，渾厚之象也，義取其聲。西方之山隤然渾敦，故謂之昆侖。別作崐崘，俗呼昆侖。昆或讀如鶻、或讀如汩，義皆如其聲。（卷二）

「昆」下共羅列了由書傳歸納來的四個義項，並在有關義項下對相關問題作了説明。

《六書故》對人們所共知的一些詞常注以「義不待釋、義不待訓」。如卷三「煙，於前切，義不待釋」。卷十三「悲，逋眉切，義不待訓」。卷十三「愳，衢遇切，義不待釋」。對此，《六書通釋》給予説明：

有一義而後創一字，以此釋彼，終不近之。如愛、怒、怨、惧、恩、惠、喜、悦、憤、愠、憂、悲之類，人所通曉，字書引喻，其義反差。凡人之所通曉、不待注解者，皆不贅解。

此説不無道理，但從字典使用者的角度考慮，則頗不便使用。這應該説是《六書故》的一個不足之處。

《六書故》釋義還采用參見法以減少篇幅。書中常用「説具某下、詳具某下、義見某下」等術語表示參見。如上所引「昆」字下有「説具蟲下」一語。再如卷十四「抗，苦浪切，敵拒也。又因之爲抗張。《詩》云：『大侯既抗。』《記》曰：……古單作亢。詳具亢下。《説文》：『抗，扞也。』或作杭」。

第三，字形

《六書故》對字形的説解主要以「文、字」的父子相傳而貫穿。由「文」生「字」，由「字」再生其他字，如同由父生子，子

（一）《六書故目》。

再生孫，而每一代的孳生按六書中的象形、指事、會意、諧聲、轉注方式排列。如卷二十九「刀」部字族。在編排上父、子、孫、重孫輩字依次低一格編排，以示等級輩分的差異，也使讀者一目瞭然。要説明的是，六書分析中的「某之疑」，是指對其六書方式存而不論，以示審慎。

（二）分類編排

《六書故》的分部是受到指責較多的一個問題。最先指斥的是元吾邱衍[一]：「編首次源，以門類爲次第，倉頡之法到此地爲一厄矣。」《四庫全書總目·經部·小學類·六書故》云：「盡變《説文》之部分，實自侗始。」這些指責都是從維護《説文解字》正統權威的角度而發。現代著名文字學家唐蘭的評價則較爲公允，他認爲[二]：「戴侗的書共三十三卷，又《六書通釋》一卷，書内分九類。單就這一點説，已經超出鄭氏（鄭樵）之上，不像他那樣雜亂無章了。在九類裏面，又分出四百七十九目，其中一百八十八是文，四十五是疑文，二百四十五是字。文是母，字是子，所以只有文才是最原形的文字……他的學説有錯誤，但系統的完密，是很可佩服的。」

客觀地評價《六書故》的分部系統，我們才能發現它的特色和價值所在。

第一，「方以類聚，物以群分」

《説文解字》確立五百四十個部首以統率九千三百五十三個字，其編排原則如《説文解字·叙》所説：「方以類聚，物以群分，同條牽屬，共理相貫。雜而不越，據形系聯，引而申之，以究萬源。」《説文解字》所説的「類」，據段玉裁《説文解字注》研究，是指同部（首）者以類相聚，而形成群分之五百四十部。而五百四十部之間的排列「據形系聯」，即凡形體相關或相近者，均按次序排列。而《六書故·六書通釋》所説「方以類聚，物以群分」是爲了「辨其族」類，因此把所收的字按意義性質加以劃分，共分爲九類，即數、天文、地理、人、動物、植物、工事以及不能歸入七類的雜類和構形不明或持懷疑態度的疑類。同一類中按同一造字方式孳生的字也是把意義相關的排列在一起。爲什麼按這一順序排列呢？《六書通釋》解釋説：「侗之爲書也，先契以本文，立一以起數，是故數爲首；次二曰天，凡本乎天者皆從上；次三曰地，凡本乎地者皆從下；次四曰人；次五曰動物；次六曰植物；次七曰工事，七者備矣。歸餘於雜，綴疑於末，而六書之道盡焉。」戴侗對這一分類很推崇，但有誇大之嫌，他説：「簡而不遺，繁而不亂，知吾説者，之於天地萬物也，其如示諸掌乎。」不過這一分類有其特色所在。雖然在戴侗《六書故》之前，南朝梁顧野王的《玉篇》

〔一〕《學古編》（卷下）。

〔二〕《古文字學導論》三六九頁，齊魯書社一九八一年。

已打亂了《説文解字》五百四十部「據形系聯」的編排原則，而是按部首所表示義類分部，如卷六將「手、収、𠬞、舁、臼、爪、丮、鬥、𠂇、又」等部歸併在一起，但《六書故》是第一部明確按義類編排漢字的字典，其開創之功是不可没的。

第二，「父以聯子，子以聯孫」

在「方以類聚，物以群分」的分類之下，即在每一類中，《六書故》又按「父以聯子，子以聯孫」的孳生方式以「統其宗族」，以文生字的方式，如父生子，子生孫，孫又生孫，從而形成一個個大的漢字字族。原書還在行款編排格式上采取父輩字頂格排，子、孫、重孫輩依次降一格排，以表示不同的輩分。如日部，《説文解字》共收七十字。《六書故》卷二「日」下所收子輩字有「旦、東、倝、景」四字，而「旦、東、倝」在《説文解字》中均爲獨立的部首。而在《六書故》中這些字屬於子輩，子輩的「旦、東、倝、景」又依次統領一些字，這些字即孫子輩。條理井然。排列如下：

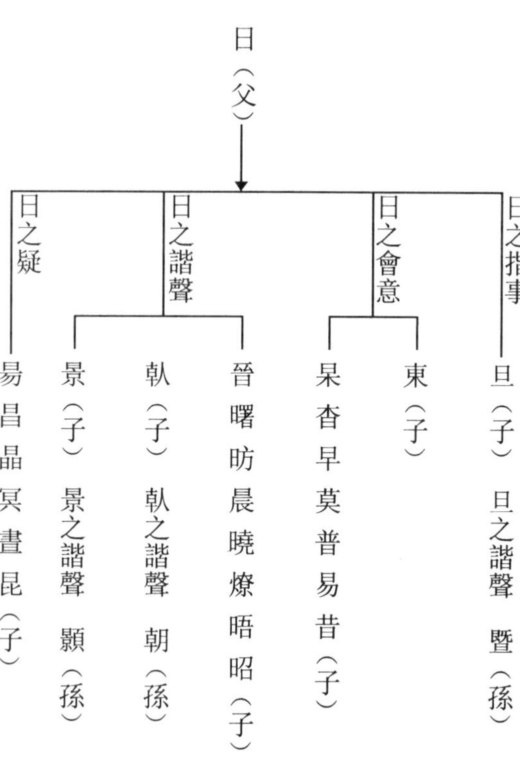

按這種以類相從與分化孳乳相結合的特殊分部編排方式，戴侗認爲可以收到「視繁若寡而御萬若一」的效果。不過這一編排方式的弱點在於，以類相從與分化孳乳間的矛盾難以處理。如歸某文爲某類，但由此文孳生的一組字卻不一定都能歸併到這一大類中，因爲文字的分化孳乳是比較複雜的。譬如「革」爲獸皮，可歸入動物類，但「革之諧聲」中的「鞾（冒鼓之工）、鞔（冒鼓）、鞣（革履）、鞘（刀室）」等字按孳乳分化原則應歸入「革」下，但按分類原則皆歸入動物類，則顯得不倫不類。

（三）多字字頭

《六書故》體例上不同於前代字書，啓示後哲的一個特點是在傳統的單字字頭外，大膽創設多字字頭，這種多字字頭主要用在：

第一，同義、近義及相關文字

把意義相同、相近及相關的一組字，最少兩個，最多達八個，放在一起注音、説解、析形，並通過比較對這些字在意義或使用上的差别加以辨析，頗便讀者，如：

捫摸　捫，莫奔切。《詩》云：「莫捫朕舌。」《漢書》：「漢王傷胸，乃捫足。」摸，末各切，捫也。《説文》以此爲摹字。古無摸字，即捫也。捫、摸一聲之轉，其義一也。又作捪。（卷十四）

賈販　賈，公户切；販，方萬切。坐肆居賣之謂賈，行擔買賣之謂販，通曰商。貴賤之值曰賈，公訝切。（卷二十）

第二，多音節單純字

這以聯綿字爲主。如：

蹭蹬　蹭，七鄧切；蹬，徒亘切。蹭蹬，行不先也。（卷十六）

鷓鴣　鷓，之夜切；鴣，古乎切。生閩蜀交廣，形似母雞而小，其鳴若云「鉤舟、格磔」，或釋之爲行不得。又有竹雞，類鷓鴣，其鳴若云「泥滑滑」，飛不能高。（卷十九）

五、《六書故》的收字與字體

（一）收字

自我國第一部字典《説文解字》收録小篆字頭九千三百五十三個始，此後的各種字典收字的數量不斷遞增。晉吕忱《字林》收一萬兩千八百二十四字，梁顧野王《玉篇》收字一萬六千九百一十七字，宋司馬光等《類篇》收字三萬一千三百一十九字，清《康熙字典》收字四萬七千零三十五個，當代收字較多、號稱漢字大整理的《漢語大字典》收字達五萬六千多個。可以説，愈是後出的字典收字愈多。收字最多的字典實際上成了漢字的大薈萃，將歷史上産生的各種漢字個體悉數收入，這是集大成字典的特點。但從實用的角度看，這些字典是不便使用的。據研究，使用頻率在百分之九十五以上的現代常用漢字約三千五百個。十三經中使用頻率在百分之九十五以上的字約四千個。這説明，常用漢字在四千字左右。在學人都編輯大而全的字典的時候，宋元之際的戴侗把《六書故》編成了一部收録常用漢字的字典，全書共收字七千六百零三個。戴侗在《六書通釋》中具體闡述了他編選字頭的基本指導思想與原則。

第一，奇字不取。《六書通釋》説：「司馬子長、揚子雲皆好奇字，故其辭賦《太玄》《法言》多奇字，而不適於用，予所不取也。」漢賦好鋪排，奇字、怪字較多，不便閲讀。其中很多字後世很少使用。

第二，虚名不取。戴侗認爲：「怪力亂神，孔子不語，故怪誕之説，皆斷而不取。有其書而無其物者，謂之虚名，虚名載於書册者，爲不急之察、無用之辨，實名通於俚俗者，不載則闕於用，故予舍虚而取實。儻有餘力，當盡萃書名之不當物者，别爲一編而辨正之以明民。」

第三，俗書不取。《六書通釋》認爲，歷史的發展引起文字的演進，由鐘鼎文到小篆，再轉而有隸草楷行，由簡牘到板本，文字的變異是比較大的，「經傳諸書，衆所習誦，傳寫者多易以俗書」，更有甚者，至「唐玄宗天寶三年，詔集賢學士衛包改古文從今文，故六籍多用俗書」。但「《周禮》《儀禮》《國語》《史記》《漢書》傳習稍少，故猶有未盡變者焉。婁機作《班馬字類》，取其字之異於俗書者，傅以聲類。予謂非特《史記》《漢書》爲然也，大概古書假借居多」。因而，《六書故》收字以古字爲主，對俗書今字，多辨識於注解中。如卷十三「愞」：「奴亂切，駑弱也。又作偄。《説文》曰：『弱也。』俗訛爲懦，非。」卷十四「挻」：「尸連切，掌擊也……按：……俗又作搧。」卷十五「疌」：「癡葉切，手足相應敏捷也……今作捷。」《六書故》中指明的這種今俗字較多。《六書故》雖大多以古字爲字頭，但仍溝通今字，爲我們保存了一些資料，通過古今字的對比研究，我們可以發現文字演變的一些規律。

第四，古今書傳未曾用過的不取。前代字書大多收録，但「古今書傳皆未嘗有用」的構字部件悉不收録。如「丨、𠂆、乀、𠂆、乙、乚、乀、乛、𠃊」九字。

（二）字體

《六書故》受指責最多的是它的字體。最早、影響最大的是元代吾邱衍的批評（一）：

（一）《學古編》（卷下），收入《叢書集成初編》。

戴侗《六書故》以鐘鼎文編此書，不知者以爲好，以其字字皆有，不若《説文》與今不同者多也，形古字今，雜亂無法，鐘鼎偏旁不能全有，卻只以小篆足之，或一字兩法，人多不知此。□本音畏，加宀不過爲寰字，乃音作官府之官；邨字不從寸木，今乃書此爲村，引杜詩「無村眺望賒」爲證，甚誤學者。許氏解字引經，漢時有篆隸乃得其宜。今侗亦引經而不能精究經典古字，反以近世差誤等字引作證據。鎊、鏟、鍬、鋸、尿、屎等字，以世俗字作鐘鼎文，各有詳注；卵字所解，尤爲不雅。編首字源，以門類爲次第，倉頡之法到此地爲一厄矣。

客觀地説，吾邱衍的批評是有道理的，但也有偏頗之處。譬如他説的形古字今，以世俗字作鐘鼎文，鐘鼎偏旁不能盡有，而以小篆足之等都是《六書故》存在的突出問題。但吾邱衍説「戴侗《六書故》以鐘鼎文編此書」則不符合實際，也與戴侗在《六書通釋》中的自述有出入。《六書故》的字體確實較爲複雜，我們經過仔細研究後發現，《六書故》字頭所依字形，是戴侗經過仔細考證，然後選擇他認爲是較爲古老、比較符合文字本真的字形，其中有鐘鼎文、小篆，《説文解字》所收的古文、籀文，當然也有戴侗用幾種古字形體拼湊成的字形。此外，《六書故》還用了大量的隸古定字，這對後來的學者也造成一定的不良影響。

以下依次就《六書故》使用過的字體加以分析條述。

第一，鐘鼎文

戴侗在《六書通釋》中明言：「六書始於象形、指事，古鐘鼎文猶可見其一二焉。」而小篆對文字的訛變較爲明顯，因而他説：「予考之於古，苟典型之猶在者，必備著之。」「鐘鼎之文予所取證者不少，然不盡信者，以其人自爲巧也。」在《六書故目》中又説，對小篆中那些「迷其本真」的字，「今各原其取象制文之本初以爲次序。雖稱古文、籀文而不當物者，注之下方」。

由此看來，《六書故》以鐘鼎文爲依據考索小篆以來文字字形的本真，糾正了《説文解字》小篆中的一些訛誤，如《六書故目》指出的「日、月、星、山、馬、虎」等字，至確無疑，也已爲甲骨文、金文所證明。《六書故》引證鐘鼎文字形不少，書中明確標明爲鐘鼎文的字形有幾十個。但也有一部分字形沒有標明來源，經考證，實際上也是鐘鼎文。如卷十「目」下有□、「眉」下有□，其形與甲、金文字形一致。

對小篆字形中已訛變了的部分，《六書故》則取鐘鼎文字形以正。如卷二「朔」的「月」旁，不從《説文解字》□形，改爲□，再如卷二十從貝之字，多不從小篆□，而改爲□形，與甲、金文字形一致。這種鐘鼎字形與小篆形體並處的不倫不類的現象在《六書故》中表現得較爲突出，這是《六書故》受到指責的主要問題之一。

第二，小篆

戴侗在《六書通釋》中指出：「許氏書祖李斯小篆，徒取形勢之整齊，不免增損點畫，移易位置，使人不知制字之本。」並舉「日、月、山、馬、豕、燕、魚」等字的訛變爲例。因此，對業已訛變的小篆，《六書故》並没有全取，凡戴侗據鐘鼎文而知其爲訛變的小篆，均據以改正，以見其「制字之本」。然而，《六書故》仍然有相當一部分字頭的形體繼承了李斯小篆的形體。如卷九「子」部收字二十六個，其中與小篆字形一致的有十七個，筆劃稍異的有四個，其餘五個字中使用《説文解字》古文的四個字〔一〕，另有一個字「孥」爲《説文解字》所無，《説文解字》中作「帑」字。因此可以説《六書故》字頭仍以小篆爲基本字形。此外，在説解中《六書故》還引證了不少小篆字形，以作爲辨證文字之資。

第三，古文

《説文解字》在注解中收録的古文有三百九十六字，王國維認爲是戰國時東方六國所通行的文字。實際上許慎在《説文解字・叙》中已經講明這些古文是「孔子書六經，左丘明述春秋傳，皆以古文」的古文，許慎又説：「《史籀篇》者，周時史官教學童書也，與孔氏壁中古文異體。」可見《説文解字》的「古文」即壁中書文字，也叫蝌蚪文，現在看來，「可以肯定是戰國時期的通行文字」〔二〕。從形式上看，古文簡而籀文繁。

《六書故》字頭字形采用《説文解字》古文的有相當一部分。有些明言《説文解字》古文，有些雖未明言，但經過對照發現實際上是《説文解字》中的古文。如上所舉「子」部字采用《説文解字》古文四個。再如卷十「目」部「目、眂（視）、觀、睿」依古文，卷八「見」下「睹」依古文。有些字頭雖不用古文字形，但在説解中采用了古文。如卷一「帝」，卷十「睦、自」，卷十五「尹、尌」等。

《説文解字》古文並没有被《六書故》全部采納作爲字頭字形的主要原因，是因爲戴侗認爲這些古文字形有訛謬不當物者，並對此在注解中加以説明。

《六書故》還有些標明古文的字形不是來自《説文解字》，如卷十四「拜」下所引「[illegible]」注曰「皆古文」，卷四「墉」下有「[illegible]，古文」。卷十九「鳥」下有「[illegible]，古文，象飛鳥」。但今本《説文解字》無。這些古文可能有一部分來自保存古文字較多的文獻，如《六書通釋》所説：「惟《周禮》《儀禮》《國語》《史記》《漢書》傳習稍少，故猶有未盡變者焉。」未盡變者指没有被今文俗書所替代的古文。只有「經傳諸書，衆所習誦，傳寫者多易以俗書」。這些古文可能還有來自我們今日已難以考證的其

〔一〕這四個字中有一個特殊的字，即「孩」，《説文》稱「咳」之古文從子，但所存小篆亥形與《六書故》異。

〔二〕參姚孝遂《許慎與説文解字》十七頁，中華書局一九八三年。

他文獻資料，如卷三十二「中」下除引《説文解字》古文外，還引「[illegible]，古文」，當另有所本。

第四，籀文

《説文解字》共收録籀文二百二十三字。所謂籀文，如許慎所説，周宣王「太史籀著大篆十五篇」，王國維認爲籀文是戰國時期西方秦國的通行文字，但籀文不是書體名，而只是指取材於《史籀篇》一書，故謂之籀文。實際上籀文是戰國時期的文字，不一定局限於秦國。籀文與古文之别在於字形繁雜。《六書故》字頭不用籀文，只是在注解中引用《説文解字》一些籀文。如《六書通釋》所説：「《説文》所載籀文，率多增益點畫，失文字之本。如炙之爲[illegible]。」所舉例字還有「震、旁、祺、祡、祟、禋、禱、逋、送」籀文「殆後人傅會托於史籀之爲也，予無取焉」。《六書故目》説：「雖稱古文、籀文而不當物者，注之下方。」

第五，異體

《六書故目》説：「聲傳文禪，國異人殊，書名紛糅，一字而數音者有之，一音而數字者有之。重複舛繆，莫知所壹，今略訂正，歸於一是。其可並存者大書，不可並存者疏於下方。」《六書故》收録了許多異體字、别體字，如上所言，戴侗認爲大書者爲可與字頭並行的異體字，小書者注於下方以資考證。如卷三「炙」：「之石切，肉在火上，炙之義也，肉之既炙爲炙。之夜切。又作炙，夕聲。」卷三「禪」：「時戰切，《史記》：『封太山，禪梁父。』……又作禫。又爲禪易。孔子曰：『唐虞禪夏后，殷周繼。』亦通作嬗。《史記》曰：『五年之間，號令三嬗。』」卷三「然」：「如延切。火始焚也。亦作[illegible]。又作[illegible]。借爲然否之然。然之與是聲相通也。又爲若然之然，然與如、若聲相通也。正義爲借義所奪，火然之然加火爲燃，非。」《六書故》有些異體字來自《説文解字》或體，如卷三「禱」下所收異體。

《六書故》在注解中以小字標出的許多别體、或體，戴侗認爲是不可與字頭形體並存的異體，常常指出其非。通過比較，發現這些字有些是與字頭正字相對應的後出字即今字、俗字。如卷二「景—影、需—濡」，卷八「並—併」，卷九「奇—踦」，卷十「顛—巔、癲」，卷二十九「戚—鏚、慼，戉—鉞」等。這一類字《六書故》常稱其爲「今作、俗作」，已標明其爲今字，但又認爲這些字不當存在，則是不正確的。

《六書故》所謂的「又作、别作」字中有相當一部分是當時的異體字，如卷二「燎—瞭、霰—霓」，卷三「曦—爔」，卷四「塊—墤」，卷八「覩—睹、睹」，卷九「孅—媄」，卷十「貼—覘」。異體字的增加給人們的交際帶來一定的不便，規範異體字是有必要的。《六書故》對通行的異體字一般都大書，與字頭並存。而如上所引在注解中以小字排列的字，認爲是應該棄而不用的。戴侗對異體字的取捨是以通用與否爲尺度，這是可取的。

《六書故》注解中還有「某古單作某、某書單作某」等術語，這些術語用以證明字頭在古代文獻中的實際情況。如卷四

「境」，古單作「竟」；卷五「磨」，古通作「靡」；卷八「仲」，古通作「中」；卷九「妖」，古通作「天」；卷二十一「桶」，古通作「甬」；卷二十一「樺」，古通作「華」；卷二十七「轆轤」，古單作「鹿盧」。可見，《六書故》所做的工作是溝通今古。字頭爲已經通用的今字，而這些字在此前或較早文獻中均使用其他形體。這些古字和今字的關係大多是在古字上增加形符或改换形符、聲符而成今字，或古字爲假借字，今字爲後起本字。

第六，石刻文字

《六書故》考釋文字時引證的石刻文字不多，全書共七個：

天 [illegible]，張平子墓碑文。（卷二）

單 古金石刻多作[illegible]、[illegible]、[illegible]。（卷十一）

及 [illegible]，古文及，秦刻石。（卷十五）

攸 [illegible]，秦嶧山刻石文……按：《説文》及秦刻石此爲攸之本義，攸長、攸遠之義皆取此。唐本是也。（卷十五）

也 [illegible]，秦刻石文。（卷二十八）

《六書故》引用石刻文字得出明確結論的只有「攸」字，其他幾字僅存異形，未加考辨。

第七，隸古定

《六書故》受到學者們指責的另一問題是大量使用隸古定文字。如《四庫全書總目·經部·小學類·六書故》所言：「惟其文皆從鐘鼎，其注既用隸書，又皆改從篆體，非今非古，頗礙施行。」以鐘鼎、篆書的形體結構入之於楷書，即後來習稱的「隸古定」字，在《六書故》中是普遍存在的。在楷書已經盛行後以古形入楷書，確實給讀者帶來很多不便，這是應該受到批評的。如：卷一「卋—世」、卷四「㞷—生」、卷八「佯—佯」、卷十三「忓—怦」、卷十七「狀—狀」、卷二十二「粒—粒」、卷二十五「庻—庶」、卷二十九「𠝣—剪」。

不過，應該指出的是，好寫古字、以篆籀入楷書是清代以來的一些經學家、小學家很喜歡做的事，以此來炫耀其博雅好古。因此形成了在一定的階層内通行的特殊文字，並刊印於其著述之中。今人姚孝遂在《許慎與説文解字》書後「附録：古今文字」中，收録了清以來學者們所寫的隸古定字，這些字與《六書故》的隸古定字是基本一致的。此不贅引，讀者可以參照。

第八，以世俗字作鐘鼎文

元代學者吾邱衍批評《六書故》「以世俗作鐘鼎文」，「形古字今，雜亂無法」〔一〕，並舉「鎊、鏟、鍬、鋸、尿、屎」等字爲例。丁福保也在《説文解字詁林·自叙》中認爲這些字「非古非今，不足憑信」。對《六書故》這一問題的批評是正確的。戴侗編《六書故》時以實用爲目標，收字以實用爲原則，字頭字形以能反映文字本身的古字古形爲主，摒棄小篆中的訛變字形。但漢以來新産生的一些社會用字，不可能有古字形，於是戴侗用金文合以小篆的偏旁凑成一個個新的形體，無怪乎人們稱其自亂其例，「非古非今」了，這是應該指出並加以批判的。如卷四「墻，，上衍切，白植土也。俗書」。卷四「墩，，都昆切，平地有𠂤也。俗書」。墻，《玉篇》初見，墩，《廣韻》《集韻》有之。均不見於《説文解字》，《六書故》也明言「俗書」，因而，書中所載字形當爲戴侗據金文及小篆偏旁組合而成。這種現象在《六書故》中是客觀存在，是我們引證時應該注意的。

六、《六書故》形義關係論

（一）分析文字的基礎——六書理論

「六書」一詞最早見於《周禮·地官·保氏》，具體所指爲何，各家所記略有不同。班固《漢書·藝文志》本劉歆《七略》編述而成，爲：象形、象事、象意、象聲、轉注、假借。劉歆的弟子鄭興之子鄭衆《周禮注》解釋爲：象形、會意、轉注、處事、假借、諧聲。現存對「六書」最早也是影響最大的是許慎在《説文解字·叙》中的詮釋，其説解順序也與班固、鄭衆有所不同：

> 一曰指事，指事者，視而可識，察而見意，上下是也；二曰象形，象形者，畫成其物，隨體詰詘，日月是也；三曰形聲，形聲者，以事爲名，取譬相成，江河是也；四曰會意，會意者，比類合誼，以見指撝，武信是也；五曰轉注，轉注者，建類一首，同意相授，考老是也；六曰假借，假借者，本無其字，依聲托事，令長是也。

而許慎關於六書的基本學説仍來自於劉歆。許慎是賈逵的弟子，而賈逵的父親賈徽是劉歆的弟子。因此，班固、鄭衆、許慎三家之説實皆源於劉歆。但許慎對六書又有所發揮，因而許慎的六書名稱與解釋對後來文字研究的影響極大。許慎之後關於六書又有許多新的詮解，宋代學者鄭樵《六書略》創六書分類研究之學，而戴侗緊隨其後，其《六書故》關於六書理論的認識卻極爲特别，有自己獨到的見解，以新材料爲依據創立新説，因而招來了一些人的責難與批評。近十多年來才有一些學者客觀地評價《六書故》

〔一〕《學古編》（卷下），《叢書集成初編》。

的六書理論，肯定了其中一些觀點。《六書故》的六書理論是真理與謬誤同在，我們應該給以全面公正的評價。

第一，關於六書的作用

戴侗以「六書」命書名，在於他對六書有深刻的認識，《六書通釋》說：

> 六書者，群經諸子百氏之通釋也。六書苟通，由是而往，天下之書，不待注疏皆可讀也。六書不通，而以臆說謬爲之注疏，是瞽而爲向者，只益其迷。
>
> 天下之物，猶有出於六書之外者乎？其寡已矣。凡天地萬物之載具於書，能治六書者，其知所以治天地萬物矣。

在《六書故叙》中戴侗認爲：

> 天地萬物、古今萬事皆聚於書，書之多，學者常病於不能盡通。雖然，有文而後有辭，書雖多，總其實，六書而已。六書既通，參伍以變，觸類而長，極文字之變不能逃焉，故士惟弗學，學必先六書。

在戴侗看來，「六書者，格物致知之學，不可徒以爲小學而已也。學文者必由是以入者，入學者先之」（一）。「六書也者，入學之門户，學者之所同先也」（二）。六書通，而群經諸子百氏無不通，而六書不通，必定臆解古書。以六書爲讀書治學之第一要務，爲治學的門徑，這是非常正確的。但戴侗所言「能治六書者，其知所以治天地萬物矣」，則不免言過其實。

《六書故》很看重自漢以來的六書理論，因而全書在每一字原——《六書故》稱「文」下按六書依次排列所孳乳的各類子、孫輩字，從而組成一個個大的文字家族。這種「父以聯子，子以聯孫」的文字分化孳乳排列方式，使我們看清楚了文字的衍生脈絡及方式，其中六書之功是不可没的。

第二，六書與漢字演變

六書作爲古人對漢字形體構造的分類，本是漢字形體構造研究中的一種理論而已。但向來的研究者都力圖由六書以推求漢字的演變歷史，即從平面的歷史積澱中剥離、區分文字孳生、演變的歷時軌跡。戴侗《六書故》在這方面也做出了有益的探索。

文字始於指事、象形。《六書故目》說：「書之興也，始於指事、象形，二者之謂文。」這些「文」，在戴侗看來是構成漢字的最

（一）《六書故》卷十四「振」下。

（二）《六書故叙》。

基本形體，《六書故目》共歸納出這種文一百八十八個，連同四十五個疑文，共有二百二十三個文。戴侗認爲「文，母也；字，子也。象形、指事，文居多；諧聲、會意，皆字也」〔一〕。對此，戴侗還引用鐘鼎銘文字形以證明。《六書通釋》説：「六書始於象形、指事，古鐘鼎文猶可見其一二焉……⊙本象日之圓，而點其中以象日中之微黑……☽本象初月，闕其左以遜於日……山象其峰之隆殺。」

對這一問題，戴侗還從文字產生的角度加以論述。《六書通釋》認爲人類在文字產生之前結繩以記事，隨着社會的發展，「治益繁，巧益生，故有刻畫竹木以爲識者，今蠻夷與俚俗不識文字者，猶或用之，所謂契也。契不足以盡變，於是象物之形，指事之狀而刻畫之，以配事物之名，而簡牘刀筆興焉，所謂書也」。戴侗關於文字起源及演進的分析基本是正確的，現代考古學、古文字學、人類學關於文字起源的研究可以證其説之不謬。

轉注、會意、諧聲以濟指事、象形文字的不足。戴侗認爲「象形、指事猶不足以盡變，轉注、會意以益之，而猶不足也，無所取之，取諸其聲而已矣。是故各因其類而諧之以其聲」。象形、指事爲文，但物類繁雜，「事不可悉指也，形不可殫象也，故會意、轉注、諧聲因文而生焉」〔二〕，會意、轉注、諧聲這些「字」是由象形、指事這些「文」孳生的，是爲了適應社會變化，記載百物而產生的。

假借是盡文字之用的最好手段。《六書通釋》認爲，象形、指事、會意、轉注、諧聲「五者猶不足以盡變，故假借以通之，而後文字之用備焉」。假借是「不可以形求，不可以事指，不可以意會，不可以類傳，直借彼之聲以爲此之聲而已耳」。因而在《六書故》父子孫相聯的文字孳乳系統中不牽涉假借，而只在每一個字的具體詮釋中以「假借之用、借爲」等術語指明在文獻中的假借用法。《六書故》把六書的形成分成：象形指事→會意轉注→諧聲→假借四個階段，看成是一個漸變的不斷滿足人們需要、豐富文字之用的歷史過程。從文字總的歷史演變看，《六書故》的看法是有一定道理的。從今天的研究情況看，則存在諧聲與假借誰先誰後的問題。現代文字學家的研究表明，在大量形聲字出現之前，曾有過一個文字假借的歷史階段〔三〕。因而，戴侗對這一問題的看法是不完全正確的。

第三，對六書的整體定性研究基本正確

《六書通釋》認爲，「六書之義雖不同，皆以形聲而已矣」，「凡六書皆以形人聲而已矣」。這是站在語言的角度對文字的正

〔一〕《六書故》卷九「字」下。

〔二〕《六書故目》。

〔三〕參劉又辛《論假借》，文載《羅常培紀念文集》；趙誠《古文字發展過程中的內部調整》，孫常叙《假借形聲和先秦文字的性質》，文均載《古文字研究》（十），中華書局一九八三年。

確認識，即一切文字都是記録語言的，文字是有聲語言的一種轉换而已。基於此，戴侗對六書每一書特徵的具體分析更爲深刻[一]：

> 有有形而有聲者，有有事而有聲者，有有意而有聲者。有形而有聲者，象其形而聲從之，求其義於形可也；有事而有聲者，指其事而聲從之，求其義於事可也；有意而有聲者，會其意而聲從之，求其義於意可也。有聲而有形者，象其形則可以爲書；有聲而有事者，指其事則可以爲書；有聲而有意者，會其意則可以爲書；形不可勝象也，事不可勝指也，意不可盡會也，則各因其類而諧之以其聲。故諧聲多而義可知，並與其類而莫之從，則直假借以足之。

即象形、指事、會意是既表義又表音的字，而諧聲、假借則是標音字，兩類字性質不同，解析其意義的方法也不同，前者求之於形、事、意，而後者要求諸於聲。

在對六書的整體認識基礎上，戴侗對六書每一書的研究都是具體問題具體分析，取得了相當的成就，當然也有不足之處。《六書故目》曰：

> 何謂指事？指事之實以立文，一二上下之類是也；何謂象形？象物之形以立文，日月山水之類是也……何謂會意？合文以見意，兩人爲从，三人爲㐺，兩火爲炎，三火爲焱，此類是也；何謂轉注？因文而轉注之，側山爲𠂤，反人爲匕，反欠爲旡，反子爲𠫓，此類是也；何謂諧聲？從一而諧以白聲爲百，從品而諧以生聲爲曐，從甘而諧以匕聲爲旨，從又而諧以卜聲爲攴，此類是也……所謂假借者，本無正文，假借以爲用，若博之爲博弈，爾之爲爾汝，辭助是也。

從整體上來看，戴侗對六書的定義是基本正確的。其對諧聲的研究不僅止於此，而且還總結出了諧聲字産生的另一條途徑，這就是《六書通釋》中大力推崇的「六書推類而用之」之術，即戴侗發現一部分諧聲字後起，而聲符爲孳生之本。關於假借的論述，是中國文字學史上對假借認識最早的較爲科學的一家，爲文字學家所稱道。

關於轉注，《六書故》的界説標新立異，受到的批評最多。戴侗以字之倒轉正側爲轉注，有望文生訓之嫌，與傳統界説以及文字實際相去甚遠，是應該拋棄的錯誤觀點。這是不必諱言的。

（二）「父以聯子，子以聯孫」的文字分化孳乳系統

關於文字分化孳乳的最早闡述見於東漢許慎《説文解字·叙》：「倉頡之初作書，蓋依類象形，故謂之文；其後形聲相益，

（一）《六书通释》。

即謂之字。字者，言孳乳而浸多也。」後來的文字學家進一步解釋説：「獨體爲文，合體爲字。」文字雖然是一個完整的概念，但從分化孳乳的角度看，獨體的文是構成漢字的基本部件，而合體的字是由文孳生繁衍出來的，基於此，《説文解字》確立五百四十個部首作爲文字構成的基本形體，統屬所收九千多字。能够從文字分化孳乳的角度對漢字進行分部歸類，這是許慎的首創。這種方法對於文字形體結構的分析，是非常有價值的。因此，《説文解字》之後的各種字書或者全面承襲《説文解字》，或者部分加以改進，或者在《説文解字》的分部基礎之上再研究，從而形成一套新的體系。宋元以來的文字學家鄭樵、戴侗在這方面做出了有益的探索，取得了較大成就。

宋代學者鄭樵在其《通志・六書略》中提出了具有新意的「文字子母説」。他在《六書略・六書叙》中説：「小學之義，第一當識子母之相生；第二當識文字之有間。象形、指事，文也；會意、諧聲、轉注，字也；假借，文字俱也。」他在《六書略・會意序》中又説：「文有子母，母主義，子主聲。」鄭樵文字子母説的分部思想對後來的文字學家影響很大。

戴侗在鄭樵的學説基礎上又前進了一大步。《六書故》按事類分文字爲九大類，這一分類比鄭樵的分類系統要清楚得多。在九類中《六書故》又分出四百七十九目，其中「百八十有八爲文，四十有五爲疑文；文，母也……其二百四十有五爲字，字，子也」[一]。在《六書故目》的排列中，文皆大書，字皆細書。《六書故》「以爲象形指事是文，會意轉注諧聲是字，獨立爲文，判合爲字，文孳乳爲字，猶母生子，字再孳乳，猶子生孫」[二]。《六書故》確立的一百八十八個文及四十五個疑文是最基本的構件，由這些文孳生出二百四十五個字，「字者，孳也，言文之所生也」。這二百四十五個字再孳生其他字，即孫。正如《六書故目》所説：「文一索而生子，子再索而生孫，至於三索、四索，而書之制作備矣。」母生子，子生孫，其方式即按六書之指事、會意、諧聲、轉注的方式依次排列。按《六書故》這一父子孫相聯的孳生系統，一切漢字就可以井然有序地排列了。這一系統是很了不起的。正如唐蘭先生所説：「他（戴侗）的學説很多錯誤，例如把反文認爲轉注，但系統的完密，是很可佩服的。」[三]清代吴玉搢《六書部叙考》評價《六書故》分部時説：「有母部以領子，而又有子部以領孫。六義分屬，條理秩然，壁壘一新，藩籬盡抉。」

戴侗《六書故》「父以聯子，子以聯孫」的文字孳乳系統高於他先輩之處在於，他對文字作了全面系統的分析，從中歸納出了最基本的字形文——母，又由文孳生字——子，子又孳生新字——孫。母、子、孫同條共貫，孳生脈絡清晰。在編排系統上還作了明確的區分：父輩字頂格，子、孫、重孫輩字依次降一格排列，以見孳生層次。而創立漢字部首系統的《説文解字》僅以部首

[一]《六書故目》，又《六書故》卷九「字」下云：「獨文爲文，合文爲字。文，母也；字，子也。象形、指事，文居多；諧聲、會意，皆字也。」

[二][三] 唐蘭《古文字學導論》（上册）三六九頁，齊魯書社一九八一年。

統領所屬漢字，母能生而子不能生，僅此而已。下面我們舉例，就《六書故》與《説文解字》加以比較，以見其一斑。如卷二十九刀部。《説文解字》刀部共收六十二字，其中形聲字五十個，會意（包括會意兼形聲）字十二個。《六書故》共收六十八字，其中包括《説文解字》列爲獨立部首的「刃」。由「刀」以指事方式孳生「刃」，由「刃」以指事方式孳生「办」，以諧聲方式孳生「劒」。由「刀」以會意孳生「劦」等九字，以諧聲方式孳生「剛」等五十四字，最後爲「刀之疑」，收「利、罰」二字。其排列格式如下：

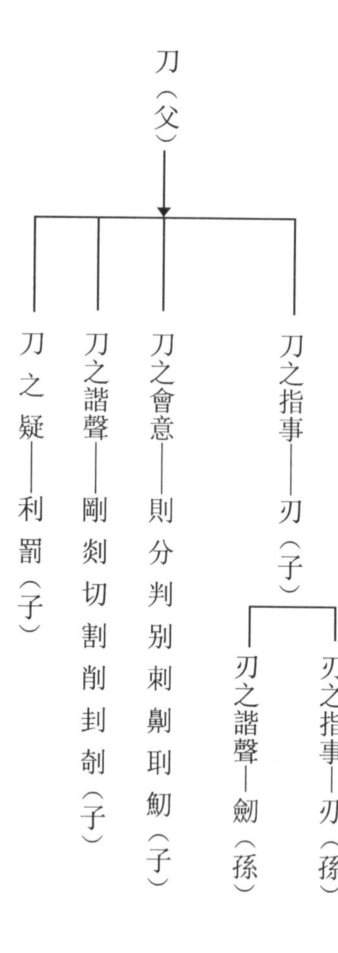

可以看出，《六書故》没有恪守《説文解字》的分部，而是按照文字的孳乳系統排列相關孳生字，基本上符合漢字孳生的歷史事實。這比《説文解字》的獨立爲部，母生子而子不能生的排列更便於分析漢字結構，也更符合漢字演變的規律。

《六書故》父子孫相聯的孳生系統也不同於鄭樵的文字母子説。因爲鄭樵的母子僅局限於文，他説「文有子母，母主義，子主聲」，而且分類系統相當雜亂。《六書故》由母而子，由子而孫，而重孫，系統嚴密，比鄭樵的母子説要完備得多。

《六書故》從大量漢字所歸納出的一百八十八個文及四十五個疑文，還有由文孳生的二百四十五個字，是構成漢字的最基本構件。這些文、字孳生、統領其他漢字，從而構成一個個大的漢字家族。因此，《六書故》實際上是在分析構成漢字形體的最基本偏旁（字原），這對後來的字原學（亦稱偏旁學，今人多稱構形學）的形成影響極大。

《六書故》還注意區別、探究另外一種孳乳現象，這就是戴侗在《六書通釋》中大力推崇的「推類」之術，即從諧聲字聲符入手，系聯部分同聲符諧聲字，實際上做的是系聯同族字的工作，其成就是巨大的。

（三）運用鐘鼎文考釋文字

中國文字學者注意古文字的搜集與研究，這一傳統可以追溯到西漢時代。漢景帝時魯恭王擴建孔宅，從牆壁中發現孔子裔孫爲避秦火而藏匿的古文經典，如《禮記》《尚書》《春秋》《論語》等。當時學者將這些用戰國古文字書寫的儒家經典釋讀並改用漢時通行的隸書書寫，這應是最早的古文字研究。許慎《説文解字》在考釋文字時借鑒了這些古文字。

西晉武帝時汲塚發掘了大批戰國時魏國竹簡，經當時學者整理，共計七十五卷十餘萬字，今存輯佚本《穆天子傳》《竹書紀年》即是其中文獻。這應是文字學史上第二次較大規模的古文字研究，但這批竹簡的古文字未見著録。

唐代李陽冰整理研究《説文解字》，功過參半，學者們屢屢指責李氏擅改《説文解字》小篆，其實李氏據出土的秦碑文字資料訂正傳世文字的方法倒是值得肯定的。

有宋一代，系統整理各種傳世古文資料的著作有北宋郭忠恕的《汗簡》、夏竦《古文四聲韻》，但也僅限於資料的收集。古文字的真正著録與研究始於宋代。銅器大量出土，學者們樂於收集整理出土資料進而考釋銅器銘文。如吕大臨《考古圖》十卷、王黼《宣和博古圖》三十卷、薛尚功《歷代鐘鼎彝器款識法帖》二十卷、王俅《嘯堂集古録》二卷、趙明誠《金石録》等著作的出現，爲古文獻的研究提供了新的資料。朱熹《詩集傳》最先運用銘文訂正《詩經》，這在方法上大大啓發了有宋一代學者。

受這種方法的啓示，宋元之際戴侗《六書故》較早地用銅器銘文以及石刻文字考證古文字，校補《説文解字》，因而常有一些精到見解。在漢字研究上較早地引用新資料即鐘鼎文考釋文字，不管功績如何，從方法論上看都應該予以充分肯定。而歷來墨守《説文解字》的正統學者借此指責戴侗，今天看來正是迂腐的表現。

戴侗在《六書通釋》中認爲鐘鼎文近文字之本形，而小篆則不然，「六書始於象形指事，古鐘鼎文猶可見其一二焉。許氏書祖李斯小篆，徒取形勢之整齊，不免增損點畫移易位置，使人不知制字之本」，如「⊙本象日之圓，而點其中以象日中之微黑，居偏旁之左者，橢其形以讓其右，小篆遂作日日；☽本象初月，闕其左以遜於日，小篆作月，乃與肉無别；山山象其峰之隆殺，訛而爲山山；豕豕本象其四足而尾，訛而从巾；火火本象其岐尾，訛而从火。凡此之類，皆迷失其本文者也」。

在《六書故目》中又説：「凡文，象形者十而九，傳寫轉易，或趨簡省，或加繆巧，浸失本真。⊙本象日之圓，因偏旁而橢之爲⊙，其中加點焉，象日中若有物者，訛而爲一，俗説日中有烏，故又訛而爲乙；☽本避日，取象於其缺，轉而爲月，乃類於肉；曐本取象於其繁，隸書與品亂，故又諧以聲爲曐，今品訛而爲晶，乃爲曐，又從省而爲星；山本象山之形，今訛而爲山，馬本象馬之尾足而鬣，今轉而爲馬；虎本象虎之爪牙，今轉而爲虎。凡若此者，皆迷其本真者也。今各原其取象制文之本初以爲次序，雖稱古文、籀文而不當物者，注之下方。」

可以看出，因爲能取證於鐘鼎文字，戴侗發現《説文解字》所取證的小篆，已經是經過後人整齊劃一的系統文字，由於改易較大，有些已失掉文字之初形，此其一；其二、古鐘鼎文是可見文字本真的較早的古文字形體；其三、《説文解字》所謂的古文、籀文有許多是靠不住的；其四、文字形體的變遷與文字構成的位置有很大關係，如「日」的變化；其五、文字形體發展中的一個重要現象是簡省、趨巧、趨便。現在看來，戴侗的這些看法都是很了不起的。正如唐蘭先生所說：「他用金文作證，用新意來解說文字，如『鼓』象擊鼓，『壴』字才象鼓形之類，清代學者就不敢采用，一直到清末像徐灝的《説文解字注箋》等書才稱引。」明清時小學發達，但仍有不少學者謹守《説文解字》之一點一畫而不敢冒移。清末甲骨文公諸於世時，仍有一些學者視其爲異物而置之不理。今天看來，這正是《六書故》值得稱道之處。如上所舉對「日、月、山、馬、燕、豕、虎」諸字的分析都非常正確。以下選取《六書故》運用鐘鼎文資料考證文字較爲典型的字例，並附以有關文獻加以申説，以見其價值所在：

第一，文 □ 無分切，文理也，象文理錯乂。□商癸彝文，□晉鼎文。（卷一）

甲骨文中的「文（□）」與金文相似，象正立的人形，胸前有刻畫的文飾，以表示紋理。此引用鐘鼎文字證明「文」字的本義，至確。

第二，受 □ 秦鐘志文 □ 師毛卣文。常帚切，上予而下受也。《説文》□从𠬪，舟省聲。按：鐘卣之文皆從舟，《説文》亦云舟聲，而受之上乃作爫，蓋□之訛也。商王受，《尚書》皆作受，他經傳皆從紂，一人不應兩名，且自商紂之外皆無用紂字者，蓋受之訛也。（卷十五）

戴侗從金文分析，疑受從舟，甚是，此與甲、金文合，《説文》之解非。

第三，龍 □ 力鍾切，鱗蟲之長，淵居而天行……□遲父鐘，象形。（卷十八）

戴侗依金文而以「龍」爲象形，與甲、金文合，今本《説文解字》以爲省聲字，非。

第四，隹 □ ……短尾鳥也，今俗以短後爲隹。□孔父鼎文，□父丁鼎文……又於追切，鐘鼎文皆借此爲惟字。（卷十九）

戴侗依金文立説，比小篆隹形更形象，又從銘文歸納出「隹」的特殊用法（假借）。卷十三「惟」：「思之專也，故引之爲專獨之義。亦通作唯、維……按鐘鼎文凡惟皆作隹。」

第五，也 □ 弡伯仲姞也。以支切。又上聲。沃盥器也，有流以注水。象形。亦作□，又作□……《説文》：「女陰也，象形。□，秦刻石文。」匜似羹魁柄，中有道可以注。按：女陰之説甚舛。借爲詞助。羊者切。詞助之用多，故正義爲所奪而加匚爲匜。（卷二十八）

《六書故》據金文所釋至確，《説文解字》之説非。清代徐灝《説文解字注箋》「也」下稱引《六書故》説。現代文字學家唐蘭先生也認爲「也之本字象匜形」，與戴侗之説合。

第六，㫃 □ □鐘鼎文……旗旐之通名也。□象旗杆，其上注刃，旁象旗旐之飅。《説文》曰：「象形，及象旗旐之斿。」（卷三十一）

戴侗據金文字形所釋甚確。羅振玉《增訂殷虚書契考釋》「□象杠（竿）與首之飾，乀象游形」。所釋與戴侗之説近。

（四）文字變易種種

中國文字在歷史演變中，形體出現過種種變異，許多變異是有規律可循的。文字在演變過程中還出現過種種特殊變異，戴侗《六書故》在分析文字形體變化的基礎上發現了這種變異，這對我們分析漢字形體結構，探索漢字發展規律都是極爲有用的。

第一，文字是由後人逐漸規整的，因而訛變是必然的。戴侗在編纂《六書故》時見到了一定的鐘鼎銘文資料。他在《六書通釋》中自叙在寫作時取證不少鐘鼎文資料。他認爲，古鐘鼎文是較古的文字資料，由此可見中國文字之原始。而李斯小篆，已是經過整理、整齊劃一的文字形體。小篆「徒取形勢之整齊，不免增損點畫，移易位置，使人不知制字之本」。《説文解字》所載之籀文，也「率多增益點畫，失文字之本」。因此，在戴侗看來，要推究文字之本源，不能恪守小篆，而必須追溯更古的文字資料，這是他推崇古鐘鼎文，時時駁斥許慎《説文解字》的原因所在。今天看來，戴侗的這一看法無疑是十分正確的。在考釋文字時，戴侗儘量引用可考的古文字資料。而對後來的各種文字變體，他認爲「古書本用刀筆，後世巧謬，乃始有科斗、玉箸、柳葉諸體，皆非本文也，故予皆不取」。從文字考古的角度看，戴侗的這一看法是正確的。

隨着歷史的發展，書籍文獻的代代傳遞，文字的錯訛、變異也代代而有。戴侗認爲，「自篆而八分，自八分而行楷，訛以傳訛，謬以孳謬，至於今日，文亂極矣」。在《六書通釋》中他還認爲：

> 學士大夫既不能盡見全書，往往誦讀以相傳，故得其聲而不得其文，則一字而假借者數字，傳其聲而不得其本，則一字而貿易者數體，棼然殽亂，不可勝一，一之以義可也。古者瞽史蓋時修之。毫楮既興，書道乃備，然其訛謬乃有甚焉，則未有是正於六書者也。經傳諸書，衆所習誦，傳寫者多易以俗書，版本既興，始共謹守一點一畫，不敢更易，不知其爲守訛傳謬也。如《周易》「無」皆爲「无」，則道家者流易之也；唐玄宗天寶三年，詔集賢殿學士衛包改古文從今文，故六籍多用俗書。惟《周禮》《儀禮》《國語》《史記》《漢書》傳習稍少，故猶有未盡變者焉。

戴侗認爲研究文獻用字，不能一味地恪守一點一畫，而要能溝通古今，溝通雅俗，從古今變化中尋求古典文獻的本來用字，從而尋求文字本義。從文獻的發展演變看，從漢字的發展史看，戴侗的這一看法是符合實際的，是值得我們注意的。戴侗注意從諸多文字形體歸納文字演變中的共同現象，以尋求演變軌跡，恢復文字本真。令人叫絶的是他對「弜（射）」字的古今演變分析：

> 弜　食夜切。手弓加矢，射之義也。又食亦切。訛爲射、爲躲。《説文》曰：「躲从身，从矢，弓弩發於身而中於遠也。篆文从寸，寸，法度也。」按：射之从身絶無義。考之古器銘識，然後得其字之正，蓋左文之弓矢訛而爲身，右偏之又訛

而爲寸也。文字之傳訛而鑿爲説者，凡皆若此矣。古有僕射之官，御射者也。孫愐讀爲羊謝切，乃俚俗之音。（卷二十九）

《六書故》對「射」形體訛變的分析與近代考古發掘的甲、金文字形基本一致，可以作爲定論，至此，不由人不爲戴侗的卓識而叫絶。

第二，文字的繁簡省變是漢字發展史上的客觀事實。戴侗在《六書通釋》中説：「凡文有自省而繁者，一之生二、三、亖，口之生吅、品、㗊，又之生収、㕛是也。有自繁而省者，水之爲川、爲巛、爲𡿨，蟲之爲䖵、爲虫，骨之爲冎、爲𠕁、爲卢是也。」這是戴侗歸納的文字孳生由簡趨繁、由繁至簡的兩種現象，這是文字演變中的客觀事實。

《六書通釋》還總結出了另外一種省變現象，即我們通常所説的「省形、省聲」字。《六書通釋》稱前者爲「母容其子而從省者」，如「老之省爲耂，而耋、耄、考、耇容焉；虎之省爲虍，而虞、虔、虐、虘容焉；蟲之省爲䖵，而蠿、蝨、蟁、蠡載焉；䖵之省爲虫，而螟、蛉、螻、蟻依焉，此類是也」。戴侗認爲此類字都是省掉母——形符的一部分而配以聲符，成爲一個新的子——形聲字。傳統所謂省聲字，《六書通釋》稱爲「有子孫其母者」，即「《説文》所謂从某省聲者是也」。

第三，偏旁位置的變换與文字形體構造的特殊關係。《六書故》較早闡述了這一問題。戴侗在研究大量漢字形體構造後發現，有一些漢字變换轉移其偏旁位置後，並不影響其構造的變化、語義的表達。但有些字的偏旁位置卻不能隨意改動，否則影響其原本的構造與語義表達。《六書通釋》稱前者爲「可得變易者」，並舉「朞期，峯峰、峩峨、崒崪、鍫鍬、松枀，謨謩、豁𧮰、槩槪」等，認爲這些字「左右上下雖有變易，不出乎一字」，這一類字即所謂的異體字。《六書通釋》稱後者爲「不可得變易者」，並舉「杲杳、昜明、垕垢、唯售、含吟、召叨、眇省、悲悱、愈愉、意憶、怠怡、忠忡、怒怓、愁愀、忘忙、擘擗、棐棑、架枷、衾衿、裹裸」等。《六書通釋》所歸納的這兩種現象是符合漢字實際的，可成定論。

此外，戴侗還發現文字形體變易中的另外一種情形，即「有讓而縱者，罒之爲目，[illegible]之爲舟，[illegible]之爲車是也；有讓而衡者，水之爲[illegible]是也」。

第四，不成文的單個筆劃部件棄而不取。戴侗發現漢字在演變過程中，有九個字形是構字部件，不是獨立的文，一般不單獨使用，「古今書傳皆未嘗有用此九文者」，這九個筆劃爲丨、丿、乀、𠂆、乚、𠃊、乀、乛、𠃑。戴侗認爲這些筆劃「初不成文，豈有定名」，所以棄而不取，從字典收字角度看，戴侗的取捨是正確的。

第五，對方言變易字的認識獨具慧眼。方言變易字指没有詞的派生的推動，而僅僅是由於方言音變而産生的新字形，書面上寫成兩個字，實際上是一個詞。戴侗發現了這種變易現象，他在《六書通釋》中説：「凡方言往往以聲相禪，雖轉爲數音，實一字也，不當爲之别立文。」並舉數例説明。方言變易字實際上是文字使用上的一種重複，是文字規範、統一的反動，戴侗認爲不當立文，其看法是正確的。

（五）《六書故》所引唐本《説文解字》考

中國文字學史上有人以爲《六書故》竄亂《説文解字》，曲解文字。其實，《六書故》對《説文解字》推崇有加，並非全盤否定。戴侗在《六書通釋》中説：

> 外史失官而六書謬亂，隸楷日滋而篆籀湮没。向微許氏《説文》，文字之本幾於景滅而跡絶矣。至於今而猶有考焉者，許氏之功也。吾先人教學文者，必先六書；學六書者，必考於《説文》。

由於《説文解字》「牽複於絶學之後，裁成於一人之手，猶未免有遺懼，文字之所不可無者，或見於其注説及他偏旁，或一字而再見，遺逸重複，蓋多有之」，因此，《六書故》對《説文解字》多有駁正。在考證文字時，戴侗廣搜《説文解字》異本，有唐本、蜀本、徐本、李陽冰之廣《説文》本等。對《六書故》所引《説文解字》唐本，清人評價不高。清代莫友芝《唐寫本説文解字木部箋異叙》云：「前輩見戴侗引晁記唐本許書，雖刺謬，猶貴重。」清人著作中稱引《六書故》唐本《説文解字》多見。正如唐蘭先生所説：「他（戴侗）《説文》在徐本外，兼采唐本蜀本，清代校《説文》的人所不能廢。」[一] 足見《六書故》所引唐本《説文解字》有其重要的文字學價值。這裏舉《六書故》所引唐本《説文解字》數條，逐一加以考述，以見其價值所在。

第一，昬　呼昆切，日入向晦也。唐本《説文》從民省，徐本從氏省，晁説之曰：「因唐諱民，改爲氏也。」晁説得之。（卷二）

唐本《説文解字》甚是。丁福保《説文詁林·後叙》云：「《説文》昏，從日氐省。氐者下也。一曰民聲。按此篆注並誤。《六書故》稱唐本是昬字，從日、民聲是也。考漢碑，昬爲正字，昏爲别體……從氏者僅《繁陽令楊君碑》『宿不命閽』一見而已。《五經文字》『愍』下云：『緣廟諱偏旁，準式省從氏。凡汦、昏之類皆從氏。』又《舊唐書·高宗紀》，昬字改昏，在顯慶二年十二月。據此知昬字因廟諱故，改從昬之别體昏。試觀唐顯慶前之魏碑，凡昬字皆從昬……顯慶後之唐碑，因避諱皆作昏，可知竄改《説文》亦在中唐以後……（《説文》）宜依《六書故》改作從日，民聲。」可見今存大徐本《説文》非是。然段玉裁《説文解字注》「昏」下極力回護大徐之説，並以爲「一曰民聲」四字爲淺人所增，則過於武斷，失於不察。

第二，黛　徒得切，又徒耐切，青黑色也。用爲畫眉墨。唐本《説文》曰：「或從代。」（卷三）

大徐本《説文解字》無「黛」字。疑奪。《六書故》以爲從黑、代聲，《説文解字》唐本當同此，但唐本又存異説，以「從

（一）《中國文字學》二十二頁。

代」爲會意。此說漢時已有。《釋名·釋首飾》：「黛，代也，滅眉毛去之，以此畫代其處也。」「黛」當爲會意兼形聲。

第三，謚　神至切，王公卿大夫没，跡其德行而爲之稱曰謚，周道也。徐本《說文》：「諡，行之跡也。從言、兮、皿，闕。」徐鍇曰：「兮，聲也。」謚，笑皃，益聲……唐本無諡，但有謚，行之跡也。」（卷十一）

今存大徐本既有「諡」，又有「謚」，《說文解字注》以爲大徐本之「諡」當爲「從言益聲」，並删言部末之「謚，笑皃」一條。清代姚文田、嚴可均《說文段注校議》：「余謂諡即謚之行草，校者以行草爲篆體，因改説解之益聲作『兮皿闕』」。玄應《一切經音義》引《説文解字》作「謚，行之跡也。從言，益聲」。《五經文字》《廣韻》所引《說文解字》此字均作「謚」，不作「諡」。唐開成石經、宋代書版也作「謚」不作「諡」，「知徐鉉之書不能易天下是非之公也」〔一〕。據此可知姚文田、嚴可均之疑爲是，也知《六書故》所存《說文解字》唐本爲至確。

第四，駔　子朗切，徐本《說文》曰：「牡馬也。一曰：馬蹲駔也。」唐本曰：「奘馬也。」（卷十七）

《說文解字注》謂「牡」爲「壯」之訛，所據有《文選》李善注引《說文》及《六書故》所引唐本。《說文·大部》「奘者，駔大也」，《爾雅·釋言》「奘，駔也」。據此，「駔」當依唐本爲「奘馬」。

第五，龕　口含切，《說文》曰：「龍皃也。」徐本：「合聲。」唐本：「今聲。」晁氏曰：「從今乃得聲。」（卷十八）

《說文解字注》曰：「各本作合聲，篆體亦誤，今依《九經字樣》正。」段氏改爲「今聲」，考金文，周代《牆盤》《眉壽鐘》之「龕」正從「今」，不從「合」。可知唐本之確，徐本大誤。

今日所見唐寫本《說文解字》有二：一爲木部殘本，一爲口部殘簡。木部殘本爲莫友芝得自安徽黟縣令張仁法者，共六紙，存一八八字。莫氏得此書第二年即依原本摹寫刊刻並著《箋異》一卷。口部殘簡有二：一爲日人平子尚氏所藏，存四字，未公諸世；一爲日人某氏所藏，存六行十二字，見於日本京都《東方學報》第十册第一分《説文展觀餘録》中，爲唐代日本人摹本〔二〕。這兩種唐本殘本，爲《說文解字》研究者所珍視，誠大勝於二徐本。《六書故》所存應是唐本《說文解字》的第三批彌足珍貴的資料。從與二徐本及其他文獻資料的比勘中可以看出，大部分是可信的，勝過二徐本，藉此可以補今本之不足，訂正自唐以來《說文解字》研究中的錯誤。這些資料雖元明以來從事小學研究的人屢有稱引，但時至今日仍没有對此加以條述，這一問題仍然没有引起研究者的足够重視，因而學者們對《說文解字》一些材料的稱引仍以訛傳訛。

〔一〕《說文解字注》三篇上「謚」下。

〔二〕周祖謨《唐本說文與說文舊音》，載《問學集》（下册）七二三頁，中華書局一九六六年。

七、《六書故》音義關係論

戴侗《六書故》對漢字的認識，在形、音、義三方面都有突破。以形索義，這是自許慎以來研究字義的主要方法，戴侗以六書統漢字、分析漢字形體，值得稱道的是他較早地引用銅器銘文考釋文字，新材料的引進使他在文字考釋方面取得了較大成就。但戴侗研究字義不僅僅依靠形體，他從語言的角度認識到漢字作爲語言符號的性質，進而闡述文字形體與音、義的關係，在此基礎上提出了音義關係的一個基本理論：「因聲以求義」，並且有意識地把自己的這種主張付諸實踐。「因聲求義」理論的提出，標誌着語義研究中語言學觀點的真正確立，打破了自漢以來重形不重音的研究傳統，不再拘泥於文字形體的一點一畫，而著眼於聲音，把文字和語音聯繫起來，以聲音尋求文字的本義及其相互關係。戴侗「因聲以求義」這一認識是深刻、全面而豐富的，有些見解實是前無古人，後啓來哲。對此進行客觀全面的評價，將有益於今天的語義研究。

（一）「因聲以求義」的理論基礎

戴侗在對漢字性質認識的基礎上，提出了「因聲以求義」的理論。

文字是記録語言的一種書面符號，文字與語言有着密切的關係。文字形體與語言（音義）的關係，戴侗以前的學者並未進行深入研究。《六書通釋》説：「夫文，生於聲者也，有聲而後形之以文，義與聲俱立，非生於文也。」「夫文，聲之象也；聲，氣之鳴也，有其氣則有其聲，有其聲則有其文……非文則無以著其聲。」「聲，形而上者也；文，形而下者也。」「聲，陽也，文，陰也；聲爲經，文爲緯；聲圓而文方，聲備而文不足。」這裏的聲就是指説話的聲音，即語音。戴侗認爲，聲義是第一位的，文字是第二位的，聲音（語音）統率、決定文字。這一認識客觀地反映了語言與文字的現實，無疑是正確的。在《六書通釋》中，戴侗從語言的起源到文字的産生作了詳盡的闡述。文字未産生之前，語言早已存在，社會的發展，語言的變化，「治益繁，巧益生」，「而不可以莫之徵也」，當有聲語言不能滿足人們的交際需要時，一種輔助口頭語言的交際工具——結繩出現了，然而這種工具不能詳細記載人類的各種活動，於是「刻畫竹木以爲識者」産生了，這就是契，它是文字的前身。「契不足以盡變，於是象物之形，指事之狀而刻畫之，以配事物之名，而簡牘刀筆興焉，所謂書也」，這就是文字。「象形、指事猶不足以盡變，轉注、會意以益之，而猶不足也，無所取之，取諸其聲而已矣……五者猶不足以盡變，故假借以通之，而後文字之用備焉」。戴侗明確指出，當象形、指事、轉注、會意不足以表達人們的思想或社會變化時，可以「取諸其聲」，這個聲即語音。這裏透露出了一點消息，聲音可以表達某種意義，也就是説，字的形體可以反映客觀事物的意義，字的聲音也可以直接表達某種客觀事物的意義，這和他「義與聲俱立，非生於文也」的思想相一致。

綜上所述，戴氏認爲文字是語言的産物，文字是記録有聲語言的符號，也就是戴侗所説的「有聲而後形之以文」，「非文則無以著其聲」。文字符號和語言的這種密切關係，正是文字本身的特點，也正是圖畫與文字的區別所在。基於這一點，戴侗才説「六書之義雖不同，皆以形聲而已矣」，「凡六書皆以形人聲而已矣」。六書——包括所有的漢字，都是以形表聲的。這是站在語言的角度對文字的認識，符合一般語言學原理。從文字作爲交際工具這一點看，文字的産生實際是有聲語言的一種轉换，把傳情達意的口語音響形式轉换爲書面語的符號形式，這種書面符號就是文字。

對漢字性質的認識，戴侗没有停留在記録語言符號系統的認識上，而有更進一步的探索，對漢字形、音、義的特殊關係，戴侗的認識有以下幾種：

「有形而有聲者」——「象其形而聲從之」——即象形

「有事而有聲者」——「指其事而聲從之」——即指事

「有意而有聲者」——「會其意而聲從之」——即會意

「諧聲」——「因其類而諧之以其聲」——即諧聲

「假借」——「本無而借於他」——即假借

上述前三種，即象形、指事、會意字，以下統稱象意字。按戴侗的分析，其形體既表義又表音，「象其形、指其事、會其意」而「聲從之」。就是説，這些字的形、音、義是三位一體的，這些字具有雙重的價值，既代表一個可以描繪的事物，又代表一個語音的形式，它們各自的讀音是一種約定俗成的讀音，所以人們見形即知其音義，這一類漢字可以稱作（以形）表義音字。諧聲、假借則是標音字，形體本身不能表達它們的意義，從諧聲的形旁僅能推知意義的大類，這種字的確切意義仍要靠聲符表達，這種漢字可以叫（借形）標音字，如諧聲字「松、柏」，均爲木名，具體所指靠聲符區别，「借公以諧松之聲，借白以諧柏之聲」，借「公、白」之聲表「松、柏」之義，「公、白」形體本身不表達什麽意義；假借字「博、爾」，「博」借用爲博弈，「爾」借用爲爾汝，「博、爾」本身没有博弈、爾汝之義，這裏僅僅是借音標義。諧聲、假借的這種標音與表音文字的標音不完全相同，表音文字的標音是以文字符號忠實地記録實際語音，而漢語的這種標音字仍然没有脱離固有的方塊漢字系統，没有發展成純粹的拼音符號。諧聲、假借字的出現，是文字與語言相適應的一種標誌，戴侗以語言學家的敏鋭目光看出了漢字的表音特性，把文字和語言聯繫了起來，並且按照漢字本身的構成特點把它們分成兩類來認識，這種見解是非常深刻的，給其「因聲以求義」論奠定了堅實的理論基礎。

（二）「因聲以求義」論

在對漢字性質的認識基礎上，戴侗提出了「因聲以求義」論，並且通過《六書故》較好地進行了實踐，比學界公認的系統完整地提出「因聲求義」理論並付諸實踐的清代學者段玉裁、王念孫等要早幾百年。

據上分析，漢字可以分做兩類來認識，戴侗認爲應運用不同的方法考求它們的意義。對象形、指事、會意這些表義表音的字，直接從形體上考知字義。象形，「求其義於形可也」；指事，「求其義於事可也」；會意，「求其義於意可也」。這些字雖然都表示聲音，但「雖不求諸聲，猶未失其義也」。

而諧聲、假借這些標音字則必求諸聲，「至於諧聲，則非聲無以辨義矣」。在考求字義上，從諧聲形符還可以瞭解字義的大類，「諧聲者猶有宗也，譬若人然，雖不知其名，猶可以知其姓；雖不察其精，抑猶未失其粗也」。儘管如此，考求諧聲字義，形符的作用不是很大，而要辨明它們的意義，仍然離不開聲符。至於標音字中的假借，「則不可以形求，不可以事指，不可以意會，不可以類傳」，因爲假借「直借彼之聲以爲此之聲而已耳」，因而「求諸其聲則得，求諸其文則惑，不可不知也」，而「不知諧聲、借聲之義者，其爲説必鑿」，所以他認爲「夫文字之用莫博於諧聲，莫變於假借，因文以求義而不知因聲求義，吾未見其能盡文字之情也」。諧聲、假借既然以聲標義，不取諸形，而取諸其聲，那麽這些字就可以求義於聲。基於這一點，約占漢字百分之八十的諧聲字以及大量的假借字要「因聲以求義」，不能「因文以求義」。他進而指出「書學既廢，章句之士知因言以求義矣，未知因文以求義也；訓詁之士知因文以求義矣，未知因聲以求義也」。不知「因聲以求義」是訓詁之士考釋文字的弊端，戴侗的目的正在於革除弊端，反其道而行之，「因聲以求義」，這正是戴侗的精到之處。

《六書故》「因聲以求義」的内容非常豐富，其具體做法大致有以下幾個方面：

第一，聲通聲轉説

《六書故》屢言「聲通、聲轉、聲近」，以作爲溝通詞義的樞紐。這種認識可以追溯到《爾雅》《方言》及漢人訓詁，它們雖然都是「釋古今之異言，通方俗之殊語」，但僅僅是古今雅俗材料的羅列。《方言》一書言及「聲轉」，如卷三：「廷，空也。語之轉也。」「庸謂之倯，轉語也。」但不多見。其後，晉代郭璞注《方言》多言「聲之轉」，如「杷」條注：「語轉也。」「大也」條「皆古今語也」下注「語聲轉耳」。郭璞已經從音變角度看到語言的古今、方雅的變化，但仍只是現象的羅列，没有進一步從語音上作出系統的分析。

到了宋代，古音學興起，學者們有意尋求聲音通轉的法則，即聲轉的原因是什麽，到底怎麽個轉法，在哪些範圍内可以轉，吴棫作《韻補》，分古韻爲九部，較早地、有意識地從語音的古今分合變化角度談韻部通轉的規律。此後，程迥《音式》、鄭庠《古音辨》也都談及通轉問題。宋代學者所提出的結論正確與否還可討論，但從他們給古韻分部及對通轉的探索看，已意識到了古音分合變化的某種情況，這種做法，在某種程度上啓發了同時代及後來的不少學者。戴侗不免也會受到這種風氣的影響，他承繼前賢，並吸收同時代學者的長處，從理論到實踐大膽探索聲通聲轉問題，提出了自己的看法。可以説，在他之前和與他同時代的研究者當中，他是出乎其類、拔乎其萃的。

甲、聲通聲轉條例

（一）關於聲轉

①一聲之轉（或：聲之轉），如：

女　尼吕切……借爲爾汝之女，爾吕切。吾、卬、我、台、予，人所以自謂也；爾、女、而、若，所以謂人也，皆一聲之轉。（卷九）

儂　奴冬切，吴人謂人儂。按：此即人聲之轉，甌人呼若能。（卷八）

②一聲之轉，實一物也（或：非二物也，不過一物爾），如：

鷖　烏雞切，鷗。按：鷖、鷗特一聲之轉，實一物也。（卷十九）

③實一字，一聲之轉，如：

蕝　子悦切，又子芮切。按：蕞、蕝實一字，雖讀有三音，特一聲之轉。（卷二十四）

④一聲之轉，其義一也（或：其義略同），如：

奚　胡雞切……又假借之用與何同。奚、何、胡、曷一聲之轉，其義一也。（卷九）

（二）關於聲通

①聲相通，如：

刻　苦得切，雕剔也。刻與契聲相通。刻深於契。（卷二十九）

②聲相通、義亦相近也（或：義相通）

末　莫撥切，木杪也……故因爲末殺、末滅、末略。末、蔑、莫聲相通，故又與蔑、莫同義。（卷二十一）

③聲義相通，如：

泯　武盡切，泯合也。泯滅聲義相通。（卷六）

（三）關於聲近（聲鄰）

①聲相近（或：聲相鄰），如：

蛭　之日切……《爾雅》曰：「蛭，蟣。」《説文》曰：「齊謂之蛭蟣。」按：今人亦謂之馬蟥，《本草》作馬蛭，蛭亦作蜞。蜞、蟣、蛭、蟥聲相近。（卷二十）

②聲相近，實一物，如：

鶻　胡忽切，鶌類也。《爾雅》曰：「鶌鳩，鶻鵃。」……鶻、鶌聲相近，殆一物也。（卷十九）

③聲相近，義相通（或：義相同），如：

徒　同都切，無車步行也……故其用又與特同。徒、但、特、獨聲相近，義相通也。（卷十六）

④聲義相近（或：聲義相邇，聲義蓋相近、聲義略同等），如：

莫，……又借爲無有之義，莫、末、蔑、靡聲義相近。（卷二）

賸　以證、而證二切，用餘也。……賸、羡聲義相近。（卷二十）

（四）關於聲同

①同聲（或：一聲），如：

曉　呼鳥切，明辨也。昕、曉同聲。（卷二）

②同聲，其義一也（或：聲同，一也），如：

迓　魚架切，迎、迓聲同，其義一也。（卷十六）

③同聲（或：一聲），實一字，如：

稷　煎弋切，土之穀也……五穀之長也，南人謂之穄……侗謂穄、稷同聲，實一字。（卷二十二）

（五）關於同音

①同音，如：

鍚　按：鍚、糖特一字，昜與唐同音。（卷二十八）

②「與×通」（或：與×同、與×通用），如：

較……借爲較競之較，與角通。又居效切，比較也，與校通。（卷二十七）

住……又朱遇切，與駐通。（卷八）

乙、聲通聲轉的意義和作用

分析《六書故》的聲通聲轉條例，可以看出，所謂「一聲之轉」，多指同一詞因古今或方雅不同造成的語音轉變，書面上表現爲同詞異字，這些字在語音上是相通的。「聲通、聲同」指兩個字（詞）在「聲」上的相通、相近、相同。總觀全書中的「一聲之轉、聲通、聲近、聲同」條例，我們發現，它們之間意義相通、互相補充、互相説明。同一字，在不同的地方或言「一聲之轉」，或言「聲相通」，如卷九「女」下「吾、卬、我、台、予，人所以自謂也；爾、女、而、若，所以謂人也，皆一聲之轉」。而在《通釋》中又説：「台、余、吾、我、卬，皆爲自謂之名；爾、汝、而、若，皆爲謂人之名；誰、孰、若，皆爲問人之名。此所謂聲之相通者也。」聲之相通與相近是相同的，如卷二十一「末」下云：「末、蔑、莫聲相通，故又與蔑、莫同義。」卷二「莫」下云：「又借爲無有之義，莫、末、蔑、靡聲義相近。」《六書故》雖然使用了四個術語，但它們之間的意義是相通的，就是聲之相同或相近。「同音」則指聲音完全相同。

《六書故》的「聲」具體指什麼呢？《六書通釋》説：「聲之相通也，猶祖宗衆姓之相生也，其形不必同，其氣類一也；雖有不同焉者，其寡已矣。」「台、余、吾、我、卬，……爾、汝、而、若，……此所謂聲之相通者也。」在這裏，「聲」指聲紐相通，「聲」如同祖宗幾代，形貌不同，但氣質相似。比喻雖不確切，卻説明了聲紐相通、意義相通的道理。在這個問題上，《六書故》反對「不審聲而配韻以立義」，《六書通釋》説「今之爲韻書者，不以聲爲綱，而鑿者每以韻訓字，故其義多忒」。《六書故》反對不注意聲紐而只從韻看問題的態度，認爲「韻之相邇也，猶猩猿之似人，鱔之似蛇，蜀之似蠶也，其形幾似，其類實遠；雖有同焉者，其寡已矣」。並舉「春之爲言蠢也，夏之爲言假也，秋之爲言愁也」等加以説明。

《六書故》反對「不審聲而配韻以立義」的做法，而宣導「聲之相通」。全書基本上做到了聲紐的相通。如卷二十三「笴」下云：「竿、幹、个、箇、稾（槀）、笴，一聲之轉。」「竿」等六字均屬見母。再如「刻」下云：「刻、契聲相通。」二字均屬溪母。卷十一「諏」下云：「咨、諏聲義相近。」「咨、諏」均精母字。他所謂的「聲轉、聲通、聲近」實際上就是聲紐相同。韻爲字音的一部分，《六書故》反對「不審聲而配韻以立義」，但並没有拋棄韻，《六書通釋》認爲「聲爲陽，韻爲陰；聲爲律，韻爲吕」。聲通以聲爲主，韻是輔助成分。所以有時他所説的聲通，實兼及韻之相通，如「棣」下云：「棠、唐、常聲相邇。」「棠、唐」均定母唐韻，常，禪母陽韻，「唐、常」韻相近。條例中的「同音、與×通」等，一般來説，聲韻全同。可見，《六書故》所謂「聲之相通」，指聲紐的相同或相近，偶亦顧及韻的相同或相近。

在「以韻訓字」盛行的時代，《六書故》看出了這種方法的不足，能吸取前代及當時學者對聲韻通轉的研究成果，較早地使用「一聲之轉、聲通、聲近、聲同」等術語闡明「聲之相通」在釋義上的作用，可謂獨具卓識。

《六書故》「聲之相通」説對清代學者「聲轉」説有很大影響。清戴震作《轉語》二十章（書不傳，僅存序），序文所言與戴侗觀點近同，他説：

> 參伍之法，台、余、予、陽，自稱之詞，在次三章；吾、卬、言、我，亦自稱之詞，在次十有五章……凡同位爲正傳，位同爲變傳。爾、女、而、戎、若，謂人之詞，而、如、若、然，義又交通，並在次十有一章。

戴侗指出「台、余、吾、我、卬，爾、汝、而、若」等爲一聲之轉，聲紐相通，戴震指明了它們在《轉語》中的章次[一]，又總結了一條規律，「凡同位爲正傳，位同爲變傳」。前修未密，後出轉精，戴震取得成就也是必然的。後來郝懿行撰《爾雅義疏》，

〔一〕 齊佩瑢據戴震《聲類表》排列他的聲轉條例，指出：台、余、予、陽在次三章，即喻母；吾、卬、言、我在次十五章，即疑母；爾、女、而、戎、若、如、然，在次十一章，娘日母。《訓詁學概論》一二一—一二二頁，中華書局一九八四年。

他在《又與王伯中學使書》裏自叙其法：「鄙意欲就古音古義中博其趣，要其會歸，大抵不外同、近、通、轉，四科以相統系。」郝氏聲之轉、近、同、通主要指聲紐之相通（當然也不排除韻之相近），可見聲紐之重要。朱駿聲《説文通訓定聲》也屢言「一聲之轉」。「凡言『一聲之轉』也都是雙聲」〔一〕。王國維更明言：「古人假借轉注，多取雙聲。段王諸儒自定古韻部目，然其言訓詁也，亦往往捨其所謂韻而用雙聲。其以疊韻説詁訓者往往扞格不得通。然則與其謂古韻明而後詁訓明，毋寧謂古雙聲明而後詁訓明歟？」〔二〕從前人的論述看，聲之相通在音轉中的地位非常重要。而《六書故》作者戴侗比較早地注意研究、闡發這一問題，其功勞是顯而易見的。

第二，假借論

假借，爲六書之一，在中國文字學史上最早也是影響最大的解釋是許慎在《説文解字·叙》中的闡釋：「假借者，本無其字，依聲托事，令長是也。」許慎，或者説漢代學者所認爲的假借，就是用某個字來表示它的本義之外的某種意義。至於這種現象究竟是由詞義引申引起的，還是由借字表音引起的，當時人並不去分辨。可能他們根本不承認在「本無其字」的假借裏，有跟詞義引申無關的借字表音現象，從《説文解字》喜歡把借字表音現象硬説成詞義引申的情況來看，後一種推測大概是正確的。但是，跟詞義引申無關的「本無其字」的借字表音現象，是客觀存在的。無論從普通文字學的角度，還是從漢字的發展演變事實來看，都必須承認這一點。詞義引申是一種語言現象，借字表音則是用文字記録語言的一種方法，二者有本質的不同。必須將這兩種情況區分開來。否認借字表音現象的存在是錯誤的；把由詞義引申引起的和由借字表音引起的一字多用現象混爲一談，都稱爲假借，也是不妥當的。裘錫圭先生認爲戴侗已經「指出了把詞義引申跟借字表音混同起來的不妥當」，「戴侗在《六書故》裏就明確提出了假借不應該包括引申的主張，他解釋假借説：『所謂假借者，義無所因，特借其聲，然後謂之假借。』因此他認爲『令、長』不能用作假借的例字，像『豆』字本來當一種盛食器皿講（俎豆之豆），又借爲豆麥之『豆』，這才是真正的假借。」〔三〕事實上，清代以前的文字學者，絕大多數是把引申包括在假借裏的，即使現在，仍有學者這麽認爲〔四〕。可見漢以來關於假借的説法有多麽大的影響。全面研究並客觀評價《六書故》的假借理論，對促進漢語文字學的發展是有很大意義的。

甲、正確的理論闡述

〔一〕王力《中國語言學史》一二三頁，山西人民出版社一九八五年。

〔二〕《觀堂集林》卷五《爾雅草木蟲魚鳥獸釋例》。

〔三〕裘錫圭《文字學概要》一〇二—一〇三頁，商務印書館一九九六年。

〔四〕黨懷興《假借研究論述》，載《中國文字學報》（第二輯），商務印書館二〇〇八年。

分析大量的文獻後，戴侗看出了「古書假借居多」的現象，並認爲「假借多而義難求」，因此，探討古書假借現象，尋找規律，是戴侗《六書故》的主要任務之一。

從《六書通釋》《六書故目》的論述看，戴侗對假借現象有正確的認識。許慎以「本無其字，依聲托事，令長是也」釋假借，戴侗提出異議：「古人謂令長爲假借，蓋已不知假借之本義矣。」他認爲：「合卩爲令，本爲號令、命令之令，去聲；令之則爲令，平聲。長之本文，雖未可曉，本爲長短之長，平聲；自穉而浸高則爲長，上聲；有長有短，弟之則長者爲長，上聲；長者有餘也，則又謂其餘爲長，去聲。二者皆有本義而生，所謂引申之，觸類而長之，非外假也。」

戴侗認爲「所謂假借者，謂本無而借於他也」，「所謂假借者，義無所因，特借其聲，然後謂之假借。若韋本爲韋背，借爲韋革之韋；豆本爲俎豆，借爲豆麥之豆；令鐸之令，平聲，今作鈴，特以其聲令令然，故借用令字，豨令、伏令，以其狀類鈴也，故又從而轉借焉。若此者，假借之類也」。假借的這一特性決定了在釋義上必須求之於聲，「求諸其聲則得，求諸其文則惑，不可不知也」，本着這樣的精神，戴侗在明確假借方面取得了相當的成就。

乙、科學的實證分析

首先，在釋義時闡明假借義。詞義有本義、引申義，有假借義，前者可求之於形，後者則必求之於聲。假借義是借一詞的聲音來表達語言中有義無字的詞義，即許慎所述「本無其字，依聲托事」的假借，後人稱爲「造字假借」。在《六書故目》中戴侗認爲：「所謂假借者，本無正文，假借以爲用，若博之爲博弈，爾之爲爾汝，辭助是也。」在《六書通釋》中他還舉了「韋、豆、令」等例。《六書故》在詞義訓釋中闡釋了大量這種現象。書中常用「借爲、假借之用、假借」等表示，如：

足……自股脛而下通謂之足……借爲給足之足。又遵遇切，借爲足共之足。（卷十六）

栗……假借之用三：嘉栗、恂栗……；栗烈、戰慄……；齊栗……。（卷二十一）

關於假借義，戴侗側重於辭助假借的闡述。他認爲「凡虛而不可指象者多假借，人之辭氣抑揚最虛，而無形與事可以指象，故假借者十八九」。這是戴侗從大量語言現象中歸納出來的科學結論。對於語辭假借，戴侗屢言「借爲發語辭、借爲辭助、借爲語辭」等。如「其，假借有三：《書》曰：『嗚呼曷其。』與居通，爲語助。又渠之切，義與渠通，指其人其物之辭也，亦爲疑辭。」

在《六書通釋》中戴侗根據辭助聲音的高低抑揚及在句中的位置分成：

發語之揚者：於（音烏）、猗、若、夫（音扶）、羌

其抑者：抑、緊、乃

其平者：爰、載、肆、惟、式、誕、越

卒語之揚者：邪、與（平聲）、哉、諸、兮、居（居之切）

其抑者：耳、爾、只、已

其平者：者、也、焉、旃、斯、思、忌（音記）

根據作用的不同又分成：

順語：然、若、必、蓋

反語：弗、不、匪、靡、末、蔑、罔

疑語：何、奚、那、豈、曷、害（胡葛切）、安、焉（於虔切）、惡（哀都切）、遐、胡、孰、或

語間：於（衣倶切）、以、而、則、之、所、斯、其

嗟歎之聲：俞、噫戲、烏呼

「凡此皆有其聲而無所依以立文，故必借他文以備用，此假借之道也」，「不知諧聲借聲之義者，其爲説必鑿」。語辭借文標聲立義，人或以其形説之，則必穿鑿附會，遠離經本，這是清人爲學常常指責的弊病。戴侗用心良苦，深明虚詞「假借之道」，並能仔細體會語辭的意義和作用。戴侗按語助辭在句子中的位置及在不同語句中所表達意義的不同加以分類條陳，實際上已觸及到了虚詞的語法分析及描寫，這給後來的虚詞研究者諸多啓示。

戴侗除闡明假借義外，還力争在訓釋中指明古書通假字，類似後人所説「本有其字」的假借，或稱之爲「用字假借」。戴侗認爲通假字産生的原因在於「學士大夫既不能盡見全書，往往誦讀以相傳，故得其聲而不得其文，則一字而假借者數字；傳其聲而不得其本，則一字而貿易者數體」，「大概古書假借居多」，「假借多而義難求」，只有明假借才能讀懂古書。指明通假字，戴侗常用「（亦）借用×」、「×××，亦借用此」等來表示，如：

早　子浩切，日之早時也，亦借用蚤。（卷二）

蚤　子皓切，嚙膚跳蟲也。早暮之蚤亦借用此，手爪之叉亦借用此。（卷二十）

眉　門悲切，……古書多假借。《荀子》：「面無須麋。」借用麋字。（卷十）

第三，雙聲疊字説

甲、雙聲——聯綿字新説

聯綿字，舊亦稱「連字、連語、謰語」，今通稱聯綿詞，一般定義爲「雙音節的單純詞」，包括雙聲、疊韻、非雙聲疊韻等幾種情況。

聯綿字的研究開始得很早，如《爾雅·釋訓》篇有「籧篨，口柔也」，「戚施，面柔也」，「婆娑，舞也」等。《廣雅·釋訓》所釋比《爾雅》爲多，約三十條，如「徘徊，便旋也」，「躊躇，猶豫也」等。《爾雅》《廣雅》均重於資料的排比，並没有對聯綿字做系統研究，没有貫通同一意義但不同形式的聯綿字。

較早對聯綿字進行單獨研究的是宋代張有，他的《復古編》卷六爲《聯綿字》，這也是「聯綿字」一詞的最早使用。《復古編》卷六共收雙音節詞語五十八個，其中四十五個是聯綿字，如「繽紛、踟躕、阿娜」等。張有對聯綿字的收集是較多的，單獨編爲一卷也是有見地的。但張有在分析一些聯綿字時囿於古形，否定其他形體，則失於拘泥，説明他對聯綿字的本質特徵還缺乏深刻的認識。

較早地對聯綿字進行科學研究的應是戴侗，其《六書故》對聯綿字的研究不同於先輩，其高於先輩並給後來的聯綿字研究頗多啓示的地方在於：

（一）對聯綿字的性質有了較爲深刻的認識

聯綿字指由兩個音節聯綴成義而不能分訓的詞，它實際上是雙音節的單純詞，戴侗在《六書故》中稱爲「雙聲」，他認爲這種字皆借字標音立義，如卷六「槷沿」下云：「凡形容之辭多用雙聲疊字，率不過假借。」卷五「岣嶁」下云：「句僂、昆侖、肅爽皆雙聲假借字。」卷二「昆」下云：「又爲昆侖，渾厚之象也，義取其聲。」再如卷十二「⿱髟監鬖、鬖髟，皆髮垂散貌，義各如其聲」，卷十二「鬅鬙，髮散亂貌，義如其聲」。這些雙聲字形多不表義，僅借他文之聲以標義，也就是以聲表義。既然如此，對這些字的解釋，戴侗認爲就應「因聲以求義」，「取義於聲可也」，正如卷二十五「窔」下所説：「窈窔，幽閒也。凡雙聲字當以聲求，不當以文求。又作窱。《説文》曰：『杳窱也。』按：杳窱即窈窔字。」再如卷三十一「裴回，雙聲借義，猶言迴旋盤桓也」。戴侗抓住了聯綿字以聲表義的本質，因而能够因聲求義。基於此，《六書故》在字頭編排上，雙聲字也都字頭連釋，體現了戴侗的聯綿字觀念。

在這一點上，清代學者與戴侗的認識是相通的。王念孫在《廣雅疏證》「躇」下説：「夫雙聲之字，本因聲以見義，不求諸聲而求諸字，固宜其説之多鑿也。」段玉裁在《説文解字注》「猶」下云：「古有以聲不以義者，如猶豫雙聲，亦作猶與，亦作冘豫，皆遲疑之貌。」戴侗與段王所説都抓住了聯綿字以聲表義的本質特徵，王念孫所云：「其義即存乎聲，求諸其聲則得，求諸其文則惑矣。」（一）戴侗强調「當以聲求，不當以文求」，戴、王的理論如出一轍。

（二）以聲音貫通同義異形聯綿字

聯綿字多托名標識，加上古今或方言變化，往往使一個聯綿字有若干不同的書寫形式。這些詞形式不同，但聲音相同或相近（指古音），意義也相同。如「逶迤」，可以寫成「螔蛇、委佗、倭遲、威夷、遺蛇、倭夷、委蛇」等。對此，當從聲音上溝通，不應强分單詞爲訓。戴侗在《六書故》中廣收聯綿字異形，不拘形體，以聲音貫通，比張有《復古編》排斥異體的做法要高明得多。

注意音義關係，匯通同一聯綿字的幾個不同的書寫形式，也即一個詞的不同語音變體，並輔之以一定的文獻材料加以考證、訓釋，科學準確，爲後來的聯綿字研究奠定了基礎。如卷八「侜」下云：「張流切。《說文》曰：『有壅蔽也。』《詩》云：『誰侜予美，心焉忉忉。』毛氏曰：『侜，張誑也。』與『譸』同。按：《書》『無或譸張爲幻』。譸，譏誑也；張，張皇也。孔氏合而釋之以誑，毛氏以張釋侜，皆非。又作『侗』，亦作『侏』。譸張、侜張、侗倡、侏張實一字也。或用爲俶儻之俶者，非。朱與周皆非丁歷之聲。」旁徵博引，正前人之誤説，立釋義之規範，溝通異體，一目瞭然。

當然，《六書故》的聯綿字研究理論上還不够深入徹底，異形聯綿字的溝通還不够普遍廣泛。在聯綿字的研究實踐中有時還承用舊説，以訛傳訛，如卷十七「猶」下云：「犬子也。犬子視人所向，捷出其先，複次且以俟，所謂猶豫也。」

乙、疊字——疊音詞

疊字，古或稱「疊音字、重言字」，即現代所謂的疊音詞，是由兩個相同的音節構成的單純詞，多用於描繪情貌和擬聲，多用於韻文。如「天天、灼灼、岌岌、嫋嫋、萋萋、關關、丁丁、嘈嘈、切切」等。中國古代較早收集並訓釋疊音詞的著作是《爾雅》，主要收集見於《詩經》的詞語。

疊音詞是用兩個音節構成一個語素，是不能分開來解釋的單純詞。以聲表義是這類詞的基本特點，因此在古代疊音詞大多無專用字，大都是借用其他字，對被借用字只用其形音，不用其義。戴侗看到了這一點，稱疊音詞爲「疊字、疊聲、疊語」等，在注釋疏解疊字時屢言「假借」，如卷五「陜」下釋「陜陜」曰：「凡疊聲多假借，非其本義。」卷二十九「鼛」下云：「鼓聲如困困、隆隆、簡簡、逄逄皆假借以形聲，不必盡制字。」疊音詞既以假借爲主，因此疊音詞的訓釋就要「因聲求義」，不能望文生義。《六書故》對疊音詞都並釋之而不分訓，正是基於疊音詞「因聲表義」的特點。《六書故》對疊音詞特點的闡述以及訓釋是科學的，值得肯定的。

（一）《廣雅疏證》卷六。

第四，諧聲字説

占漢字較大部分的諧聲字，《六書故》明言「×之諧聲」。按其編排體例，諧聲字的排列以形符爲綱，統率一組諧聲字，如卷八「見之諧聲」下依次排列「靚、覽、覲、粯、覿、覯、親、覛、覬、䚏、覺、覜、覶」等十三個諧聲字。《六書故》凡明言的諧聲字均不直接以形説義，而是因聲以求義。「琤」，玉聲也，與《説文》同；「呱」，兒啼聲也，《説文》曰：「小兒嗁聲。」戴侗屢言「×聲也、××聲，其義各如其聲」，如卷十一「喟」下云：「喟，丘貴切，太息聲也……凡烏呼、噫嘻、吁喟、咨嗟皆歎聲，其義各如其聲。」

與《説文解字》不同，對部分諧聲字（戴侗没有明確指出爲諧聲，這些字多出現在注釋中），《六書故》則從文字分化角度推闡它們的意義，這一點最有特色，也最值得稱道。戴侗從聲符形體入手，找它們的「根」，尋求它們的得名之由，探求它們的準確意義。這種方法在《六書通釋》中稱爲「六書推類而用之」。

> 六書推類而用之，其義最精。昏，本爲日之昏，心目之昏猶日之昏也，或加心與目焉，嫁取者必以昏時，故因謂之昏，或加以女焉。熏，本爲煙火之熏，日之將入，其色亦然，故謂之熏黄，《楚辭》猶作纁黄，或加日焉；帛色之赤黑者亦然，故謂之熏，或加糸與衣焉；飲酒者酒氣酣而上行，亦謂之熏，或加酉焉。夫豈不欲人之易知也哉。然而反使學者昧於本義，故言婚者不知其爲用昏時，言日曛者不知其爲熏黄，言纁帛者，不知其爲赤黑。它如厲疾之厲，别作癘，則無以知其爲危厲之疾，厲鬼之厲，别作禲，則無以知其爲凶厲之鬼，夢厭之厭别作魘，則無以知其由於氣之厭塞，邕且之邕别作癰，則無以知其由於氣之邕底；永歌之永别作詠，則無以知其聲猶水之衍永，璀粲之粲别作璨，則無以知其色猶米之精粲。惟《國語》《史記》《漢書》傳寫者希，故古字猶有不改者，後人類聚爲《班馬字類》《漢韻》等書，不過以資奇字，初未得其要領也。所謂多學而識之，非貫之道也。

戴侗認爲這些字的根就是它們的聲符，即「昏、熏、厲、厭、邕、永、粲」，最初只有這七個字，它們一身擔負了相關的幾種意義，後來才增加了意義偏旁——形符，分化出新的諧聲字，這是部分諧聲字分化的一般情況。學者們明白了這一點，考求諧聲字意義時就應從諧聲聲符入手，推求它們的根，進而把握它們的確切意義，不明白這一點就會「昧於本義」。

綜合《通釋》及正文中的有關論述，《六書故》所做的推闡有以下三種系列：

甲、本義分化系列

如上所舉《通釋》中「昏、熏、厲」等七例均屬此列，其他如：

固　古慕切，周圍不通也，引之則固閉不通者皆曰固。語曰：疾固也，傳曰：僞固而授之末。又引之爲堅牢之義，疾之牢不可去者曰固疾。別作痁、痼。鑠金以周固器物亦曰固。別作錮。（卷二十六）

乙、「正義奪於借義」系列

這一組字的分化很有意思，正義（本義）被借義所奪，另造諧聲字以表示正義，如卷二一「云」與「雲」：「云，地氣上騰爲云也，𠄶古文，象其絪緼騰越。云從上，象云氣上騰。云借爲云曰之云……云爲借義所奪，故加雨爲雲。」今天簡化後「雲彩」又恢復用「云」。其他如卷二十八「酉—酒」，卷二十九「列—裂」等。

丙、書傳義及假借義分化系列

戴侗在無法考求分化系列字根的本來意義時，就從書傳用例歸納其意義，用書傳義系聯同聲符而意義相關的一組諧聲字，如卷二十九「童」，本義未達，書傳義爲兒童，由此而有「僮（勭）、瞳、犝、䍶、㠉、曈、眮、膧」。再如卷二十九「辟」，由此而有「擗、避、僻、癖」等。

綜上所述，戴侗看出諧聲字後起，而意義起於右文，即聲符。從文字分化看，諧聲字的職能最初是由聲符承擔的，後來才增加各種偏旁（形符），孳乳分化出一組新的諧聲字，它們各自分擔聲符原來所承擔的各個義項。初文（字根）和分化字聲符（即分化字字根）相一致，體現了初文和分化字的族屬關係，它們之間有明顯的先後繼承和孳乳相生、緟益繁衍的淵源關係。在新的諧聲字中，初文（字根）作了它的聲符，也就把它原來的意義、聲音一同帶入分化字内，這樣諧聲字就有了初文的某種意義，它們之間聲音相同或相近。同聲符的字往往聲音相近，意義相通，根本的原因在於它們有一個共同的字根。這些諧聲字不但從聲符得聲，而且得義。後人明白了這一分化過程，從聲符入手，以此貫通同聲符意義相通的同族諧聲字，只有這樣，才能把握住部分諧聲字的確切意義。戴侗的研究正是如此。

戴侗整理諧聲字，主要依據保存古字較多的文獻，「惟《國語》《史記》《漢書》傳寫者希，故古字猶有不改者」。後人録爲《班馬字類》《漢韻》，但僅僅是材料的羅列，「多學而識字，非貫之道也」。諧聲字後起，古體多爲獨體，戴侗所做的，就是要貫徹古體、今體（後起的諧聲字）。

《六書故》融合前人及同時代學者對音義關係的認識，從理論上提出了「因聲以求義」的觀點，這是站在語言學角度提出的一條非常重要的見解，它的提出使詞義的探求從書面轉到了語言，從根本上突破了傳統的方法，從聲音以探求文字本義及其相互關係，不再受形體的束縛，不再拘於一點一畫。可以說，在中國古代語言學史上，「因聲以求義」理論的提出，打破了歷來重形輕音觀念的束縛，是中國古代語言學發展史上的一塊里程碑。當然，《六書故》的研究在理論上、實踐上都還不够深入、徹底，主要還是缺乏對古音系統的認識。這一理論到了清代，由於古音系統的建立，清人比較徹底地實現了「因聲以求義」的理論。

八、《六書故》釋義論

《六書故》在詞義研究方面值得稱道的頗多，如唐蘭、裘錫圭、姚孝遂、趙誠、何九盈、黄德寬等，在他們的著述中都曾肯定過《六書故》關於文字的一些説解，這都是出於實事求是的學術公心。仔細排比、歸納《六書故》關於詞義系統及詞義訓釋的一些材料，會發現一些很有價值的看法，對我們今天的詞義研究以及漢語語言學史的研究都是極有意義的。

（一）釋義的系統性

《六書故》以前的文字學著作，對詞義的訓釋約可分爲兩種情況：一是從分析文字形體入手，進而説明文字的本義，如《説文解字》；一是僅僅羅列出幾個義項，不做有機排列，如《玉篇》。兩種訓釋方法都有不盡完善之處。前者注意不到詞義運用中的各種意義變體，後者雖注意到這一問題，但簡單地排列一詞的多種義項，就看不出詞義的内部系統及其發展線索。解説文字的本義，然後指明其引申義、假借義，並作系統的排列，把握詞的意義結構（即一個詞的整個意義體系），這是詞義研究中的一大進步。學者們一直認爲這種研究始於清人段玉裁，然而究其實，實根源於宋元之際的戴侗。

第一，「充類」——詞義的引申

《六書通釋》説：「天下之物名無窮，而書有限也；理義精深廣博，而書之所可象者皆粗也。」戴侗發出了「然則書之用其窮矣乎」的疑問。文字有限，物名無窮，如何以有限的文字表達無限的物名呢？戴侗看出了其中的秘密，這就是他所推崇的「充類之術」——詞義的引申。

戴侗先舉《易經》以八卦喻物理爲例，「其稱名也小，其取類也近，然而義理之高深廣博莫能逾焉」。《易經》從八卦演爲六十四卦並以此隱喻萬物義理之高深廣博，正如孔子所説：「四營而成易，十有八變而成卦，八卦而小成，引而申之，觸類而長之，天下之能事畢矣。」孔子的話道出了八卦之所以囊括「天下之能」，便在於「引而申之，觸類而長之」。文字表達事物也與之相仿。具體事物有形，文字可以肖其形以表達其義；義理道術則無形可象〔一〕，如何以有形表無形？這就要靠引申。

〔一〕《六書通釋》云：「物有成形，而理之精賾者難言也；器有成象，而道之廣大者難摹也。」

引申的構成在於物與理之間有某種關聯。戴侗認爲，有萬事萬物就會有與之相關的規則、規律，萬事萬物的規則不能脱離具體事物而存在，物與則相關，器與道不相離。《六書通釋》云：「夫有物則有則，則非離物也；有器則有道，道非離器也。」所以「聖人因器以著象，立象以盡意，引而申之，觸類而長之，而天下之精義靡有遺焉」。文字表義的道理正在於此，這就是引申。用這種方法「天下莫能載焉」。接着戴侗舉了兩個例子：

道，從辵，本爲人之行路；理，從玉，本爲玉之文理，引而申之，則道之廣大，理之精微者無不通，此充類之術也。

以表示道路、玉之紋理的「道、理」引申指稱道術、法則、理義，這是由具體到抽象的引申，這就是《六書故》所謂的「充類之術」。語言正是運用這種方法濟語詞之窮，以有限的文字表達無限事物的。戴侗看出了這種引申，並從理論上給以闡述，在釋義過程中能自覺地貫徹這種理論，用引申的方法把本義、引申義貫通起來，取得了較好的成績。

《六書故》談到詞義的引申常用「引而申之、因之爲、又推之爲」等術語，約有上千條之多。從詞義發生角度，即引起詞義變化的原因分析詞義引申條例，可以看出，《六書故》主要總結了具體到抽象這樣一種引申方式。

這種引申是以具體的物象指代抽象的義理。這種引申之所以能够成立，在於它與人類思維的發展變化有着直接的聯繫。詞義既然是表達概念的，它就不能不隨着概念的變化而變化。具體與抽象的辯證關係就反映在詞義的變化裏，可以説，具體與抽象的辯證關係就是我們研究詞義變化的思想基礎。具體之中有抽象，抽象存在於具體之中；具體體現抽象，抽象是具體基礎上的概括，二者互爲存在，也就是《六書通釋》所説「有物則有則，則非離物也」。從概念的外延看，具體和抽象是從屬關係，具體的外延全部包含在抽象的外延之中，如碩（頭大）→大。事物具體和抽象的這種複雜關係體現在詞義變化中，就是從具體的意義引申出抽象的意義，如：

純　帛之粹者也……引之爲純壹。（卷三十）

素　帛未湅曰素……素無文采，故因之爲空虚之義，《詩》云：「不素餐兮。」……素爲文采之質，在繪畫之先……因之爲故素、平素，凡在事先之義，《喪禮》所謂「飯素食」。《傳》曰：「不愆於素。」《中庸》曰：「素其位而行。」皆此義也。因之爲才樸之素。（卷三十）

第二，假借義及書傳義

詞義系統是複雜的。一個詞除由本義及其引申義構成的引申系統外，還有不屬於引申系統的詞義，這些詞義《六書故》叫假借義或書傳用義（這些意義往往是較通行的意義）。由這些意義也可以構成引申系統，如卷六「原」，本義爲「水本也，從泉，出厂下。別作源」。借義有二：借爲原隰、原田之原，地廣平曰原，因原田之義引爲平易。再如：

在本義、假借義不明的情況下，《六書故》常常從書傳用例歸納出書傳用義，有的也能按引申系統排列，如：

> 列　決㘸也……借爲陳列、布列。因之爲行列。（卷二十九）
>
> 區……書傳之用區之爲區分。子夏曰：「區以別矣。」從匚而三區之也。故爲區域、區落……氾勝之爲區種法，皆由此義而引之也，故言褊小者曰區區。（卷二十七）

戴侗所言假借義有時就是書傳義，如「矧」下云：「矧之本義闕，用於經傳者其義二，皆假借也，其一爲笑……其一爲語辭。」

在一字之下能指明它的本義、引申義以及假借義或書傳義，把握住了它的整個意義體系，可謂條理井然，淵源有自。使多個義項各有所歸，詞義研究中能達到這樣的程度很了不起。如「介」，除指明本義及其引申系列外，「居間也，從人介於八之中……引之爲副介之義」。還指出借義及其引申系統，「借爲介胄之介；介，甲也」。引而申之，「故蟲之外骨者謂之介蟲」，「又引其義則堅而難入者皆謂之介」，「又借義爲大」。《六書故》「介」字詞義系統的這種排列，真正理清了各個義項的來龍去脈。

（二）釋義的依據

在詞義研究中，並沒有完全拋棄舊注，直逞己臆，而是廣搜博徵，批判地繼承。《六書故》判定是非的標準是經傳材料的排比、歸納。正如戴侗在《六書通釋》中所說：「予爲六書三十年而才苟完，每參校一部，攤書滿案，左采右獲，手疲目眩……」他說：「予書非能盡物也，姑著其徵而信者焉，其所不知以俟知者。」趙鳳儀爲《六書故》作序云戴侗於「群經子史、百家之書，莫不爰據，示有徵也」。現在看來，《六書故》引證宏富，考證精詳。他所引證的有經典用例、古今字書、前人經傳訓詁、方言俗語等。

第一，廣引經典古籍

《六書故》引用的經典古籍範圍廣泛，種類繁多。據初步統計，引書達二百四十多種（不包括三十多種字書）。上自三代，下迄當朝，經史子集，廣加徵引。

《六書故》多引先秦兩漢故籍，如《易》《詩》《書》《周禮》《禮記》《儀禮》《春秋》《左傳》《論語》《孟子》《國語》《史記》《漢書》《楚辭》，宋玉、揚雄、賈誼、司馬相如、班固、張衡等人的賦。凡有用的資料，皆采取「拿來主義」，諸如古詩歌謠、金石銘文（秦和鐘銘、禮器、詛楚文、黄長睿銅戈，班固「泗水亭碑」，晉宣室閣銘、秦泰山石刻等）、詔令、族譜、雜記、刑法、演義皆在徵引之列，真正做到「群經子史、百家之書，莫不爰據」。正如《六書故目》所説：「疑於義者，雖先秦古書皆退之；核於義者，雖後出必進之。」

《六書故》以經典作爲以形索義、因聲以求義的佐證。一般説來，義項的確立，總要有文獻用例作爲依據。書證是詞典的血肉，是釋義的科學依據，建立在文獻根據之上的釋義才可謂信而有徵。如卷二十九「典」義訓計引十二條書證，典之主典、典掌義就引《書》《傳》五條書證。這種情況在《六書故》中比比皆是。

《六書故》多是從經典用例分析、考求字義，即清人所説的「以經考字」。很多義項是直接從文獻用例中歸納的。用這種方法往往還能校訂前人的誤説，如卷二十七「輔」，《詩》云：「其車既載，乃棄爾輔。無棄爾輔，員于爾輻。」傳曰：「輔車相依。」《説文》曰：「輔，頰車。」杜氏曰：「輔，頰輔，車，牙車。」《六書故》曰：「二説皆非。輔從車甫聲。以《詩》考之，維持車者也，故引之爲輔弼、輔佐之義。去聲。兩頰因謂之輔。《易》曰：『咸其輔頰舌。』」「輔」爲車輪外的兩條直木，用以加固車輻，增强車輻的承載力。《説文解字》、杜氏之説已非，《六書故》從《詩經》義考之，其説正是。再如「泣」，《六書故》以爲「聲淚俱下曰泣」。而《説文》云：「無聲出涕曰泣。」《六書故》引《詩經》以證《説文解字》之非：「《書》『呱呱而泣』。《詩》『其泣喤喤』。泣非無聲也，大約悲者泣，而哀者哭，哭泣之聲則有細大之差焉。《史記》曰：『欲泣爲其近婦人。』」看來，「泣」並非無聲出涕，哭泣之聲雖有大小洪細之差，但「泣」確有聲音，有《書》《詩》用例爲證。再如「元」，戴侗認爲本義爲首，近人楊樹達先生給予高度評價：「『元』字《説文》訓始，不是初義，戴侗、徐灝説元應該訓首，是很對的。」〔一〕楊先生從「冠」等文字構形進而證明「元」的本義。《六書故》從書傳用例歸納，考求字義，方法是正確的，因而結論往往是可信的。

第二，博采經傳訓詁及戴氏家説

不論古人、今人、通家、後輩，《六書故》能引盡引。據初步統計，有二百五十多家。通家如：毛氏（萇）、鄭衆、鄭玄、杜氏（預）、陸璣、郭璞、韋昭、應劭、顔之推、顔師古、朱熹、鄭樵、徐鉉、徐鍇等；其他如陳思王（曹植）、洪景盧、鄭剛中、蘇林、黄庭堅等也照録。戴氏家學淵源有自，其父戴蒙受學於朱氏（熹），其兄戴仔精於經學，也有著述〔二〕。戴氏作是書「俱先志之墜」，「因先訓而備論之」〔三〕，書中明言爲家説的有「先人、伯氏、舅馴、外王父」等。

〔一〕《積微居小學述林·自序》。
〔二〕《永嘉縣志》卷十三《人物志》戴蒙傳下附戴仔、戴侗傳。
〔三〕《六書故叙》。

古今字書保存了很多經傳訓詁材料，有不少獨到見解。徵引古今字書也是《六書故》釋義依據的特點之一。據初步統計，《六書故》引用古今字書、韻書三十多種，不僅包括現存的，如《説文解字》《玉篇》《類篇》《爾雅》《廣雅》《埤雅》《廣韻》《集韻》等，還包括後來散佚的一些小學資料，如《字林》《古今字詁》《倉頡篇》《漢書音義》《三倉》《字詁》《古今字林》《倉頡解詁》《通俗文》等。特別要指出的是《六書故》廣引《説文解字》異體，以達到「因許氏之遺文訂其得失」的目的。除大量引用當時通行本《説文解字》外，還引《説文解字》六種異本：蜀本、唐本、徐本、李陽冰本、監本、一本。

第三，以今語、今俗證古，尤重目驗

方言俗語真實地保存了古詞的意義。所以，典籍上解決不了的問題可求助於活的口語材料，以活材料證死材料往往比文獻上的歸納更爲準確，戴侗深明這一點。在釋義中往往借方言辭彙推證古詞古義。據初步統計，《六書故》引用方俗資料達二百三十多條。其大致情況如下：

甲、直接用方俗語證明某一字義，如：

喑　於今切，失聲不能言也，今人謂之啞，倚下切。（卷十一）

瓠　胡誤切，今俗謂之蒲瓜。（卷二十二）

乙、古語今語互相證發，闡明語言古今流變，如：

鞁　《説文》：「小兒履也。」按：今人以履無踵，直曳之者爲鞁。別作靸。（卷十八）

倩　美也……按：今人暫雇爲倩。（卷八）

作這樣的比較，溝通古今，是釋義上有歷史觀念的表現。也爲我們保存了不少宋代方言資料，爲我們研究宋代語言提供了方便。

丙、重目驗

據目驗考釋名物，是實事求是的科學精神，戴侗的研究體現了這一點，卷十九「鷗」下云：「《埤雅》言鷗之大僅如鸜鵒，而臆乃如斗，亦不察矣。野人有饋予錦囊者，其大如雞，頷下有錦囊，鳴則囊見。」以實際觀察訂正不慎之説，方法是可行的，結論是正確的。如爲無心之人，不作實際觀察，就不會訂正舊説，得出較爲準確的結論。類似的例子《六書故》中還有二十多條。

以上從三個方面論述了《六書故》釋義的依據，據此看來，《六書故》釋義確實是廣采博納，信而有證，無證不立。有時爲闡述一個字要引十幾條書證，如卷十九「鵠」下計引十四條材料，其中書證七條，通人異説三條，方俗語一條。正因爲《六書故》引證豐富，因而許多見解比較靠得住。

如上對《六書故》的評價，希望對讀者使用以及研究《六書故》有幫助，不過也只是在老師們指導下的一家之言，拋磚引玉而已。

《六書故》的整理是二十多年前的事了，一九八三年九月，我們開始攻讀中國古典文獻學碩士學位，按照導師趙誠先生的意見，我與師兄劉斌共同整理（標點、校勘）《六書故》，劉斌兄負責前十六卷，我負責其他卷，每人又獨立選取一個方面寫成碩士畢業論文，一九八六年七月，按照老師的要求，我們按時完成了全部學業，整理的《六書故》書稿也交給了中華書局，由於種種原因，未能出版，而學術界不時有學者詢問我們何時能够出版，這大概是因爲《六書故》確實是一本於學術研究有用的書。二〇〇六年，中華書局準備出版此書，我們非常高興，也非常感謝中華書局。

畢竟是二十年前的整理本，今日查檢資料已方便許多，我又組織我的研究生姜燕、張磊、劉豔清、李勇等，一起核對了有關文獻，以臻於完善。整理舊稿時，《温州文獻叢書》所收明影抄元本《六書故》出版，我們又組織力量進行了校勘，這次的校勘工作量是原來的十倍，有價值的版本信息也多。參與這次校勘工作的主要有姜燕、劉豔清、陶生魁、馮東風、張盼、王娟也參與了部分工作。祁世卿、鄭立艷、程雯洁、張進、王丹、郭慧娟、劉蕊、陳育寧、賀歡、黄智英等人也參與了後期的工作。今年夏天，我又抽時間去了温州市圖書館查閲了明影抄元本《六書故》以及《明文戴氏宗譜》，憑弔了位於永嘉縣溪口村的戴蒙書院以及戴蒙戴侗紀念館；後來又去了吉林省圖書館，終於看到了明張萱校訂本，前後收集了不少有用的資料，一些過去不清楚的問題搞清楚了。在此感謝給予我幫助的朋友，特别是温州市社科聯洪振寧副主席，他著力於温州文化建設事業的方方面面，成果輝煌，他對我的《六書故》相關研究一直給予關注，對我在温州的資料搜集工作給予了大力支持，此外還要感謝温州市圖書館古籍部、吉林省圖書館文獻部的同志們，謝謝他們給予的方便。參與其事的人員多，書稿中可能還存在不足之處，敬請讀者批評。

書後所附《六書故》與《説文解字》對照索引，是我與劉斌兄一起編製的，以方便讀者。

黨懷興

二〇〇九年八月七日

校勘凡例

一、校勘《六書故》所據底本爲清西蜀李鼎元刊本，簡稱「李本」。該刊本爲目前國内較爲常見的《六書故》的本子。該本刻於乾隆四十九年（一七八四）。從對李氏刊本與明張萱校訂本的比較可以看出，李本完全依照張萱校訂本重刻，版式、全書分卷、每卷頁次以及每頁起迄字都完全一致；另外，正文注釋中有幾處張萱所加的話，李本悉數照刻，如卷二第七頁「晤」下有「萱曰又人之相見曰晤」兩行小字；卷六第八十二頁「泣」下有「萱曰又與澀通内經寒氣入經稽遲泣而不行泣乃澀也」共二十二字等。李氏在重刻時對張萱校訂本個别訛缺之處有校訂，但也有漏刻整頁的問題，如明張萱校訂本卷四有「又三十六」頁，李氏刻本漏刻此頁。總體來説，李本與明張萱校訂本不同的地方少。

二、參校本有：

國家圖書館存《六書故》殘本（十卷六册），簡稱「元殘本」。

明影抄元刊本，是本次校勘的主要參校本。

明張萱校訂本。

《四庫全書》本，簡稱「四庫本」。

三、凡「清西蜀李鼎元刊本」之訛、脱、衍、誤，均據參校本予以注明，並儘可能指出屬於哪一類問題，不徑改。底本脱文，大部分據參校本補出，參校本也脱落的，則依舊空缺。李本中的避諱字，如「貞、玄」缺最末筆，不一一出校。

四、此外，還參《詩經》《周禮》《左傳》《説文》《四庫全書總目》等文獻，對底本中的異文予以注明，並指出其訛衍誤脱性質。依文意，底本存在問題的地方，也一併指出，供讀者參考。

五、校勘記每卷獨立排序，以①②③④依次爲序，標在字的右上方。影印本全書重新編碼，分爲上下欄，每個書頁又依書口分爲左右半頁，每半頁獨立自右至左計數，每行自上至下計字數，如《六書故》第三卷校勘記標「①頁二一下左行二字十四（小字左行），明影抄元本字無『心』字底」，是指：第二一頁下欄書葉左半葉自右至左第二行第十四字（小字左行是指第二行的左邊一行的注釋小字），明影抄元本該字無「心」字底。再如《六書故》第二十卷校勘記「①頁四三七上左行五字九（小字右行）下，明影抄元本有『蟲』字」，這是指：第四三七頁上欄書葉左半葉自右至左第五行第九字（右邊一行的注釋小字）「㠯」下有「蟲」字，即明影抄元本作「㠯蟲爲聲」。

六書故序

書始ㄎ指事象形、變而爲轉注會意諧①聲假借、謂之六書、文字之本原也。獨𠀤爲文、判合爲字、文𠀤而字孳、天地事物之載、𦃃有外於是者。自篆籒禪而隸楷行、刀筆廢而毫楮用、傳寫轉易、譌繆滋甚、有來正於六書之故者葢鮮。合谿戴公侗獨能探索於千載之下、因許氏遺文、蘉其舛忒、叓其部居、使㠯義訓、群經子史百家之書、莫不爰据、示有徵也。析爲部九、卷三十有三。約而不遺、通而不鑿、父㠯聯子、子㠯聯孫、若網在綱、瞭然如示諸掌。噫、亦勤矣。公之父蒙从學亐武夷、兄仔舉郡孝廉、父子昆弟、自爲師友。是書之成、淵源有自。延祐戊午、予來領郡命、其孫奎出諸家藏、郡使士與諸儒咸謂是書誠有益於經訓、宜傳㠯惠後學。予既鋟②四書與郡岂、明季指奉廩③㠯倡刻而度諸閣。徐騎省有言、非文字無㠯見聖人之心、非篆籒無㠯見文字之義、通經者舍是書何㠯哉。延祐庚申冬十月。古汴趙鳳儀序。

重刻六書故序

六書故三十三卷、宋戴侗撰。考姓氏譜、侗字仲達、永嘉人、淳祐中登進士第、由國子監簿守台州、德祐初由秘書郎遷軍器少監、辭疾不起。是編大旨、主於㠯六書明字義、謂字義明則貫通羣①籍無不明。凡分九部、盡變說文之部分。其論假借之義、謂前人㠯令長爲假借、不知二字皆

从本義而生、非由外假。若韋本爲韋背、借爲韋革之韋、豆本爲俎豆、借爲豆麥之豆。凡義無所因、特借其聲者、然後謂之假借。說最詳辯。於羣經子史百家之書、莫不爰据、約而不遺、通而不鑿、誠有益於經訓。前明嶺南張萱曾刻於滸墅、後板歸嶺南、流傳於世者甚少、購之書肆絕不可得。余在翰林職司校理、得見宋刻原本。恐其流傳日少、六書之故無从求正、因手自抄録、細加讐校、選工重刻、㠯公同好。皆

大清乾隆三十九年清和月、西蜀綿州李鼎元墨莊氏書於京邸之師竹齋

六書故敘

侗也聞諸先人曰、學莫大乎格物、格物之方、取數多者書也。天地萬物、古今萬事、皆聚於書。書之多、學者常病乎不能盡通。雖然有文而後有辭。書雖多、緫其實六書而已。六書既通、參伍㠯變、觸類而長、極文字之變、不能逃焉。故士惟弗學、學必先六書。古之教者、子生

十年、始入小學、則教㠯六書。六書也者、入學之戶門、學者之所同先也。㠯爲小學者、過矣。由秦而下、六書之學遂廢。雖有學焉者、徃徃支離傅會而不適於道、至與曲埶小技下爲隸伍、故士益不屑、而其學益不講、千載而下、殆無傳焉。夫不明於文而欲通於辭、不通於辭而欲㝵於意、是猶於律而議樂、旨於度而

議器也、亦誣而已矣。先人既㠯是教於家、且欲因許氏之遺文、訂其㝵失、㠯傳於家塾、而不果成。小子懼先志之隊、爰摭舊聞、輯成三十三卷、通釋一卷。其所不知、固闕如也。卬其所知、亦焉敢自是乎哉。姑藏家塾、㠯俟君子。

六書故目

弟一　數

一　二十 卅百　乂　爻㸚 攵　丄　丅

弟二　天文上

天　气　日　旦東 倝景　月　夕 多　曐　曟

云　雨　靁

弟三　天文下

火　炎㸒焱 赤光　示

弟亖　地理一

土　㞢里坴 重金

弟五　地理二

山　丘𠂤石 㗊嵬　厂　田　黄　邑

井　冂

弟六　地理三

水　泉谷川 巜永沝　回

弟七　地理三

仌　玉　珏①　丱　丹　卤　鹽

弟八　人一

人　身包先欠次㱃夂 舛桀夅从比北乑

見仄②几匕老 乩尻兄先臥

弟九　人二

子　𠫓　女　毋　大　夨夭元 𡗜㚘亦

太夫 本

弟十　人三

首　面須 県縣　𡿺　目　盾 皕　夏　自　白

𦣻

弟十一　人三

口　𠮦齒谷舌甘旨㗊 哭品器言誩音③𠀁

可冋古只　身　冄
第十二　人五
尣　彡　彭　乖　呂　臼　申　肉
骨肖筋
第十三　人六
心　恩
第十三　人七

手　𠬛門
第十五　人八
又④反叚攴父斅攽皮夂殺　㐅　収尹　爭寸　𠬪㝷　聿叜　史隶　帚𣪊
第十六　人九
足　止秂　步此　癶正　辵是　行　彳廴　卵
力　男　鬼　甶⑤
第十七　動物一

半　吿　馬　羊　𦍋𦍌　苜　豕　彖
犬　犾
第十八　動物二
龍　虍　象　兕　鹿　㲋　能　熊
豸　夒　兔　㲋　鼠　𪊧　嘼　㕯
革　韋　毛　尾　毳　厹
第十九　動物三

鳥　隹　雈雔　萑難　雥　羽　燕　羽
爪　飛　凡　至　卤
第二十　動物三
蟲　蜀風　它　黽　龜　魚　貝　買
巳　巴　黽　萬　丁
第二十一　植物一
木⑥　朿槖　禾林　東耒　桼片

第二十二　植物二

禾 秉 香 黍 米 粜 毇 來 麥 朩

瓜 瓠 韭

第二十三　植物三

竹 个⑦

第二十三　植物三

艸 屮 麻 米 朩 甲 出 马 𣎵 㐆

六書故　目　五

𠂤 丂 乇 𠧪

第二十五　工事一

工 巫 门 广 穴 㝱 宫 戶 門 冃 囱

冋 宁 冓

第二十六　工事二

口 冋 啚 畗 邑 亭 鄙 高 舍 京

第二十七　工事三

匸 匚 車 叀 舟 几 六 異

第二十八　工事三

瓦⑧ 缶 臼 午 鬲 鬭 鼎 山

皿 血 豆 豐 主 亯 𩫏 皀⑨

食 匕 皀 酉 酋 奞 卣 彝

斗 勺 也 㽞⑩

第二十九　工事五

六書故　目　六

刀 刃 斤 弋 戈 戊 戉 弓 弜

矢 矛 干 辛⑪ 羊 辛 幸 叉 癸 樂

豈⑫ 鼓 喜 琴 㗊 庚 声 冊 侖 龠

甘 由 申 臾 華 互 尸 色 幺 丰

卜 用

第三十　工事六

絲 糸 幽

弟三十一　工事七

幷　衣　叕　巾　冂罙　冃西　月㡀　网黹

市帛　𣎵　勿

弟三十二　襍

中　毌　亼　八　小少　小　晶⑬

弟三十三　疑

王　后　臣　民　士　丙　巳　壬

辰　六　七　九　幺　𢆶玄　厶　白

㠯　乃　丂　亏兮　入　从网　卯⑭　長

克　凡　幵　弗　乚　直乚　氏　爲

釆　乙　彔⑮　之　帀　而　希　不

丵　尸　履尺　歺　凶　亞　由　良

釁　肸　丅

書之目凡三百七十有九、其百八十有八爲文、三十有五爲疑文。文、母也、皆大書。其二百三十有五爲字。字、子也、皆納書。書有六義焉、一曰指事、二曰象形、三曰會意、亖曰轉注、五曰諧聲、六曰假借。何謂指事、指事之實、㠯太文、一二丄丅之類是也。何謂象形、象物之形、㠯太文、日月山水之類是

也。書之興也、始乎指事象形、二者之謂文。事不可悉指也、形不可殫象也、故會意轉注諧聲因文而㞢焉。何謂會意、合文㠯見意、兩人爲从、三人爲㐺、兩火爲炎、三火爲焱、此類是也。何謂轉注、因文而轉注之、側山爲𠂤、反人爲匕、反欠爲旡、反子爲𠫓、此類是也。何謂諧聲、从一而諧㠯白聲爲百、

从品而龤㠯㞷聲爲曐、从目而龤㠯匕聲爲旨、从又而龤㠯卜聲爲攴、此類是也。三者之謂字。字者、孳也、言文之所㞷也。文一[16]索而㞷子、子再索而㞷孫、至於三索三索、而書之制作葡矣。所謂假借者、本無正文、假借㠯爲用、若惠之爲惠奕、爾之爲爾汝、辭助是也、其詳具諸通釋。

凡文、象形者十而九。傳寫轉易、或趨簡省、或加繆巧、寖失本眞。☉本象日之圜、因偏旁而楕之爲⊡、其中加點焉、象日中若有物者、譌而爲一。俗說日中有烏、故又譌而爲乙。[17]☽本避日、取象於其缺、轉而爲月、乃類於肉。∴本取象於其緐、隸書與品亂、故又龤㠯聲爲曐。今品譌而爲晶、乃爲曐、又

从省而爲星。山本象山之形、今譌而爲山。[18]馬本象馬之尾足而鬣、今轉而爲馬。[19]虎本象虎之爪牙、今轉而爲虎。凡若此者、皆迷其本眞者也。今各原其取象制文之本初、㠯爲次序、雖稱古文籒文而不當物者、注之下方。

凡訓義正而通者大書、不著所出、衆之所同、非一家言也。義之隱者[20]表其所出、示有徵也。凡義之疑者、注於下方。疑於義者雖先秦古書皆退之。覈於義者、雖後出、必進之。同文之政闕、瞽史之官[21]亡、墜聲傳文禪、國異人殊、書名紛糅、一字而數音者有之、一音而數字者有之、重复舛繆、莫知所壹。今略訂正、歸亏一是。其可兹存者大書、不

可㭉存者疏亏下方。

六書故㉒

六書通釋

永嘉戴　侗著　　函蜀李鼎元校刊

名者、人治之大者也。文者、名治之大者也。文忒則名亂、名亂則實易、名亂而實易、則民眩惑、号令昏、灋度舛、禮樂壞、而亂益生。君子如欲善治、其必由正名乎。古之明民者、觀於天文、儀於地理、比類萬物、釐制百則、㠯正天下之名、㠯定天下之文。簡而嚴、約而徧、通而不戠察、而不煩、事物載焉、灋象徧焉。記曰、黃帝正名百物、㠯明民共財。由黃帝而來、㠯至亏周、上㠯道揆、下㠯灋守、並脩其物、無敢差忒。其在周官、司徒掌之、㠯教萬民、保氏掌之、㠯教國子。外史掌之、㠯詔亖方。及七歲則屬象胥而諭言語、協辭命。九歲則屬瞽史而諭書

名、眩聲音。十有二歲、王巡守則大習之。當是旹也、物同名、書同文、亖海之內、通達之國、無尨言焉。故名不貳、實不興、而眩不惑、百官㠯治、萬民㠯察、灋度槩焉、禮樂昭焉。周之衰也、官失其守、士失其學。及秦焚書、先王之迹一𢇍不㡭。自篆而八分、自八分而行楷、譌㠯傳譌、繆㠯孳繆、至亏今日、文亂極矣、況於名乎。

由千載之下、遡千載之上、㠯探不傳之學、其難已矣。闕其所疑、固㠯俟知者。若其象類并失、不應六義、邈不可攷者、雖聖人復起、豈能鑿通哉。傳曰、非天子不制度、不攷文。如曰更正而大徧之、其在攷文之君乎。夫文、生於聲者也。有聲而後形之㠯文、義與聲俱立、非生於文也。生民之始、弗可攷也已、

吕理而逆之、被髮鼽形、擊剝挽削、吕爲衣食。其气未柔、若禽獸然。其知未闢、若嬰兒然、僅能号呼。其欲惡喜怒、吕相告詔而已矣。稍益有知、然後漸能名命百物、而号召之聲稍備矣。文字未興也、其類滋、其治繁、而不可吕莫之徵也、然後結繩之治興焉。治益繁、巧益生、故有刻画竹木吕爲識者。今蠻夷與俚俗不

識文字者猶或用之、所謂契也。契不足吕盡變、於是象物之形、指事之狀而刻画之、吕配事物之名、而簡牘刀筆興焉、所謂書也。象形指事猶不足吕盡變、轉注會意吕益之、而猶不足也、無所取之、取諸其聲而已矣。是故各因其類而龤之吕其聲。木之形可象也、而其別若松若柏者、不可悉象、故借公吕龤松之

聲、借白吕龤柏之聲。水之形可象也、而其別若江若河者、不可悉象、故借工吕龤江之聲、借可吕龤河之聲、所謂龤聲也。①五者猶不足吕盡變、故假借吕通之、而後文字之用備焉。六書之義雖不同、皆吕形聲而已矣。六書不必聖人作也。五方之民言語不同、名稱不一、文字不通。聖人者作、命神瞽焉、劦其名聲、命

史氏焉、同其文字、釐其煩慝、綱其要歸而已矣。夫文、聲之象也。聲、气之鳴也。有其气則有其聲、有其聲則有其文。聲與文雖出於人、亦各其自然之徵也。有有形而有聲者、有有事而有聲者、有有意而有聲者。有形而有聲者、象其形而聲从之、求其義於形可也。有事而有聲者、指其事而聲从之、求其義於事可也。

有意而有聲者、會其意而聲从之、求其義於意可也。是三者雖不求諸聲、猶未失其義也。至於龤聲、則非聲無㠯辨義矣。雖然龤聲者猶有宗也、譬若人然、雖不知其名、猶可㠯知其姓。雖不察其精、卬猶未失其粗者也。至於假借、則不可㠯形求、不可㠯事指、不可㠯意會、不可㠯類傳、直借彼之聲㠯爲此之聲而

已耳。求諸其聲則㝵、求諸其文則惑、不可不知也。書學既廢、章句之士知因言㠯求意矣、未知因文㠯求義也。訓故之士知因文㠯求義矣、未知因聲㠯求義也。夫文字之用、莫愽於龤聲、莫變於假借。因文㠯求義而不知因聲㠯求義、吾未見其能盡文字之情也。周禮、九歲則屬瞽史而諭書名、聽聲音。史正書名、瞽劦聲音。聲、耳治也。書、目治也。瞽史劦脩、而後百目之政不爽。故侗嘗謂當先敍其聲、次敍其文、次敍其名、然後制作之道備矣。聲、形而上者也。文、形而下者也。非文則無㠯著其聲、故先文而繼㠯聲。聲、昜也。文、侌也。聲爲經、文爲緯。聲圜而文方、聲備而文不足。天下之物猶有出於六書之外者乎、其寡已

矣。凡天地萬物之載具於書、能治六書者、其知所㠯治天地萬物矣。許氏之爲書也、不㠯㐺辨異、故其部居殽襍、不㠯宗統同、故其本末離椒。凡予之爲書也、方㠯類聚、物㠯群分、㠯辨其㐺。又㠯聯子、子㠯聯孫、㠯統其宗、宗統同、㐺辨異、故眂縈若寡而御萬若一。天地萬物之富、不可勝窮也、㠯是書而求之、則若

數二三焉。故曰知治六書者、其知所㠯治天地萬物矣。

侗之爲書也、先契㠯本文、𠫓一㠯起數、是故數爲首。次二曰天、凡本兮天者皆从上。次三曰地、凡本兮地者皆从下。次亖曰人、次五曰動物、次六曰植物、次七曰工事。七者備矣。歸餘於襍、綴疑於末、而六書之道盡焉。天地之

大也、日月星辰之昭也、山川丘陵之廣也、人事之殷也、物產之夥也、古今之長也、治之㠯七者皦如也、簡而不遺、繁而不亂。知吾說者、之於天地萬物也、其如示諸掌兮。

天地萬物之生夥矣。人者天地萬物之帥也、故人文居多。人道治而天地萬物之理見矣。人事莫繁於口手、故口手之文居多。口手之

動不失其則、而人事見矣。心也者、身之帥也。心之動也微、而其應也巨。凡天下之故皆出於心、故心之文多而義最賾。能治其心則能治其身、能治其身則能治人、能治人則能治天地萬物。天地之閒無餘事矣。心之屬爲字三百、不失兮心之正者、僅六十而已。是㠯君子愼其所感也。

天下之物名無窮、而書有②限也。理義精深廣博、而書之所可象者皆粗也。然則書之用其窮矣兮。曰易之爲象也、其初止於八、因而重之、止於六十有亖。其稱名也小、其取類也近、然而義理之高深廣博莫能踰焉。孔子曰三營而成易、十有八變而成卦、八卦而小成、引而申之、觸類而長之、天下之能事畢矣。夫有

物則有則則非離物也有器則有道道非離器也物有成形而理之精賾者難言也器有成象而道之廣大者難摹也舍物象而言理道者猶圖虛空而畫聲气也必不覈矣是故聖人因器㠯著象立象㠯盡意引而申之觸類而長之而天下之精義靡有遺焉六書之作其稱名也小其取類也近所㠯覈象類之

實而著事物之文猶一二上下之不眩也故其小也天下莫能破焉引而申之觸類而長之天下莫能載焉故格物之道莫便於書學書之道充類為大通於六書者可㠯通於知類通於知類者可㠯無不知聖功之始也道从辵本為人之行路理从玉本為玉之文理引而申之則道之廣大理之精微者無不通此充類之術也

凡書獨立為文胖合為字文猶八卦也文立而字孳因而重之猶八卦之為六十有亖也假借㠯通之觸類而長之一言不足㠯盡名則合言㠯盡之兩言不足㠯盡意則合辭㠯盡之書窮則變變則通天下萬物之名理備矣富有之謂大業日新之謂盛悳生生之謂

易六書其備矣乎孔子曰下學而上達知六書之說者其幾於易矣

六書三十篇人事居其半雖然天地萬物之緐亦人也天地萬物人所事也非人則天地萬物之名不立故曰萬物皆備於我矣此豈庶物之所能與乎哉知乎此則知性矣盡乎此則盡性矣萬物一原而性㠯類殊萬物同

出於天而人受其中。故惟人、萬物之靈、所謂性善也。謂蟲動含靈咸同此性者、謂馬之性猶牛之性、牛之性猶人之性者也、狄教也。奈何乎儒者之亦爲斷言也噫。

凡六書皆㠯形人聲而已矣。有聲而有形者、象其形則可㠯爲書。有聲而有事者、指其事則可㠯爲書。有聲而有意者、會其意則可㠯

爲書。形不可勝象也、事不可勝指也、意不可盡會也、則各因其類而龤之㠯其聲、故龤聲多而義可知。并與其類而莫之从、則直假借㠯足之、故假借多而義難求。古人謂令長爲假借、葢已不知假借之本義矣。所謂假借者、謂本無而借於他也。合卩爲令、本爲号令、命令之令（厺、聲）、令之則爲令（平聲）、長之本文雖未可

曉、本爲長短之長（平聲）。自③稺而浸高則爲長（上聲）。有長有短、弟之則長者爲長（上聲）。長者、有餘也、則又謂其餘爲長（厺聲）。二者皆有本義而生、所謂引而申之、觸類而長之、非外假也。所謂假借者、義無所因、特借其聲、然後謂之假借。若韋本爲韋背、借爲韋革之韋。豆本爲俎豆、借爲豆麥之豆。令鐸之令（平聲、令作鈴）。特㠯其聲令

令然、故借用令字。豨令伏令㠯其狀類鈴也、故又从而轉借焉。若此者、假借之類也。凡虛而不可指象者多假借。人之辭气抑揚最虛、而無形與事可㠯指象、故假借者十八九。發語之揚者、有於（音烏）、有猗有若有夫（音扶）、有羌、其抑者、有卬有繄有乃、其平者、有爰有載有繇有惟有式有誕有越、卒語之揚者、有邪有與

兮聲有哉有諸有兮有居居之切、其卬者、有耳有尒有只有已、其兮者、有者有也有焉有旃有㫁有恖有忌音記。順語、則有然有若有必有盍。反語、則有弗有不有匪有靡有末有蔑有网。疑語、則有何有奚有耶④有豈有曷有害胡葛切有安有焉於虔切有惡哀都切有遐有胡有孰有或。語闕、則有於衣倶切有㠯有而有則有之有

所有㫁有其。嗟歎之聲、則有都有俞有噫戲有烏嘑。凡此皆有其聲而無所依㠯立文、故必偕他文㠯葡用、此假偕之道也。不知龤聲偕聲之義者、其爲說必鑿。

六書之中、天文地理人事物則葡矣。茍能因其自然之文㠯求其自然之則、由是㠯稽聖人之言、由是㠯通天下之故、㠯之正心脩身亝家治國乎天下、皆可㠯行其所無事矣。鑿於文者必鑿於辭、鑿於辭者必鑿於理、鑿於理者無所適而不畔道也。其極也、至於天地失其位、萬物失其性。故格物致知之患莫甚於鑿、非特六書之故而已也。

書云、惟天聦明、惟聖旹憲。詩云不識、不知、順帝之則。夫有物必有則、天之所命、非人之所

能爲也、雖堯舜文王之聖、亦順其則、行其所無事而已矣。孟子曰所惡於知者、謂其鑿也。如知者、若禹之行水、則無惡於知矣。禹之行水也、行其所無事也。如知者亦行其所無事、則知亦大矣。聖人既沒、百家蠭起、曲徑敗道、巧言亂悳、皆由於鑿也。侗於六書、其所不知、蓋闕如也、不敢鑿也。㠯鑿爲知、其於疑也、可

㠯無闕矣。其於天則伭之逾遠。聖人之道不明，六書之學不講，學者各㠯其知馳騁於穿鑿之塗，詩書六埶之說始不勝其異。其鑿彌深，其知彌遠。此侗之先君子所㠯惓惓於六書，而侗之所㠯不敢鑿爲之說也。

六書推類而用之，其義最精。昏本爲日之昏，心目之昏猶日之昏也，或加心與目焉。嫁取者必㠯昏旹，故因謂之昏，或加女焉。熏本爲煙火之熏，日之⑤彶入，其色亦然，故謂之熏黃，楚辭猶作纁黃，或加日焉。帛色之赤黑者亦然，故謂之熏，或加糸與衣焉。歆酒者酒气酣而上行，亦謂之熏，或加酉焉。夫豈不欲人之易知也哉。然而反使學者昧於本義，故言婚者不知其爲用昏旹，言日曛者不知其爲熏

黃，言纁帛者不知其爲赤黑。它如厲殀之厲別作[illegible]，則無㠯知其爲危厲之殀。厲鬼之厲別作禲，則無㠯知其爲凶厲之鬼。夢厭之厭別作魘，則無㠯知其由於气之厭寱。㫚且之㫚別作[illegible]，則無㠯知其由於气之㫚底。永歌之永別作詠，則無㠯知其聲猶水之衍永。璀粲之粲別作璨，則無㠯知其色猶米之精粲。惟國語、史記、漢書傳寫者希，故古字猶有不改者。後人類聚爲班馬字類、漢韻等書，不過㠯資奇字，初未㝵其⑥要領也，所謂多學而識之，非⑦毌之道也。

注疏未興，經義常明。注疏日緐，經義益晦。非經有明晦，學者不知六書故也。自漢氏㠯來，儒者各㠯師說轉相授受，不揣其本，不會其

宗各自㠯意鑿通爲說緣辭生訓析言破義而古書之精義愈不可見矣朱文公昉推訓故㠯釋經義學者稍識古書之旨然經爲之解字推其故述者已煩而不能徧識學者已勞而不能徧通猶爲未旻其要也古之敎者子生十年始入小學敎㠯六書六書者羣經諸子百氏之通釋也六書苟通由是而往天

六書通釋　二八

下之書不待注疏皆可讀也六書不通而㠯億說繆爲之注疏是瞽而爲鄉者也秖益其迷注疏滋多學者滋惑是故古之學者簡而覈約而達用力省而功倍後之學者博而膚樸而不毋用力勞而功少

六書雖陋而其用博充類爲大假借次之否繫从古然後精義著焉雖然古者書㠯刀筆載諸簡[8]策費才而刀筆費習故載[9]籍之繁國不能具韓宣子適魯始見易象與魯春秋然則晉主夏盟而猶不能具典籍也孔子曰夏禮吾能言之杞不足徵也殷禮吾能言之宋不足徵也文獻不足故也杞宋𡉏文先王之禮物而文獻猶不足徵也況他國乎況學士大夫乎學士大夫旣不能盡見全書往往誦讀

六書通釋　二九

㠯相傳故旻其聲而不旻其文則一字而假借者數字傳其聲而不旻其本則一字而貿易者數體棼然爻亂不可勝一一之㠯義可也古者瞽史益皆脩之毫楮旣興書道乃簡然其譌繆乃有甚焉則未有是正於六書者也經傳諸書衆所習誦傳寫者多易㠯俗書版本旣興始共謹守一點一畫不敢變易不

知其爲交譌傳繆也。如周易無皆爲无，則道家者流易之也。唐玄宗天寶三季，詔集賢學士衛包改古文从今文，故六籍多用俗書，惟周禮儀禮國語史記漢書傳習稍少，故猶有未盡變者焉。婁機作班馬字類，取其字之異於俗書者，使呂聲類。予謂非特史記漢書爲然也，大槩古書假俗居多。史記漢書亦有假

俗不當物者。若揆之爲㚣，讓之爲攘，敫之爲驁，趨爲趍，黽勉爲閔免，妖爲祆，與訞，軼爲鉄，柴爲祡，愒爲偈，穢爲薉，霏爲䨾，搴爲攓，畜爲稸，隊爲礈，皆不當物，不足悉取也。司馬子長揚子雲皆好奇字，故其辭賦太玄灋言多奇字而不適於用，予所不取也。

先人曰：載籍之興也，肇乎文，合文呂成辭，屬辭呂達志，畢志呂成章。⑩ 辭助也者，所呂毋其文，達其辭，而暢其志也。故學者必辨乎書名而味乎辭助。辨乎書名而義著，味乎辭助而意見，窮天下之載籍，無有逃乎此者，不待注釋而皆可通。

動植之類有萬，其物禽獸艸木蟲魚之書名各不過數十百。有有字而不知其物者，有有

名而不見其字者。西北多山物，東南多水物。姑呂吾邦言之，海之介蟲曰蠃曰蚌曰蛤曰蛤梨曰蚶曰蟶曰螺曰蠘曰蠣曰蠔曰蜐，不可遽數。邦人不能盡識也，況異邦乎。南人不能盡識也，況北人乎。南之不知北，猶北之不知南也。欲呂一方之見而盡萬物之載，難矣。況其名物錯糅，州異而縣殊。呂名而求諸書，

固常不盡。㠯字而求其物、又多不旻。予書非能盡物也、姑著其有徵而信者焉。其所不知、㠯俟知者、若夫怪誕之說、故所弗取也。

外史失官而六書繆亂、隸楷日滋而篆籒𡌅浸向微。許氏說文、文字之本、幾於泯滅而迹繇奂至於今而猶有考焉者、許氏之功也。吾先人教學文首⑪必先六書。學六書者、必考於

說文。顧其書牽㚒於繇學之後、裁成於一人之手、猶未免有遺悞。文字之所不可無者、或見於其注說及他偏旁、或一字而再見、遺逸重㚒、蓋多有之。徐騎省兄弟不能補正、乃曲爲之說、殆類杜氏之於左氏、何氏之於公羊氏也。

六書始於象形指事、古鐘鼎文猶可見其一二焉。許氏書祖李斯小篆、迹取形勢之整齊、不免增損點畫、移易位置、使人不知制字之本。⊙本象日之圜而點其中、㠯象日中之微㸒、居偏旁之ㄠ者、榗其形㠯讓其又⑫、小篆遂作日日。☽本象初月、闕其ㄠ㠯孫於日、小篆作月、乃與肉無別。山山象其峯之隆殺、譌而爲山。𢑚馬豕本象其三足而尾、譌而从巾。燕

燕本象其岐尾、譌而从火。凡此之類、皆迷失其本文者也。故予考之於古、苟典刑之猶在者、必葡著之。古書本用刀筆、後世巧繆、乃始有科斗玉箸栁葉諸體、皆非本文也、故予皆不取。

說文丨孫氏古本切、上下通也。引而上行、讀若囟⑬、息進切。引而下行、讀若退。凵孫氏口犯切、張口也。丿

孫氏房密切、又戾也、象𠂇引之形。乀孫氏分勿切、𠂇戾也、从反丿。厂孫氏余制切、抴也、明也、象抴引之形、虒字从此。徐鍇曰象丿而不展。⑭乁孫氏弋支切、流也、从反厂、讀若移。乚孫氏居月切、鉤識也。亅孫氏衢月切、鉤逆者謂之亅、象形。乚孫氏於謹切、匿也、象迟曲隱蔽形。按古今書傳皆未嘗有用此九文者。凡書、方圜曲直、乡又抴引彳彳、皆因其形勢之自然、

初不成文、豈有定名。予無取焉。說文所載籒文、率多增益點画、失文字之本。如炙之爲𤐫、震之爲𩆍、旁爲雱、𥘅爲𥜽、祟爲𩆉、祟爲𩞉、禋爲𥛣、禮爲𩞋、通爲逋、遂爲𨘧、殆爲䶍、後人傅會、託於史籒之爲也。予無取焉。

六書所以章名物也。天有日月星辰風雨之名、地有山川國邑土田之名、人有骨體爪屬官職器用衣服之名、物有鳥獸蟲魚穀栗艸木之名。凡一言以爲名者、皆具於六書矣。一言不足以盡名、則合文以爲名。合文以爲名者、非六書之所能具也、故先王之灋、有書有名。三代而上、名正而言順、故學粹而義明。三代而下、其名亂、其言厖。司馬相如揚雄之徒始務爲奇字僻名以夸辯博。自是以來、爲文

字者昧於義、短於理、而騖於辭藻。苟務更名換字、以爲新奇。故言天地者曰乾坤曰堪輿曰蓋輿曰穹壤。言日月者曰烏兔曰羲娥曰曜靈望舒。凡事物之正名、皆以常見猒更爲奇變而不顧於理義、天下貿貿焉日入於昏潰回遹、學者眩於知去聲、妨於業、而迷於道。相如之賦、雄之太玄、退之曹成王碑、學者鮮能

通其文辭雖能通之亦卒無所用。揚雄多識古文奇字，韓退之亦慕爲之。六經孔孟之書，未嘗用奇字而大道著焉。古之爲文辭也，攸㠯明民。今之爲文辭也，覂㠯昬之。古之爲文辭也，攸㠯辨物。今之爲文辭也，覂㠯眩之。易曰：當名辨物，正言斷辭。侗之爲是書也，亦㠯當名辨物，正言斷辭，通天下之志而已矣。非敘夸辨便而自爲一家言也。

凡字書有二，㠯文求之者，其傳於今則有說文、玉篇、類篇諸書焉。㠯聲求之者，則有唐韻、集韻諸書焉。聲韻反切之學，古未之有也。許叔重、鄭康成諸人不過曰讀若某云尒。漢末孫叔言創尒雅音義，始夳反語，隶魏大行。函咸用之，㠯通釋氏之書於中國。其濂上㠯喉舌脣齒牙三十六聲爲毋，下㠯聲之相劦者爲韻，而㠯聲韻二字反切之。若東悳紅反，悳爲聲而紅爲韻也。商式羊反，式爲聲而羊爲韻也。反切既興，天下之聲莫能逃焉。聲昜也，韻会也。聲爲律，韻爲呂。今之爲韻書者，不㠯聲爲綱，而鏊者每㠯韻訓字，故其義多忒。聲之相通也，猶祖宗丞姓之相生也。其形不必同，其气類一也。雖有不同焉者，其寡已矣。

韻之相邇也，猶玃爰之佀人，䶂之佀虵，蜀之佀蠶也。其形幾佀，其類實遠。雖有同焉者，其寡已矣。台、余、吾、我、卬，皆爲自謂之名。尒、汝、而、若，皆爲謂人之名。誰、孰、若，皆爲問人之名。此所謂聲之相通者也。音之爲言蘊也，夏之爲言假也，秋之爲言愁也，悳者旻也，祖者且也，畲者舒也、子者滋也、丑者紐也。寅螾然也。戼茂也。辰言萬物之蜄也。巳者昜气之巳盡也。未者味也。戌滅也。宫中也。商章也。角觸也。此所謂韻之相擬者也。不能審聲而配韻㠯太義、未有不爲鑿說者也。

專爲文、合爲字、會意㠯爲字、止於合三。析而訓之、至三至五、是皆不旻其義而破碎牽合

六書通釋　三十八

㠯爲之說也。

凡字有从多而省者、𦤀於巧便也。从省而多者、𦤀於巧繆也。鍾鼎之文多巧、筊璽之文多繆。鍾鼎之文予所取證者不少、然不盡信者、㠯其人自爲巧也。

凡文有自省而繁者。一之生二三三、口之生吅品㗊、又之生㕛叒是也。有自繁而省者、水之爲川爲巜爲人⑮、蟲之爲䖵爲虫、骨之爲冎爲冎⑯爲占是也。有母容其子而从省者、老之省爲耂、而耋耄考耇容焉。虎之省爲虍、而虞虔虐虛容焉。蟲之省爲䖵、而蠶蝨蠡蠹載焉。䖵之省爲虫、而螟蟓螻蟻依焉。此類是也。有子孫其母者、說文所謂从杲省聲者是也。有讓而从者、罒之爲目、夕之爲舟、丗之爲車是

六書通釋　三十九

也。有讓而衡者、水之爲⑰巛是也。

字之子母相从、聲義相劦、或居上、或居下、或居𠂇、或居又。有旻變易者焉、有不可旻變易者焉。碁朞、峯峰、峩峨、崒崪、鍫鍬、松枀、謨謩、谿䜺、槪槩、𠂇又上下雖有變易、不出乎一字。此其可旻變易者也。杲杳、昜明、垕垢、唯售、含吟、召叨、眇省、悲悱、愈愉、意憶、怠怡、忠忡、恕㤖、愁

愀、忩忪、孼擗、桒柚、架枷、衾衿、裹裸、此其不可
旻變易者也。
有一義而後創一字、㠯此釋彼、兊不近之。如
憂怒、怨恨、恩惠、喜悅、憤愠、憂悲之類、人所通
曉、字書引喻其義反巹。凡人之所通曉、不待
注解者、皆不贅解。
名㠯搉實也。有其物而無㠯徵之、故爲之名

六書通釋　四十

焉、所㠯別同異、辨庶物、明民者也、非所㠯誣
民惑衆也。怪力亂神、孔子不語、故怪誕之說
皆斷而不取。有其書而無其物者、謂之虛名。
虛名載於書冊者、爲不急之察、無用之辨。實
名通於俚俗者、不載則闕於用、故予舍虛而
取實。儻有餘力、當盡萃書名之不當物者、別
爲一編、而辨正之、㠯明民。

說文闕漢帝之名、尊君也。侗㠯爲不然。禮曰
臨文不諱。如許氏之滬、是王者之名不載於
六書、而堯舜禹湯文武之名皆當刊而不載
矣。
凡方言往往㠯聲相禪、雖轉爲數音、實一字
也、不當爲之別立文、姑疑其略。那、如何之急
言也、溫人呼奴諧切、台人合作那二字爲則

六書通釋　四十一

皆切、括人奴弟切。吳人越人呼人爲奴紅切、
今俗書作儂、台人負鄰切、溫人奴登切。母、古
音莫古切、又莫比切、今俗通呼莫下切、吳人
莫回切、又上聲、蜀人郎瓦切、淮南呼社。別立
媽姐毑文、皆非也。㛐雅、嬭妳𡟨母也、女蟹切。
今俗謂乳母爲妳、漢人謂母媪姥。凡此皆一
音之轉也。溫人呼如爲女癡切、括人女朱切、

溼台又女興切。聲許生之急言也。說文有欪、吳人有寍馨語、寍如之變也、寍馨猶言如許生也。凡若此者不可悉數、皆不當去文者也。

予爲六書三十季而才苟完。每疊校一部、攤書滿案、夕采又獲、手罷目眩、輒撫書而歎曰、馬呂是爲哉。昔溫公嘗謂予生精力盡於通監一書、通監旣成、學者據之呂考二千載之

六書通釋　四十二

興衰理亂、如翻日歷也。其較之偏閱諸史呂亦徃古之統緒者、可謂約而省力矣。然溫公謂當世能閱之竟卷者才一人而已、今世學者僅讀書坊節本、未有肎觀全書者也。夫有成、書而猶不暇於偏閱、孰知夫作書者之難哉。杜子美云、良工心獨苦。此固古人之所共歎也。雖然、是書要爲人文之所不可闕者、苟有用力於此者、其知之矣。

予爲六書三十季而未卒功、非直不敏不勤、葢不敢遽成也。天地萬物之載、壹形諸書矣。世有今古、方有南北、天地之產、萬不足名也。呂一人之心知一方之聞見、而自呂爲能徧天地萬物之載、誣矣。予觀古今字書、皆不免舛戛疏落之失、葢事物之浩⑱繁錙糅、紀述者

六書通釋　四十三

莫難焉。子之遲遲於卒書者、非直不敏不勤、葢有待也。雖然、季運而徃來日幾矣、竟於待則書之成未有日也。故予姑約其三十季之功呂爲書。孔子曰、禆諶艸創之、世叔討論之、行人子羽脩飾之、東里子產潤色之。予書艸創之書也。討論是正、則呂俟君子焉。予觀釋氏之流、呂幻妄欺世。越之新昌有鐫厓石呂

爲大象者，其高數十仞。其始，一僧爲之不能成，曰後必有繼我者。繼之者數人，卒底亏成。其長過於僑如，塗㠯金碧，煥然溢目。愚夫愚婦望而稽首屬芻焉。噫，㠯彼之欺而猶有繼其志者，吾書大亏宙之人文著焉，庸詎知後世之無揚子雲也。吾書非一家言也，不吾鄙者，繩愆糾繆，匡其不及而補其闕，㠯成不刊之典，竊有望於後之君子焉。

六書通釋畢

六書故弟一

永嘉戴　侗著　　西蜀李鼎元校刊

書始於契、契吕紀數、故首數、次二天、次三地、次三人、次五動物、次六植物、次七工事、次八襍、次九疑。

數

一

一於悉切、數之始也、画如其數、於六書爲指事。說文曰弌、古文。侗謂弌非能古於一、且从弋無義。今惟財用出内之簿書用壹貳參肆伍陸桼捌玖拾阡陌吕防姦易、其从弋者當廢、弎弍亦如之。

一之指事

二

二而至切、數如其画。說文曰弍、古文。

二之疑

亟

亟紀力切、於書傳爲疾急之義。亦借用革棘。又去吏切、於書傳爲頻數之義。說文曰亟、敏疾也、从人从口从又从二。二天地也。按、六書有合三吕成字、無合三吕成字者。許叔重於亟字①三析之而不旻其義、非侗之所敢安也。亟筍皆从句、疑句爲[illegible]聲。孔子曰君子於其所不知、蓋闕如也。故凡所不知皆闕之、吕俟知者。又作㥛、[illegible]。說文曰㥛、疾也。

竺

竺②丁毒切。說文、竺从二竹聲、厚也。按、竺字古無所見、惟楚辭有曰稷維元子、帝何竺之。味其辭意、乃有弃薄意、非厚也。西域身毒國亦号天竺、嬭六莫曉其意義。

三

三穌甘切、數如其画。三、之曰三、厺聲。說文曰弎、古文。

亖

亖息利切、數如其画。亦作四。說文曰象亖分之形。亖、古文。

一之會意

十

十是汁切、數之成也、从衡相乘③、吕明數之葡也。上古結繩而治、未有文字、先契吕紀數、一二三亖各如其數。自五㠯往、不可勝画、故變而爲乂、㠯爲小成之識。變而爲十、㠯爲大成之識。所謂窮則變、變則通者也。數始於一、成於十。自是㠯往、十十爲百、十百爲千、十千爲萬、十萬爲億、十億爲兆、爲秭、皆自十而絫之。說文曰惟初太始、道立於一、造分天地、化成萬物。二者、地之數也。三者、天地人之道也。五者、五行也、天地之關侌昜交午也。十者、數

之具也、从爲南北、衡爲東西、亖方中央葡矣。侗謂許氏之說大矣、非制文之本指也。古之作書契者、所㠯通知愚、達遠近、壹古今、開物成務者也。其稱名也小、其取類也近、然後其著義也確。一二三亖五十、本爲紀數立文、非爲天地侌昜五行立名也。引而申之、無所不通、許氏之說在其中矣。

十之會意

廿

廿二十切、二十之合稱也。按今俗呼若念。蓋二十有尼至切之音、故又轉而爲念。

卅

卅三十切、三十之合稱也。洪景盧曰今人書二十爲廿、三十爲卅、亖十爲卌息入切、皆說文本字也。秦始皇刻石頌悳之辭、皆㠯三字成句、獨稱二十有六季、三十有七季、或曰維二十六季、皆㠯五字爲句。嘗見太山刻石本、乃書爲廿有六季。其爲二十三十、非司馬子長誤易之、則傳寫之譌也。

卅之會意龤聲

卋

卋舒制切、三十季爲一卋。人生三十而壯、有室始有子。七十而老、老而傳。大約當卋用事者三十季、故㠯一傳三十季爲一卋。說文曰从卅而曳長之、亦取其聲。按商癸卣卋直作卅。卋又音泄。記曰卋柵之母乱。

丈

丈直兩切、十尺也、人手中尺、故从十从

千　博　百

又長十尺㠯爲丈。老者殘者之所扶，象之，故亦曰丈。別作杖。老者然後丈，尊之，故曰丈人。丈所倚也，故凡所馮倚者皆曰丈。太聲。別作仗。

十之諧聲

千此因、此先二切。十百爲千。人聲。俗又作仟。

博補各切。廣也。說文曰：从叀。叀，尃也。按，鎛膊搏縛皆叀聲。蓋叀有鋪音，於博聲爲近。借爲博奕之博。別作簙。

一之諧聲

百博陌切。㠯十乘十爲百，十十之數也。白聲。說文曰：百从白。古作𦣻，从自。白亦自也。从一白。數十百爲一貫。相章也。按，伯从人白聲，百亦當㠯白爲聲。鍾鼎文凡百皆直作白。㠯白爲自，鑿而不通；㠯白爲聲，明而有徵。俗又作佰。

百之疑

皕　元　丕　㐅

皕說文曰：二百也。孫氏彼力切。按，古今無用皕字者，然奭、盡皆㠯皕爲聲。

元愚袁切。生物之本始也。物生於一，故从一，兀聲。引而申之，爲首，爲大。說文一本从一从兀，一本从一兀聲。兀聲爲是。伯曰：元，首也。从人从上。

丕攀悲切。大也。古亦借用不。別作丕。張參曰：石經从十。

㐅吾古切。自一至三，積而上之，不可勝畫也。五爲數之半，故〆又㐅冊㠯爲小成之識。今

郊野之爲衡者、梓人之爲尋丈者，至數之半皆㐅。契之觀於此，可㠯知書契之所从生矣。錯㐅之義取焉。亦作五。通作午。午割午冊皆此義也。或曰錯㐅本義也，借㠯紀數。

㐅之會意

爻

爻号交切。變動錯㐅之謂爻，故从二㐅。說文曰：象易六爻頭交也。按，易因爻㠯名書，初不因書㠯爻名。許氏說非。亦通作殽、淆。

㸚　爾　爽　⑤

爻之會意
㸚孫氏力几切。爻之𠂢也。
㸚之疑
爾兒氏切、詩云彼爾維何、維常之𦬸。
爾、緜密也。說文曰麗爾也、从冂从㸚。㸚其孔也、尒聲。按、从冂之
義未達。別作薾。引之爲密爾、別作迩邇。俗爲
爾汝之爾、又俗爲辭助。如是之合爲

爾。語曰鏗爾舍瑟。又曰莞爾而笑④。爾
與然聲義相通。亦通作尒。
爽疏兩切、爽之用二、書曰故有爽惪。
詩曰女也不爽。其義爲差。書稱昧爽。
又曰用爽厥師。其義爲明。說文曰明也、从㸚从
大。𤕛篆文。
爻無分切、文理也、象文理錯乂。說文曰錯畫也、象交

文。爻商癸彝文。爻晉鼎文。又作彣說文曰䰀也。傳曰宋
仲子生而有文在其手、曰爲魯夫人。此文
之本義也。六書所吕謂之文也、上則天文、
下則地理、中則人倫、小之鳥獸艸木⑥莫不
有文焉。中庸曰文理密察。傳曰經緯天地
曰文。周語曰經緯不爽、文之象也。堯之文
思、舜之文明、禹之文命、皆是物也。孔子曰

大哉、堯之爲君也、巍巍乎其有成功。煥乎、
其有文章。又曰文王既沒、文不在茲乎。堯
舜文王周公孔子、文之至也。詩書六埶、文
之所聚也。學者必學於文、然後可吕格物
致知。故曰子吕三教、文行忠信。又曰博學
於文、約之吕禮。流俗之失、專吕華采緣飾
爲文、至吕言辭爲文章、失之矣。孔子曰周

監於二代，郁郁乎文哉，吾从周。孔子之从周也，謂其監於二代而極文理之精察也，豈尚其文飾乎哉。孔子曰伯母叔母疏衰，踊不絕地。姑姊妹之大功，踊絕於地。如知此者，由文矣哉，由文矣哉。先人曰觀於此可以知聖人之所謂文矣。引而申之，則爲文采文飾，而質與文數。考工記曰，青與赤謂之文，赤與白謂之章。別作紋。

文之龤聲

斐　斧尾切，文采成章也。詩云萋兮斐兮，成是貝錦，亦俗用匪。

彥　魚變切，文茂美也。說文曰从彣厂聲。士之文秀者，因曰彥。書云人之彥聖。

⿱𠩺文　里之切，說文曰微畫也。疑當與氂幷。

斕　郎干切，斕斑，襍色成文也。

丄・二丄，旹掌切，上篆文一。・丅，胡雅切，下篆文丄。丄丅之文各指其事而義見，又去聲。說文曰古文諸上字皆从一，篆文从二。辛示辰龍童音章皆从丄。徐鍇曰萬物莫先於一，故古文丄皆爲一。按，六書衡一於丄者若天若雨若不若六若末，皆指其在上之象，非一也，亦非丄也。衡於丅者若土若丘若旦若至若皿若豆若本若氏，皆指其在丅之象，非一也，亦非丅也。衡於中者若毌若玉若母若壬若朱，非一也，亦非中也。丄丅非从一，數而指事之畫同於一，故㕜見一之後。

丄之龤聲

帝　都計切，主宰之尊稱。故天曰上帝，五气曰五帝，天子曰帝。帝古文。說文曰从丄朿聲。鄭漁仲曰帝象華蔕之形，即蔕字也。俗爲天帝帝王之帝。

丄之疑

旁　步光切，三畔爲旁。說文溥也，从丄闕，方聲。㫄㫄並古文。雱籀

文。別作傷。按、旁不過三旁之名、說文从丄、其義未明。又俗其聲爲旁

皇之旁。。丝其旁之謂旁、太聲。亦作徬、又蒲

庚切、詩云駟介旁旁。言彊壯皃。陸氏補彭切。

六書故弟一　十二

六書故弟一

六書故弟二

永嘉戴　侗著　　西蜀李鼎元校刊

天文上

天　天他肩他眞二切，在上而大者，天也。於文爲指事。天覆乎上，日月星辰系焉。萬物之生，皆本乎天，莫與大焉，故曰皇天。在上，故曰上天。視之，其色蒼蒼，故曰蒼天。㠯其清明廣博，界然，故曰界天。㠯其照臨明昭，故曰旻天。㠯主宰言，則謂之帝。㠯五气言，則有五帝。天於文从大，挈而冠之，篇尊天也。說文曰从一大。而張平子墓碑文或作兲、兲。

气　气郤利切，象气絪縕騰起。俗爲气與之气，又轉爲气匄之气，郤訖切。今人專㠯气爲气匄之气，故反㠯氣饗之氣爲气，而加食爲餼，㠯爲氣饗之氣，轉失其本矣。又作炁，非。黄老之說㠯虛無爲祖，故炁从无从火。

气之諧聲

氛　氛甫云切，气之有象者。傳曰：日南至，梓愼望氛。又曰：楚氛甚惡。又曰：見赤黑之祲，䘮氛也。

日　⊙人質切，太昜之精著象于天者也。象形。日出而晝，入而夜，故一晝夜謂之一日。日之行始於南陸，自南而北，底于北陸，自北而南，复至南陸而一周。故中冬日南至，斗建子爲一之日，斗建丑爲二之日，建寅爲三之日，建卯爲亖之日。自是至季冬，皆㠯日行而复名也。說文作日，从口从一，⊙古文象形。按，日之⊙，自取象於日之圜，初不从口，亦無从一之理。日中从乙，說者謂象日中有烏。蓋日月之中皆髣髴有物象焉。流俗相謂日中有烏三足，月中有桂與兔，甚者謂月中有姮娥宮殿，好怪者滋益之，而不察者習信之也。在天成象，在地成形。日月象也、烏有物形、此不經之論也。

旦之指事

旦 旦是案切、日出地上、旦之義也。烏有鶡旦、鳴旦者也。別作鴠。詩信誓旦旦。說文引詩作㒵。

旦之龤聲

暨 暨其冀切、眔戒迨旦而趨事也。引而申之為暨及之義。亦偺用洎。又作臮。說文曰眔詞與也。

六書故弟二　三

㬎、古文。

日之會意

明 明母滂母兵二切、縣象著明莫大乎日月、故兼取日月以著義。別作朙。說文曰朙从月从囧。𥃶、古文。按、日為大明、明之主也。从日為正、囧乃日之譌。

杲 杲古老切、日融明也。日出木上、杲之義也。

杳 杳烏皎切、日冥也。日在木下、杳之義也。

東 東是紅切、出日之方也。東方之行木、日在木中、東之義也。

東之疑

𣗥 𣗥聲義俱闕。𨍭从此。鄭衆仲曰月出門也、𨍭曹切。

早 早子浩切、日之甲旹也。亦偺用蚤。

莫 莫莫故切、日欲昏也。从日在茻中、昏莫之義也。別作暮、再加日、非。又轉為末各切、冥莫闇也。詩云葛之覃兮、維葉莫莫。莨莫上蔹也、與幕通。宋莫幽闃也。亦作寞、又作嗼暮。廣莫遼絕也。皆由正義而引之。又偺用為艸名。詩云彼汾沮洳、言采其莫。莫莫故切。陸機①曰侶柳葉、厚而長、有毛刺、可②鬻。埤雅曰莖大如箸、赤節。其子如楮實。冀人謂之乾絳、吳越謂之莓子也。又偺為無有之義。莫末、篾靡聲義相近。又偺為莫定之義。詩云秩秩大猷、聖人莫

六書故弟二　三

之。又曰彝之懌矣、民之莫矣。說者曰定也。皆末各切。

昔

昔湯古切、徧也。大明炏照、昔之義也。與溲通。

易

易夷益切、代易也。日往則月來、月往則日來、東西代明、易之義也。故从日而承之吕月。俗爲蜥易之易、他益切。亦作蜴。說文曰易、蜥蜴也、象形。

秘書說日月爲易、象侌昜也。一曰从勿。按、易文與蜥易之形不類、蜥易則假借也。

又借爲亐易之易、吕豉切。葢其聲與夷相通、故義亦近之。亐易斷不難矣、故又爲難易之義。易斷忽之矣、故又爲慢易之義。別作傷。說文曰輕也。又作敡。說文曰侮也。又借爲易治之易。孔子曰喪、與其易也寍戚。孟子曰深耕易耨。又曰易其田疇。

㫺

㫺恩積切、乾肉也。上取諸肉、从日吕晞之。俗爲古③昔之昔。本文爲古昔之昔所擅、故俗書乾昔之昔爲腊、加肉焉、吕別之。子反㞢母、外矣。又作晳。

日之龤聲

晉

晉卽刃切、易曰晉、進也。明出地上、晉。用爲國名、臸聲。

曙

④曙常恕切、旦始明也。

昉

昉分兩切、始明也。

昕

昕許斤切、旦明也。士昏禮曰、凡行事用昏昕。

倝

倝古案切。說文曰日始出光倝倝也、㫃聲。

倝之龤聲

朝

朝陟遙切、旦也。古者朝而聽政、百官咸見、故朝見曰朝、夕見曰夕。直遙切。聽政

幹

受斡之地因謂之斡。亦作晁。

𠦝居寒切、溼去也。亦通作乾。唐本說文曰幹溼之幹也。徐本無幹字。又作𣵀。俗爲爻幹之幹、古案切。通作榦。幹者爻之所宗、故引而申之、城築之植木謂之幹、人之軀幹謂之幹、脅骨謂之幹骨。易曰幹父之蠱。又曰貞者事之幹。義皆取諸此。

晨　曉　尞　晤　昭

晨植鄰切、旦也。詳見晨下。

曉呼鳥切、明辨也。昕曉同聲。又作皢。說文曰日之白也、从白。

尞力照切、明徹也、炎聲。說文曰从火从眘。眘、古文慎。祭天所吕慎也。按、許氏說牽彊而不通。別作曢。

晤五故切、明也。莒曰又人之相見曰晤。

昭之遙切、明著也。宗廟之禮、合食于祖、父

昭又穆。昭位於北墉下、向牖而明、故因謂之昭。別音韶。說者謂避司馬昭諱。又作佋。

晢　晃　昄　晟

晢之列切、昭察也。書曰明作晢。又旨逝切。易曰明辨晢也。詩云明星晢晢。別作晣。

晃胡廣切、日光爍燿也。揚雄賦作爌。

昄補綰切、詩云爾土宇昄章。毛氏曰大也。

晟承正切、又平聲、日精光充盛也。楚辭曰

內厚質正兮、大人所晟。又曰高辛之靈晟、申包胥之气晟。

曦　旻　昦

曦虛宜切、赫曦明盛也。別作爔。

旻眉巾切、天日精明也。詩云旻天疾威。孟子曰舜號泣于旻天。說文曰秋天也。秋天精潔、此說近之。又曰仁閔覆下謂之旻。仁閔覆下、从日無謂。或作旼。

昦戶老切、天日高明廣大、昦昦如也。又作

曠　晏　暾　昫　旭　㬉　晅　㬮

暤、古少昦氏亦作少皞。孟子曰王者之民暤暤如也。通作顥。說文曰杳爲昦天、元气昦昦也。暤、皓旰也。孔安國曰昦、天气廣大也。昦之从天、夰之譌也。暤之从白、日之譌也。

曠、苦謗切、日精無云、天穹空明也。

晏、烏諫切、日向中天、气晏溫也。引之爲晏溫、爲昷晏。又引之爲晏安。別作曣。

暾、都昆切、又他昆切、日初出昫物也。

昫、況芌切、日气溫昫也。記曰昫嫗覆育萬物。與欨通。詳見欨下。又作煦。

旭、許玉切、旦日之溫也。

㬉、乃管切、溫燠也。又作煗。按、書傳晅㬉煖煗多互用。侗謂从耎者、乃管切。从爰从亘者、許元況晚切。

晅、許元切、㬉昷也。別作煖。又作暄。

㬮、乃昆切、溫㬮和煦而不烈也。⑤孫愐曰奴案切。按、說文㬮、讀若水溫㬮。孫氏曰乃昆切。今俗語水溫㬮實乃昆切。

暑　暘　晴　晛　旱　暴　曬

暑、舒呂切、夏日气熱也。

暘、与章切、日出易明用事也。

晴、慈盈切、雨霽日出也。別作夝。說文曰夝、雨而夜除星見也。又作暒。史記天官書、天精而見景星。韋昭曰、精謂青朗。漢書作暒。郭璞曰、暒雨止無云也。徐鉉曰今作晴、非。按、晴乃今古所通用。夝从夕無義、古單作精。

晛、形甸切、侌而日見也。或曰日气也。詩云

見晛日消。

旱、下旰切、又上聲、恆暘也。

暴、薄報切、日猛烈也。巢聲。又作曝、麃聲。又作𣅊、夲聲。暵物於日謂之暴。蒲沃切。別作曝。說文曰暴、从日从出从収从米、晞也。侗謂許氏之說破碎牽彊。麃夲皆蒲報之聲、非蒲沃之聲。暴烈乃本義也。

曬、所戒切、暴物也。俗作晒。又抽知切、漢書曰

晞　景　顥　晷　映　昃

白日曬炙。

晞香衣切、乾也。

景居皿切、日炎所照物之侌爲景。周官曰土圭測景、日至之景、尺有五寸。詩云景山與京。又曰既景乃岡。莊周曰、罔兩問景。俗作影。顏之推曰葛洪始加彡、讀於景切。且呂景爲炎景、非也。又詩云呂介景福。鄭氏曰大也。又曰景行行止。毛氏曰大也。鄭氏曰明也。又曰景命有僕。毛氏曰大也。

景之龤聲

顥胡老切、楚辭曰天白顥顥。說文曰白皃、从頁。按、頁乃聲也。

晷居洧切、日景之幾度也。

映於敬切、炎燿隱映也。

昃阻力切、日過中而側也。別作庂昃。

旰　晚　昏　晻　曀　昧　暗　晦　暈

旰古案切、日幾晚也。

晚縛遠切、日薄莫也。

昏呼昆切、日入向晦也。唐本說文从民省、徐本从氏省。晁說之曰因唐諱民改爲氏也。晁說是之。古者娶用昏旹、故嫁娶謂之昏。別作婚。昏於目、昏於心者皆曰昏。別作昏惛怋涽睧眂。

晻烏感切、日炎爲云侌所掩也。漢書亦呂此爲闇。

曀於計切、日爲云侌所蔽翳也。

昧莫佩切、不明也。又作眛佅。

暗烏紺切、又於禁切、昏昰也。古通作闇。別作窨。說文曰地室也。

晦荒內切、日全蔽無明也。三旬之兊、月之明盡、故亦謂之晦。

暈王問切、气囗日也。

旹辰之切、日之㫚度也。旹秋㒸夏、一歲之旹。螒莫晝夜、一日之旹。又作峕。假借之用、其義爲是。書云旹乃功。又曰咸若旹。

旬

旬常倫切、十日爲旬、匀省聲。又作㫗。

旹

旹樞倫切、歲有三旹、旹爲𣅽。古亦作𣎴、艸生旹也。說文無旹字、艸部有萅、推也、从艸从日、屯聲。蚰部有䖝、古文蠢也、从𢦏从旹。吕此明之、當作旹。

㫚

㫚居其切、憂其旹曰㫚。日行三百六十有六日則憂其初度、謂之㫚。季月行十有二月而歲周、謂之㫚月。又作𣆓、𣇘、从月。俗作朞。又作稘、从禾、與季同義。約旹爲㫚、渠之切。

晬

晬子内切、周季也。

昨

昨在各切、徃日也。

曩

曩奴朗切、徃日也。

暇

暇胡嫁切、从事之閒旹也。

昵

昵尼質切、螒夕親近之謂昵。亦作暱。又作眤。

暬

暬私列切、昵也。詩云曾我暬御。說文曰暬、狎習相慢也。侗謂褻狎之褻从衣、暬乃从日、非褻慢之謂。

暍

暍於歇切、中暑也。

昶

昶丑兩切。說文新附曰永也。按、永乃聲、俗書也。

日之疑

易

易与章切、易明爲易、侌暗爲侌。天地之道侌易而已矣。易从日、侌从云、因象吕著義。侌易之義居可識矣。易。晉姜鼎文。說文曰从日从一从勿、開也。一曰飛揚、一曰長也、一曰彊者衆皃。鄭敷仲曰从旦从勿、太易螒升勿勿然楲皃。侗按、二說皆文離牽彊。

昌

昌尺良切。於書傳爲昌明、爲昌盛、顯大之義也。說文曰从日从曰、美言也。一曰日光也。昌籒文。按、昌之从曰與从口、皆不可曉。或曰連日精明爲昌、連三日爲晶、故昌从累日而晶从三日、亦未安。

晶

子盈切。說具昌下。

㫐

烏皎切、說文曰、望遠合也、从日从匕。匕合也。讀若窈窕之窈。

冥

莫經切、於書傳爲晦冥。冥海水深奧、故曰冥海。別作溟。又上聲、日入也。別作暝。又莫歷切、周官冥氏掌設弧張、爲穽擭㠯攻猛獸。說文曰、冥幽也、从日从六、冂聲。日數十、十六日而月始虧幽也。

晝

陟救切、自日出至日入爲晝。說文曰、日之出入與夜爲界、从日从畫省。按、此說鑿而不通。

昆

古渾切、於經傳爲昆弟、昆兄也。又作罤。又爲後昆。書曰、垂裕後昆。又曰、昆命亐元龜。孔氏曰、後也。按、書言後昆、則昆不可訓後。又爲昆蟲、記曰、昆蟲毋作。說文曰、昆同也、从日从比。又作蚰、曰蟲緫名也、讀若昆。說具蟲下。又爲昆侖、渾厚之象也、義取其聲。西方之山

隤然渾敦、故謂之昆侖。別作崐崘、俗呼昆侖。昆或讀如鶤、或讀如汩、義皆如其聲。

月

魚厥切、太侌之精著象亐天者也。月有盈闕、象其闕、㠯別於日也。月行三旬而與日會曰朔、朔而明始生、十有五日而朙、朙而盈。既盈而明始消、又十有五日而晦。晦明盡也。晦而复朔、故自朔至晦謂之一月。月所㠯名也。

月之指事

夕

祥亦切、日始入昔也、取月半見之義。

夕之會意

多

㝵何切、義不待釋。說文曰、重也、夕者相繹也、重夕爲多。

多之諧聲

夥

乎果切。說文曰、亝謂多爲夥。史記曰、夥頤、涉之爲王。

夜　夢　飒　夗　朏

夕之龤聲

夜羊𢓨切、又羊庹切、日入爲夜、亦省聲。

⑥夢旨忠切、昏不明也。又去聲、爲夢寐之夢、寐中有見也。說文作㝱、从宀从爿。夢非寐、不明从夕。又莫滕莫亟二切、夢夢無明也。詩云視天夢夢。別作懜。

飒息逐切、未明而作也。飒聲、亦會意。又作晒晒、說文曰古文。

夕之疑

夗於阮切。說文曰轉臥也。从夕、从卩、臥有卩也。

月之會意

朏芳尾切、月初出也。書、二月既朢越六日乙未。三月維丙午朏。實朔之三日。

月之龤聲

朔　霸

朔所角切、月之初一日也。引之爲初義、僭爲朔方之朔、北方也。

霸普伯切、月之明也、與魄通。昜之精曰魂、侌之精曰魄。日昜而月侌、故月之明謂之魄。周書紀月、其名有三、曰朏、曰哉生明、曰既生魄、曰旁死魄。夫哉生明者、月始生、初三日也。既生魄者、月既生、明之翼日也。旁

死魄者、下弦也。鄉飲酒義曰、月三日則成魄、三月則成旹。揚雄曰月未朢則載魄于西、既朢則𠔀魄于東。說文曰月始生霸然也。承大月二日、小月三日。孔安國曰明消而魄生、旁死魄者、朔月之翼日、近死魄也。生明者又翼日、朏也。生魄者、十五日之後也。馬氏曰魄、朏也。月三日始生兆朏、名曰魄。按、如孔氏說、明消而魄生、則自朢後至晦朔而魄始全、烏得反謂之死魄、朔謂之魄死、則朢亦可謂之明死乎。但如馬氏與許氏說、魄與朏同、皆爲始生之名、則又不得有死魄之稱、亦未

免於少罰。說文曰[illegible]也。罰古文。又必駕切、俗爲霸王之霸、與伯通。漢志、霸水出京兆藍田谷、北入渭。顏師古曰秦穆公更名以章霸功。別作灞。

亙

亙 古登切、月弦也、工聲。詩云如月之亙。引而申之、凡引之弦直者皆曰亙、楚辭所謂亙瑟是也。別作絚、緪。又引之則竟兩端曰亙、厺聲。別作恒、㮓、非。說文恒在二部、曰常也、从心从舟在二之間上下、心以舟施、恒。㮓在木部、竟也。古文作亙。徐鍇曰舟竟兩岸。亙、古文从月。引詩如月之亙。按、許氏徐氏之說曲而不通、古文从月、乃見於亙之下、其義炳然。从舟、月之譌也。

望

望 扶放切、月與日遙相散也。又作朢。大率月行與日合則明盡、厺之極遠、中天相望則明完。自朔以往、去日漸遠則明生、由是日長、以至於望而盈。自望以往、還漸近日則魄生、由是日減、以至於晦而盡。在朔望遠近之中則月魄生乩適及半、故謂之亙。而在下旬又謂之旁乩魄。引而申之、凡相望者皆曰望。其从𡈼者、以言人之跂而望也。別作朢、望。說文朢在𡈼部、月滿與日相望、臣朝君也。从月从臣从𡈼。𡈼、朝廷也。又作望。望在亡部、出亡在外望其還也。从亡从朢省。按、易以月幾望爲疑於易、日月遙相望、不旻謂之臣朝君。𡈼之爲朝廷、亡之爲出亡、皆牽彊無義。其从臣者、亡之譌也。引之則[illegible]望於人者亦曰望。別作[illegible]、說文曰責望也。又亏聲。

有

有 云九切、伯曰月自無而有、故有之義取焉。

朗

朗 盧黨切、月明也。別作朖、脼。

肭

肭 孫愐曰、女六切。說文曰朔而月見東方謂之縮肭。按、从內、與孫氏音不叶、若非肉聲、則孫音誤也。

朓

朓 土了切、說文曰晦而月見西方謂之朓。

曐

曐桑經切、天之庡曜也。古單作〇、爲其嫌於日也、故象其众爲。〇〇。隸書與品亂、故又䲨之㠯聲而爲曐。品之譌爲晶、乃爲曐。又省爲星、非。

曐之䲨聲

曑

曑所今切、毛萇曰伐也、三曐天官書曰曑爲白虎三曐直是也、爲衡石下有三曐兌、曰罰罰卽伐也。孟康曰白虎宿中、西直、佀衡、罰在曑閒、上小下大、故曰兌。兌、古銳字。

昴

昴莫飽切、虞書曰日短曐昴。孔安國曰白虎之中曐也。天官書曰昴曰髦頭、胡曐也、爲白衣會。

昴

昴力桼切、又力久切、詩云嘒彼小曐、維曑與昴。肅肅宵征、抱衾與裯。毛萇曰畱也。天官書曰昴七曐。陸氏音非、誤也。昴與裯合韻。

曟

曟植鄰切、說文曰房曐也。亦單作辰。周語曰農祥晨正、日月底于天廟、土乃覛發。又曰辰馬農祥也。韋昭曰謂房心曐也。心曐在大辰之次爲天駟、故曰辰馬。大昔之日、房曐晨⑦正於午而農事起、故謂之農祥。說文曰⑧或作晨。按、晨从⑨日、乃晨昏之晨。說文又有曟字、昧爽也、从臼从辰。臼辰爲晨、猶夙夕爲夙也。農从晨。按、臼乃日之譌、辰其聲也。臼辰之說鑿而不通。

曟之䲨聲

農

農奴冬切、田事也。晨爲農祥、故从晨省、囟聲。說文从晨、耕也、囟聲。辳籒文。䢉古文。徐鍇曰从凶乃㫗聲。按、農與䢉皆㠯囟爲聲。囟、囟聲、自爲一字。今闕其音義尔。

云

云王分切、地气上騰爲云也。𠫶古文、象其絪縕騰越。云从上、象云气上騰。云俗爲云曰之云、云與曰聲相通、故其義亦同。又作雲。云不便於隸書、而云爲俗義所奪、故加雨爲雲。

会　靉　靆　雨　雹　霝

云之龤聲

侌於今切、云蔽日也。又作雺。侌之所覆曰侌、去聲。別作蔭。

靉倚亥切、靆蕩亥切。靉靆、雲屯聚皃。又作曖睐。

雨王矩切、地气升爲云、天气降爲雨。說文曰水从雲下也。一象天、冂象云、水霝其間也。又去聲。詩云雨我公田。旾秋曰雨螽亐宋。

雨之象形

雹蒲角切、雨冰也。別作霣。

霝郎丁切、雨隊也。㗊象形。或曰㗊聲。別作零。說文霝、雨零也。㗊象零形。零、餘雨也。別作零蕶蘦。借爲囪霝之霝。別作⿰扌霝、⿰木零。借爲霝龍之霝。別作⿱雨王瓏。舟有囪者、車有囪者皆謂之霝。旾秋傳陽虎載囪霝而逃。別作⿰舟霝舲、⿰車霝。

霏　⿱雨𠂢　霢　雱　霅　霖　霽　霻　霰　露

雨之龤聲

霏甫微切、雨紛飛也。別作⿱雨飛。

⿱雨𠂢職戒切、說文曰小雨也。通作⿰氵⿱罒𠂢。

霢莫獲切、霢沐小雨也。詩云益之㠯霢沐、旣優旣渥。沐亦作霂。

雱鋪郎切、雨雪逬下也。與滂通。別作霶。

霅士甲切、驟雨聲。類篇又色甲切、撒也。漢書霅然易開。今作

霅、譶省聲。

霖力尋切、凡雨自三日㠯往爲霖。

霽子計切、雨止云收也。

霻相說切、雨遇寒凝而爲雪也。省文作雪。

霰穌甸切、稷雪也。詩云如彼雨雪、先集維霰。別作⿱雨見。

露洛故切、天清明則夜气降而爲澤曰露。

有雲則無露。

霜

霜師莊切、露寒而凝爲霜也。

震

震章刃切、靁出震動萬物者也。說文曰𩆏籀文。

電

電堂練切、收靁則先電、昜气激而有光也。

霆

霆特丁切、記曰神气風霆、風霆流形。呂氏旾秋曰、爲木革之聲則若⑩雷、爲金石之聲則若霆。爾雅曰疾靁爲霆。呂是觀之、其聲

嗚嗚若靁然者、靁也。其聲鏗訇若霆云者、霆也。猛暴辟歷者、震也。通謂之靁。說文曰靁餘聲鈴鈴、所吕挺萬物。按、旾秋、大雨震電。穀梁氏曰電、霆也。

霓

霓研奚切、又倪歷切、說具虹下。別作蜺。

霚

霚亾遇切、說文曰地气發天不應曰霚。別作雺、霧。

霿

霿莫弄切、說文曰天气下地不應曰霿。霿、

晦也。

霄

霄相邀切、孫愐曰近天气也。說文曰雨霰爲霄。

霾

霾莫皆切、雨土翳埋也。

霞

霞胡加切、云气⿰扌叚⿱艹溲、斡夕之日光弢之赮赤也。漢書單作赮。又見火部。

需

需汝朱切、雨沾需也。別作濡。又相俞切、易曰云上於天、需。需、須也。而非須之聲、沾需爲本義。

霤

霤力救切、宇水所流也。宮中宇水所流爲中霤。記曰浴於中霤。三宇之水皆流中廷、故中廷亦或謂之霤。又曾子與子貢弔於季氏、涉内霤。又作⿰氵霤。左氏傳晉士會諫靈公、三進及溜。別作廇。說文、廇、中廷也。徐鍇曰屋檐滴雨爲霤、其地謂之廇。非。

雩

雩羽俱切、祈雨舞禜也。或作⿱羽亏。

靁

回，魯回切，昜气動於下，㫄薄鬱勃，奮而有聲。曰回。別作靁𩇓𩆀。說文二字皆古文。靁說文曰籀文。俗省作雷。侗謂隸書从便，當爲靁。靁之卂擊者曰辟歷。漢書說文皆借用辟歷。俗作霹靂。

靁之會意

亘

亘，須緣切，斡越也。靁行上下之閒，亘之義也。

六書故弟二

六書故弟三

永嘉戴　侗著　西蜀李鼎元校刊

天文下

火

火許果切、又許偉切、南方之行炎而上曰火、象形。

火之會意

炎

炎于廉切、火埶盛炎上也、从兩火。

炎之會意

尞

尞力照切、燔艸木也。書曰若火之尞于原。別作爒、說文曰放火也。又作燎、說文曰炙也。又作𥛚、尞祭也。

黑

黑呼北切、積煙之色也。从炎从囪、突上囪霝、煙所積也。

黑之會意

熏

熏許云切、煙火上出也、从出从黑。別作燻。熏者火之㷠、其气赤黑、故色之赤黑者謂之熏。別作纁、𫄸。日之似冥、其色亦然、故謂熏黃。別作曛。楚辭曰與纁黃吕爲期。飲酒者暢於頭目三爻、亦謂之熏。別作醺。目之闇者亦曰熏。別作矄。

黑之諧聲

黔

黔巨淹切、又巨今切、黑也。易曰爲黔喙。秦謂民黔首。

黚

黚巨今切、說文曰淺黃黑色也。別作黬、黭[1]。

黟

黟煙奚切、又於夷切、桼色黑而澤也。亦作黳。說文黳、小黑子也。黟、黑木也。按、黟从黑、凡黑者皆曰黟、不應黑木別擅此名。髮之黑澤別作鬖。馬之黑作騖。竝非。

黫

黫烏閑切、聲義與黟通。史記天官書曰黫然黑色甚明。蓋黑而有光澤也。

別作黝。

黝

黝於糾切、黑色深黝也。說文曰微青黑色也。周官会祀用黝牲。又曰其祧則守祧黝堊之。鄭司農曰讀若幽。幽，黑也。

黲

黲七感切、淺黑也。

黛

黛迖旻切、又迖耐切、青黑色也。用爲畫眉墨。亦作黱。唐本說文曰或从代。徐本說文無黛字。

黖

黖當割切、說文曰白而有黑也。

黭

黭於敘切、会黑也。亦作黱。徐本說文曰青黑也。唐本曰果實黭黮黑也。別作黭䨠。

黯

黯烏減切、說文曰深黑也。一說黯黶特一字。別作黬黫。

黶

黶乙減切、說文曰中黑也。又倚琰切、黑子也。

黮

黮迖感他感二切、黮黮之象如其聲。又他減切、黯黮之象如其聲。又迖監切、黮黮雲起濃黑皃。又石荏切。詩云翩彼飛鴞、食我桑黮。桑實黑熟、故呂名之。亦作葚。詩云無食桑葚。亦知林切。又作湛。

黷

黷迖數切、黮黷、黑气屯濃也。又作黷、

迖戴切。別作靉靆靆。

黗

黗都故切、濁黑也。

黕

黕都感切。說文曰滓垢也。楚辭曰或黕點而污之。又陟甚切、污黑透漊也。又作黵。

點

點多忝切、班班小黑也。曾點字皙、猶端木賜字貢。或作葴、已無義。因之又作黬𪑾。說文曰𪑾雖皙而黑也。蓋因曾點字皙而誤也。又都念切。

黠

黠功八切、說文曰堅黑也。俗爲慧黠狡黠之黠。又下八切。

儵

儵直鳩切、又式竹切。說文曰青黑繒發白色也。俗爲儵忽之儵。楚辭曰儵而來兮忽而逝。謂倏闇感忽不可知也。

黨

黨他朗切、說文曰不鮮也。別作曭。因之爲黨來黨或之義。漢書曰黨可㠯徼幸。亦謂出於倏闇不可知也。因又爲假黨之黨。別作倘、儻。又俗爲朋黨之黨、多朗切。鄉黨之名生焉。五比、二百五十家爲黨。別作攩、鄭。說文曰攩、朋群也。伯曰鄉黨之黨當从里、譌爲黑。

黴

黴皮移切、中久雨青黑也。

𪐞

𪐞古旱切、面黑气也。別作皯。

黓

黓逸織切、爾雅曰太歲在壬曰玄黓。

黷

黷徒谷切、污也。亦通用瀆。

黜

黜敕律切、擯斥污闇也。書曰三考黜陟幽明。別作詘、絀。說文曰絀、降也。

䵬

䵬達合切、墨也。晉竿曼州里稱爲䵬伯。

黥

黥渠京切、有罪者㠯墨涅其面也。別作剠。

炎之龤聲三

燄

燄㠯漸切、火之騰起者爲燄。書曰無若火始燄燄。別作焰、爓、焻。說文曰燄、火行微燄燄也。焻、火光也。

粦

粦良刃切、列子曰馬血之爲轉粦也、人血之爲埜火也。說文曰兵死及牛馬之皿爲燚。別作燚。

焱

焱甫昭切、火勢猛盛也、故从三火。孫氏呂丹切。又呼具切。淮南子曰追焱歸忽。漢書曰雷動焱至。又曰猋風涌而雲浮。又曰武節焱逝。說文曰火華也。高誘曰焱、光中有景者。按、諸說焱乃燄也。漢書曰鑿坎窴熅火。顏師古曰火無焱也、與猋多互用。

焱之疑 二

熒

熒戶扃切、火光熒煌不定也、冂②聲。說文曰屋下燈燭之光、从冂③从焱。一說冂聲。按、熒兩火在冂上、非屋下之義也。伯曰屋下有火、其光上出熒熒也。

赤

赤昌亦切、伯曰大火之色也、从火从大、會意。或曰亦省聲。

赤之會意 二

赫

赫呼格切、火盛大赤也。又作赩。楚辭曰逴龍赩只。

赧

赧女版切、面慙赤也。亦作赧。

赤之龤聲 十

赬

赬丑成切、赤色也。又作⿰赤巠。士喪禮爲銘⿰赤巠末④。爾雅曰淺赤色也。別作䞓、浾、泟、綪。

赭

赭之也切、赤黑色也。

赮

赮何加切、赤雲气也。漢書雷電赮蚕辟歷夜明者、易气之動者也。按、此即霞字。霞不當从雨。

炙

炙之石切、肉在火上、炙之義也。肉之既炙爲炙、之夜切。又作⿱夕火、夕聲。

炊

炊昌垂切、火气孰物也。說文曰爨也、吹省聲。

燁

燁匀輒切、火之華采燁然。別作曅爗。說文曰曅、光也、从日从華。爗、盛也、从火曅聲、俗又作燁。侗謂日火同光、若燁若煇若熯若燿、皆兩从火、日、然取義於火爲尤精覈、故定皆从火。

煽

煽式戰切、火㝵風愈熾也。从火从扇、煽之

義也。扇亦聲。詩云豔妻煽方処。別作偏。說文引詩豔妻偏方処。

灰

灰呼回切。火匕為灰。从又火。滅可持也。

火之龤聲　八十有五

然

然如延切。火始燓也。亦作䕼。又作蘸。俗為然否之然。然之與是聲相通也。又為若然之然。然與如若聲相通也。正義為俗義所奪、火然之然加火為燃、非。

焫

焫如悅切。燒也。記曰焫蕭合羶薌。亦作爇。傳曰魏犫爇僖負羈氏。說文曰蓺聲。徐鉉曰說文無蓺字。

燓

燓附云切。燒也。亦作焚。从棥省。

燔

燔附袁切。燔猶燓也。炙肉於燄因謂之燔。詩云、炮之燔之、燔之炙之。傳曰與執燔焉。別作膰、鐇。

燒

燒式昭切。燒燓焫其義一也。又去聲。

燬

燬許偉切。燓之盡也。別作𤈦。說文曰燬、火也。𤈦亦火也。引詩王室如𤈦。

爟

爟周官、司爟掌行火之政令、三旹變國火。呂氏旹秋曰爝㠯爟火。說文曰取火於日、官名、舉火曰爟。周禮故書曰燋。杜子旹曰燋、亦書為爟、爟為私火。康成曰讀如予若觀火之觀。今燕俗名湯熱為觀。則爟火謂熱火與。陸悳明音古喚切。侗謂康成熱火之說無理、叔重亦

緣周禮而立說。呂氏旹秋疊之、是非新火之名兮。舉火當作權、漢書所謂權火舉而祠若光輝屬天、蓋㠯桔槔舉火若權之在衡也。

炮

炮步交切、火中完孰牲豚也。說文曰毛炙肉也。亦作炰。周禮曰歌舞牲及毛炮之豚。康成曰毛炮、爓去其毛而炮之。詩云毛炰胾鬻。又曰炰鼈鱠鯉。記曰炮取豚若牂、刲之刳之、實棗於其腹中、編萑㠯苴之、塗之㠯堇塗、炮之。又曰後聖

有佗、然後修火之利、㠯炮㠯燔、㠯亯㠯炙。康成曰炮、裹燒之也。按、牲之孰亯者、乃先厺其毛、旣厺其毛、何㠯言毛炮。內則所言明矣、康成所謂裹燒是也。大率上古始有火匕、故炮燔之事爲多。今人取完殺雞豚、孰黄泥㠯摶之而煨之、比其孰也、則毛與泥俱脫、所謂毛炮也。

烙

烙盧各切、肉類著釜中烙之、或燒鐵㠯烙物也。

煼

煼初爪切、鬲中烙物也。亦作𩱦。又作炒、𤎻煛。

煿

煿伯各切、著釜中煿孰也。

灼

灼之若切、灵火焫物也。又爲竟灼、㷇灼之義。書云灼于三方。又曰灼見三有俊心。詩云灼灼其華。章灼同聲。又作焯、又通作炤。詩云亦孔之炤。

煨

煨烏灰切、灰火中孰物也。說文曰盆中火。

燀

燀旨善切、爨音也。傳曰燀之㠯薪。又因之爲燀孰之義、爨旱切。呂氏春秋曰衣不燀熱、謂過熱如焚也。

爓

爓詳廉切、又盧咸切、燒湯也。徐本說文曰火門也、不可曉。唐本說文曰火爓爓也。凡㠯湯煮物皆曰爓。記曰大饗腥、三獻爓、一獻孰、謂瀹之於湯、未至孰也。鄭康成曰爓、沈肉於湯也。今人呼若藍。古僭用尋。昚秋傳吳子請尋盟、子貢對曰若可尋也、亦可寒也。又作燅。禮曰乃燅尸俎。康成曰溫也。古文作尋或作燖。說文曰燅、湯中瀹肉也。或作錴、从炙。又作燂。記曰燂湯請浴。說文燂、火熱也。陸德明曰溫也。又作煔。楚辭曰烝鳧煔鶉。朱子曰瀹也。又作㷗䏑。類篇皆曰湯瀹肉也。又作𦢊。按、爓字最襍糅、而其義實一、从尋从炙从炎者皆無義、故不取。

㷔

㷔叙傷切、少汁而煮之久曰㷔。㷔之旣成曰㷔、厺聲。

熬

熬五刀切、涸㷔曰熬。說文曰乾㷔也。或作𪌉。熬器曰熬、厺聲。別作鏊。

烝

烝煑仍切。水气㝵火而上行也。引而申之，悳匕所馴，如气烝物，書所謂烝烝乂是也。說者㠯為進進非也。溼上者謂之烝。旾秋傳烝亐宣姜是也。气之所烝，襍肰畢達，故有衆義焉，有盛多之義焉。詩云天生烝民。又曰南有嘉魚，烝肰罩罩。蜎蜎者蜀，烝在桑埜。翩翩者隹，烝然來思。皆此義也。三嵗之祭，惟冬可㠯備物，祭莫盛於冬，故冬祭曰烝。周官中冬獻禽㠯亯烝。稟成之說亦云肰。假借之義二：詩云詹彼中林，侯薪侯烝。烝，薪類也。又作蒸。又云每有良朋，烝也無戎。烝與正聲相通，猶言正尒也。又上聲，溼气所烝壞也。

炕

炕口浪切。炕猶焅也。又作㰠。又虛郎切。燥而張也。爾雅曰守宮槐，枼晝聶宵炕。

焅

焅口到切。焅乾之也。又上聲。

煏

煏弼力切。从火逼乾物也。别作𪍑𪌂稫𩞊。

焢

焢呼東切。火上焢物取燥也。又作烘。詩云樵彼桑薪，卬烘亐煁。别作灴焢。

焙

焙蒲妹切。烘也。

煬

煬弋亮切。火旁烘物，㠯火气揚之也。莊周曰煬者避竈。

焌

焌倉聿切。舉火小灼之也。周官菙氏歛其焌契㠯授卜師。杜子春讀為英俊之俊，康成讀如戈鐏之鐏，謂㠯契柱燋火而歛之也。說文曰肰火也。又祖寸、祖管二切。又作焠。荀子有子惡卧而焠掌。

灸

灸舉又切。灼艾也。

烓

烓說文曰行竈也。爾雅疏曰無釜竈也。肰火㠯照物，若今行竈。孫愐曰口迥切。按漢懷士有快欽。蘇林曰音挂。桂氏家譜曰桂貞為秦博士，遭秦坑儒，

焜　熭　燧

改姓𤇾其孫避地、又改从日从火、弟三子
居𡿯、改爲炔。又因畦切。按、桂炔香炅涓頫
頴炯褧、紛然殽亂、
當吕涓惠切爲正。

焜币林切、詩云、卬烘亐煁。毛氏曰、烓竈也。郭璞曰、今之三隅竈也。

熭亐歲切、束稿起火也。賈誼傳日中必熭。

盖取明火於日也。或曰會意。顏之推讀若纍矖之纍。非。

燧徐醉切、吕鏡取火於日曰金燧、鑽木取

火曰木燧。亦單作遂。周官、司烜氏掌吕夫
遂取明火於日。別作鐆。又作𤐫。塞上候望者、
有寇則吕桔槔𢫬火傳警、曰烽燧。別作𤎘𤑔。侗
謂烽燧之燧非有異義也。候望者不能常
種火、有警則燧吕然火而𢫬之、故謂烽燧。

烽　炬

烽敷容切、烽燧也。又作熢。

炬其吕切、束葦然火吕照夜也。說文作苣。別作⿱竹巨。

燭　爝　燋

燭之欲切、束葦灌吕膏蠟吕照夜也。

爝子肖切、莊周曰、日月出矣、爝火不息。吕氏春秋曰、湯㝵伊尹、爝吕爟火。說文曰、炬火祓也。別作爟。又卽約切。

⑤

燋慈焦、茲消、子肖三切、周官、菙氏掌共燋
契。凡卜、吕明火爇燋、遂龡其焌契、士喪禮、
楚焞置亐燋。記曰、執燭抱燋。說文曰、燋所吕然持火也。
鄭康成曰、燋炬也、所吕然火者也。又曰、未爇曰燋。楚焞契也、所用灼龜。侗謂楚焞吕

荊爲焞、卽炬也、可吕然火、不可吕灼龜。禮
言楚焞置亐燋、則燋爲承炬之器。叔重之
說近之。盖然炬吕照、必有器吕持之、如康
成之說、則旣曰執燭矣、又曰抱炬、可乎。爇
燋猶言燒竈也。伯曰燋卽鐎斗之鐎也。

⿱夂火　煻　熾

⿱夂火在詣切、火在灰中也。楚辭曰、信讒而⿱夂火
怒。說文曰、吹鋪猋也。

煻徒郎切、灰火也。

熾昌志切、火勢盛也。說文曰、戭古文。

烈

⑥烈力孽切、火猛盛也。因之爲功烈之烈、言其功業赫盛也。

烋

烋虚交切、火聲勢烋熇也。詩云女炰烋亐中國。

焞

焞他昆切、火勢騰突也。又吐雷切。詩云嘽嘽焞焞、如霆如雷。又士喪禮、卜曰、楚焞置亐燋。鄭康成曰所吕灼龜者。又作煓。

燉

燉徒渾、徒官二切、火聚而熾也。漢有燉煌郡。漢書單作敦煌。

爛

爛郎旰切、火洞徹也。詩云明星有爛。又曰錦衾爛兮。物受火而⑦潰孰、亦謂之爛。故爛有二義、爲煥爛、爲孰爛。別作燗爤爤瓓。

熇

熇火屋、火各二切、火聲勢熇然也。詩云多將熇熇、不可救藥。又虚交切、與烋通。

爂

爂卑搖切、火焱孜也。又鋪昭切、火飛起也。呂氏春秋曰突洩一爂而焚宮燒積。因之爲爂輕爂疾之義、匹紹切。周禮曰輕爂用犬。與剽通。又爂搖、去聲。說文从𦥑、與䙴同意。按、从𦥑旣無義、加一亦無說、乃覂聲、譌爲𦥑尒。別作熛慓、僄嫖䙴。說文熛、火飛也。熛又火飛也。慓、疾也。僄嫖皆輕也。䙴、輕行也。漢書爂輕、爂姚、𤈦單作爂。又別作𢡲。說文曰抨猶𢡲搖也。

烜

烜當割切、火气赫脅也。

焄

焄許云切、火气也。記曰其气發揚亐上爲昭明、焄蒿悽愴。鄭康成曰焄謂香臭也、蒿謂气烝出皃也。侗謂焄初無香臭義。史記、王溫舒巧詆下戶之猾、吕焄大豪。焄與熏殆一字也。

爁

爁魯減切、火焱所攬及也。又去聲。

爆

爆北教、北角二切、火迸烈有聲也。

炐

炐匹降切、完物遇火張起也。

焮

焮香靳切、火气所薰炙也。別作炘。傳曰行火所焮。

烜

烜易曰日吕烜之。陸氏況晚切、又香元切。京氏曰乾也。別本作晅、古鄧切。周官、司烜氏掌吕夫遂取明火於日、吕鑑取明水於月。中春修火禁。康成曰火也、讀如燬。

熯

熯呼旰切、火气炙乾也。又作暵。易曰燥萬物者、莫熯乎火。說文曰熯、从火、漢省聲。漢、从水、難省聲。難、从隹、堇聲。徐鉉曰漢从難省、當作堇、而相承去土从大、疑兼从古文漢省。

燥

燥穌到切、㬥火而乾也。

燠

燠乙六切、溫也。又威遇切。古通作奥。

爇

爇如劣切、義不待訓。

光

炗始黃切、惟火與日有光能照。說文曰芡、㷋、炗古文。

光之諧聲

燿

燿弋笑切、光采映照也。亦作曜。詩云羔求如膏、日出有曜。又作曜。

煇

煇許韋切、光采發揮也。光則明照、煇則有燿。亦作暉。

焜

焜胡本切、又去聲。

炫

炫胡犬切、又去聲。

煥

煥呼毌切。

煒

煒亏鬼切、說文曰盛赤也。詩云彤管有煒。

煌⑧

煌胡光切、又作熿。

焴

焴余六切、又作煜。

爚

爚余略切、焜炫煥煒煌焴爚、皆光燿之象。

熠

熠域輒切、又弋入切、火气開闔熠熠也。類篇合熠㷅爲一、非。

炳

炳兵永切、又去聲。或作昞。

烺

烺來蕩切、炳烺、皆光明之象。

熙

熙虛其切、明也。明則廣被、故有廣義焉。明

頍　照　燾　煇　煙　熅　臭

則𤎩樂故有樂義焉。別作㷅、𠑽、㥯。又作嫛。說文曰悅樂也。

頍古迥切、火微明也。詩云、無恩百憂、不出于頍。亦作烱。又作炅、說文曰見也。又作㷡、燗。又俱永切。

照之少切、火光燭物也。又作炤。

燾辻到切、光被也。

⑨煇許云切、煙火之𤍽也。詩云、夜向晨、廷燎有煇。向晨則炎不能光而但見其煇也。又王問切。周官、眡祲掌十煇之法。鄭司農曰、光气也。漢書辛吕煇爲𪸩、非。

煙於肩切、義不得釋。亦作烟。

熅於云切、說文曰煙鬱也。又於漫切。按、今俗謂煙鬱不徹爲熅勃。又烏昆切。漢書、鑿坎置熅火、顏師古曰火無焱也。又紆問切、與縕通。

臭辻哀切、縣㶡也。東甌呼辻魂切。

㶡　雧　炭　㶳　灺　熸　烕　災

㶡莫回切、積煙也。

雧滋消切、燔之近炭也。又作𤓫。別作雦。說文曰雦聲。按、雦非其聲。類篇或作雙、从雔乃㬎聲。今从之。俗又省作𤋳。說文曰、𤋳灼龜不兆也。按、龜亦音、居求切。

炭他案切、燔木不至灰則爲炭。

⑩㶳徐刃切、火餘也。聿省聲。別作燼。

⑪灺徐埜切、又太聲、燭㶳也。

熸慈廉切、又叔廉切、火滅也。

烕許劣切、火滅息也。詩云、赫赫宗周、褒姒烕之。

災叔來切、害火也。傳曰天火曰災。又作灾、火焚室屋也。又作烖。亦通作菑。引而用之、凡五行之沴害於物者皆曰災。傳曰天反旹爲災。又作扷。

𤆍　耿　熨　示

火之疑三

𤆍說文曰小熱也、干聲。徐鉉曰干非聲。未詳。孫氏直廉切。按說文燓、籒文爕也、从羊。羊音飪。

耿古幸切、小明也。詩云耿耿不寐。亦爲耿灮。書云覲文王之耿灮。杜林說灮也、聖省聲。說文曰耳著頰也、从耳、烓省聲。

熨紆勿切、又紆問切、盛火於斗、吕案摩舒

繒帛也。說文曰从上案下也、从𡰥、又持火吕熨申繒也。按从𡰥未可曉。俗作尉、爩。因之爲熨撫之義、紆謂切。春秋皆晉始有軍熨。⑫俗作慰。

示亓翹夷切、周官、天曰神、人曰鬼、地曰示。亦作祇。凡神示之屬皆从示。又神至切、顯諟昭示也。易曰夫乾確然、示人易矣。說文曰天垂象見吉凶所吕示人也、从上、三垂象日月星也。示神事也。亓古文。鄭漁仲曰亓卽⑬旙也、象旙形。借爲神示之示。按日月星三垂之象牽彊。鄭仲近之。

社　宗

示之會意　又

社𥙛常者切、土神也。爲壇壝吕祭后土氏、樹吕其埊之所宜木、故古文从土从木。共工氏之子句龍配食於社。

宗作冬切、祭祖禰之室也。故廟曰宗廟、祧曰宗祧、祊曰宗祊、祏曰宗祏、器曰宗器。主

宗廟祭祀者曰宗子、曰宗主。職宗廟祭祀者曰宗人、其正曰宗伯。詩云亏吕奠之、宗室牖下。周之宗廟在豐、故豐曰宗周。文王之廟在魯、故滕謂魯宗國。晉桓叔始封亏曲沃、其廟在焉、故晉人曰、曲沃君之宗也。亝崔氏之宗廟在崔、故東郭偃曰、崔、宗邑也。必在宗主、宗乑之所屬也。別子爲祖、繼

祭　祝　祘

別者爲大宗。大宗者、百世不興同姓之所共宗也。繼高祖者、繼曾祖者、繼祖者、繼禰者曰小宗。小宗者、五世則興者也。同众者宗之、宗有主道焉。故宗主之義無所不通。書云、江漢輪宗于海。海、川之宗也。

祭　子例切。从又執肉以禮示。祭之義也。周官、祭天神曰祀、祭地示曰祭、祭人鬼曰享、通曰祭祀。又作𥘺。又側界切。祭、周邑、祭公食焉。（別作䣜。）

祝　之六切。辭於鬼神也。周官、太祝掌六祝之辭。以事鬼神示、祈福祥、求永貞。又之又切。凡福祝曰祝、惡祝曰詛。傳曰、祝有益也、詛亦有損。（說文曰、从示从人从口。侗謂宜从口省人。⑭別作呪。）

祘　義闕。（說文曰、明視以筭之。讀若筭。）

神　祖　禰　祧

示之諧聲

神　食鄰切。精靈曰神。凡神、由天來者也。故別而言之、天曰神、人曰鬼、地曰示。合而言之、通曰神。神、昜之爲也。鬼、侌之爲也。其於人也、魂其神而魄其鬼也。故記曰、气也者、神之盛也。魄也者、鬼之盛也。人之五藏、心藏神。引而申之、凡虛靈變化不測者皆曰神。易曰、神也者、妙萬物而爲言也。（別作䰠。說文曰、神也。）

祖　則古切。王父曰祖。自王父已上通稱之。引之則凡物之所始皆曰祖。田祖、馬祖之類是也。行亦有祖。叔行而祭之曰祖道。

禰　泥米切。父沒曰禰。

祧　他雕切。周禮、守祧奄⑮六人、女祧每廟二人。掌守先王先公之庿祧，其遺衣服藏焉。若將祭祀，則各㠯其服授尸，其庿則有司脩除之，其祧則守祧黝堊之。祭法曰：王立七庿：曰考、曰王考、曰皇考、曰顯考、曰祖考。遠庿為祧，有二祧，亯嘗乃止。厺祧為壇，⑯去壇為墠，厺墠為鬼。聘禮曰：不腆先君之祧，既拚㠯俟矣。鄭康成曰：與主所藏曰祧。先公之與主藏亏后稷之庿，先王之與主藏亏文武之庿。諸矦無祧，藏亏始祖之庿。聘禮曰不腆先君之祧，始祖庿也。按，周官女祧每庿二人，則庿皆有祧，非特后稷文武之庿為有祧也。且尸必服其遺衣服，㠯象存也。祀遠庿者猶然，而祀新庿者獨不然乎。祭法後出，殆未足信也。且祭法厺祧為壇，祧乃毀之漸，而康成㠯謂后稷文武之庿。祭法諸矦無祧，而康成㠯始祖之庿為祧。祭法王有二祧，而康成㠯后稷文武之庿為祧。是三祧也。康成之說卬又倍乎祭法矣。侗謂聘禮受諸祖禰之庿辭曰不腆先君之祧，謙辭也，不是反僭王國之稱。傳曰：紇不佞失守宗祧。子羽曰：其敢愛豐氏之祧。㠯此明之，諸矦大夫之庿亦皆有祧也。祧，葢庿中藏遺衣服之地，猶生者之寢。經傳未有㠯毀庿為祧者，㠯與毀為祧，習聞康成之說者也。別作𥜥。

祏

祏，常隻切。春秋傳：鄭原繁曰：先君桓公命我先人典司宗祏。杜元凱曰：宗庿中藏主石室也。又鄭災，使祝史徙主祏於周庿。元凱曰：庿主石函也。又衛孔悝出奔，使貳車反祏。子伯季子追之，殺而乘其車。許公為反祏，㝵祏於橐中。元凱曰：藏主石函也。說文曰：宗庿主也。周禮有郊宗石室。一曰大夫㠯石為主。按，許公為㝵祏於橐中，非石室亦非石函矣。

禖

禖，謨杯切。呂氏月令曰：玄鳥至之日，㠯太牢祀亏高禖，乃禮天子所御，帶㠯弓韣，授㠯弓矢亏高禖之歬。康成曰：燕㠯施生時來巢人堂宇而孚乳，嫁取之象也。媒氏之官㠯為候。簡狄吞乙卵而生契，後王㠯為媒官嘉祥而⑰立其祠焉。變媒言禖，神之也。按，娀氏吞卵之說，葢因玄鳥之詩而傅會之，怪淫不經，不可據也。高禖之神佀為求子，謏與媒異義。鄭氏尤鑿，闕之可也。

禮

禮，盧啟切。人事之節文曰禮。禮莫大於事

鬼神、故从示。說文曰：祀古文。

祀詳里切、禮天神曰祀。祀天神者尚臭、昜柴炎燔炙爲主。歲一祀天、故古亦謂歲爲祀。別作祀禩。

禋於人切、語曰精意㠯享曰禋。周禮、㠯禋祀祀昊天上帝。虞書曰禋于六宗。周書曰禋于文王武王。

禘特計切、祭帝之名。禮、不王不禘。王者禘其祖之所自出、而㠯其祖配之。夫別子爲祖、猶果蓏之㕣而發生別爲本支也。其在殷周、稷契是也。有天下者旣祖別子矣、又推其祖之所自出而禘之、報本反始、仁之至義之盡也。殷祖契而禘帝嚳、周祖稷而禘帝嚳是也。三代而上、所禘皆帝也。从示帝聲、亦會意也。祀天神莫大於郊、祭地示莫隆於社、言人鬼莫盛於禘。郊禘、天子之事交也。故中庸曰郊社之禮、所㠯事上帝也、宗廟之禮、所㠯祀乎其先也。明乎郊社之禮、禘嘗之義、治國其如示諸掌乎。祭統曰外祭則郊社是也、内祭則大嘗禘是也。㠯禘爲祀上帝者、非矣。郊特牲曰、饗禘有

樂而食嘗無樂。酓、養昜气也。食、養侌气也。故旾禘而秋嘗。祭義曰君子合諸天道、旾禘秋嘗。禘有樂而嘗無樂。祭統曰夏祭曰禘、秋祭曰嘗。禘者昜之盛也、嘗者侌之盛也。古者於禘也發爵賜服、順昜義也。㠯是觀之、禘用饗禮、主報气而有樂明矣。其於旾與夏則不可晝而詳也。明堂位⑱曰季夏六月、㠯禘禮祀

周公於太廟。又曰夏礿、秋嘗、冬烝、春社。㠯明堂位言之則礿爲夏祭、禘爲特祭、非三旹之祭也。王制則曰旾礿夏禘、諸侯礿則不禘、禘則不嘗。是諸侯亦禘也。殆漢使士諸生之誤與。中庸㠯嘗禘爲宗廟祀先之禮、祭統㠯大禘爲內祭、而康成於喪服小記大傳則㠯爲祖之所自出者、感太微五帝之精㠯生木則威靈仰、火則赤熛怒之類是也。祀之於郊而配㠯稷、於祭法則曰祭昊天於圜⑲丘而配㠯嚳也。是禘之禮二、而郊與禘又爲一也。繆矣。

祠

祠佀茲切、宗廟之祭、旾曰祠。周禮曰㠯祠旾亯先王、㠯禴夏亯先王、㠯嘗秋亯先王、㠯烝冬亯先王。詩云禴祠烝嘗。按、記載禴禘祠、旹夏名物錯互、當㠯周禮及詩爲正。凡祭祀、亦通謂之祠。

禴

禴㠯灼切、宗廟之祭、夏曰禴。易曰東鄰殺牛、不如西鄰之禴祭。禴、薄祭也。方夏物多未成、故其祭薄也。又作礿。

祫

祫矦夾切、大合祭也。公羊傳曰毀廟之主、陳于太祖。未毀廟之主、皆升合食于太祖。

祊

祊補肓切、宗廟之祭、明日繹於廟門外曰祊。不知神之所在於彼乎、於此乎、索求之也。傳曰禾姓受氏、㠯安宗祊。別作鬃。又太山之下鄭湯沐邑名曰祊。公羊傳作邴。又周官中秋獮治兵、羅弊、致禽㠯祀祊。康成曰祊當爲方、主祭三方、報成萬物。詩曰㠯社㠯方。分房切。

裸

裸古玩切、㠯鬱鬯灌也。裸、所㠯報气也。記曰獻之屬莫重於裸。宗廟之禮、君執圭瓚裸、大宗執璋瓚亞裸、然後出迎牲。又曰周人尚臭、灌用鬯臭、鬱合鬯、臭侌達於囦泉、灌㠯圭瓚、用玉气也。旣灌、然後迎牲。周禮鬱人、祭祀、賓客之裸事、和鬱鬯㠯實彝而陳之。灌鬯、古之上物、無祭賓客用之、非特

禜　禬　禱　　祈　　禪

吕禮鬼神也。本單作灌，亦僭用果，後人加示。

禪旹戰切。史記：封太山，禪梁父。項威曰：除地爲墠，改曰禪，神之矣。詳具封下。又作禫。又爲禪易。孔子曰：唐虞禪，夏后殷周繼。亦通作嬗。史記曰：五年之閒，号令三嬗。

祈渠希切。求于神也。周禮：太祝掌六祈，一曰類，二曰造，三曰禬，亖曰禜，五曰攻，六曰說。亦通用蘄。

禱都浩切。禱祈也。又作祰。

禬古外切。周官：吕禬禮哀囗敗。禬國之凶荒，民之札喪。又掌吕旹招梗禬禳之事。康成曰：除災害曰禬。

禜爲命切。周官：旹秋祭禜。傳曰：山川之神，

禊　祛　　禁　　禦　　禳

則水旱厲疫之災，於是乎禜之；日月星辰之神，則雪霜風雨之不旹，於是乎禜之。說文：禜，綿蕝爲營，吕禳風雨雪霜水旱厲疫也。康成曰：謂雩禜水旱之神，爲壇位如社稷。

禳汝羊切。災害之至，祀吕攘厭之也。說文曰：磔禳祀除厲殃也。康成曰：卻變異曰禳。

禦偶舉切。祀吕禦沴也。引而申之，凡扞禦者皆曰禦。古亦通用御。

禁居蔭切。伯曰：今巫者有禁祝之又切之術，禁之類也。伺謂禦者，禦之使不至；禁者，禁之使不行。皆始於巫祝之爲，故从示。說文曰：吉凶之忌也。叚酒尊桉亦謂之禁。康成曰：命之曰禁，吕爲酒戒也。酒禁之禁別作㯲，非。

祛丘於切。祛猶驅除也。

祓敷勿切。祓猶拂洗，祓除不祥也。周官：女

禊　禡　禂　禨

巫掌歲旹祓除釁浴。巫祝桃萷、亦祓事也。

禊胡契切、祓也。後漢志曰三月上巳、官民皆絜於東流水上、曰洗濯祓除、去宿垢疢爲大絜、謂之禊也。風俗通曰禊者、絜也。蔡邕曰論語、莫旹者、浴乎沂、風乎舞雩。自上及下、古有此禮。今上巳祓禊水濱、葢出於此。杜篤祓禊賦曰巫咸之徒、秉火祈福。則巫祝也。韓詩曰鄭國之俗、三月上巳之溱洧兩水上、秉蘭艸祓除不祥。漢書、八月祓霸水。亦此義也。

禡莫駕切、詩云是類是禡。記曰天子出征、

禡於所征之地。鄭康成曰禡、師祭也、爲兵禱。其禮亾。或曰祭㠯馬牲。

禂周官、甸祝禂牲禂馬。杜子旹曰禂禱也。康成曰讀如誅。今侏大字也。爲牲祭求肥充。爲馬祭求肥健。又作騆。

禨居希渠希二切、記沐稷而靧粱、櫛用樿櫛、髮晞用象櫛、進禨進羞、工乃升歌。又曰飮酒者、禨者有折俎不坐。康成曰已沐飮曰禨。侗謂或有

祕　祡　祇　福

折俎、至於不敢坐、殆非已沐飮。康成見進禨在靧沐後、遂誤㠯爲已沐飮耳。葢其禮亾。

列子曰楚人鬼、越人禨。今㠯爲禨祥。別作鬾。淮南傳曰吳人鬼、越人鬾。

祕兵媚切、密禋也。漢有祕祝。

祡側皆切、柴祭。潔屏㠯致其精明也。古單作[illegible]。說文曰、[illegible]籒文。

⑳祇旨移切、敬也。別作祬。

假借之義二、易曰無

祇悔。詩云無叙大車、祇自塵兮。又曰亦祇㠯異。祇攪我心。傳曰祇取辱焉、猶言适尒也。與止音相近。又止訖切、今人作只。又詩云壹者之來、俾我祇也。祇猶敬俟也。又作禔。漢書曰禔取辱耳。禔又市支切。說文曰安福也。漢書曰、中外禔福。

福方六切、諸吉爲福、順應也。洪範五福、一曰壽、二曰富、三曰康寍、四曰攸好悳、五曰

祿　祉　祜　祺　禧㉑　祚　禍　祟　祥

考兑命。

祿盧谷切、神所富也。引之為穀祿之祿。

祉敕里切、福也。

祜侯古切、福也。

祺渠之切、福也。詩云耇考維祺、以介景福。毛氏曰吉也。又作禥。

禧虛其切、福也。

祚徂故切、傳祿于後也。徐鉉曰凡祭有受胙、胙神所賚予也。引而申之則為胙土胙國之義。古通作胙。祚後人所加。

禍胡果切、諸凶曰禍、芇瀰也。別作旤。

祟雖遂切、鬼為禍也。說文曰𥜇、籒文。

祥似羊切、吉徵也。祥與妖對、諸吉為祥。三年之喪、二十五月而除曰大祥。朞而練、練曰小祥。

禎　祲　祴　禚

禎知盈切、吉徵也。中庸曰國家將興、必有禎祥。按、禎恐㉒即貞也。

祲七尋子鴆二切、吉凶之氛也。周官眡祲掌十煇之法、以觀妖祥、辨吉凶。一曰祲、二曰象。春秋傳梓慎曰吾見赤黑之祲、非祭祥也。

祴周官㉓笙師掌教龡竽笙塤籥簫篪遂管舂牘應雅以教祴樂。鍾師以鍾鼓奏九夏、八曰祴夏。杜子春曰祴讀為陔鼓之陔。客醉而出、奏陔夏。康成曰陔樂、陔夏之樂也。按、笙師所掌皆竹聲、通謂祴樂、九夏皆金奏、祴夏蓋鍾笙之合。祴之本義闕之可也。孫氏古哀切。

禚職略切。春秋夫人姜氏會齊侯于禚。杜氏曰齊地。

六書故弟三

永嘉戴　侗著　函蜀李鼎元校刊

地理一

土

土統五切。說文曰地之吐生物者也、二象地之下、地之中、物出形也。其說未通。一說天一地二、从二而物生其中、土之義也。

土之會意

生

生所庚切、屮出於土、生之義也。易曰至哉坤元、萬物資生。

生之會意

甡

甡疏臻切、兟生也。引之爲甡多。詩云甡甡其鹿。

生之諧聲

產

產所簡切、生也。說文曰彥省聲。畜產之產別作㹛、非。

甤

甤儒隹切、艸木華下垂也。又作𦼫。說文甤、艸木寊甤甤也。讀若綏、豨省聲。蕤艸木華垂皃。

生之疑

丰

丰敷容切。說文曰艸盛丰丰也。詩云子之丰兮。毛氏曰豐滿也。

埜

埜羊楮羊者二切[1]、國外爲埜。壄、古文予聲。又作野。別作墅。

里

里良士切。古者步百爲畝、三百畝爲里、里

之數自[2]田始、故从田从土。孟子曰方里而井、井九百畝。

里之諧聲

釐

釐里之切、理也。書曰允釐百工。又曰帝釐下土。又曰朿釐東郊。俗爲賚予之稱。詩云、釐爾圭瓚。又曰王釐爾成、皆賚也。釐賚聲相通。史記曰帝方受釐。受神賚也。③別作壐。又虛其切。又俗爲毫釐之釐。

垚

垚吾聊切、土高也、取三土積高之義。又作堯、加兀。𡵓山之高者曰嵒垚焦垚。別作嶢、加山、非。垚舜禹皆㠯名稱、古之人不諱、殷之諸帝始㠯伯仲甲乙稱、至周而愈文、故生有字而死有謚。後之爲謚法者曰、垚悳高遠之意。曰善行悳義之謂垚。誤矣。

堇④

堇墓居隱切、說文曰黏土也。从土黃省、古文不省。按、土之黃者冣黏忍。記曰塗之㠯謹塗。謹、堇之譌也。木堇、堇荼、古通用此、今作槿、堇。

墨

墨莫北切、黑土也。

坐⑤

坐徂臥切、兩人對坐土上、坐之義也。古益坐亐地、今人猶謂坐爲坐地。說文、㘸古文。

圣

圣　說文曰汝潁之閒謂致力於地曰圣。⑥謂若兔窟。孫氏苦骨切。按、怪㠯此爲聲。

⿱麤土

⿱麤土直珍切、从麤、獸群驟而塵起也。⿱麤土、籒文。今書作塵、从省。

土之象形

𡈼

𡈼他頂切、象物出地挺生。李昜氷曰、人在土上、挺然出。

𡈼之諧聲

重

重直容切、重累也。東聲。說文曰厚也。又爲重稑之重。呂氏春秋曰、種稑不爲稑、重不爲重。亦作種。俗爲輕重之重、直勇切。別作偅。說文曰遲也。重之爲重、太公聲。

六書故弟三　三

重之疑

量

量力昌切。說文曰稱輕重也。从重省、鄉省聲。量、古文。按、量、力向切、豆區鬴鍾之屬謂之量。㠯之量多寡之謂量、亐聲。

𡈼之疑

㸒

㸒余箴切。說文曰近求也、从爪𡈼。𡈼、徼幸也。

徵

徵陟陵切。說文曰召也、从微省、从𡈼爲徵、行於微而文達即徵之數、

釦　銜　金

古文。按，叔重之說不可曉。於經傳爲徵召、徵取，又爲徵證。孔子曰：文獻不足徵也。中庸曰：無徵不信。又展里切，五音宮、商、角、徵、羽。

土之象形諧聲

金居箴切。白金銀、青金鉛錫、赤金銅、黑金鐵、黃金最貴，故獨稱金。金生於土，故从土，今聲，八象丱形。說文曰：金，古文。

二百十八蔡守刻

金之會意

銜戶監切，馬勒吻金也。說文曰：从行，銜行馬者也。引之則銜於吻而未茹者皆曰銜。別作嗛。說文曰：口有所銜也。又作㨔。史記曰：閑可㨔劒。俗作衘，通亦作函。倜謂函與含同，函於口中曰函，銜於吻閑曰銜。

釦苦厚切，金飾器口也。又吳語曰：三軍皆譁釦以振旅。韋昭曰：譁釦，讙呼也。譁釦之釦猶叩也，攷也。謂

錫　鏐　鐵　鉛　銅　銀

擊金聲。

金之諧聲

銀語巾切，白金也。

銅徒紅切，赤金也。

鉛與專切，青金也。⑦

鐵他結切，黑金也。⑧

鏐力幽切。爾雅曰：黃金之美者。韋昭、郭璞曰：紫磨金也。一曰弩眉。說文曰：球或作璆。禹貢梁州之貢，璆、鐵、銀、鏤。疑即鏐也。

錫先易切，在銀鉛之閒者爲錫。爾雅曰：錫謂之鈏。疏曰：錫，白鑞也。俗爲錫與之錫。⑨錫、賜聲義相通也。又俗爲錫衰之錫。少牢禮：主婦贊者皆錫衣侈袂。燕禮：公尊用綌若錫。喪服傳曰：錫者，麻之有錫者也。錫者十五升，無事其縷，有事其布曰錫。記曰：韓服

鑞　鐐　鏈

十亙升、厺其[10]㘸而緦、加灰鍚也。康成曰治其糸使滑易、故謂之鍚也。或作緆、从糸。

鑞力盍切、錫之堅白者也。

鐐洛蕭切。爾雅曰白金之美者。毛萇曰大夫鐐琫。字林、力召切。

鏈力延切。說文曰銅屬。亦單作連。史記、江南出金錫連。徐廣曰鉛之未鍊者。今人㠯鍛鐺之類相連屬者為鏈、厺聲。

鍇　鍮　鎔　銷

鍇居諧苦駭二切。說文曰九江謂鐵曰鍇。張衡賦曰銅鐵錫鍇。一曰白鐵也。春秋傳有文之[11]。

鍮他侯切、㠯盧甘石鍊銅成鍮。又作鋀。類篇曰石名、佀金。今人謂之鍮石、別布鉐文。顧野王曰音石。鍮鉐也。

鎔余封切、又余章切、冶金也。[12]又作烊。冶鎔烊同聲、實一字。古但謂之冶。

銷相邀切、火消金也。古單作消。

鑠　鍊　鍛　鋌

鑠式藥切、金消鑠也。消鑠因謂之鑠。孟子曰、仁義禮知、非由外鑠我也。火洞明因謂之鑠。詩云、於鑠王師。別作爍。

鍊郎甸切、𤏫冶銅鐵使精孰也。別作煉、又作湅。說文曰辟湅鐵也。

鍛都玩切、椎鍊也。說文曰小冶也。

鋌徒鼎切、又金鍛為條樸者。伯曰金曰鋌、木曰梃、竹曰筳、皆取其長。又考工記曰冶氏為殺矢、刃長寸、鋌十之。鄭司農曰箭足入槀中者也。

鑄　銖　鍿

鑄之戍切、冶金寫之範中㠯為器也。

銖市朱切。說文曰權十分黍之重也。一曰十黍為絫、十絫為銖。漢志曰黃鍾一龠容千二百黍、重十二銖。兩之二十四銖為兩。

鍿側持切。說文曰六銖也。

鍰　鋝　鎰

鍰胡關切。又厺聲、又亏眷切。呂刑曰其罰百鍰。孔安國曰六兩曰鍰。鍰、黄鐵也。說文曰鍰、鋝也。蜀本李昜冰廣說文曰鍰、六鋝也。

鋝龍輟切。考工記曰戈戟皆重三鋝、劒重九鋝、次七鋝、下次五鋝。說文曰鋝、十銖蜀本下有一字二十五分之十三也。北方吕二十兩爲一鋝。康成曰、說文曰鋝、鍰也、今東萊或吕大半兩爲鈞、十鈞爲環、環重六兩大半兩。鍰鋝佀同矣。則三鋝爲一斤三兩。賈逵說俗儒吕鋝重六兩、俗說近是。按、說文、十銖二十五分銖之十三爲鋝。如此則三鋝不旻爲一斤三兩矣。且戈戟纔重三十一銖爲已輕矣、至吕二十兩爲鋝、則劒重九鋝者爲十有一斤三兩、爲已重矣。亦不然也。孔氏賈氏鄭氏六兩之說略同。孔氏之說出於先漢、蓋必有所據。鍰鋝皆六兩、實一字爰之譌爲寽也。

鎰弋質切、二十兩爲鎰。亦通作溢。喪服傳曰朝一溢米、夕一溢米。康成孟康皆曰二十兩。孫恤曰二十三兩。

鈞

鈞居匀切、三十斤也。夏書曰關石和鈞、王府則有。考工記曰㮚氏爲量。改煎金錫則不耗、不耗然後權之、權之然後準之、準之然後量之、量之吕爲鬴、深尺、内方尺而圜其外。其實一鬴、其臀一寸。其實一豆、其耳三寸。其實一升、重一鈞。聲中黄鍾之宫。其銘曰旹文思索、允臻其極。嘉量旣成、吕觀三國。永啓厥後、茲器維則。衡始於銖、重於鈞。古者律度量衡清濁長短多少輕重度數合一、日夜分則同律度量衡。律度量衡易於爽則、故聖人作則、煎金錫使不耗、鑄器吕紀量衡律度、使永遠不壞而咸旻徵則焉。所謂和鈞、蓋是物也。亦作銞、說文曰古文。因之

銓　錑　鉏　钁　鎛

爲鈞一之義、輕重同也。

銓逡緣切。說文曰衡也。語曰銓度天下之衆寡。淮南子曰縣之亏銓衡。伯氏曰銓、權也。衡吕木爲之、權吕金石爲之。別作硂。

錑直㐺切、又作鎯。㢈成曰稱權也。博雅曰權謂之錑。通作推。又直僞切、銅半孰也。說文曰錑、八銖也。

六書故弟三　十一

鉏士負切、貇土去薉之器也、有柄。又作耡鋤。

钁居縛切、大鉏也。

鎛補各切、詩云庤乃錢鎛。又曰其鎛斯趙、吕薅荼蓼。毛萇曰鎛、耨也。考工記曰越無鎛。夫人而能爲鎛也。㢈成曰越地塗泥多艸穢而山出金錫、鑄治之業、田器⑬光多。說文鎛、鎛鱗也、鍾上橫木上金雩。一曰田器也。又與鑊通用。

鉳　鍪　鑱　鎡

鉳他雕切、又千遙切。莊子曰旾雨日旹、艸木怒生、銚鎒於是乎始脩。管子曰一農之事必有一耜一銚、然後成農。毛萇曰錢銚也。按、銚蓋刈艸之器、故其利者亦爲兵器。吕氏春秋曰長銚利兵。高誘曰長矛也、讀若葦苕之苕。說文曰溫器也。按、今鬻器之小而有柄有流者亦謂之銚、辻弔切。

六書故弟三　十二

鍪七搖切、臿類、所用吕杴取土物也。又作橾。有司禮桃匕、挹湆注亏疏匕。鄭㢈成曰二匕皆有淺升、狀如飯操⑭。又緝衣裳之坙亦曰鍪。又作鍫。

鑱士銜切、钁之銳者、利吕鑱堅。別作鈐劖。又上聲。

鎡津私切、孟子曰雖有鎡基、不如待旹。漢書單作兹基。趙岐曰田器、耒耜之屬。張晏曰鉏也。

鎌 鎌離鹽切，薄刃鋸齒，所以乂禾也。又作劆。

銍 銍陟日切，說文曰穫禾短鎌也。書曰二百里内銍。詩云奄觀銍艾。

鍥 鍥詰結切，說文曰鎌也。按，鍥薄之義或取諸此。蜀本說文曰㓶鎌也，又曰小鎌，南方用以乂穀。

鋸 鋸居御切，解器也。以鐵枼為齟齬，其齒一么一又，以片解木石。說文曰槍唐也。

鑿 鑿在各切，穴木器也。所鑿之空為鑿，才到切。又才木切，鏃也。又即各切，俗為鑿鑿之鑿，鮮明皃也。詩云白石鑿鑿。

鏨 鏨士監切，又鉏咸、鉏敢、疾刻三切，小鑿也。別作贊，又作歛。

鏟 鏟初諫切，又上聲，狀如斧而耑其刃，所以鏟亏木石者也。

鉋 鉋皮教切，治木器，狀如鏟，拘之以木而推之，捷於鏟。一曰搔馬具。又亏聲，刨也。別作刨。

鍚 鍚他浪切，以鐵為斷，以摩亏斤斧之迹者也。

釿 釿魚斤切，侣鍚而小。又宜引切。莊周曰釿鋸制焉。注曰音斤。本亦作斤。說文曰劑斷也。說文在斤部。

錯 錯倉各切，以剛鐵交錯為㴽理，以磨厲金石者也。引而申之，交錯之義生焉。說文曰厝，厲石也。錯，金塗也。厂既非錯厲之類，金錯云者，乃錯文於器皿之上而塗以金，亦非錯也。俗為錯置之錯，倉故切，亦作措。別作厝。

鑢 鑢良據切，錯之精者也。別作鐧鋁。

釟　鈁　鎪　鏤　鋑　鏃　鈒　錐　鑽

釟曲顒切、斤斧鉏钁植柄之穿也。

鈁鋪郎切、削也。

鎪千尋切、刻入也。類篇曰錐也。又作鋑。

鏤盧侯切、刻鏤也。刻之穿透爲鏤、去聲。禹貢、梁州之貢鏐鏤。孔氏曰剛鐵也。又劒名屬鏤、去聲。或作劚。

鋑先侯切、鏤捘也。又作剡。

六書故弟三　十五

鏃在木切、鏨之細也。說文曰利也。亦通作鑿。孫愐吕鏃爲箭鏃、非。詳見鏃下。

鈒蘇合切、細鏃金銀爲文也。說文曰鋋也。按、說文所謂鋋卽鬭戟也。

錐職惟切、穿器之銳者。

鑽偺毌切、穿器也。圜莖而剡上、旋吕穿物者也。用之穿物曰鑽、去聲。

鐫　鍼　鉥　鍤　鈂　鍪　鑊　鎗

鐫遵全切、斲石器也。說文曰穿木鐫也。一曰琢石也。又周禮、十煇之濅、三曰鐫。康成曰日旁气。

鍼職深切、芒鐵所吕引線縫紉也。亦用吕鍼太病。亦作針。又其廉切、秦有鍼虎、秦后子、名鍼、晉有欒鍼。

鉥食聿切。說文曰綦鍼也。管子曰一女必有一箴一鉥。房玄齡曰長鍼也。鉥所吕引線、故因爲鉥誘。與訹通。

六書故弟三　十六

鍤側洽切、綴衣鍼也。說文曰郭衣鍼也。

鈂直深切、鐵籤也。

鍪莫浮切、說文曰鬲屬。按、今吕冑爲兜鍪、盔吕其形佀鬲。

鑊戶郭切、亯鬻器也。

鎗楚耕切、三足鬴也。俗作鐺。又爲金聲、側耕切。

鐺　鎬　銼　鏇　鏖

鐺都郎切。鋃鐺、長鎖也。漢書作琅當。

鎬乎老切。說文曰溫器也。用爲地名、武王所都。

銼昨禾切。說文曰銼、鑹麤戈切鬲也。按、杜甫詩、土銼冷疎煙。讀徂臥切。

鏇似絹切。溫器也、旋之湯中以溫酒與洎者也。說文曰圜鑪也。

鏖烏刀切。說文曰溫器也。亦作鏖、麀省聲。按、今人以慢火爛𩟋肉物爲鏖。引作爊。漢書曰

合短兵鏖皋蘭下。顏師古曰鏖、苦戰也。侗謂鏖、爛戰也。

鉶　鈃

鉶戶經切、盛羹器也。又作鈃。漢書、歠土刑。單作荆。又何耕切。

鈃經天切、說文曰似鍾而頸長。字林曰似小鍾而長頸。一曰似壺而大。莊子曰求鈃鍾也、以東縛。按、鈃與鉼多貿亂。莊子宋鈃即孟子所遇宋牼也。牼鉼聲相近。鄭讀爲堅、鈃鍾之鈃讀爲鉶、皆誤也。

鐎　鉉

鐎茲消切、說文曰鐎斗也。孟康曰以銅作鐎、受一斗。晝炊飯食、夜擊持行、⑮夜謂之刀斗。蘇林曰形如鋗、無緣。顏師古曰溫器也。說文曰鋗、小盆也。一曰鋗、無足鐺也。孫氏火玄切。

鉉胡犬切、鼎扃也、毋之鼎耳以舉鼎。易曰鼎黃耳金鉉⑯。

鍾　鑮

鍾諸容切、樂鍾也。其器深以閎、故其聲大而長。其容六斛三斗者爲量。臬以鍾計、酒亦以鍾計、其量深以閎、所受者多、故鍾聚之義生焉。傳所謂鍾水鍾美是也。又作鐘鍾。說文以从童者爲樂器、从重者爲酒器、非也。又作鏞。

鑮補各切、大射儀、樂人宿縣于阼階東、笙鍾、其南鑮。西階之西、頌磬、其南鍾、其

鐻　錞

南鑮。康成曰鑮如鍾而大、奏樂吕鼓鑮爲節。一本作鏄。語曰細
鈞布鍾無鏄、昭其大也。大鈞布鏄無鍾、
甚大無鏄、鳴其細也。韋昭曰鍾、大鍾。鏄、小鍾也。細謂角徵
羽也。兩細不相和故有鍾無鏄。昭其大
者、吕大於細也。大謂宫商也。兩大不相
和故厺鍾而用鏄、吕小於大也。甚大謂
同、尚大聲、故又厺鏄獨鳴。其細謂絲竹
革木也。說文曰鑮、大鍾、淳亏之屬、所吕
應鍾磬也。堵吕二金樂則蜀本、堵吕鑮、奏大樂。二則
鼓鑮應之。按、說文及康成皆吕鑮爲鍾
之大者。國語則鏄細於鍾。國語之說佀

六書故弟三　十九

不可易。鑮鏄多互用、宐从說文鑮爲鍾而鏄爲田器。
鐻居御切、鍾屬。莊周曰梓慶削木爲鐻、
見者驚、猶鬼神。司馬氏曰樂器也、佀夾鍾。侗謂削木爲之而佀
鐻成、故見者驚異、非謂木可爲鐻也。史記、秦始皇収天下
兵、銷吕爲鍾鐻。鐻蓋鍾類。說文通吕爲筍虡之虡、非
也。筍虡不可吕金鐻。
錞殊倫切、周禮、鼓人吕金錞和鼓。康成曰淳

鉦　鐸

亏也、圜如碓頭、大上小下、樂作鳴之、與鼓相和。
鉦諸盈切、詩鉦人伐鼓。說文曰鐃也、佀鈴柄中、上下通。
又鳧氏爲鍾亏上謂之鼓、鼓上謂之鉦。
鐸辻洛切、周禮、鼓人吕金鐲節鼓、吕金
鐃止鼓、吕金鐸通鼓。司馬、中冬、敎大閱、
先鼓、兩司馬振鐸、作旗、車辻皆作、鼓行、
鳴鐲、車辻皆行、及表乃止。三鼓、摝鐸、弊

六書故弟三　二十

旗、車辻皆坐。又三鼓、振鐸、作旗、車辻皆
作。鼓進、鳴鐲、車驟辻趨。鼓退、鳴鐃且卻。
鐸之制蓋如小鍾而中縣舌焉。振者𠂇
又搖撼吕出聲也、摝者上下撼之吕出
聲也、有金鐸、有木鐸。書曰每歲孟春、遒
人吕木鐸徇亏路。周禮、徇亏宫府道路、
皆吕木鐸。孔安國曰金令木舌之謂木鐸。康成曰文事吕木鐸、武事

㠯金鐸。

鐲　鐲直玉切、又直角切、所㠯節鼓。說文曰鉦也。康成曰形如小鍾。又按、今㠯鐵爲手足丑者、亦謂之鐲。

鐃　鐃尼交切、所㠯止鼓。說文曰小鉦也。康成曰如令無舌、有秉執而鳴之㠯止鼓。

鈴　鈴力丁切、㠯金爲圜郭、置丸於中搖之、其聲令令然、故曰鈴。古單作令。詩云盧

令令。謂㠯鈴繫犬也。松根有伏令、謂其伏土中、狀如令也。別作茯苓。豨令亦生於木、伏令之類、而狀佀豬矢、故曰豨令也。別作⿰豕令⿰豕苓。令羊、謂其頷下有縣令也。別作羚羷。

鍚　鍚与章切、馬額旁鈴也。詩云鉤膺鏤鍚。傳曰鍚鸞和鈴、昭其聲也。康成曰馬面當盧、刻金爲之、所謂鏤鍚也。杜元凱曰鍚在馬額、鸞在鑣、和在衡、鈴在旂、動則皆鳴。

鑼　鑼良何切、今之金聲用於軍旅者也。纂銅爲之、如盂、亦㠯爲盥盆。

銑　銑穌典切、考工記、鳧氏爲鍾、兩欒謂之銑。康成曰鍾口兩角也。語曰玦之㠯金銑者、寒甚矣。爾雅曰絕澤謂之銑。說文曰金之澤者謂之銑。一曰小鑿也。

鏜　鏜土郎切、鍾鼓之聲鏜然也。亦作闛。

鏗　鏗口莖切、金聲鏗然也。或曰金石之堅者其聲鏗、會意。

也。別作⿰金身鎮⿰扌身損誙。

⿰金⿰爿又　⿰金⿰爿又七羊切、金聲⿰金⿰爿又然也。古通作⿰爿又。又作瑲。

錚　⑰錚楚耕切、小聲錚錚然也。通作鎗。又作琤。又菑耕切、金聲丁丁然也。通作丁。又作玎。

鍠　鍠戶盲切、鍾聲鍠鍠也。又戶光切、古通作喤。詩云鍾鼓喤喤。又曰肅管葡舉、喤喤厥聲。古今注曰秦改鐵鉞作鍠、今乘輿之旁布儀鍠、刻木爲斧。

鈇

鈇甫無切、說文曰莝斫刀也。按、古與斧通用、上聲。

銶

銶渠尤切、詩云既破我斧、又缺我銶。毛萇曰木屬。伺謂木不應言缺、从金乃兵也。

鈹

鈹鋪羈切、傳曰夾之㠯鈹。

鎩

鎩山削切。說文曰鈹有鐔也。賈誼曰鉏耰棘矜、不銛於鉤戟長鎩。顏師古曰鎩、鈹也。又所拜切、前也。

六書故弟三　二十三

錡

錡渠羈切、詩云既破我斧、又缺我錡。韓嬰曰木屬。毛萇曰鑿屬。伺謂木不應言缺、而鑿非所㠯征、葢兵屬。說文鉏鋤也。鋤[illegible]切。又魚綺切、亯器也。詩云于㠯湘之、維錡及釜。毛萇曰有足曰錡、無足曰釜。又作鼭、見鬲部。

鎦

鎦力求切、書曰一人冕執鎦。孔氏曰戉屬也。又曰咸鎦厥敵。傳曰虔鎦我邊埵。又作劉、加刀。漢人析之爲卯金刀。按、鎦本从丣聲、漢人葢已誤仞丣爲卯矣。說文有瀏而無劉、但有鐂、殺也。徐鍇曰書傳無鐂字、疑卽劉字。刀字屈曲、譌爲田耳。伺謂劉爲漢姓、叔重不應但訓㠯殺。又作勠。

鋋

鋋市連切。說文曰小矛也。漢書曰萑葦竹蕭、艸木蒙籠、此矛鋋之地也。韋昭曰佀矛、鐵秉。師古曰鐵把短矛也。

鉟

鉟攀悲切、傳曰公卜使王黑㠯靈姑鉟率、吉。斷三尺焉而用之。杜元凱曰旝名。按、旝不可斷三尺而用、殆矛戟有刃之兵乎。

六書故弟三　二十四

鍭

鍭乎鉤切、詩云三鍭既鈞。周禮、殺矢鍭矢用諸近射田獵。考工記曰鍭矢參分、一在前、二在後。爾雅曰金鏃翦羽謂之鍭。

鉸

鉸古巧切、交刃刀也。利㠯前。

鋒

鋒敷容切、兵耑銳刃也。別作鏠。

鍔五各切、劍兩向刃也。古亦單作咢。漢書曰、越砥歛其咢。莊子說劍曰天子之劍、以燕谿石城爲鋒、齊岱爲鍔、晉魏爲脊、周宋爲鐔、韓魏爲夾。鍔、說文作㓵、籒文作⿱㓞各、刀劍刃也。孫愐曰劍端也。按、莊子鋒鍔二物、鋒既爲劍端、不旻又謂鍔爲劍端也。

鋏吉劦切、劍兩頰也。自脊至鍔爲鋏、亦單作夾。莊子曰韓魏爲夾。考工記謂之臘。司馬彪曰把也。按、史記、馮驩彈鋏而歌。把非可彈者。一說从稜向刃爲夾。此說旻之。說文曰可以持冶器鑄鎔者。

鐔余林切。說文曰劍鼻也。徐鍇曰人握处之下也。三倉曰劍口也。辻感切。徐邈曰劍環也。司馬彪曰劍珥也。漢書鐔作刀劍鉤鐔。顏師古曰劍喉也。又曰佀劍而小陿。

鐏祖寸祖管徂寸三切、戈柲下銅也。記曰進戈者歬其鐏、後其刃。康成曰銳底曰鐏、取其鐏地。

鐓辻數切、又都昆切、矛戟下亏鐏也。記曰進矛戟者歬其鐓。康成曰亏底曰鐓。說文曰鐓、下垂也。一曰千斤椎也。經傳亦與錞通用。詩云厹矛鋈錞。說文曰錞、戈戟柲下銅鐏也。按、錞爲錞鐲之錞、當以鐓爲矛戟之鐓。

鏑都歷切、矢鋒也。又作鍉。漢書曰銷鋒鍉。按、是非聲。

鋻工練切、又亏聲、淬刀劍刃使堅也。

銛息廉切、刃利也。賈誼賦曰莫邪爲鈍、鉛刀爲銛。說文曰臿屬、舌聲。按、舌非聲、乃甜省聲也。

銳以芮切、鐵利也。又爲兵器。書曰一人冕執銳。孔安國曰矛屬。說文曰厕、籒文。

鑯子廉切、鋒芒銛銳也。徐鉉曰俗作尖、非。

鈍辻困切、不利也。古借用頓。

釗 鑋 鈒 鎧 錏 鍜 釬 錢

釗止遙切。說文曰刓也。⑲鄭仲曰或以爲弩機。

鑋遷政切。昔秋傳、苑子剚林雍、斷其足、鑋而椉於他車以歸。杜子凱曰一足行也。又作蹙。

鈒叔容切。說文曰矛也。一曰稍小者。漢書曰南越太后鈒以嘉以矛。蓋舂之也。

鎧苦亥切、甲也。

錏烏加切。鍜兮加切。說文曰錏鍜、頸鎧也。

釬戻旰切、說文曰臂鎧也。又今以固金鐵之丝爲釬。又作銲。

錢昨僊切、泉布也。古之爲市也、以其所有易其所無而已。爲其物之不能適相直、買之萬硃而難丝也、故以布帛爲幣、而幣之用興。布帛長短廣陿精疏之不丝而巧僞生焉。故有金刀龜貝之貨。金刀龜貝窮而錢生焉、然後天下之交易者始有所一。太公立九府圜法、鑪金爲錢、外圜內方、輕重以銖。自是以來、歷世寶之、以爲貨幣。伯氏曰錢之名蓋泉與員之禪也。又即淺切。詩云庤乃錢鎛。毛氏曰銚也。

鏡 鑑

鏡居慶切、鍊冶銅錫、鑪而摩之、其明足以見形也。說文曰景也。考工記曰金錫半、謂之鑑燧之丝。

鑑古蹔切、鏡也。周官、司烜氏掌以鑑取明水於月。古通作監。書曰人無於水監、當於民監。引而申之、則鏡觀古今之是非成敗者皆曰監也。

鎮陟刃切、吕金爲厭器也。

錠丁定切、又堂練切。說文曰鐙也。一曰豆屬。有跋曰鐙、無跋曰錠。

鐙都滕切。說文曰錠也。記曰夫人薦豆執校、執醴授之執鐙。康成曰豆下跗也。又去聲。馬鞍兩旁足所蹈也。

釭古雙切、說文曰車轂中鐵也。又古紅切。漢書壁帶往往爲黃金釭、函藍田璧、明珠翠羽飾之。師古曰吕金爲釭若車釭著珠壁翠羽其中。音工、俗作江、非。

錧古緩切、轂空裹金如管也。說文作輨、轂端沓也。旣夕禮曰椉惡車木錧。康成曰木錧取其少聲。今文作鎋。陸氏戶瞎切。

鑣悲驕切、馬銜也。詩云輶車鸞鑣。陸悳明曰馬銜外鐵也。又曰扇汗、又曰排沫。

鋪普胡切、門上銜環者也。僭爲鋪陳之義。陳物之豫因謂之鋪、普故切。

鉤古侯切、吕金爲鉤也。帶有鉤、鉤帶者也。鎌有鉤、鉤禾而鎌之者也。別作劬。說文曰鎌也。

釣多嘯切、小鉤吕餌魚而取之者也。

鐖居希切、釣芉芒也。淮南子曰無鐖之鉤、不可吕㝵魚。

釵楚皆切、兩股笄也。徐鍇曰本單作叉。

釧尺絹切、金約臂也。別作玔。釵釧二字古皆無之。

鈿亭年切、金華爲飾、田田然也。又去聲。別作鎮。

鍵渠偃切、籥牡也。周官司門掌授管鍵、吕啟閉國門。管爲牝、鍵爲牡。說文曰鉉也。一曰車轄也。別作鐽。

鐍古穴切、莊子曰攝緘縢、固扃鐍。李氏曰鈕也。崔氏曰環舌也。說文作觼、環之有舌者。詩云鋈吕觼軜。

鑰　鍉　鎖　鋂　鋃　釱　鉗

鑰、弋灼切、管鍵也。本作籥。籥、管也。戰國策、魯君之魯、魯人投其籥、不果內。

鍉、常支切、所以啟籥者也。

鏁、穌果切、以鐵環丑相毋爲索、亦謂之鋃鐺也。今人因以管鍵爲鎖。說文俗用瑣。管布莖、鍵布須。俗作鎍與鎖非。

鋂、謨杯切、詩云盧重鋂。說文曰大瑣也、一環毋二。

鋃、盧當切、鋃鐺、長鎖也。漢書作琅當、曰以鐵瑣琅當其頸。鋃鐺之爲物、連牽而重、故俗語以困重不疑爲鋃鐺。俗謂之鏈。

釱、大計切、說文曰鐵鉗也。張裴晉漢律序曰狀如跀衣、著足下、重六斤、以代刖。

鉗、其廉切、說文曰以鐵爲劫束器也。漢書、髡鉗爲城旦舂。顏師古曰鉗在頸、釱在足。別作鈐、亦作拑。說文、鈐鏅、𨫊果大犁也。一曰類耜。別作鉆、說文曰鐵銸也。又作箝、箝拑。公羊氏曰拑馬而秣之。

鑷　鈔　鍇　銘　鋊　錄　鋈

鑷、昵輒切、鉗取之器也。亦作籋。說文曰籋、箝也。徐鉉曰爾非聲。徐鍇曰今俗作鑷。按鑷正以金爲之。又作銸。又作鑈。

鈔、楚交切。說文曰又取火中物也。徐鉉曰俗作抄。又杏聲。

鍇、他荅切、說文曰金有所冒也。

銘、莫經切、刻金石以銘識也。

鋊、余足切、銅屑也。史記曰民盜摩錢取鋊。說文曰可以鉤鼎耳及盧炭者。

錄、盧谷切、說文曰金色也。詩、五楘梁輈。毛氏曰楘歷錄也。一輈五束、歷歷錄錄也。俗爲簿錄、采錄之錄。

鋈、烏酷切、冶黃白金沃銅鐵爲飾、猶今

鑲 鏽 地 坤 厔 坴 坦 坡 坱 圠

之塗金也。詩云陰靷鋈續。

鑲汝羊切。說文曰作型中腸也。

鏽息救切。鐵器生衣也。或作鏥銹。

土之龤聲 一百又三

地徒二切。墬、籀文。又作埊埊埊、唐武后所制。

坤苦昆切。地勢隤然也。易曰地勢坤。別作巛與。

厔胡口切。土積深也。亦作垕。說文曰垕从㫗从厂、山陵之厚也。垕、古文。莫大於天、莫厔於地、莫深於水、厔从土為正。

坴力中切。土高厔也。亦作陸。

坦他但切。土廣平也。

坡滂禾切。土頗陁也。

坱烏浪切、又上聲、土和厔也。說文曰塵埃也。

圠乙黠切、土密凝也。賈誼曰大鈞播物坱圠無垠。坱圠無垠、謂造化播物猶均者之埏埴、土物坱圠沖融無迹也。垠謂垠鄂。應劭謂無垠為無限、無非也。淮南招隱辭曰坱兮圠山曲岪。唐韻以圠為山曲、蓋緣此。

壙 埌 堅 坴 塏 堪 壤

壙苦謗切、空廓也。孟子曰獸之走壙。莊周曰處壙埌之埜。葬者穴土以藏、壙如也。故墓穴亦曰壙。說文曰塹穴也。一曰大也。

埌力碭切、壙埌也。又上聲。

堅經田切、土剛實也。

坴力竹切、高塏為坴。說文曰土塊坴坴也。圥聲。讀若逐。一曰坴梁。又作陸。說文曰高平地也。从坴。按、古有高陸平陸、則高平非陸之義。考工記曰作車以行陸、作舟以行水。坴與水對言、其義可知已矣。

塏可亥切、地高燥也。

堪苦含切、說文曰地突也。借為勝堪之堪。堪與任聲義相近。伯曰揕厔能抍載也。漢志、王心弗戡。孟康曰古堪字。

壤如兩切、土之疏理而澤者曰壤。孔氏曰無塊曰壤。顏師古曰柔土也。

墉 龍都切。剛土也。呂氏春秋曰凡耕之道必始於墉、爲寡澤而後枯。

埴 承職切。黏土也。書云厥土赤埴墳。考工記曰摶埴之工匋瓬。黏土可摶㠯爲器。故匋瓬之工謂之摶埴。

墳 符分切。土高起爲墳。周禮曰辨其山陵、墳衍原隰。康成曰水涯曰墳。葬者封土㠯識之。故墓亦謂之墳。引而申之、凡高大者皆曰墳。詩云牂羊墳首。別作䫿。又上聲、土脈憤起也。傳曰祭之地、地墳。

堊 烏各切。白土也。㠯白土塗牆屋者因謂之堊。

垤 徒結切。小土𠂤也。孟子曰太山之於丘垤。詩云鸛鳴于垤。

塿 力狗切。培塿小丘也。古通作婁。傳曰部婁無松柏。說文曰塺土也。塺、塵也。

坻 陳尼切。詩云曾孫之庾、如坻如京。又曰宛在水中坻。爾雅曰小渚曰沚、小沚曰坻。說文曰小渚也。說文本爾雅、爾雅因水中坻之詩而爲說者也。坻蓋丘之卑者。類篇曰隴阪也。掌氏切。或作坛汶渚。傳曰物乃坻伏。杜氏曰止也。音止。又丁禮切。又作泜。說文曰著止也。與底通。

塊 苦卦、苦𣪠二切。摮止也。又作凷。又作墤。

堁 苦果切。小塊也。淮南子曰揚堁而弭塵。通作顆。賈山曰、不得蓬顆蔽冢而託葬焉。

墣 匹各切。塊也。吳語曰涓人疇枕、楚王㠯墣而厺之。別作圤。

塺 謨杯切。絪土也。說文曰塵也。又作坶、又母果切。

埃　墾　墢　坣

堁於開切，塵起也。⑳

墾口狠切，頳土也。當單作豤。

墢北末蒲撥房𢧵拔吠三切。語曰：王耕一墢。韋昭曰：一耜之墢也。王無耦，㠯一耜耕。或作坺。說文曰：治也。

坣床容切，崇土也。亦作𡊁，从手封之。說文曰：坣，古文。𡊁，籒文。古之為地域者，辨其畺域而溝封之，因其高者而封焉，因其下者而溝焉。所

㠯辨也。故建國謂之封。傳曰：諸侯正封。又曰：師偏師㠯脩封畺，此之謂也。古之聖王，高高下下，各因地之宜，封山㠯崇其聚，濬㉑川㠯疏其流。故祭山者封之。天子巡守于方岳，則因名山㠯升中于天，因吉土㠯祀地。遂封其山而祭之。祭天者為壇，祭地者墠而不壇，所謂封墠也。虞書曰：歲二月，東

巡守，至于岱宗，柴，望秩于山川。五月，至于南岳。八月，至于西岳。十有一月，至于北岳。皆如岱禮。史記封太山，禪梁父。封禪之義也。封禪非𨞺禮也。有虞氏五載一巡守，周人十有二載一巡守，其禮浸闊矣。及周之衰，不能甞巡，其禮始曠。𠀤桓公覇諸侯而欲封禪，管仲謏辭㠯諫，其事之有無不可

知，葢晉文公請隧、季氏旅太山之類也。至所稱三脊茅、比目、比翼、鳧鳥之類，皆秦漢諸儒夸誕之論也。封崇土㠯封山也。漢儒乃㠯玉牒石檢為封，㞢主樂聞其号而不考其義，遂㠯為百王之盛典，過矣。葬者封土為墳，故亦曰封。孔子曰：吾聞之，古也墓而不墳。丘也東西南北之人也，不可㠯弗

識也。於是叔之、崇三尺。記又曰縣棺而叔。曰旣叔而弔。康成悉讀爲窆、非。說文叔从寸、其說曲而不通。凡字之从又者、如叏、取、叡、㠯又爲聲。若叔嵏、伮、㠯又爲義、皆譌而爲寸也。

培 蒲枚切、加土也。中庸曰栽者培之。培坏坯陪三字、書傳多錯互、各具本文下。又蒲口切、培塿也。

埤 避支切、曾土旁益也。在土爲埤、在衣爲裨。詩云王事適我、政事一埤益我。又郫靡

六書故弟三 三十九

切、下溼地也。晉語曰松柏不生埤。

增 咨騰切、加土也。又作譄。說文曰加也。

坏 步枚切、㠯土叔罅隙也。記曰坏牆垣。又曰蟄蟲坏戶。亦作坯。莊周曰日中穴陪。又步丕切。疑與培一字。

墐 奇鎮切、塗塞也。詩云塞向墐戶。又曰行有死人、尚或墐之。傳曰道墐相望。謂道旁埋尸也。別作殣。

坖 居之切、叔爲宮室、先爲坖止也。又作基。

堂 徒郎切、崇坖爲堂。𡊨、古文。𡒋、籒文。又作閶。說文曰盛皃。書云弗肎堂、矧肎構。詩云自堂徂基。堂下至門不崇、故但曰坖。凡堂必高廣、故引之爲堂堂之義。

塾 殊六切、門屮又堂也。

六書故弟三 四十

堦 古諧切、設級㠯升高謂之堦。又作階。古謂梯亦曰階。喪大記、复虞人設階。康成曰梯也。類篇曰江南人呼梯爲隥、柯開切。不知乃階也。又作垓、陔。亦古哀切。說文陔、階次也。又作垓。司馬相如封禪書曰上暢九垓。服虔曰重也。淮南子曰吾與汗漫期乎九垓之上。史記、漢武帝作大[22]一壇三垓。鄒氏曰一作陔。說文、垓、兼垓八極也、引國語天子居九畡之田。按梯階陔實一聲。國語畡从田、畡[23]陔實兩字。

墀 直尼切。說文塗地也、天子赤墀。漢曲陽侯根僭上、赤墀青瑣。

城 墭倉歷切、七略曰、乡墭、又亏墭、階級也。乡墭人上、又亏車上也。

坒 坒毗至切、堂級也。說文、地相次比也。又作陛、賈誼曰、人主如堂、群臣如陛。說文曰陛升高階也。

墠 墠常衍切、除地布事也。書曰三壇同墠。禮曰太壇爲墠。詳見叙下。

壇 壇达干切、除地爲墠、崇土爲壇。書曰爲三壇同墠。別作壇。又达案切。

場 場直良切、築土爲場、目內禾稼也。周官場人掌斂果蓏。詩云九月築場圃、十月內禾稼。鄭康成曰圃斂果蓏、季秋目爲場、故曰場圃。別作塲㉔暘。

坱 坱唯季切、周禮曰爲壇坱宮、叙人掌設王之社坱。鄭康成曰亏地築壇。又委土起堳埒目爲宮象墻壁。禮、爲坱壇画階、無宮。康成曰坱、土象壇也。又作壝。

埒 埒力輟切。說文曰卑垣也。

壘 壘力軌切、厽墼土爲營壁也。亦作垒。說文从厽从土。厽、絫坺土爲墻壁、象形。

墉 墉余叔切㉕𩫖𩫖、古文。東版築土目爲宮也。國邑之城通亦曰墉。別作鄘。傳曰鄭災、祈亏三鄘。鄘、城也。

垣 垣雨元切、墉也。𩫏、籒文。

城 城氏征切、國邑之都垣也。

堞 堞达劦切、女垣也。傳曰晏弱囗萊、堙之環城、傅於堞。杜元凱曰女墻也。又盧蒲嫳攻崔氏、崔氏堞其宮而守之。杜元凱曰短垣也。又作㙶。

堵 堵當古切、詩曰之子亏垣、百堵皆作。曰築室百堵。築垣墉者絫版而上、竟其版之長爲一堵。𩫨、籒文。說文曰五版爲堵。杜元凱曰方丈曰堵。此說未必然。

壁 壁必激切。古者築垣墉周亏目爲宮、後世編葦竹[26]障楹閒,塗之㠯泥曰壁。月令曰:蟋蟀居壁。又昬東辟中單作辟。軍所止亦謂堵障,故亦謂壁壘。

坊 夜良切。今㠯此爲里巷名。按,坊記㠯此爲防。別作閍。閍,巷門也。

堤 丁兮切。築土㠯扞水也。別作隄。說文,堤,滯也。隄,唐也。

塘 達郎切。池堤也。古通用唐。詩,中唐有甓。

堰 於幰切。築土㠯遏水也。古通作偃。又去聲。亦作隁。

埭 達賚切。堰之小者。

垻 必駕切。類篇曰:坡也。又平川謂之垻。又必益切。別作壩霸埭也。

塍 食陵切。說文曰:稻中畦也。

圯 盈之切。說文曰:東楚謂橋圯。漢書張良步游下邳圯上。服虔曰:楚人謂橋曰圯。

堠 胡茸切。封土㠯紀里也。五里一堠。

塒[27] 市之切。詩云:雞棲亐塒。說文曰:雞西垣也。

垛 杜果切。㠯土也。說文曰:堂塾也。類篇曰:射埒也。侗謂堂塾射埒皆㠯土爲之。別作隊。

坫[28] 都念切。說文曰:屏也。冠禮:待亐西坫南。康成曰:坫在堂角。又大射儀:太師、少師、上工皆東坫之東南,西面坐。語曰:邦君爲兩君之好,有反坫。朱子曰:坫在兩楹之閒,獻酬飲畢,則反爵於亓上。㠯禮觀之,堂皆有坫,惟國君有反坫。

垼 營隻切。士喪禮:爲垼亐西牆下。又作坄。說文曰:匋竈囪也,役省聲。鄭康成曰:塊竈也。盖擳塊㠯爲竈。

墼 古歷切。甓坯也。

堲 子栗切。記曰:夏后氏堲周。康成曰:火孰曰堲,燒土冶㠯周棺。或謂之土周,由是也。弟子職曰:𠂇手執燭,又手折堲。堲,燭頭燼也。又作㙇。說文曰垐，㠯土增大道上。堲，古文。引之爲窒塞之義。書曰朕堲讒說殄行。孔安國曰疾也。非。徐氏在力切。

坯

坯鋪枚切，塼瓦之㘸，未燒爲坯。說文作坏。

塼

塼朱遄切，已燒爲塼，未燒爲墼。亦作塼。亦作甎。

埏

埏尸延切，和土也。老氏曰埏埴㠯爲器。又際也。司馬相如曰下溯八埏。又㠯然切，墓

六書故弟三　四十五

道也。

均

均居勻切，造瓦之具旋轉者。董仲舒曰泥之在均，惟甄者之所爲。漢書謂爲鈞。因之爲平之義。均厚薄等也。鈞輕重同也。又作妁姁。說文姁、鈞適也。

垍

垍其冀切，說文曰堅土也。今人㠯名匋器。

壎

壎㉙況袁切，樂器也。說文曰㠯土爲之，六空。郭璞曰大如鵝卵，銳上平底。別作塤、壦、坃。

垸

垸胡官切，孫氏太聲。周官冶氏爲殺矢重三垸。康成曰量名，讀爲丸。劉子、絫垸㠯爲丸。說文曰㠯桼和灰而髹也。一曰補完也。

型

型戶經切，鑄金範也。古單作刑。荀子曰剖刑而莫邪已。或曰㠯金曰範，㠯土曰型，㠯木曰模。

六書故弟三　四十六

堥

堥莫侯、亡遇二切。又平聲。類篇曰瓦㠯也。康成注、傷醫合黃堥置丹石其中燒之。黃堥如今瓦合。

墓

墓莫故切，乩所葬也。

墦

墦扶袁切。孟子、東郭墦閒之祭者。說者曰墓也。

塋

塋維頃切，墓之營域也。

堋

堋補鄧切，又彼驗切，葬下土也。傳曰毀之則朝而堋。通用窆。別作塴。又皮登切，馭埒也。

堩　圬　墁　塓　墍

堩古鄧切，墓道也。旣夕禮曰：唯君命止匛亏堩。別作堩。

圬於姑切，漫塓也。昔秋傳：圬人以旹塓館宮室。亦作釫杇。語曰：糞土之牆不可杇也。說文曰：所以塗也。又亏姑切。史記：孔子㞢而首上圬。司馬貞曰：窊也。今江淮閒水高於田，築堤扞水而甸之曰圬田。

墁謨官切，以土漫塗牆壁也。孟子曰：毀瓦画墁。亦作鏝。墁與塓聲義相近。

塓莫狄切，塗補牆壁也。乇氏傳：圬人以旹塓館宮室。

(30)墍許旣切，說文曰：仰塗也。書曰：惟其塗墍茨。又詩云：摽有梅，頃匡墍之。毛氏曰：取也。非。又曰：伊余來墍。曰：民之攸墍。毛鄭皆曰：息也。

壍　坎　坅　坳　墊　坼　圮　壞　毀

壍七豔切，闕土爲阬也。

坎苦感切，地臽中也。別作墈埳。又苦紺切，坎岸厈也。類篇曰：險厈也。俗作墈。

坅丘錦、丘甚、作感三切，旣夕禮：甸人築坅坎。埤倉曰：坎也，阬也。

坳於交切，罔邑之偃曰坳。莊周曰：覆杯水於坳堂之上。亦作凹，象形。又作坳(31)泑。

墊都念切，頓臽也。書曰：下民昬墊。通作阽。別作埝。

坼聇格切，土剖也。

圮皮美切，頓隤也。別作[illegible]。

壞戶怪切，隤敗也。𡊁，古文。壞之曰壞，古怪切。說文曰：𣀔，籀文。徐鉉曰：𣀔，又見攴部。

毀虎委切，缺壞也。毇省聲。又作毀(32)。說文曰：古文从壬。又作礘、又作擊。說文曰傷擊也。又毀廥之毀別作祪。

垝

垝俱毀切、詩云乘彼垝垣。毛氏曰毀也。亦作陒。

塡

塡亭秊切、㕣土塞空也。凡實中者因曰塡。亦作窴。又借㠯狀鼓聲。孟子曰塡然鼓之。亦通作闐。詩云伐鼓𡇒𡇒、振旅闐闐。又作磌。公羊氏曰聞其磌然。又郎刃切、與鎭通用。史記、土爲塡星。

塞

𡫳先則切、㕣土窒空也。引之則中實者皆曰塞。書曰溫共允塞。又曰剛而塞。別作𡫳。說文實也、引書剛而𡫳。又引之則關隘之地塞而安之曰塞。先代切。又引之則諾許而實其言曰塞。漢書、殺牛塞禱。別作賽。愽者㠯采相勝亦曰塞。別作簺。

垔

垔伊眞切、塞也。書曰鯀垔洪水。別作陻、湮。又作堙、𡊅。

春秋傳、晏弱囗萊、垔之環城、傅於堞。謂垔其濠、故㝵傅於堞也。孫子曰攻城之灋、修櫓轒轀、具器械、三月而後成距垔、又三月而後已。說者謂垔爲土山、距垔者踊土稍高而肯㠯附其城也、恐未然。

垘

垘房六切、土㕣曰垘。史記曰川塞谿垘。

瘞

瘞於罽切、幽薶也。禮曰祭地瘞。周官、司巫掌祭事守瘞。

墩

墩都昆切、平地有㠯也。俗書。

墡

墡上衍切、白埴土也。俗書。

六書故弟三

山　岳　丘

六書故弟五

永嘉戴　侗著　西蜀李鼎元校刊

地理二

山山色閑切、象形。

山之象形 二

岳五角切、山之崇大者也。故其文眂山而加隆焉。亦作嶽。說文曰岳、古文嶽。詩云崧高維嶽。傳曰山嶽則①配天。天下之岳五、東曰岱、南曰衡、西曰華、北曰②恆、中央太室。周官、正西曰雝州、其山鎮曰嶽山。

丘去秋切、小山也。故其文眂山而殺。說文曰丘、土之高也、非人所爲也。从北从一。一、地也。人居丘南、故从北。中邦之居在昆侖東南。按、許氏之說甚牽曲而無理義。觀古文嶽山上加丘、然後晤丘山之象、犂然著明。又因丘旻㠯。㠯之文義、不待辭費而恔於人心。厺古未遠、文字舛譌、不旻其說、而鑿㠯

虗　嵒　𨸏　𠂤

亦通若此者多矣。

丘之龤聲 二

虗起居切、丘之虛曠可居者也。別作墟。又杇居切、空虛也。因丘虛曠而生空虛之義也。秏則虛、故秏鬼爲虛。別作魖𧆠。說文曰魖、秏鬼也。

嵒五咸切、象嵒石鍤太山上也。說文从品、山嵒也。徐鍇曰、品象嵒厓連屬之形。又作𡾊巖。又作礹。說文曰巖、厈也。碞、嶃碞品也。礹、石山也。

山之轉注

𨸏房九切、山之岡隴陂陀下阤者也。山峯峻峭、岡𨸏側注、故𨸏从側山。引而申之、凡豐厚者皆曰𨸏。別作阜。

𨸏之指事

𠂤都回切、小𨸏也。故其文眂𨸏而殺。別作

堆堤雇崖坦扂。引之爲𠂤琢𠂤蠡副𠂤之𠂤。今書傳通用追字。或作珀。詩云追琢其章。𠂤、攴之突出者也。琢、攴之刻入者也。周禮、追師掌王后之③首服、爲副編次追衡笄。記曰委皃周道也、章甫殷道也。毋追夏后氏之道也。通作敦。毛氏曰𠂤、雕也。金曰雕、玉曰琢。康成曰追猶治也。詩曰追琢其章。追、治玉也。王后之衡笄皆𠂤玉爲之。按、金無可雕

之理、毛說已非。琢既爲治玉、追何㝵叓爲治玉。𠂤乃𠂤聚之義。毋𠂤者爲冠如髻之撮聚。追師之𠂤、亦指婦人髻飾。𠂤琢則通言金玉之攴。今人猶言𠂤玉𠂤金𠂤朱也。

𨸏之會意

陽

陽與章切、山𨸏之南向日、謂之陽。山之南、水之北也。故水北亦爲陽。

陰

陰於今切、山𨸏之北北日、謂之陰。山之北、水之南也。故水南亦爲陰。

𨺅

𨺅徐醉切、亦作𨺅隧、兩𨸏之交深𡇢而通風水所道爲隧。兩山之間曰谷、兩𨸏之間曰隧。詩云大風有隧。天子之葬也、掘地爲隧以內棺、晉文公請隧於襄王是也。別作墜。

𨸏之龤聲

𨽌

𨽌隘④烏解切、亦作隘、兩𨸏之間陿迫处也。又於革切、與阸通。別作隘。

𨸏之龤聲　五十有三

陵

陵力膺切、高𨸏也。陵有馮下之勢、故馮陵之義生焉。陵有坡陀下阤之勢、故陵夷之義生焉。詩曰深谷爲陵。

隴

隴力踵切、𨸏之隆也。葬者多於隴、故丘

豖因謂隴。別作壟壠⑤。

阪

阪反遠切、𨸏之陂衍也。別作坂。

陘

陘𨺅佀入切、原陘廣平之地也。高曰原、卑曰陘。周官、辨五地之物、五曰原陘。其動物宜𧴸物、其植物宜叢物、其民豐肉而庳。原陘之物宜同、明其高下相近、其地气平而多陽、故其動物則宜𧴸物、植物則宜叢物、其民則豐肉而庳。詩云昀昀原陘、曾孫田之。又曰阪有桑、陘有㚔。公羊氏曰上平曰原、下平曰陘。此說是也。毛萇曰下溼曰陘、㚔⑤非㞢於下溼者也。別作隰。

阿

阿於何切、小𨸏依於大山者也。詩云或降于阿、言降知其卑、引而申之、凡阿阤者皆曰阿。屋之三下者謂之三阿。阿阤阿𣎵之義生焉。書稱伊尹爲阿衡、亦曰𣎵衡。別作㚷。說文曰女師也。讀若阿。𡖈曲阤隨者謂之陰阿。依阿。別作㛂。又借爲發語辭、於曷切。秝人呼於黠切。

隅

隅𨺗偶俱切、山𨸏曲折處也。又五𡖈切。陬隅也。隅之外折、生廉隅之義、隅之內折、生陬隅之義。

陬

陬子侯切、說㒵隅下。

隈

隈烏恢切、𦊱𨸏之奧曲也。古借用畏。

隱

隱於謹切、山𨸏深曲隱蔽者也。㑹語因謂之隱。⑥別作　借爲惻隱之隱、隱痛之隱、㾀痛隱於中也。又去聲、馮倚也。

陫

陫符沸切、楚辭曰隱思君兮陫惻。朱子曰陫隱也。

陪

陪步雷切、小𨸏陪於大山大𨸏之旁也。

傳曰分之土田陪敦。諸侯之大夫、大夫之家臣、因謂之陪臣。說文曰重土也。

附 符寓切、小𨸏附於大山大𨸏者也。引之則凡附屬者附益者皆曰附。別作坿。說文曰益也。孫乩附⑦食於祖。別作祔。

阰 步彌切、小𨸏之毗亏大𨸏者也。楚辭曰朝搴阰之木蘭。

六書故弟五　七

陀 堂何切、山𨸏坡陀也。別作岮。又大果切。

阤 移尒池尒二切、岡𨸏之勢稍隤下也。說文曰小崩也。考工記曰輪已庳、則於馬終古登阤也。康成曰附也。陸氏丈尒切。非。亦作陊。又作陁。引之則山𨸏之小崩者亦爲阤。阤與陀古今多錯用。

隤⑧ 杜回切、岡𨸏頭墮隤然也。易曰夫坤隤然示人簡矣。與頹通用。

隓 徒果切、隤落也。又作墮、隓。書曰元首叢脞哉、股肱惰哉、萬事墮哉。陸氏曰許規切、吕韻合之當音惰。許規切非也。又許規切、隤毁之也。春秋⑨墮三都。說文曰敗城𨸏曰隓。𡍮聲。惰、篆文。徐氏曰說文無𡍮字、蓋⑩二左也、眾力左之、故从二左。今俗作隳、非。按、說文隋从肉隓聲、惰从心隋省聲、嶞从山隓聲、橢从木隋聲、鰖从魚隋聲、⑪隨从辵隋省聲、旬爲切。髓从骨隓聲、息委切。隓有二音、而徒果之音居多、𡍮之音殆與左相近、徒果爲正。許規乃其旁音。說文偶闕𡍮字、徐氏曲爲之說、非也。

六書故弟五　八

隊 直類切、从高墮下也。又作墜。別作隊、隧。又徒數切、儕爲隊伍之隊。

隕 亏敏切、自上縣隊也。易曰有隕自天。春秋、隕石亏宋五。亦作霣。說文曰霣、雨也。霣、古文。按、石可言隕、星可言隕、雨不可言隕。从雨、非。又作殞。人之乩漫因謂之隕。傳曰巢隕諸樊。又曰大命隕隊。⑫別作殞。

險戲儉切、高峻危絕之謂險。亦作嶮。

阻側呂切、高深障限之謂阻。易曰夫乾、悳行恆易㠯知險。夫坤、悳行恆簡㠯知阻。天險而地阻也。亦作岨。

⑬障之亮切、阻障也。別作墇嶂。又平聲。

限戶簡切、限隔也。卑爲限、高爲障、閾謂之戶限。別作㬻。

六書故弟五　九

隔古覈切、障絕也。通作鬲。

阸乙革切、險要可控戹處也。通作戹。別作[山戹]。

陿侯夾切、山𠂤逼迫處也。別作峽。今巴峽蓋㠯兩山夾江㝵名。又作陜硤狹。

阬客庚切、𠂤閒窊瀆水所歪也。谷之小者曰阬。又苦亢苦浪二切。俗作坑。

陘戶經切、說文曰山絕坎也。地有井陘、蓋陘如井狀、李左車所謂車不㝵方軌、騎不㝵成列者。晉有陘廷、楚亦有陘。

⑭隖安古切。說文曰小障也。一曰庳城也。又作塢。

際子例切、山𠂤相及之交也。水土之交亦曰際。引之則凡交際者皆曰際。

隗五罪切⑮。說文曰陮隗、高也。按、山部己有崔嵬、高義當从山。晉秋旹狄㠯隗爲姓。又作廆。

六書故弟五　十

⑯陼當古切、楚辭曰朝發枉陼。揚雄反騷曰、鳳皇翔亏蓬陼。說文曰水中丘也。按、水中丘當作渚、蓬陼之陼疑當作堵。

隙綺戟切、空罅也。別作𨻶隟。

陋盧候切、阜陿也。

阹厺魚切、司馬相如賦曰江河爲阹。揚

雄賦曰吕网爲周陸。郭璞曰因山谷遮禽獸爲陸。說文曰依山谷爲牛馬圈也。鄭說近之。

陴

陴蒲𠬝切。旾秋傳授兵登陴。籀文作䚡。說文曰城上女牆。陴倪也。別作埤。

隍

隍乎光切。城池也。說文曰有水曰池，無水曰隍。易曰城复于隍。

陂

陂彼爲切。澤之豬障者也。書曰九澤旣陂。詩云彼澤之陂。又去聲，險側也。易曰無平不陂。言之傾側者爲陂言。別作詖。

防

防符方切。築土吕閑水也。別作坊。隄坊。記曰吕此坊民。

除

除直魚切。說文曰殿坒也。闢艸移地爲除。廷除之義取此。凡除治皆取此義。又去聲。

阼

阼昨誤切。堂東廉上主人之位也。記曰適子冠於阼。謂於主人之位也。東階因謂之阼階。直謂阼爲東階者誤也。

阡 陌

阡倉先切。陌莫陌切。路南北曰阡，東西曰陌。朱子曰風俗通曰南北曰阡，東西曰陌。又云河東吕東西爲阡，南北爲陌。二說不同，後說爲正。陌之言百也。遂洫从而徑涂亦从，則遂間百畝，洫間百夫，而徑涂爲陌。阡之爲言千也。溝澮衡而畛道亦衡，則溝間千畝，澮間千夫，而畛道爲阡矣。阡陌之名由此而旻，葢會意。

陶

陶徒刀切。說文曰再成丘也。禹貢東出于陶丘北。在今廣濟軍西。又去都陶爲陶唐氏。又假借陶陶，和樂皃也。又皋陶之陶，古讀余招切。

陜

陜失冉切。地名。在弘農。古虞虢之國。爲今陜州，函谷關之外。厎柱山在焉。周召所分主也。

阮

阮虞遠切。說文曰代郡五阮關也。詩云侵阮徂共。

隭　陝　隃　阽　防

朱子曰國名。在今涇州。

隭如之切、書曰伊尹相湯伐桀、升自隭。孔安國曰在河曲之南。

陝如之如陵二切、詩云、捄之陝陝。毛萇曰陝眾也。說文曰築牆聲也。按、二說皆傳詩生義。凡疊聲多假借、非其本義也。又音緣。漢志河陝單作耎。

隃容朱切。說文曰北陵西隃鴈門是也。別作嵛。又與踰通。又俞驕切、與遙通。

阽余廉切、服虔音坫、如淳音閻。危欲墮也。說文曰壁危也。

阞盧則切、考工記曰溝逆地阞謂之不行。說文曰地理也。鄭康成曰脈理也。又作泐。考工記曰石有旹而泐。康成曰石解㪔也。按、泐即阞。又曰㠯其囗之阞捎其藪。康成曰三之一也。記、祭用數之仂。康成曰十一也。

陣　隉　𡽚　嵩　岱

陣直珍切、又作𨻰。說文曰宛丘、舜之後所封、从𨸏从木申聲。𨸏、古文。按、書傳陳之義不一。詩云胡逝我陳。毛萇曰堂涂也。借為新陳之陳、又為陳削張陳之義。別作敶。軍之陳削因謂之陳、直刃切。王逸少始改為陣。

𠂤之疑

隉五結切、書云、邦之杌隉。說文曰从毀省、危也。賈侍中曰灋度也。班固曰不安也。讀若虹蜺之蜺。

𡽚太衍切。叔重曰𡽚、商小塊也、从臾。林罕曰𡽚、小塊也。臾、古臾字。徐鍇誤㠯為古蕢字。

山之會意

嵩息容切、山高為嵩。今嵩山亦名太室。

山之龤聲　七十有六

岱迖愛切、東岳也。於五岳為尊、故謂之岱

崧

宗。又謂之太山太岳。

崧 息融切。山之根盤廣大也。詩云：崧高維岳，駿極于天。徒高未足言廣大，而高斷維岳矣。禮記引詩崧高作嵩高。爾雅曰：山大而高曰崧。又曰：中岳謂之崧。毛氏曰：岳，三岳也。崧，高皃。按，崧若爲高，不應复言崧高。岳爲三岳，不應三岳同降神於申甫並許。申甫同出自姜。傳曰：許，太岳之胤也。岳蓋指言太岳。孫愐、徐鉉合崧與嵩爲一字，非也。吕申甫爲稟靈於太岳則可，吕爲稟靈於嵩高則不可。

六書故弟五　十五

岷

岷 彌賓切。岷山綿亙千里，在今威茂州之西北，東距峽州。江水出焉。別作崏、㟩、嶅、岐。

嶓

嶓 補和切。嶓在今興元之西，翼水鎮東距興元，西距興州。其陽爲巴州，其陰爲鳳州。漢水出焉。禹貢曰：嶓冢道羕。

岍

岍 苦堅切。禹貢：道岍及岐。陸氏曰：一名吳岳。漢志曰：在扶風汧縣。漢已來謂之隴，綿亙慶涇

原、渭、鎮戎、德順、六郡、隴州，其陽也。

豳

豳 悲巾切。山在岐山之北，今爲邠州三水縣，亦作邠。

峱

峱 奴刀切。山在齊地。詩云：遭我乎峱之閒。漢書作𡾰，亦作嶩。

嶧

嶧 羊益切。山在齊地，其陰在今襲慶府鄒縣，其陽在淮陽軍下邳縣。本作繹。邾文公卜與于繹，在今鄒縣。魯頌曰：保有鳧繹。

六書故弟五　十六

崞

崞 古⑰博切。山在鴈門。

峴

峴 戶顯切。山在今襄陽府。一說領上于也。青齊有大峴山。

嵊

嵊 石證切。在今會稽嵊縣。古作剡，嵊剡聲相易也。

嶲

嶲 選委切，又粗沇切。越嶲，漢郡名。應劭曰：故邛都

岢　岣　嶁　峧　密

國有嶲水、漢武帝刱屬益州。

岢口俄切。岢岚、太原山名、在岚州。

岣共于居侯果羽古后三切。嶁、龍朱郎侯隴丑郎豆三切。衡山之別有岣嶁。按、句僂昆侖肅爽皆雙聲假借字、故山有句僂、龜有僂句、馬有肅爽、鳥亦有肅爽、其義則闕。

峧渠之切、山峯分出者爲峧。楊朱泣峧路之分出者也。峧指、指之分出者也。別作跂、說文足多指也。峧山、一在今鳳翔府峧山縣天興縣、禹貢所謂道岍及峧是也。或作郊坴。又孤峧山在今汾州介休縣、勝水出焉、東北會于汾、禹貢所治梁及峧是也。⑱

密彌必切。爾雅曰山如堂者。密地有高密、高密有三石山。又安定有陰密、古密須國。河南有密縣、春秋陰密也。借爲比密、愼密、宓密之密、詳見宓下。

岵　屺　巘　岫　嶼　島　嶠　峯　岑　巒

岵侯古切。詩、陟彼岵兮。毛氏曰山無艸木。說文曰山有艸木。

屺口已切。詩、陟彼屺兮。毛氏曰山有艸木。說文曰山無艸木。

巘五蹇切、詩云陟則在巘。毛氏曰小山別於大山也。別作巚。或曰山如夏甑也。

岫余救直又二切。爾雅曰山有穴也。𥦖籀文。

嶼徐與切、于地小山也、在坴爲嶼、在水爲

島。

島都浩切、水中有山也。漢書作隝。

嶠渠廟切。又平聲。爾雅曰山銳而高也。徐鉉曰古通用喬。詩云及河喬岳。

峯叓容切、山鋒也。

岑鉏箴切、說文曰山小而高也。孟子曰方寸之木可使高於岑樓。

巒林官切、圜峰也。

岡　嵎　嵏

岡 古郎切。山𡷬之脊也。別作崗堈。

嵎 語俱切。孟子曰：虎負嵎，莫之敢攖。朱子曰：山曲也。虞書曰：命羲仲宅嵎夷，曰暘谷。禹貢曰：嵎夷既略。在今密州。魯語曰：汪芒氏守封嵎之山者也。說文嵎夷之嵎作堣，㠯嵎為封嵎山，在吳楚間汪芒之國。

嵏 子紅切。相如賦曰：夷嵏築堂。顏師古曰：山之高聚者曰嵏。按，嵏即冢也。九嵏山在馮翊谷口。⑲

六書故第五　十九

崦　崇　峻　屹　嶷

崦 衣檢切。山有隱曲也。又作崄。

崇 鉏宗切。高也。借為崇翰之崇，充斡也。

峻 私閏切。山峭拔也。⑳別作陖埈。按嶕墜。

屹 魚乙切。山獨立壯武皃。

嶷 鄂力切。山疑立皃。詩云：克岐克嶷。言后稷之幼而立也。嶷、屹之辨如其聲。說文曰：嶷，九疑也。按，九疑正㠯九峯騈立，勢相疑佀㠯名。

峙　嶉　崔　嵬

峙 丈里切。山植立也。別作峙。通為儲庤之庤。書云：峙乃糗糧。

嶉 企愧切。山獨立皃。

崔 徂回切。又上聲。崔嵬，高大皃。別作⿱山非、陮⿰阝崔。又倉回切。崔邑，因㠯為氏。

嵬 吾回切。高大皃。又上聲。磊嵬，高而不平㉑皃。又作嵔隗。

六書故第五　二十

巍

嵬之諧聲

巍 魚歸切。巍巍，高大之至也。又去聲。國名也。本舜禹故都，在古冀州雷首之地，析城之西南。周㠯封同姓。今為河中府解州。徐鉉曰：今書省山作魏。又周官大宰：縣治象之㳒亐象魏。鄭司農曰：象魏，闕也。左氏傳：魯災，季桓子御公立亐象魏之外，命藏象魏，曰㉒：舊章也，不可忘。杜氏曰：門闕也。周禮正月縣敎令之㳒亐象魏，使民觀之，故謂其書為象魏。

嵯峨　巃嵸　崢嶸　嶙峋　巑岏崚嶒巉　嶔

嵯昨俄切、山㨗業而曾高也。

峨五何切、山俄危而峻高也。又語綺切。別作屐巖。又負羈切。別作巇。

巃盧東切。嵸鉏宫切。巃嵸、山高聳也。招隱、艸木巃嵸。亦作巃苁。又上聲。

崢鉏庚、宅庚二切。又作崝嶒。嶸戶萌切。又作嵤。又作崢嶸、山角聳也。

嶙離珍切。峋七倫切。又須倫切。別作嶟。嶙峋、說文新附曰深厓皃。

巑徂丸切。岏吾官切。巑岏、山攢㨻刺空也。

崚閭承切。嶒耡耕切。崚嶒、山稜曾也。

巉鉏咸切、山險絶如劖刻也。巉喦多石而峻也。通作漸。詩云、漸漸之石。別作嶃嶄。

嶔去音切。別作欽。崟魚音切。別作崯。嶔崟、險峻

崒　崷　岧　岌　嶪　巀　嶭　嵽　嵲　𡾰　嶵　峭

皃。

崒徂卒切、危高也。詩云、漸漸之石、維其卒矣。單作卒。

崷如猶切。崷崒、山長而高皃。

岧田聊切。岧垚、高遠也。

岌帀及切、高危欲頃之皃。

嶪帀怯切。岌嶪、高而戟級也。

巀昨結切。又才葛切。詩、節彼南山、借用節。

嶭五子切。又五葛切。別作巘。巀嶭、山高峻也。說文曰、巀嶭山在馮翊池陽。

嵽达結切。嵲五結切。嵽嵲、山突兀危皃。顔野王曰、不安也。孫愐曰、山高也。

𡾰落猥切。嶵徂賄切。𡾰嶵、山多石皃。

峭七肖切、山峻拔峭絶也。別作陗。

崛　崛衢勿衢厥二切，山平地拔起壯毅皃。說文曰山短高也。引之爲崛彊之義。別作𠢴勥。

崎　崎丘奇切。別作攲碕。

嶇　嶇虧亏切。別作𨹔嘘。崎嶇，險阻詰屈也。通亦作踦軀。

嵁　嵁丘含切，山谷喊空也。莊周曰賢者伏於大山嵁喦之下。又丘咸切。別作嵌。

幽　幽於虯切，山谷深窈也。

巀　巀虘宊切，頂險也。別作巀。

岪　岪叀勿切，楚辭曰山曲岪。說文曰山脅道也。㉓

㉔岊　岊子結切，又旿結切。說文曰陬隅高山之卪也。

隓　隓徒果佗果二切。詩云隓山喬嶽。說文曰山之墮隓者。又墮山皃。孫音同。㉕

㉖　㞜悲勿切，山嶊隤也。說文曰𨺅，古文。

嵐　嵐盧含切，山气蒸潤也。別作嵐。

嵇　嵇胡雞切。徐鉉曰奚氏避難特制此字，非古也。

厂　厂負檢切，㉗堪喦如屋者也。說文厂，負檢切。厂，呼旱切。按今田野猶呂喦厓佀屋者爲喦厂。

厂之象形

石　石祖亦切，象喦石在厂之下。借爲鈞石之石。書曰關石和鈞。漢志曰一龠容千二百黍，重十二銖。兩之，二十三銖爲兩，十六兩爲斤，三十斤爲鈞，三鈞爲石。說文，秳百二十斤也。稻一秳爲粟二十㉘斤。禾黍一秳爲粟十六升太半升。

石之會意

磊　磊落猥切，多石磊隗也。別作礨。又作𥓳礧陬嵔。說文，陬，磊也。又𥕢㉙。

石之龤聲六十有七

碣　碣渠削切，桀立石也。書曰夾右碣石。碣石在河北平驪縣西南。

磧 磯 磐 隥 矼 砠 礫 磣 磝

磧七迹切、又資昔切。說文水渚有石者。水中沙
石之積也。
磯居衣切、水中石激浪者也。
磐蒲干切、磐石也。別作⿰石半。
隥都鄧切、石可登者也。又丂聲。又作嶝隥。說文隥、仰也。
矼古雙切、石杠也。聚石水中以爲步度彴、因謂之矼。又
苦江切、愨實也。莊周曰悳厚信矼。

砠七余切、詩云陟彼砠矣。爾雅曰土山戴石爲砠。說
文作岨、曰石山戴土爲岨。按、砠从石、特石山耳。詩云彼徂矣、岐有夷之行。後漢
書作彼岨者岐、又作⿰石宜。
礫郎擊切、碎石也。
磣楚錦切、礁沙也。
磝五交切、多石磝磽也。傳曰晉師在敖
鄗之閒。磝單作敖。磽俗用鄗。說文嶅从山。又

磽 确 硈 礭 砢 硉 硜

屮刀切。
磽口交切、磽磽多石險阻也。磽磕、多石
地不丂也。磽确、多石地剛瘠也。別作墽。說文磽
也。又作䂭墝墧。
确苦角切。別作埆壆礐硞。又古學切。漢書曰數與虜确。
硈苦訖苦忽二切、多石不夷也。故謂勤
苦者亦曰硈硈。漢書曰勞筋苦骨先日

硈硈。
礭克角切、堅實也。別作碻磬。
砢來可切、巨石突兀磊砢也。別作⿰石羅。
硉勒沒切、硉兀不丂也。崒硉、高而不丂
也。別作嵂。
硜口莖切、小石堅介、扣其聲硜硜然。孔
子曰硜硜然小人哉。說文作硻。

砰 磅 硠 砊 磕 碌 ⿰石昆 礧 砉

砰披耕切，石相擊聲也。相如賦曰砰磅訇磕。揚雄賦曰砰轒轀。別作硼、硑、⿰石勿、⿰石彭。

磅鋪郎切，石聲。

硠魯當切，相如賦礧石相擊，硠硠磕磕。

砊丘岡切，硠砊，砊磕，石聲皃。

磕苦盍切，石相擊也。又口葢切。

碌盧谷切，小石碌碌也。又作琭。通作錄。又碌碡，田器，用以摩夸也。通作鹿轆、陸𥔲。又作磟碡。

⿰石昆古本切，石从上輥下也。周禮曰高聲⿰石昆。故書作硍。鄭大夫讀爲衮冕之衮。康成曰：高則聲上藏，衮然旋如裏也。又胡本切。

礧盧對切，石轉隊也。又作勵、礌。說文、勵，推也。又作櫑。又上聲。

砉霍虢切，石爆剖也。莊周曰庖丁解牛

硈 矸 硬 碭 碝 碈 礜

砉然嚮然。又呼鶪、馨激二切。又作砉。

硈丘八切。爾雅曰固也。

矸居案切，甯戚歌曰南山矸。又上聲、⿰石⿱羊衣縉也。別作衦。

硬魚孟切，石堅確也。

碭徒浪切。說文曰文石也。

碝而沇切，石次玉者。別作瑌、礝、瓀。相如賦曰碝石武夫。史記作瓀。張揖曰、碝，石白者如水，半有赤色。武夫別作碔砆、又作珷玞。張揖曰武夫赤質白采、白籠、白黑不分。漢書音義曰武夫出長沙。

碈武巾切，石似玉者也。周禮諸侯之冕、碈玉三采。記曰君子貴玉而賤碈。又曰士佩碝碈。別作玫、瑉、碈。按、碈與玉悳異而形似、易亂。碈、碝、武夫當从石而不當从玉。

礜羊茹切，石之性熱者。

礬　砒　䃩　碏　砮　磾

礬附袁切、藥石也。有青白黑黄絳五物。

砒篇迷切、毒石也。又作磇。

䃩尼交切、石味鹹而性熱。別作硇。一名北庭石。

碏七約切。類篇曰石襍色。

砮乃都切、石可爲矢者。書、荊州之貢、厲砥砮丹。魯語曰肅慎氏貢石砮。

磾都黎切。類篇曰黑石可染繒、出郎邪。

磨　磑　礱　研

磨眉波切、㠯石摩物也。語曰磨而不磷。古通作靡。亦作䃺。又去聲、磑也。

磑五對切、合兩石琢其中爲齒、相切㠯磨物曰磑。又負衣切。

礱盧東切、粗曰礱、細曰磨。

研五堅切、㠯推摩物也。別作[illegible]硯硯硐。說文曰[illegible]、摩也。今人㠯研墨之石爲研、去聲。又上聲、別

磋　磷　砥

作礰。

磋倉何切、㠯粗石摩治玉石也。又去聲。

磷力刃切、石相歷毀磷也。語曰磨而不磷。考工記曰輪雖敝不磷於鑿。亦作甐。通作粦轔。又去聲、石[illegible]比如鱗也。

砥職雉切、又去聲、密石也。粗者爲厲、精者爲砥。砥、砥所㠯磨瑩也。詩云周道如砥。

碓　礎　磉　碑

亦通作厎。漢書曰爵祿者、天下之厎石、所㠯厲世摩鈍也。

碓都隊切、石杵也。

礎創疑切、柱下石質也。

磉寫朗切、礎也。

碑班糜切、大石也。古者宮廟之中有碑、馬所㠯繫牲、亦㠯識日景、墓上有之則

吕牰鹿盧下棺。因刻其碑吕銘識，故後世凡刻字之石皆曰碑。

磹 徒念切，石楔也。

礈 直類切，縣石也。呂氏春秋曰：搥溺而礈之吕石。別作磓。

碵 丁定切，礈舟石也。別作碇、矴。

矺 陟革切。孫愐曰：磓也。

砑 吾駕切，礪物使乎滑也。古通作牙，與車牙通。

[illegible] 徒感切，再舂也。又入聲。

砲 匹教切，桀石吕投也。今軍中吕桔槔反石吕擊謂之砲。別作礮、[illegible]。又弼角切。

研 戶經切，底石也。別作硎、[illegible]。莊周曰：刀刃若新發於研。

砩 放吠切，石堤也。

砭 陂驗切，又乎聲。吕石爲箴，吕刺病也。王僧儒曰：東山經云，高氏之山多箴石。春秋傳曰：美疢不如惡石。顏師古曰：砭石也。季世不能用石，乃吕鐵箴。

碡 徒沃切，碌碡，田器也。又直六切。又作[illegible]。

砌 七計切，甃石也。

磻 蒲和切，又逋和切。說文曰：吕石箸隹繁也。一曰石可爲箴。[31] 又蒲官切。別作[illegible]。

硩 敕列切。周官：硩蔟氏掌覆夭鳥之巢。鄭司農讀若擿。說文曰：上摘山巖空青、珊瑚墮之。一曰石中矢。

破 普過切，石毀削也。

碎 蘇對切，破之細也。別作[illegible]。

礙 五溉切，石距室也。亦作硋閡。別作輆。

厃

厂之會意

厃魚爲切。人在厂上、厃之義也。又作㕈。又䲙之己聲、爲危。說文厃、仰也、从人在厂上。一曰屋梠也。秦謂之桷、齊謂之厃。孫氏魚毀切、危在高而懼也、从户㉜自卪止之。按、厃卽危也、从人在厂上、或在山上、其義一也。䲙之己巳爲聲、循罍之罍、䲙己㞢也。危妃肥配皆己巳爲聲。吝禮升屋履危。指屋之危、非謂梠也。三危山、俗又作峗、加山非。

厂之䲙聲　十有五

厓㉝

厓魚羈切、厂之造水者也。又五皆切、亦加水作涯。別作崖、漄。說文厓、山邊也、从厂圭聲。崖从屵圭聲、高邊也。

厈

厈五旰切、水旁高地也。說文屵、岸高也、从山厂、厂亦聲。孫氏五葛切。岸、水厓而高者、从屵干聲。按、厈从厂干聲、厈非山也、後人妄加己山尒。說文己厈爲籀文厂、葢傳譌也。

廉

㾐力兼切。石有稜隅也。別作磏。引之則凡有稜隅者皆取義焉。賈誼曰陛九級上、廉遠地則堂高。脛骨外隅亦謂之廉。別作臁。人之操行方正、有稜隅者亦謂之廉。書曰簡而廉。孟子曰頑夫廉。管子曰禮義廉恥。廉者、恥於貪冒而不爲、故俗習專己不貪爲廉。不貪特廉之一隅、非廉也。又俗爲廉問廉察之廉。別作覝。說文曰察眂也。

厎

厎之履切、厓石之所窮也。說文曰柔石也。或作砥、从石。

故引之爲厎至之義。又因而爲厎著之義。旾秋傳曰处而不厎。晉語曰厎著滯淫。別作抵。說文坻、著也。又都禮切。說文曰下也。按、厎底不當分二字。

厲

𠪚洛葢切、又力制切、石之廉悍者也。別作𡾊巁。巁。引之爲危厲之厲、爲嚴厲之厲、爲厲聲厲色之厲。厲疾、危惡疾也。周禮曰三旹皆有厲疾。別作癘、𤢄。疾之惡者莫甚於大風、故大風爲麗㾊。別作癩。惡鬼爲麗鬼。別作⿰示麗禲。惡气爲麗气。別作沴。石之狙悍者可吕鑢磨、故又爲麗厎段麗。別作⿰石麗。因磨麗之義又爲勉麗、激麗之義。別作勵。又水流石上亦爲麗。漢有下麗將軍是也。別作瀨。履石而涉者因謂之麗。詩云深則麗。漢書云麗度是也。毛氏曰吕衣涉水爲麗、謂由帶吕上也。韓氏曰至心爲麗、別作砅濿。說文、砅、履石度水也。

厜　㕒　厰　厖　厭

厜姊宜切。㕒魚羈切。厜㕒、高而峭削皃。說文曰山顛也。

厰魚音切。說文曰崟也。又魚杴苦感五敢虍監三切。一說山厓狀。

厖莫江切、石厂隆大也。

厭於甲切、厓石隤厏也。記曰下毋厭髀、上毋厭脅。又曰死而不弔者三、畏厭溺。漢書曰厭三百餘家。別作壓。又於輒切、覂當厭伏也。禮有厭冠。漢書云厭當之有妖祥者。厭禳之亦曰厭。俗作⿰示厭⿰示奄。又僣爲厭浥之厭。詩云厭浥行露。厭浥、雙聲、濡濕皃㉞也。又於琰切、覂夒也、與奄掩通。夢寐气仐不通者亦謂之厭。別作魘。又於敘切、掩之虗也、與奄通。又烏減切、無精光皃。中庸曰見君子而后厭然

掩其不善。

厔　厥㉟　厤　仄　厗

厔陟栗切。說文曰礙止也。

厥倶越切、說文曰發石也。有所指、發語辭僣用此。書曰厥民析、厥民因。與其同義。

厤郎擊切、莊周曰厤物之意。說文曰治也。

仄側下切、厭也。又側格切、通作笮。俗作⿰酉監⿰酉賁醦。

厗孫氏杜兮切。漢潁陽有厗奚縣。孟康曰音題。或

作蹢。說文曰厤厓石也。

厂之疑

屵

屵說文曰岸上見也、从厂、从之省、讀若躍。

田

田地因迭季二切、辟地為甽畞、吕埶五穀也。說文曰中十象阡陌。

田之指事

畺

畺居良切、兩田相比為之畺界也。詩云畺埸布瓜。亦作畕。俗作疆。

画

画胡犻切、三絕。画田界也。今作畫、非。畫、胡匕切、見聿部。

田之會意

甸

甸堂練切、古者王國三郊之外規方五百里、王畿與公田在焉、謂之邦甸。从田从勹、周口之。引而申之、凡田其土者皆曰甸。書曰奄甸萬姓。俊民甸三方。詩曰信彼南山、惟禹甸之。又周官、三井為邑、三邑為丘、三丘為甸。康成讀為乘、非。

畋

畋迭季堂練二切、力田之謂畋。書曰畋尒田。亦作佃。亦為田獵之畋。書云惟于游畋。畋於有洛之表。田獵之畋古亦通用田、盖獵吕去獸之害稼者。別作戲、佃。

田之諧聲

畮

畮母久切、古者兩甽之間廣一步、長百步謂之畮。畮之背有遂。又作畞、从十久聲。十指甽遂也。今吕二百三十步為畞。

畿

畿渠希切、古者王國千里曰王畿。自是吕往、每五百里為一畿、通天下為九畿、故因之約方千里為一畿。周禮、封人掌設王之社壝為畿、封而樹之。通作圻。傳曰天子一

畞

圻、削國一同。別作畿。

畞柯開切、楚語曰百姓、千品、萬官、億醜、兆民、經入畞數。天子之田九畞、以食兆民。王取經入焉、以食萬官。韋昭曰九州之內有畞數、兆民耕食其中也。侗謂百千兆億畞皆數也、畞之數今亡矣、九州之說億。

略

畧力灼切、畺理經画之大曰略。書曰嵎夷既略。孔氏曰用功少曰略。曰以遏亂略。孔氏曰路也。傳曰天子經略、諸侯正封。封略之內、何非君土。杜氏曰經營天下、略有三海。曰吾叔略地焉。杜氏曰緫攝巡行之名。曰王予之武公之略曰賂。秦伯以河外削城五、東盡虢略。杜氏皆曰界也。曰亝侯不務悳而勤遠略。無注。曰略至止。杜氏曰行也。曰晉侯略狄土。杜氏曰取也。曰兄弟甥舅侵敗王略。杜氏曰經略法度。曰匠慶請木、季孫曰略。杜氏曰取不以道曰略。

曰以討亂略。㊱無注。曰師速而疾略也。曰荀吳略東陽。曰楚子爲舟師以略吳畺。杜氏皆曰行也。曰分康叔、封畛土略。杜氏曰界也。曰吾子欲憂文武之略。杜氏曰道也。詩云有略其耜。毛氏曰利也。按、略、叚土而經画畺理之也。天子制天下、制畿分域、經略九州、各爲之封畛。諸侯受地於天子、則各正其封而已。虢略、武公之略、康叔之略、皆王室所制也。嵎夷之略、魯隱公之略地、晉侯之略狄土、荀吳之略東陽、皆謂初有其地、經画其土田也。遠略、猶言遠規也。楚蔿艾之略至止、則經度其城築之至也。引而申之、則法度之所經画者皆曰略。所謂王略、文武之略是也。亂略則敗度者也。後世所謂筐略策略、皆由此而

界　畔　畬

㞢也。又引之則輕行鈔略亦謂之略。所謂師速而疾略也。楚子之略吳疆、季文子之所謂略皆是也。有略其耜、則言其耜之輕捷也。疆畎叔溝盡其細略、疑其凡、故孟子曰軻也請無問其詳、願聞其略。曰此其大略也。略、一字也、而毛孔杜緣經𡳿訓、凡十餘變、六書不講、非特此一字而已也、予故

葡論之。

界古拜切、兩田之閒爲界。

畔薄半切、田旁也。傳曰如農之有畔。偕爲北畔之畔、與叛通。

畬弋諸昔遮二切、凡地薙菑爲菑、墾種爲畬。易曰不菑畬。詩曰如何新畬。爾雅曰一歲曰菑、二歲曰新、三歲曰畬。不必然。今俗猶呂山地之墾種者爲畬。鑿禹錫詩曰長刀短笠去燒畬。別作畭、俗亦作鈄。

町　疃　畦　畹　畸　畛

町徒頂他頂二切、田有區也。春秋傳曰町原防、井衍沃。杜氏曰隄防閒地、不旻正方井画、別爲小頃町也。區種法曰一畝之中、地長十八丈、方爲十五町、町閒分十三遺、通人行。詩云町疃鹿場。毛氏曰町疃、鹿迹也。陸氏曰町、他典切、或他頂切。別作頂。伯氏曰偕二字[37]之聲、呂狀鹿場也。

疃他[38]董切、又他短杜短二切。陸氏曰本又作疃、又作墥。

按、甌俗猶言町疃。周區爲町、接町爲疃。

畦戶圭切、場圃中爲小隴呂樹埶若畮者。說文曰五十畝爲畦。別作𤳳。

畹於阮切、楚辭曰滋蘭之九畹。說文曰三十畝爲畹。王逸曰十二畝。或曰二十畝。別作畱。又於萬切。

畸居宜切、戔田也。

畛之忍切、又平聲、井閒道也、容車。周禮曰

十夫有溝、溝上有畛。周頌曰徂隰徂畛。傳曰叔畛土略。别作⿰田垂⿰田長。

畷

畷朱衛切、記曰饗農及郵表畷。說文曰兩陌閒道也。康成曰謂田畯所以督約百姓於井閒之处也。引詩云爲下國畷郵。

甽

甽子浚切、又松倫切。類篇、山下受霤处。按、今作圳、田閒溝畎也。

當

當都郎切、田相直也。引之則凡相當者皆曰當。旻其當曰當、去聲。箭管之底因亦曰

當。

毗

毗亐脂切、田相比也。

畇

畇羊倫切、原田一徃亐均也。詩曰畇畇原隰。毛氏曰畇畇墾辟兒。亦作眴。

畱

畱力求切、說文曰畱、止也。又嘐同聲、燒種也。漢律曰嘐田茠艸。疑即一字。今爲畱止之義。又力救切、因循亭駐謂之宿畱也。

畤

畤諸市切、秦有五畤、蓋爲壇以祀五帝也。

甿

甿莫庚切、耕夫也。周官、六遂之民謂之甿。謂其皆農也。别作氓、亦通作萌。

畯

畯子峻切、詩云饁彼南畝、田畯至喜。毛萇曰田大夫。周禮曰龡豳雅、擊土鼓、以樂田畯。鄭司農曰古之先教田者也。爾雅曰畯、農夫也。侗謂樂田畯者不應樂田官而舍農民。以詩觀之、則鄭氏之說非。以周禮觀之、則田大夫之說未然、爾雅爲近之。

⿰田柔

⿰田柔耳由切、說文曰和田也。鄭語曰依⿰田柔歷[39]華君之土也。韋昭曰邑名。

田之疑

黃

黃戶光切、地之正色也。說文曰地之色也。从田从炗。炗、古文光、炗亦聲。古文作⿱炗人。

黃之諧聲

黊

黊佗口切、黃色也。顧野王曰黃色也。顏師古曰黊、黃色也。黊

纊吕黃綿爲凡、吕組縣於冕、垂兩耳旁。徐鉉曰充耳也、从纊省、主聲。按、从纊而省爲黃、六書無此、比顏顧之說近之。或作黈。

黅

黅巨吟切、顧野王曰黃色也。紟問言天有五气、黅天之气經於心尾。按、紟問蓋亦爲黃色。

黊

黊胡圭胡卦二切。說文曰鮮明黃色。

䵍

䵍佗昆佗官二切、說文作黇、黃黑色也。檀弓有䵍子䵍。(40)

䵋

䵋呼罪切。說文曰青黃色也。

畟

畟初力切、詩云畟畟良耜。毛氏曰猶測測也。說文曰治稼畟畟進也、从田从人从夊。鄭氏云嚴利也。鄭敷仲曰从夊从畟省。

畜

畜丑六切、於經傳爲畜積畜止之義。說文曰田畜也。引淮南子曰、玄田爲畜。又作𤲸。魯郊禮、畜从田从兹。兹、益也。按、畜之本義未可曉。別作蓄稸滀儲。　又許六切、爲鞠養之義。又許救切、牲之豢養者曰畜也。

𤰝

𤰝𤰝直由切、亦作疇、从田。說文曰耕治之田也、从田、象耕屈之形。顧野王曰𤰝疇田也。按、顧說爲是、象𤰝疇之形。俗作疇。引而申之、則爲𤰝匹𤰝類。俗作儔。　又𠷎爲誰何之義。書云疇咨若予采。疇若予上下艸木鳥獸。又作𠷎。說文曰詞也、从白。引書𠷎咨。

井

井子郢切、古者方里而井、井九百畝、八家分耕八百畝、其中爲公田、井画之、吕象九分之形、•其中象井也。或曰井丼二字、井本象井田之画。丼、井聲。而•其中吕象井。叔重曰井象冓韓形、•象罋。殆非也。韓冓从橫如井、因謂井韓耳。(41)

井之龤聲

刱

刱初亮切。說文曰造法刱業也。通作創。

冂

冂冋古熒切。爾雅曰邑外謂之郊、郊外謂之牧、牧外謂之埜、埜外謂之林、林外謂之冂。說文曰象遠界。古文从口、象國邑。別作坰。

冂之疑

市

市旹止切。於經傳爲交易之會。易曰日中爲市、致天下之民、聚天下之貨、交易而退。說文曰賣買所之也。市有垣、从冂从乁。乁、古文及、象物相及也。之省聲。

冘

冘余箴切。說文曰淫淫行皃、从人出冂。一曰冘豫未定。又夷周切。

央

央於良切、詩云宛在水中央。又曰夜未央。央、中半也。詩云白旆央央。說文曰中央也。从大在冂之內。大、人也。央旁同意。一曰久也。

六書故弟五

水　泉　原

六書故弟六

永嘉戴　侗著　　函蜀李鼎元校刊

地理三

水 𣱱式軌切，北方之行也，象形。八卦①☵坎爲水，卦衡文从，其象一也。

水之象形

泉 𤽄疾延切，水之初出泓亭而始流者也，象形。貝錢謂之泉，言亐其流通也。

泉之會意

原 愚袁切，水本也。从泉出厂下。別作源。俗爲原隰原田之原。地廣亐曰原。別作邍。因原田之義，引之爲亐易、楚辭亐字原。鄭原吕亐自予者也，故謂之原。讀作愿，非。又引之爲原宥，又俗義爲再。原筮，再筮也。原蠶，再畜之蠶也。別作𧓍。記曰末有原。漢有原廟。

囦　谷　㕣　㕡　叡　谿

囦 𡇼烏玄切，水回斡而深爲囦②。亦作淵。

谷 古祿切，泉出通亐川爲谷，象水出谷口。

谷之會意

㕣 与專切，谷口也。从谷省。說文在口部，山閒亩泥地。从口从水、敗皃，讀若沇。沇，九州之渥地也。徐鍇曰：口象山閒，八，半水也。

㕡 私閏切，說文曰深通川也。从𣦵，𣦵，殘地坑坎意也。別作濬、浚。書云濬哲文明，深而通曰㕡。

叡 呼各切，谷爲水叔壑谷呼深亩曰叡。亦作壑，加土。

谷之諧聲

谿 呼括切，谷豁也。

谼　豅　谾　谽　谺　谿　川　州　邕

谼，户萠切、谷中響也。

豅，盧紅切。谾，呼公苦紅二切。豅谾、谷中虚也。亦單作籠空。

谽，呼含切。亦作谽。谺，虚加切。亦作谺。谽谺、谷口張也。亦通作唅呀。

谿，何雞切、谷中戾石也。莊周曰：室無空虚，則婦姑勃谿。

六書故弟六　三

川，昌緣切。通流爲川。从水、象川流埜馳。

川之象形

州，隻畱切、水中地也。象形。亦作州。凡在水中、乎地爲州，山爲島。九土在三海中、謂之九州。俗作洲，加水，非。

邕，於容切。水邕上聲而畜也。象壘土邕水。周官邕氏掌溝瀆澮池之禁。池所吕鍾其邕也，溝澮所吕宣其邕也。別作壅、灉、廱。禹貢曰：邕且會同。爾雅曰：水自河出爲邕。蓋水邕而旁匯也。凡水之畜聚爲邕，乎聲。擁水爲邕，上聲。吕糞土培殖爲邕，去聲。今俗作壅。血气邕厎聚而爲瘍，亦作邕且。別作癰、臃。

巛　巜　𡿨

巛，祖來切。川衡塞爲害也。與灾、災、菑通。

川之指事

六書故弟六　四

巜，古外切。又作澮。③ 𡿨，激犬切。又作甽、畎。周官匠人爲溝洫，耜廣五寸，二耜爲耦。一耦之伐，廣尺、深尺，謂之甽。田首倍之，廣二尺、深二尺，謂之遂。九夫爲井，井閒廣三尺、深三尺，謂之溝。方十里爲成，成閒廣八尺、深八尺，謂之洫。方百里爲同，同閒廣二尋、深二仞，謂之澮。專達於川，川

粼　巟　巠　𡿪　永

大巜小、故巜巜眡川而殺巜。大巜小、故巜眡巜而殺。書云濬畎澮、距川澮。又爲水名、詳見汾下。

巜之龤聲

粼　力珍切、水流石上粼粼然也。

川之龤聲

巟　呼光切、說文曰水廣也。

巠　古靈切、說文曰水脈也。亦作坙、壬省聲。或曰工聲。

𡿪　良辥切、說文曰水流𡿪𡿪也。列省聲。

永　于景切、水長流也。象兩水接流。凡事物之長因通曰永。又爲命于亮二切、潛行水中謂之永。詩云漢之廣矣、不可永思。別作泳。引之則長言曰永。詩大序曰嗟歎之不足故永歌之。別作詠咏。

𠂢　羕　沝　流

永之轉注

𠂢　匹卦切、水之流別也。別作派。

永之龤聲

羕　余亮切、水流舒緩演羕也。別作漾瀁。書云嶓冢道漾、東流爲漢。漢𡸁漾出氐道、至武都爲漢。勇曰嶓冢之東南爲興元府、

興州、西北爲鳳州成州、自嶓冢道漾、其東流者爲漢、西流南流爲沔、葢禹所不至、故禹貢不載也。

水之會意

沝　說文曰二水也。孫氏之壘切。

沝之會意

㳅　力求切、水行也。从㐬、與疏同意。亦作

浤。又厷聲。俗作浤。

淼

淼亾沼切。大水淼茫也。从三水，取其多也。楚辭曰：淼南度之焉如。亦僭用眇。別作渺。

衍

衍㠯淺切。水流衍羨也。故从行，引之則土之衍者亦曰衍。所謂墳衍也。又因之爲游衍。別作演。⑤演，孫氏弋刃切。叔重曰：衍，水朝宗亐海也。演，水脈行地中演演也。

潮

潮直遙切。汐、詳亦切。江海之水、朝生爲潮、

汐

夕生爲汐。

洑

洑房六切。伏流也。又作澓。

水之䲒聲

海

海呼改切。衆水所歸也。環九州之三方皆海，故曰三海。勃解、海一方之名。漢勃海郡在幽州。濱海俗作渤澥。又海亦謂之瀛。始於鄒衍，稱三海之外如中國者凡九，裨海環之。又如是者九，瀛海環之。其言不經，故其字不錄。

河

河胡歌切。天下之經川二，江河是也。禹貢曰：道河積石。河原自今積石軍過梁雝豫沇徐入亐海。班固曰：自張騫窮河原，烏覩所謂昆侖者哉。輿地記曰：唐吐蕃居積石之西，聘使往來非一，始見黃河在吐蕃西南數千里，東北流與積石河相連。長慶中劉元鼎爲會盟使，言河之上流由洪濟西南行二千里，水益狹，春冬可涉，夏秋乃勝舟。其南三百里，三山中高而三下，曰紫山。直大羊同國，古所謂昆侖也。蔡氏禹貢說作薛元鼎。其言河原與此大同小異，當攷。徐鍇曰：河出昆侖，東流潛

行地中。至規石山，北流爲二。一出亐闐，夏合，東注蒲類海。夏潛行南出積石山。伺謂劉元鼎既不見昆侖之實，據其言河原又在吐蕃西南二千里，亦非徃來使者所能窮也。潛行地中之說尤茫昧。禹貢但言道⑥河積石，蓋河之可見者自積石而已。其上之辨，愽者每欲求加於聖人，亦惑矣。北方土厚而地勢平。水行土中，其水常黃濁，故曰黃河。故北方之水多㠯河名，南方之水多㠯江名。南方之水平而流土中者亦謂之河云。

渭

渭云貴切、禹貢曰、道渭、自鳥鼠同穴。鳥鼠山在今熙州狄道縣、自鳥鼠過秦隴鳳翔、至永興華州之華会縣、入亏河。

涇

涇古靈切、漢志、水出安定涇陽縣幵頭山。今渭州平涼縣也。蔡氏曰原州百泉縣。東南至永興軍高陵縣入亏渭。涇水最濁、古稱涇水一石、其泥數斗。詩云涇㠯渭濁。又涇水出蕪湖。

漆

漆親吉切、說文曰、出扶風杜陵縣岐山。今鳳翔府普潤縣也、東入渭。鼂氏曰今普潤縣東北、岐山之東南、漆溪出焉。東流至耀州華原富平縣入沮、東至同州白水縣入洛、洛入渭。

汧

汧苦堅切、漢志、水出又扶風汧縣吳山。今隴州汧原縣也、入亏渭。輿地記曰汧原縣有岍山、汧水出焉。然則直當作岍尒。又厷聲。翁

雅曰泉出不流也。又水⑦決之澤爲汧。

滻

滻所簡切、水經曰、水出京兆藍田谷。今藍田縣也、北至霸陵入亏霸、霸入亏渭。

湟

湟乎光切、漢志、水出金城臨羌鹽池北。今湟州也、東至允吾入河。

洛

洛盧各切、禹貢曰、道洛自熊耳。今商州上雒縣東北、至今河南府⑧鞏縣入亏河。亦作雒。或曰上雒、山名也、因㠯名水。魚豢曰、漢都㠯火悳、王忌水、改爲雒。按、漢都長安、不改涇渭、且國号漢、从水、不聞有改。魚說非也。漢志又有洛水、出馮翊褱悳縣彊梁原、入渭。豈㠯二字爲二水之辨邪。又今漢州什邡縣章山、洛水出焉、過雒縣。

瀍

瀍澄延切、漢志、水出河南穀城縣。今河南府河南縣北山、至偃師縣入亏洛。

汾

汾符分切、漢志、水出汾陽北山。今嵐州宐芳縣㢴南、至汾陰、今河中府滎河縣、入亏

河澮出西霍山西南入汾。

涑

涑息錄切。杳秋傳晉幽秦曰伐我涑川。杜氏曰涑出河東聞喜縣。今解州聞喜縣也。西南至蒲阪縣。今河中府河東縣。入亐河。

沁

沁七鴆所禁二切。漢志水出上黨穀遠縣羊頭山世靡谷。今豐州沁原縣東南至今褱州武陟縣入河。

六書故弟六　十一

潞

潞洛故切。周官職方氏冀州之浸汾潞。康成曰潞出歸德。漢志作洛出北地歸德縣北蠻夷中。輿地記曰即濁漳也。在今潞城縣。古潞子國也。

淇

淇渠之切。說文曰水出河内共北山東入河。或曰出隆慮西山。漢志水出河内共縣。今衛州共城縣也。東至黎陽。今開德府臨河縣也。入河。水經曰出河内隆慮縣大號山。今相州縣也。至廣宗縣。今大名府臨清縣爲清河。舅氏曰漢志水經所記不同。未知孰是。竹書紀季晉定公二十八季淇絕亐舊衛。古淇殆不可考矣。按說文已存兩說。

泜

泜直尼切。說文曰水出常山入河。漢韓信斬成安君泜水上。即此水也。

洨

洨胡交切。漢志水出常山石邑井陘山。今眞定井陘縣也。南至廮陶。今趙州寧晉縣。入泜。顏師古音效。又水出⑨沛郡洨縣。入淮。師古音爻。

湨

湨古闃切。杳秋諸侯會亐湨梁。杜氏曰水出河南軹縣。今孟州濟原縣也。東南至溫入亐河。○自湨而上皆水之入亐河者也。

六書故弟六　十二

江

江古降切。禹貢岷山道江。岷山綿⑩亙千里。自今茂州東距峽州。江出茂州汶山縣徼外。歷梁益荊揚至今通州江陰軍入亐海。

漢

漢呼旰切。舅曰羕出嶓冢。東流爲漢。說見羕下。漢羕凡三原。一在興州三泉縣東。一在興元夜西縣西、一在興元褒城縣北、皆合亏興元南鄭縣之南、東至漢陽軍鄂州入江。

與難同聲。江陵項氏曰自梁山至荆山行數千里、凡山南之𡿨川皆入亏江、山北之𡿨川皆入亏漢。說文曰難省聲、㵄、古文。徐鉉曰从難省聲。當作堇。而肯後相承、厺土从大、疑兼从古文省。又天河亦謂之漢。詩云維天有漢。

沔

沔彌沇切、禹貢、梁州之貢、浮亏潛、逾亏沔。孔氏曰始出嶓冢爲漾、漢上爲沔。漢志、沔出武都沮縣東狼谷、至沙羨南入江。新安程氏曰水經敘漢自西樂城己上爲沔、度水口而下爲漢。後人己南陽之水爲沔、非也。易氏曰嶓冢道漾西流、南流者爲沔、東流者爲漢。按、漢武帝時有上書言从南陽入褒可漕、此殆南陽之沔與。又詩云沔彼流水、朝宗亏海。毛氏曰水流滿也。

淯

淯融六切、漢志水出弘農盧氏、南至順南入沔。一說出酈縣西北、南入漢。淯陽縣蓋在水北。

洱

洱忍止切、漢志水出弘農盧氏東南、至魯陽入沔。

溳

溳亏倫切、又上聲、說文曰水出南陽蔡陽東。今隨州之棗陽也、入夏水、夏入沔。

溠

溠側嫁切、職方氏曰豫州之浸波溠。傳曰楚子伐隨、除道梁溠。說文曰水在漢南。杜元凱曰在義陽厥縣西。東南、今隨州唐城縣也、東入鄖水、鄖即溳也。按、西魏嘗己下溠名其縣、鄭康成謂溠當屬荆州、蓋豫州之境、南至荆山之陰、溠乃在荆南也。

沱

沱徒河切、江之別流也。禹貢於梁州言岷嶓既埶、沱潛既道。於荆州又曰沱潛既道、浮亏江沱潛漢。又曰岷山道江、東別爲沱。水經曰江水自天彭闕東、逕汶關氏道縣北、東別爲沱。漢志蜀郡郫縣。禹貢、沱江在西、東入江。蜀郡汶江縣。沱江在西南、東入江。杜佑通典曰沱在濛陽郡唐昌縣。鼉氏口今永康軍導江縣西北二十里有沱江。漢志、水經所志之沱、其原岷江是也。自導江東南流至彭州永昌縣西六里爲都江者、杜佑所志之沱也。自都江至天彭山分而爲二、一名瀘水、自天彭山東流十有五里、夏合于都江。一名廣溢江、自天彭山東流至彭州九隴縣、夏合于都江。自永昌之都江東南流至成都府郫縣北二十五里爲郫江者、漢志所謂禹貢沱江者也。梓潼張氏曰凡梁之山、〻皆曰岷、又皆曰嶓。出於岷者皆爲江、江之別皆爲沱。出於嶓者皆爲漢、漢之別皆爲潛。凡此皆梁州之沱也。漢志又曰沱出南郡攴江縣西、東入江。鄭康成曰華容有夏水、首出於江、尾入于沔、所謂沱也。蓋呂此爲荊州之沱。建安蔡氏曰、南郡攴江縣有沱水、入于江、非出於

江也。按沱名不一、其說亦不一。詩云江有汜、江有渚、江有沱。沱與汜渚皆爲通名、非有定処也。攴川之合于江者多矣。合于江者不旻謂之沱。禹貢明言江東別爲沱、當吕凡自江而別者皆爲沱、梁荊之沱特其大者尔。又滂沱、水逆下也。別作沲。詩云月離于畢、俾滂沱矣。易曰出涕沱若。

瀘　洛乎切。類篇曰水出牂柯。又見沱下。

潼　辻紅切、漢志、水出廣漢梓潼、今梓州汉洪縣、南入墊江。墊江入于漢。又潼關在今華州華陰縣。酈道元云河水南流潼激關山、因謂之潼關。昌容切。或曰水壞道也。又他東切。瀧潼、沾溼皃也。

涪　縛牟切、漢志、水出廣漢剛氏道徼外。今龍州江油縣、南至墊江入漢。

涐　耦和切、說文曰水出汶江縣徼外、東南

入江。

溨　祖才切、漢志、水出蜀郡汶江縣徼外、南至南安東入江。

澧　盧啟切、禹貢岷山道江、東別爲沱、又東至于澧。漢志、水出武陵充縣、東至下雋入沅。舅氏曰澧出夔州徼外、業州梓薑縣東、過湖北徼外溪州、入澧州常悳府、至岳州

湘　淵　汨　沅　洭

華容縣、入亐洞廷。漢書楚辭皆作醴。說文曰水出南陽雉縣衡山。漢志曰東至郾、入汝。葢又一澧也。

湘息良切、漢志水出零陵陽海山。今全州清湘灌陽二縣也、北至酃入江。按、今湘水實入亐洞廷、洞廷入江。又詩云亐㠯湘之、維錡及釜。毛氏曰亯也。

潚相邀切、水出九疑山、至永州合亐湘。

汨莫質切、漢志水出豫章艾縣。今潭州艾縣桓山、西流入湘。沿汨西北至羅縣、曰汨羅。厺縣三十里、屈原所沈也、因号屈潭。

沅愚袁切、說文曰水出牂柯故且蘭。今夔州遵義軍。漢志東南至益陽入江。按、今實入亐洞廷。

洭厺王切、說文曰水出桂陽縣盧聚山洭浦關爲桂水。漢志水出桂陽含洭縣、東北入沅。

溈　灊　溧　淦　洈　淮

溈居爲切、又遠爻切、輿地記在潭州長沙縣、寍鄉縣。

灊昨鹽切、又市淫㠯侵二切、說文曰水出巴郡宕渠西南入江。又廬江有灊縣、沘水出焉。

溧力質切、說文曰水出丹陽溧陽縣。應劭曰溧水出南湖。今建康溧陽縣。北入亐江。

淦古暗切、漢志水出豫章新淦。今臨江軍縣、入湖漢。

洈過委切、漢志水出南郡高成縣洈山、東入繇、繇入亐江。○自是而上、皆水之達亐江者也。

淮胡乖切、禹貢曰道淮自桐柏、東會亐泗

泜	汝

沂、東入于海。漢志、南陽郡平氏。今唐州泌陽縣桐柏大復山、淮水所出。水經曰淮水出南陽平氏縣胎簪山、東北過桐柏山。今唐州桐柏縣。徐鍇曰淮原初涌出、復潛流三十里、然後長騖東北、經大復山也。舅曰淮自泌陽過信陽軍光蔡潁亳壽安豐濠盱眙泗、至楚州之鹽城縣北入海。

汝，而渚切。說文曰水出弘農盧氏還歸山、東入淮。漢志、出汝南定陵縣高陵山、東南至新蔡入淮。應劭曰出弘農、入淮。水經曰出河南梁縣勉鄉西天息山。酈道元曰出魯陽縣大孟山。梁縣、今汝州梁縣也。嘗名汝原。魯陽、今汝州魯山縣也。

泜，直几切。漢志、水出南陽魯陽縣魯山。說文伦堯山。南經昆陽城、東北至潁陽定陵入汝。左氏傳、晉陽處父侵蔡、楚子上救之、與晉師夾泜而軍。說文伦泜。光武敗王莽兵於昆陽、大雨、滍川盛溢。

濦	潧	洧	潁	濯	瀙

瀙，七吝切。漢志、水出南陽舞陰中陰山。說文伦中陽。今唐州泌陽縣、東至蔡入汝。

濯，其俱切。漢志、水出汝南吳房縣。今蔡州遂平縣也、東入瀙。

潁，与頃切。職方氏曰荊州之浸潁湛。漢志、水出潁川陽城縣陽乾山。今河南登封縣也。東至下蔡、今壽州縣、入淮。

⑪洧，榮美切。漢志、水出潁川陽城山。今登封縣。南至長平、今陳州西華縣、入潁。

潧，咨騰切、又側詵切。說文曰水出鄭國。水經、出鄭縣。今鄭州密縣西北雞絡塢、南入于洧。按、詩伦溱。說文曰溱水出桂陽臨武、入匯。漢志單伦秦。詩云室家溱溱。毛氏曰眾也。

濦，於謹切。說文曰水出潁川陽城少室。今

登封縣、東至今陳州商水縣、入潁。漢有濦強縣。亦作溵濦。

潩　吕卽切、漢志水出河南密縣大隗山、南至臨潁入潁。說文作㶏。

泗　息利切、漢志水出泲陰乘氏縣、東南至睢陵入淮。圖經、兖州泗水縣陪尾山、在縣東五十里泗水出焉。睢陵在今淮陽軍下

邳縣。或曰陪尾山有四原、合而為泗、因吕為名。按、泗本為涕泗之泗、用吕名水、吕其為名川、沂洙沭漷汴所歸、故剬亏此。詩云涕泗滂沱。毛氏曰自目曰涕、自鼻曰泗。

沂　魚斤魚衣二切、職方氏曰青州之浸沂沭。漢志水出泰山蓋縣臨樂山、南至下邳入亏泗。說文曰出東海費縣東、西入泗。酈道元曰臨樂山有二原、南原俗謂柞泉北原曰魚竆、俱東南流、合成一川、曷曰臨樂山陽在沂州沂水縣、陰在沂州新泰縣。沂水自沂水縣西南、過臨沂縣之東、承縣之西、淮陽軍下邳縣、入泗。曾氏曰徐州之水吕沂名者非一。酈道元謂一出尼丘西北徑魯之雩門、一出太山武陽之冠石山。水吕沂名者三、惟出太山者為大焉。

洙　市朱切、漢志水出太山蓋縣臨樂山、今沂水縣西北、入泗。漢志曰入池水。杜預曰入沇、下合亏泗。

沭　食聿切、漢志術水出琅邪東莞、今沂州沂水縣、南至下邳入亏泗。顔師古曰術卽沭也。

漷　苦郭切、又虎獲切。春秋魯取邾田自漷水。杜氏曰水出東海合鄉縣、西南經魯國、至高

亏湖陸縣入泗。

汴

𣶒皮變切。又作汳。漢志、下水馮池皆在滎陽縣。卥南有狼湯渠、皆受沛⑫、東南至陳入潁。又陳畱魯渠、皆受狼湯渠、東至陽夏入渦渠。浚儀睢水、皆受狼湯水、東至取慮入泗。淮陽扶溝渦水、皆受狼湯渠、東東至向入淮。又溝溢⑬志曰、滎陽下引河、東南爲鴻溝、㠯通宋鄭陳蔡曹衛、與泲汝淮泗會。說文曰汳水受陳畱浚儀侌溝、至蒙爲雝水、東入泗。徐鉉曰汳今作汴。輿地記曰汴河在開封、古莨蕩渠也、皆受黃河水。隋煬帝浚之㠯通江淮、兼引汴水、亦曰通泲渠。汴水自唐末潰決、周世宗二季命武

行恵因故堤疏道、東至泗上。四季又疏汴水入五丈河、五季又浚汴口道河流達亏淮、六季又道汴水入亏蔡水、㠯通陳潁之漕、浚五丈渠、東過梁山泊、㠯通青鄆之漕。宋元豐中又道洛通汴、謂之清汴。

過

𣶃古禾切、說文曰水受淮陽扶溝狼湯渠、東入淮。

潓

𣸣胡桂切、說文曰水出廬江、入淮。

沘

𣲋頻脂切、又補美切。漢志曰廬江灊縣沘山、沘水出焉。北至耆沓、入弓⑮陂。又漢劉伯升與甄阜梁丘賜戰沘水卥、注在今唐州泌陽縣南。廬江灊縣亦有沘水。類篇曰、水出廬江入衿山。〇自是而上、皆水之達亏淮者也。

漳

𣸮諸良切、禹貢曰覃懷厎績、至亏衡漳。職方氏、冀州之川漳。說文曰清漳出沾山大要谷。漢志作大黽。今亏定軍樂亏縣少山也。濁漳出上黨長子縣鹿谷山。水經鹿谷卽發鳩山。今潞

州長子縣。東至鄴、今相州臨漳縣鄴鎭也、入清漳。九域志、冀州衡水縣長蘆河、衡漳之故瀆也。二漳本入亏河、河南東徙、漳遂專達亏海。水經曰二漳合流同入亏海。唐人亦言漳水專達亏海、請㠯爲瀆。蓋禹貢河自降水大陸東北至亏碣石而入亏海。自周定王五季、河北徙、緣漸與而東、漢初漳猶入河、河流日東漳始入亏海。又南方亦有漳。傳曰江漢雎漳、楚之望也。漢志、水出南郡臨沮縣荊山。今襄州南

漳縣。東至江陵、入陽水。陽水入沔。

洹

洹戶干切、又羽元切。傳曰：洹洹之水。說文曰：水在𠫤魯之間。杜氏曰：水出汲郡林慮縣。今相州林慮縣。東北至信成入張⑯甲河。漢志曰、張甲河首受屯氏別河、東北至脩入漳。

淶

淶洛哀切、職方氏、幷州之浸淶易。漢志、水出代郡廣昌、南至容城。今雄州縣、入河。河

流既東、今入于海。

洺

洺武幷切、水出磁州。今洺州永年、古巨鹿也。縣東南二十里洺漳合流。

滱

滱可侯切、漢志、水出代郡說文作北地。靈丘。今蔚州縣。東至文安、今霸州縣、入河。徐鍇曰：職方氏所謂漚夷也。今入于海。

淄

淄莊持切、職方氏、幽州之浸菑。昔漢志亦作甾。水出太山萊蕪縣原山。東至博昌、今青州壽光縣、入沛。舅曰：按、淄今出淄州淄川縣東南七十里原山、東北至青州、入于海。

濰

濰弖追切、漢志單作維、水出郎邪箕縣東北維山。今密州莒縣也。北至都昌、今濰州昌邑縣西、入海。

浯

浯阮孤切、漢志、水出郎邪靈門壺山東北、入淮。今道州亦有浯溪。

沇

沇弖轉切、又作兖、或作沿。禹貢曰：道沇水。東流為泲、入于河、溢于滎、東出于陶丘北、又東至于菏、又東北會于汶、又東北入于海。漢志水出河東郡垣縣王屋山東南。今絳州垣曲縣也。蔡氏曰：地志云：沇發原王屋山頂厓下。曰沇水、既見而伏、東出於今

孟州湹原縣。二原東原、周廻七百步、其深不測。㐭原周廻六百八十五步、其深一丈。合流至溫縣、是爲湹水。歷虢公臺㐭南入亐河。溢滿而出。河之南爲滎、滎卽滎波之滎。又東出亐陶丘北、在今廣湹軍㐭定陶縣。又東至亐菏、菏卽菏澤。謂之至者、湹陰縣自有菏辰、湹流至其地尒。又東北至亐東平辰舊張縣安民亭合汶水。至今青州博興縣入海。唐李賢謂湹自鄭已東、毌滑瞽鄆湹𢀖青已入亐湍海。宋樂史謂今東平湹南淄川北海界中、有水流入海、謂之清河。酈道元謂、湹水當王莽之世、川瀆枯竭、其後水流逕通津渠、勢改尋梁、𠂢水、不與昔同。然則滎澤湹河雖枯而湹水未嘗絕流也。程氏曰滎水之爲湹、本無他義。湹之入河、適會河滿溢出南岸。溢出者非湹水。因湹而溢、故禹還已元名命之。按、程氏言溢之一字固爲有理、然出於河南者旣非湹水、則禹不應已河攴流而冒稱爲湹。葢溢者指滎而言、非指河也。且河濁而滎清、則滎之水非河之溢明矣。况經所書單去道沇條僩、若斷若續、而實有原流、或見或伏而𠂢絡可考。先儒皆已湹水性下勁疾、故能入河、穴地流注顯伏。南豐曾氏云、泰山之北與亝之東南諸谷之水、㐭北滙亐羀水之灣、又㐭北滙亐柏厓之灣、而至亐渴馬之厓。水之來也衆、其北折而㐭也、悍疾尤甚。及至亐厓下則泊然而止。自厓已北

至亐歷城之㐭、葢五十里、而有泉湧出、高或至數尺。其旁之人名之曰趵突之泉。亝人皆謂嘗有弃糠於羀水之灣者、而見之於此、葢泉自渴馬之厓潛流地中而至此夏出也。其注而北則謂之濼水、達亐清河已入亐海。舟之通於湹者皆於是乎達也。亝多曰泉、其顯名者十數、而色味皆同。已余驗之、葢自濼水之旁出者也。然則水之伏流地中固多有之、奚獨於滎澤疑哉。吳興沈氏亦言、古說湹水伏流地中、今歷下凡發地皆是流水、世謂湹水經過其下。東阿亦湹所經。取其井水煑膠、謂之阿膠。用攪濁水則清、人服之下鬲疏痰、葢其水性趨下、清而重故也。湹水伏流絕河、乃物性之常、事理之著者。程氏非之、顧弗深攷耳。程氏曰今世所稱南北清河皆古湹流也。辰陶丘已東與菏會而遂分辰會泗已注淮者、湹之至菏而分者也。東北兼汶與之同入亐海者、湹之正辰也。易氏曰湹行乎原、其地善剛、故輿迹不常。而湹與河適、又易相襍。今濁河已行南湹、而北湹今自青州博興縣一百七十里至濱州勃海縣入海、增多漢一百七十里矣、則禹迹宜不可考。

滎

滎戶扃切、職方氏豫州之川滎雒。說文曰絕小水也。晉地道志曰湹自大伾入與河水鬭、南泆爲滎澤。水經曰湹東徑敖山北、又東合

菏

滎澤。酈道元曰：泲水東逕滎澤北，故滎水所都也。京相璠曰：滎澤在滎陽縣東南，與泲隧合出河之泲，即陰溝之上原也。鄭康成曰：今塞爲平地，滎陽民猶謂其処爲滎澤，在其縣東。鄭州圖經：滎澤縣，敖山在縣北，滎澤在縣北三里。酈道元水經注曰：泲水於此又兼邲目。春秋宣公十三年，晉楚戰于邲，即是水也。音卞。京相璠曰：在敖北。泲自敖山北溢爲滎瀦，而後洑遂爲沛水，[17]即禹貢導泲所謂東出于陶丘北，而漢書地理志所謂狼湯渠首受沛，東南至陳入潁，過郡四，行七百八十里者是也。後世滎澤不瀦，又汴在戰國謂之鴻溝，司馬與史記謂之滎陽漕渠，漢書謂之狼湯渠，漢建

武中，張汜修之，謂之泲渠，永平中王吳治之，謂之浚儀渠，酈道元謂之陰溝，故名實遂不可考。[18]按，滎澤之迹，於今已不可考，滎之爲小水，他亦無所見，別作濚濴瀅濼濴。

菏 古俄切。說文曰：菏澤水出山陽湖陵。地里志作荷，在泲陰郡定陶縣東。今興仁府泲陰縣南三里，其地有菏山，故名其澤爲菏澤也。蓄泲水所經。水經謂南泲泉過冤朐縣南，又東過定陶縣，菏水出焉，是謂菏澤。唐元和郡縣志：曹州泲陰東九十里，故定陶東北有禹貢菏澤。曹州圖志：泲陰南三里有菏水，俗謂五丈河，今名廣泲河，即禹貢菏澤。

汶

汶 亡運切，又于聲。說文曰：水出琅邪朱虛東泰山，東入濰。[19]桑欽說汶出萊蕪，西南入沛。在今東平府中都縣。顏師古曰：漢志兼錄桑氏之說，或者有二汶乎。按，輿地記：沂州萊蕪縣原山，淄汶二水出焉，淄水東北流至千乘入海，汶水西南流至中都入大野陂。大野在今濟州巨野縣，巨野，泲之所瀦也。按，禹貢泲水東北會于汶，汶蓋入于泲也。屈原曰：安能以身之察察，受物之汶汶。汶汶，混濁無分曉之狀。

濼

濼 盧谷切，又郎狄切。春秋魯會齊侯于濼。杜氏曰：水

在泲南歷城縣西北，今齊州縣也，入泲。說又見沇泲下。

澠

澠 食陵切。傳曰：有酒如澠。杜氏曰：水出齊國臨淄縣，北入時水。[20]又彌沇切，秦趙會澠池。漢志弘農黽池縣，單作黽。今河南府澠池縣。

灅

灅 力追切。說文曰：水出鴈門陰館累頭山，東入海。漢志作治。說文亦曰：或云治水也。按，說文又曰：治水出東

濕 灅 浿 泒 浙

萊曲城縣丘山、南入海。

濕他合切、說文曰水出東郡東武陽。今開悳府翰城縣也。東北至千乘、今青州縣、入海。漢志作漯。按禹貢浮亐濟漯、達亐河。孟子曰瀹濟漯而注諸海是也。累於他合之音不諧、葢㬎之譌為累也。

灅力軌切、漢志水出又北亐俊靡、南至無凡、東入庚。說文作出浚靡、東南入庚。

浿普拜切、說文曰水出樂浪鏤方、東入海。漢志曰出浿水縣、西至增地入海。

泒古胡切、說文曰水起雁門葰人戍夫山、東北入海。

浙之淛切、水出今徽州黟縣、過嚴越杭入亐海。又通作制。亦作淛。

湡 㴲 湞 滇 濮

湡五俱切、又音耦。說文曰水出襄國西山、東北入浸。浸出魏郡武安、東北入呼沱水。呼沱入亐海。

㴲辛茲切、說文曰水出襄國、東入湡。○凡江河淮沇漳濰淄濕涑㶟灅浿泒浙皆專達亐海者也。

湞陟盈切、說文曰水出南海龍川、西入溱。

今英州有湞陽縣、避廟諱改為眞陽。溱水入鬱。說文曰入匯。鬱水出鬱林廣鬱縣、入海。

滇亭季切、又的煙切。漢志水在益州滇池縣、西北大澤曰滇池。原廣末㉑更陿、似倒流、故謂之滇。又汝南滇陽縣。應劭曰滇水出縣東、北入淮。之人切。今為蔡州眞陽縣。闞駰曰永平㉒五年失印更刻、誤㠯水為心。今猶有眞丘。

濮博木切、書曰微盧彭濮。孔氏曰濮在江

澶　滏　滁　渼　湳　滬　澗

漢之南。昔秋有百濮。又說文曰水出東郡濮陽。今爲濮州臨濮縣、南入巨野。水經曰瓠子河出濮陽縣北、河東北過高平縣、爲濮水。輿地記、今興仁府南華縣有濮水、唐吕莊周所釣、改名南華。

澶 市連切、說文曰澶囦也、在宋。杜氏曰在頓丘縣南。今名繁汙、音紆衛地也。又水靜皃。

滏 扶甫切、類篇曰水在鄴。

滁 直魚切、今淮西有滁州。

渼 母鄙切、長安有渼陂。

湳 奴感切、說文曰西河美稷保東北水也。

滬 戾古切、滬瀆在會稽。[23]山海經所稱玄滬水妟也。

澗 古莧切、小谿也。又爲水名、禹貢曰伊洛瀍澗、旣入于河。漢志、澗出弘農新安縣東

溪　潬　潭　湖　涇　汊

南。水經曰出白石山。

溪 苦兮切、川之小者也。泉出谷爲澗、澗注溪、溪注江河。亦作谿。

潬 他干切、爾雅曰沙出也。江東呼水中沙堆爲潬。今河陽縣南有潬城、按、越人吕川流淺急處爲潬。潬灘實一字。說文曰灘、水濡而乾也。引詩灘其乾矣。孫氏呼旰切。太歲在[24]申曰涒灘。又蕩旱切。

潭 徒含切、川流深匯爲潭也。說文曰水出武陵鐔成王山、漢志曰東至阿林。東入鬱林。又夷鍼切、又辻紺切。

湖 戶吳切、水所鍾、大浸也。大者、洞庭震澤彭蠡。

涇 古頂切、水之經流、舟所道也。又作灉。

汊 楚嫁切、叉涇也。

浦　滂古切。詩云率彼淮浦。南人謂小川入于江、瀚汐之所通者爲浦。風土記曰大水有小口別通曰浦。說文曰瀕也。非。

漵　徐呂切。說文曰水浦也。楚辭曰入浦漵予邅回。㉕別作潊、汿。

溝　古侯切。通水之道也。周官十夫有溝、溝廣深各三尺。

渠　彊魚切。溝之大者也。說文曰渠省聲。俗爲謂人之辭、與其聲義相通。又詩云於我乎夏屋渠渠。鄭氏曰猶勤勤也。又與詎、距通。俗用猶豈也。

洫　況逼切。周官十里爲成、成間有洫、廣深皆八尺。又作淢。史記曰卑宮室致費於溝淢。

瀆　徒谷切。邑屋中水竇也。說文曰溝也。一曰邑中溝。邑屋之溝、汚流之所出也。故引之爲汚瀆。煩瀆、褻瀆之義焉。與竇通。別作續、嬻、黷、嬻、遺。江河淮濟爲三瀆、蓋取其流通之義。

池　直之切。鍾地鍾水也。俗多與沱亂。說文無池字。徐騎省謂當作沱。非也。俗爲差池之池。差池、進退先後也。

沼　之少切。池也。

濠　胡高切。城池也。又濠水、在鍾離。別作壕。

湫　子由切。小水有竅深也。又子了切。卑溼也。傳曰晏子之宅湫隘。又曰呂閈湫底。

泓　烏弘切。水深澄也。濁爲洼、淸爲泓。別作宖。

洼　烏瓜切。深池也。一曰洼池也。一曰曲池也。又烏前烏畦二切。又作漥、窊。說文曰淸水也。一曰窊也。按、窐窊洼實一字。窊、窊下也、故爲洼池之窊。通作洿、污。

潛　慈鹽切。水潛行地下也。引之則浸水而

潀　潯　涔　潢　潦　澇

行者曰潛。魚潛在囦，同此義也。引之爲沈潛。又水名。禹貢曰：浮于江沱潛漢。爾雅曰：自江出爲沱，自漢出爲潛。新安程氏曰：凡江漢下流皆沱潛，不限一水。詳見沱下。

潀　祖紅切。詩云：鳧鷖在潀。毛氏曰：水會也。說文曰：小水入大水曰潀。或曰：水之會也。別作灇、潨、漎。

潯　徐林切。說文曰：旁深曰潯。

涔　徐心切。小水也。蹄涔，蹄跡中潦也。一曰池也。

又涔陽渚在郢中。一曰漬也。

潢　乎光切。傳曰：潢污行潦之水。說文曰：積水池也。又去聲。染紙也。

潦　盧晧切。雨水所流也。又與澇通用。

澇　郎到切。雨水過多也。又平聲。說文曰：水出扶風鄠，今京兆鄠縣，北入渭。相如賦作潦。顏師古曰：音牢。

波　浪　涫　瀾　湍　瀑

波　博禾切。水風蕩之則波。

浪　來碭切。水激石遇風則浪。浪，跳波也。又平聲。浪浪，淋浪，水迸下皃也。又滄浪之水。禹貢曰：嶓冢道義，東流爲漢，又東爲滄浪之水，南入于江。漢志：丹水自商州上雒東南亖百七十里入漢，爲滄浪水。

涫　迭刀切。洪波沓撞者爲涫。別作濤。

瀾　洛干切。游波旁薄者爲瀾。孟子曰：觀水有術，必觀其瀾。日月有明，容光必照焉。言觀其游波而可知其洪流也。波之旁游爲瀾，浪之怒撞爲涫。俗言瀾翻是也。說文曰：大波爲瀾，小波爲淪。又爲汍瀾。

湍　他官切。急流也。

瀑　乎沃切。縣流也。又乎到切。說文曰：疾雨也。

瀦 渦 烑 津 汜 濱 瀕 涘 滸

瀦陟魚切、水亭畜也。周官、呂豬畜水。古單作豬。禹貢曰滎波既豬。又曰導菏澤、被孟豬。孔氏曰孟豬、澤名。

渦烏禾切、水回旋也。又作涹。又古禾切。

烑丁紺切。類篇烑烑、水聲。

津將鄰切、水可度処也。又用爲津液之津、與盡通。別作𣴎雛。

汜詳里切、詩云江有汜。爾雅曰水決復入爲汜。一曰窮瀆也。說文汜說與爾雅同、引詩江有汜。又洍水也、引詩江有洍。分詩之一字而爲兩、誤矣。

濱卑民切、水邊也。別作濵。

瀕蒲賓切、水厓也。通作頻㉖。詩云池之竭矣、不云自頻。濱頻聲義相邇、或曰實一字也。

涘牀史切、說文曰水厓也。

滸呼古切、水際也。又作汻。

漘 湄 濆 汭

漘常倫切、水縁也。詩云在河之漘。別作浱滑。

湄武悲切、說文曰水艸之交爲湄。通作麋。傳曰孟諸之麋。別作濂瀿溦。

濆符云切、詩云鋪敦淮濆。毛氏曰厓也。鄭氏曰大防也。春秋、叔弓敗莒師于蚡泉。公羊作濆。濆泉者、直泉也。直泉者、涌泉也。穀梁作賁。通作墳。詩云遵彼汝墳。毛氏曰大防也。

汭而銳切、書曰釐降二女于嬀汭。又曰涇屬渭汭。孔氏曰水北曰汭。又曰東過洛汭。孔氏曰洛入河処。又五子之歌、太康畋于有洛之表、厥弟御其母徯于洛汭。孔氏曰洛㉗表水南也。職方氏、雝州之川涇汭。鄭氏曰汭在豳地。詩云汭㉘沉之即。傳曰會于漢汭。杜氏曰汭也。又曰敗戎于渭汭。杜氏曰水之隈曲曰汭。說文曰水相入曰汭、从內、內亦聲。按、汭一字而說不勝其異。說文水相入之說、於涇屬渭汭爲不通。鄭氏於職方氏㠯汭爲水名、詩㉙引汭沉

澨　沚　渚　汀

之郎。按、今詩乃作芮鞫。毛氏曰芮、水厓也。鄭氏曰芮之言内也。陸氏曰芮本作汭水之外曰鞫。其說又自相矛盾。漢志芮水出又扶風汧縣西北、東入涇。詩芮阮、雝州川也。今隴州汧原縣弦蒲藪有芮水焉。涇水自汧而東、屬於渭之北、故曰涇。屬渭汭猶言洛汭、漢汭也。職方氏雝州之汭則自爲水名、詩所謂芮鞫、漢志所謂芮水者此也。通亦作汭、介。芮水入涇、涇乃屬於渭、說者㠯爲二水、誤矣。杜氏水内與隈曲之說最近之。自冀州言之、則洛南爲表、洛北爲内。孔氏所㠯謂汭爲水北、此其通義也。

澨　時制切、禹貢曰過三澨至亏大別。說文曰埤增水邊土、人所止者。

六書故弟六　四十一

沚　諸市切、詩云亏沼亏沚。又曰宛在水中沚。爾雅曰小渚曰沚。別作洔菭澌、非。

渚　章与切、詩云江有渚、江有沱、江有汜。又曰魚潛在囦、或在亏渚。㠯涫與汜倗之、且曰魚在亏渚、渚非州也。爾雅曰小州曰渚。又作陼、非。

汀　他丁切。說文曰平也。別作町渟。

漠　汯　湆　涿　淄　涓　注　淺

漠　末各切、說文曰北方流沙也。北方流沙廣莫之地謂之漠。又漠漠、煙雨霏微之皃、遠望眇慈之皃。

汯　胡畎切、水澤濡始流也。

湆　都歷切、水初下點湆也。又丁計切、餘瀝乑欲湆也。

涿　竹角湆角二切、戱湆也。又直角切、上谷有涿郡。奇字作𣲰。應劭曰涿水出上谷涿鹿縣。

六書故弟六　四十二

淄　側洛切、水淄不絕也。

涓　古玄切、小流也。

注　之戍切、流所專寫也。說文曰灌也。灌廣而注專。按、引之爲注、致爲注、意之注。蟲蠥傳注謂之說注。疰、俗作疰。經者注於下方、因謂之注。別作註。

淺　七衍切、義不待訓。又叔肯切、水流淺淺也。亦作濺。

深 深式箴切、義不待訓。深蒲、蒲本在水中者也。別作㴱。又去聲、度深爲深。

添 添他兼切、水增也。

滿 滿莫旱切、水盈也。

淫 淫余箴切、水過其防也。引之則凡淫溢過度皆曰淫。別作婬。又吕瞻切、巴東有淫預堆。

亦作灩。

溢 溢夷質切、水滿溢出也。亦作泆。書云、淫泆亏非彝。說文曰、水所蕩泆也。

濫 濫盧瞰切、水汎漲旁漫也。引之則凡濫及者皆曰濫。僭濫、淫濫是也。別作嚂。說文曰、嚂、過差也。內則歙有滌水醷濫。康成曰、吕桃梅諸和水也。吕周禮六歙校之、則濫涼也。紀莒閒名諸爲濫。㉚又負敢切、水淹濡也。說文、水濡上及下也。亦作灠。又平聲、漬果菜也。別作灆、藍。說文、藍、瓜菹也。

漲 漲知亮切、水張也。本作張、說具張下。別作漲。

瀰 瀰民卑切、瀰滿也。古單作彌。又彌尒切。詩云、有瀰濟盈。又曰、河水瀰瀰。別作㳽。

漫 漫莫官莫毋二切、水瀰漫無有州渚也。又引其義與縵通用。泉貝之會無文、因謂之漫。

汪 汪烏光切、水深廣也。晉語曰、汪是土也。又池也。傳曰、尸諸周氏之汪。又去聲、水停敗也。別作瀇。

洋 洋余章切、水盈長也。漢志、洋水出齊郡臨朐石膏山、東北至廣饒、入巨定。

浩 浩胡老切、水盛大也。又作灝。

洪 洪戶工切、水張盛也。古僭用降字。書曰、降

溔　茫　滉　蕩　溥　泱

水儆予。別作洚。孟子曰書云洚水警予，洚水者洪水也。按洚洪實一字，孟子旨已誤讀爲二字矣。又作洚，非。禹貢河自大伾北過降水。漢志亦作降。或書作洚，說者謂水在信都。今冀州信都縣有枯降渠。

溔　弋少切。子虛賦、浩溔潢羕。鄗氏曰水無際皃也。

茫　謨郎切。淼茫無際也。引之爲惝罔茫昧、寞茫混茫之義。與亾同意。亦作𣵽。亦通作芒。孟子曰芒芒然歸。

滉　戶廣切。水盛滿滉羕也。或作瀇。

蕩　徒浪切。水盛滿蕩羕也。引之爲蕩搖蕩、磨淫蕩放蕩。又爲蕩蕩廣大之象。別作愓。說文愓放也。又作潒。說文水潒瀁也。讀若蕩。又水名。說文曰水出河內蕩陰、東入黃澤。

溥　滂古切。水偏滿也。中庸曰溥愽囦泉。

泱　於良切。水長緩皃。

潢　滔　瀲　湊　混　沌　渙　泮

潢　古黃切。水盛王皃。說文曰水涌光也。

滔　吐刀切。滔滔長流去不反皃。書云浩浩滔天。詩云汶水滔滔。又曰滔滔江漢。

瀲　力驗切。瀲灩、水盛滿光灩也。

湊　倉奏切。衆流交會也。

混　胡本切。說文曰豐流也。又去聲。混合也。引之爲混交混襍。漢書及楚辭亦作棍。

沌　徒渾徒本二切。水合流混沌也。一說渾濁也。又柱沇切。江夏江中夾也。過九月則涸不可行舟。晉鄖舒番屯沌口、在江陵之建寧鎮。蓋沌自江陵分、至鄂渚夏合于江。

渙　呼毌切。水廣流散也。易曰風行水上渙。又曰渙汗其大号。說文曰流散也。又去聲。

泮　普半切。水流判散也。詩云迨冰未泮。言冰解也。亦作泮。从仌。魯有泮水、作宮其上、謂之泮宮。詩云思樂泮水、言采其芹。毛氏曰、泮宮之水也。禮器曰魯人將有事於上帝必先有事亏頖宮。說者謂頖卽泮。王制曰、天子曰辟雝、諸侯曰頖宮。鄭氏曰、辟水旋丘如璧曰辟雝、以節觀者、使三方觀者均也。泮之言半也。東西門以南通水、以北無水也。又曰頖之言班也、所以班政教也。又曰頖宮、郊學也、有事焉、告后稷也。舅氏曰頖宮之爲學、𤼵以泮水之詩有曰匪怒伊教者兮。詩之所言若獻馘獻囚獻功獻琛不一、其事何獨謂學兮。且后稷之廟在郊學、不識何義。

鄭氏傅會王制、曲爲之說、不足據也。泮宮蓋魯之離宮、猶晉之銅鞮、楚之章華也。按、魯作宮於泮水之上、故号泮宮。諸侯之國安見俱有之。禮器獨言魯有事於頖宮、明佗國無有也。有事於上帝必先有事於頖宮、有事於河必先有事於吁沱、有事於泰山必先有事於配林、蓋先輕後重、所以習官有司於儀物也。苟祀頖宮爲告后稷、則祀吁沱、祀配林者爲何所告兮。毛氏猶未嘗有半水之說、鄭氏旣以泮爲半、又以頖爲班、曲而不通甚矣。辟雝之說尤爲傅會。舅氏辨之、詳而明。

瀚

瀚戶旰切、浩瀚也。古單作汗。類篇曰北海名。按、漢書登臨翰海、單作翰。亦通作澣。

淪

淪力遵切、旋波也。小曰淪、大曰回。詩云河水清且淪猗。毛氏曰、小風水成文轉如輪也。說文曰、小波爲淪。物遇旋波則淪入焉、故引之爲淪溺、沈淪。又魯本切、混淪、流轉皃。

連

漣力延切、水流連長也。易曰泣血漣如。詩曰泣涕漣漣。又曰河水清且漣猗。毛氏曰、風行水成文曰漣。又作㦁。說文曰泣涕也。

汩㉛

汩古忽切、水淪回而踊出者曰汩、入者曰浸、亦曰亝。莊子曰與亝俱入、與汩俱出。引之則波流踊㉜突不已爲汩、汩爲汩亂。書云鯀堙洪水、汩陳其五行。亦通作滑。或作淈。

泌

泌兵媚切、說文曰俠流也。詩云泌之洋洋、可以樂飢。毛氏曰泉水也。又蒦必切、亦音必。相如賦、偪側汎㶁。

渢

渢房戎切、汎㶁廣大之象也。傳曰美哉渢渢乎。

溶

溶余封切、水舒緩皃。說文曰水盛也。一曰安流也。又上聲。淮南子曰動溶無形之域。

沄

沄王分切、水流如云行也。又作澐。

汨

汨莫骨切、又虍配莫佩二切。水青㲻攸闇也。又作溜。說

文曰水青㲻色。賈誼賦曰汨穆亾閒。又曰汨图潛㠯自珍。汨滑汨汩淈淈多紛亂。

涎

涎堂練切、水㳄澤搖羕之象也。漢書曰燕尾涎涎。

淠

淠匹制匹蔔二切、波流演羕之皃。詩云萑葦淠淠。又曰淠彼涇舟。又曰其㳽淠淠。又作濞、滂濞、水盛猋皃。說文曰水暴至聲。接、淠濞實

一字。

涌

涌余隴切、泉水踊出也。古通作踊。漢志曰泉水踊出。

滕

滕徒登切、水騰踊也。詩云百川沸騰。引之則凡滕沸者皆曰滕。易曰咸其輔頰舌、滕口說也。別作謄。又借為國邑之名。

瀵

瀵步問普問二切、水瀵踊上出也。爾雅曰瀵大出

尾下。疏曰尾猶底也。言其原深大出於底下。河東汾陰縣有水口如車輪、濆沸踊出、其深無限、名之為瀵。馮翊郃陽又有一瀵、相去數里夾河。河潛又一瀵、皆潛通。又作溢。漢志曰河水溢溢。溢又亐聲、水名、在尋陽。

滮

滮筏彪皮休二切、泉水皃也。詩云滮池北流。

滃

滃烏孔切、泉出蓊然也。古單作翁、又與蓊

通用。

澒

澒胡孔胡貢二切、又虍孔切、水攻徹也。說文曰丹沙匕爲水銀也。亦作汞。按、今已汞爲水銀、澒爲澒洞。

洞

洞徒弄切、洞徹也。引之爲空洞、爲洞穴。與迵通。倉公曰迵風者、飲食下嗌輒出不畱、眠徹衾裹者謂之洞眠。別作眮。俗爲洞洞屬屬之洞。

洶

洶許拱切、水聲勢盛來匈匈也。古單作匈兇。

沸

沸方未切、水滕沸也。鼎鑊之沸亦作鬻。

涫

涫古丸切、酒泉有樂涫縣。又古滿切、又古本切、沸而旋衮也。湯之沸甚亦曰涫。別作滚。

潏

潏古穴切、水蕩潏也。漢志、水名、出鄠縣北、過上林苑入渭。許叔重云潏水在京兆杜陵。卽今沈水、从皇子陂流經昆明池入渭。

湃

湃怖拜切、滂湃澎湃、水相蕩聲也。

濊

濊呼括呼外二切、水流聲濊濊也。詩云施罛濊濊。言罛漑流有聲也。別作濊。又烏外烏廢二切、汪濊深廣皃也。

瀺

瀺士咸切、瀺灂、水滕沸皃。

灂

灂士角切、瀺灂也。又子召切。類篇、从仌、冰削文也。考工記曰良輈環灂。鄭司農曰讀如釂酒之釂、謂漆坼㘿如環也。

汕

汕所諫切、汕汕、水瀺灂皃。詩云烝然汕汕。毛鄭已爲樔罟、非也。罾罦汕汕疊語、形容之辭、非物也。說文、負游水皃。亦緣詩去義。

活

活戶括切、水流轉活動也。引之爲生活。詩云河水洋洋、北流活活。毛氏曰流也。陸氏古闊切。非。聒聒、水聲、不可言河流。又作涽。

激　淢　漼　濔　滂　沛

激古歷切，水爲風與石所蔑也。又吉弔切，激訐也。別作𧫘。

淢越逼切，說文曰疾流也。又作㦽。說文曰水流疾㦽㦽也。詩云築城伊淢。毛氏曰成溝也。

漼七罪切，詩云有漼者淵、萑葦淠淠。毛氏曰深皃。按，萑葦所生，不㝵爲深。

濔奴禮切，詩云垂轡濔濔。說文曰滿也。毛氏曰衆也。按，詩言三驪濔濔，不過一傘之轡，安㝵爲衆。濔，流之舒長也。轡之柔如之，故以狀焉。鞗革忡忡亦此意也。

滂普郎切，雨水迸下也。滂沛，水迸下盛疾也。滂沱，雨潦迸下也。

沛普蓋切，水盛疾也。又作霈。又爲沛澤。孟子曰園囿污池沛澤多而禽獸至。類篇曰艸生水爲沛。又借爲顛沛之沛，跋頓也。北昧切。又作迷。說文曰跋頓也。又作蹎。說文曰步行獵跋也。

潺　湲　淲　淙　泬

潺昨閑切，潺潺，水流寫聲也。

湲胡關、王權二切，潺湲，水聲也。

淲霍虢、霍亦二切，淲淲，水聲也。

淙鉏弓、楚宗、士江三切，飛流也。說文曰水聲也。又作漴。類篇曰雨急謂之漴。又士巷切，水衝沃也。

泬呼穴、呼域二切。說文曰水从孔中出。又爲泬寥。楚

辭曰泬寥兮天高而气清。

漝　湁

漝子集切，漝漝，小雨不輟也。醫書言漝漝汗出亦此義也。

湁丑入切，汗儵出也。又作漯霰。又聲相近者有湁、潗、湒、霵、霫、雭、㴸、雴，子入、阻立、七入、丑入、侶入、仕戢、是汁、色立、失入、直立凡數音。相如賦湁潗鼎沸。郭璞曰水微轉細涌皃。說文曰湒，雨下也。一曰沸涌皃。戢，和也。湁，湒沸也。葢即以湒爲潗。孫愐曰漝，汗出皃。霵，水溼湒湒雨皃。霵，雨下，又暴雨。霅霫，大雨也。潗，泉出㴸水皃。雭，小雨聲。按，諸書一義而有數字，一字而有數音，紛

湑　潸　汍　漙　瀼　渰

然粽穙賓皆無用。凡形容之辭多用雙聲疊字，卒不過假借。湄之爲小沸，但當借用戢字，直立切。之爲雨者，但當借用蛩字。其餘皆可廢。

湑寫与切，水灑𣽷欲流未流皃。詩云零露湑兮。毛氏曰湑湑然，蘭上露皃。酒之灑厚者因謂之湑。詩云有酒湑我。毛氏曰己匡曰釃，己藪曰湑。又曰茜之也。鄭氏曰泲茜之。又曰爾酒既湑。鄭氏曰酒之泲者也。毛鄭之說皆非。俗作醑。

潸師姦切，小流迸出皃。又去聲。詩云潸焉出

涕。

汍胡官切。說文新附曰汍瀾皃。

漙徒官切，又豎兗切，雨澤稠厚不流皃。詩云零露漙兮。毛氏曰漙漙然盛多也。

瀼如陽切，雨露蕃皃。詩云零露瀼瀼。毛氏曰露蕃皃。又曰盛皃。

渰衣檢切，雨气合皃。詩云有渰萋萋。

濛　瀌　湝　汯　澍　瀧　湅　濺　氿

濛謨逢切，細雨冥冥皃。詩云零雨其濛。又鴻濛，大水皃，猶言鴻汯也。

瀌悲驕、筱驕二切，雨水迸下皃。詩云雨雪瀌瀌。

湝居諧切。詩云淮水湝湝。毛氏曰猶湯湯也。

汯力至切。相如賦曰踰波趨浥，汯汯下瀨。郭璞曰聲也。顏師古曰疾流也。借爲臨汯之汯。見隸下。

澍銖遇切，旹雨也。又末戍切。說文曰旹雨澍生萬物。

瀧盧東切。說文曰雨瀧瀧皃。又瀧湅沾溼也。又蔑江切，奔湍也。又踈江切，領南水名。

湅都籠切。楚辭曰使湅雨兮灑塵。爾雅曰暴雨謂之湅。鄭氏曰江東呂夏雨暴至爲湅。說文曰水出發鳩山，入于河。

濺則旰切，水激跳中人也。亦作濽。

氿居洧切。詩云有洌氿泉，無浸穫薪。爾雅曰水

醮曰氿。毛氏曰側出曰氿。說文曰水厓枯土也。

㉝ 溟　清　潔　澄　淨　洌　泠　泂　湛

溟 莫狄切、又平聲。說文曰溟溟小雨也。按、今呂溟濛爲煙雨霏微之狀。又莊子有溟涬二字、無義不錄。

清 七情切、義不待訓。

潔 古屑切、義不待訓。

澄 直陵切、水清定也。定厷泥滓因謂之澄。又作瀓。

淨 才性切、塵垢盡也。古無此字。或作瀞。

洌 良辥切、清寒也。

泠 郎丁切、清泠瀏利也。故風之清者亦曰泠風。又泠泠、水聲也。

泂 畎迥切、清炯也。詩云泂酌彼行潦。毛氏曰遠也。又平聲。

湛 直減直監二切、清湻也。詩云湛湛露斯。

湻　淑　瀏　沖

又荊州之浸潁湛。又都含切、沈著也。與耽通用。別作妉媅。又持林切、與沈通用。又収廉切、記曰湛熾必絜。康成曰漬也。又曰湛諸美酒。

湻 殊倫切、清壹也。說文曰淥也。別作淳沌。酒不殽者爲醇、義通。又朱倫切、記有湻熬湻毋、皆呂膏沃醢加于黍稻上。康成曰沃也。考工記曰湻沃其帛。又曰湻而漬之。又主尹切、周禮曰同其度量、壹其湻制。杜子春曰湻當爲純、純謂幅廣。

淑 殊六切、清湻也。

瀏 力求切、水流泠利也。詩云瀏其清矣。

沖 直弓切、泉水初出清而不盈之皃。易曰山下出泉、蒙。沖之象也。故天子自稱曰沖。書曰惟予沖人。老氏曰大盈若沖。又曰沖而用之、或不盈。故又爲沖澹沖虛沖融沖和。說文曰水涌搖也。讀若動。又作盅、器虛也。引老氏作盅而用之。或作沖、尤非。或从仌。俗爲翰飛沖天之沖。別作翀。

澹

澹徒濫切、閒湜不波也。說文曰水搖也。別作惔、憺。亦通作淡。又徒目切(34)、魯有澹臺滅明。又與贍通用。

湜

湜常職切、說文曰水清見底也。詩云涇呂湜湜其沚。鄭氏曰湜湜、持正皃。或曰湜、濁皃。

六書故第六　五十九

涼

涼呂張切、水气清也。昚溫秋涼冬則寒矣。傳曰尨涼冬殺、金寒玦離。此寒涼之分。又曰虢多涼悳。言其悳之寒涼也。又曰作法於涼、其敝猶貪、謂清涼也。俗因有涼薄之稱。訓涼爲薄者非。又去聲。詩云涼彼武王。毛氏曰左也。陸氏曰亦作諒、力尚切。

滄

滄千剛切、水清涼也。又滄浪、水名。又去聲、亦作滄。从仌。說文曰寒也。

淒

淒千西切、雨气淒清也。淒滄、寒涼之意。亦作悽愴。亦作凄。

況

況許放切、水寒滄況也。今作愴怳。詩云況也永歎。又曰僕夫況瘁、皆淒滄意。俗義有三、爲況予、別作貺。又爲加甚、辭義與矧同。又爲比況。

六書故第六　六十

漻

漻力蕭切、清空也。莊周曰漻乎其清也。又見寥下。

渫

渫私列切、說文曰除去也。易曰井渫不食。王氏曰不停污也。又呂制切、記曰茵渫処末。康成曰絲茵也。又實洽切、燖也。

滑

滑戶八切、水流利也。又古忽切、與汩淈通用。

沍

沍胡故切、水凝沍也。傳曰固侌沍寒。亦作

洹、从夊。

潤　儒瞚切、水气潤。

濡　儒朱切、沾溼也。水始濡而未流、故引之爲濡滯。孫氏曰洵趨切。偘謂讀當如本音。內則記食物有濡豚濡雞。康成曰言之已汁和也。陸氏曰音而。按、如陸氏音、乃胹也。

溼　失入切、土臭水而溼也。从水土、㬎省聲。說文溼从水、一、所已覆也、覆而有土、故溼。㬎省聲。按、㬎之出東郡者、今書與孟子作漯、詳見濕下。从一之說曲而不通。

泚　千禮切、濡澤也。孟子曰其顙有泚。說者曰流汗也。詩云新臺有泚。毛氏曰鮮明皃也。按、有泚猶言有涵、濡澤狀也。一曰清也。

澤　直格切、雨露之濡爲澤。易曰兑爲澤。水鍾則澤物、故流爲川、止爲澤。潤澤則兑悅、故爲悅澤、爲兑澤。又達各切。

漸　叔廉切、水始漸濱也。詩云漸車帷裳。又水名。說文曰出丹陽黟中、東入海。又濡染切、水之濱物已漸而浹、故爲馴漸、漸次之義。易曰其所由來者漸矣。又疾銜切、漸漸、流不絕皃也。又與嶄通。詩云漸漸之石。說文又有瀸字、濱也。爾雅、泉一見一否爲瀸。音同。

沾　之廉切、雨水沾灑也。又作霑。又蚩廉切、

漢書、魏其沾沾自喜耳。張晏(35)曰自整頓也。師古曰沾沾、輕薄也。今俗言薄沾沾。又佗廉切。說文曰水出壺關、東入淇。又都念切、類篇曰水出上黨壺口關。

涵　胡南、胡讒二切、水函浸也。別作浛、㴗。

浸　子鴆切、濱漫也。別作寖。陂湖囷謂之浸水。之浸物、浸浸而深、故有漸義焉。又水名。說文曰出魏郡武安、東北入呼沱。

漬　漬側刺切、蔓淩也。說文曰漚也。或作涑。

淹　淹衣廉切、漬之久也。引之爲淹久。說文曰水出越巂徼外、東入若水。又衣監切、淹漫也。又作腌。說文曰漬肉也。又作醃。

浥　浥乙及切、浥浥、微溼也。詩云厭浥行露。古單作邑。又乙洽切。

洇　洇昵去切、浥洇、淹溼狀。又昵洽切。亦作潛。

浞　浞仕角切。說文曰濡也。

洊　洊才甸切、水㊱再至也。易曰水洊至、習坎。通作薦、荐。說文曰瀳、水至也。讀若尊。孫氏又在甸切。

滋　滋津之切、水洊至滋益也。故引之爲滋潤滋益。又爲滋臭。傳曰拘漚管者曰何故使吾水滋。又見茲下。

渥　渥於角於谷二切、澤優餘也。

浹　浹卽劦切、漸漬徧匝也。引之則爲周浹。亦借用挾字。周禮曰挾日而斂之。挾日、挾旬、浹十日也。浹辰、浹十二辰也。又作荅切、通作帀。

洽　洽轄夾切、表裏透浹也。

浮　浮房尤切、義不待訓。

汎　汎甫犯切、水浮物也。亦作泛、氾。又筏咸切。

傳曰鄙在鄭地氾。又方勇切、水漢溢也。引之爲反覂。漢書曰汎駕之馬。顏師古曰覂也。亦作覂。

漂　漂匹招切、水猋漂流物也。又匹妙切。漢書曰漂母哀之。韋昭曰以水擊絮曰漂。

泊　泊白各切、漂著也。北人以止水爲泊。有高雞泊、白水泊、楊栁泊。因之爲止泊、爲澹泊。或曰澹泊爲本義、別作怕。非。

沈　滅　沒　泯　決

沈持林切、重則沈、輕則浮。又去聲、沈之於水也。又式荏切、古爲國、今爲姓。傳曰昔金天氏有裔子曰昧、爲玄冥師。沈姒蓐黃實守其祀、晉主汾而滅之。周文王之子聃季封於沈、在汝南平輿、蔡滅之。楚有沈尹戌。沈約合三邓爲一、非。

滅亾列切、水盛滅沒州渚也。別作搣。

沒莫勃切、水深沒抵底也。引之凡泯沒者皆曰沒、死曰亾沒。別作歾歿殁。

泯武盡切、泯合也。泯滅聲義相通。俗因㠯泯爲盡。

決古穴切、水旻發㠯決去也。引之則凡剖決分決皆謂之決。別作訣。列子曰衛人有善數者、臨死㠯訣喩其子。射者㠯象骨爲決、著又拇所㠯鉤弦決矢、亦謂之決。詩云決拾既佽。内則作抉捍、誤。決吻謂鳥吻之深如決也。決驟、趹步也。決起奮飛也。別讀作涓惠、烏決、呼決三切。及作趹、非。

泄

泄舒列切、又作渫、隄防不密、水撇越也。又㠯制切、泄泄、舒徐也。詩云雄雉于飛、泄泄其羽。雉不能輕舉、其飛重遲也。傳曰其樂也洩洩。詩云天之方蹶、無然泄泄。皆言其容與也。孟子曰泄泄猶沓沓也。說者因謂多言爲泄、別作詍呭二字、非也。

潰　滲　漉

潰戶賄戶數二切、隄防爲水所隤迸撥也。又俗義與遂通。詩云是用不潰于成。

滲所禁切、水遇沙土滲漉也。

漉盧谷切、漏也。漏漉聲義相通。又與盝通。

瀝、去水也。瀝盝聲義同。盝物於水、因謂之

瀝 潟 減 消

漉。與摝通。別作盝、淥。通作濼。

瀝　狼狄切，水餘滴也。瀝盡之也。

潟　思積切，又七約切，鹵水瀉鑠也。周禮曰鹹潟用貆。漢書亦單作舄。

減　古斬切，水秏少也。

消　相幺切，水鑠盡也。冰之釋爲消。金之釋、火之息亦爲消。石之能釋者亦爲消。別作銷。別作焇、硝。俗爲消搖之消。別作逍遙。徐鉉曰此二字字林所加。

澌 濇 澀 滯 沴

澌　息移切，水索也。

濇　殺側切，水涸而澀也。

澀　色入切，水澀也。味之苦澀者因謂之澀。

滯　直例切，水涸澀難行也。又有懘字，說具心部。又作墆，詳具足部。

沴　止忍切，說文曰水不利也。孫氏郎計切。按沴非郎計之聲。類篇曰沴、沴涇相著也。因之爲灾沴。

沮

沮　慈呂切，水遇土沮縮也。又叙豫切，沮洳，水所漸漬也。又千余切，水名。禹貢曰漆沮旣从。漢志北地直路縣，沮水出馬，東西入洛。晁氏曰在今坊州升平縣北子午領，俗謂之子午水，東流徑宐君縣。又東至中部縣，正謂之沮水。又東南至燿州同官縣、華原東南九十五里會亏漆。又東南至永興軍櫟陽縣。又東至同州白水縣北入洛，名曰漆沮。又漢志武都沮縣，沮水出東很谷，南至沙羨入江，荊州川也。又子余切，禹貢曰邕沮會同，在冀州境。今不知其處。按水有邕且，猶陽之有邕且也。又壯所切，沮陽縣在上谷。

洳　汔　涸　溘　渴　澩　濁　渾　污

洳人庶切、說文作澤。漸溼也。

汔許訖切、水幾盡也。引之爲幾。易曰汔至亦未繘井。又曰小狐汔涉。詩云汔可小康。

涸下各切、水乾竭也。別作垎。

溘口荅切、忽盡也。

渴苦葛切、乾也。引之爲飢渴之渴。別作㵣。又丘葢切。

澩胡角切。爾雅曰夏有水、冬無水曰澩。又作澩。又下巧切。

濁直谷直角二切、不清也。漢志、濁水出齊郡廣縣爲山、東北至廣饒入巨定。

渾戶昆切、稍濁也。又上去二聲、與混通。

污汪胡切、穢濁也。亦作洿。又烏瓜切、與洼通、洿下也。洿下故穢濁流之。記曰污尊而抔飲。孟子曰數罟不入洿池。污物之污、烏故切、亦烏臥切。別作涴。

淰　沬　浼　淟　涊　渝　滤　涅

淰說文曰濁也。唐韻凡三出、其一式荏切、二皆乃忝切。記曰魚鮪不淰。康成曰淰之言閃也、陸音審。

沬莫貝切、說文曰洒面也。孫氏荒內切、非。楚辭曰芳菲菲而難虧兮、芬至今猶未沬。又易曰豐其沬、日中見沬。字林作昧。曰斗杓後星也。子夏傳曰星之小者也。服氏曰日中而昏也。薛氏曰輔星也。

浼母罪切、污也。又美辯切。詩云河水浼浼。毛氏曰平地也。非。

淟佗典切、涊尒軫切。淟涊、滋垢也。涊亦作[illegible]。

渝容朱切、水色變也。易曰成有渝。詩云敬天之渝。說文曰變污也。一曰渝水出遼西東出塞。

滤戶毋切、漫滤昏渝也。

涅乃結切、說文曰黑土在水中也。从水土、日聲。語曰不曰白乎、涅而不緇。又水名。漢志、出上黨涅縣。

滓　澱　垽　泥　塗

滓阻史切、泥垢洗著也。說文曰滓澱也。史記曰皭然泥而不滓。

澱堂練切、說文曰滓垽也。又作淀澱。

垽魚斤語靳二切、水落而塗著為垽。

泥奴氏切、水土也。又作埿、加土。又奴禮切、水土相狃稠濃也。故凡稠濃者謂之泥。詩云零露泥泥。又去聲、泥之為物好滯著、故滯著謂之泥。易曰震遂泥。語曰致遠恐泥。

塗田吾切、泥之稀者為塗。又作涂(38)。㠯稀泥傅護因謂之塗。書云惟其塗塈茨。又曰惟其塗丹雘。又宅加切。今人言塗抹。東方朔傳、老柏塗、與伊優亞、狋吽牙合韻也。師古曰大加切。俗作搽。又俗為道涂之涂。周官洫上有涂。涂容乘車一軌。別作途、塗。又水名。說文曰水出益州牧靡南山、西北入澠。又水在堂邑。又為山名、禹會諸侯於塗山。別作嵞、峹。

濘　淖　渮　溏　溓　淤　治　浚

濘囊定切、泥深也。

淖奴教切、深濘也。濘淖聲相通。又尺約切。

渮居何切。廣雅曰溏淖也。說文曰多汁也。

溏徒郎切、渮淖也。

溓(39)尼鹽切、說文曰薄水也。考工記曰雖有深泥、弗之溓也。與黏通。

淤衣據切、泥滓填淤也。又平聲、淤泥也。

治直之切、理水也。又東萊之曲城陽丘山、治水出焉、南至沂入海。水旻其理曰治。直吏切。又湯來切。漢志鴈門絫頭山、治水出焉、東入海。又詳灅字下。

浚須閏切、疏滌川流使深通也。與濬濬通。

又祖峻切、水名。詩云孑孑干旄、在浚之郊。毛氏曰衛邑。又浚儀、在今開封祥符縣。

淪

淪弋灼切、疏淪也。孟子曰禹疏九河、淪濟漯而注諸海。凡水淪汏泥滓則行而清、故亦㠯淪訓清。又爓肉於湯亦謂之淪。別作鬻。

汩

(40) 汩亐聿切。說文曰治水也。又作𣶒。說文曰水流也。音同。周語曰決汩九川。韋昭曰通也。

沿

沿余專切、从流下也。

泝

泝蘇故切、逆流而上也。通作遡。詩云遡回从之。

游

游夷周切、水行也。詩云就其淺矣、泳之游之。引之為敖游。亦作逴(41)。別作遻、汓。說文游从㫃汓聲。㫃旛之流也。汓、浮行水上也、从水从子。古或㠯汓為沒、或作泅。孫氏似由切。按、泅卽游也。游、

(42) 水、牂聲。又作灉。

潍

潍羽兩、羽況二切。揚雄賦曰因江潭而潍記。乘水而達之也。

濟

濟子儕切、度水也。又㠯水益水為濟、故傳有濟美、濟惡、相濟之言。又子禮切、濟濟、整皃。又泲水、亦作濟。禹貢曰道沇水、東流為濟。濟職方氏、沇州之川河泲。說文㠯泲為沇濟、而濟為出常山贊皇山、東入泜。詩云出宿于泲。毛氏曰地名。疑卽泲旁邑。

漕

漕在到切(43)、水運也。說文曰水轉轂也。又財勞切、衛邑名。

溺

溺乃歷切、墮水也。又作休。說文曰沒也。又奴弔切、小溲也。亦作尿。

測

(44) 測察色切、度水淺深也。

汲

汲訖及切、取水也。

汋 職略切、又實灼切。說文曰激水聲。穀梁氏曰葢汋之也。公羊氏作酌。

灌 古玩切、滿注也。又水名、說文曰水出廬江雩婁、北入淮。又俗爲灌木。灌莽。說具㭪下。

溉 居代切、澆灌也。漢志曰涇水一石其泥數斗。且溉且糞、長我禾黍。又滌也。記曰器之溉者不寫。詩云㊺溉之釜鬵。別作摡。又漢志、溉水出北海桑犢縣覆甑山、東北至都昌入海。

沃 烏酷切、澆也。俗爲肥沃。別作渓。

澆 堅垚切、上沃也。又虛垚切、薄也。又作湨。又倪弔切、寒浞子澆。

淋 犁鍼切、又良中切、自上淋下也。故爲淋瀝、淋浪。人病小疢淋瀝不通者、今謂之淋。古作癃。淋癃實一聲也。漢殤帝諱隆、故改癃爲淋、改隆慮縣爲林慮。

漓㊻ 呂支切、淋漓也。又作灕、亦通爲漓醨之漓。

潑 替括切、揮沃也。

灑 所下、所解二切、揮灑也。洒灑多通用。

汛 息晉切、灑之細也。凡掃者先汛灑。汛灑聲相近。

消 子末切、撇水也。灑之粗也。亦作濽。

濯 直覺切、漱澣也。

澣 戶管、戶毋二切、濯衣也。亦作浣。又作瀚。

洗 小禮切、滌也。說文曰洒足也。亦作洒。古有罍洗、㠯洗爵。又蘇典切、潔也。書曰㊼自洗腆致用酒。詩云新臺有洒。

滌 亭歷切、洗盪也。記曰帝牛必在滌三月。言先三月卜牲、牲吉而滌之。三月然後吕薦上帝也。說者吕滌爲養牲宮。類篇辻弔切、非。

澡

澡子皓切、潔洗也。說文曰涵手也。

洮

洮佗刀切、滌也。書云王乃洮頮水。馬氏曰洮髮也。未必然。又水名。說文曰水出隴西臨洮、今洮州西傾山、東北入河。

漱

漱先奏切、捘洗也。記曰諸母不漱裳。又所救切、含水捘滌齒頰也。記曰咸盥漱。說文又作涑澣也。

湔

湔子僊切、小滌也。又水名。漢志水出蜀郡緜虒縣玉壘山、東南至江陽入江。說文一曰手澣也。

沐

沐莫卜切、膏髮也。

浴

浴俞玉切、澡身也。

汏

汏辻皆佗蓋二切、淅米盪去沙礫、所謂沙汏也。又辻蓋切。或曰浪淘沙土、汏之本義。

淘

淘辻刀切、淘去塵沙也。淘米淘井皆謂之淘。淘者、淘汏之。澄者、澄定之。所謂淘澄也。

淅

淅先的切、淘米也。孟子曰孔子去齊、接淅而行。

洴　澼

洴蒲兵披庚二切。澼匹辟切。洴澼、澳也。澼又作澼。說文曰水中擊絮也。又蒱履匹曳匹妙三切。又澼、腸間水也。說見僻下。後人加氵爲澼。

漚

漚於候切、漬之深也。[illegible]麻枲曰漚。又烏奏切、水上泡勃也。亦通爲鷗鷺之鷗。

濩

濩黃郭切、詩云葛之覃兮、是刈是濩。濩、湅治也。毛氏曰鬻之也。韓氏曰淪也。說文曰雨流霤下。又胡故切、周官、樂舞有大濩。康成曰殷樂也。又斧濩椒也。蠖濩濩邃也。

濾

濾良據切、濾去滓也。

泲 湨 渳 湢 淬 湅

泲子禮子賜二切、厭酒醴取清也。康成曰、酒沸曰㊽清、不沸曰莤。今俗呼側駕切。亦作笮、笫、榨。說具竹部。又爲沇泲之泲、子禮切。見泲下。

湨鮮閔切、又須絹所晏二切、刷洗也。別作潠、涮、灡。說文、灡、淅也。

渳亡婢切、周官、大鄭吕秬鬯渳。杜子春曰、渳讀爲泯、吕秬鬯浴尸也。

湢筆力切、記曰外内不共湢浴。康成曰、浴室也。

淬祖内取内二切、爲刀劒者出火而淬之水則堅、故引之爲淬厲。亦作焠。史記曰是匕首已藥焠之。說文曰滅火器也。又卽聿切。

湅郎甸切、湅絲帛與金也。又作潄。與練、鍊通。絲曰練、金曰鍊、水曰湅。考工記曰㡛氏湅絲、吕涚水漚其絲七日、晝暴諸日、夜宿諸井。七日七夜、是謂水湅。說文、湅、灡也。灡、淅也。潄、䃺、潄鐵也。

準 沝 湯 温

準之允切、吕水取平也。考工記曰權之然後準之、準之然後量之。俗作准。或曰寇公爲相、行文書者不敢成字、去其十則嫌於准。故又改水爲冫。或曰曾仲躬云、蔡京家諱也。項平甫曰唐韻及顏氏干祿書已並出準、准二字、吕准爲俗書。又鼻端爲準、假俗也。

沝貲良、貲函二切、亦作㵘。又作𣶒。酡絲也。今俗誤作壺。

湯佗郎切、爨水爲湯。又佗浪切、吕湯沃物也。又尸羊切、湯湯、水流盛皃。書云湯湯洪水。又音蕩、與蕩通。詩云子之湯兮。

温烏昆切、水暝也。又作昷。史記曰暝昷有黃雲。說文曰水出犍爲涪、南入黔水。冬傷於寒者則病温。別作瘟。又於運切、記曰柔色吕温之。康成曰温藉也。漢書曰少温藉。

湆

湆气及切、肉汁也。昏禮曰、大羹湆在爨。康成曰、鬻肉汁也。太古之羹無鹽菜。今文皆作汁、或作䐶。說文、湆、幽溼也。

汁

汁卽入切、湆也。

瀋

瀋昌稔、鴟禁二切、傳曰、無備而官辦者猶拾瀋也。陸氏曰、北土謂汁爲瀋。

濃

濃尼容切、水味稠厚也。亦作醲。

淡

淡徒濫切、水無味。

沽

沽攻乎切、粗薄也。喪服、疏衰冠布纓。傳曰、冠者沽功也。康成曰、沽、麤也、沽功、大功也。又爲買賣、語曰、沽酒市脯不食。又曰、有美玉於斯、求善賈而沽諸。又水名、出漁陽塞外、東入海。

洎

洎巨至切、說文曰、灌釜也。傳曰、去其肉而㠯其洎饋。陸氏曰、肉汁也。周官、祀五帝、小司寇實鑊水、士師洎鑊水。康成曰、謂曾其沃汁。㊾

潘

潘孚袁、鋪官二切、淅米泔也。又作瀋。又爲人姓。說文曰、一曰水名、在河南滎陽。漢志、潘水出會稽蘄山東入海。

泔

泔沽三切、潘也。說文曰、周謂潘曰泔。又戶感切、漢書曰、秬鬯泔淡。別作澉。

渜

渜乃亂切、士喪禮曰、渜濯弃于坎。康成曰、沐浴餘潘水也。古文作湪。荊沔閒語。說文曰、洏、洝也。洝、渜也。渜、滿也。一曰洏、㊿鬻孰也。孫愐曰、漣洏沸流皃。按、洏之爲湯者、渜之譌也。其爲鬻孰者、胹之譌也。其爲漣洏者、而之譌也。漣而猶言漣如。而、語助也。不當有洏字。

涕

涕佗計切、涙洟也。

涙

涙力遂、郎計二切、目汁也。

洟

洟延知切、鼻液也。記曰、不敢唾洟。

泣

泣乞及切、聲涙俱下曰泣。說文、無聲出涕曰泣。按、書、呱呱而泣。詩、其泣喤喤。泣非無聲也。大約悲者泣、而哀者哭、哭泣之聲則有細大之差焉。

史記曰欲法爲其近婦人。[51]首曰又與灑通。内經、寒气入經、稽遲法而不行。法乃澀也。

液

[液]夷益切、盡也。又爲淫液、融液、瀋液。記曰：永歎之淫液之。考工記曰：旾液角則合。陸氏音亦、壐沈音釋。按、液謂浸漬瀋液。旾乞和可吕液角。音釋非。又作洂。

汗

[汗]戾旰切、膚液也。又爲渙汗、浩汗。易曰：渙汗其大号。亦作瀚。又何干切、匈奴君長自稱可汗。

湩

[湩]多貢切、乳汁也。又竹[52]甬切、孫愐曰：冬字上聲。

沫

[沫]莫葛切、浮沫也。又水名。說文曰：出蜀西徼外東南入江。

漦

[漦]陵之切、精液也。

泡

[泡]披教切、浮漚也。別作渰。吕湯沃物亦曰泡。別作渰。皮間有水勃亦曰泡。別作皰。別作膞疱。又披交切。泡泡、流皃。又水名。說文曰：出山陽平樂東北入泗。

油

[油]吕周切、膏液也。油類滑、故引之則出入進退順易者曰油油然。吕油塗物曰油、厺聲。又水名。說文曰：出武陵孱陵西東南入江。

滫

[滫]思酒切、記曰：滫瀡吕滑之。康成曰：秦人溲曰滫、齊人滑曰瀡也。又疏鳩切。說文曰：久泔也。泔久則酢、故今人謂酓食之酢乞爲滫。荀子曰：芷漸之滫、君子不近、庶人弗服。

瀡

[53][瀡]選委切、說具滫下。

溲

[溲]疏鳩切、㮴雅曰：尿也。晉語曰：少溲于豕牢。說文曰：浸沃也。又所九切、溲和也。記曰：[illegible]糔溲之吕爲酏。

湎　涒　涚　　洵　沆　瀣

湎彌沇切，沈於酒也。

涒俱倫切。說文曰食已复吐之。類篇曰紆倫切。涒鄰水流曲折皃。又爲歲名。史記歲在申爲涒灘。

涚輸芮切，周禮曰盎齊涚酌。記曰明水涚齊，貴新也。凡涚新之也。康成曰涚猶清也。又曰醆酒涚于清汁，獻涚于醆酒。康成說涚，泲也。考工記曰吕涚水漚其絲。故書作湄，鄭司農曰湄，溫水也。說文曰財溫水也，引考工記吕涚水漚其絲。

洵須倫切，水名，在晉陽。說文曰過水中也。一曰揮涕也。集韻曰詩云吁嗟洵兮，洵直且侯，洵美且都，洵有情兮。皆與恂詢通。

沆下朗切。瀣下戒切。楚辭曰吸沆瀣吕充虛。孫愐曰北方夜半气也。

水之疑

沙　染　灋　　回

沙所加切，水中糜石也。說文曰从水从少，水少沙見。又作沙。54譚長說沙或从之。之，子結切。俗又作砂。又縈何切，摩沙也。

染而琰切，染帛爲色也。說文曰从水杂聲。徐鍇曰說文無杂字，未詳。裴光遠說不錄。

灋方乏切。經傳之用爲灋則、灋式。莫于於水，爲于者灋焉，故从水，與準同義。其从廌从去未詳。亦作泍。說文曰荆也，于之如水，从廌，廌觸不直者去之。別作法。按，法制所吕禁邪，非去邪。从廌从去之說不通。

回55胡隈切，水所旋斡也。回旋之深者爲囦。顏回字囦。說文曰回古文。別作洄。因之爲回還，爲裵回。別作迴佪。又因之爲回邪，爲昬回。別作恛佪。

六書故弟六

六書故弟七

永嘉戴　侗著　　西蜀李鼎元校刊

地理三

仌　仌筆陵切。水遇寒而凝堅也。象形。又作𠗪，从水。說文曰：仌，凍也。冰，水堅也。俗作凝。孫氏魚陵切。說文蓋吕冰爲凝。按，仌於隸楷不能獨成文，故後人加水焉。凝之从冫、从水無義，當从今文。

仌之諧聲

冬　都宗切。歲寒也。𣅊，古文从日。

凍　多貢切。寒著物也。

凝　魚陵切。水凍沍欲冰也。

澌　息移切。流冰也。

凌　力膺切，又力證切。周官：凌人掌冰。豳詩曰：三之日内于凌陰。毛萇、鄭康成皆曰：冰室也。說文：𣴑，朕聲。冰出也。或作凌。按，今吳越人謂冰縣爲凌澤。引之爲凌兢之義。

洛　歷各切。類篇曰：洛，澤冰結也。

澤　逵各切。縣冰也。

太　佗達切。冰凍滑太也。又作𣳚。說文曰：泰，滑也。从収、从水，大聲。𠅇，古文。俗又作汰、達。傳曰：汊汰輈。徐鉉曰：作汰，非。又他蓋切。俗爲太始之太，又爲安泰、舒泰。易曰：天地交泰。語曰：君子泰而不驕，小人驕而不泰。又爲驕泰、泰侈。

凜　力稔切。寒𣅗也。古通作亩。别作懍。

冷　魯打切。義不待訓。

凊　七正切。凊寒也。記曰：冬温而夏凊。别作𤁞、𤄊。

冶　羊者切。冰釋也。引之則鎔金曰冶。冶之聲轉而爲羊。俗作烊。金與冰之融冶，光采煜爚，故容皃之豔者曰冶容。

凋　都僚切。隕落也。歲寒而艸木凋，故从仌。

亦俗用雕。又俗用彫、非。

仌之疑

寒

𡫳（篆）胡安切。說文曰从人在宀下、从茻薦覀之下有仌。

玉

王（篆）魚欲切、石之美者、溫潤㠯澤、縝密㠯㮚。象形。王省文。說文曰王象三玉之連、丨其毌也。𤣩、古文。

玉之象形

圭

圭（篆）古畦切、瑞玉也。天子之圭、尺有二寸。大圭長三尺、杼上、兑葵首。命圭公九寸、侯伯七寸、使三寸、厚半寸、剡上𠂇又各寸半。从玉而加卜其上、所㠯象圭之剡上而長也。說文曰圭、上圜下方、公侯㠯叙、从重土。别作珪。圭門剡上如圭、故取名於圭。傳曰篳門圭竇。今作閨。

玉之指事

珏

珏（篆）江學切、二玉曰珏。亦作瑴。

珏之會意

班

班補鑾切、分玉也、从刀㠯分之。書云班瑞亏群后。亦通作頒、攽。又因之為班剝之義。俗為班駁之班。别作斑、辬、斒。說文曰辬、駁文也。

玉之會意

琥

琥（篆）呼古切、說文曰發兵瑞為虎文。周官㠯白琥禮西方。鄭康成曰虎猛象秋嚴。

珥

珥仍吏切、婦耳飾也。戰國策、孟嘗君獻七珥於王而美其一。他日、眡美珥所在、請立為夫人。

玉之諧聲

璵　璠

璵（篆）㠯諸切。璠、步闗切、又夂闗切。璵璠、玉之美者也。說文曰孔子曰美哉璵璠、遠而望之奐若也、近而視之瑟若也。一則理勝、二則孚勝。𠂇氏傳季平子卒、陽虎將㠯璵璠

瑾 瑜 球 琳 璿 琛 璊

欽、仲梁褱弗、與、曰改步改玉。

瑾 飢忍切、瑾瑜、玉之美者。傳曰瑾瑜匿瑕。

瑜 匀俱切、記曰瑜不揜瑕。

球 巨鳩切、玉名。說文曰玉磬也。別作璆。虞書曰戞擊鳴球。孔氏曰玉磬也。禹貢、雝州厥貢球琳琅玕。孔氏曰球、玉名。周書曰天球在東序。孔氏曰雝州所貢。商頌曰受小球大球。鄭氏曰小球、鎮圭、尺有二寸。大球大圭、三尺也。或曰小國大國之瑞也。記、笏天子㠯球玉。鄭康成曰球、美玉也。侗謂球琳皆玉名、可㠯爲笏、亦可㠯爲磬。球、玉也。鳴球、磬也。

琳 力尋切、書、厥貢球琳。孔氏曰玉名。說文曰美玉也。

璿 佀沿切、玉名。書云在璿璣玉衡。孔氏曰美玉也。又通作旋。又作璿璿琁璇。

琛 丑林切、詩云來獻其琛。毛氏曰寶也。

璊 莫奔切、說文曰玉經色也。禾之赤苗謂之虋、璊之色如之。詩云毳衣如璊。毛氏曰䞓也。說文作璊。云㠯毳爲罽、色如虋。

珣 玗 琪 瓊 瑤

珣 相倫切。玗 羽俱切。琪 巨巫切。爾雅曰東方之美者、有醫無閭之珣玗琪。說文曰①珣、周書所謂夷玉也。一曰珣、器也。讀若宣。玗、石之佀玉者。琪、弁飾、往往冒玉也。亦作璂。周禮、王之皮弁會五采玉璂。鄭康成曰讀如綦。綦、綦結也。皮弁之縫中每毋結五采玉十二㠯爲飾、謂之綦。詩云會弁如星是也。按、康成玉綦之說是之。弁飾之琪當單作綦。珣玗琪皆玉名、亦莫詳其物色也。

瓊 渠營切、說文曰亦玉也。別作璚、瓗。詩云投我㠯木瓜、

報之㠯瓊琚。又曰報之㠯瓊瑤、瓊玖。又曰佩玉瓊琚。曰瓊瑰玉佩。曰維玉及瑤。傳曰爲瓊弁玉纓。按、瓊瑤瑰與玉竝言、則皆不是爲玉、殆玉之類也。詩云瑤琚瑰玖、皆㠯瓊擧三者、豈皆瓊之別歟。

瑤 余招切、玉類。禹貢、揚州之貢瑤琨。記曰尸飲五、君洗玉爵獻卿。尸飲七、㠯瑤爵獻

琚　玖　玫　瑰　琇　瓘　珵

大夫。孔氏毛氏及說文皆曰美玉。

琚九魚切。玉類。毛氏曰佩有琚瑀，所㠯內閒。按，琚雖佩之一物，然木瓜詩瓊琚、瓊瑤、瓊玖、然言不𣅀獨㠯琚爲佩玉。

玖舉友切。玉類。毛氏曰玉名。說文曰石之次玉𪒇色者也。

玫謨盃切。說文曰火齊玫瑰也。一曰石之美者。

瑰公回切。玉類。毛氏曰瓊瑰，石次玉者。說文曰玫瑰也。一曰圜好。引之爲瑰奇。又作瓌。別作瓌璝。

琇息救切。玉類。詩云充耳琇瑩。又曰充耳琇實。毛氏曰琇瑩，美石也。天子玉瑱，諸侯㠯石。按，詩言琇瑩、琇實，猶言瓊瑩、瓊英也。琇，玉也。英、瑩、實言玉之文質也。君子偕老賦夫人之服飾，曰玉之瑱也。夫人之瑱猶用玉，諸侯何爲用石乎。

瓘古亂切。左氏傳，裨竈請用瓘斝玉瓚。說文曰玉也。杜氏曰圭也。

珵除荆切。離騷曰豈珵美之能當。說文曰玉也。

琨　琅　玕　珊　瑒

琨古渾切。禹貢瑤琨。孔氏曰美玉。說文曰石之美者。司馬相如賦曰琳珉昆吾。張揖曰昆吾，山名，出善金。尸子曰昆吾之金。河圖之流州多積石，名昆吾。鍊㠯作劒，光明如水精。按，尸子之說無稽。瑤琨並稱，非金也。今俗㠯琨珸爲玉、錕鋙爲赤色鐵，尤非。

琅盧當切。玕古寒切。禹貢雝州之貢球琳琅玕。孔氏曰石而似珠。素問曰平心脈來絫絫如連珠，如循琅玕。爾雅、山海經皆曰出昆侖山。本艸曰出蜀郡平澤。蘇共云琅玕乃有數種，是流離之類，火齊寶也。

出雟州㠯西烏白蠻及于闐中。或謂是珠，或謂是檄，莫能的識。

珊穌干切。珊瑚，石也。生海底，或赤或青，高一二尺餘。海人浸水，俟其初生，羅㠯鐵网，俟其扶疎，揭而取之。徐鍇曰裏㠯繒帛燒之不熱。生海島。根其爲檄者交柯可愛。或如今太湖石，可琢爲器。

瑒徒朗切。漢書王莽九錫瑒琫瑒珌。孟康曰玉名也。亦作璗。說文曰金之美者，與玉同色。

珂　璞　理　璀　玼　瑳　瑩

珂苦何切。說文新附曰玉也。類篇曰石次王者。本艸曰珂、貝類、生南海、大如鰒、皮黃黑而骨白、㠯爲馬飾。然采者白而膩、且有漩文。

璞普角切、玉未刮治者。別作⿰王卜。

理良止切、玉文理也。先人曰凡物莫不有理。玉理最精緻密、㠯㝡故理从玉。引而申之、幽深賾隱、天理密察、無所不通。莊周曰庖丁解牛、依乎天理、批大郤、導大窾、技經

肎綮之未嘗。善言天理者也。中庸曰文理密察。易曰窮理盡性、㠯至於命。密察之謂理、通達之謂道、裁而安之之謂義。

璀七罪切、玉色鮮明也。

玼千禮切、玉色鮮澤也。

瑳七我切、玉色鮮明也。

瑩烏定切、又維瓊切、玉色光徹也。詩云充

耳琇瑩。毛氏曰美石也。又曰尚之㠯瓊瑩乎而。毛氏曰瑩、石佀玉也。按、瓊瑩琇瑩皆言玉之瑩徹。詳具琇下。

琢　瑑　瑞

琢竹角切、刻琢爲文也。

瑑直戀切、琢玉爲文相繆也。說文曰圭璧上起兆瑑也。別作篆。周禮曰瑑圭璋璧琮。鄭司農曰瑑有圻鄂瑑起也。侗謂瑑與篆義相近。

瑞是僞切、㠯玉爲信卪也。周官、宗伯㠯玉

作六瑞、㠯等邦國。王執鎮圭、公執桓圭、侯執信圭、伯執躬圭、子執穀璧、男執蒲璧。又典瑞掌玉瑞玉器圭璋璧琮琥璜。又曰十有一歲達瑞節。虞書曰輯五瑞、班瑞于群后。左氏傳、襄仲辭玉、賓荅曰不腆先君之敝器、㠯爲瑞節、要結好命。說文曰从王耑。按、說文惴从心耑聲。遄亦㠯耑爲聲、遄顓皆耑聲、葢耑有顓音故也。古之爲瑞也、㠯

璧

質大命、昭大禮。國之鎮器也、吕玉爲之、重之也。重之故寶之、後世乃吕鳳皇麒麟嘉禾朱艸爲瑞、則祥也、非瑞也。

璧必激切、圜瑞也。規外而竅中。其質謂之肉、其空謂之好。考工記曰璧羡度尺、好三寸吕爲度。爾雅曰肉倍好謂之璧、好倍肉謂之瑗、肉好均謂之環。周官、吕蒼璧禮天。象天圜也。

瑗　環

瑗王眷切。環戶關切。古作〇。說具璧下。說文曰瑗、大孔璧。人君上除陛吕相引。荀子曰召人吕瑗、絕人吕玦、反絕吕環。別作鐶。

玦　琮

玦古穴切、判環也。別作璚。

琮藏宗切、方瑞也。說文曰瑞玉大八寸、佀車釭。車釭其外八方而圜其中。周官、吕黄琮禮地。象地方也。

璋

璋諸良切、說文曰剡上爲圭、半圭爲璋。周官、吕赤③璋禮南方。玉人之事、大璋中璋九寸、邊璋七寸、射三寸、厚寸。牙璋中璋七寸、射二寸、厚寸。又曰璋邸射。鄭康成曰射、剡出者也。邸射、剡而出也。

璜

璜戶光切、說文曰半璧也。周官、吕玄璜禮北方。萱曰卽玦也。古不謂之玦而謂之璜。

琬

琬於阮切、說文曰圭有琬者。徐鍇曰謂琬然宛也。書云弘璧琬琰在西序。周官、琬圭吕治悳、吕結好。鄭司農曰琬圭無鋒芒。康成曰琬猶圜也。

琰

琰吕冄切、說文曰璧上起美色也。周官、琰圭吕除慝、吕易行。鄭司農曰琰圭有鋒芒、傷害征誅討伐之象。康成曰、凡圭琰上寸半、琰圭琰半吕上、又半爲瑑飾。

瓚

瓚徂賛切、周官、祼圭有瓚、吕肆先王、吕祼賔客。鄭司農曰圭頭爲器、可以挹鬯。祼祭謂之瓚。康成曰漢禮瓚盤大五升、口徑八寸、下有盤、口徑一尺。詩云瑟彼玉瓚、黃流在中。康成曰圭瓚以圭爲柄、黃金爲勺、青金爲外、朱中。記曰君執圭瓚祼尸、大宗執璋瓚亞祼。按、考工記玉人之事、大璋中璋邊璋、黃金勺、青金外、④朱中。此豈所謂璋瓚者與。康成詩說蓋取諸此。考工記又曰天子用全、上公用龍、侯用瓚、伯用將。說文曰三玉一石曰尨、三玉二石曰瓚、玉石半曰埒。

珽、他頂切、說文曰大圭、長三尺、杼上、終葵首。記曰天子搢珽、方正於天下也。鄭康成曰笏也。或謂之大圭。

瑱、他甸切、以玉充耳也。別作顛、琠。又讀爲鎮者、非。

珈、古牙切、詩云副笄六珈。孔氏曰珈、加也。王后之衡笄皆以玉爲之、垂于副之兩旁當耳。其下以紞縣瑱、由副既笄而加此飾、故謂之珈。鄭氏曰珈加於副之飾也。予家嘗獲古玉、其狀如冂、考之某氏古器圖云珈也、長廣僅寸飾、今松誓朶子、豈其變與。

珩、戶庚切、詩云服其命服、有瑲葱珩。亦通作衡。記曰三命赤韍葱衡。鄭康成曰衡佩玉之衡也。按、詩云有瑲葱珩。瑲、玉聲。若爲佩之衡則不足有聲。康成蓋緣禮記借用衡字遂以爲衡。恐未然。

瑀、王矩切。毛氏曰佩玉有珩、璜、琚、瑀、衝牙之類。月令章句曰佩上有雙衡、下有雙璜、琚瑀以襍之、衝牙蠙珠以內其間。纂要曰琚瑀所以內間、在玉之間、今白珠也。說文曰石似玉。

瑚、戶吳切。璉、力展切。孔子謂子貢曰女器也。曰何器也。曰瑚璉也。記曰夏之三璉、殷之六瑚、周之八簋。康成曰皆黍稷器。孔文子將攻太叔、訪於仲尼、仲尼曰胡簋之事則嘗學之矣。單作胡。

琫、邊孔切、又作玤。說文曰玤、石之次玉者、以爲系璧。詹彼洛矣之詩曰鞞琫有珌。毛氏曰鞞、容刀鞞、琫、上飾、珌、下飾。天子玉琫而珧珌、諸矦璗琫而璆珌、大夫璙琫而鏐珌、士珕琫而珕珌。篤公劉之詩曰鞞琫容刀。毛氏曰上曰琫、下曰鞞。又作鞛。傳曰藻率鞞鞛、昭其數也。杜氏曰鞞、佩刀削上飾。鞛、下飾。按、詩言鞞琫有珌、與韎韐有奭同。韎韐與鞞琫言其物、奭與珌言其美也。醲酒有藇、籩豆有踐。詩人之辭皆然。毀鞞而謚之㠯琫有珌、非辭也。𠷎秋傳鞞鞛同稱而不曰珌琫。毛公之說佀未足據。兄既㠯鞞爲容刀鞞、又曰下爲鞞、鞄、又㠯鞞爲珌矣。古不可考、傳疑可也。

珌 卑吉切、說具琫下。別作㻫。

璽 斯氏切、玉印也。別作壐、从土。

璫 都郎切、說文新附、華飾也。㠯玉石爲璫、如瑱珥之類、在耳爲耳璫。

瓃 盧回、盧每、倫追三切。說文曰玉器也。

璲 徐醉切、詩云鞙鞙佩璲。毛氏曰瑞也。

瑲 七羊切、玉聲也。通作鎗、古單作倉。

琤 七庚切、玉聲也。通作錚。

珍 張陳切、說文曰寶也。寶貴也。珍寶玩弄皆从玉、莫貴於玉也。

寚⑤ 博抱切、珍藏也。缶聲。又作寶。貝與玉皆所寶也。

玩 五毌切、狎弄也。引之爲玩習、玩愒、玩侮之義。又作翫、習而易之也。別作貦、忨。說文忨、貪也。引春秋傳忨歲愒日。

瑕 乎加切、玉玼也。

玷 丁占切、又去聲、玉小缺也。或曰玉病也。別作鉆、刮。

玲 郎丁切。**瓏** 盧紅切。孫愐曰玲瓏、玉聲也。按、玲瓏乃空中通明之皃。而非聲。俗書也可廢。

珠 章俱切、蠙之精也。

璣 居衣切、說文曰珠不圜者。或曰小珠也。

琲 部浼切、珠也。說文新附曰珠五百枚也。又曰珠十毌爲一琲。張有曰艸木萼未吐、琲磊如珠。別作蓓蕾、琲。

玼　珕　碧　丱　丹　彤

玼余昭切。說文曰蚤甲也。可㠯飾物。楚辭曰馮玼利決。爾雅曰弓㠯蜃者謂之玼。毛萇曰天子玉琫而玼珌。

珕郎計切。說文曰蚤屬。毛萇曰士珕琫而珕珌。

玉之疑

碧必戟切。說文曰玉之青美者。从玉从石，白聲。按，今碧色在青白之間。

丱古猛切。金樸也。別作鑛、磺、卝。又古患切。孫愐曰鬈角也。

六書故弟七　十七

幼穉也。類篇曰束髮皃。詩曰緫角丱兮。毛氏曰幼穉也。朱子曰兩角皃。

丹夏干切。又作日、赤石也。說文曰象采丹井，•象丹形。

丹之會意

彤徒冬切。㠯丹飾物也。詩云彤弓弨兮。假借音融。商書高宗肜日。祭之明日，繹祭也。又作彬、䑑。

臒　青　鹵　鹽

丹之諧聲

臒烏郭切。伯曰燒鉛爲丹也。

青倉經切。石之蒼綠者也。東方之行木，木之色青。又子丁切，與菁通。詩云綠竹青青。說文曰𡴀、古文。

⑥鹵郎古切。鹹澤也。說文曰西方鹹地也。从鹵省，象鹽形。安定有鹵縣。東方謂之㡿，西方謂之鹵。鹵、古文。鹵、籀文。按，潤下作鹹，東南多鹹地，不當从西。內

六書故弟七　十八

象鹽，外象盛鹵器，與卣同。古用爲盾櫓之鹵。

鹵之諧聲

鹽余廉切。鹵涸之爲鹽。海鹽煑而後成。河東鹽灑灌畎中，夏風而成。西戎有崖鹽，蜀漢有井鹽。㠯鹽漬物之謂鹽。去聲。又借爲歆鹽之鹽。記曰鹽諸利。

鹽之諧聲

盬

盬公戶切、鹽之滆渟者也。周禮曰凡齊事、鬻盬㠯待戒令。杜子昚曰謂直用不湅治者。俗爲靡盬之盬。詩云王事靡盬、不皇啓処。盬猶緩暇也。毛氏曰盬、不堅固也。侗謂如毛氏之說則靡盬爲無不堅固、無不堅固則王事無闕矣、何至反不皇兮。

鹹　鹾

鹹胡監切、潤下之味也。

鹾昨何切、記曰鹽曰鹹鹾。說文曰河內謂之鹾。

⿰鹵占　鹻

⿰鹵占知咸切、鹹甚也。

鹻古斬切、鹵之凝著者也。并州末鹽、刮鹻煎煉、其味最下。

人　兒　身

六書故第八

永嘉戴侗著　西蜀李鼎元校刊

人一

人如鄰切、象形。主孫彝文。孟孫丁彝文。說文儿𠘧分二部、儿象臂脛形、籀文也。𠘧、仁人也、古文奇字人也。按、儿𠘧非二字、特因所合而稍變其勢。合於亻者若伯若仲、則不變其本文而爲儿。合於下者若兒若見、則微變其本文而爲𠘧。分而爲二者、誤也。

人之象形

兒汝移切、初生子也、象囟未合。詩云黃髮兒齒。謂其髮老而齒稚也。說文別作齯、老人齒也。非。又儒兒、兒女聲也。楚辭曰喔伊儒兒、㠯事婦人。又五兮切、俗爲

人姓。

身失人切、象人軀幹。

身之轉注

㐆　軀　躳　包

㐆倚謹切、轉身也。詩云殷其雷。言雷聲展轉㐆地也。考工記曰殷畝而馳。謂衡轢朧畝之上也。皆當作㐆。

身之諧聲

軀豈居切、身區也。今俗有腔字、疑即軀也。腔軀一聲之轉。

躳居戎切、身也。又作躬。說文在呂部。伯氏曰依身見呂也。弓、古音姑弘切。詩躳與宮宗劦、見於云漢。弓與繩膺①劦、見於小戎采綠。較然

不紊。弓非躳之聲也。按、依身見呂之說亦未妥。躳與宮皆从呂、躳古音也。

包布交切、象人褱壬。說文曰勹、褱也、象人曲形有所包褱。包从勹、象人褱壬、巳在中、象子未成形也。元气起於子。人所生也、男左行三十、女又行二十、俱立於巳、爲夫婦。褱壬於巳、巳爲子。十月而生。男起巳至寅、女起巳至申。故男秊始寅、女秊始申也。孫氏勹包並布交切。引之則凡包裹包藏皆曰包。說文胞、兒生裹也。按、今人謂之包衣、不當別立文。胞乃旁光、見脬下。

包之會意②

匊　冢　匌　勻　皃

匊居六切，米在包中，匊之義也。引之則㠯手匊物爲匊。亦作掬。說文曰：在手曰匊。徐鉉曰：俗作掬，非。說文又有臼匊字，曲晉也。籀省聲。又有擢字，爪持也。徐鉉亦曰今作掬，非。

包之諧聲

冢知隴切，包之撮如也。說文曰：高墳也。山之高頂因謂之冢。詩云：山冢崒崩。毛氏曰：山頂曰冢。墓之墳者亦謂之冢。周禮冢人掌公墓。康成曰：封土爲丘隴，象冢而爲之。又引之爲冢土、冢宰、冢子。爾雅曰：冢，大也。按，封土爲社，大社封之高於他社，故謂之冢土。冢宰、冢子皆取其獨尊，非大也。

匌口荅切，包裹重密也。說文曰：从合，合亦聲。

包之疑

勻羊倫切。說文曰：少也。从勹从二。按，今㠯爲均勻之義。

皃莫教切，象人面皃。或作貌。說文曰：皃，籒文。或作額、豹省聲。又墓各切，摹寫狀皃之謂也。

兜　先　兟　欠　次

兜當侯切，兜鍪也。說文曰：兜，从𠑹从皃。𠑹象人幺又㠯蔽，讀若瞽。按，兜自象人被兜鍪，初非取象於𠑹，而从皃尤無義。且𠑹亦不成文。凡文有相類而非相資者，曰亞非取圜於口，丘山非取地於一，皃非取白於臼，半非取角於中，雀非取角於羊，焚非取屁於火，鹿非取足於匕，負非取鱗於夊，取屁於火，果非取實於田，蚕非取蓋於大。天地之生物也固然，牵合傅會非文字之情也。故不取。

先側岑側含二切，簪也。象人首建簪。別作鐕、簪、篋、鬵。

先之會意

兟孫氏子林切。說文兟兟，銳意也。

欠去劒切，呵欠也。象人气上出。俗爲欠闕之欠，去聲。

欠之會意

次敘延切，口流液也。別作涎、保④㤥。

次之會意

盜 徒到切、厥次皿中、有私其物之心焉、盜之義也。

次之諧聲

羨 敘面切、慕欲也。心慕欲則口流次、故从次、羑省聲。俗爲餘羨之羨、延善切。又延知切、沙羨縣名。

欮 居月切、气屰也。今通作厥、非。

欻 許物切、气翕欻如炎也。

欶 敕侯切、气出如有刺之者爲欶也。

㱃 於錦切、食酓爲㱃。別作飲。㱃人曰㱃、去聲。

㱃之諧聲

歠 昌悅切、吸酓也。亦通作叕⑤。

欠之轉注

旡 孫氏居未切。說文曰气屰不旻息也。从反欠。說文曰㒵、古文。

欠之諧聲

歆 呼今切、鼻微翕也。欲食者先歆其气、故曰歆羨。鬼神饗气臭而不饗味、故曰歆饗。

歙 汔及切、翕气內息也。古通作翕。按、出入息常自鼻、不當从口。呼吸當作歔歙。又迄及切、止息也。又失涉切、縮鼻也。

欱 呼合切、口翕也。別作哈歙。

歛 力冉切、攝气也。凡收歛者因謂之歛。聚歛之歛、去聲。亦作斂。說文曰収也。

欽 去音切、屏气欽歛之皃也。引之爲欽

欷　歔　欨

欷。説文曰欠皃。

欷香衣切、又上聲、鼻出气也。別作唏。説文曰哀痛不泣曰唏。按此即欷歔之欷。漢書曰悲者不可爲絫欷。又作悕。

歔香居切、鼻口出气也。亦作噓。説文曰噓、吹也。悲者口鼻欷歔、鼻之出气爲歔。今言哼吸、當爲歔歙、口出爲噓。

欨況亏切、溫吹也。凡歆翕歙呷欲皆內

气也、廣陋輕重象其聲。欷歔欨哼呵皆出气也、廣陋輕重象其聲。欨呵爲易、吹哼爲会。欲暵者欨之、欲涼者吹之。呂覽暵物爲欨、太聲。亦通作昫。又作呴煦。記曰煦嫗覆育萬物。鄭康成曰體曰嫗、气曰煦。漢書曰愉愉呴呴。又俗用休。傳曰民人痛疾而或噢⑥休之。又作姁。漢書曰言語姁姁。

歌　歐　歗　欸

歌古何切、長言也。別作謌。

歐烏侯切、歌烏也。別作謳。説文曰歐、吐也。謳、齊歌也。通亦作嘔。漢書曰歌嘔道中。嘔吐亦通作歐。漢書曰歐洩霍亂。倜謂歐歌當作歐、嘔吐當作嘔、上聲。

歗穌弔切、蹙口出聲、㠯舒其氣也。又穌六切。詩云條其歗矣。遇人之不淑矣。又作嘯。

欸烏開切、又於皆於解於亥三切、發聲也、亦爲譍聲。疾爲發聲、徐爲譍聲。楚辭曰欸秋冬之緒風。又作唉。史記亞父曰唉。又作譩。方言曰欸、譩、然也。南楚謂然爲欸。説文欸、訾也。孫氏烏開切。唉、應也、讀若埃。朱子曰欸、唉音義同、如歎與嘆、欸與唉、實一字耳、皆楚言也。元次山欸乃曲、柳子厚詩欸乃山水綠、皆湘楚閒作。柳文舊本音靄襖、正協於亥之音。韻書亏上二韻欸唉皆同音、明非二字。但乃字之讀如襖者未有所考耳。近出

歕　欲　歊　歜　歂　欺　歇　歃⑧

有到讀二字者、又或書欸爲欸、其誤甚矣。又爲飽聲。亦作嗄。

歕　普魂切、盛气[illegible]歕也。亦作噴。气滿而歕、夳聲。⑦說文歕、吹气也。噴、乇也。一曰鼓鼻。

欲　余谷切、羨欲也。俗作慾。

歊　許交切、气歊歔上騰也。又虛驕、㬥酷、㬥角三切。

歜　尺玉切、說文曰怒盛气也。傳曰嚳有昌歜。杜氏曰昌蒲菹也。陸氏曰在感切。按、歜字無緣有此音。

歂　市緣切、气捷夳也。

欺　夳其切、气餒也。引之爲欺紿、欺於心者餒於气。別作諆。說文曰欺也。

歇　許謁切、息止也。越渫無气者因謂之歇。又引之爲休歇。

歃　山洽切、欲也。古之盟詛者歃血。又作唼。陸

欶　欬　欣　歡　歎　歔　歈

氏曰小歠也。

欶　所六切、吮也。又所各切、亦吮也。吮之輕重如其聲。別作嗽、嗍。說文皆曰吮也。漢書、鄧通爲文帝嗽吮癰。又先奏切、气逆欬也。

欬　苦革切、气逆出也。又苦蓋切、丂欬也。記曰車上不廣欬。莊子曰謦欬於側。

欣　許斤切、喜气發越也。別作忻、訢。說文、忻、闓也。訢、喜也。

歡　呼官切、喜樂也。別作懽、[illegible]。

歎　他案切、太息也。又他干切。別作[illegible]、嘆。說文曰歎、吟也。嘆、吞歎也。一曰太息也。凡人心有所感發則形於聲。嗟气歎哀樂之聲、各眂其情。有歎於言之先者、於兮不顯文王之悳之純、噫嘻成王之類是也。有歎於舟者、一唱而三歎是也。說文呂一爲吟、一爲太息、非。

歔　呂夋、呂遬二切。歈、呂朱切。歔歈、訾笑也。說文曰歔瘉、人相笑相歔瘉。後漢書、市人大笑、𥅻手邪揄之。俗作揶。

欤　次

欤羊諸切，疑辭也。又歎辭也。古俗用與。

次七三切，止息也。引之則凡止息皆謂之次。易曰師左次。止息之地因謂之次。周禮八次八舍是也。不肎者後於物，故凡遲退者謂之次。洪範所謂次一次三、傳所謂次國次卿是也。次第之義因之。編次髮以爲首飾謂之次。周官追師掌后之首服，副編次。別作鬟。又因之爲次且之次。七茨、津私二切，謂欲肎不肎也。別作趑趄、[辶次]退。

歉

歉苦簟切，乞餒也。引之則凡不滿者皆曰歉。亦作慊。按，經傳歉嗛慊謙愜嫌，遲⑨互爲用。孟子曰吾何慊乎哉。晉語曰兼兼之悳，不足就也。穀梁氏曰一穀不升謂之嗛，則以慊嗛爲歉。孟子曰行有不慊於心則餒矣。莊子曰必齕齧⑩挽㓹，盡去而後慊。史記曰先王以爲慊於志。則又以慊爲愜。大學曰此之謂自謙。則又以謙爲愜。漢書曰兼讓而弗發也。則又以嗛爲謙。說文曰慊，疑也。荀子曰臭之而無嗛於鼻。漢書亦曰偸㬎避慊之便。則又以慊爲嫌。大槩古書傳寫多錯互。朱子曰嗛，口銜物也。慊，心有所銜也。爲快爲足爲慊爲少，則因其事而所銜不同也。朱子葢欲合衆書之異同而與實不然。歉特爲乞餒，推之爲不滿，非有所銜也。从欠爲正，或从心、次之。猒足之義當作愜。謙爲謙遜，嗛與銜通，聲義各有當，不可交也。

欿　欵　夊

欿苦感切，歉之甚也。歉欿二字之輕重如甚聲。別作歁欿歁、說文曰欿，欲㬎也。讀若貪。歁，貪不滿也。

欠之疑

歀歀歀說文曰意有所欲也，从𥦒省聲⑪。作款，从柰。孫氏苦管切。按，欵之用爲誠欵曲密之意。楚辭曰悃悃欵欵朴以忠乎。春秋傳有杜原欵，皆从𡉞未詳。歀、款以祟與柰爲聲。說文以爲意有所欲，疑別爲一字。孫氏彊傳苦管之音，未必然。

夊楚危切，象人兩脛後有推而致之者。說文

㐄　舛　桀

夊从後至也象人兩脛後有致之者讀若黹夊行遲曳夊夊象人兩脛有所躧也孫氏楚危切按夊夂特一字象人後有推致之者是也致之所㠯从夊正取諸此

夊之轉注

㐄說文曰跨步也𩰲从此孫氏苦瓦切

夊之會意

舛昌兖切或夊而㐄或夊而㐅兩相戾也揚雄作踳說文曰對臥也

舛之會意

桀其削切翹立木上也引而申之桀出於物上者皆謂之桀所謂豪桀俊桀是也別作傑㠯力桀𢓊者謂之桀左氏傳桀石㠯投人是也別作揭雞棲亏杙亦謂之桀別作榤凡翹桀桀傲桀黠桀虐皆因是而生義焉

乘　磔　韋

桀之會意

乘食陵切說文曰覆也从入桀桀黠也軍法曰乘𠅞說文曰古文从几乘載其上也乘車乘馬乘舟乘城算法之乘皆取諸此所乘者爲乘去聲車人之所乘也故車謂之乘車車必亖馬故亖馬曰乘馬引而申之則凡㠯亖數者皆曰乘乘矢乘壺之類是也

桀之諧聲

磔陟格切殺而張之木曰磔通亦作矺

舛之諧聲

韋羽非切離去也又作違正文爲韋革所擅故加辵㠯別又作𢾾語曰違之之一邦曰無允食之閒違仁曰又敬不違記曰揖人必違

其位。中庸曰忠恕違道不遠。傳云天威不違顔只尺。曰違穀七里。今人㠯違爲北、非也。韋之遠者必至於北、故合言違北尒。説文曰奠、古文。偝爲韋革之韋、别厺爲毋、在革部。

舞

舞文撫切、抃蹈也。舞者𠀤又夂夂、故从舛。又作翌、秉羽㠯舞也。俗作儛。

舝

舝胡戛切、拘東舛戾也。萬省聲。胡戛切。車軸兩端鍵因謂之舝。詩云載脂載舝。又曰閒關車之舝兮。亦作轄。

舛之疑

舜

舜舒閏切、詩云顔如舜華。毛氏曰木槿也。説文曰艸也。楚謂之葍、秦謂之藑。蔓地連華、象形。从舛、舛亦聲。𧯛、古文。今隸文作舜。又爲虞帝之名。

夅

夅下工下江二切、下人也。从舛相倚也。夅相下也。今通用降。降、非。

夅之會意

降

降古浪切、自𨸏而下也。上曰陟、下曰降。

夂之諧聲

致

致陟利切、推之底至也。致日致月致命

致女致身、皆此義也。引其義則鉤而至之亦曰致。易曰致寇至。工致其巧、則器物堅精因謂之致。俗作緻。

复

复房六切、反也。别作𥨋复復。説文曰畐省聲。按、鍾鼎文福復皆㠯畐爲聲、非畐也。又芳服切、反循故跡也。易曰反复道也。傳曰鄭之役、荀伯不复从。又扶又切、再也。

夋　𡕥　𡕯　夆　夆　夌　夃

夋七倫切，夋夋，小進也。亦作䞭。別作䟙、踆。漢書曰：有功者上，無功者下，則群臣逡。謂勉進也。史記曰：九國之師逡巡而不敢進。夋巡，欲進而不進也。漢書作遁。

𡕥子紅切。說文曰：斂足也。鵖鴔醜，其飛也𡕥。別作翪䎫。

𡕯則臥切，跪不至地也。記曰：介者不拜，為其拜而𡕯拜。陸德明曰：挫也。侗謂衣甲者難於跪拜，拜則妨於俯伏，所謂𡕯拜也。

夆𢓜容切，相遇也。別作逢，見辵部。

夆下蓋切。說文曰：相遮要害也。南陽新野有夆亭。

夊之疑。

夌力膺切。說文曰：越也。从夊、兴。兴，高也。一曰夌徲也。

夃 說文曰：秦以市買多得為夃。从乃从夊，益至也。引詩我夃酌彼金罍。盈文从此。乃，古文及字。唐本說文曰：益至也。从乃、夊。益至也。孫氏古乎切。

夏

𦥺亥雅亥駕二切。說文曰：中國人也。从頁，臼。臼，兩手。夊，兩足也。𩏦古文。伯氏曰：夏，舞也。臼象舞者手容，夊象舞者足容也。按古有舞夏。周官大司樂奏蕤賓，歌函鍾，舞大夏。鍾師掌金奏，凡樂事以鍾鼓奏九夏：王夏、肆夏、昭夏、納夏、章夏、齊夏、族夏、祴夏、驁夏。傳曰：金奏肆夏之三。又舞師題

以狴夏，則狴亦以夏名。又為雩夏之夏、鬐夏之夏。記曰：夏，大也。金聲大，故金奏以夏名。雩音大，故雩亦以夏名。南方之德廣大，故其音亦以夏名也。又為夏屋之夏，言其宇之兩下也。別作廈。又借為夏楚之夏，古雅切。記曰：夏楚二物，收其威也。別作榎。爾雅曰：槄，山榎。康成曰：所以朴撻也。

久

久舉友切、說文曰象人兩脛後有距也。引周禮、久諸牆㠯觀其橈。今考工記作灸、諸牆。康成曰灸猶柱也。士喪禮、重鬲冪用疏布、久之、苞筲甕甒、皆木桁、久之。康成曰久讀若灸、謂㠯蓋按塞其口。按、苞筲不應有蓋、且曰皆木桁久之、則所久者在木桁、鬲之所久者亦當在重、皆謂㠯木支柱之也。按、書傳通用爲永久之義。

人之會意

仁

仁如鄰切。先人曰吾聞諸尤叔瞞、古文有因而重之㠯見義者、因子而二之爲孖是也、因大而二之爲夫⑫大是也、因人而二之爲仁仁是也。孔子曰仁者人也、人其人之之謂仁。𡰥、古文从人省。忎、古文从心千聲。伯曰仁从人、二聲。佞从女、仁聲。仁與二同聲。仁、如眞切。二、如眞切。共紐㠯如字、人與二古皆有紉音。晉語之謠曰佞之見佞紉音果喪其田因劦切地。詑之見詑因劦切倒、果喪其賂。㝵國而狃、必逢其咎。喪田不懲、禍亂其興。佞蓋有紉音也。夫人有是身、則有是心、有是心則有是悳。有是身而疾痛苛癢之弗知者、肌肉不仁也。有是心而仁義禮知之弗身者、其心不仁也。盡其心、踐其形、肫肫乎其若赤子之肌。仁義禮知切於心、猶疾痛苛癢之切於身也、然後能誠諸身。能誠諸身然後能人其人。能人其人斷謂之仁矣。夫心生物也、仁生悳也。於三者爲首、於三悳爲元。天地之大悳也、而人受之㠯生、故人者天地之心也。天地萬物、人之體也。親疏遠邇雖有衰序、疾痛苛癢無不周通也。親親而仁民、仁民而愛物、始亏邦家、充亏三海者、仁之充也。己欲立而立人、己欲達而達人、能近取譬者、仁之

充

方也。故曰仁者人也、親親爲大。老聃者曰死灰其心、槁木其形、忘其身、遺其親。吕仁義禮⑬智爲外鑠我、吕天地萬物爲芻狗、幻妄不仁之至也。墨者曰愛無差等、眂其親猶其鄰之親也、不仁莫大焉。孟子曰仁、人心也。之二者皆失其心者也。

充，昌戎切、从人从去。去、生之始也。由始生至于成人、充之義也。骨骼成、膚革盈、形之充也。仁義禮知根於心、施於亖體、亖體不言而喻、性之充也。孟子曰凡有亖端於我者、知皆擴而充之矣、若火之始然、泉之始達、苟能充之、足吕保亖海。苟不充之、不足吕事父母。

从

从，疾容切、一人先一人隨之、从之義也。从之者曰从、去聲。俗作從、从辵。又卽容切、借爲从衡之从。東西爲衡、南北爲从也。俗借用縱。又楚紅舒紅二切、借爲从容之从。从容、舒徐皃也。又子勇切、借爲从臾之从。从臾、奬勸也。亦作从容。史記曰日夜从容勸之。

⑭

从之轉注

比，毗至切、反从爲比、反而相親、比也。說文曰𣬶、古文。引之爲比密之義。櫛之疏者曰疏、密者曰比。詩曰其比如櫛。楚辭曰晉制犀比。漢遺單于玉比疏是也。今俗作梳篦。又必二切、比之曰比。又必美切、吕物擬物曰比。又毗之切、比而克諧曰比。又毗必切、比密之甚爲比櫛。俗作秕櫛。

比之諧聲

毖

𣳾兵媢切。書曰：天閟毖我成功所。又曰：天亦惟用勤毖我民。曰：厥誥毖庶邦庶士。曰：汝劼毖殷獻臣。曰：汝典聽朕毖。曰：毖祀于上下。曰：毖殷頑民、與于洛邑。詩曰：爲謀爲毖。又曰：予其懲而毖後患。孔氏、毛氏皆曰慎也。㠯詩書之辭義考之、皆爲敎敕謹密之義。詩云：毖彼泉水、亦流于淇。言泉水雖毖密亦流于淇也。獨大誥曰：無毖于恤。詩云：我恩不毖。辭意頗與閉近。孔氏曰勞也。其說不通。

从之諧聲

并

𠀤必正切、二人并合也。幵聲。又于上二聲。俗作併、加人非。

北

𠀤蒲妹切、二人相偝也。通作偝。別作背、偝。人向南而北、朔故朔謂之北。補墨切。

北之諧聲

冀

𦰩几利切、北方州也。借爲冀望之冀、與覬通。

㐺

𠈁族木切、人三爲㐺。今書作族。族乃矢鏑、詳見族下。孫氏讀㐺魚音切。按、闕㐺聲、初大切。此明徵也。宗㐺㐺黨之義取焉。

㐺之諧聲

聚

𦁛慈庾、昔句二切、會聚也。別作堅。說文曰土積也。又作冣。說文曰積也。

㐺之疑

衆

𥄳之仲切、庶也。說文曰从㐺目、衆意。春秋、公子益師字衆父。陸氏音舟。按、師、衆也。名益師、故字曰衆。陸音非也。

孕

孕㠯證切、人褢子也。

見

見古甸切、覩也。从人从目、見之義也。見於

覩　覽　覲　覜　覿　覯　親

人曰見。形甸切。別作現。

覩　見之龤聲

覩　都古切。見之明也。別作睹、又作睹。說文曰旦明也。

覽　盧敢切。目采也。

覲　渠吝切。見於所尊曰覲。周禮曰春見曰朝、秋見曰覲。

覜　他弔切。滫眂也。周禮曰省問曰聘、殷覜曰眂。王之所㠯撫邦國諸矦者、歲徧存、三歲徧覜、五歲徧省。又作眺。

覿　亭⑮歷切。猶見也。周語曰火朝覿矣。禮、大夫聘於他國、公事既畢、則㠯其私請見、謂之私覿。亦曰私面。

覯　古候切。遇見也。

親　雌人切。目繫親見也。引之則凡切近者皆曰親。又引之爲親戚。

覛　覬　覦　覺　覭　覼　伍　什

覛　莫獲、莫狄二切。密察也。語曰太史順省覛土。又作脈。唐本覓、尋也、从爪。徐本从𠂢。脈、𠂢聲。覛脈兩出、音同。

覬　几利切。矑望幾旻之也。通作幾冀。

覦　羊朱切。伺望幾旻也。

覺　古岳切。卓然有見、頓寤於心也。故引而申之、則卓然可見者亦謂之覺。詩云有覺德行。曰有覺其楹。又古孝切、寤也。

覭　匹篾切。過目暫見也。莊子曰譬之猶一覭也。說文曰蔽不相見也。孫氏莫結切。按、許之義、孫之音乃篾字。

覼　洛戈、力轉二切。說文曰好眂也。又作[illegible]。別作[illegible]。

伍　吾古切。五人之合稱也。古者五人爲伍。

什　是汁切。十人之合稱也。古者十人爲什。

佉　介

佉亐葡切、人去爲佉。

介古拜切、居閒也。从人介亐八之中。傳曰介居二大國之閒。引之爲副介之義。周官、上公之禮、介九人。凡使者必有介紹、所㠯傳命也。記曰不子不婦。皆此義也。別作价。說文曰傔价也。又俗爲介冑之介。介、甲也。故蟲之外骨者謂之介蟲。又引其義則堅而難入者皆謂之介。易曰介如石焉。孟子曰柳下惠不㠯三公易其介。又俗義爲大。詩曰㠯其介圭。大圭也。亦作玠。又曰報㠯介福、介㠯繁祉、介人維藩、皆謂大也。別作夰价俄。

六書故弟八　二十七

休

休許尤切、人息於木、休之義也。別作庥茠烋。⑯勞者息休、人情所欣、故引之爲休大之義。俗爲休燠之休、許遇切。

企　戍　臽　仄

企丘知切、舉踵㠯望也。又作跂。別作佊、企。說文企舉踵也。跂、足多指也。佊、傾也。按、多指止當作岐。

戍須遇切、守禦也。从人何戈、戍之義也。

臽胡監切、臽入坎穽中也。古者掘地爲臼、故人入於臼爲臽。又作陷、錎。

仄札色切、脅側也。从人在厂下、與側通。

仄之轉注

六書故弟八　二十八

丸　㚃　⿰丸咼

丸胡官切、轉仄爲丸。因爲圜轉之義。引之爲彈丸、丸藥之丸。

丸之諧聲

㚃奴禾切、丸之孰也。又奴臥切。又作捼。

⿰丸咼烏禾切、說文曰鷙鳥食已、吐其皮毛如丸。

人之轉注

𠤎

𠤎反人爲𠤎，聲闕。說文曰相與比敘也。⑰亦所吕用比取飯、一名柶、亦从反人。孫氏卑履切。按、𠤎與匕不同。𠤎、人旋反也、从人轉注、其文、厷⑱。匕、柶類也、象匕之形、其文仰。已𠤎厷而反顧爲艮、甾之後爲㑭、故皆从𠤎。匙柶屬也、舀酌之吕匕、故皆从匕。二字文相近而義相遠、因其侣而合吕爲一、誤矣。

𠤎之會意

艮

艮古恨切。已厷而顧也。行而反顧必止、故艮爲止。易曰艮止也。

六書故弟八　二九

𠤎之疑

卓

卓竹角切、𠦝、古文。說文曰高也。早𠤎爲卓、𠤎卩爲卬、皆同義。按、卓植太卓然也、故从𠤎。引其義則爲高、爲著。詩云卓彼界天。又曰卓彼云漢。卓彼甫田。今本皆作倬、加人、初無義。又勑角切。亦作逴、見辵部。

卬

卬五岡切、㬶㬶也。从卩、未喻。別作昂。徐鉉曰疑也。从日。按、卬義自足、从日無謂。又偕爲自稱之辭。詩云

人涉卬否。卬吾我聲相通也。

𠦒

𠦒⑲搏抱切。說文曰相次也、从𠤎从十。

匕

匕吁跨切、倒人爲匕、人能則匕也。別作化、䰈佁。

凡自無而有、自有而無、皆曰匕。气匕曰匕形。易曰變匕者密移而其迹泯、變者革故而其迹著。天地生生、變匕無窮。引而申之、變匕之義無所不通。

六書故弟八　三十

匕之會意

老

老盧皓切、老从毛从人从匕。人老而毛髮變匕也。或曰毛聲。

老之龤聲

耆

耆⑳渠脂切、人生六十曰耆。偕爲耆好之耆、常利切。別作嗜、鰭醋。又偕爲耆定之耆、職雉切。詩云上帝耆之。又曰耆定

耋　耄

[21]尒功。與底通。

⿱耂至 达結切、八十曰耋。亦借用戴。漢書曰犬馬齒戴。

⿱耂毛 莫報切、八十九十曰耄。又作[22]薹、高省聲。傳曰老叔至而耄及之。古本作眊、謂其老而昬眊也。漢書曰秊齒老眊。亦借用㹀。記曰㹀𦙶稱道。孟子曰反其㹀倪。今作耄。

六書故弟八　三十一

⿱耂舊　考

⿱耂舊 人久切、長𡳿也。又作鷰。又去聲。

⿱耂丂 苦浩切、老成也。書曰考舟命。人至於布子則人道成、故父謂之考。書云奔走事厥考。器物之成因謂之考。春秋、考仲子之宮。詩序稱考室考牧、皆考其成也。又與攷通用。

耇　⿰卢匕　葬

⿱耂句 古厚切、老也。說文曰老人面凍黎若垢。

⿰卢匕 息止切、⿰卢匕从匕从卢、匕而卢也。說文曰从卢从人。屵、古文。

⿰卢匕之會意

⿱茻死 則浪切、⿰卢匕而藏也。古之葬者厚衣之吕薪、葬之中野。又作𦵯。說文曰一其中、象所吕薦尸。

六書故弟八　三十二

⿱敝⿰卢匕　⿱𦥑⿰卢匕　⿱高⿰卢匕

⿰卢匕之鮨聲

⿱敝⿰卢匕 毗祭切、隕仆也。說文从犬、引春秋傳與犬犬獘。非。

⿱𦥑⿰卢匕 吁左切、天子曰崩、諸侯曰⿱𦥑⿰卢匕。言尊者之⿰卢匕⿱𦥑⿰卢匕然震動也。凡聲若⿱𦥑⿰卢匕者皆取意義焉。詩云蟲飛⿱𦥑⿰卢匕⿱𦥑⿰卢匕。又曰度之⿱𦥑⿰卢匕⿱𦥑⿰卢匕。別作翁、翍、翗。

⿱高⿰卢匕 枯老切、又去聲。⿰卢匕而首也。周禮曰辨𩓾物之鮮毳。亦作毳。俗作贇。

匕之疑

眞

側鄰切。說文曰僊人變形登天也，从匕从目从乚、八，所椉載也。古作𠑷。按，經傳無眞字，惟莊周之書有之。其所謂眞者，猶不過爲淳一不襍之稱，與今世所謂眞僞者同。未始吕變形登天爲眞也。子桑戶死，其友歌之曰：而已反其眞，而我猶爲人猗。周所謂眞蓋如此。然自莊列始有眞人之名，始有長生不死而登雲天之說，亦寓言耳。後世由此遂合道家神僊爲一流。此變

形登天之說所由生也。死生，晦朔也；壯老，盈虧也。日中則昃，月盈則食。天地盈虛，與旹消息，而況於人乎。壯者之不能不老，老者之不能不死，猶生者之不能無穉，穉者之不能無壯也。人生百季爲大期，稟之厚，養之完，有過其期者矣。稟之薄，養之虧，有不及其期者矣。安有不死之道乎哉。人之生也，气稟於天，形受於地。及其死也，魂气歸于天，體魄夅于土。故侌昜冓精者生之始，形气判離者生之終。气升則浹合于天，其未遽泯也，爲游魂。形毀則匕合于地，其未遽匕也，爲朽骨。气非形不來，形非气不去。安有形气離而能爲人，形气不離而能升天者哉。易曰原始反終，故知死生之說。神僊之有無，居可知矣。予悲夫怪淫之說託於虛無吕誑世，雖豪桀之士往往惑焉，故辨著之。

𠤕

說文曰語未定也，矣聲。矣，古文矢。孫氏曰語期切。按，說文又曰矣，矢鋒也。古文作矣。孫氏叱木切。語未定而从匕既不見義，矣之爲矢自無義，而又吕爲矣，俱未可曉也。

人之龤聲

匈

許容切。身當心之上爲匈。或作胷、胷。

伯

博陌切。兄弟之倫長曰伯，次曰仲，又次曰叔，幼曰季。伯仲叔季，兄弟辭也。俗謂伯父、叔父爲伯叔，亂名矣。諸矦之長因曰伯。又必駕切，與霸通。

仲

直衆切。仲在伯季之中，猶中也。古通作中。

倫

龍昏切。人之倫敘也。人倫之大者五，父

儔　儕　僚　侶　伴　俱　侔

子有親、君臣有義、夫婦有別、長幼有序、朋友有信。

陳畱切，𠷎輩也。古通作𠷎。今作儔。

士皆切，輩也。

力𡿪切，比官爲僚。詩云：我雖異事，及爾同僚。傳曰：泉丘人有女奔孟僖子，其僚从之。亦通作寮。說文曰：寮，穿也。傳曰：同官爲寮。又力小切。詩：佼人僚兮。[24]毛氏曰：好皃。陸氏曰：本亦作嫽。

力舉切，匹也。

薄滿切。說文曰：大皃。詩云：伴奐爾游矣。陸氏音判。毛氏曰：廣大有文章也。徐氏音畔。按，今人言陪伴、伴侶。二字古俱無之。李曰：古㚘字，卽音伴。漢昭帝旹，益州廉頭、姑繒、牂柯談指、同㚘二十三邑皆反。顏師古曰：㚘音伴。

舉朱切，與同也。俱與皆聲義相通。

莫浮切，才力亝也。

倅　儲　僎　侑

七內切，副貳也。

直魚切，爲貳㠯承之也。凡豫畜㠯待用者，國皆謂之儲。

祖倫切，主人之介曰僎。通亦作遵。記曰：介𣪊酢，𣪊僎、𣪊，皆居又。康成曰：僎作遵，鄉人爲鄉大夫來觀禮者。鄉飲酒禮曰：遵者降席。康成曰：爲此鄉人所榮而遵法者也。今文作僎，或作全。記又曰：介僎象陰易也。主人坐於東南，而坐僎於東北，㠯輔主人也。又語曰：公叔文子之臣大夫僎。陸氏曰：士免切。說文曰：具也。按，撰具當作撰，祇當从遵音。

于救切，左相也。記曰：卜筮瞽侑，皆在左。又古者既食而勸食曰侑。祭尸告飽而勸之飲食曰侑尸，其侑之有㠯樂者。周禮曰：王日一舉，㠯樂侑食。亦有用幣者，儐食於所尊亦曰侑食。記曰凡侑食不盡食。亦通作宥。傳曰虢公晉侯朝王。王饗醴命之宥。說文姷从女、耦也。或从人。

佽

佽七亖切、詩曰人無兄弟、胡不佽焉。毛氏曰助也。又曰決拾旣佽。毛氏曰利也。鄭氏曰謂手指相次比也。

俔

俔研奚切、少稺之稱也。孟子曰反其旄倪。㉕俗爲端倪之倪、極際之謂也。莊子曰不知端倪。

侍

侍昔吏切、陪側也。

傅

傅後遇切、附著也。傳曰皮之不存、毛叔焉傅。又曰環城傅於堞。董仲舒曰傅其翼者兩其足。此傅之義也。因之爲保傅傅御之義、方遇切、朝夕親近、輔翼之職也。古之賢者子生則有保母以保抱之、稍長則有傅以傅道之。由是而上、天子有太師太傅太保爲三公。保保其身體、傅傅之德義、師道之教訓、其佐彌尊、其責彌大。保傅之義一也。詩云王命傅御、與其私人。傅御者、朝夕親近御于君子者也。漢稱傅婢、婢之朝夕親近者也。

佾

佾夷質切、舞行也。古者八人爲佾、天子八佾、降殺以兩。

使

使疏士切、役使也。所以叔命而往者曰使、去聲。

伻

伻悲萌披耕二切、書曰伻來以圖及獻卜。孔安國曰使也。

俾

俾幷弭切、使也。

仕

仕鉏里切、从事于公也。

僕 倌 傜 傔 何 佗

僕　蒲沃切。出入僕从者也。故卑馭亦謂之僕。說文曰：給事者。从人菐，菐亦聲。䑑古文。因之爲僕僕。

倌　古寬切。孫氏古患切。詩云：命彼倌人，星言夙駕。說文曰：小臣也。

傜　餘招切。役也。

傔　詰念切。說文新附曰：从人。類篇曰：侍从也。

何　胡哥切。負也。詩云：何蓑何笠。禮曰：𠂤何瑟。詩云：百祿是何。又上去二聲。別作抲。又俗用荷，皆非。俗爲誰何之何。又吁哥切。俗爲遝何之何。又作譴訶。

佗　唐何切。背負曰佗。別作駞拕拖拕。匈奴奇畜有橐佗，肩背有肉峯隆起，如橐，能佗重載，故㠯名之。別作駱駝。俗爲委佗之佗。詩云：委委佗佗。亦作委蛇。又湯何切。亦作蛇，負且曳也。

他 儋 任

他　湯加切。非我曰他。亦通作它佗。

儋　都函切。肩任也。所儋之物爲儋。去聲。別作擔擔甔。

任　如林切。儋也。詩云：是任是負。傳曰：寡君未之敢任。又曰：君不任受怨，臣亦不任受惡。所任之物曰任。去聲。詩云：我任我輦。孟子曰：門人治任將歸。又曰：天將降大任於是人。曰：工師得大木，則王喜，㠯爲能勝其任矣。因其能任而任之亦曰任，任官任賢是也。盡力能勝重任者因謂之任。周官鄉敎敎六行，孝友睦婣任恤。鄭有重難慮莫肎任，故賢其能出力儋負者。六行之教任居一焉。任俠其靡也。因之爲不任之義。秦法：任人而所任不善者罪之。范雎任鄭安兮、爰盎兄噲任盎爲郎中、汲黯吕父任爲太子洗馬、皆謂儋負其可任用也。妥重於人、恣其所爲、因謂之任。婦人褢子亦謂之任、兮聲、亦單作壬。㐱書、督𠂢屬昜、循膂而上至鼻。任𠂢屬侌、循腹而上至咽。女子二十任𠂢通則有子。别作妊姙。

俠 檄頰切、挾負力气吕任自豪也。説文曰、俜也。俜、使也。顔師古曰、俠之言挾也、吕權力俠負人也。秦漢吕來、始有任俠。司馬遷曰、儒吕文亂法、俠吕武犯禁。雖其行不軌於正義、然其言必信、行必果、已諾必誠、不愛其軀、赴士之戹困、存亾死生、而不伐其悳、亦有足多者焉。班固非之曰、與序游俠、則退處士而進姦雄、此其所蔽也。侗謂俠者、任之靡也。先王之政教息、上

失其道、無吕屬民、故游俠之辻吕任旻民、慕其風聲、延頸願交者接轂闐門。其人因旻藉勢、作姦眦睚、殺人藏亾、匿死、擅主威而干國紀、葢任俠之教衰而後游俠之勢行。袁盎曰、緩急人之所有、一旦有急扣門、不吕親爲解、不吕存亾爲辭、天子所望者、獨季心劇孟尒。此任恤之流風、而俠者所藉吕成名也。夫居卿而不能任卿之大事、居國而不能任國之大事、故俠不可有、而任不可無。鄉之六教、任處一焉。孟子曰、伊尹、聖之任也。班固知剸其末矣、猶未能揣其本者也。

參 倉含切、伯曰、二人同一人、徃參之也、从人、曑聲。記曰、離坐離立、無徃參焉。易曰參

仔　健　仡　佶　俊　偉　僩　伔

伍㠯變。三之曰參、五之曰伍。說文曰參聲。徐鍇曰參非聲。又楚今切、參差不亝也。三相次爲參、兩相次爲差。又所今切。

仔子之切、詩云佛旹仔肩。毛氏曰仔肩、克也。鄭氏曰任也。

健渠見切、筋力彊忍也。別作僆。

仡魚訖切、武壯也。書云仡仡勇夫。

佶巨乙切、武毅也。詩云三牡既佶。既佶且

閑。馬壯健則難馴、故既佶且馴、斷爲善也。㉘

俊子峻切、才知拔類也。古與駿通用、亦作儁。馬氏曰才過千人曰俊。又作儁。

偉于鬼切、魁奇也。

僩下簡切、詩云瑟兮僩兮。大學曰瑟兮僩兮者、恂慄也。毛氏曰寬大也。韓嬰曰美皃。說文曰武皃也。

伔負檢切、莊嚴皃也。又作儼。又作俨妒。

優　儀

優於求切、有餘力也。語曰孟公綽爲趙魏老則優。詩云優游爾休矣。又曰益之㠯霢沐、既優既渥。別作瀀、从水、非。說文曰澤多也。引詩作瀀。又爲倡優、共諧笑者也。亝語曰優笑在歬。晉語、優牠曰我優也。言無郵。

儀魚羈切、容儀也。被服起居進退動作有則之謂儀。有儀則可象、故爲儀刑、爲儀度。

詩云儀刑文王。又曰我儀圖之。儀禮之細也。趙簡子見子太叔、問揖讓周旋之禮。子太叔曰是儀也、非禮也。魯昭公適晉、自郊勞至于贈賄、禮無違者。女叔亝曰是儀也、不可謂禮。別作嬟。又爲儀匹。詩云髧彼兩髦、實維我儀。語曰丹朱馮身㠯儀之。貽亦儀匹之意。

允

允，余準切，信實也。別作𡴞。說文曰進也，从中从夲。引易𡴞升大吉。

俶

俶，許六、昌六二切，始也。書曰俶擾天紀。孔氏曰始也。詩云令𠔃有俶。毛氏曰始也。鄭氏曰厚也，非。又曰俶載南畝。鄭氏讀俶載為熾菑，非。又曰有俶其城。毛氏曰作也，非。又令善也。又他歷切。史記魯仲連好奇偉俶儻之畫策。廣雅曰俶儻，卓異也。又作諔侗。莊周曰諔詭幻怪之名。漢書朱雲好倜儻大節。

倘

倘，他朗切。儵忽不可期也。莊周曰雲將見之倘然止。又曰儻兮若行而失道也。曰儻然立於三虛之道。又曰物之儻來寄也。曰引之為俶儻，為倘悅自失皃。通亦作黨。又作倘儻。又尺掌切。

儆

儆，居景切，覺悟戒懼也。與警通。

侗

侗，徒紅、他紅二切，未有知皃也。書云在後之侗。語曰侗而不愿。莊周曰侗乎其無識。揚雄曰倥侗顓蒙。古單作空同。說文曰侗，大皃。

儒

儒，人朱切，文弱也。又作懦。說文曰駑弱也。又作嬬。說文曰弱也。又文學為儒。周禮曰儒㠯道㝵民。講六藝之文，明先王之道。儒者事也。又庳者曰朱儒。梁上短柱因謂之朱儒。

儉

儉，巨險切，約損也。伯曰薄於奉己、約於用物之謂儉。薄於奉己，養惪也；約於用物，養財也。林放問禮之本，孔子曰禮與其奢也，寍儉。

侈

侈，尺氏切，好廣也。侈弇之義生焉。在口為哆，在衣為袲。禮曰錫衣袲袂。

僃

僃，平祕切，先具㠯待用也。

倩

倩，倉見切，美也。詩云巧笑倩兮。說文曰東齊謂壻曰倩、按、今人吕蹔雇爲倩。

佚

佚 弋質切、安佚也。古亦通作逸。又辻結切、佚蕩不循軌物也。通作軼、跌。

傳

傳 重緣切、轉相授受也。次弟相傳爲傳、直戀、張戀二切。有遽令者置馹吕叓傳謂之傳。傳騎、置車吕叓傳謂之傳車。旹秋傳曰：梁山崩、晉矦吕傳召伯宗。爲符契傳吕出入門關者曰符傳。孟嘗君封傳、變姓名吕出關、漢關吏與兵軍繻曰爲復傳。又引之則簡策之載吕傳久遠者亦曰傳。旹秋有𠂇氏傳、本吕載事傳後謂之傳。喪禮有傳者、師所傳受也。公羊氏穀梁氏於旹秋有問荅之義焉、故亦謂之傳。後之注釋者率自名其書曰傳、甚至分詩爲正變、而吕正風正雅爲經、變風變雅爲傳。楚辭則吕離騷爲經、餘篇爲傳。誤矣。

匍

匍 薄乎切。說文曰：手行也。匐 薄北切。說文曰：伏地也。匍匐、

匐

伏行也、古作扶服、亦作蒲伏。

俛

俛 模貶切、下首也。

僂

僂 力主切、曲背也。又郎矦、龍珠、力矦三切。僂句、大龜名。句僂、山名。別作岣嶁。

傴

傴 於武切、僂甚也。傳曰：一命而僂、再命而傴、三命而俯。又衣口切。別作痀𤸇。

俯

俯 夫戶切、丁首至地也。說文頫、从逃省、低頭也、或作俛[29]。史記俛杳眇而無見。漢書作頫。顏師古曰：頫、古俯字。孫氏方矩切。徐鉉曰：俗作俯。非。按、說文漢書皆吕頫爲俛、孫顏徐皆吕頫爲俯、類篇又合俛俯爲一、二字不可合、而頫从逃省、亦無義、故悉不取。

仰

仰 魚兩切、卬首也。古通作卬。又去聲、仰俟也。傳曰：百穀之仰膏雨。漢書曰：卬弄賜給諸公。

倨

倨 居御切、大之直也。凡大容欲悳、倨則敖。

偃　㑴　俄　偏　側

傳曰直而不倨。矩之直者爲倨、折而衡者爲句。磬有倨句、戈亦有倨句。

偃衣遠切、仰臥也。詩云或偃[30]息在牀。鄭公子偃、言偃皆字游。

㑴丘甘切、不能自正之皃。詩云屢舞㑴㑴。

俄五何切、傾也。俄傾、謂俄眥傾眥之間也。

偏湯連切、不正也。偏頗聲義相近、頗近於僻。㠯中言之、中之兩旁謂之偏。傳曰鄭伯使許大夫百里居許東偏。晉獻公衣太子㠯偏衣。又曰廣有一卒、卒偏之兩。蓋百人爲廣、夏㠯二十五人爲之偏也。又曰帥偏師㠯修封疆。偏裨之名所由生也。司馬灋、二十五乘爲一偏。

側阻力切、𠂆又一偏也。與仄通。

俜　依　倚　偯　儺

俜普丁切、一偏也。說文曰使也。令俜、孤去皃也。別作竛娉竛竮。

依於希切、阿徬也。今俗有偎字、烏回切。按、依偎同聲、實一字。又上聲、戶牖之間謂依。周禮、王位設黼依。亦作扆。康成曰扆制如屏風。

倚於起切、依靠也。說文曰依、倚也。倚、依也。按、偏頗依倚、聲義各相近而微不同。頗甚於偏、倚力於依、察其聲之輕重廣陿而義可知也。凡文各有義、㠯彼喻此、无不親切。說文依倚互相釋、此類甚多、蓋無所取之、姑取諸近佀而已矣。依倚俯仰之類、人所同曉、不待訓故而可知也。

偯於起切、記曰大功之哭、三曲而偯。又曰童子哭不偯。康成曰聲餘从容也。說文作偯、痛聲也。按、康成之說近之。偯蓋曲折宛委、大功哀殺、故其哭聲宛偯。童子未能爲聲、直遂其哀而已。

儺乃可切、宛委皃也。詩云佩玉之儺。曰隰有萇楚、猗儺其支。又通作難。詩云隰桑有

儺 佐

阿其棄有難。又橐何切。語曰鄭人儺翰服而立於阼階。古單作難。周官、方相氏掌蒙熊皮、黃金三目、玄衣朱裳、率百吏而旹難。

僊 相然切、輕舉皃。詩云屢舞僊僊。亦作蹮。（別作仙。莊周曰千歲猒世、去而上仙。猶言升遐上升、謂魂气升亐天也。世因㠯仙爲長生不能之名、至創偓佺二字爲仙人名、妄矣。）

作 則各切、奮興也。引之則凡有所作興肇

造皆謂之作。易曰坤作成物。又曰包羲氏作八卦、作結繩而爲网罟。記曰作者之謂聖、述者之謂明。又則故則个二切。（俗作做。）

俟 傒 候 伺

俟 林史切、待也。又作竢、𥩹。（別作俟、逘。）

傒 戶禮切、待也。又作徯。

候 胡冓切、安望也。

伺 相吏切、候察也。（別作覗。）

偵 佇 停 住 値 催

偵 知盈切、窺伺也。亦作𥧌。

佇 丈呂切、止而望也。詩云瞻望弗及、佇立㠯泣。又作竚。（說文又有眝、長眙也。一曰張目也。）

停 唐丁切、行中止也。本單作亭。

住 廚遇切、久停也。又朱遇切、與駐通。

値 直吏切、適相直也。古單作直。

催 倉回切、趣也。（古有趣而無催、催趣同聲、實一字。停住催促値、皆後人所增。說文、催相擣也。引詩室人交徧催我。葢誤㠯摧爲催。）

儳

儳 倉監切、越次進也。記曰長者不及、毋儳言。謂言未及之而言也。與攙同。（徐氏士鑑、倉鑑、倉陷三切、竝非。）失次不整爲儳、去聲。（說文曰儳互、不齊也。）傳曰鼓儳可也。謂乘敵衆之未成列、鼓而攻之也。（陸氏仕銜、仕減二切、竝非。）記曰君子不㠯一日使其躬儳焉、如不終日。謂苟且不整肅也。（鄭氏曰可）

輕賤之皃。徐氏在鑑仕鑑切，竝非。

仞 而震切，古㠯周尺八尺爲仞。中人之身長八尺，兩臂尋之亦八尺，兩足步之亦八尺。度高深㠯仞，度長短㠯尋，度地㠯步。傳曰仞溝洫。借爲識仞之仞。漢書孟喜不肎仞趙賓說。俗作認。

仂 六直歷旻二切，記曰祭用數之仂。康成

曰十一也。

低 都黎切，卑也。古稱高卑，今言高低。

億 於力切，十萬爲億。詩云萬億及秭。又爲億度。語曰億則屢中。又曰不億不信。億度本當作意。意之之謂億。詳具意下。說文：意，滿也。一曰十萬爲意。億，安也，意聲。

例 力制切，事比也。

俗 似足切，習之所成爲俗。一鄉有一鄉之俗，一國有一國之俗。

俚 良百切，鄙俗也，所謂下俚也。借爲無俚之俚，猶言無聊也。聊俚賴聲相通。

但 杜旱切。說文曰裼也。按，袒裼之裼當从衣。假借之用與弟同。又與特同。但弟地特聲相通，故其假借之用略同。

僅 渠吝切。說文曰纔能也。亦通作堇、廑。

俣 負禹切，詩云碩人俣俣。毛氏曰容皃大也。別作俁。

伾 鋪悲切，詩云㠯車伾伾。毛氏曰有力也。

佌 淺介切，詩云佌佌彼有屋。毛氏曰小也。說文作𠈃，𠈃小皃也。引詩𠈃𠈃彼有屋。或作佌佌。侗謂佌佌猶言嵳差，言其鱗比之皃。

儦 必遙切，詩云行人儦儦。毛氏曰眾皃。又曰瞻彼中原，其祁孔有。儦儦俟俟，或群或友。毛氏

曰：趨則儦儦，行則俟俟。陸氏曰：本作麃[31]。按，麃麃言獸之麃捷也，俟俟言兮其舒徐也。行人麃麃，亦言其趫捷也。單作麃爲是。

伇

伇，翅移切。詩云：鹿斯之奔，維足伇伇。毛氏曰：舒皃。按，皃言奔，不旻爲舒。蓋奔趨足相及皃。俗吕爲投字，又有倆，猶伇倆，猶言投埶也。

俅

俅，巨鳩切。詩云：載弁俅俅。毛氏曰：共順皃。說文曰：冠飾皃。按，詩人特吕俅俅狀戴弁之容尒，非冠飾也。毛氏之說恐亦未然。

佸

佸，戶括、古活二切。詩云：君子于役，不日不月，曷其有佸。毛氏曰：會也。韓氏曰：至也。毛說近是。

偈

偈，起竭、居例二切。詩云：匪車偈兮。毛氏曰：偈偈，疾驅也。漢書作揭。王吉曰：是非古之車也，揭揭者。又厺例切，與愒通。

僬

僬，子妙切。記曰：士蹌蹌，庶人僬僬。鄭氏曰：卑者體蹙。荀子曰：誰能吕已之僬僬受人之掝掝[32]。楊倞曰：明察皃，子消切。語曰：僬僥氏長三尺，短之至也。韋昭曰：西南夷之別名。按，此說亦未有所稽。荀子曰：焦僥與烏獲捜。單作焦。

僥

僥，五聊切。說見僬下。

偲

偲，息茲切。語曰：朋友切切偲偲。馬氏曰：相切責之皃。陸氏曰：本又作偲[33]。說文曰：彊力也。引詩：其人美且偲。按，詩二章曰：美且鬈，三章言美且偲。鬈言髮，偲言鬚，卯旾秋傳云：恖亏恖之恖。許氏說非也。

俔

俔，苦甸切。詩云：俔天之妹。毛氏曰：磬也。韓詩作磬。孔氏曰：如今俗語譬喻物云磬作然也。說文曰：譬喻也。一曰間見也，从人从見。淮南子曰：譬若俔之見風也。注曰：俔，候風雨也。

佼

佼，古巧切。詩云：佼人僚兮。陸氏曰：又作姣。方言曰：自關而東河濟之間，凡好謂之姣。月令曰：養壯佼。

僝

僝，仕限、雛免二切，又作僝。書云：共工方鳩僝功。孔氏曰：見也。說文曰：具也。

僑

僑，渠嬌切。鄭僑字子美，又字子產。又僑寓也。

伋

伋，居立切。孔伋字子思。

僖　佔　傁　俴　佹

僖許其切。説文曰樂也。

佔蚩占切。記曰呻其佔畢。陸氏曰眂也。

傁疏鳩切、春秋傳、坐有公孫傁。

俴在演切、詩云小戎俴収。毛氏曰淺也。

佹古委切、晉獻公名佹諸。按晉武公伐夷、執夷詭諸。古葢有此言、如庭堅夷吾之類、今特不知其義尒。詭佹疑祗一字。荀子曰天下不治、請陳佹詩。謂詭辤㠯風也。揚氏曰佹異激

切之詩也。劉子曰佹佹成者、俏成者也、初非成也。佹佹敗者、俏敗者也、初非敗也。

僤　偩　侘　傺

僤詩云我生不辰、逢天僤怒。毛氏曰厚也。陸氏曰都但反、本亦作亶。按、僤怒之僤疑當作憚。莊周曰憚赫千里。都但切。

偩扶缶切、樂記曰禮樂偩天地之情。鄭氏曰偩猶依象也。

侘敕駕切。傺、敕介切。楚辤曰忳鬱邑予侘傺。孫愐曰失志皃。

倢　伃　佰　亮

倢子葉切。説文曰佽也。伃、㠯諸切。漢婦官有倢伃、秩比列侯。别作婕好。伃又作嬩。説文曰伃、婦官也。婕好、女字也。韋昭曰倢承伃助也。一云美好也。師古曰倢言接幸於上也。伃、美稱也。按自侯至倢伃、雖著於經傳、説者不過緣上下文㠯意爲訓、莫㉞得其本義、姑㠯俟知者。

佰佰息六切。説文曰古文夙。宿㠯此爲聲。

亮力讓切、左相也、朗也、信也、京省聲。書曰使宅百揆、亮采惠疇。孔氏曰信也。曰咨汝二十

有二人、欽哉、惟旹亮天功。曰寅亮天地。曰弼亮亖世。又曰王宅憂亮侌三祀。論語禮記皆作諒侌。孟子曰君子不亮、惡乎執。徐本説文無亮字。唐本曰明也。从儿、从高省。按亮與諒多通用。亮有三義、亮采、亮天㉟工、寅亮、弼亮、皆不可訓信。伯曰亮相助、與倞通、有用力意。按、詩云涼彼武王、肆伐大商。毛氏曰左也。陸氏曰本亦作諒。韓詩作亮、相也。伯説爲當、訓明者近之。君子不亮之亮乃與諒倶爲信尒。

償

償食章切、還所直也。春秋傳曰請相夫人

僦 儈 估 俵 仵 佁 儗 伹 倓

呂償馬。

僦 即就切，賃也。

儈 古外切，合市人也。俗書之末可廢者。

估 果五切，市稅也。商物賈也。俗書之末可廢者。

俵 彼廟切，分界也。俗書之末可廢者。

仵 阮古切，莊周曰畸耦不仵。徐氏曰同也。一說敵偶也。

佁 丑吏切。儗，魚吏切。司馬相如賦曰佁儗。張揖曰佁儗不歬也。按，今呂驕騃難語使爲佁儗，古葢有此語。顔師古曰又音態礙。說文曰佁，癡也。讀若騃。儗，僭也。一曰相疑。按，僭者擬上，擬者不必盡僭。僭擬比擬之擬，止當从手。詳見擬下。

伹 侶魚切，說文曰拙也。淮南子曰使伹吹竽。按，今俗亦呂拙鈍爲伹。

倓 人簪切，說文曰意毳也。按，今人亦呂和

伭 佻 儇 偷 僻 僭 偪

易無他者爲倓。

伭 胡田、胡恩二切，說文曰很也。按，今人亦呂忿恨不可解爲伭。

佻 他彫切，輕也。詩云佻佻公子，行彼周行。通作挑、窕。爾雅曰偷也。說文同，引詩示民不佻。按，詩今作恌。

儇 吁緣切，輕利也。詩云揖我謂我儇兮。荀子曰鄉曲之儇子。通作獧、翾。又作嬛、譞。

偷 他侯切，苟且姑息也。別作婾。

僻 普擊切，衺僻也。古單作辟。伯曰邪客於脅下謂之僻。後人加水爲澼，加疒爲癖。脅下非正气與水穀往來之道，邪氣與食入則不能出，故謂之僻也。

僭 子念切，侵踰過度也。又子林切。

偪 筆力切，侵迫也。通作逼。又借爲偪屨之

偪。記曰偪屨著綦。鄭氏曰：行縢也。

倍 倍蒲妹切、反北也、與北通。俗亦作背、偝。又上聲、兩之曰倍。

侮 侮文甫切、玩弄也。亦作侮。按、漢書作侮母於侮、其聲龤。

侜 侜張流切、說文曰有咎蔽也。詩云誰侜予美、心焉忉忉。毛氏曰侜、張誑也。與譸同。按、書無或譸張爲幻。譸、譸誑也。張、張皇也。孔氏合而釋之曰誑、毛氏曰張釋侜皆非。又作倜、亦作侏。譸張侜張倜倡侏張實一字也。或用爲俶儻之俶者、非。朱與周皆非丁歷之聲。

倡 倡尺良切、倡優俳諧、共給戲笑者也。別作娼。俗謂女爲倡。按因之爲倡狂。莊周曰倡狂妄行。亦作猖。又爲倜倡。揚雄曰物咸倜倡。倜倡、驚詭也。

倀 倀褚羊切、狂行不知所如也。記曰譬猶瞽之無相、倀倀乎其何之。說文曰狂也。一曰仆也。

伶 伶郎丁切、樂官也。亦通作泠。周有泠州鳩。春秋傳、晉侯見鍾儀、問其族、曰泠人也。曰能樂乎。對曰先父之職官也、敢有二事。

俳 俳步皆切、俳諧優類也。

傀 傀古壞切、周禮凡日月食、三鎮五岳崩、大傀異烖、去樂。舊音怪。賈氏九靡切。康成曰猶怪也。說文曰偉也。或作瓌。按、瑰偉之瑰當作瑰。又苦賄切、今爲木偶戲者謂之傀儡。

侅 侅柯開切、奇侅不常也。又下楷切。

仇 仇渠尤切、敵怨也。傳曰嘉耦曰妃、怨耦曰仇。引之則凡匹耦皆曰仇。通作逑。詩云君子好逑。又曰公侯好仇。別作執𢙊悰。

伉 伉苦浪切。

儷 儷力計切。左氏傳、郤犨奪施氏婦。婦人曰鳥獸猶不失儷、子叔若何。又曰不能庇其伉儷而亡之。杜氏曰伉、敵也。儷、耦也。詩云高門有伉。毛氏曰伉、高皃。按、高亢之亢止當作亢、與亢龍之亢同。伉儷當

[illegible]兀麗。說見兀下。

仳

𠈀替比切，分判也。詩云：有女仳離。又篇夷切。埤雅曰：仳，催醜也。催，許惟切。

傪

傪渠粦切，罷也。又作劵。說文曰：劵，勞也。考工記曰：凡日馳騁，左不揵。或作劵。康成曰：劵，今倦字也。或又作勌。

倒

倒都老切，仆也。又去聲，首反在下也。

僨

僨夫問切，踣覂也。亦夫遇切。僨仆同聲，其義一也。古無仆字，又替卜、芳豆二切。別作踣蹳。

六書故弟八　卒三

仆

僵

僵居良切，直仆也。別作殭。

傷

傷尸章切，創也。又作傷。說文曰：从人，煬省聲。按：煬，說文曰：煬从矢昜聲，傷也。又作瘍、惕、慯、禓，竝非。說文：慯，憂也。類篇：禓，彊鬼也。

俘

俘芳無切，生獲曰俘。

兀

兀五忽切，行蹞兀也。無止者謂之兀。莊周曰：魯有兀者叔山無止，踵見仲尼。李氏曰：刖足曰兀。說文曰：高而上平曰兀，从一在人上。按：兀無高而上平之義，人之上安𣅀乎兀，蓋一聲。引而申之，凡臬兀不安者皆謂之兀。別作臲卼。又作𡰽𦨭杌。易曰：困于葛藟，于臲卼。說文引易作劓𡰽。書云：邦之杌隉。

兇

兇許𥧻切，恐擾也。通作洶。又平聲。別作訩、哅、兇。

假

假叚下切，借也。一說大也。詩云：假哉天命。又曰：假吕溢我。又古額切，與格通。詩云：天監有周，昭假于下。又曰：大夫君子，昭假無贏。又曰：吕假吕亯，來假來饗。又曰：昭假遲遲。又曰：三海來假。感格徹至也。又亥加切，與遐通。記曰：告喪曰天王登假。又平聲。詩：假樂君子。中庸作嘉。毛氏曰：假，嘉也。陸氏讀爲暇，非。

六書故弟八　卒四

僭

僭資夜切，己所無僭諸人也。又叔昝切。僭與簪通。簪有祥易音，故僭亦有叔昝之音。

侶　仿　佛　僾

別作儕，非。

侶　許里切，肖也。徐本說文：侶，象也。从人，㠯聲。唐本說文：㠯，象也，用也，从已从人。

仿　妃罔切。說文曰：相侶也。別作倆、髣、倣。

佛　𠬝勿切。說文曰：見不審也。別作髣髴。㑟謂仿，猶放也。仿佛，見不審微皃其侶也。佛又房必切，與弼通。詩云：佛肯仔肩。鄭氏曰：輔也，音弼。又扶弗切，戾也。記曰：獻鳥者佛其首，畜鳥者則勿佛也。鄭氏曰：戾也，爲小籠冒其首，爲其喙害人。又曰：其牠之也悖，其求之也佛。陸氏曰：本又作拂。釋氏自号曰佛，㠯太人倫、求宋滅爲敎。㠯予觀之，其佛人之性也，甚矣。

僾　於代切，仿佛若見僾然也。詩云：如彼遡風，亦孔之僾。爾雅曰：唈也。孫炎曰：心唈也。鄭氏曰：鳴唈短气也。鄭氏曰：使人唈然，如鄉遡風不能息。記曰：祭之日，入室，僾然必有見乎其位。陸氏曰：微見也。

僞　佯　偶　俑　佃　儂　傖

僞　危睡切，飾侶㠯亂眞也。

佯　余章、侶羊二切，皃給也。通作陽。内不然而外飾僞，故曰陽。亦借用詳。

偶　五口切，象人也。古借用禺。史記：秦祠畤用木禺車馬。小司馬曰：音偶。漢志作寓。事有不期而遘然者，因謂之偶。俗通㠯此爲奇耦之耦。

俑　余隴切，象人也。古者束芻仿佛人物㠯从葬，謂之芻靈。後人始作俑。孔子謂爲芻靈者善，謂爲俑者不仁。曰始作俑者，其無後乎。謂其象人而用之也。

佃　渠之、太其二切。荀子曰：仲尼面如蒙佃。揚倞曰：方相也。兩目爲佃。淮南㠯祈雨土偶爲佃。又作顛魌。

儂　奴冬切，吳人謂人儂。按，此即人聲之轉，甌人吟若能。

傖　助耕切，吳人謂楚人傖。又千剛切，傖㐮，亂皃也。

羌　僰　党　倭　尻　屎　尿

羌去羊切、西夷之別也。說文曰牧羊人也、从羊。𦍋、古文。按、羌乃羊聲、許氏之說非。

僰蒲北切、西南夷也。說文曰犍爲蠻。

党底項切、党項羌別種也。

倭一戈切、漢志、夫樂浪海中有倭國、在會稽之東。又謂之日本國。說文曰順皃。引詩周道倭遲。按、倭遲與委蛇同、皆當作委。

尻苦刀切、脊骨所竟、當肛門之上爲尻。从人省、象其後也、九聲。說文曰脾也、从尸。別作⿰骨尻⿰月尻。

尻之會意　皆从尻省

屎式眡切、人糞也。古亦通作矢。又作⿱艹⿴囗米。別作⿸尸囟⿸尸矢。詩云民之方殿屎、則莫我敢葵。毛氏曰殿屎、呻吟也。說文引詩作唸吚。屎、許伊切。

尿息遺切、小溲也。說文⿸尸⿱毛水、人小便也、从尾。孫氏奴弔切。按、奴弔切自有溺字、人小便不當从尾。

尿之龤聲

屁　居　兄

屁匹寐切、气下泄也。別作⿰米賁⿱穴氣宗。

居九魚切、坐也。孔子謂子路曰女聞六言六蔽矣乎。對曰未也。曰居、吾語女。子張子貢言游侍、縱言至於禮、子曰居、女三人者、吾語女禮。詩云不皇啟居。皆謂坐也。說文曰从尸从古、蹲也。俗作踞、从足。又作凥。說文曰処也、从尸㝵几而止。按、居从尸無義、蓋从人省。或作居。又居之切、俗爲辭助。詩云日居月諸。亦通作𠀠姬。

人之疑

兄許榮許方許訪三切、同生長曰兄、少曰弟。說文長也、从儿从口。

兄之疑

兢　先

兢居陵切。敬畏也。書曰兢兢業業。詩云矜矜兢兢。又曰戰戰兢兢。說文曰競也、从二兄、兢意、丰聲。一曰兢、敬也。

先穌肻切、肻也。肻後㠯位言、先後㠯旹言。太則有肻後、行則有先後。先之曰先、厺聲。詩云予曰有先後。孟子曰徐行先長者。說文曰从儿从之。从之不可曉。

兟　臥　臨　伊

先之疑

兟所臻切。說文曰進也。从二先。闕。

臥吾貨切、寑也。說文曰休也、从人臣、取其伏也。

臥之疑

臨力尋切、自上臨下也。臨哭曰臨、厺聲。說文曰監臨也、从臥品聲。

伊於脂切、商伊尹㠯爲氏。又爲發語辭。又伊水。漢志出弘農熊耳山、東北入洛。說文曰阿衡尹治天下者。𠩎、古文从乩。

仍　代

仍如陵切、因也。周禮曰凡吉事變几、凶事仍几。魯人爲長府、閔子騫曰仍舊毌、如之何、何必改作。說文曰乃聲。又作扔。說文曰因也。又作搣、抜、乃於聲未諧。

代徒耐切、更也。又特計切、迭更也。今作遞。說文曰弋聲。徐鍇曰弋音近特。徐鉉曰與忒同。按、弋於聲不諧。

侵　便

侵七林切、漸進㠯侵取也。說文曰漸進也。从人持帚、若埽之進。又上聲、皃不颺也。亦作寑。

便毗連切、順利毌習也。書曰愼簡乃僚、無㠯便辟則媚。語曰友便辟、友便佞、損矣。孟子曰便嬖不足使令於肻與。便習於邪僻者謂之便辟、便利於辯佞者謂之便佞。所便爲便、厺聲。利便、便宜、便道、便服之類是也。便斷安之、故謂便安。吏弄法者擇其便文法者爲之、謂之便文。吕便宜从事者不中請、故俗因吕便爲急速、非也。說文曰安也、从㪅。人有不便、㪅之。詩云亏亏𠂇又、亦是率从。𠂇氏傳引詩曰便蕃𠂇又。毛氏曰辨治也。陸氏曰婢延切。韓詩作便。便、關雅便也。杜氏曰便、蕃數也。孔子在宗廟朝廷便便言、唯謹尒。鄭氏曰辨也。

兑

兑在易乾三索而㝵兑、八卦居一焉。彖傳曰兑、說也。說文兑、說也、从儿台聲。徐鍇曰台、古文兖、非聲。从口从八、象气之分散。孫氏辻外切。學記引說命皆作兑。按、說文吕台爲聲、益與學記同、讀爲弋雪切。徐氏从八口、益用孫氏音而與台聲不諧、故其爲說曲而不通。又綿之詩云行道兑矣。毛氏曰兑成蹊也。陸氏吐外辻外二切。皇矣之詩曰松柏斷兑。毛氏曰易直也。陸氏辻外切。按、毛氏緣詩文而變與其說、如松柏亦何易直之有。疑皆當音悅、行道兑矣、啇㭉悅於塗也。松柏斷兑、松柏悅茂也。辻外之音則劦音也。史記天官書、中宮、𢍜削直斗口三星隋北端兑。又曰𣆶下三星、兑曰罰。漢書作銳。索隱曰星形尖邪也。按此則兑。又吕芮切。悅閱脫皆吕兑爲聲、而銳稅悅蛻亦皆吕兑爲聲、獨於辻外之音爲不諧、但稅蛻亦有吐外之音、益又銳聲之轉也。

咎

咎其久切、怨尤之甚者曰咎。易之占五、吉凶悔吝咎。悔吝之疵在我、咎則人咎之也。說文曰災也、从各、相韋也。又作慦。說文曰怨仇也。又作偺。說文曰毀也。又音皋。皋陶一作咎陶。

弔

弔多嘯切、唁喪灾也。說文曰問𠔇也。古之葬者厚衣之吕薪、从人持弓、會敺禽。按、許氏之說甚迂僻。書云惟弔茲、不于我政人旻罪。孔氏曰至也。陸氏音的。別作迺。

件

件其犨切、物別也。說文曰分也、从人从半。半、大物可分。

秃

秃他谷切、無髮也。說文曰从人、㉟上象禾粟之形、取其聲。疑从人木聲譌爲禾。

𢼸

𢼸無非切。說文曰妙也，从人从攴，豈省聲。唐本在㣲部。曰𢼸見其㣲也。

六書故弟八

六書故弟九

永嘉戴侗著　元校刊[1]

人二

子

子子即里切，象子初生之形。𢀈，籀文。說文曰：古文从巛，象髮也。籀文囟有髮，臂脛在几上也。因爲男子之通稱，又爲五等爵之一，借爲十二辰子丑之子。

子之象形

呆

呆呆博抱切，嬰兒衣也，象子在帬襦中。別作褓、緥。引之爲呆，使子之初生則有呆母㠯呆抱鞠養之，所謂阿呆也。長則置之師呆使傅曰呆，呆其身體。今作保。又引之爲保安之保。今作堡。說文曰：保，从人从呆省。𤓯，古文孚。保，古文保。按說文又曰呆古文孚，从呆。呆，古文保。保既从古文孚，孚又从古文保，殊錯戾。蓋呆與孚字相近，故致舛互耳。褓葆堡㠯呆爲聲，桴莩浮㠯孚爲聲，今皆从孚，同此誤也。又爲庸保。

孑

孑居桀切，無一臂也。引之爲孑立孤孑。說文又有孓，無𠂇臂也。孫氏居月切。按孑不過取一臂單子之義，不當夏分𠂇又。

了

了盧鳥切，𠂇又皆殊，了然獨立也。

子之會意

孨

孨說文曰：謹也，讀若翦。

孫

孫蘇昆切。子之子曰孫，子之系也，故从系。亦作𡥀。借爲孫順之孫，去聲。別作愻。又借爲孫避之孫。別作遜。

字

字疾置切，育子也。子在宀下，字之義也。畜之牝者能字，故謂牝字。別作牸。文字之字，取焉獨文爲文，合文爲字。文，母也；字，子也。象形、指事，文居多；龤聲、會意，皆字也。又爲名字之字。子生三月而名，旣冠而字，敬其名也。因名㠯生，故謂之字。

㐬

子之轉注

㐬他骨切、子生順如脫也、象子下出。說文曰不順忽出也、从倒子。易曰突如其來如。不孝子突出、不容於内也。按、子生必首先下、許氏吕順爲屰、葢不察其理。如是則育與疏何吕从𠫓。

弃

𠫓之會意

弃詰利切、子生不育、𢍁弃之也。又作棄、②加華焉、弃糞壞也。

育

𠫓之龤聲

育余六切、長養也。亦通作粥。詩云粥子之閔斯。又作毓。漢志育水出弘農盧氏縣、南入沔。有育陽縣。別作淯。

疏

疏所菹切、因其出而順導之也。孟子曰禹疏九河。語曰疏爲川谷、吕導其气。因疏導而生疏通之義、疏密疏數親疏之義皆由是而生。今俗疏密之疏作疎。說文無此字。經傳竝作疏。又作𤴓。說文曰通也。囪謂之疏。別作䟽。說文曰門戶疏囪也。疏髮之櫛、齒疏者曰疏、齒密者曰比。俗作梳篦。又俗爲粗疏之疏、希之粗者曰疏希、食之粗者曰疏食。又所據切。博雅曰條陳也。

孳

子之龤聲

孳子之切、孳息也。𢇍、籒文。書云鳥獸孳尾。孔氏曰乳匕曰孳。陸氏曰音字。俗爲孳孳之孳、與孜同。

孫③

孫戶來切、子初生曰、孫兒昉欲笑言動於𦣝頷、父母疑𦣝而咳之、故謂之孫。記曰子生三月、咳而名之。說文曰咳、小兒笑也。孩、古文、从子。又作嘊孤。

孺

孺而遇切、子幼弱也。

孠

孠祥吏切、適子爲父後者曰孠。又作嗣。許氏曰諸侯嗣國也、从冊从口司聲。孠、古文。徐鍇曰冊必於廟、史讀冊、故从口。按、古者天

孟　孽　孿　孝　存　孤　孥

子諸侯大夫之適長子皆曰嗣。適子生固昰㠯禮異於諸子、不待冊而爲嗣矣。傳曰嗣吉何建。建非嗣也、必待冊而後爲嗣。此後世之所㠯啟禍亂也、非古也。古者惟無適子與適子能然後立嗣、嗣之从冊、吾無取焉耳。

孟　莫更切、長子也。

孽　魚列切、庶子也。本當用𡿪字、偕爲妖孽之孽。漢志蟲豸之妖爲孽。中庸曰國家將亾、必有妖孽。又作孼。別作蠥。說文曰禽獸蟲蝗之怪曰蠥。

六書故弟九　五

孿　力沇切、一乳二三子也。又作孿。又生患切、非。

孝　呼效切、善事父母曰孝。說文孝在子部、放也。孫氏古肴切。孝在老部、善事父母也、从老省、从子、子承老也。孫氏呼教切。按、孝、人子之達道、非但事老也。隸書既興、父與𡕒譌、因分爲二字尒。

存　徂尊切、撫在之也。存在同聲。

孤　古乎切、幼而無父曰孤。

孥　奴沽切、妻子通曰孥。書曰予則孥戮汝。

亦通作帑。春秋傳、賈季奔狄、趙宣子使臾騈送其帑。

孛　蒲妹切、子悖其親也。別作悖。又蒲骨切、孛茀也。別作詩。彗見而孛乎常因謂之孛子之疑。

季　居悸切、少子爲季。說文曰从稚省、稚亦聲。按、稚之爲義與聲皆不妥。季利皆从禾、胎別有說。

六書故弟九　六

學　胡覺切、效也。先人曰鳥獸之生也、游者則狎於水而不溺、走者則馳於野而不躓、然先於此而已矣。人之生也、自赤子不能求其母、自是㠯進、皆學焉而後能之、無所不學則無所不能也。故人子之道學爲大、君父之道教爲大。古者子生十歲則入小學、二十而入大學。傳曰子既生、不免於水火、禾傅之罪也。羈丱成童、不就師傅、父母之罪也。就師學問無方、心志不通、身之罪也。學之文所㠯从子也。有大人之事、有小人之事。窮理致知、盡己之性、㠯盡人之性、盡人之性㠯盡物之性、贊天地之化育、與天地參者、大人之事也。學大人之事之謂大學。朱子曰學者所㠯明善而復其初也。

謂學㠯明善可也、謂學㠯復其初則否。夫有失而後有復。人生而冢、其知未啟、其明未融、在易乾之姤、雖有龍悳、猶曰隱而未見、行而未成。乾之同人曰學㠯聚之、問㠯辨之、然後悳博而化、爲龍悳之正中焉。雖聖人不能無學也、夫學也者、所㠯明其明而迪其知、猶闢門塗而啟牖鄉也。何必曰

夏兮。說文曰斆、覺悟也、从教从冂、冂、尚矇也、臼聲。學、篆文。按、說命曰惟學斆半、二字不可合爲一、且學然後能覺、學非覺也。

疑

疑語其切、心所未決也。引之則幾㠯爲疑。易曰会疑於昜必戰。記曰尸在廟門外則疑於臣。說文曰惑也、从子从止、吴聲。徐鍇曰吴、古文矢。

女

女尼呂切、人生易曰男、会曰女、象其婉孌。㠯女妻人爲女、太聲。書曰女于旹。借爲爾汝之

女、尒呂切。吾卬我台予、人所㠯自謂也、爾女而若、所㠯謂人也、皆一聲之轉。亦作汝。

女之象形

母

母滿鄙莫古二切、又莫后莫假二切。有子爲母、取象於乳。按、古書母馬同音、皆莫古切。今世俗母馬同音、皆莫假切。淮南子曰西家子謂其母曰社。說文曰蜀人謂母姐、淮南謂母社、又㚻人謂母姊、又謂嫛、吳人謂母媒。雖方音不同、皆自母而變。今負有馬蟥、䖝有馬䖝、薊有馬薊、

皆其類之特大者。蓋毋之譌也。別作媽，文，非。又作姥，非。文子爲學，老女爲毋，叜生爲蘇，皆無梁間俗書。妳又作嬭。唐韻曰：妳，乳也。詳見乳下。

好

女之會意

𡚸呼老切。女之少也。美好，故从女从子。好者人所好之，故爲好惡之好。去聲。孔子曰：吾未見好悳如好色者也。又借爲肉好之好，璧空爲好。別作玦。

娶

㛡七句切。取女爲娶。古亦單作取。

姓

㚸息正切。女所生也。禮曰：子姓兄弟。春秋傳，庚宗之婦人獻雉于叔孫。叔孫問其姓。曰：予子長矣，能奉雉而从我矣。人類之繁不可無別，故各因其生而命之姓。同姓曰繁，不可無別，故各因其𠂢而命之氏。傳曰：天子建悳，因生㠯賜姓，胙之土而命之氏。姬姜嬀妃姚嬴妘姞，所㠯皆从女。鄭漁仲曰：嵩，古文，从生从自。

娣

娣徒禮切。古之嫁女者㠯姪娣从。娣者，其女弟也。姪者，兄弟之女也。傳曰：衛莊公娶于陳，曰厲嬀，其子戴嬀生桓公。無盾娶于魯，曰顏懿姬，無子，其姪鬷聲姬生光。自適而下，因凡謂之曰娣。又兄之妻曰姒，婦弟之妻曰娣婦。

妥

妥吐火切。从𡕥手撫女，安之也。禮曰：主人及祝拜妥尸，尸拜，遂坐。鄭氏曰：妥，安坐也。詩云：㠯妥㠯侑。說文無妥字，綏从妥。徐鍇曰：从爪从安省。蓋𠬪譌爲爪。

嬰

嬰伊盈切。女首飾也。賏所㠯飾也。亦聲。別作瓔。借爲嬰兒之嬰。記曰：中路嬰兒失其母。鄭氏曰：嬰猶鷖彌也。別作孾。又借爲嬰當之嬰。荀子曰延則若莫邪之長刃、嬰之者斷。與𤽎通。又作攖。孟子曰虎負嵎莫之敢攖。

奻

說文曰訟也。易曰二女同居其志不相㝵。孫氏曰女還切。

毋

武夫切、禁止也。說文曰止之也、从女有奸之者。

毋之疑

毐

度告切。說文曰人無行也、从士从毋。賈侍中說、秦始皇母與嫪毐淫、故世詬淫曰嫪毐。讀若娭。遏在切。按、毐音當从度告切、毐吕毒爲聲。

女之䶌聲

始

詩止切、有天地然後有萬物、有萬物然後有男女、有男女然後有夫婦、有夫婦然後有父子、有父子然後有兄弟。人道於女亐始、故始从女。月令、蟬始鳴。陸氏市志切。集韻式吏切。按、今俗音猶有式吏之音者、別作乨乨殆佁。

姜

居良切、神農氏之姓也。其後爲齊甫申呂紀許向芮⑤。

姬

居之切、黃帝氏之姓也。周人實享其姓。

嬀

居爲切、有虞氏之姓也。嬀汭、嬀水之汭、嬀氏所居也。地吕人㝵名。

姚

余招切、帝舜之後、在夏爲姚。𠂔氏傳、少康逃奔有虞、虞思妻之吕二姚。僭爲舜姚之姚。

嬴

吕成切、鄭語曰嬴伯翳卽伯益之後也。秦趙梁皆嬴姓。

姞

巨乙切、傳曰鄭文公賤妾曰燕姞、杜氏曰南燕姓。夢天使與己蘭、曰余爲伯儵、余而祖也。石癸曰姞、吉人。后稷之元妃也。又曰宋雝氏女於鄭伯、曰雝姞。晉語曰黃帝之子㝵

妘　姺　娀　媒　妁　嫁　婦

姓者十三人、姞其一也。周語曰密須由伯姞。毋本曰姞密須姓。

妘　王分切、鄭語曰祝融之後八姓、妘姓鄔鄶路偪陽。韋昭曰陸終弟三子求言為妘姓、封於鄶。今新鄭也。鄔路偪陽、其後別封也。

姺　傳曰商有姺邳。說文、殷諸侯為亂者、疑姓陸氏。函典函禮二切。孫氏所臻切。

娀　而融切、商頌曰有娀方將、帝立子生商。鄭氏曰有娀氏之國有女簡狄、生契。

媒　莫盃切、合男女之交者也。

妁⑥　市勺之若二切、酌二姓之合者也。

嫁⑦　古訝切、女適人也。

婦　房九切、未嫁曰女、嫁曰婦。亦借用負。漢高祖从武負貰酒。劉向列女傳曰魏曲沃負者、大夫如耳之母也。

嬪　妃　媲　嬙　媵　娠

嬪　毗賓切、配也。書云釐降二女于媯汭、濱⑧于虞。詩云來嫁于周、曰嬪于京。周官以九職任萬民、七曰嬪婦、化治絲枲。記曰生曰父曰母曰妻、死曰考曰妣曰嬪。

妃　芳微切、匹配之尊稱也。傳曰嘉耦曰妃。

媲　匹寐切、猶配也。又頻脂切、猶嬪也。

嬙⑨　才良切、傳曰有先君之適、及遺姑姊妹。

若而人、君使董振擇之、以備嬪嬙。又曰夫差宿有妃嬙嬪御。說文曰婦官也、牆省聲。

媵　以證切、以子女从嫁也。

娠　失人切、又音震。說⑩文曰壬身動也。古作震。詩云載震載夙、載生載育。傳曰邑姜方震太叔。婦人經事不行始孕、三月而動、始有形、故謂之震。

嫗

嫗衣遇衣偯、二切、母依兒也。聲義與傴近。記曰煦嫗覆育萬物。又曰羽者嫗伏。鄭氏曰气曰煦、體曰嫗。亦通作燠。傳曰民人痡疾、而或燠休之。母所吕謂之嫗也。又嫛羽切。說文曰母也。

媼

媼烏皓切、母之別稱也。趙左師觸龍謂太后曰媼之愛燕后賢於長安君。漢書曰高

帝母罍媼。又曰高祖常从王媼貰酒。說文曰女老稱。侗謂媼卽嫗聲之轉也、𥁕於聲不諧。

姁

姁況遇切、又丂上二聲、史記曰吕娥姁爲高祖正后。說文曰嫗也。徐廣曰后姊字長姁。按、姁與欨煦通。吕氏旾秋曰姁姁然相樂也。

孃

孃女良切、俗謂母孃。亦謂⑪爲王母。說文曰煩擾也。一曰肥大也。

娘

娘、音同。俗謂少女娘。孫愐曰娘、少女也。

妣

妣卑履切、母沒稱妣。𡚱、籒文。

姑

姑攻乎切、父之姊妹曰姑。引之則外婦人之尊者皆曰姑。夫之母妻之母皆曰姑。記曰舅姑承子吕授壻。古音家與姑同、故俗謂姑爲家。僭爲姑且之姑。書云姑惟教之。詩云我姑酌彼金罍。

姊

姊叔几切、女兄也。又叔野切。俗作姐。

妹

妹莫佩切、女弟也。

媦

媦云貴切、楚人謂妹、媦卽妹聲之轉也。

姪

姪迭結直吉二切、婦人謂兄弟之子曰姪。喪服傳曰姪丈夫婦人報。又曰謂吾姑者、吾謂之姪。旾秋傳曰姪其从姑。古之賢者嫁女必吕姪娣从、姪娣之幼者待年曰須。易壹兪貳、天之道也。男子多欲、婦人妒同、

人之情也。婦人三十容皃改、男子五十血气未衰、故女專於始而男溢於後。女專則巤尋之道塞、男溢則僭逼之害興、室家之舛常必由之、故先王⑫焉制其衷、皆於其始而爲之極。庶人一妻、自是以上妾媵有差、賢者有娣、而又有姪、又有待年之女。一娶之初、長幼兼備、雖缺不更補、所以足男欲而杜其溢、求繁女佀而絕其妒僭也。又作姒。今人謂兄弟之丈夫子亦曰姪。非也。古者兄弟之子皆曰子。漢書疏廣與其兄子受、父子同爲師傅。

姒

姒詳里切、長婦爲姒婦、少婦爲娣婦。喪服小功、娣姒婦報。傳曰、娣姒婦者、弟長也。兄弟之妻相謂皆曰姒。傳曰、聲伯之母不聘、穆姜曰、吾不以妾爲姒。聲伯之母、公弟叔肸之內也。叔向取申公巫臣女、生伯石。子容之母謁諸姑、曰長叔姒生男。爾雅曰、女子同出、先生爲姒、後生爲娣。又曰、長婦謂稚婦爲娣婦、娣婦謂長婦爲姒婦。鄭氏曰、女子同出、謂俱嫁一夫也。以己生先後爲娣姒。廣雅曰、娣姒之別、不以夫之長幼、以婦人之長幼。按、爾雅謂婦人同出者、言女同所出而俱从於嫁、則長爲姒而幼爲娣也。謂長婦稚婦者、言兄弟之妻也、同事一夫、以齒爲長弟可也。兄弟之妻焉㝵以齒爲長弟乎。如皆以齒、則弟之婦亦可謂兄之妻爲娣矣。兄弟之妻自相号呺而亦曰娣焉、則嫌乎以爲己姪娣也。故兄弟之妻可謂之娣婦、而不可單謂之娣。其相謂則皆曰姒、而別之以叔伯。穆姜謂聲伯之母爲姒、叔向之妻謂叔向之嫂曰長叔姒是也。說者惑於弟婦之稱姒、遂謂以婦之長幼爲娣姒、而不以夫之長幼、不亦亂名也哉。又夏后氏之姓姒。別作姒。

嫂

嫂穌老切、兄之妻也。

姨

姨以脂切、妻之姊妹也。

嬸

嬸式荏切、今人謂叔母曰嬸。

嬸

巨禁切、今人謂舅之妻曰嬸。亦作妗。說文曰娑妗也。孫氏丑廉切。妗娑也。一曰善笑皃。孫氏火占切。

姆

莫后切、女師也。別作娒。

婣

伊眞切、嫁娶之家相謂曰婣。周官㠯鄉三物教萬民、二曰六行、孝友睦婣任恤。鄭氏曰親於外親也。古通作因、亦作姻。爾雅曰壻之父曰婣、婦之父曰婚。說文曰婦家曰婚、壻家曰婣。按、內婦㠯昏、故謂昏禮。昏壻家事也。安旻反謂婦父

爲昏。古人蓋通謂之婣。

婆

薄波切、說文作媻、奢也。一曰小妻也。徐鉉曰俗作婆、非。今人謂老嫗爲婆。

娑

桑何切。說文曰舞也。詩云婆娑其下。盤蔓舒撒皃。

婢

部弭切、妾之賤者也。按、今又謂婢曰妮。字書皆無此字。

嫠

陵之切、寡婦也。

孀

師莊切、俗謂寡婦。

[illegible]

卽移切、女貲態也。又作姕。說文曰婦人小物也。孫氏音同。

媛

亐元切、美女也。詩云展如之人兮、邦之媛也。楚辭曰女須之嬋媛。又亐眷切。

娥

牛何切、美女也。揚子曰處子娥媌靡曼者。又曰處子娥姣者。說文曰秦晉謂好曰娙娥。堯女舜妻娥皇字也。娙、長好也。五莖切。媌、目裏好也、莫交切。張湛曰娥媌、妖好也。

娃

烏瓜切、美女也。說文曰圜深目皃。一曰吳楚之間謂好曰娃。按、

深目當作窐。

妙

彌笑切、姿色殊美纖妙也。妙好媺嫵之屬皆从女、人情所說莫甚於女也。引之爲微妙之妙。易曰神也者、妙萬物而爲言也。說文無妙而有玅、急戾也、从弦省、於霄切。孫愐㠯爲妙之別文。

媺

毋鄙切、善美也。周官、師氏掌㠯媺詔王。又作媄。說文曰色好也。

姸 倪堅切、美也。

姝 陟輸尺朱二切、好也。詩云静女其姝。又曰綮絲紕之、良馬三之。彼姝者子、何㠯畀之。不獨㠯稱婦人。毛氏曰順也。又作姣。說文姝姣皆好也。

嫣 於虔許虔二切、巧笑態也。說文曰長皃。

娩 武遠切、記曰姆教婉娩聽从。鄭氏曰娩之言媚也。

⑬婉謂言語、娩謂容皃。

婉 委遠切、宛順也。又作㛪、說文曰婉也。又作婏。說文曰宴婉也。按、詩燕婉之求。亦作婉。

孌 力沇切、順从皃。詩云婉兮孌兮。又曰孌彼諸姬。又曰思孌季女逝兮。孌與孿孌聲義相邇也。說文孌兩出。孌慕也。又孌順也。㠯孌爲籀文。

婐 烏果切、婐他果切。又奴果五果二切。婐婧、宛孌隈倚之皃。婐通作果。孟子曰被袗衣鼓琴、二女果。趙岐曰侍也。又作婑。𨚗子曰稺齒婑婧者。婧又作姽、說文曰婐姽也。一曰女侍也、讀若騧、或若委。引孟子作二女婐、姽、婐姽也。一曰弱也。婧从女隋聲。南楚之閒謂好曰婧。徐鉉曰今俗省作婧。唐韻作委。非。

委 鳴毀切、宛委不自持皃。从禾省聲。說文曰委、隨也、从女从禾。徐鉉曰委、曲也。取禾穀垂穗委曲皃。按、委从禾無義。鐘鼎文皆作乑、乃从乑省、譌爲禾也。引之爲委靡、爲委置。又所委之物爲委、去聲。周官遺人掌邦之委積、㠯待施惠。謂禾穀之類也。委人掌斂野之薪芻。凡疏材木材、凡畜聚之物、謂薪芻之類也。鄭康成曰少曰委、多曰積。又因之爲委遲委隨委它委佗、平聲。別作逶、倭頹。

嫋 乃了切、脩纖荏弱⑭嫋也。與裊通。

嫵 罔甫切、姿媚也。別作娬。

媚 明祕切、女爲容悅也。

娛

娛元俱切、驩悅也。與虞通。或作偶。說文曰歡也。

媆

媆奴困切、稺弱也。說文曰好皃。徐鍇曰俗作嫩、非。

嬌

嬌居妖切、女怙恃驕濞也。

姹

姹丑下切。又作奼。說文曰少女也。又婭姹作態也。

姱

姱枯瓜可孤二切、楚辭曰朝飲木蘭之隊露、夕餐秋菊之落英、苟余情其信姱。又曰汝何寋慱而好脩、紛獨有此姱節。說文曰美好也。

嫮

嫮胡故切、楚辭曰朱唇皓齒、嫮吕姱反。騷曰知眾嫮之嫉妒。又作嫭。楚辭曰嫭目宜笑。朱子曰嫭與嫮同、眄也。

嬋

嬋市連切。又作嬗。

娟

娟於緣切。亦作嬛。嬋娟古作嬋媛。

妖

妖於喬切、豔冶也。古通作夭。詩云桃之夭夭。冶善蠱惑、故引之爲妖孽。傳曰天反時爲災、地反物爲妖。別作祆、䄏、訞。

姣

姣古巧切、巧黠也。傳曰弃位而姣、不可謂貞。說文曰好也。杜氏曰淫之別名。

姤

姤古候切、男女相遇也。易曰姤、遇也、柔遇剛也。

妝

妝側羊切、說文曰飾也。又作娤、粧、裝。

嫫

嫫莫胡切、說文曰嫫母、都醜也。

嬖

嬖卑義切、寵嬖也。

娭

娭虛其切、㜁戲也。又作嬉。又作媐。說文曰說樂也。又作誒。楚辭曰誒笑狂只。又太聲、與⑮戲通。

姍

姍所晏切、戲侮也。說文曰誹也。誹當作訕。

嫌

嫌賢兼切、疑佀也。男女之閒、嫌疑爲多。說文曰不平於心也。一曰疑也。或作慊、見歉下。

妨

妨⑯逋防切、女專妨他進也。

妒　婪　奸　妄

妒都故切、女忌同也。別作妬、妒。

婪盧含切、貪怙也。女悳無猒、故从女。亦作惏。又作懢。

⑰奸居顏切、男女干踰也。又作姦。說文奸、犯淫也。姦、私也。⑱古文。

妄亾放切、行不正也。从女、女多邪也。易曰无妄。无妄徃吉。无妄之災。无妄之疾。孟子曰此亦妄人也。莊周曰猖狂妄行。㠯僞訓妄、非也。僞者、妄之一端。

嬈　嫪　婼　娵

嬈尒沼切、煩繞也。漢書曰除苛解嬈。說文曰苛也。一曰擾戲弄也。一曰亂也、煩也。文穎曰煩繞也。師古曰如紹切。

嫪郎到切、戀也。說文嫪、婟也。婟、胡誤切。嫪也。孫愐曰婟嫪、戀惜也。

婼丑略切、旾秋有叔孫婼。說文曰不順也。

娵側鳩子須二切、傳曰歲在娵訾之口。室壁之舍、亥之辰也。

婺　嫳　妯

婺亾遇切、玄枵之次有婺女星。說文曰不繇也。

嫳匹滅切、旾秋傳、竝有盧蒲嫳。說文曰易使怒也。

妯敕畱切、詩云憂心且妯。毛氏曰動也。又直畱切。孫氏辻歷切。按、詩妯與州猶劦、孫音非。說文引詩作怞、朗也。又仲六切、兄弟之妻相謂妯娌⑲。里。亦作娌。

妢　妎　嫈　嫄

妢扶云切、考工記曰妢胡之笴。

妎胡戒胡計二切、楚語曰妎其讒慝。爾雅曰苛妎也。說文曰妒也。韋昭曰覆也。

嫈蜎營於莖二切、漢有繚嫈厍。說文曰小心態。一曰好皃。

嫄愚袁切、詩云厥初生民、旹維姜嫄。鄭氏曰炎帝之後有女名嫄。說文曰后稷母字。按、周人㠯諱事神、不應庿祀而名之。且姜嫄不應特朋一字㠯爲名字。

婤　姶　媧　妲　姅

婤職流切。姶、曷犮烏合二切。春秋傳衛襄公嬖人婤姶。說文曰：女字也。

媧烏[20]瓜切。女媧氏之說出於列禦寇。其說妄，不錄。

妲當割切。晉語曰：殷辛伐有蘇，有蘇氏以妲己女焉。

姅博幔切。女月事至也。漢律，見姅變不得侍祠。古者天子諸侯嬪婦以敘御于夫君，有月事者以丹注面的的。王粲神女賦曰：免先笄牠孿的。說文曰：婦人污也。孫愐曰：傷孕也。

女之疑

妻　妾

妻千西切。夫之正室曰妻。說文曰：婦與夫敵者也。从女从屮从又。持事，妻職也。𡚫古文。按鍾鼎文妻从𢆶，蓋𢆶聲。以女妻人曰妻，去聲。

妾七接切。側室也。妾有貴賤。古之貴者娶必有姪娣。諸侯娶於一國，其國以姪[21]娣从，他國亦以女媵。自正室而下皆妾也。此貴妾也。記曰：奔則爲妾。若此者賤妾也。說文曰：有罪女子給事得接於君者也。从䇂。䇂，罪也。按，有罪浸入者曰奚，曰婢。妾非有罪者也。从䇂不可曉。疑去聲，譌爲䇂。妻之爲言𢆶也，妾之爲言接也。此說幾佀，實非本義。

威

威於非切。於經傳爲威武，爲威儀。說文曰：姑也。从女从[22]戌。漢律曰：婦告威姑。

佞　婁

佞乃定切。口才巧給也。語曰：惡佞，恐其亂義也。又曰：焉用佞。禦人以口給，屢憎於人。說文曰：巧諂高才也。从女从信省。伯曰：从女仁聲。詳見仁下。

婁洛侯切。說文曰：空也。从毌中女，空之意也。一曰婁務也。𡝤古文。按，婁有數音。詩云：子有衣裳，弗曳弗婁。力俱切。毛氏曰：婁亦曳也。馬氏曰：牽也。舅駟曰：挽使申也。公羊氏曰：牛馬維婁。何休曰：繫牛曰婁。陸悳明力主切。又辰之次曰降婁、其蝗奎婁。力虒切。春秋邾國亦号邾婁。凡夷言多吕兩言爲一言、邾婁之合、从力俱切者爲邾、从力虒切者爲鄒。又牝豬爲婁豬。春秋傳曰既定尒婁豬盍歸吾艾豭。又浪遇切、古用爲屢。頌曰婁豐年。

晏

晏 說文曰从女日。詩曰吕晏父母。孫氏烏練切。按、宴匽吕此爲聲。

大

大特柰切、又特計唐个二切、象人亖叉舒展。

引之則凡傊大者皆謂之大。說文大介分二部、大、古文。天大地大人亦大、故大象人形。孫氏迖蓋切。介、籒文。亦象人形。孫氏他達切。按、古文籒文特字勢少變、許氏一字而分二部已非、孫氏又别其音、尤非也。公食大夫禮、羞庶羞皆有大、贊者辯取庶羞之大吕授賓。鄭康成曰大吕肥美者特爲臠、所吕祭也。

大之象形

矢

矢阻力切、頃矢也、象人頃頭。

矢之龤聲

臭

臭古屑切、說文曰頭頃㉓也。

隻

隻春秋傳、魯有慶隻、字䋣。說文曰頭衺骫隻態也。陸氏戶結切。吕圭聲推之、恐陸氏之音非。

夭

夭依小切、象人頸項夭矯也。俗爲夭折之夭、少亾爲夭。又乎聲、俗爲夭美之夭。詩云桃之夭夭。毛氏曰少壯也。說文引詩作枖、木少盛皃。

語曰子之燕居、夭夭如也。馬氏曰和舒之皃。又烏皓切、俗爲胎夭之夭。詳見麌下。

夭之疑

幸

幸胡耿切、福不當㝵而㝵、禍不當免而免曰幸。引之則不吕道而獲㝵於上者謂之嬖幸佞幸。上所行臨臣民幸其至因謂之幸。說文曰从夭从屰、免凶而吉也。夭死之事、故死謂之不幸。

尢　尲　尥　尰　尵　⿺尢委　交　立

㉔尢烏光切，象人脛曲跛也。亦作尪，王聲。說文曰尪，古文。

尢之諧聲

尲古咸切，尲尬，不著次弟也。尬亦作尷。

尥力弔切。說文曰：行脛相交也。按：今人謂筋骨弱，𨀼足不隨爲尥掉。

尰豎勇切。詩云：既微且尰，尒勇伊何。爾雅曰：骭瘍爲微，腫足爲尰。別作瘇、⿰骨重、偅。

尵都賄切。⿺尢委，吐猥切。風痿腨瘍也。按：方書止作猥退。

交加交切，象人兩脛交。引之則凡交會交接皆曰交。

立力入切，象人立地上。

立之指事

竝　替　端　靖

竝蒲迥切，兩人比立也。引之爲竝緣之義。蒲浪切。李曰又音蒲半切，卽俗伴字。

竝之疑

㉕替他計切，隤廢也。書曰：無替厥服。曰：無替朕命。傳曰：兄其替乎。曰：王替隗氏。又曰：上陵下替。孔氏、杜氏皆曰廢也。唐本說文曰廢也。徐本曰廢一偏下也，白聲。或从白，或从兟，俗作替。

立之諧聲

端多官切，立之端正也。俗爲端匹之端。凡布帛一丈六尺曰端，二端爲匹，爲兩。又俗爲兩端、端緒之義。

㉖靖疾郢切，班立整定也。書曰：嘉靖殷邦。詩云：俾予靖之。傳曰：君務靖亂。靖與靜同音而異義。靖者，㉗靖之於未定；靜者，定

而後靜也。說文靖、立竫也。竫、亭安也。音同。又婧、竦立也。

竦　息共切、危立也。與聳通。

奇　居宜切、一足立也。別作踦、見足部。引之為奇耦。易奇而会耦、一三五七九為奇、二亖六八十為耦。又因之為奇衺奇詭、常也。又因之為奇偉奇特、渠羈切。

竱　旨兗切、立之等也。語曰竱本肇末。

六書故弟九　三三

竣　七倫切、又壯倫、逡緣二切。語曰有司已於事而竣。爾雅曰退也。按、竣、退立也。說文曰偓竣也。或曰伏皃。

䇐　力至切、說文曰臨也。按、書傳皆借用涖、亦借用莅。易曰君子以莅眾、用晦而明。

竭　渠列切、說文曰負舉也。按、書傳通用為竭盡之竭。

竘　丘羽切。說文曰健也。一曰匠也。

亦　羊益切、說文曰臂亦也。亦作腋。因之為扶亦、扶者扶其手、亦者亦其亦。亦作掖。又借其聲為又亦之亦、又與亦聲相近也。今人吁音如也。

亦之疑

六書故弟九　三四

夾　說文曰盜竊褱物也、从亦有所持。俗謂蔽人俾夾是也。失冄切。弘農陝字从此。

大之會意

夾　古洽切、二人夾一人也。又吉劦、檄頰二切。

大之諧聲

去　丘據切、違離而往也。屏去之曰去、上聲。

暍　奢　夸　奓　奕

又仩居切，傳曰千乘三厺，三厺之餘，獲其雄狐。

厺之鰭聲

暍 仩竭切，詩云庶士有暍。毛氏曰武夫也。[28]又曰伯兮暍兮，邦之桀兮。說文曰厺也。按，暍从厺，其義當與厺相近。然詳詩意不旻但云厺，毛公所吕釋爲武壯皃也。

奢 式車切，侈大也。

夸 苦瓜切，張大衒耀也。又作誇，夸於言也。又作夻奅侉恗。

奓 昌者切，莊周曰奓戶而入。大啟也。又陟加切。

奕 羊益切，廣大開張也。詩云奕奕寢廟。又曰奕奕梁山。毛氏曰大也。又曰三牡奕奕。又曰萬舞有奕。又爲重累。傳曰奕丗載悳，不忝肯人。

耎　奎　𡙇　奭　𡚁　夫

耎 而沇切，罷弱也。說文曰稍前大也。讀若畏偄。又作輭。漢書曰罷輭不勝任。按，今俗通用軟字，从車从欠，於聲義皆不可通。又作偄腝媆愞輭報，兹非。𥹋問耎弱皆作耎。又奴亂切。按，需有濡音，與耎相近，故多𢓊互。从耎者多譌爲需，偄腝渜㨎之類皆當从耎。

奎 苦圭切，說文曰兩髀閒也。莊周曰豕蝨擇奎蹏曲隈乳閒，自吕爲安室利処。又俗爲二十八宿名。

𡙇 直質切，說文曰大也，讀若詩𡙇𡙇大猷。

奭[29] 詩亦切，說文曰盛也，从皕，皕亦聲。召公名奭，讀若郝。奭古文。詩云路車有奭。毛氏曰亦皃。

𡚁 乙獻切。說文曰大皃。或曰拳勇字。一曰讀若傿，乙獻切。

大之疑

夫 甫无切，男曰夫，女曰婦。說文曰丈夫也，从大一，吕象先。周制八寸爲尺，十尺爲丈，人長八尺，故曰丈夫。又防無切，有所指

扶　規　夵　本　桒　奏

之辭。語曰夫三子者。曰夫人不言。又爲辭
助。語曰莫我知也夫。又曰已矣夫。
夫之會意
㚘薄旱切。說文曰竝行也。輦从此。讀若伴侶之伴。
夫之疑
䂓堅隨切、方曰巨、圜曰規。說文曰有灋度也、从夫从見。

六書故弟九　三七

夵說文曰放也、从大而八分也。孫氏古老切。
夲說文曰進趣也、从十、猶兼十人也、讀若滔。孫氏偷勞切。
本之龤聲
桒說文曰疾也、从本卉聲。𢷎从此。孫氏呼骨切。按、𢷎、桒聲。桒、卉聲。孫音非。
本之疑
奏則候切、書曰敷奏㠯言。孔氏曰進也。又曰
奏庶艱食鮮食。孔氏曰㉚奏謂進於民。又曰敷同日

皋

奏罔功。孔氏曰日進於無功也。詩云樂具入奏。又
曰旣匍乃奏。曰各奏尒能。周禮曰㠯晉
鼓鼓金奏。鄭氏曰金奏謂樂作擊編鍾。記曰要其節
奏。鄭氏曰節奏闋作進止所應也。趙簡子問無恤求其
簡、出諸袖中而奏之。說文曰奏、進也、从本从𠬞从屮。屮上
進之義。㞋、𢦏、㚘古文。侗謂从𠬞、桒省聲。
按、奏雖有進義、孔氏專訓進、謂敷進、㠯
言已不足㠯盡敷奏之義、謂進食於民、
謂日進於罔功、則愈鑿矣。謂奏樂爲進

六書故弟九　三八

樂可乎。㠯作訓進於奏樂粗通、然亦未
足㠯盡其義也。夫所謂金奏者、九夏之
屬、樂之盛者、擊編鍾也。作者樂之始作
也。奏者凡始條理畢奏、然後謂之奏。奏
葢有湊意、故詩曰樂具入奏、旣備乃奏。
傳曰金奏作於下。奏不可訓作也。敷奏
㠯言者、使各發陳其緼、猶奏樂也。奏艱
食鮮食者、謂登采粒食負鼈之類、猶奏
樂也。奏功奏書皆此義也。又爲奏理、千候切。禮曰載
體進奏。亦作腠。詳見腠下。
皋古勞切、周禮曰詔來瞽皋舞。說文曰气皋白

夷

之道也、从本从白。引周禮皋舞皋告之也。禮、祝曰皋、登歌曰奏。故皋奏皆从本。按、禮、升屋而号、曰皋某复。又爲皋緩傳曰魯人之皋。

夷㠯脂切、巖足廿坐也。說文曰平也、从大从弓。東方之人也。按、从弓無義、疑㠯聲。語曰原壤夷俟。書云乃夷居弗事上帝神示。別作跠𡰥。引之爲坦夷平夷。詩云峻有夷之行。老氏曰大道甚夷。別作徺。詩云

我心則夷。又曰旣夷旣懌。別作恞。借義爲夷傷。易曰明入地中、明夷。傳曰察夷傷。別作痍銕。又爲蠻夷。東方曰夷、三方夷狄通亦曰夷。又書云宅嵎夷。別作鍝銕。

奄

奄依檢切。書云奄有三海。孔氏曰同也。又曰奄甸萬姓。詩云奄有三方。毛氏曰大也。又曰奄受北國。毛氏曰撫也。又曰奄有龜冢、遂荒大東。鄭氏曰奄、覆也。荒、奄也。又曰奄觀銍艾。鄭氏曰久也。說文曰覆也、大有餘也。又欠也、从大从申。申、展也。按、奄有覆冒之義、訓大訓同訓欠、非。又丏聲。周官、酒漿醢醯之屬、用女奄者皆用奄。鄭氏曰奄、精气閉藏者、今謂之宦人。月令曰其器閎㠯奄。又國名。書序曰成王東伐淮夷、遂踐奄。

奚

㉛奚胡雞切。周官、酒漿醢醯之事用奚。鄭氏曰古者从坐男女沒入爲奴、其少才知者㠯爲奚。今之侍史官婢。或曰奚、官女。說文曰大

腹也。𦃃省聲。𦃃、籒文系。說文別有媄字、女隸也。又假借之用與何同。奚何胡曷、一聲之轉、其義一也。

六書故弟十

永嘉戴　侗著　函蜀李鼎元校刊

人三

𦣻

𦣻𦣻𦣻書九切、自頷而上通曰𦣻、象形。亦作𩠐皃。从人。𦣻之所向爲𦣻、𠫓聲。說文𦣻百頁分三部。百、頭也、象形。𦣻、古文百也、巛象髮。頁、頭也、从𦣻从人、古文䭫百如此。孫氏胡結切。按、𦣻之爲百猶孚之爲子、頁之加人猶靁之加雨。說文俱訓頭、不當分而爲三。說文頁訓頭、㠯爲古䭫𦣻之

𦣻、未嘗有他音、孫氏胡結之音非也。李陽冰亦謂頁音𦣻不當音頡、況自有頡字。而頁無他義、古今書傳未嘗有用頁字者、凡頭顱顚頂顙額之類屬乎𦣻者俱从頁、頁之卽爲𦣻明甚、予故合而一之。

𦣻之象形

面

面彌箭切、𦣻之昜、眉目口鼻所聚也。說文曰顏歬也。凡兩相遇而還其面不肎眂者因謂之面。史記、項王顧見呂馬童曰、若非吾故人乎。馬童面之。亦作偭。楚辭曰偭規巨而改錯。又曰偭梟獺㠯隱処。

面之會意

靦

靦他典切、說文曰面見也。詩云爲鬼爲蜮、則不可旻。有靦面目、眂人网極。毛氏曰姡也。說文曰姡、面醜也。古活切。語曰余雖靦然而人面哉、吾猶禽獸也。按、詩意爲鬼蜮、則其形不可旻、見斲人靦然面

目、眂人网極、㕚何顏㠯逃也。面見之說惟允。或㠯靦爲慙、亦非。別作䩄䩉覥㥏。說文曰青徐謂慙曰㥏。竝非。

面之龤聲

靨

靨於琰於劦二切、頰旁宛宛也。淮南子曰靨酺在頰則好、在顙則醜。高誘曰靨酺、在頰上窐窐者。

𦣻之會意

須

相俞切、口頰旁毛也。谷間曰頿、頰旁曰冄、通曰須。別作鬚。偕爲須待之須、易曰需須也。通亦作需。別作頾嬃。古者嫁女姪娣之幼者待年而行曰須、易曰歸妹以須、反歸以娣。須其從也、幼反則長也、故壻亦有須女。別作嬃。漢書呂后之妹呂嬃、陳平樊噲傳作須。

須之諧聲

頿

即移切、谷①間須也。別作頾。

頃

去營切、側頭也。从匕从頁、側之義也。別作傾。傾、加人、非。引之則爲頃陂頃危。別作傾。因之爲俄頃、頃言頃𦣻之間不多旹也。偕爲頃畒之頃、百畒爲頃。皆上聲。一說二百②畒。別作頤。

頮

呼內切、从水臼。頮𦣻、頮之義也。亦作靧。

頹

杜回切、𦣻禿也。亦作穨。

煩

附袁切、頭熱痛如燔也。一說樊省聲。引之爲煩擾、煩勞。傳曰寡君來煩執事。又曰至於煩乃舍也已。

[illegible]

烏旻切、旻頭水中也。

𦣻之轉注

県

古堯切、𦣻到縣也。今偕用梟。

県之會意

縣

胡涓切、県而系之、縣之義也。別作懸。偕爲縣鄙之縣、去聲。周官小司徒井牧田埜、三井爲邑、三邑爲丘、三丘爲甸、三甸爲縣。遂人掌埜、造縣鄙形體之㳒、五家爲鄰、五鄰爲里、三里爲酇、五酇爲鄙、五鄙爲縣。小司徒之㳒、井地㳒也。遂人之㳒、居民之㳒也。六遂之民、分耕邦甸、然亦必有聚落居邑，故目人制數，與六鄉同。遂之縣，眂鄉之州。周衰，王制始紊。楚滅諸國，皆目爲縣。晉之縣亦大。楚有縣公，晉有縣大夫。趙鞅誓師曰：上大夫受縣，下大夫受郡。縣大於郡也。杜氏曰：周書作雒篇，千里百縣，縣有三郡。秦人始目郡統縣，今目州統縣，其廣陿無制焉。

纛

縣之龤聲

纛辻到切，羽葆也。周官大喪，鄉師執纛御匶。鄭司農曰：羽葆幢也。秦漢天子之車，黃屋𠂇纛。蔡邕曰：目犛③牛尾爲之，大如斗。

頭

𦣻之龤聲

頭度侯切，𦣻自髮目上爲頭。記曰：頭有瘍則沐。傳曰：荀偃生瘍於頭。

頊　顱　顛

頊辻谷切。顱洛乎切。頊顱，頭骨也。又作髑髏，亦稱頭盧。髑髏之急言爲頭，皆一聲之轉也。

顛都季、都因二切，頭之上爲顛，引之則山有顛，木亦有顛，凡高之所極皆曰顛。別作巔、厧、𩕢、顛、槙。因之爲顛踣顛覂也。別作蹎，說文曰：跋也。又作𧽜，說文曰：走頓也。顛覂則𦣻反居下，故又因之爲顛到。

頂　顙　頟　題

亦都令切。別作傎。穀梁氏曰：晉文之行事爲已傎矣。狂易者反常，故亦謂之顛。別作癲。

頂都挺切，顛頂聲義相通。亦作⿰鼎頁。

顙穌朗切，頟上爲顙。

頟五格切，髮之下眉之上爲頟。亦作額。引之爲剛虐之義。書云：罔晝夜頟頟。

題杜奚切，頟也。孟子曰：榱題數尺。爾雅曰：桷謂之

顏　頻

榱題頟也。按、榱題猶今言椽頭、榱題數尺、言其旁之深也。漢梓宮黃腸題湊。蘇林曰、以柏木黃心致累棺外、木頭皆內向、故曰題湊。凡表出者物揭而署其耑、因謂之題署題扁。春秋傳、宋人享晉侯以桑林之樂、舞師題以旌夏。謂以旌夏揭而先之也。記曰南方曰蠻、雕題交止。鄭氏曰、雕文謂刻其肌、涅以丹青、題義未詳。詩云題彼脊令。毛氏曰、題、眡也。鄭氏曰、題之爲言猶睇也。陸氏大計切。

顏 五姦切、自頟達于頞爲顏。詩云揚且之顏。毛氏曰、頟角半滿也。史記、漢高祖隆準而龍顏。應劭曰、頟顙也。素問曰、心熱病者顏先赤。引之爲顏色之通稱。別作䫣。

頻 步賓切、眉目之交也。孟子曰、仲子頻顣。又作矉。莊周曰、髑髏深矉蹙頞。又曰西施病心而矉其里。深頻者、深蹙其眉目也。通俗書曰蹙頞曰矉。按、莊氏言深矉蹙頞、若如通俗書之說、不當言深矉而又言蹙頞、矉以深言、又从目、其義可見。或作顰嚬、𠀤非。說文有頻而無顰、其說迂僻、甚無理。俗爲頻數之頻。易曰頻復。又曰頻巽吝。

頞　頄

頞 烏葛切、鼻莖也。又作齃。又作𩓬。

頄 渠追渠爰二切、面頰骨也。易曰壯于頄。又作䪼。又通作權。又作顴䫫。翟氏曰、頄面權頰間骨也。鄭氏作頯、夾面骨也。說文曰、頄、九達道也。似龜背、故謂之頄。頄、高也、故从首。顴、權也。按、爾雅九逵謂之逵。亦俗作頄。許氏不知其爲假借、故爲之曲說如此。

頰　頪　顄

頰 古劦切、面旁也。𩓎、籀文。

頪 補講切、百本也。又補孔切。

顄 胡感切、頤當含物處也。又作頷、𨦉。傳曰迎于門者頷之而已。謂俯頷荅之也。又胡男胡勘二切。又作𩑳。說文曰、顄、頤也。𩑳、顄也。𨦉、低頭也。葢誤以𨦉爲低頭。伯曰𠃨、古文頤、詳具齒部。

顋 顋桑才切、頷旁也。古單作囟。

頔 頔之劣切。絫問曰齒痛頔腫。說文曰頭頡頔也。讀若骨。呂絫問考之、當在頤旁。

頸 頸居郢切、頭莖也。

領 領良郢切、頸之後曰領。引之則衣當領者亦曰領、山之中伏亦曰領。別作嶺。振衣者提其領而皆隨、故因之爲要領、統領、領略。

項 項胡講切、頸也、頤下曰項。

頌 頌余封切、皃也。漢書、魯徐生善爲頌、唐生、褚生應博士弟子選、摳衣登堂、頌禮甚嚴。又作䫤。俗爲雅頌之頌。俗義奪正義、故頌皃反俗用容內之容。伯氏曰：詩序云頌者美盛德之形容也。止當讀如字。

碩 碩常隻切、大首也。通作石。詩云：碩鼠碩鼠、無食我黍。謂鼠之碩大也。說者呂爲五技鼠、別有鼫字、非也。五技乃鼫鼠、善緣木、鮮食禾黍。

顒 顒魚容切、首耑大也。詩云：三牡脩廣、其大有顒。又曰：顒顒卬卬。易曰：有孚顒若。

頒 頒扶云切。說文曰大頭也。詩云：魚在在藻、有頒其首。又布還切。俗爲匪攽之頒、與攽班通。

願 願魚怨切。說文曰大頭也。俗爲願欲之願。亦作顯、說文曰

顚頂也。

頑 頑五還切。說文曰棞頭也。按、頑頭少髮寡廉也、故頑無廉恥、頑不可訓者皆謂之頑。孟子曰：聞伯夷之風者、頑夫廉。

顆 顆苦果切。說文曰小頭也。凡圜物呂顆計。

頎 頎渠衣、渠斤二切、頭首直皃也。詩曰：碩人其頎。又曰：頎而長兮。說文曰頭佳皃。唐本作頭住、誤。又康

顅　顧　頓　䭫　頗

狠切。記曰頎乎其至也。陸氏曰惻隱也。考工記曰輈欲頎典。鄭司農曰讀若狠軫。康成曰堅忍皃。

顅苦閑古顏二切、頸脰細長也。考工記曰數目顧脰、謂之羽屬。莊周曰甕盎大癭說亝桓公、公說之、而眡全人、其脰肩肩。肩卽顅也。說大癭者故反眡全人、其脰大細長也。說文曰狠眡也。

顧古慕切、還眡也。

頓都困切、下首也。又迖困切、借爲銛鈍之頓、與鈍通。

䭫康禮切、扣首也。拜而首至地曰䭫首、下首曰頓首。通作稽頓首、今之揖也。稽首、今之拜也。

頗滂禾切、頭偏也。又上聲、微偏也。又與陂通、彼義切。洪範曰無偏無頗、遵王之義。唐明皇改爲陂。

順　頡　顫　籲

順食閏切、說文曰理也。伯曰察人情芇順者眡其頭項、从者首肎、不从者彊項也。

頡胡結切、說文曰直項也。詩云燕燕亏飛、頡之頏之。又訖黠切。漢高帝㠯其丘嫂猒客、易爲鬻盡轑釜、封其子信爲鬻頡矦、與戛通。

顫之繕切、頭振搖也。淮南子曰寒者顫、懼者亦顫。呂氏春秋曰天下顫恐。又舒延切。莊周曰鼻徹爲顫。列禦寇曰鼻之所欲向者、椒蘭而不㝵齅、謂之閼顫。

籲羊戌切、[illegible]⑤首号吁也。書曰率籲衆戚。又曰無辜籲天。亦作籲。

頩　奡　頍　顦　頷　顑　顲　⿰霝頁

頩普經、補經二切、盛气滿容也。楚辭曰：玉色頩吕滿顏。又作𩒋。說文曰：縹色也。宋玉⑥盛曰：頩薄怒吕自持。

奡五到切、彊項也。

頍犬弜切、詩云有頍者弁。毛氏曰：弁皃。按禮、緇布冠⑦缺項。康成讀缺爲頍。冠無笄者、用頍吕組口頭吕繫冠、缺其當項处吕係繫束也。弁有笄、不用頍。故毛氏直緣詩辭吕爲弁⑧冠。說文曰：頍、舉頭也。

六書故弟十　十二

顦慈焦切。顇秦醉切。憂殀萎瘁也。顇與瘁通。亦作憔悴。按顦顇見於顏面、从頁爲正。

顑苦感、古憾二切、飢而面黃虗浮之皃。楚辭曰：長顑頷亦何傷。說文吕顑爲食不飽、面黃起行、又吕頷爲面黃。非。

顲盧感切、顲顑、面虗浮皃。

⿰霝頁遇⑨丁切、說文曰：面瘦淺⿰霝頁⿰霝頁也。

⿰嚴頁　⿰岳頁　馘　頵　顓　頊　頜　顯　頪　囟

⿰嚴頁五咸切。⿰岳頁玉角切。⿰嚴頁⿰岳頁、面少肉、骨露也。說文：⿰嚴頁、頭頰長也。⿰岳頁、面歬岳岳也。按⿰嚴頁⿰岳頁止當⑩从岳嵒。

馘古獲切、折俘首也。莊周曰：槁項黃馘。蓋吕馘爲首。又作聝。說文曰：軍戰斷耳也。

頵太倫切、又俱倫、具隕二切。說文曰：頭頵頵大也。

顓職緣切。說文曰：頭顓顓謹皃。頊許玉切。說文曰：頭頊頊謹皃。

帝顓頊高陽氏。莊周曰：頊頊然不自旻。

六書故弟十　十三

頜遏合、葛合二切、春秋傳有頜氏。說文曰：顄也。

顯呼典切、昭著也。說文曰：頭明飾也、从頁㬎聲。徐鍇曰：古吕㬎爲顯字。爾雅曰：光也。

頪說文曰：難曉也。一曰鮮白皃、从粉省。唐本說文曰：从迷省、音闕。孫氏盧對切。按、類吕頪爲聲、頪吕米爲聲、其義闕。孫氏音近之。

囟息進切、頭會匘冈也。象形。別作顖脺。

囟之龤聲

𡿺奴晧切，囟中髓也。說文曰：頭髓也。从匕⑪，相匕者也。巛象髮，囟象𡿺形。按，𡿺，囟中之髓，安昊有髮？𡿺葢从𡿺。𡿺之與囟，猶孚與子，脂與百也。从匕，疑與乎皆𠂢爲聲。俗作腦，考工記作𡿺。

𣬈房脂切，人𪗋也。在頭爲囟，在腰爲𣬈。亦作膍，加肉。詩云：福祿膍之。毛氏曰：厚也。韓詩作肶。

目莫六切，司眂之竅也。象形。目本衡物，其从書者，籀而有合也，故⑫箸其本文亏上。

六書故弟十　十五

目之象形

眉門悲切，目上毛也，象形。古鍾鼎文眉耆之眉作，其字从凡䑋亹字也。亹有門音，亹是也，故亦有眉音。古書多假借，荀子面無須麋，俗用麋字。

盾食允、徒本二切，干也。象㕥干蔽目。

盾之龤聲

[盾圭]苦圭切。說文曰：盾握也。徐鍇曰：盾鼻也。

䀠居倦切，目口也，象形。說文曰：讀若書卷之卷。古文㠯爲醜。

目之會意

䀠九遇切，兩目𠂇又眂，䀠䀠然也。凡驚䀠者、失亾⑬者、其眂䀠䀠。亦通作瞿。記曰：見似目瞿、閒名心瞿。又曰：瞿瞿如有求而弗昊。又作[䀠介]。說文曰：㕥目驚[䀠介]然也。

六書故弟十　十六

相息亮切，度才也。工師用木，必相眂其長短曲直、㑹昜剛柔之所宜也。相之取義始於此。假借之用二，爲詔相、輔相，又爲交相之相，平聲。

看苦寒切，㕥手指眂也。或曰：詹眂者必㕥手加目。又厺聲。別作[目翰]。

昊火劣切，目使也。又忽域切。別作眏。

閺　夐　窅　眓　睿　眲　䀠

旻之諧聲

閺無分切。說文曰低目眂也。弘農湖縣有閺鄉，汝南西平有閺亭。

旻之疑

夐虛正切，深遠夐絕之稱。又渠營切。說文曰營求也，从人在穴上。商書曰使百工夐求諸野。按，人在穴上無義，內當自爲一字，今亾其音義尒。

窅烏皎切，深目也。目在穴中窅窅然。別作䁏。

眓烏括切，抉眼也。

睿弋芮切，眂深徹也。書曰思曰睿，睿作聖。⑭漢志作容。从𣦻省，容亦聲。亦作叡。說文曰深明也，通也，从𣦻从谷省。𥈠，古文。壡，籒文，从土。

眲昵格切。劉子曰見商丘開衣冠不檢，莫不眲之。按，類篇仍吏切，疑从目百聲。

䀠　䀠聲義闕。

奰　眼　眸

䀠之諧聲

奰平祕切。詩云內奰于中國。毛氏曰怒也。按，奰，眾目怒眂之狀，大聲。亦作𡚁。說文曰壯大也，从三大三目。二目爲㗊，三目爲𡚁，益大也。一曰迫也。讀若虙。詩曰不醉而怒謂之奰。

目之諧聲

眼五限切，目中黑白也。易曰爲多白眼。合黑白與匚謂之目。醫經言五藏六府之精⑮氣上注於目爲精，精之果爲眼，骨之精爲瞳子，筋之精爲黑眼，血之精爲絡，果氣之精爲白眼，肌肉之精爲約束，果契筋骨血氣之精與脈⑯并爲系，系上屬於腦，後出於項中。故邪中於項，因逢身之虛，其入深則隨眼系㠯入於腦，入於腦則轉，轉則引目系急，急則眩㠯轉。邪中其精，則其精不相比而⑰精散，散則岐，岐故眂物爲兩。夫目者，五藏六府之精也，營衛魂魄之所營也，故童子黑眼法於侌，白眼赤脈法於昜。

眸莫浮切，目黑子中精也。眸亦單作牟。精

睛 俗作睛、子盈切。說文無眸與睛。孟子曰存乎人者莫良於眸子。眸子不能掩其惡、匈中正則眸子瞭焉、匈中不正則眸子眊焉。

矑 矑龍都切、目瞏子也。古單作盧。徐鍇曰盧言其瞏也。猶盧弓矢之盧。揚雄賦曰玉女欣眺其清盧。說文無矑字。

矊 矊預犬切。說文曰盧童子也。

眹 眹直引直稔二切、目瞏白也。莊周曰若有真宰而不旻其眹。類篇曰目兆也。

矈 矈名連切、說文曰目旁薄緻宀宀也。楚辭曰靡顏膩理遺眂矈。又作矊矈。方言、黸童之子曰矊。詳說文。矈侶為睍白、遺眂者轉其白。

眥 眥在詣在解二切、目臱屍也。史記曰目眥盡剈。說文曰目匡也。別作眦、睐。又音漬。

睚 睚五隘切、目匡皮也。通作厓。漢書、厓眥莫不誅傷。睚[18]眦謂忤眂也。忤眂者正眂則目上指、側眂則目指眥。類篇曰一說疑目也。別作矔。

䀹 䀹子葉切、目旁毛也。亦作睷。別作睫、睖。

瞭 瞭力照切、目明也。周官、眡瞭相瞽。通作䝨。

睟 睟雖遂切、目清明也。孟子曰其生色也睟然。朱子曰清和潤澤皃也。太玄、袀睟。陸氏曰純也。

睍 睍胡典切、說文曰出目也。

睅 睅戶版切、說文曰大目也。又作𥇓。傳曰睅其目。詩云睆彼牽牛。伯曰睍睆目圜轉也。詩云睍睆黃鳥、言其音之圜轉也。

睔 睔盧昆切、目圜大也。說文曰目大也。春秋鄭伯名睔。陸氏古困胡忖二切、皆非。侖之音古困切者當作睴。

眅 眅普班切、又去聲、多白眼也。亦爲反目皃、爲目不明。春秋傳鄭游眅字子明。

矔　眭　眡　𥌭

矔古玩切、說文曰目多精也。旹秋傳宋有鱗矔。

眭許規涓惠二切。說文新附曰深目也。淮南子曰眭然而眡。漢有眭孟。

眡旹利切、又上聲。又作眎視。目職眡、百職眡。書云視曰明、明作晢。

𥌭古凡切、又作觀。凡接於目而眡之者爲眡、還觀、㥯觀爲觀、眡事眡斡眡朔言眡、觀奐觀社觀樂言觀、此眡與觀之分。孔子曰視其所吕、觀其所由、察其所安、人焉廋哉。凡觀人之道、先眡其所操之邪正、故曰眡其所吕。所操正矣、未知其所行也、必㥯觀其所行之實、故曰觀其所由。猶恩其矯飾也、故必密察其所安焉。眡之觀之而後有見、故眡𥌭䁦貼从目爲正。觀示於人爲觀、去聲。易曰中正吕觀天下。臺榭之吕觀覽者亦曰觀、魯有觀臺兩觀。

六書故弟十　二十一

睎　盼　睞　䁦　眙　瞻　睠

睎香衣切、伯曰望眡也。

盼匹莧切、幺又盼睞也。詩云美目盼兮。毛氏曰黑白分也。

睞洛代切、游眺也。說文曰童子不正也。又作䚕、内眡也。

䁦七句切、注眡也。別作覰覞。

眙丑吏切、直眡也。楚辭曰攬涕而竚眙。又兮聲。又作瞝。賈誼曰瞝九州而相其君。又盈之切、盱眙、地名。

瞻職廉切、仰視也。古單作詹。

睠居倦切、屬目也。書云皇天眷命。曰眷求一悳。詩云乃眷西顧。亦作睠。詩云睠睠褱顧。曰睠言顧之。

六書故弟十　二十二

睨⑲　睥

睨研計切、側眡也。孟子曰睨而不眡。

睥匹計切、睥睨、斜目詹相也。古通作俾倪、亦作辟倪。史記曰厺坐俾倪故久。又曰辟倪兩宮間。漢書作辟睨。城上女牆可蔽𠂤貼㪅者因名睥睨。別作埤堄。

睇⑳

睇他計、特計二切、微睨也。記曰不敢睇眡。楚辭曰旣含睇兮又宜笑。又曰離婁微睇。

瞯

瞯古限切、闚眡也。孟子曰王使人瞯夫子。又曰瞯良人之所之。別作覵覸䁵、與闞聲義相通。

貼

貼癡廉、敕鹽二切、瞯伺也。亦作覘。

渻㉑

渻桑何切、瞥覽也。

睦

睦莫卜切、目龤也。𥈕說文从囧非、囧乃目之譌。凡人之喜慍徃徃形於面目、故和爲睦、俞爲睽。

督

督冬毒切、董眡也。凡董眡者必聚精凝眡、督責之義出焉。人身督脈起於長彊要俞、循膂上至風府、入腦上巔、循額出目中、至鼻柱。督脈蓋當身之中、毋徹上下、故衣縫當背之中達上下者亦謂之督。別作裻。莊周曰爲善無近名、爲惡無近刑、緣督𠂤爲經。謂中兩間而夳。今俗所謂騎縫也。

眇

眇弭沼切、翕目微睇也。故目偏小者亦謂之眇。易曰眇能視。引其義爲微眇、幼眇、眇小、眇冥。

睢

睢楚追切、眡周章皃也。莊周曰而睢睢盱盱。說文曰仰目也。

盱㉒

盱況亏切、張目望眡也。詩云壹者之來、云何其盱。易曰盱豫悔遲。張目企望者必猶豫不進也。別作盻。

盻　瞠　盯　瞋　睊　眹　眴

盻胡𢻱切、恨視也。孟子曰使民盻盻然。或讀爲盼、非。

瞠他庚、他郎二切、張目直眡也。莊周曰夫子奔軼絶塵、而回瞠若乎後矣。又作瞪。

盯抽庚、張庚二切、張目上眡也。

瞋昌眞切、張目怒眡也。[23]說文曰祕書瞋作賊。別作䀼、嗔、謓、慎。

睊扃眩切、類篇曰側目相眡皃。孟子曰睊睊胥讒。又兮聲。

眹丑臬切、目指也。公羊傳曰郤克眹魯衛之使。又曰眹晉大夫、使與公盟。

眴相倫切、搖目也。莊周曰見豚子食於其死母者、少焉眴若皆弃之而走。崔氏曰目動也。一本作瞚。又曰怵然有恂目之志。一本作眴。史記曰項梁眴籍。顏師古曰動目也。又作旬、匀聲。或㠯此爲瞚、或㠯爲眩。

瞚　眨　睒　睘　睽　眕　瞥　矘　瞫

瞚舒閏切、目一翕張爲瞚。又作瞤。疑與眴實一字。

眨側洽切、翕目也。又作睫。[24]又泥輒切。別作耴。

睒失冄切。[25]說文暫眡皃。又作覢。說文曰暫見也。

睘驚眡也、詩云有杕之杜、其葉青青、獨行睘睘。言獨行驚盼也。綮問曰少昜凡者百節皆縱、目睘絶系。說者曰睘直眡如驚皃。孫氏渠營切。按、詩睘雖與青劦、然袁於渠營之音不協。圜翾還儇環寰轘闤皆㠯睘爲聲。渠營非本聲也。

睽苦畦切、反目也。因之爲睽乖。

眕之忍切、傳曰憾而能眕者鮮矣。說文曰目有所恨而止也。杜元凱曰安重也。侗謂眕有忍意。

瞥匹滅切、說文曰過目也。

矘他朗切。說文曰目無精直眡也。一曰不明。

瞫昌枕、式荏二切、春秋傳有狼瞫。說文曰深眡也。

睴　晚　瞖　矕　眯　眵　瞷　眚　瞟　瞑

一曰下眡也。又竈見也。

睴工鈍切，目急出也。

晚武限切，瞖㢋箭切。說文曰晚瞖，目眡皃。又曰瞖，大目也。

矕盧丸、莫限二切，班固曰矕龍虎之文。說文曰目矕矕也。晉灼曰眡也。

眯莫禮切，又厺聲，塵粃迷眡也。別作瞇。

眵七爻切，目傷眥多汁也。

六書故弟十　二十七

瞷如勻切，風勝目動也。又作瞤。

眚所景切，目病也。

瞟匹沼切，目斜也。

瞑模迴切，又厺聲，瞑闔也。亦通作冥。又作眠、莫千切。今人吕睡爲眠。楚辭曰致命於帝然後旻瞑。一本作眠。徐鉉曰古無眠字。又莫甸切。書曰若藥㉖不瞑眩，言飲辛苦之藥，目爲瞑眩

睡　眊　瞀　䀮　眩　𥋝　䁝　瞢

不可開也。又作眄。說文曰目偏合也。

睡樹僞切，說文曰坐寐也。按，此於古即寐字。

眊莫報切，目少精不明也。古與耄通，老而眡眊也。又作𥇖。說文曰低目眡也。

瞀莫豆切，眡眩易也。伯曰歎气冒目也。又亡遇切。莊周曰予適有瞀病。楚辭曰中悶瞀之忳忳。又曰直怐瞀而自苦。亦通作貿。又作愗。

六書故弟十　二十八

䀮呼荒切，眡茫茫也。亦通作荒。

眩黃絢切，眡惑也。說文曰目無常主也。或作旬、眴。揚雄曰目冥眴而無見。師古曰音縣。

𥋝普莧切，說文曰小兒白眼也。

䁝戶扃切，說文曰惑也。又於莖切。

瞢謨逢、莫庚二切，又厺聲，目眡㦟㦟不明

䁾　矇　盲　瞽　瞍

也、夢省聲。傳曰不與於會、亦無曾焉。猶曰悶也。古亦通作夢。又作懵懜懞。

䁾莫結切、眡不明也。宋玉風賦曰中唇為胗、㝵目為䁾。吕氏春秋曰气鬱處目則為䁾為盲。說文曰目眵也。又作眜、莫結莫括二切。春秋魯侯及邾儀父盟于蔑。公羊穀梁氏作眜。漢書、項羽將鍾離眜。說文、眜、目不明也。

矇莫紅切、眸子徵膜、翳無見也。今人所謂內障也。又謂之清盲。毛氏曰有眸子而無見也。鄭司農曰有眹而無見也。古亦單作蒙。記曰昭然若發蒙。

盲眉耕切、目翳膜厚、今人所謂外障也。說文曰目無眸子也。

瞽公戶切、盲也。鄭司農曰目無眹也。徐鍇曰說書者曰若漫鼓皮。

瞍穌后切、瞽也。詩云矇瞍奏公。毛氏曰無眸子也。

瞎　瞣　晻　眢　矐　瞞　眔　睪

鄭司農曰有眹無見謂之矇、無眹謂之瞽、無眸子謂之瞍。

瞎許轄切、無眸子也。

瞣𡖋甲切、眸子枯陷也。

晻乙業切、眸子陷壞、目闔不可開也。

眢一丸切、眸子枯陷也。井枯無水者因謂之眢井。一說目深中宛宛也。又作睕。

矐海各切、史記、秦始皇惜高漸離善擊筑、敓之矐其目。司馬氏曰一音角。說者云㠯馬矢熏使失明。

瞞母官切、又母渾切。說文曰平目也。杜林曰目眥平皃。春秋傳、長狄有鄋瞞。今㠯為[27]欺瞞之瞞。目之疑

眔說文曰目相及也、从隶省。孫氏徒合切。按、鰥罪褱皆㠯眔為聲。孫氏音恐非。

睪孫氏羊益切。說文曰司、太聲眡也。从目从幸。令吏將目捕罪人也。

自

自𦣹疾二蒲二二切、司臭之竅也、象形。假借之用二、爲自己之自、爲自出之自。㉘假借之用奪本文、故夏龤㠯畀聲爲鼻。說文曰𦣹、古文。

自之龤聲

息

息相卽切、出内气也。說文曰息、喘也、从心从自、自亦聲。按、心非息之義、自亦非息之聲、蓋从自心聲。予初爲此說、未之敢決。考李陽冰之說亦然、故定爲龤聲。伯曰、絫問云、五气入鼻、藏於心腓。莊周曰、眞人之息㠯踵、入乎鼻、藏乎心。息所㠯从自从心也。息者生而消者耗、故有消息。生息之義、子孫因亦謂之息。贅無用之肉者曰息肉。別作瘜。說文曰寄肉也。人勞則止而息、故爲休息。因之爲止息、爲息滅。易曰水火相息。別作熄。又新息、國名。別作鄎、非。

齅

齅許救切、說文曰㠯鼻就臭也。又許用切。別作嗅。

鼾

鼾盱干切、臥息也。又吁旦切。

齂

齂許介切、臥息也。又作屓。說文曰臥息也。

齁

齁吁句切、鼻息聲也。

⿰鼻夾

⿰鼻夾吁甲切、齁⿰鼻夾、喘息气粗也。別作䶎、⿰鼻欠、欶。

鼽

鼽巨鳩切、鼻塞流涕也。記曰民多鼽疐。

齆

齆烏貢切、鼻邕濁也。

自之疑

白

白說文曰亦自字也、省自者、詞言之气从鼻出、與口相助也。孫氏疾二切。白从自無義、許氏之㉙誠曲而不通、疑从口入聲。

白之會意

皆

皆古龤切、說文曰俱詞也、从比。引之則凡相與俱者通曰皆。別作偕。

白之龤聲

魯

魯郎古切、說文曰鈍詞也。

者

者之野切、說文曰別事詞也、从白𣥂聲。𣥂、古文旅。

臱

臱武延切。說文曰宀宀不見也。闕。

耳

耳耳柔己切、司聽之竅也、象形。借爲辭助、而已之合爲耳。孟子曰直不百步耳。曰直好世俗之樂耳。與介通用。又詩云六轡耳耳。毛氏曰盛也。按、耳耳、柔順皃。

耳之象形

耴

耴陟聶切、象耳下垂。

耳之會意

聅

聅恥削切、吕兵毌耳也。司馬法曰小罪聅、中罪刖、大罪剄。楚子玉治兵、毌三人耳。

聶

聶尼輒切、又女輒、質涉二切、附耳語聶聶也。又作囁。漢書曰呫囁耳語。又作讘。說文曰多言也。

聼

耳之諧聲

聼他定切、耳之職聼。亦作聽。聼、耳之悳也。書云聼曰聰。又曰聼悳惟聰。又亏聲、治事之地謂之聼事。古所謂廳斡也。俗作廳、厅。

聲

聲書盈切、惟耳知聲、故聲从耳。

聞

聞無分切、聲徹於耳也。聲聞亏外曰聞、去聲。詩云鼓鐘亏宮、聲聞亏外。別作䎽音。

聆

聆郎丁切、聲歷耳也。

聰

聰倉紅切、聽明也。又作聰。漢志恖明上通。單作恖。

聖

聖式正切、聲入心通也。或問曰、周官教六悳、知仁聖義中和。聖可敘乎。曰可。洪範曰思曰睿、睿作聖。思㴱則通、通極則聖。易曰惟㴱也、故能通天下之志。惟幾也、故能成天下之務。惟神也、故不疾而速、不行而至。

聘　職　聑　耽

又曰知幾其神乎。易之幾深聖也、太任敎文王已一而識百。易曰引而申之觸類而長之敎聖之道也。

聘 匹正切、采聽也。天子諸侯之交聞於鄰覲、則有聘問。小曰聘、般曰覜。聘从耳、覜从目、其義相邇。聘必命使、故娶者內徵亦謂之聘。別作娉。說文曰娉、問也。聘、訪也。

職 質力切、專聽也。說文曰記微也。引之爲專掌。詩云職思其憂。傳曰職汝之由。安官者必有職掌、故謂官職。

聑 他目切、耳曼聑也。又作聑、眲。又爲國名、乃目切。

耽 都含切、伯曰耳溺聽也。故凡耽好者皆曰耽。易曰虎視耽耽。漢書作眈眈、从目。通亦作湛。

聳　聒　聱　聊　聵　聾　聤

又作媞。說文曰樂也。

聳 息共切、竦於所聞、卓耳召聽也。傳曰邊鄙不聳。曰駟氏聳。俗作聳。又作悚、慫、㦝。說文曰㦝、愳也。引駟氏㦝。慫、驚也、讀若悚。說文乃無悚字。引之爲聳、大爲高聳。傳曰聳之已行。語曰能聳其德、至于神明。亦作竦。

聒 古活切、讙聲聒耳也。別作懖懖。說文曰懖、善自用之意。引書今汝懖懖。

聱 五交、魚到二切。說文新附曰不聽也。

聊 洛蕭切、說文曰耳鳴也。俗爲聊且之聊。詩云聊與之謀。又俗爲聊賴之聊、無聊之爲言猶曰無賴無俚也。聊俚賴同聲。

聵 五怪、戶數二切、耳不聰聽濆濆也。別作聲。

聾 盧紅切、耳閉塞無聞也。

聤 唐丁切、耳病也。

耵聹　聆　聯

耵湯丁切。聹、囊丁切。耵聹、耳垢也。

聆旦令切。周語曰回祿信於聆隧。義闕。

耳之疑

聯力延切。說文曰連也、从耳連於頰也。从絲、絲連不絕也。伯曰聯事同聘也。按、二說俱可疑。按書傳之用聯爲聯毌之義、故从絲。周官所謂官聯也。連爲連接之義、故从車。

六書故弟十

口　𦣞　賾

六書故弟十一

永嘉戴　侗著　西蜀李鼎元校刊

人三

口 苦后切，象形。

口之象形

𦣞 与之切，象齒頰齗齶形。又作頤，从頁。亦作⿰齒𦣞。又胡誒切。別作頦、胲。漢書曰函齒牙、樹頰胲。𦣞、胲一聲，實一字也。今甌人亦呼𦣞爲胲。顔師①古曰胲爲頰肉，音改。非。𦣞所以食也，故因之爲𦣞養之義。

𦣞之諧聲

賾 士革切，𦣞中深處也。易曰探賾索隱。朱子易說曰：賾，雜亂也。又曰字書無賾字，祇作嘖，大呼也。傳曰嘖有煩言。非深也。若以爲深，則與隱、深、遠三字一義矣。按，賾、隱、深、遠三義略同，探、索、鉤、致其義亦鄰。味探之一言，賾之義可見矣。

巸　齒　齔　齝　齻

巸 与之切。說文曰廣𦣞也。

齒 亦里切，口斷骨也，象形。又作齒，止聲。說文②古文。口有齒有牙，齒當脣，牙當車，齒相直也，牙相入也。男子八月而生齒，八歲而毀齒；女子七月而生齒，七歲而毀齒。故以齒名其年。

齒之會意

齔 楚覲切，毀齒也。女七歲而始毀齒，故齔从七，七亦聲。又上聲。別作齓。

齝 其九切。說文曰老人齒如臼也，臼亦聲。一曰馬八歲齒如臼也。

齒之諧聲

齻 側鄰、都年二切，眞牙也。男子二十三歲、女子二十一歲，眞牙生。喪禮含實貝柱𠂇又齻。康成曰象齒堅也。類篇曰牙兩畔長者。按，禮言柱𠂇又齻，

齗　齶　函　齧　齕　齩　齮　齦　⿰齒內　⿰齒可　⿰齒刖

荔貝柱著㞢③戈齻而止、非堅也。類篇之說近是。

齗五斤切、齒本也。亦作齦、又作[illegible][illegible]。

齶五各切、齒齗有廉堮也。

函④胡男切。說文𢎘、舌也、象形。舌體弓弓、从弓亦聲。徐鉉曰或作肣。伯曰函卽頤也、象齒函舌、譌爲𢎘。侗謂函、𢎘中有物也、从古文齒、弓聲、譌爲函是也。

齧五結切。齕、戶骨切。齩、五巧切。齒食爲齧、爲齕。齕重於齧⑤、身食爲齩。齩、說文作嚙、俗作咬。又作⿰齒堯咬。又於交切、哇交淫聲。

齮魚綺切、齒掎齕也。

齦康根切、又上聲、齧食骨間肉也、與貇通。

⿰齒內昵洽切、茹噭不輟。

⿰齒可口下切、骨著⑥間不厺也。字林曰大齧也。

⿰齒刖盧達切、齧骨聲⑦。

⿰齒責　齰　齘　齷　齪　齱　齵　齟　齬　齹

⿰齒責士革切、說文曰齒相直也。

齰側革切、牢齧也。漢書曰杜門齰舌自殺。又作齚。又助駕切。

齘戶介切、齒相切也。考工記、函人爲甲、衣之欲其無齘也。謂甲齒不相切。今人言怒而切齒爲噤齘。

齷於谷、於角二切。齪、初六、初渥二切。齷齪、齒細密也。故人之曲謹者亦曰齷齪。

齱側鳩切。齵、五婁切。齱齵、齒⿰扌責蹙不妥皃。齱又作齺。說文曰齒⿰扌責也。一曰齰也。

齟牀呂、側呂二切。齬、魚巨、疑古二切。齟齬、齒不相直也。鋸齒出入、故亦因名齟齬。別作鉏鋙、非。

齹在何切、齒差也。鄭公孫嬰𠀤字子齹。別作⿱佐齒。

六書故弟十一　三

⿰齒戔	齾	齭	齞	齳	齡	齝	齛	谷	㐁

⿰齒戔楚綰切、齒跌也。又作⿰齒産。

齾五鎋切、齒小缺也。

齭剏所切、齒酸也。亦作齗齼。

齞研峴切、口張齒見也。又作齴⿰齒幵。

齳魚吻切、說文曰老無齒也。又作齫。荀子曰齫然而齒隊矣。

齡郎丁切、以齒察秊之長少、故謂秊齡。

齝丑之切、噍也。又作呞⿰齒司⿰齒思。

齛助逹切、羊粻也。爾雅曰牛曰齝、羊曰齛。又息列切。亦作齥⿰齒离。

谷其虐切、口上阿也。象其理。亦作臄。詩云嘉肴脾臄。又作⿰谷卩。毛氏曰函也。陸氏曰函本又作⿰月函。引說文、函舌也。又曰口裏肉也。通俗文曰口上曰臄、口下曰函。

谷之疑

㐁說文曰舌皃。孫氏他念切。㐁說文曰古文西、讀若三年導服之導。一曰讀若沾、又讀若誓、弼字从此。

舌	餂	舐	⿰沓舌

舌食列切、象舌在口中。說文曰在口、所以言且別味也。从干、干亦聲。李陽冰曰開口則干人、故从干。徐鍇曰凡物入口必干於舌也。按、干於舌聲義皆舛。徐李之說鑿而不通。

舌之會意

餂他檢切、以舌探食也。孟子曰士未可以言而言、是以言餂之也。可以言而不言、是以不言餂之也。是皆穿窬之類也。又他念切、以舌餂出物也。又达兼切。

舌之諧聲

舐陳旨切、又是旨切。以舌取味也。別作䑛、舓、⿰舌是、咶。荀子曰伏而咶天。莊周曰咶其葉則口爛而爲傷。

⿰沓舌他荅切、鬻羹并歠也。又作嚃。記曰毋嚃羹。康成曰不嚼菜也。陸氏又音吐計、吐外二切。非。別作⿱羽舌⿰舌枼。

譫詀

譫蚩占切。詀、如詹切。譫詀、吐舌皃。

甘

甘古三切、穀味也、象口含物、味其甘也。書云稼穡作甘。別作苷。小兒食甘過則爲甘疾。別作疳。竝非。

甘之會意

甛

甛迖兼切、甘也。說文曰美也、从甘从舌、舌知甘者。按、俗㠯甘爲甛、古無甛字。

猒

猒於鹽切、飫滿也、从肰从甘、甘亦聲。或作猒、从㠯。非。引之則凡充足之意皆曰猒。詩云猒猒夜飲。又曰猒猒良人。飽不欲复食曰猒、去聲。別作饜厭。說文厭、安也。引詩厭厭夜飲。

甘之諧聲

旨

旨職雉切、甘美也。

旨之諧聲

嘗

嘗市羊切、察味美惡也。詩云嘗其旨否。引之則凡事之嘗試皆曰嘗。又引之與曾同、曾嘗一聲。

甘之疑

甚

甚常枕切。說文曰尤安樂也。从甘。甘、匹耦也。按、書傳之用太過爲甚、甚之曰甚、去聲。

口之會意

吅

吅況袁切、讙也。取二口竝爲義。說文曰讀若讙。徐鉉曰或通作讙。俗作喧。非。

吅之會意

咢

咢五各切、兩人應和而歌也、从兩口从亏。詩云或歌或咢。爾雅曰迖擊鼓曰咢、迖歌曰謠。一說迖歌曰咢。按、詩言或歌或咢、咢非歌也。擊鼓恐亦不可謂之咢。咢从兩口、故㠯爲唱和。或曰說文無咢字、咢卽咢也。

吅之諧聲

咢

咢五各切、爭言也。說文口⑨譁訟也。趙良曰千人之諾諾不如一士之咢咢。亦作諤。通爲鍔。遻之遻見辵部。

嚴

嚴語淹切、禁吅也。說文曰教令急也。𠪚、古文。寒气凜栗因謂之嚴。別作⑩㘙。

哭

哭犬毒切、哀号也。說文曰獄省聲。或曰犬聲。

哭之會意

喪

喪穌湯切、哭亾爲喪。亾之之謂喪、亾聲。古者失位因謂之喪。

𠴨⑪

𠴨之六切、呼雞聲也。說文曰呼雞重言之。通作祝粥。

吅之疑

單

單都寒切、書傳之用爲單特之義。書云明清亏單辭。記曰鬼神之祭單席。又爲

單盡。詩云單厥心。又曰俾爾單厚。與殫通。又上衍切、周有單子。又地名、單父。又旹連切、太歲在卯曰單閼。匈奴君長曰單亏。說文單、大也、从吅甲、吅亦聲。古金石刻多作單

單。

𤕦

𤕦說文曰亂也、从爻工交吅。一曰窒𤕦。讀若禳。徐鍇曰二口噂沓也、爻物相交質也、工人所作也、已象交搆形。孫氏女庚切。𢒼、籀文。

品

𠱠品丕飮切、品類區⑫別也。易曰品物流形。又曰田獲三品。書曰五品不孫。

品之會意

喿

喿穌到切、鳥群叫也。三口在木上、喿之義也。別作噪譟蚤。

品之疑

嚚

嚚春秋鄭取宋師亏嚚。說文曰多言也、从品相連。孫氏

尼輒切。

㗊 說文曰眾口也、讀若戢。又讀若呶。孫氏阻立切。

㗊之龤聲

嚚 語巾切、禦人吕口給也。書曰嚚訟可乎。曰父頑母嚚。傳曰口不道忠信之言為嚚。說文曰嚚古文。

囂 虛高欣消二切、眾口吅囂也、頁省聲。

說文曰聲也、气出頭上、从頁。頁、首也。或作囂。按、气出頭上之說、曲而不通。又囂囂、自旻皃、又五高切、假借用之、孟子曰人知之亦囂囂、人不知亦囂囂。又作謷。莊周曰謷乎大哉。又曰謷乎其未可制也。

㗊之疑

器 去冀切、器用也。說文曰象器之口、犬所吕守之。俗作器。

噩 五各切、周官六夢、二曰噩夢。杜子春曰當為驚愕之愕。爾雅曰太歲在酉曰作噩。

吳 乎匕切、大口也。負之大口者曰吳負。

吳 五乎切。說文曰姓也、亦郡也。一曰大言也、从矢。周頌曰不吳不敖。毛氏曰譁也。陸悳明曰說文作吳、大言也、何承天云吳當作吳、从口从大、誤為吳也。徐鍇曰大言故矢口吕出聲、改吳作吳者繆。按、大言者未嘗矢口、何說幾是、吳齝言之頗也。周太伯叔於吳、今蘇州也、漢為吳郡。

咡 仍吏切、記曰負劍辟咡詔之。又曰執食飲者勿气有問焉、則辟咡而數。何氏曰口耳之間曰咡。康成曰口旁曰咡。

咠 七入切。說文曰聶語也。引詩咠咠幡幡。

吹 昌垂切、吐气也。欲暖者歔之、欲涼者吹之。與龡通。又去聲、管樂也。記曰命樂正入學習吹。

命

命、眉慶切、命者令之物也、从口从令。令出於口、成而不可易之謂命。傳曰君能制命爲義。秦始皇始改令曰詔、命曰制。郎詔與制可㠯見命令之分。仁義禮⑬智之同是、富貴貧賤壽夭之不無、莫之爲而爲、莫之致而至者、皆天之所命也。萬物咸命於天、故天命單謂之命。詩曰維天之命、於穆不已。

中庸曰天命之謂性。孟子曰仁之於父子也、義之於君臣也、知之於賢者也、聖人之於天道也、命也。孔子曰道之將行、命也。道之將廢、命也。又曰是之有命、皆天命也。

名

名、莫幷切、說文曰自命也、从夕、夕冥不相見、㠯口自名也。按、周官中夏教茇舍辨号名之用、㠯辨軍之夜事。莫夜則旌旗徽識不可辨、故必謹其号名㠯相壹、名之文所㠯从夕也。凡名所㠯名物、物非名不辨。名不辨則實不應而治不行、故曰名者人治之大者也。生人之初、固必名命百物㠯相告詔、然未壹也。黄帝始正百物之名㠯明民、顓頊能修之、及周而大備、外史掌之、達諸三方、九歲則屬三方之瞽史而喻書名、

聽聲音、亂名改作者誅、古之道也。名正則實是、實是則治辨、故名實相中曰治、名實不相中曰亂。古之制治者正名㠯明民、後之亂治者循名㠯責實、故名不可不正也。周之衰也、外史之學流而爲名家、後益繆亂、至於今日、名亂極矣。荀卿曰有王者起、必將有循於舊名而有作於新名。名學不

右　脣　吻

可不講也。

𠮦亐救切、口手劦助也。詩云維天其右之。俗吕此爲ナ又之又、故右助之右叓作祐佑、非也。

口之齗聲

脣食倫切、口端也。別作脣顧。

吻武粉切、兩脣之合爲吻。說文曰口邊也。鄭康成曰口腄也。又作脗曆曆曆吹。考工記曰銳喙決吻、謂之羽屬。

喉　咽

喉胡鉤切、聲气所出入通於肺者也。喉歬而咽後。又謂之胡。今俗謂嚨胡、亦曰胡嚨也。漢書金日磾捽胡、投何羅殿下。晉灼曰胡、頸也。漢童謠曰請爲諸君鼓嚨胡。胡喉一聲也、戈頸因謂之胡。

咽烏歬切、水穀所入爲咽、下通於胃。又作胭臙。食下咽爲咽、去聲。別作嚥。詩云鼓咽咽、僭其聲吕形容鼓聲也。讀如字。陸氏曰咽本又作鼝、烏玄切。又於斤切、非。按、詩又云伐鼓囦囦、咽咽囦囦、其聲不同。囦囦狀鼓聲之多而遠、咽咽聲近而疊。味其聲可吕知其義、讀之當各如字。又烏結切、食不下气塞也。

嚨　嗌

嚨盧紅切、喉也。凡空中者率謂之籠、亦謂之霝。故俗亦謂之霝喉也。嚨又上聲。

嗌伊昔切、咽喉也。說文森籒文、上象口、下象頸脈理。伯曰嗌、咽之

噲　吮　𠹭　啑　噆

入聲。

噲苦夬切、說文咽也。詩云噲噲其正。毛氏曰猶快快也。

吮徂允切、欶也。兒初生則能吮乳。

𠹭卽入切。啑、子狎切。又作𠯗、嚗唼戢。噆、作答切。又作咂噆。皆欶也。吮吕脣、𠹭啑噆吕脣舌、𠹭啑噆之輕重深淺各象其聲。莊周曰蚊蝱噆膚噆。又子感切。

⿰口率　啐　唑　吸　呷　喋　噬　嗑　啗

⿰口率子律切、小歠也。通亦作啐。

啐子内切、小歠也。唑、在詣切、歠沾脣至齒也。書云太宗受同祭唑。孔氏曰至齒也。記曰小祥之祭、主人之酢也唑之、衆賓兄弟則皆啐之。

吸迄入切、翕水歙也。

呷迄洽切、大歠。別作哈。

六書故弟十一　十七

喋丁劦切、歃也。史記曰始與高帝喋血盟。語不休者因謂之喋喋。又惪盍切。俗作嗒囁。

噬時制切、齧食也。亦作簭。考工記曰攫閷爰簭。

嗑胡臘切、易曰頤中有物曰噬嗑。噬嗑而言。序卦曰嗑者合也。說文嗑、多言也。讀若甲、齡食也。

啗达濫切、食也。㠯食食人因謂之啗。優施曰主孟啗我。亦作噉啖。說文啗、食也。讀與含同。啖、噍啖也。

喫　嘬　窡　嘰　噍　嚼　㕮　咀　嗛

喫苦擊切、食也。古言食、今言喫。

嘬初怪切、大餐也。記曰毋嘬炙。又作歠毳。

窡丁滑切、說文曰滿口食也。

嘰⑭居衣切、小食也。相如賦曰嘰瓊華。

噍才肖切、茹也。嚼、才爵切、茹噍咀嚼同聲、其義亦略同。芻食曰茹、粗食曰噍、肉食曰嚼。嚼粗而噍細。記曰侍食於君子、數噍、毋爲口容。又玆消切、聲嘶急也。記曰其哀心感者、其聲噍㠯殺。又曰小者至於燕雀、猶有啾噍之頃焉。

六書故弟十一　十八

㕮弄甫切。咀、才吕子吕二切、又去聲。㕮咀、小嚼而弗細也。醫方藥之爲粗末者曰㕮咀。

嗛胡監切、與銜通。晉語曰嗛嗛之惪、不足

含 哺 味 吞 嗢 叨 噇 噎

就也。韋昭曰猶小小也。

含胡南切與函通。銜於吻曰嗛函於𦣞曰含。又去聲。死者以珠玉米貝實頷中謂之含。別作唅。

哺薄故切含餐也。史記曰漢王輟食吐哺。食嬰兒者吐所含以食之鳥雀之食其子亦然故謂之哺。

味無沸切以苦酸辛鹹是謂五味。

吞吐根切咽也。

嗢烏沒切咽聲也。

叨吐刀切貪食也亦作饕。

噇傳江切餐也。

噎一結切食窒不下亢也。又於悉切亦通作咽。又作饐。

吐 嘔 哇 咯 喀 噦 哯 呱

吐他魯切吐出水食也。又去聲病自吐也。

嘔烏口切吐也。未下咽者吐之已咽者嘔出之。又委羽切。亦作嗂。通亦作歐。又平聲。用爲呪嘔之嘔。

哇烏瓜切彊嘔也。孟子曰出而哇之。又於皆切俚俗歐歌也故謂淫哇哇咬。⑮說文曰謳聲也。

咯苦角切大喀也。古通作㱿。說具㱿下。說文作㱿。

喀乞格切㱿之不出喀喀然也。

噦於月切气屰虛嘔也。哇嘔噦喀咯各象其聲。又呼外切。詩云鸞聲噦噦。毛氏曰徐行有節也。說文作䜚。

哯他典胡典二切說文曰不嘔而吐也。嬰兒胃寒若乳滿欲乳謂之哯。或作听噢。

呱古乎切兒啼聲也。書曰啓呱呱而泣。詩云后稷呱矣。別作[口+辜]。

啼　咷　嘘　呵　呼

啼田黎切、兒啼也。記曰始卒、主人啼。言又母之喪哭如嬰兒也。亦作嗁。或作唟。

咷辻刀切、哭不止也。易曰同人先号咷而後笑。

嘘朽居切、口出气也。歔嘘同聲、自鼻爲歔、自口爲嘘。嘘欨義相近、欨重於嘘。

呵虛何切、嘘也。開口而嘘之則溫、蹙唇而吹之則涼。嘘呵之別眡其聲。又俗通用爲呵叱之呵。

呼荒乎切、叫呼也。今人亦用爲呼吸之義。呼、出息也。吸、内息也。按、出入息常自鼻、不當从口。呼吸當作歔歙。歎息之聲爲烏呼、古亦單作乎烏、又烏加切。呼、虛加切、因之爲呼召。別作虖嘑謼諤。說文虖、哮呼也。嘑、啼也。嘑、啼聲也。呼訝切。諤、召也。謼、諤、謼也。又荒故切、長呼告遠也。傳曰有夜登丘而呼曰亡有亂。又曰囚呼萊駒失戈。孟子曰魯君之宋、呼於垤澤之門。又曰呼爾而與之。又許賀切、疑怒發聲也。傳曰江芈怒曰、呼役夫。記曰曾子聞之、瞿然曰呼。

言　誩　讟　譶

言語軒切、聲能道其意曰言。說文曰辛聲。古文、中信又𣪊文、又癸方鼎文、言又𧧭文。鄭斂仲曰言从舌从上、言出於舌上也。又用爲發語辭。

言之會意

誩渠慶切、兩言爭勝也。又作𧭹、引之爲彊誩。

誩之諧聲

讟辻谷切、煩言也。傳曰君無怨讟。又曰作事不皆、怨讟動於民。

譶辻合切。說文曰疾言也、从三言。又作諧、讇。說文諧、譅也。譅、語相反譅也。讇、嗑也。嗑、多言也。

訃　音　章　響　韻

訃古詣切、說文曰會也、算也。从言从十。

言之諧聲

音於今切、記曰聲成文謂之音。（說文曰从言含一。侗謂从一無義、葢从言一聲。或曰从言省目聲。）

音之會意

章諸良切、音之一成爲一章。从十、數之成也。引之爲文章之章。文、文采也。章、節奏也。孟子曰不成章不達。成章則明著、故又引之爲章明。（別作彰。）

音之諧聲

響許兩切、聲欲也。（又作嚮⿵門鄕。說文響、聲也。⿵門鄕、門響也。）

韻⑯王問切、音響相諧也。聲相應爲韻。古通作均鈞。（亦作韵。裴光遠曰古與均同。）周語曰律所㠯立均出度也。細鈞有鐘無鎛、昭其大也。大鈞有鎛無鐘、甚大無鎛、鳴其細也。（韋昭曰鈞、調也。）凡詩必有韻、今之字書㠯音相劦爲部曰韻書。

韶　竟　韽　語　話　說

韶市招切、樂名也。帝舜之樂韶。周官作磬、亦通作招。傳曰祭公謀父作祈招之詩。孟子曰齊景公召大師、作君臣相說之樂。葢徵招角招是也。

竟居慶切、音尽也。（說文曰樂曲尽爲竟、从人。按、从人無義、葢亣聲。亣之譌爲人。）

韽於感切、聲掩而不昜揚也。周禮曰微聲韽。（康成曰聲小不徹也。說文曰下徹聲也。）又太聲。

語魚与切、相與言也。語之曰語、太聲。

話胡快切、言說也。（說文曰合會善言也。譮、籒文。別作咶。）

說輸爇切、釋言也。巧說㠯移人意者曰

辭　談　講

說，舒芮切。俗爲說駕之說、脫也。通作稅。又爲解脫之說，吐活切，通作稅脫。又爲喜說之說，弋雪切，通作悅。

辭，似茲切。文之合爲言，言之合爲辭。孟子曰：說詩者不㠯文害辭，不㠯辭害意。从言𤔔聲，亦作詞。說文曰：詞，从司，意內而言外也。辭，訟也，从𤔔辛，𤔔猶理辜也。𤔔，理也。𤔔，籒文。又辤，不受也，从辛从受。受辛宜辤之。辝，籒文。按：受辛之說曲而不通。受乃𤔔之譌，辛乃言之譌。凡受命者受賜者、不受則㠯辭卻之，故不受者因謂之辭。

談，徒甘、徒監二切，縱言也。又作譚。春秋有譚國。詩云：譚公維私。

講，古項切，相與論說也。易曰：麗澤兌，君子㠯朋友講習。孔子曰：學之不講，是吾憂也。講解怨爭者因謂之講。

評　論　議　訓　誨　詔

評，蒲兵切，稱量也。

論，盧昆切，極言也。所論爲論，去聲。

議，宜寄切，擬議是非可否也。

訓，許運切，教命也。又俗義與順通。書云：皇天用訓厥道。詩云：三方其訓之。

誨，呼內切，教也。

詔，諸曜切，贊告也。記曰：禮有擯詔，非特禮也。古之人位愈尊則愈不自用，王前巫而後史，卜筮瞽侑皆在左右，又無非㠯禮樂詔王者。至國之政事，則百官之長各㠯其職詔王。大之生殺廢置、祭祀朝覲，小之升降出入、語默動靜，無不有擯詔者焉。非曰其知不逮下也，中心無爲、

謂　謀　謨

爰已吕从道所吕去於無過之地也。自秦吕來、始吕天子之命令爲詔、吕上詔下而下莫敢詔上、易之道矣。

謂 亐貴切、語人曰謂、又爲稱謂、又與曰同義、謂曰聲相近也。

謀 莫浮切、相與簹度也。說文𢘑、𣆝古文。

謨 莫胡切、成謀曰謨。謀謨聲義相通也。

諏　詢　訪

故引之爲謨訓。書曰皋陶矢厥謨。又曰丕顯哉文王謨。說文𧥓、古文。

諏 子牟子亐二切、咨謀取善也。咨諏聲義相近。傳曰咨事爲諏。

詢 相倫切、俶問㥮問也。書曰詢亐三岳。詩云詢亐芻蕘。周禮曰致萬民而詢焉。

訪 旉亮切、就問也。

詗　訊

詗 古熒切、偵問也。說文曰知處告言也。

訊 思晉切、實問也。周禮曰吕三刺斷庶民獄訟之中、一曰訊群臣、二曰訊群吏、三曰訊萬民。詩云召彼故老、訊之占夢。說文𧦝、古文。當作𡿭、囟聲。又告語也。詩云夫也不良、歌吕訊之。訊誶聲義相通。詩云凡百君子、莫肎用訊。聽言則荅、譖言則退。訊與

誶　諗　諫

退劦。陸氏音碎。

誶 穌對切、訊也。莊周曰虞人逐而誶之。楚辭曰謇朝誶而夕替。賈誼曰母取其帚、立而誶語。

諗 式荏切、深告也。詩云將母來諗。毛氏曰念也。鄭氏曰告也。傳曰辛伯諗周桓公。

諫 古晏切、正救之言曰諫。說文諫、証也。証、諫也。

請　謁　許　諾　讎

請七井切，稟來也。漢書，弄翰請。顏師古才姓切。

謁於歇切，通白也。白，請也。通名吕請見者因謂之謁。

許虛呂切，諾可也。又呼古切。詩云伐木許許。僣吕狀用力之聲也。

⑱諾奴各切，應聲也。

讎市流切，言相讎敵也。說文曰猶譍也。詩云無

言不讎，無悳不報。引之為讎敵仇讎。

誰　診　警　詩

誰示佳切，孰何其人也。誰孰同聲。

診之忍切，審辨也。莊周曰覺而診其夢。今醫家察脈謂之診。

警居景切，訓戒警寤之也。與儆通。

詩書之切，辭有聲韻，可吕永歌。其志為詩。又作訨。說文曰訨古文。書云詩言志，歌永言。

謠

謠余招切。詩云心之憂矣，我歌且謠。毛氏曰曲合樂曰歌，徒歌曰謠。傳曰文武之世，童謠有之曰，鸜之鵒之，公出辱之。鄭語曰宣王之旹有童謠曰，檿弧其服，實亡周國。按歌必有度曲聲節，謠則但搖曳永誦之，童兒皆能為之，故有童謠也。又作䚻。別作嗂。徐本說文無謠字。䚻，徒歌也，从言肉。唐本曰䚻，从

也，从言从肉，肉亦聲。謠，徒歌也。嗂，喜也，和樂之皃也。徐鉉曰䍃从肉非，聲當从䚻省，乃旻聲。然不知䚻之从肉又何義也。鼂氏曰䚻，余周切。謠，余招切。

謗

謗負變切，民俗常所稱誦也。孟子曰夏諺曰，吾王不游，吾何吕休，吾王不豫，吾何吕助。傳曰周諺有之，匹夫無罪，懷璧其罪。又曰諺有之，心則不競，何憚於病。曰諺所謂老將至而耄及之。又曰諺曰

讀　誦　諷

臣一主二。凡此所謂諺也。又書云乃逸乃諺、既誕。孔氏曰叛諺不共也。類篇曰詖諺自矜皆因無逸而爲說。

讀辻谷切、讀書也。又辻透切、句中絕也。別作嬻。

誦佀用切、朗讀也。

諷方弄切、緩誦也。古通作風。微辭幾諫謂之風諫。詩云或出入風議。誦眂讀爲有音、諷眂誦爲有味、永眂諷爲長歌、則聲有節奏成文

識

也。周禮曰吕樂語教國子、興道諷誦言語。傳曰衛獻公使太師歌巧言之卒章、師曹請歌之、遂誦之。葢誦則其辭義易曉也。孟子曰誦其詩、讀其書。

識職吏切、聞言而志之不忘也。孔子曰小子識之。記曰博聞彊識。通作志。引之爲徽識、幟識。記曰吕能者爲不可別已、故吕其幟識之。亦作幟。又設職切、識見也。語曰多見而識之、知之次也。別作誌。

記

記居吏切。記與志聲義相近、筆之簡冊、所吕傳久遠而不忘也、故謂之記、亦謂之志。

證　諳

證諸應切、言有徵也。古通作徵。

諳烏含切、孰聞也。說文曰悉也。別作諳䛳詥。

試

試式吏切、試用吕考驗其言也。書云敷奏吕言、明試吕功。後之論人者不試吕事功而試之吕言辭、何吕知人兮哉。三岳薦鯀、帝堯咈之、岳曰試可乃已。三岳薦舜、堯曰我其試哉、女亏旹觀厥刑亏二女。乃命吕位、歷試諸難。皆試之吕事也。引之爲用。詩云百僚是試。孔子曰吾

課　託　譬　謏

不試故藝。

課苦臥切、程也。說文曰試也。

託他各切、寄言也。引之爲寄仗。孟子曰王之臣有託其妻子於其友而之楚游。曾子曰可㠯託六尺之孤。別作侂詫。

譬匹至切、比類㠯喻曰譬。通作辟。

謏識削切、鋪陳詞說也。說文曰牠陳也、从言从叜。叜、使

人。按、从叜無義、叜乃㕛之譌。引之則凡牠謏皆用之。

譯　譜　讖　諜

譯夷益切、通釋三方之言也。

譜博古切、類記也。䙴沓曰三代系表旁行邪上、並效周譜。譜起周代、司馬與作古今世表、並放周譜。

讖楚禁切、豫定徵兆之言也。

諜徒劦切、間刺也。周官、環人掌搏諜賊。

傳曰諜出、曰原叔降矣。又曰使伯嘉諜之。

誓　誄

誓旹制切、矢言也。周禮、㠯五戒先後刑罰、毋使罪麗于民。一曰誓、用之于軍旅。要之㠯刑賞、使知戒也。

誄力軌切、哀死之辭也。周官、太祝掌作六辭、㠯通上下親疏遠邇、六曰誄。又作讄。說

文曰誄、謚也。讄、禱也。絫功德㠯求福。引論語讄曰、禱尓于上下神示。按、論語孔子疾病、子路請禱。子曰有諸。子路對曰、有之。誄曰、禱尓于上下神示。葢誄辭嘗有是、故子路引㠯爲證、非㠯誄爲禱也。古者誄而謚之、誄也者、論撰其德行㠯哀悼之、因㠯命謚焉尓。遂㠯誄爲謚、而㠯讄爲禱、斷誤也已。

謚

謚神至切、王公卿大夫沒、迹其德行而爲之稱曰謚、周道也。徐本說文謚、行之迹也、从言兮皿闕。徐鍇曰兮、聲也。謚、笑皃、益聲。孫氏伊昔呼狄二切。唐本無謚、但有謚、行之迹也。

字林謚从皿。按、易、笑言啞啞。笑皃當作啞、不當从言。𥁒从皿兮聲、亦非謚之聲。書傳謚号之謚皆从益、而謚亦以益爲聲、謚蓋益聲。

讞

讞語蹇切、議所疑也。顏師古音魚列切、見漢景紀中三年。

諔

⑲諔辥夜切、釋辠也。傳曰使夏諔不敬。記曰从而諔焉。引之爲諔厺、諔絕。記曰大夫七十而致事、若不㝵諔則必賜之几丈。辥諔聲義相近。說文曰諔、辥厺也。今人以拜賜、拜辱爲諔、非也。又因諔厺而爲衰諔、凋諔。別作謝。又爲邑名、申伯所封。

六書故弟十一　三十五

訝

訝吾駕切、迎問也。與迓輅御義相近。周官掌訝、掌逆迎賓客。凡賓客之治令、使訝治之。諸侯以卿訝、卿以大夫訝、大夫以士訝、士皆有訝。凡訝者、賓客至而往、詔相其事。訝士掌三方之獄訟。因之爲詁訝、猜訝。

誘

⑳誘以九切、開道而引之使進也。語曰夫子循循肰善誘人。傳曰天誘其衷。又曰楚之羸其誘我也。又作羑。說文曰羑、相呼也、从厶羑。或作誘、𧦝。羑、古文。又見羊部。

訹

訹雪律切、說誘也。伯曰訹猶鉥也。鉥所以引綫也。

六書故弟十一　三十六

詒

詒與之切、以言相遺也。凡饋詒通用之、與貽通。詩云自詒伊阻。又曰詒爾多福。又曰無父母詒罹。

謄

謄辻登切、滕希口語也。古單作滕。易曰咸其輔頰舌、滕口說也。說文曰迻書也。

訖

訖居迄切、畢辭也。

諸

諸章魚切、昆問也。之乎之合言爲諸。說文

曰辨也。又衆也。

譽

譽羊茹切、亦平聲、稱美也。又詩云是㠯有譽処兮。又曰式燕且譽。曰韓姞燕譽。易曰往蹇來譽。又曰終㠯譽命。皆不可㠯聞譽言。蘇氏曰與豫通、悅豫也。伺疑兼與裕通、从容悅豫意也。

誠

誠氏征切、言不欺也。易曰脩辭立其誠。

司馬溫公曰誠自不妄語始、充其義則表裏終始純實無僞之謂誠。大學曰誠、其意者毋自欺也、如惡惡臭、如好好色。中庸曰誠者物之終始、不誠無物。程叔子曰無妄之謂誠、不欺其次矣。無妄、正也、與誠少異。程子蓋㠯妄為僞。

信

信息晉切、言不渝也。誠在言先、信在言後。㐰、古文。訫亦古文。說文曰信从人从言。按、人言為信、此亦鑿說。物不能言、言皆人也。人言有信有不信、故信之言㉑大。古文从人从口、豈人口則為信乎。信蓋从言人聲。言不渝則有實、故有實之謂信。孟子曰有諸己之謂信。信有實則人信之、故信又有孚義。又假借為信宿之信。一宿為舍、再宿為信。又平聲、屈申之申亦借用此。

諶

諶是吟切、誠信也。書曰天難諶。詩曰天

生烝民、其命匪諶。又作訦。說文曰諶、誠諦也。燕代東齊謂信訦。毛萇曰諶、誠也。忱、信也。按、諶為信、忱為誠、聲義相近而實不同。詩書言難諶匪諶、皆从言、信之謂也。尚克旹忱、蔽旹忱、忱恂亏九悳之行、皆从心、誠之謂也。君奭曰若天棐忱。又曰天命不易、天難諶。一篇之中二字竝用、諶之與忱、其義辨矣。惟大明之詩、天難忱斯、其字从心、蓋亦可通用也。

諒

諒力讓切、執言必信也。語曰君子貞而不諒。又曰豈若匹夫匹婦之為諒也、自

誠　謹　諮　誾

經於溝瀆而莫之知也。又曰友直友諒。記曰請肆簡諒。又曰易直子諒之心。鄭氏曰信也。通作亮。孟子曰君子不亮、惡乎執。

諴　戶𪙩切、書云至誠感神。又曰其丕能諴于小民。孔氏曰諴、和也。說文同。按、和恐非其義。諴侶有誠意孚格之義。

謹㉒　居隱切、愼言也。語曰便便言唯謹爾。

諮　五陌切、辭𪓐也。說文曰論訟也。記曰戒容暨暨、言容諮諮。康成曰教令嚴也。侗謂戒言非但教令、諮諮、堅不可奪之皃也。

誾　語巾切、謹言皃。語曰朝與下大夫言、侃侃如也。與上大夫言、誾誾如也。又曰閔子侍側、誾誾如也。說文曰和悅而諍也。夫言有不當苟合者、無問尊卑皆當爭、雖於君父亦然、何爲乎獨於上大夫而爭。

訒　調　詡　謐

訒　而振切、言難出也。語曰爲之難、言之得無訒乎。說文曰頓也。

調　徒遼切、龤和眾口也。俗爲調戲之調。李曰調戲當作挑。說文又有誂、相呼誘也。又去聲。律呂相龤爲一調、五聲十二律旋相爲宮、爲六十調。後人又益五聲爲七、爲八十三調。今通言調度蓋由此。選吏用人、屬役賦事因謂之調。漢匡衡調補乎原文學、張釋之十年不得調、又調關東輕車銳卒、大農呂均輸調鹽鐵助賦、皆謂均度其才能輕重也。顏師古曰皆訓調爲選。

詡　況羽切、言辭和昫也。記曰會同主詡。又曰悳發揚詡萬物。說文曰大言也。今俗言夸詡。

謐　彌必切、宓靜無譁也。說文曰靜語也。一曰無聲也。

謙 讓

謙苦兼切、遜孫也。謙之發形諸辭讓故从言。

讓而羕切、推遜也。孟子曰辭讓之心、禮之端也。周官司徒吕昜禮敎讓則民不爭。子生八季、始敎之讓、出入門戶及卽席歓食必後長者。人之所吕群居和壹者、莫大於讓、故孔子曰能吕禮讓爲國

乎、何有。又爲譙讓。周語曰有威讓之令楚子使薳章讓黄譙與讓聲義通。

讜 諄 詳 諦 訂

讜他朗切、言忠直也。

諄章倫切、告語詳夏也。

詳佀羊切、周悉也。

諦都計切、審當也。又作諟。

訂丁定切、正定也。說文曰乎議也。孫氏他頂切。

詣 該 諟

詣又計切、語到也。說文曰候至也。引之爲徃詣之詣。

該古哀切、兼該也。說文曰軍中約也。晉秋穀梁氏曰此該郊之變也。亦作晐。莊周曰百骸九竅六藏賅而存焉。司馬彪曰備也。又作晐。說文曰兼晐也。

諟上旨切、書曰顧諟天之明命。孔氏曰是也。說

文曰理也。

訏 諝 誼

訏況于切、大言也。引之爲闊大之義、詩云訏謨定命。又曰實覃實訏。又曰且徃觀乎洧之外、洵訏且樂。又上聲、曰川澤訏訏。毛氏曰大也。說文曰詭僞也。一曰訏嗟。又亝楚謂信曰訏。

諝私呂切、說文曰知也。又作偦、亦知也。

誼儀寄切、言發於義而不可奪也。漢書

訍　詰　譙　譴　謫

呂此爲義。

訍他皓切、問故也。語曰世叔訍論之。孟子曰天子訍而不伐。謂問其罪也。說文从寸無義、寸乃又之譌。

詰去吉切、窮問也。引之爲詰治。書云詰爾戎兵。又曰司寇詰姦慝。

譙昨肖切、賁讓也。又作誚。說文曰古文。書云王亦未敢誚公。漢書樊噲譙讓項羽。又昨宵切。詩云予羽譙譙。毛氏曰殺也。陸氏曰本亦作燋。又爲譙樓之譙。漢書曰安丞與戰譙門中。顏師古曰譙亦呼爲巢。謂門上爲高樓以望、猶巢車也。亦通作樵。趙充國塹壘木樵。師古曰與譙通。又地名。

譴去戰切、誅席也。謫陟革切、賁罰也。古通作遣適。謫又作讁。

誅　詬　詆　訶　訕　謗

誅陟輸切、罪賁也。小者遣讁、大則刑戮。傳曰無厎誅屨於辻人。費孔子賁宰予曰、於予與何誅。記曰足蹙路馬芻有誅、齒路馬有誅。誅所以从言專以誅爲殺戮、非也。

詬呼寇切、辱詈也。傳曰予不忍其詬。又曰以瞽詬語之。亦作詢。楚辭曰忍尤而

攘詢。又作㖃。

詆典禮切、排毀也。又作呧。說文詆、苛也。一曰訶也。呧、苛也。

訶虎何切、大聲叱厖也。古通作何。

訕師晏切、非議鄙笑也。語曰惡居下流而訕上。亦作姍訕。說文曰訕、謗也。姍、誹也。一曰翼便也。删省聲。

謗補浪切、顯議在上之人也。春秋傳曰庶人謗。

許　誹　譏　訾

許居謁切、招人之私也。

誹妃屍切、又平聲、非毀也。史記曰小雅怨誹而不亂。

譏居衣切、刺也。

訾㉓叔移切、算論也。記曰不訾重器。漢書、訾算十以上乃得官。又曰貧不中訾。又曰膠西王爲無訾、省府庫壞漏盡腐財

物以巨萬計。貨殖傳、㉔巴寡婦家亦不訾。

又叔此切、疵毀也。記曰不苟訾。又曰毋訾衣服成器。衣服已制、器已成、皆不當疵毀之。康成曰訾、思也。思則疵貧。鑿而不通。詩云翕翕訿訿。朱子曰訿訿相詆也。又爲訿窳。詩云臯臯訿訿、曾不知其玷。毛氏曰訿訿、窳不共事也。又佗呰。荀子引詩佗呰呰。說文曰呰、苛也。又佗呰。說文曰呰、窳也。窳、污窳也。史記曰楚越之民呰窳偷生。漢書佗呰。徐廣曰呰窳、苟且惰懶也。應劭曰呰、弱也。師古曰呰、短也。

誣　讒

誣武夫切、以無爲有、以有爲無、虛加之也。唐本說文曰加諸也。

讒鉏咸切、崇飾惡言、毀善害能謂之讒。詩云讒人罔極、交亂亖國。漢書民謠曰、邪徑敗良田、讒口亂善人。

譖　訟　𧦝　諑

譖側禁切、陰毀之謂譖。

訟似用切、又平聲、爭曲直於官有司也。

𧦝桑故切、顯訟直攻之謂𧦝。又佗訴、通佗愬。說文曰訴、㡿聲。徐鉉曰㡿非聲、蓋古字音多與今異、如亹亦音門、乃亦音仍。按、𧦝與㡿皆以屰爲聲、與訴皆以㡿爲聲、古音實相通。

諑竹角切、訐也。廣雅曰責也、譖也。方言曰楚南謂愬爲諑。楚辭曰衆女嫉予之蛾眉、謠諑謂予以善

詛

淫。按晉秋傳、晉人徼韓亏衛、衛辰辭吕難、太子又使椓之。椓即諑也。(25)杜氏曰椓、譖又欲速㬉其処。

詛莊助切、誓於鬼神也。周官、詛祝掌盟詛之祝号。鄭氏曰大曰盟、小曰詛。詩云出此三物、吕詛爾斯。傳曰鄭伯使卒出豭、行出犬雞、吕詛射穎考叔者。蓋其辭若云俾隊

其師、無克祚國、及而玄孫、無有老幼之類也。故祝爲吉祝、而詛爲惡祝。傳曰祝有益也、詛亦有損。又曰宋國區區而有詛有祝。

譸

譸張流切、多言詛祝也。書曰無或譸張爲幻。孔氏曰譸張、誑也。按、譸張二字二義。譸、今人所謂閅嗓也。張、張皇也。通作侜。詳見侜下。說文譸、詶也。詶、譸也。詛、詶也。

誕

誕徒旱切、大言也。說文、籒文䛥。引之爲闊大。書云誕叓文惪。又曰誕告萬方。詩云旄丘之葛兮、何誕之節兮。引之爲誕謾欺誕。書云乃逸乃諺、旣誕。又俗爲發語辭。詩云誕彌厥月。誕寘之隘巷。誕實匍匐。

謾

(26)謾莫半切、言無實也。又平聲、欺罔也。與瞞通。

詑

詑丑亞切、夸語也。又作誇。

讕

讕洛干切、又去聲。讕翻不伏實也。或作譋。

諼

諼况袁切、爲紿也。俗義爲忘。詩云永矢弗諼。又曰終不可諼。大學引詩作諠。艸有諼艸、吕能忘憂名。詩云焉得諼艸、言樹之北。別作萱、藼、蕿。

誑

誑居况切、紿戲也。記曰幼子常視毋誑。

古通作迋。詩云：無信人之言，人實迋女。又作誑、恇。說文恇，誤也。

詭 詭，過委切。曲辭不己正也。引之爲詭隨、詭遇、爲詭異。別作恑、姽、謉。說文恑，變也。姽，閑體行姽姽也。

譎 譎，古穴切。變詐回遹也。別作憰。說文二字皆權詐也。

詐 詐，側駕切。欺僞也。

詖 詖，彼義切。頗側也。與陂通。孟子曰：詖辭知其所蔽。說文曰：辯論也。古文吕爲頗字。

誤 誤，五故切。辭差也。俗作悞，非。

詿 詿，古賣、古罵二切。相誤也。說文有兩詿，一圭聲，一佳省聲，皆誤也。又作謑、說文相誤也。又作謨。

譌 譌，五禾切。傳繆也。亦作訛。又作訛。詩云：民之譌言。譌則轉易失初，故又爲變易。詩云：式譌尒心。

諞 諞，婢善切。便佞也。秦誓曰：惟截截善諞言。又丏聲。說文曰：諞，便巧言也。引論語友諞佞。

諂 諂，丑琰切。卑辭曲媚之謂諂。

諛 諛，羊朱切。阿和贊譽之謂諛。

訑 訑，余支、商支二切。誕謾自大也。孟子曰：訑訑之聲音顏色，拒人於千里之外。莊周曰：僻陋慢訑。楚辭曰：或忠信而訑節，或訑謾而不疑。別作詑、訑、詑。

諱 諱，許貴切。忌惡掩諱不言也。

護 護，胡故切。掩覆也。

謔 ㉗謔，虛約切。戲言也。

詼 詼，枯回切。滑稽詼諧也。

諧 諧，戶皆切。詼諧滑稽諧笑也。又與龤通，用爲諧和之諧。

謹 讙呼官切。眾口歡呼也。記曰：高宗三季不言，言乃讙。又曰：鼓鼙之聲讙。

訌 訌戶工切。詩云：蟊賊內訌。訌與鬨聲義益相近。

謣 謣兮瓜切。吅囂也。

訬 訬楚巧切。說文曰：訬，擾也。又兮聲。

謱 謱郎𠋫切。謰謱，語不休也。謱覶，語煩也。

說文曰：謰謱也。方言曰：謰謱，拏也。

譇 譇陟加切。譇語吅也。拏譇，譇拏，語競也。說文曰：譇拏，羞窮也。別作譖、謯、諺。

謈 謈蒲角切。漢書：鄗舍人㮇不勝痛，呼謈。服虔曰：音暴。師古曰：步高反。

誻 誻他合切。唐本說文曰：言語相及也。徐本曰：言語相反，誻也。按，今俗有誻問之說。

讋 讋[28]讋質涉切。言失气也。漢書：項籍斬會稽守，府中皆讋伏。又讋囁，多言也。又作讋。說文曰：讋，囁也。

謦 謦去挺切。莊周曰：昆弟親戚謦欬其側。

譥、徼發聲也。又去聲。

詵 詵疏臻切。說文曰：致言也。詩云：螽斯羽詵詵兮。毛氏曰：眾多也。孫愐曰：眾人言也。

謖 謖所六切。士虞禮曰：尸謖。鄭氏曰：起也。列子曰：未嘗見舟而謖操之。

謏 謏息有先了二切。記曰：發慮憲，求善良，足以謏聞，未足以動眾。鄭氏曰：謏之言小也。按，發慮憲，求善良，恐不止於小聞。

訇 訇胡涓切，又維傾、呼宏二切。說文曰：駭言也，勻省聲。[29]訇，籀文不省。

譎　讝[31]　訩　詎　詹　善

譎[30]辛衍切。史記曰能薄才譎。司馬氏曰浅也。

讝語劒切、疢病妄語也。又之廉切。又作譫。

訩虛容切、詩云家父作誦、以究王訩。毛氏曰訟也。唐本說文同。徐本誤以訟爲說。味詩義恐亦非訟、或作詾說。

詎臼許切、又去聲、詎之爲言猶豈也。其也。漢書借用巨字。又吾聲、亦通借渠字。按、古無詎字。

言之疑

詹職廉切。說文曰多言也、从言从八从产。莊周曰大言炎炎、小言詹詹。經傳用爲詹望、詹仰之詹。別作瞻。

善[32]常衍切。說文譱、吉也、从誩从羊。此與義美同意。善、篆文从言。按、經傳善之義不待釋而明、借他義以釋之者徃徃皆差。說文曰吉也。孫愐曰良也、大也、佳也。皆不足以盡之。

啻　曰　曶　朁　曷　㯻

啻於力切。說文曰快也、从言从中。

曰王伐切、有言也、乙聲。

曰之象形

曶呼兀切。說文曰出气詞也、象形。㫚、籀文。

曰之會意

沓[33]達合切、說文曰語多沓沓如水也。別作嗒、誻、遝。說文曰遝、迨也。迨、遝也。按、迨遝止當作合沓。

曰之諧聲

朁七感切、說文曰曾也。

曷何葛切[34]、何也。亦通用害字。

曰之疑

㯻藏牢切。說文曰獄兩㯻也、在廷東、故从棘。治獄者以言、故从曰。按、此說鑿而不通。疑卽嘈字、从曰棘聲。按、書傳所用爲㯻耦、周語曰民所㯻[35]好、鮮其不濟也。詩云乃造其轄。又爲國名、亦爲姓。

問

問文運切、問所不知也。

𠷎

𠷎直由切、說文曰誰也。通亦作𠷎。今作疇。又作嚋。

啓

啓康禮切、開白也。又作启。

咨

咨即夷切、資謀也。說文曰謀事爲咨。別作諮。又因其聲爲齎咨、咨嗟之咨。別作嗞。說文曰嗟也。

召

召直笑切、呼之來也。又旹照切、邑名。召公奭所食、後因已爲氏。別作邵。

喚

喚呼毌切、呼也。呼喚聲相通。

叫

叫古弔切、高喚也。又作嘂。周禮曰夜呼旦以嘂百官。又作噭。記曰無噭應。

售

售承周切、荅也。別作啁。市賈償賈直因謂之售。旻直爲售、去聲。古通作讎。

唯

唯呂水切、應之速者其聲唯。記曰父命呼、唯而不諾。又引之爲口開翕皃。詩云其魚唯唯。又假借之用乎聲、與惟維通專也。

喏

喏尒者切、應聲也。古無此字。疑即諾字。

可

可肎我切、肎可同聲、其義一也。

可之轉注

叵

叵普火切、不可之㾐言爲叵、从反可。

可之諧聲

哿

哿古我切、可已也。詩云哿矣富人、哀此惸獨。又曰哿矣能言、巧言如流。毛氏曰可也。

可之疑

哥

哥古俄切。說文曰聲也、古已爲歌字。

和

㊱和胡戈切、聲相諧也。或曰五味和於口也。引之凡和諧者皆曰和、通作龢。別作盉。俗爲鑾和之和、鈴在車上者也。康成曰鑾在衡、和在式。杜元凱

曰和在衡。又爲和門之和。見桓下。又去聲、此唱而彼應曰和。

如

如 而朱女朱二切、順从也。說文曰从隨也、从女从口。徐鍇曰女子从父之敎、从夫之命、故从女。按、从女無義、女乃聲也。 俗爲如從之如。

若

𦱶 而灼切、如也、順也。說文𦱶擇菜也、从艸从右。右、手也。叒、日出東方暘谷、所登榑桑、叒木也。象形。叒、籀文。孫氏而灼切。按、書傳不聞以若爲擇菜者、且擇菜而从右無義、榑桑叒木之說無稽。然楚辭亦曰折若木以拂日、則

若木之說舊矣。古鍾鼎文凡若皆作𦱶、蓋从口而𠂹聲、𠂹譌而爲芖、尒。籀文从叒、从口、卽若字也。 如與若、又引之、其用與佀與然通。如若然佀同聲、其義亦通。又俗爲謂人之辭、尒汝而若同聲、皆謂人也。

吾

吾 卬胡切、自謂之辭也。吾我卬聲相通、皆自謂也。又俗爲支吾之吾。漢官名執金吾取此。亦作梧。 又牛加切、漢金城有允吾縣。

台

以盈之切、台猶余也。書曰匪台小子、敢行稱亂。又曰以台正于三方。台予余同聲、皆自謂也。又與何同義。書曰夏罪其如台。乃曰其如台。台何同聲、皆誰問也。徐本說文曰說也。類篇引說文曰悅也。疑卽怡字。然說文又自有悅字。 又土來切。詩云黃耇台背。爾雅曰鮐背者、耇也。毛氏曰台背、大老也。鄭氏曰台之言鮐也、大老則背有鮐文。 漢志曰斗魁下六星、兩兩相比、

曰三能。蘇林音台。晉志曰三台六星、兩兩而居。起文昌、削抵太微。西近文昌二星曰上台、次二星曰中台、東二星曰下台。

喻

喻 俞戍切、聞言心解也。孔子曰君子喻於義、小人喻於利。記曰君子之敎喻也、罕譬而喻。亦作諭。敎曉因謂之諭也。說文曰諭、告也。一曰呴喻、和悅皃。按、諭、敎曉也、告不足以盡義。呴喻乃雙聲假借、非正義也。說文無喻字。

按、六經多作喻、惟周禮祭義作諭。

合

合侯閤切、言相合也。一曰吻合也。引之凡和合會合皆用之。別作佮、欱、詥、迨。說文曰：詥、諧也。佮、合也。欱、會合也。迨、遝也。又古沓切。

否

否方九甫鴀二切、不然也。通作不。又筱鄙切、乞閉塞也。易曰：天地不交、否。別作痞。

咈

咈吏勿切、不然之辭也。書曰：咈哉。與弗拂通。

六書故弟十一　五九

唱

唱尺亮切、發聲高唱也。亦通作倡。詩云：叔兮伯兮、倡予和汝。記曰：一倡而三歎。

哦

哦牛何切、高吟也。

吟

吟魚音切、函永去聲也。喜為吟永、痛為呻吟、疑為沈吟。又作唫、訡、詅。

哉

哉祖來切、語餘歎辭也。又去聲、與載通。書云：朕哉自亳。孟子作載。詩云：陳錫哉周。春秋傳作載。書又曰：哉生明。爾雅曰：始也。

句

句九遇切、辭之絕爲句。記曰：一年眡離經辨志。康成曰：離經、斷句絕也。又古侯切、俗爲鉤曲之句。記曰：句者畢出。又作菌、亦俗用區。樂記曰：區萌達。艸木初甲拆、其萌句曲也。又古候切。俗語稱句當、別作勾、非。

六書故弟十一　六十

唐

唐徒郎切、說文曰：大言也。啺、古文。今人言荒唐蓋取此。帝堯吕唐爲氏。

嘲

嘲陟交切、嘲謔也。亦作謿。漢書亦作啁。又啾嘲嘲哳、聲之吅襍噍殺也。

呶

呶尼交切、語吅呶不休也。詩云：載号載呶。說文曰：讙聲也。亦作怓。詩云：吕謹惽怓。毛氏曰：惽怓、大亂也。鄭氏曰：猶讙譁也。亦作譊。說文曰：恚呼也。亦通作嘵。

咻 咻虚尤切、衆口咻吼也。孟子曰衆楚人咻之。

嘈 嘈徂刀切、衆口嘈襍也。

囋 囋才贊切、嘈不已也。荀子曰問一而告二謂之囋。又入聲。

噂 ㊲噂祖本切、說文曰聚語也。詩云噂沓背憎。

哲 ㊳哲陟列切、嚞哲也。亦作嚞。借爲明哲之哲。

嗸 嗸五刀切、嘈不絕聲也。詩云哀鳴嗸嗸。又詩讒口嚻嚻。漢書作嗸嗸。又作謷。

嗃 嗃黑角切、多責譙狀也。易曰家人嗃嗃、悔厲吉。一本作熇。又虚交切、莊周曰夫吹管也、猶有嗃也。

呹 呹呼決切、聲之瞥疾也。莊周曰吹劍首者呹而已矣。

呢 呢女夷切、呢喃小語也。

呥 呥那函切、呥呥、口不休也。荀子曰呥呥而噍。又作喃。或作詽諵。

呫 呫尺涉切、切切阪語也。漢灌夫曰效女兒轉呫囁耳語。

喔 喔於谷切、又於角切。喔伊、兒女笑語聲也。說文曰喔雞聲也。

唲 唲如之切、又於嘉切。唲嘔、亏聲、與嬰兒應和語也。荀子曰扱循之、唲嘔之。今俗云阿嘔是也。

吺 吺汝朱切、欲言而㝵縮唇吻聶吺也。亦作嚅。又作顬顬。說文曰讘吺、多言也。唐本吺聲、徐本投省聲。按、韓退之言口將言而囁嚅、吺聲是也。驩兜之兜亦有作吺者、故孫氏音當侯切、而徐从投省、音義皆非也。

嘖 嘖側伯士革二切、聲煩襍也。傳曰會同難、噴布煩言、莫之治也。又爲歎聲、亦作唶。又作讀謟。說文曰噴、大呼也。或作讀謟、大聲也、讀若笸。又作唶。集韻曰歎聲也。按、爾雅、行扈唶唶。白樂天詩曰噴噴雀引雛。噴唶之聲細微、大聲大呼之說皆非也。

吪

吪側格切、伯曰噍口聲也。傳曰季桓子吪謂林楚。杜元凱曰吪、蹔也。不然。又側駕子夜二切。

嚄

嚄屋號屋鄭二切、史記曰晉鄙嚄唶宿叔。司馬氏曰多辭句也。

咄

咄丁括切、語發聲也。說文曰相謂也。又都骨切。

嗾

嗾千后蘇后二切、嗾使也。傳曰公嗾夫獒焉。或作㖩。

唆

唆穌禾切、唆嗾同聲、實一字也。古無唆字。

啾

啾叔由切、小聲也。

喞

喞子悉切、喞喞、竊語聲、亦歎聲也。別作節嘰。

喤

喤胡光切、聲皇也。詩曰乃生男子、其泣喤喤。曰鍾鼓喤喤。曰喤喤厥聲。別作諻鍠。又戶皆切。

嘐

嘐火交切、聲大而歊也。說文曰夸語也。孟子曰其志嘐嘐然、曰古之人、古之人。今人㠯喘甚爲嘐。蓋㠯其聲嘐嘐然、與哮通。又居肴切。

嘽

嘽他干切、聲气盛疾也。說文曰喘息也。一曰喜也。詩云戎車嘽嘽、嘽嘽焞焞、如霆如雷。毛氏曰眾也。又曰嘽嘽駱馬。毛氏曰喘息皃。又曰王旅嘽嘽、如飛如翰。毛氏曰盛也。鄭氏曰閑暇有餘力之皃。又曰辻御嘽嘽。毛氏曰喜樂也。鄭氏曰安舒也。按、毛鄭一字而數義、皆緣詩辭曲爲之說、非嘽之正義也。又齒善切、記曰其樂心感者、其聲嘽㠯緩。鄭氏曰寬綽皃。

嘾

嘾他昆切、口气歕濩也。說文曰口气也。詩云大車嘾嘾。毛氏曰重遲皃。

喊

喊呼覽切、大聲呼也。古通作闞。詩云闞如

虓虎。又厺聲。或作嗌、或作獄。說文曰小犬吠也。南陽新亭有獄鄉。

嚛

火沃切、說文曰食辛嚛也。

唪

補孔切、詩云瓜瓞唪唪。毛氏曰唪唪然多實也。說文唪、大笑也。讀若詩瓜瓞菶菶。

嘻

許其切、微笑聲也。易曰婦子嘻嘻。又噫嘻、歎聲也。開聲爲烏呼、亦音啞呼。閤聲爲噫嘻。或作欸、歖、譆、嚱、誒。亦通作戲。

咥

許既切、笑聲也。又許訖切、亦笑聲也。或作咭、吃。詩云咥其笑矣。又迭結切、易曰履虎尾、咥人、凶。噬也。陸氏直結切。蓋閩音。

啞

乙格切、歡笑聲也。易曰笑言啞啞。又作諡。說文曰笑皃。又倚下切、今人謂瘖啞。又於加切、歐啞、伊啞、優啞、皆聲也。漢書伊優亞、單作亞。按、此當作烏、烏有鴉音也。

听

宜引切、笑見齒皃。相如賦曰听然而笑。又作囅。莊周曰桓公囅然而笑。陸氏敕引切。

咍

呼來切、說文曰蚩笑也。楚辭曰眾兆之所咍。

噱

其謔切、大笑也。漢書、談笑大噱。師古曰噱、笑聲。

叱

尺栗切、怒訶聲也。

喝

虛葛切、訶也。因之爲恐喝。漢書、賨憲陰喝不㝵歎。注讀一不切、猶噎塞也。又作歇。又於不切、乞塞不㝵言、嗌中聲也。相如賦曰聲流喝。別作嗌、呃、呝、詬。

吒

尺駕切、叱之稍徐也。說文曰吒、噴也、叱、怒也。噴、吒也。公明宣曰親在叱吒之聲、未嘗至於犬馬。亦與咤互用。記曰無咤食。康成曰嫌薄之也。陸氏曰叱咤也。史記、項王喑惡叱咤。

咤

陟駕切、虛歆也。書曰乃受同冒。王三宿、

三祭、三咤。太尗受同、祭嚌。王咤而太尗嚌、輕重之等也。孔氏㠯咤爲奠，非。說文因之有詫字，从言無義。

嚇　嚇虛訝郝格郝各三切、恐嚇也。莊周曰鵙㝵腐鼠，鵷鶵過之，仰而眂之曰嚇。

嗔　嗔昌眞切、盛气怒也。又亭年切。說文曰盛气也。引詩振旅嗔嗔。

噫　噫於其切、噫歎聲也。又於介切。說文曰飽食息也。

号　号乎刀切、長呼也。有長呼㠯告遠命衆者、有哀痛而号者，亦作號嗥。又作獆諕唬。說文曰号，痛聲也。號，呼也。嗥，咆也。㊴譚長說从犬。按，从虎者虎号也，从犬者犬嘷也，其爲号呼一也，不當有二字。又去聲。物有号名，所㠯号召也。周禮曰辨号名之用。又因之爲号令。易曰渙汗其大号。

六書故弟十一　六十七

唁　唁負孌切、弔問也。弔生曰唁。或作喭䜩讞。喭又負旰切。語曰由也喭。粗厲也。

哆　哆尺紙齒者二切、口張大也。

咺　咺況晚切、又況遠切。口張大皃。詩云赫兮咺兮。說文曰𢥏鮮謂兒泣不止曰咺。又作喛。又作愃。說文曰寬嫺心腹皃、引詩赫兮愃兮。

唅　唅虛目切、呀、虛牙切。唅呀，張口中空皃。唅又作谽峆。呀又作谺谺。谽谺、谷空也。不當別爲字。

呺　呺虛嬌切、虛大皃。莊周曰非不呺然大也。與枵通。讀爲号者非。

吁　吁況于切、長歎也。說文口部有吁、驚也。亏部又有吁、驚語也。凡意之所否者，其發聲多吁。

喟　喟丘貴切、太息聲也。或作嘳。凡烏吁噫嘻吁喟咨嗟，皆歎聲，其義各如其聲。

唏　唏昌沇切、气不㝵兮、瘀息也。

六書故弟十一　六十八

嚏 呻 嘅 嗟 哀 啜 呿 唫 嗋

嚏都計切、气乎口鼻歕嚏也。亦單作疐。

呻失人切、㾕痛呻吟也。

嘅苦蓋切、歎也。詩云嘅其歎矣。與慨通。

嗟咨邪切、又遭哥切、歎辭也。又作䜭。說文曰䜭、咨也。一曰痛惜也。按、嗟有爲痛惜者、有爲歎美者。

哀烏開切、又於希切、悲聲發亏聲也。

啜張劣切、詩云啜其泣矣。今用爲歠字。說文曰嘗也。一曰噣也。孫氏昌說切。葢吕爲歠。

呿丘於、丘加二切、口開也。莊周曰公孫龍口呿而不合。絫問曰呿吟至微。注、呿謂欠呿。呂氏春秋曰呿而不唫。高誘曰呿開唫閉。

唫牛音切、口急難開也。與吟互用。

嗋許劫切、口合也。莊周曰口張而不能嗋。陸氏曰合也。

吝 㕯 商 局

吝良刃切、含忍不吐也。說文曰恨惜也。吝古文。別作悋㊵。漢志貪遴、通作遴。

㕯女骨切、詘於言也。又女滑切。說文曰言之訥也。又作吶㊶。說文曰言難也。記曰言吶吶然、如不出諸其口。陸氏如悅切。徐氏奴劣切。按、㕯吶特一字、吶字移口於外。徐陸音俱非。

㕯之疑

商式易切。說文曰从外知內也、章省聲。𠶷、𠻇古文。𧶜籀文。按、商於經傳爲商度。易曰商兌未寧。又爲商賈。行曰商、坐曰賈。或作𧶜。說文曰行賈也。又爲殷國都、因吕爲氏。

局其力衢六二切、言有所局、不旻伸也。尺㊷聲。詩云謂天蓋高、不敢不局。謂地蓋厚、不敢不脊。局與脊劦。說文曰从口在尺下。一曰愽所吕行棊、象形。徐鍇曰人之無涯者唯口、故口在尺下爲局。引其義爲卷局、曲局局趨。別作跼、騗、偈、寙、髶。楚辭曰騁跳而遠去。孫愐曰：跼，卷曲也。騗，馬立不正。梗有局，吕限某也。官有局，吕限職分也。記曰：𠂇又有局，各司其局。別作梮。

𠯑　𠯑古活切，結舌也。說文曰：塞口也。从口，氒省聲。

吃　吃居壹切，語蹇也。又作欯。說文曰：卒也。一曰口不便言也。

哽　哽古杏切。說文曰：言爲舌所介也。悲者哽咽，亦通作梗。

噤　噤巨禁切，齒頰彊不㝵開也。別作齽、齡。說文禁，口閉也。

嗄　嗄所假切，啼極嗌乾聲嬰也。老氏曰：兵日號而嗌不嗄。

喑　喑於今切，失聲不能言也。今人謂之啞。倚下切。又作瘖。說文曰：宋齊謂兒泣不止爲喑。瘖，不能言也。又偕其聲爲喑烏。史記項王喑惡叱咤。

咼　咼苦媧切。說文曰：口戾不正也。別作喎、䯞。說文曰：䯞，不正也。

哨　哨七笑切。說文曰：不容也。記曰：枉矢哨壺。鄭氏曰：不正皃。又所教切。

啻　啻施義切，啻猶止也。不啻猶言何止也。亦通作翅。

吪　吪五禾切，寐中驚語也。詩云：尚寐無吪。別作吪。通作訛。詩曰：或寢或訛。毛氏曰：動也。

呈　呈直貞切。說文曰：平也。史記曰：日有呈，不中呈不㝵休息。葢吕爲程度之程。今人吕爲呈白、呈露。

嘌　嘌匹妙切。詩云：匪風飄兮，匪車嘌兮。說文曰：疾也。孫氏撫招切。毛氏曰：嘌嘌，無節度也。

嗿　嗿他感切。陸氏勑感切。詩云：有嗿其饁。毛氏曰：眾皃。說文曰：聲也。引詩。

咮，陟救陟戍二切、鳥噣也。亦作噣。亦通作注。

嗉，蘇故切、鳥頷下畜食処也。亦單作素。天官書、張素爲廚。爾雅曰亢、鳥嚨。其粻、嗉。

咆，蒲交切。哮，許交切、虎豹怒號咆哮也。亦通作炰烋。詩云女炰烋于中國。哮又作虓。咆又作嗻⿰口雹。哮又作⿰犭翏。

吼，許后切、鬬也。又作㖃。說文在后部、厚怒聲也。亦作呴。咆哮鬬吼皆怒号之聲、義各如其聲。

吽，魚侯切、犬爭聲。東方朔曰狋吽牙者、兩犬爭也。

噳，魚巨切、詩云麀鹿噳噳。說文曰麌麌群口相聚皃。

啄，竹角切、鳥食也、銳喙者啄。又竹救切。

唼，七接切、鳧鴈唼食。漢書曰唼血而盟。師古曰小歃也、所甲切。

嘶，先亝切、聲長而殺也。馬鳴蟬鳴、其聲多嘶。漢書、王莽大聲而嘶。悲者聲亦嘶。別作⿰言斯。

呦，於求切、鳴聲也。詩云呦呦鹿鳴。或作嚘。

喓，伊消切、鳴聲也。詩云喓喓艸蟲。

嚶，烏莖切、鳴聲也。詩云鳥鳴嚶嚶。

喈，居諧切、鳴聲也。詩云雞鳴喈喈。又古奚切。

嘹，憐肅切、嘹唳、鳴聲高亮也。鴻鴈嘹唳。

唳，郎計切、長鳴高亮也。鶴鳴曰唳。

嘒，呼惠切、小口鳴聲也。詩云鳴蜩嘒嘒。又曰嘒嘒管聲。又曰嘒彼小星。星光熠熠、如喙翕張也。

嘵，馨幺切、悲鳴不輟聲也。詩云風雨所漂搖、予維音嘵嘵。

噑　噞　喁　周　知

噑陟敎竹角二切、鳥雀鳴聲。一曰衆口皃。

噞魚檢切、魚噞水也。

喁魚巨切、魚口開噞喁喁也。又魚容切。

口之疑

周職畱切、說文曰密也、从用从口。𠱧古文。於書傳爲周回之義。記曰周還中規。故又爲周帀彌密之義。傳曰忠信爲周。又曰吕周事子。因之爲

周遍。詩云寘彼周行。語曰君子周而不比。孟子曰周于利者、凶秊不能殺。周于悳者、邪世不能亂。又因之爲周給。語曰君子周急不繼富。別作賙。有周氏。吕爲氏。

知陟離切。說文知在矢部、詞也、从口从矢。从知、𢒼、古文。又𢒼在白部、識詞也、从白从亏。孫氏知義切。按、知、心有識也、从口、未詳、矢聲。知之之謂知、去聲。別作智。㊸

古　嘏　吉　咸　各　唾

古公戶切、徃古也。說文曰从十口、識前言者也。𠖠、古文。

古之諧聲

嘏古雅切。說文曰大遠也。祝致鬼神之詞曰嘏。記曰祝吕孝告、嘏吕慈告。嘏致福也。故因爲福。詩云俾緝熙于純嘏。曰天錫公純嘏。鄭氏曰受福爲嘏。又云純嘏爾常矣。毛鄭皆曰大、非也。

吉居質切、福善也。說文曰善也、从士口。

咸胡監切。書傳之用咸猶皆也。又爲感。易曰咸、感也。說文曰皆也、悉也、从口从戌。戌、悉也。

各古洛切、別也。說文曰異詞也、从夂。夂者、有行而止之不相聽也。

唾湯臥切。說文曰垂聲。按、垂於聲不諧。又吐外切。或作涶。口液也。㱿吐次液因謂之唾。記曰讓食不唾。傳曰不顧而唾。

只

只諸氏切、說文曰語已詞也、象气下引之形。詩云樂只君子。又曰母也天只、不諒人只。皆詞助。

只之龤聲

𠷎

𠷎吁形切。說文曰聲也、讀若馨。按、吳越語盜馨猶言如許生、許生之合爲馨馨。晉人俗用馨字。

牙

牙五加切、牡齒也。上象其齟齬相入、下象其根。𤘅㊹、古文。因之爲萌牙之牙。別作芽。又去聲、輪人爲輪、下規謂之牙。考工記曰牙也者、吕爲固抱也。

牙之龤聲

犄

犄去奇切。說文曰武牙也。鼂說之曰顧野王曰虎牙也。蓋唐人諱虎改之。按、犄蓋牙之巨者、武虎言其壯也。

𤘘

𤘘區主切、牙蠹也。或作齲、齬、从齒、非。齒未嘗蠹也。

牚

牚直庚切、又去聲、㨝入也、亦距也。又丑庚切、牚張之也、亦作堂。說文曰歫也。考工記曰維角堂之。鄭司農曰讀若牚距之牚。按、牚堂止一字、或从牙、或从止从足、其義一也。別作棖、撑、橕、撐。

冄

冄如琰切。說文曰毛冄冄也、象形。按、漢書、元龜歫冄。孟康曰冄、甲緣也。荏冄、謂其冄弱也。詩云荏冄柔木。別作苒。

六書故弟十二

永嘉戴侗著　西蜀李鼎元校刊

人五

亢

亢胡郎切、頸當喉處也、象形。說文曰人頸也、从大省、象形。别作伉頏吭鴋翅。說文曰伉、人名。引論語有伸伉。按、伸伉字禽、凡禽者必先扼其亢也。又揚雄賦負頡而鳥盱。頸項彊直爲亢、苦浪切。傳曰不能亢身、焉能亢宗。用此義也。因之爲高亢。易曰亢龍有悔。詩云高門有亢之類是也。勢相敵爲亢麗。又作伉儷。不相下爲亢衡。别作抗。天高晴爲亢旱。别作炕。又古郎切、東方之宿。又縣有亢父。

胡鳳　六百卅四小八十五

①

彡

彡所銜切、長毛彡彡也、象形。又恩廉切、漢有西羌彡姐。

彡之會意

彫必幽必彫二切、又所銜所減二切。彡之長者也。

髟

髟之龤聲

髮

髮方伐切、頭毛也。說文曰𩠐、古文。或作頫。

鬢

鬢必刃切、額旁髮也。

鬣

鬣良涉切、頰旁長毛也。傳曰使長鬣者相馬。領毛亦謂之鬣、豕亦有鬣。記曰豕曰剛鬣。說文曰髮鬣鬣也。或作擸獵儠。說文儠、長壯儠儠也、引春秋傳長儠者相。

髯

髯汝鹽切、鬣也。又作䫇頰。

胡鳳　大百廿五小百十四

鬌

鬌吐火切、記曰子生三月之末、擇日翦髮爲鬌、男角女羈、否則男左女右。鄭氏曰夾囟曰角、午達曰羈。說文曰鬌、髮隋也。李陽冰本曰隓也、隋、削肉也。侗謂鬌、兒始翦髮、畱夾囟之髮爲鬌也、夾囟兩存如角、謂之角、偏存其一爲羈。今俗閒嬰兒猶爾。②說文蓋㠯爲落髮。又鬌鬌、見鬌下。

髦

髦謨袍切、長髮至眉也。詩云髧彼兩髦。內則曰子事父母、笄、緫、拂髦。末冠笄者、

髫　鬋　鬑　髻

拂髦、緇角。士喪禮曰既殯說髦。記曰親漫不髦。鄭氏曰髦以髮爲之、象幼旹鬌。其制未聞、蓋人子之飾、故親漫不髦。士之長才者因謂之髦、猶言毫也。詩云烝我髦士。髦士攸宜。爾雅以髦士爲官、非也。函南夷半有長毛者謂之髦半。或作犛、非。又作

髳、迷浮切。牧誓曰及庸蜀羌髳。詩云如蠻如髦、我是用憂。孔氏曰髳在巴蜀。說文髳、髮至眉也。引詩

紞彼兩髳、或作髳。按、詩髦與浮流憂劲、則固有髳音、觀說文所引可見矣。戎夷多被髮。

髫、田聊切。說文新附曰小兒乑結也。俗或作齠。

鬋、子淺切、說文曰女鬢乑皃。記曰大夫士公國不蚤鬋。鄭氏曰鬋鬋鬢也。楚詞曰盛鬋不同。

鬑、離鹽切、說文曰鬋也。按、今人有髮簾覆額、寡髮者用之、蓋髦之類。

髻、古詣切、又吉屑切、結髮也。通作結、亦

鬠　髽　髢

作紒。士冠禮曰收冠者采衣紒。鄭氏曰古文爲結。陸氏曰音計。又作髻。說文曰先結也。孫氏古拜切。

鬠、古活古外二切、括髮也。士喪禮鬠用組。鬠笄用桑。鄭氏曰古文作括。晉氏音膾、又戶外切。說文無髻鬠二字。徐鉉曰古通用結字。按、髻結括同聲、古無髻鬠二字、單作結括。鬠亦通作會。莊周曰會撮指天。說文又有髺③潔髮也。

髽、莊華切、露髻也。喪服、女子髽衰、弔則

不髽。記曰男子冠而婦人笄、男子免而婦人髽。鄭氏曰太纚而紒曰髽。

髢、大計切、束他髮以飾髻也、寡髮者必用之。詩云鬒髮如雲、不屑髢也。蓋髮稠美不假髢以增飾也。記曰斂髮毋髢。鄭氏曰髮也、毋乑餘如髮也。傳曰衛莊公見己氏之妻髮美、髡之以爲呂姜髢。莊子曰禿而施髢

鬟　髲

髢。別作髲鬄，非。說文髲鬄，髲也。或作髢。髲、鬄也。鄭氏釋禮，被錫衣曰被錫，讀爲髲鬄。古者或剔戮者刑者之髮，㠯被婦人之紒，因名髲鬄。此說非。錫衣乃衣之名，被則髢也。

髲皮義切，髢也。按、古單作被。編他髮㠯被髻也。詩云：被之童童。饋食禮：主婦被錫衣。

鬟戶關切，綰髮般環也。說文新附曰緫髮也。古婦人皆

鬖　髿　鬖　䰃　髾

飾琢玉爲兩環、髻鬟二字後人所加。按、兩環之說傅會。說文有⿱髟般字、臥結也。⿱髟般鬟，卽般環也。

髾師交切，相如賦曰：曳彗星㠯爲髾。張揖曰：燕尾也。類篇曰：髮末也。亦作⿰牜肖。類篇曰：⿰牜圭⿰牜囟⿰牜㐬也。

䰃盧甘切，鬖師咸切，髿師加切。說文曰：䰃，髮長也。䰃、鬖、髿皆髮垂散皃，義各如其聲。

鬌鄔果切，鬌髾、髻鬟鬆慢皃、義如其聲。

髴　髣　鬙　鬅　髧　鬆

鬆穌叢切，鬅鬆，髮輕浮皃。亦作⿱髟公。

髧都感、徒感二切，詩云：髧彼兩髦。類篇曰：髮垂皃。

鬅蒲登切，鬙慈登切，鬅鬙、髮散亂皃，義如其聲。

髣甫网切，亦作仿。又作俩眪彷昉。髴甫勿切，又旉未切，亦作佛。又作彿。髣髴有所㠯蔽、仿

鬄　鬀　鬤

象其略也。

鬤如陽切，又尼庚切，髮散亂鬈起皃。楚詞曰：被髮鬤只。

鬀他計切，剃髮也。又作鬄。說文曰：鬀，鬄髮也。④小人曰髡，小兒曰鬀，盡及身毛曰鬄。鬄、鬀髮也。徐鉉曰：今俗作剃，非。孫氏他歷切。亦作

鬄說文髲也。孫氏先彳切，又大計切。士喪禮：特豚三鬄，去蹄。鄭氏曰：鬄，解也。三解之，殊肩髀也。陸氏他歷切。按、鄭康成㠯被錫爲

髡

髮鬄。鬄髮鬄剃其實一字而二音。

𩫖 苦昆切，禿削也。亦作髨。說文曰兀聲，或从元。按，兀非聲，从元聲為正。

鬜

𩬊 苦閒切，說文曰鬜禿也。

鬊

𩭿 詳倫舒閏二切，落髮也。士喪禮，鬊蚤埋亐坎。說文曰鬊髮也。鬊髮墮也。

鬉

𩮀 祖叢切，馬鬣之勁者。又作鬃騣。

百・八 小八十九 刘祥

彡之諧聲

㐱

𠫾 之忍切，稠密也，人聲。又作鬒。詩云鬒髮如云。說文云稠髮也。引詩㐱髮如云。

形

形 戶經切，仿象也。

修

修 息流切，飾也。古俗用脩。

彬

彬 補巾切，文美也。語曰文質彬彬，然後君子。說文份，从人，文質備也。古作彬，从彡。徐鉉曰俗作斌，非。叔重文質備之說蓋傅會孔子之言。

彧

彧 乙六切，又雨逼切，茂美皃也。詩云黍稷彧彧。古通作郁。語云周監於二代，郁郁乎文哉。別作戫。

彫

彫 都僚切，刻琢㠯為飾也。通作雕。

彯

彯 匹妙切。類篇畫飾也。

彡之疑

八十七小一百七十二 刘祥

弱

弱 而勺切。說文曰橈也。上象橈曲，彡象毛氂橈弱也。弱物并，故从二𢎗。

經傳之用其義為柔弱。

𦤎

𦤎 莫卜切。說文曰細文也，𡭴省聲。侗謂當讀莫北切，乃與𡭴劦。

𠦃

𠦃 子亦切，背脊也。又作脊。說文𠦃，背吕也，象脅肋形，讀若乖。唐本作𦜲，从大。脊，背吕也，从𠦃从肉。李陽冰曰𠦃，背心也，手足之所不及，故謂之𠦃。千，背文。仌，肉文。按𠦃脊實一字，中象脊骨，仌象兩旁肉，𠦃毌肉中也。後人加肉，猶雲靁之加雨也。李陽冰之說是也，但从許氏之讀，故未免曲為手足不能及之說。乖離之乖，从竹。經傳古今未嘗布用𢇛字者、明與膂實一字也。俗爲局膂之膂。別作跼蹐。

呂

呂力與⑤切、說文曰膂骨也。象膂骨聯節形。亦通作旅。詩云旅力方剛。俗作膐。三岳之後、姜姓呂、呂爲氏、申呂是也。

𦥑

𦥑象膂肋。說文曰叉手也、从𠂤彐。孫氏居玉切。𠂤卽爪、彐从反爪。孫氏音掌。兩手相向匊持之象、合而爲𦥑。要申之類皆从𦥑。按、爪本鳥爪、非兩手所取義。說文誤合𦥑、𦥑爲一字。臼要與申考之、𦥑本象膂肋、其聲闕。

𦥑之象形

申

申舒神切、象膂背之申屈、申之義也。𦥑、繆篆文。說文曰神也、七月侌气成體自申束也。从𦥑自持也。吏臣餔𣅀聽事、申旦政也。按、許氏之說曲而不通。別作伸。俗爲十二辰申酉之申、又俗爲重申之申。易曰重巽以申命。書曰天其申命用休。史記曰三令五申。

申之會意

曳

曳㠯制切、行曳足也。記曰登牀曳踵。傳曰輿曳柴而从之。又㠯泄切。別作拽。

臾

臾弋須切、少㥛也。从反曳、罷極而少㥛之義也。燕禮曰請吾子之與寡君須臾焉。說文曰束縛捽抴爲臾、从申从乙。按、臾無束縛捽抴之義、从乙亦非聲義。又尹竦切、从臾奬勸之也。

申之諧聲

暢

暢丑亮切、條達更暢也。孟子曰艸木暢茂。詩云文茵暢轂。易曰美在其中而暢於三交。

申之疑

朄

朄孫氏羊晉切。周官、下管播樂器、令奏鼓朄。又曰小樂事鼓朄。鄭司農曰小鼓也、擊小鼓爲大鼓先引、讀爲道引之引。康成引詩曰應朄縣鼓。

𦥔

臼之龤聲

𦥔於遙切、腰脅之交也、交省聲。說文曰象人要自臼之形。从臼、交省聲。𦥔古文。俗作腰。要居身之中、軀幹之要會、帶裳所束也。故引之爲要約、要束。又引之、則操其急與要之中道皆曰要。又引之、則要其凡、要其成之類皆是也。操𠭁其緫統曰要。於妙切。周官、辨百官之職、一曰正、

掌官灋以治要。又曰日入其成、月入其要。月要則令群吏正月要。易曰其要无咎。⑥傳曰握兵之要。書契要約之所徵因謂之要。𠂇氏傳王叔與伯輿合要。

肉

𠕎如六切。象形。又如又切。樂記曰寬裕肉好。康成曰肉肥也。又曰廉肉節奏。康成曰廉肉鴻殺也。按環璧有肉好、肉倍好曰璧、好倍肉曰環、好、其空也。肉、其玉也。故肉與廉對、而鄭氏以肥與鴻釋之。

肉之象形

骨

骨古忽切。說文曰肉之覈也。

骨之指事

冎

冎古瓦切。剔肉存骨也。从骨去肉。別作剮。

歺

歺五割切。骨之殘也。眂骨而殺之。說文曰从半冎。讀若櫱岸之櫱。𣦵古文。徐鉉曰歺義不應有一。秦刻石文有之。個謂一乃

敲也。

歺之龤聲

殘

殘昨干切。歺餘也。引之爲殘賊。又作𦚢。說文殘賊也。𦚢、禽獸食餘也。

殊

殊市朱切。體斷也。引之則凡不相屬者皆曰殊、於是有殊異之義。

殛

殛己力切。誅擊也。

膭　胗　殲　殫　殜　殃　殰　殈⑦　殟　殤

膭於計切、骴之速也。𦡫古文。說文曰胋也。

胗达典切、滅絕也。說文曰盡也。歺、古文。

殲子廉切、胗之盡也。說文曰微盡也。

殫都寒切、殘之盡也。

殜弋表切、遺亾曰殜。亦作𦯧。又作茇。或作莩者、𦯧之譌。

殃於良切、禍也。

殰达谷切、胎敗也。記曰胎生者不殰。康成曰肉敗曰殰。字林曰胎敗也。別作𣨛。

殈呼闃切、記曰卵生者不殈。康成曰殈剈也。今丝人語有殈者。按、殈恐非剈。

殟烏沒切、說文曰胎敗也。

殤式陽切、未成人而死也。喪服曰秊十九至十六爲長殤、十五至十二爲中殤、十一至八歲爲下殤、不滿八歲爲無服殤⑧。

殆　殯　殔　殉　殖　殠　肯

殆达亥切、危死也。引之則凡幾危者皆曰殆。

殯必刃切、既斂未葬而菆塗之曰殯。

殔羊至切、殯坎也。士喪禮掘殔見衽。康成曰埋棺之坎也。

殉侶俊切、吕人从死也。

殖常職切、說文脂膏久而殖也。俗爲叔殖、蕃殖之殖。書云不殖貨利。

殠尺救切、腐气也。

𠕎苦等切、骨肉之腠也。从骨省。莊周曰技經肯綮之未嘗。說文曰骨肉間肯肯著也。一曰骨無肉也、一曰从肉象形。𠕎古文。字林口乃切、著骨肉也。俗作肯。俗爲肯可

體　骸　骼　髑　髏　髆　髃

之肎、肎與可聲義通。

骨之龤聲

體天禮切、軀幹支節之通名也。說文曰緫十二屬也。

骸何皆切、骨之合名。傳曰析骸㠯爨。漢書、父子纍骸中野。

骼剛鶴各額歷各三切、骨也。月令曰掩

骼埋胔。與膞胳之胳互。

髑徒谷切。髏郎𥎞切。說具頊顱下。

髆補各切、說文曰肩甲也。俗㠯短袂衫爲髆、謂才足㠯護膊也。別作襮。髀亦或謂之髆。亦通作膊。

髃元俱五婁五公三切、肩隅也。字林曰肩前兩乳骨也。又作偶。⑨窸、卽休而箕、當腢。

⿰骨曷　骬　骭　髖　髀　髕　髁　骹

⿰骨曷許竭切。骬雲俱切。靈樞經曰⿰骨曷骬㠯下至天樞、心峻骨也、長八寸。人有有⿰骨曷骬者、有無⿰骨曷骬者。

骭居案𥎞旰二切、脛幹也。許氏曰膝㠯下脛㠯上。

髖枯昆苦官二切、髕骨也。別作臗、膄。雅曰尻也。

髀部弭切、股本也。士喪禮髀不升。康成曰近

竅也。⿰足卑古文。別作䏶、⿰骨比。

髕蒲忍切、說文鄰端蓋骨也。又作臏。孫子臏斷足之刑、亦謂之臏。伯曰剔厺髕骨使不㝵行、刖之類也。

髁口禾切、郄端骨也。說文曰髀骨也。按今人㠯郄端爲髁、踵兩旁圜骨爲踝。

骹丘交苦⑩較二切、脛近足者也。考工記曰三分其股□、厺一㠯爲骹□。別作骹跤蹻。又

居文切。

髓 選委切、說文曰骨中脂也。又作髓。素問曰髓、骨之充也。漢書作髓。

骴 資三切、骨之有肉者曰骴。周官、蜡氏掌除骴。通作胔。月令曰掩骼埋胔。康成曰骨枯曰骼、肉腐曰骴。又作髊。呂氏春秋曰掩骼霾髊。又曰澤及髊骨。說文曰鳥獸殘骨曰骴。骴、可惡也。

骯 口朗切。髒、子朗切。類篇曰體胖也。趙壹曰伉髒皃。

骾 古杏切、骨畱咽也。

髇 虛交切。又作髐。司馬貞曰應劭云鳴⑪鏑髐箭也。侗謂髇當作嗃、響箭也。蒼梧王㠯骲箭弢蕭道成腰、通監釋文作䕨巧切、末然。又馨幺、苦垚二切。莊子見空髑髏、髐然有形。

髍 眉波切、說文曰㾱病也。班固傳曰幺髍不及數子。鄭氏曰音麼、小也。晉灼曰此骨偏髍之髍也。顏師古曰鄭音說是也。

骫 鄔毀切。骳、部靡切。漢書曰其文骫骳。說文曰骨耑骫㚅也。師古曰骫、古委字、猶言屈曲也。類篇曰骳、脛曲也。

胃 云貴切、水穀之府也。上⿴囗米象形。一曰从米。胃重二斤十三兩、盛穀二斗、水一斗五升、爲水穀之海。

肩 激賢切、臂本曰肩。

肉之會意

胖 普半切、牲半解也。少牢饋食禮、升羊、又胖。與片判通。說文曰半體肉也。周官、內雝共脩刑膴胖。康成曰胖如脯而腥。非也。記曰鵠鴞胖。康成曰胷側薄肉。亦非也。

⿱林月 三旦切、肉之朮然分𣏟者也。說文曰散、襍肉也、𣏟聲。侗謂當从肉、从林亦聲。

肰 仁僊切、犬肉之合名。

胎　膚　肌

肉之鮨聲

胎，他來切。淮南子曰三月而胎。

膚，風無切，皮肉也。素問、論刺病淺深、曰病有在毫毛腠理者、有在皮膚者、有在肌肉者、有在脈在筋者。古者膚自爲鼎。饋食禮、雝人倫膚九、實于一鼎。士虞禮曰膚祭三、取諸左膉。凡爲俎者先骨而後膚、然少牢

禮豕有膚而羊無膚。豕膚厚可別、故異鼎。饋食禮、膚九而俎、橫載革順。以此可見、膚以皮名而肉亦使之也。易曰噬膚滅鼻。謂其肥厚可以大嚼也。說文、臚、皮也。又作膚、籀文。引之爲膚厚之義。詩云公孫碩膚。又曰殷士膚敏。毛氏曰美也。曰以奏膚公。毛氏曰大也。

肌，居夷切、說文曰肉也。

脰　臚　胡

脰，徒透切、項下當喉者。

臚，陵乎切、喉也。晉語曰風聽臚言於市。漢有大鴻臚、謂其臚鴻大、能傳賓命令也。莊子曰大儒臚傳。

胡，戶孤切、喉也。漢書、金日磾捽胡投何羅殿下。晉灼曰胡、頸也。詳見喉下。半頷下亦謂之胡。狼亦有胡。詩云狼犮其胡。又假借、與何

遐通用。詩云胡不萬年、遐不眉壽、皆通爲何也。詩云降爾遐福。士冠禮曰永受胡福。皆通爲遠也。胡何遐同聲。

臉　䐚　膉

臉，居檢切、目下頰上也。又作瞼。

䐚，居希切、說文曰頰肉也。

膉，伊昔切、士虞禮、膚祭三、取諸左膉上。又曰用專膚爲折俎、取諸脰膉。康成曰古文脰膉爲頭嗌、

脰、肉也。按禮、取膚於夕臉、不曑便呂臉爲肉。曰取諸脰臉、不曑便呂臉爲脰、鄭益誤呂臉爲嗌尒。一曰豕伏櫝也。

膺

膺於陵切、當匈骨也。中庸曰拳拳服膺。引之爲膺當之義。詩云戎狄是膺。與應通。

臆

臆乙力切、說文曰匈骨也。伯氏曰匈峻骨也。又作肊。古通作意。賈誼服賦、好惡積意。朱邑傳曰匈臆約結。俗亦用爲億料之億。

六書故弟十二　二十一

背

背補妹切、身之会也。

脢

脢莫回切、易曰咸其脢。說文曰背肉也。王弼說心之上、口之下。此不過呂易文臆說也。脢與脄通。記曰取半羊麋鹿麕之肉必脄。康成曰脊側肉也。楚辭曰敦脄血拇。朱子曰脄、一作脢、背也。

夤

夤夷眞切、說文曰夾脊肉也。易曰艮其限、列其夤。別作夤臏。說文夤从夕、敬惕也。引易夕惕若夤。𡖟、籀文。王弼曰當脊肉也。按、夤从肉、从夕者謬也。

脅

脅虛業切、亦下橫骨也。牲體前爲代脅、中爲長脅、後爲短脅。引之則爲迫脅、恐脅之義。

肋

肋盧悳切、脅骨也。

膻

膻徒亶切、素問曰膻中者臣使之官。⑫王冰曰在匈中兩乳閒。朱肱曰心之下有鬲膜、與脊脅周回相著、遮蔽濁气、所謂膻中。

六書故弟十二　二十二

胉

胉伯各切、墨氏有百魄二音。士喪禮載兩髀之閒⑬端、兩肩亞、兩胉亞、脊脅在於中。康成曰今文胉爲迫、脅也。說文髆、肩甲也。或作胉。

胠

胠去居切、又起業切、說文曰亦下也。左氏傳、齊莊公伐晉、兵有啓有胠。杜元凱曰又翼曰胠。莊子曰胠篋探囊之盜。司馬彪曰从旁開爲胠。一云發也。

䏚

䏚丁⑭□切、素問曰冬脈不及令人䏚中清。

王氷云肑在季脅下俠脅兩旁虛軟処腎外當肑。

臍

臍歬西切、子宮所繫包、斷之爲臍。俗作脐。又謂之脖胦。

脖　胦

脖蒲沒切。胦於良切。脖胦、臍也。又膃脖、肥盛充塞皃。

腹

腹方六切、身當臍爲腹、脊腹而後要。

肚

肚動五切、又董五切、俗㠯名腹、因㠯名胃。

六書故事十二　二十三

膘

膘鋪紹切、陸氏毗小扶了二切。說文曰牛脅後髀歬合革肉也。

脽

脽示隹切、尻骨也。說文曰尻也。史記、漢武始立后土祠汾陰脽上。蘇林音誰。如淳曰河之東厈特㠯堆長三五里、廣二里餘、高十餘丈、汾陰縣在其上、祠在縣西。漢書舊儀作葵上。司馬氏曰河東呼誰與葵同。

臀

臀徒渾切、髖也。又作臋。說文、𡱂、髀也、从尸下丌居几。或作臀、又作臋。當作脽臋。

肛

肛胡公切、大腸端肛門也。又胡江切、胮肛。義見胮下。

胛

胛古狎切、肩甲也。說文單作甲。

臂

臂卑義切、肩之下爲臂。

肘

肘陟栁切、說文臂節也。說文从肉从寸。寸者、手寸口也。按肘在尺上、从寸無義、乃又聲也。又之譌爲寸者不一、安肘酘皆㠯又爲聲。弜从又持弓矢、奪从又从奞、皆譌爲寸。又作肚。

六書故事十二　二十四

臑

臑奴刀、奴到二切、肘下曰臑。禮、俎載脊脅、肩臂臑膊胳。康成曰凡牲歬脛骨三、肩臂臑也。後脛骨二、膊胳也。又汝朱切。類篇曰左骨也。一曰衣名。襦者本取臑義、又見胹下。

腳

腳𡕒酌切。說文脛也。靈樞項背要尻膕臑腳、自上言之。然則腳足止也。今俗爲股脛踵之通稱、非。

股

股公戶切、髀下厀上爲股。說文曰殳聲。又作骰。

胯苦故苦𠤎二切、㨮雅曰奎也。奎、兩髀間。又見跨下。又作骻。

膕古獲切、郄後曲節中也。荀子曰詘要撓膕。

脛形定下頂二切、伯曰郄下也。語曰㠯丈叩其脛。又作踁。春秋傳、魯有梁其踁。又作䯒。

胻戶更切、脛耑骨也。說文曰脛耑也。又厺聲。

腓符非切、脛後肉腓腸也。易曰艮其腓、不拯其隨。詩云三牡騤騤、君子所宜、小人所腓。言小人卒徒隨車如腓也。又曰牛羊腓字之。嬰兒不能跂乳、牛羊俯傴而乳字之、在其腓間、故曰腓字。又爲病。詩云秋日淒淒、百卉具腓。毛氏曰病也。疑與痱通。

腨市沇切、腓也。別作踹。

腿吐猥切、脛股後肉也。今俗謂股大腿、腓小腿。又作骽。

膊辻官切、又辻渾切。饋食禮、升羊豕肩臂臑膊胳。蓋髀下爲膊、猶肩足之臂。膊下爲胳、猶肩足之臑也。說文曰切肉也。孫氏市沇切。鄭氏音純。通亦作肫。鄉歆酒禮、士虞禮、特牲禮皆作肫。然注則曰後脛骨二膊胳也。蓋注省猶未外誤。考工記、旊人器中膊、膊崇三尺、方三寸。康成曰讀如輇。

旣[15]被泥而轉其均、凱膊其側、㠯擬度端其器也。高於此則垺替回切[16]不能相勝、厚於此則火气不交、因取式焉。

胳剛鶴轄格二切、膊之下爲胳。說具膊下。說文胳亦下也。按、膊胳之名見於禮特牲、饋食禮作胳、少牢禮作骼。當㠯胳爲正。

䐃渠隕切、素問曰脫肉破䐃。王冰曰謂股郄後肉如塊者。一說腿中胎也。

腱渠建切、說文曰筋本也。股之上肉孰而

切之，筋肉相間成文，俗謂之䏰服腱。楚辭曰：肥牛之腱臑若芳。說文作笏，从筋，夗省聲。腱，籀文。

肺

肺方吠切，金藏也。主气，朿聲。重三斤三兩，六葉兩耳，主藏魄。別作胏。

肝

肝居寒切，木藏也。主血。重三斤三兩，𠂇三葉，又三葉，主藏魂。

膽

膽都敢切，肝之府也。在肝之短葉間。重三兩三銖，盛精汁三合。

脾

脾符支切，土藏也。重二斤三兩，扁廣三寸，長五寸，有散膏半斤，象馬蹄，內包胃脘，意之舍。

腎

腎是忍切，水藏也。腎有二，重一斤一兩，主藏志。形如豇，孫愐古雙切。豆相比而曲附於呂筋，外有脂裹，表白裏黑，主藏精。

肓

肓呼光切，心上鬲下也。

脘

脘古卯切，胃之上屬於咽，受水穀者曰脘。本作管。伯曰：坐上有上中下三脘。別作朊、脘。

腸

腸直良切。素問：大腸者，傳道之官；小腸者，受盛之官。注：傳道謂傳不潔之道，受盛謂受盛糟粕，受已復化，傳入大腸。千金方：小腸長二丈三尺，十六曲。大腸長一丈二尺，十二曲。各容水穀一斗二升。

脬

脬披交切，旁光也。重九兩二銖，从廣九寸，盛溺九升九合。或作胞。旁光，俗作膀胱。說文有胞無胱。淮南子曰：旁光不升俎。胞，說文兒生裹也。又見包下。

胰

胰盈之切。類篇曰：豕脾息肉。按：今俗㠯此呼脾，胎脾字之別也。

臅

臅如玉切。記曰：小切狼臅膏。康成曰：臆中膏也。

肫

肫章倫切。說文：面頯也。又鳥胃爲肫。又與膞譌。說見膞下。中庸曰：肫肫其仁。

膍

膍頻脂切。說文曰：牛百葉也。一曰鳥膍胵。按：牛百葉，周禮所謂脾析。詩云：福祿膍之。毛氏曰：厚也。韓詩作肶。

胵

胵稱脂切。膍胵，鳥胃也。一曰五藏緫名。

胠　膜　䐞　腠　脂　膏

⑰胠胡千切、胃之厚肉。今人謂牛胃之厚者曰胠、又取其佀曰袍領。說文㠯爲牛百葉。服虔曰有角曰胠、無角曰肚。皆非。

膜模各切、肉閒荒莫也。說文曰肉閒胲膜也。古單作莫。康成注禮記、皮肉上䰰莫。

䐞而勺切。說文曰肉表革裏也。

腠千候切、鄉飲禮、脅臂膞胳胏皆進腠。康成曰腠理也。謂肯其本。亦單作奏。公食大夫禮、載體

進奏。康成曰奏謂皮膚之理也。士喪禮、髀脰脊胏、皆覆進氐。康成曰氐、本也。進本者未異於生也、骨有本末。按、氐者體之所本、腠者肉理之所湊。腠乃近於末也。淮南子曰解必中揍。與湊通、謂肉理分際也。

脂烝夷切、肥澤曰膏、堅凝曰脂。

膏居勞切、脂類也。伯曰肪也。考工記曰脂者膏者㠯爲牲。說文曰戴角者脂、無角者膏。康成曰脂、牛羊屬。膏、豕屬。又任身一月始衃、二月始膏。又爲膏肓。㠯膏澤物謂之膏、太觳充之則凡物之有膏潤者皆曰膏。記曰脂膏㠯膏之。詩云侌雨膏之。

肪　膄　膟　膋　膩

肪符方切、又分房切、脂膏之厚者也。

膄容朱切、說文曰腴肥也。

膟吕戌切、記曰取膟膋燔燎。康成曰膟、腸閒脂也。說文佀𦟧、血祭肉也。或从率。

膋憐蕭切、郎刀二切、詩云取其血膋。又佀膫。說文膫、牛腸脂也。或佀膋、勞省聲。記曰肝膋。取狗肝、冡之㠯其膋、濡炙之、舉燋其膋。然則膋腸胃外冪脂也、今謂之网脂。

膩女利切、脂凝著也。說文、上肥也。故又爲細膩精密之義。

肥符非切、肌肉充盛多脂膏也。說文肥、多肉也、从卪。徐鉉曰肉不可過多、故从卪。按徐氏之說尤鑿而迂。肥妃皆㠯己爲聲。

腯佗沒切、充肤也。別佗腞腠。又杜本切。

臕悲嬌切、肥盛也。

腲烏賄切。腇吐猥切。腲腇、肥皃。

膃烏沒切。肭奴骨切。膃肭、肥耎也。

臞其俱切、說文曰少肉也。又佗臞。

朘遵全切、肉消縮也。漢書曰日削月朘。孟康曰音揎、謂轉褰踧也。蘇林音鐫。俗謂縮肭爲朘縮。

腫主勇切、膚肉浮滿也。素問曰熱勝則腫。伯曰气與水在皮膚中、及金刃顛撲、邕瘍皆腫。

䐜稱人切、張急也。音義與瞋同。怒目曰瞋、卵气張肉曰䐜。

脹知亮切、肉張起也。古通佗張。傳曰張脈奮興。又收食張、如廁。

胖匹降切、腫張皃也。

胮皮江切、胮肛、虛張也。

肞扶仅切、腫也。

膇馳僞切、足腫下重也。傳曰有沈溺重膇之疾。

胼蒲眠切、莊子曰手足胼胝。顧氏曰皮厚也。

胝張尼切、皮肉生繭不仁也。素問多食酸則肉胝𦞱。顧氏曰𦞱脯也、側究切。

腄朱垂切、說文曰瘢胝也。又直瑞切、漢東萊郡有腄縣、秦始皇東巡過黃腄。

𦜕古外居代二切、轉動而要踠痛也。

胗之忍切、伯曰風熱相搏、亦點發於肌中。

肍　腔　臠　胾　胏　肴　脀

按、今佮殄。說文曰：唇殤也。殄，籒文。

肍，亐求切、䝨肉也。亦佮朊。朊，籒文。

腔，枯江切、說文、內空也。類篇曰：骨體曰腔。

臠，力沇切、塊割也。說文曰：臞也。引詩棘人臠臠。一曰切肉臠也。按、呂臞爲義則當音欒、顧此特臠割之臠尒。又佮脟。說文曰：脅肉也。一曰腸閒肥也、一曰脟也。孫氏力輟切。子虛賦曰：脟割輪焠。鄭景純曰：膞也、音臠。按、說文呂爲腸閒肥、又曰脟也、則此卽脺也。子虛賦言之則臠也。

胾，側吏切、臠肉也。說文曰：大臠也。亦佮胔。記曰：𣎵肴又胾。

胏，阻史切、𦙶𦞦。易曰：噬乾胏、旻金矢、利艱貞。伯曰：肉之連骨者。又佮𩞄。說文曰：食所遺也、从肉、仕聲。馬氏曰：肉之連筋堅忍者。引易噬乾𩞄。揚雄說从朿、別佮𦟛。

肴，胡茅切、體解骨折之謂肴。別佮餚。

脀，諸仍切、鼎俎之實曰脀。凡牲言𣫢體解骨切而載諸鼎、骨折臠割而升之俎者皆曰脀。少牢禮、豕實亐一鼎、膚、魚、腊各一鼎、卒脀、皆設扃鼏、鼎入、設升亐俎、卒脀乃薦。又司士羞豕脀、及賓羞豕燔。又獻眾賓其薦脀、設亐其位、其脀體儀也。康成曰：儀度餘骨可用而用之。其先生之脀、折脅一、膚一、其眾儀也。古通佮烝。𠂇氏傳、定王享晉士會、肴烝。謂之曰

王享有體薦、宴有折俎。公當享、卿當宴。周語曰：禘郊之事則有全烝、王公立飫則有房烝、親戚宴饗則有肴烝。全烝、全體也。房烝、半體也。肴烝、骨折也。故謂之折俎。特牲禮亦曰眾賓兄弟、內賓宗婦、公有司私臣、皆肴脀。卽謂脀體儀也。

膴

膴，荒烏切、又上聲。周官、內饔掌共刑膴胖。

膷　臐　膮　膗

鄭司農曰判膴謂夾脊肉。或曰燔肉也。康成曰膴牒肉大臠也。說文曰無骨腊也。揚雄說鳥腊也。少牢禮、司士匕魚加膴、祭亏其上。康成曰膴讀如般冔之冔。刳魚割其腹㠯爲大臠也。又周官、朝事之籩、膴、鮑魚、鱐。康成曰膴牒生魚爲大臠。又腊人掌脯腊膴胖。康成曰乾肉亦有膴也。少儀、羞濡魚者、進尾祭膴。按、康成說近之。膴、肥厚大臠也。又网甫切。詩云周原膴膴。毛氏曰美也。又曰則無膴仕。毛氏曰厚也。詩亦有荒烏之音。小旻曰民雖靡膴、或哲或謀。鄭氏曰膴、瀌也。非。按、膴膴、言其地之肥美也。膴仕、猶言肥仕。靡膴、猶言不腆也。

膷虛良切。臐許云切。膮馨幺切。公食大夫禮、膷㠯東臐膮。說文曰膮、豕肉羹也。康成曰膷臐膮、今⑱音臛也。牛曰膷、羊曰臐、豕曰膮。聘禮、膷臐膮、蓋陪牛羊豕。

膗忽各切、又作臛。說文曰肉羹也。

牒　膾　脞　膊

牒孫氏直葉切。類篇質涉切。說文曰薄切肉也。或作䐑。

膾古外切、記曰肉腥細者爲膾、大者爲軒。又曰牛與羊魚之腥、聶而切之爲膾。別作鱠。

脞倉過切、書云元首叢脞哉。孔氏曰細碎無大略。陸氏倉果切。一曰切肉。

膊匹各切、肉切而暴之也。傳曰殺而膊諸城上。

脯　脩　朐

脯方武切、肉薄切而乾之爲脯、完乾曰腊。

脩息流切、肉條割而乾之爲脩。故脩有長義。又借爲繕脩脩飾之脩、與修通。按、經傳脩身脩已脩道脩禮皆借用脩字。今人率更㠯修字、修之義止於修飾。脩身脩道非修飾之謂也、如修容之類則可用修字耳。

朐其居切、脯脩之屈中爲朐。記曰㠯脯脩置者、左朐右末。說文曰脯⑲挺也。康成曰屈中曰朐。又作[illegible]。

周官庖人凡用禽獻夏行腒鱐。士相見禮摯冬用雉夏用腒。說文北方謂鳥腊曰腒。引傳曰堯如腊舜如腒。鄭司農曰腒乾雉。康成曰腒鱐暵熱而乾。侗謂不然。夏暑不可奏新殺，故行腒鱐爲常。腒鳥獸乾腊也。鄭司農緣士相見禮，故專以爲雉。夏用腒乃束脩之類。

腵

腵丁毌切。捶脯也。古單佗段。記曰棗㮚段脩。康成曰捶脯加薑桂也。段脩必捶之於石，故因以是名，後人加肉。

膱

膱質力切。鄉禮曰薦脯用籩五膱，膱長尺

有二寸。康成曰膱猶脡也。古文佗胾，今文或佗植。聘禮薦脯五膱。康成曰膱，脯如版然者，或謂之脡。

膎

⑳膎戶皆切。說文曰脯也。

臡

臡乃兮切。周官醢人有麋鹿麕臡。康成曰醢也。佗醢及臡者必先膊乾其肉而剉之，雜以粱麴及鹽，漬以美酒，塗置甀中，百日則成矣。鄭司農曰麋臡麋骭髓醢。或曰醬也。有骨爲臡，無骨爲醢。又佗腝。說文曰腝，有骨醢也。或佗臡。

胥

胥相居切。鹽漬負蟹之屬曰胥。又詩夜切。鄭康成釋周禮好羞曰若青州之蟹胥。亦佗蝑蛖，胥蛖一聲之轉。侗義與相同。書云不能胥匡以生。胥動以浮言。胥及逸勤。胥相同聲也。因之爲皆義。詩云民胥然矣。又因爲相眂之義。詩云亏胥斯原、聿來胥宇。又借爲胥徒及掌樂之胥。周官八職，七曰胥，掌官敘以治敘。又大胥小胥

掌以樂教國子。康成皆讀爲諝，謂有才知之稱。侗謂胥以治敘，大胥小胥治學士之敘，非才諝也。又借爲辭助。詩云君子樂胥。又曰侯氏燕胥。

膳

膳旹戰切。凡饌饋之品味皆曰膳。周禮膳夫掌食飲膳羞。凡王之饋，膳用六牲，羞用百有二十品，珍用八物，醬用百有二十罋。凡孰亯之食物通謂之膳也。

肵　臇　脫　膠

肵乳沇切、肉孰而耎也。又人之切、粥孰也。𠂇氏傳宰夫肵熊蹯不孰。別作洏腝臑。說文肵、爛也。洏、洝也。一曰粥孰也。洝、渜水也。楚辭、肥牛之腱臑若芳。又曰鼎臑盈望。朱子曰音耎、孰也。

臇祖管切、楚辭曰臇鳧煮鴻。說文曰臛也、讀若纂。或作熼。朱子曰臛少汁也。伯氏曰今人以蔑味少汁、粥不過孰謂之臇。

脫吐活切、孰亯肉離其骨也。記曰肉曰脫之。說文曰消肉臞也。引其義則凡脫解脫離皆曰脫。通作說。又因之爲輕脫。傳曰無禮則脫。別作侻。

膠加爻切、煮皮角凝爲膠、稠黏、可以膠物。說文曰昵也。作之以皮。引之爲膠加膠葛膠擾之義。又詩云雞鳴膠膠。取其聲以形容雞聲。又厺聲、膠物爲膠。又上聲。莊子曰膠膠擾擾

腛　朐　䏰　肙　腥　臊

兮。

腛於角切、考工記、革欲其柔滑而腛脂之則耎。鄭司農曰讀如沾渥之渥、謂厚脂之韋革柔耎。陸氏音屋、疑即渥字。

朐尺尹切、䏰尒軫切、肉新割朐䏰若動也。丘蚓之形然、故亦名朐䏰。巴郡有朐䏰縣、葢土多蚓也。或曰朐䏰。朐譌爲朐也。

肙於沿切、肉肙肙也。蠃蟲之形肙肙、故亦謂之肙。說文曰肙、小蟲也。別作蜎。

腥蘇經切、臊蘇遭切。又作胜。說文犬膏臭也。腥、星見食豕、令肉中生小息肉也。臊、豕膏臭也。或作[illegible]。凡肉未亯曰腥。語曰君賜腥、必孰而薦之。又負肉之臭有腥臊。月令、秋三月、其臭腥、金之臭也。周官夏行腒鱐膳膏臊、秋行麛膳膏腥。康成曰豕膏臊、雞膏腥。杜子春曰膏臊、犬膏。膏腥、豕膏也。又犬赤股而躁臊、豕望眡

腆　腐　胙

而交睫腥。康成曰腥當爲星、肉有如米者佀星。按、鄭說未當。凡犬羊之類、其臭臊。豚臭之類、其臭腥。臭之爽者、腥臊爲甚。故狗之赤股而躁者臊、多豕之望眡而交睫者腥多也。

腆他典切、豐厚也。康成曰善也。說文、設膳腆腆多也。𦜃古文。

腐扶甫切、肉壞爛也。

胙胙誤切、周官、凡王祭賓客食、則徹王之胙俎。此胙當作阼、謂主人之俎也。傳曰天子有事于文

武、使孔賜伯舅胙。說文曰祭福肉也。胙神所吕餘肉也。故引之則錫福爲胙、故分土錫福因謂之胙。傳曰胙之土而命之氏。別作祚。

肵　隋

肵渠希切、少牢饋食禮、升心舌載于肵俎。郊特牲曰肵之爲言敬也。康成曰事尸尚心舌、心舌知食味。

隋他果、徒果、許規三切。說文曰裂肉也。周官、小祝贊隋、安祧、旣祭則藏其隋。康成曰隋、尸所祭肺脊黍稷之屬、藏之吕依神。陸氏許恚切。非其聲也。士虞禮、祝命左食隋祭。左食取黍稷肺祭授尸、尸祭之。康成曰下祭曰隋。隋之言猶言隋下也。亝魯之間謂祭曰隋。特牲禮、祝命挼祭、尸左執觶、又取[21]菹擩于醢、祭于豆間。左食取黍稷肺祭授尸、尸祭之。康成曰挼與隋同讀。又曰主人受角、左食授妥祭。康成曰妥當爲挼。又少牢禮曰上左食取黍稷肺吕綏祭。康成曰綏或作挼、挼讀

爲隋。按、禮之隋妥挼綏皆一字之譌、當吕隋爲正。

脤　臘

脤是忍切、祭肉肦曰脤。昔秋、天王使石尚來歸脤。

臘力盍切、冬祭名。傳曰虞不臘矣。自漢吕來、皆冬至三挾日之後臘祭百神、用國家五運之墓、若火惪吕戌、水惪吕辰也。

膢　肖　䐶　肙　脃　𦞙　筋

膢郎戾龍珠二切、漢㠯立秋日祭獸、因出獵還祭宗廟、名貙膢。說文曰楚俗㠯二月祭歓食也。一曰祈穀食新曰離膢。

肖先弔切、骨肉種類相肖也。別作俏。又思邀切。

䐶子公切、商書有三䐶。孔氏曰國名、今定陶也。

肙許說切。說文唐本曰脤肙也、从肉从八。徐本曰振肙也、八聲。

肉之疑

脃此芮切、說文、小耎易斷也。从肉从絕省。又作膬、耎易破也。孫氏七絕切。按、荀子、小耎㱿毳。史記、旦夕旻目毳。俗用毳字。又作脺。類篇小耎易斷也。考工記、角脃故欲其柔也。漢荆濞志曰事小㱿脃。

𦞙說文曰或曰嘼名、象形。闕。孫氏郎果切。

筋居銀切。說文曰肉之力也、从竹从力。竹、物之多筋者。按、今用

𥳹

爲筋骨之筋。

筋之龤聲

𥳹北角切、說文曰手足指節鳴也。

六書故弟十三

永嘉戴　侗著　　函蜀李鼎元校刊

人六

心

𢗰息林切、人有五藏、火藏曰心、神明之舍、一身之主宰也。祭問曰心者、君王之官[1]、神明出焉。象形。凡動物必有心、有心則有知、而莫知於人心、天地之悳具焉。孟子曰思乞之師也。

天㠯乞乞覆乎上、地㠯形載乎下、人立乎其中、獨㠯心知、故人者、天地之心而乞之師也。能盡其心則可㠯與天地參、與天地參則可㠯爲天地萬物之主宰矣、斷之謂大人。均是人也、或爲大人焉、或爲小人焉、心有操舍存亾也。是心之神、運動不居、俛仰之間、周流六虛。操之則存、舍之則亾。是心茍存、動鮮不中。是心茍亾、動罔不忒。故帝舜曰人心惟危、道心惟微。孔子曰操則存、舍則亾。出入無旹、莫知其鄉。自釋氏之說興、㠯空宗爲心、於是有心無內外出入之說、舍其主宰之精而求諸虛宗浩大之域、治心者惑焉。夫心居百體之中、其形內而不外、心之神明則有出入矣。學問之道無他、存其心而已矣。伯曰五藏、肝開竅於目、

腎開竅於耳、肺開竅於鼻、脾開竅於口、惟心無竅、心之出入也㠯神。易曰神也者、妙萬物而爲言者也。唯神也、故不疾而速、不行而至。人之所㠯爲萬物之靈者、是心之神也。引之則㠯形而言、凡函畜於中者皆謂之心、艸木等棗之心是也。別作芯。㠯悳而言、凡神明主宰若有心思者亦謂之心、天地鬼神之心

是也。

惢

心之象形

惢才縈切，艸木𠌶未舒，含惢之象。又作繠。傳曰：佩玉繠兮，予無所繫之。謂佩玉下𠂹如惢也。又作蕊、蘂。說文：惢，心疑也。从三心。讀若瑣。孫氏才規、才縈二切。繠，𠂹也。从惢，糸聲。孫氏如壘切。按，糸非聲，乃會意。然亦後人所加也。

心之龤聲

悳

悳多則切，心之良有曰悳。人受天地之中㠯生，天地之悳具焉，謂之明悳。仁義禮知，悳之大也。皋陶之所謂九悳，周官司徒之六悳，洪範師氏中庸之三悳，凡善美皆悳也。引之則天地有天地之悳，侌昜有侌昜之悳，五行有五行之悳，鬼神有鬼神之悳。小之則龍有龍悳，驥有驥悳，物有其悳焉。天地之大悳曰生。物之始生，無不含悳，秉亏老殺，則悳衰而刑及之。故昔之盛悳在木，夏之盛悳在火，秋之盛悳在金，冬之盛悳在水。生長爲悳，老殺爲刑。春夏爲悳，秋冬爲刑。寬仁慈愛爲悳，故悳與刑反。忠信篤實爲悳，故悳與僞𢿱。㝵於天而能實有諸已者，然後爲有悳。㝵於天者同，有諸已

者異，故悳有大有小，有厚有薄，有屰有順，有吉有凶。或作德。

性

性息正切，命於天，固有諸心曰性。中庸曰：天命之謂性。夫人有生則有心，有心則有性，故性从心生聲。仁義禮知信，性之悳也。飮食男女，性之欲也。引而申之，凡命於天而成於物者，皆有㥛性焉。太一片而爲侌

昜。侌昜各一、其性分而爲五行。五行各一、其性㪔而爲萬物。萬物各一、其性物之稟也偏。一受其成能而不可易、故木之性曲直、其悳也仁。火之性炎上、其悳也禮。②侌之性从革、其悳也義。水之性潤下、其悳也知。五行變化之父母也、不相易性、況於物乎。惟人也、旻天地之中、沖侌昜之和、聚五行

之秀、萬善具焉、萬物備焉。故成湯之告曰、惟皇上帝、降衷于下民、若有恆性。武王曰惟天地萬物父母、惟人萬物之靈。孟子曰民受天地之中㠯生、所謂命也。所㠯謂人性善也。先人曰鳥獸之生也、游者則狎於水而不溺、走者則馳③于埜而不躓、然兵於此而已矣。人之生也、自赤子不能求其母、

自是㠯進、皆學焉、而後能之。無所不學則無所不能、是人之性也。聖人㠯爲人性之善、莫不可學也、於是有敎學之道焉。夫性之所無、雖敎之兵不能。故牛可習於耕而不可敎之使走、馬可習於乘而不可敎之使耕、走者不可使飛、陸者不可使游、性所無也。堯舜之道、塗之人皆可學而至焉、性

所有也。有仁義之性而不能身之者、猶有衣裳而弗能服、有貨財而弗能用也。非性罪也。故孟子曰人無有不善。又曰人皆可㠯爲堯舜。雖然、旻其偏者物也、而有偏之幾中者焉。故鸚鵡可敎㠯言、猨玃可敎㠯技。螻蟻之君臣、鴻鴈之行列、其性亦有近於人者焉。旻其中者人也、而有中之綦偏

者焉故狼子埜心蜂目豺聲其性亦有近於禽獸者焉中之綦中者爲上知其次爲賢知之𨑩其偏者爲愚不肖之𨑩其綦偏者爲下愚要其凡而言之誠若有分量焉自其初而言之亦一而已矣雖桀受之暴楬朱之嚚譽之曰汝君子也則油然以受矣謂之曰汝小人也則拂然以怒矣居其

室出其言善則千里之外應之居其室出其言不善則千里之外韋之善善惡惡心之秉彝未嘗異乎人也惟狂克念則聖矣惟聖罔念則狂矣人一能之己百之人十能之己千之果能此道矣雖愚必明雖柔必彊學者何以自弃於不可學教者何以弃之於不可教故孔子曰有教無類孟子

曰乃若其情則可以爲善矣乃所謂善也若夫爲不善非才之罪也巽語之而弗繹也灋語之而不改也自暴自弃而不受教有堯舜以爲之君爲之父而有丹朱商均焉非教罪也故孔子曰性相近也習相遠也唯上知與下愚不移夫馬有駑駘而言馬之性者必曰善致遠牛有罷羸而言牛

之性者必曰善引重語常性也孟子曰今夫麰麥播種而耰之其地同樹之旹又同勃然而生至於日至之旹皆孰矣雖有不同則地有肥磽雨露之養人事之不齊也故凡同類者舉相似也何獨至於人而疑之語常性也人受天地之中以生有常性者矣以下愚之不可化而疑人性之不善

情

者、是何異乎㠯罷駑而謂半馬之不能引重致遠哉。㠯此自謂則不能學、㠯此謂人則不能敎、是㠯君子罪之也。

情慈盈切、欲惡發於本心之謂情。記曰喜怒哀懼愛惡欲七者、弗學而能、謂之人情。後之言情者宗焉。夫喜怒哀懼愛惡欲七者、情之所發而未足㠯盡情也。好善而惡

惡、好生而惡殺、好旻而惡失、好聚而惡㪚、好富貴而惡貧賤、有同欲焉、有同惡焉、是人情也。所欲斷憂之矣、所惡斷怒之矣、旻其所欲則喜、失其所憂則哀、是人情也。故觀其所欲惡哀樂而人之情可見矣。易曰天地感而萬物乚生、聖人感人心而天下和平。觀其所感而天地萬物之情可見矣。

又曰觀其所聚、觀其所恆、而天地萬物之情可見矣。發於本心謂之情、僞皃矯飾謂之不情、故易曰謏卦㠯盡情僞。魯莊公曰小大之獄、雖不能察、必㠯情。孔子曰上好信、則民莫敢不用情。曾子曰自吾毋而不旻用吾情、吾烏乎用吾情。孟孫曰勉而爲瘠、則吾能、毋乃使人疑夫不㠯情居瘠者

乎哉。叔孫輒曰魯有名而無情。范匄曰吾知子敢匿情乎。公羊氏曰是何子之情也。孟子曰物之不齊、物之情也。又曰聲聞過情、君子恥之。古之言情者蓋如此。孟子曰人見其禽獸也、而㠯爲未嘗有才焉者、是豈人之情也哉。乃若其情、則可㠯爲善矣、乃所謂善也。謂人性之實未嘗不善也。莊

意

周曰決性命之情而殞富貴。言決性命之本眞也。性也者、天命之固然者也、故言性者曰天性。情也者、人心之同然者也、故言情者曰人情。

意於記切、心之起爲意。引之則意料逆想者爲意。孔子曰毋意。記曰聖人耐吕天下爲一家、中國爲一人者、非意之也。意之之謂意、入聲、今作億。語曰億則屢中。又曰不億不信。說文曰意从心从音、察言而知意也。按、許氏之說鑿而不通、疑吕音爲聲、否則啻聲。啻譌爲音。史記云項羽喑噁叱咤、漢書作意烏、音與意葢同聲也。說文又有𢡆字、滿也、从心啻聲。啻、快也、从言从中。孫氏於力切。按、心中之爲快、義亦未明。外王父曰語曰抑與之與。漢石經作意與之與。大戴禮武王問師尚父曰黃帝顓頊之道存乎、意亦忽不可旻見與。漢書隗囂問班彪曰抑者从橫之事憂起於今乎。賈誼賦服乃太息、請數吕意。師古曰合韻意億、葢意有印音、二字古通用也。

憶　志

憶乙力切、系念也。俗書。

志職吏切、心之所注爲志。書云若弦之有志。先儒多吕心之所之爲志、葢誤吕龤聲爲會意。夫心出入無旹、無不之也、然非其所所向指注、則不可謂志。志在焉則不亡、故因爲記念之義、與識通用。又因之爲志載、銘志。別作誌。身有夵冡子、因謂之志。別作痣。艸有遠志。別作⿱艹志。

念　思

念乃玷切、心之所存爲念。書曰帝念哉、念茲在茲。

思息茲切、心所紬索也。俗爲辭助。詩云不可求思、今我來思之類是也。思有綸緒、深長曰思、太聲。書曰欽明文思。又桑才切。詩云其人美且思。傳曰于思于思。杜氏曰多須皃。俗爲顖思之思也。別作顋腮。負顖中髓、亦謂之思。

慮　惟　忖　想　感　應

④別作

恖之龤殼

慮良據切、恖之所掛曰慮。

惟夷佳切、恖之專也。故引之爲專獨之義。亦通作唯維。書曰惟帝旹克。曰惟汝賢。詩云維予與女。又借爲發語辭。書云惟旹楙哉。又曰惟茲臣庶。詩云維天之命。按、鍾鼎文凡惟皆作隹⑤。

忖取本切、忖度也。詩云他人有心、予忖度之。與刌通。

想寫兩切、心之所仿象爲想。

感古窞切、心觸於物而動爲感。

應於證切、有感而應也。又乎聲。說文曰當也。㠯言徵者因亦曰應。別作譍、𧭼。

態　忠　恕

態他代切、情狀也。情變乎中而態見乎外。揚雄賦曰閨中容競綽約兮、相態㠯麗佳。

說文曰或作[亻能]。

忠陟隆切、盡己致至之謂忠。語曰爲人謀而不忠乎。又曰言思忠。記曰喪禮、忠之至也。又曰祀之忠也、如見親之所愛、如欲色然。又曰瑕不揜瑜、瑜不揜瑕、忠也。傳曰小

大之獄、雖不能察、必㠯情、忠之屬也。孟子曰自反而仁矣、自反而有禮矣、其橫逆由是也。君子必自反曰我必不忠。觀於此數者、可㠯知忠之義矣。反身而誠、然後能忠、能忠矣、然後由己推而達之家國天下、其道一也。

恕商著切、推己及物之謂恕。己欲立而立

人、己欲達而達人，施諸己而不願，亦勿施諸人，恕之道也。完是心㠯往，達于亖海矣。故孔子曰吾道一㠯毌之，曾子曰夫子之道，忠恕而已矣。忠也者、天下之大本也。恕也者、天下之達道也。又作𢖹。說文曰恕古文。漢光武謂郅惲善恕己量主，蓋内譬諸己因㠯量主之不及。范忠宣公謂㠯恕己之心恕人，亦此說也。聖人所謂恕，豈曰自恕其短而推㠯及人乎。後世循習⑥自㠯寬責爲仁恕，失恕之義矣。

忱　恂

忱　氏任切，誠也。

恂　須倫切，謹信也。亦通作洵。書曰迪知忱恂于九悳之行。詩云洵美且異。又曰于嗟洵兮。曰洵訏且樂，洵有情兮，皆信也。語曰孔子於鄉黨，恂恂如也。大學曰瑟兮僩兮者，恂慄也。加有謹意焉。

慤　恪　忳

慤　苦角切，樸實也。

恪　客各切，虔謹也。書云恪慎克孝。詩云溫共朝夕，執事有恪。傳曰封胡公于陳，㠯葡三恪。又作愙。說文，敬也。引傳㠯葡三愙。

忳　徒渾切，心意專積也。楚辭曰紛忳忳之願忠。又曰中悶瞀之忳忳。又曰忳鬱邑余侘傺兮。

悃　愊　悰　悾　愿

悃　苦本切，中心貇款也。

愊　柏偪切，誠意偪塞也。伯曰悃愊猶衷曲也。

悰　徂宗切，情緒也。說文曰樂也。

悾　枯公切，中無所有也。語曰悾悾而不信。

愿　虞怨切，樸謹也。書曰愿而共。樸愿而不共⑦則無所用之矣。語曰侗而不愿。

慎　慥　慧　悊　　恆　愔　悘

慎 昚刃切、戒謹兢兢也。說文曰昚古文。

慥 七到切、中庸曰言顧行、行顧言君子、胡不慥慥爾。康成曰文實皃。朱子曰篤實也。

慧 胡桂切、曉解也。語曰好行小慧。孟子曰雖有知慧、不如乘埶。曰人之有悳慧術知。

悊 陟列切、明察也。漢書曰察父悊兄。亦通作哲。又作喆、嚞。說文曰悊、敬也。班固賦曰睿喆之治。按、晌哲之悊當从心、今書

六書故弟十三　十七

傳多作哲、蓋俗用嚮哲之哲。

恆 胡登切、常久也。說見亙⑧下。

愔 伊淫切、安和也。傳曰祈招之愔愔、式昭悳音。杜元凱曰安和也。

悘 煙奚於計二切、婉順也。又作㥷、嫕、嬺。說文曰㥷、靜也。嫕、婗也。婗、五奚切、嫛也。無悘字。博雅曰悘、審也。或曰共也、靜也。類篇曰嬺、嫛婉、嬺、順从也。嬺、靜也、婉也。

㤅　慈　　恩　慕　戀　憐　恃　怙　忕　悅

㤅 於代切、義不待訓。又作㤅。又作㤅憠。唐本說文曰从心从先从夊。晁說之曰古文無从夊者。

慈 疾之切、憐㤅也。幼者、人之所慈。大學曰爲人父止於慈。慈竹、竹之叢生、子母相依者也。慈石、丱之精者、能引鍼鐵、㠯母感子、故名慈石。漢書曰慈石取鐵。別作磁。

恩 烏痕切、㤅惠也。

六書故弟十三　十八

慕 莫故切、㤅戀也。說文又有慔也。孫氏音同。

戀 龍眷切、系戀不舍也。

憐 落賢切、閔㤅也。又作怜。

恃 上止切、倚賴也。

怙 後五切、負恃也。又作[忄固]。

忕 昔制切、狃習也。

悅 弋雪切、內旻於心、愉懌也。古亦通用兌

說二字。易曰說萬物者莫說乎澤。引之爲悅澤。

怡 盈之切、和悅也。語曰兄弟怡怡。又曰出、降一等、逞顏色、怡怡如也。別作怢。

愉 容朱切、和豫也。記曰有和氣者必有愉色。

懌 夷益切、喜悅也。詩云悅懌女美。

㥦 詰劦切、心意猒滿也。又作愜、悏、悏。說文曰悏、恩兒。

恔 後校切、㥦也。孟子曰於人心獨無恔乎。

快 苦怪切、心意暢遂也。

恢 苦回切、心意開弘也。傳曰用不恢亏夏家。又作悝。晉秋衛有孔悝。說文悝、啁也、病也。孫愐曰大也。

恬 辻廉切、心意安也。

愈 ⑨ 甬主切、心意轉加也。詩云憂心愈愈。引之則凡差勝者爲愈。語曰女與回也孰愈。曰然則師愈與。病差亦曰愈。別作瘉、非。瘉乃病也。

憧 尺容切。易曰憧憧徃來、勿从爾思。說文曰憧、意不定也。

怒 奴故切、義不待釋。

憤 父粉切、感憤鬱發也。

忿 撫吻切、怒疾也。說文曰悁也。

悻 胡頂切、怒狠也。又作婞。說文曰悻、佷也。一曰見眂也。或作悻、非。

憝 辻數切、惡去聲怒也。書曰凡民罔弗憝。又曰元惡大憝。孟子引書作譈。

懟 直類切、怨憤無好氣也。孟子不娶則廢人之大倫、已懟父母。周語曰事君者險而不懟。

慍 於問切、緼怨不舒於中也。又紆粉切。

惀　忏　恚　憾　悱　懥　忮

惀楚辭曰憯愠惀之脩美。愠、紆粉切。惀、盧本切。類篇曰思求曉知之謂惀。一說愠惀、煩悶皃。㠯其辭意考之、愠惀乃忠悃之意。

忏叉古切、心觸遻也。俗書。古通作午遻。

恚於避切、怒恨也。又作媿。說文曰恚、恨也。媿、不悅也。

憾戶紺切、衆恨也。

悱妃尾切、心有所蔽而拂鬱也。語曰不憤不啟、不悱不發。朱子曰口欲言而未能之皃。恐未然。別作㥾慝。

懥脂利切、大學曰心有所忿懥則不㝵其正。康成曰怒皃也。或作懫、或爲疐。陸氏勑直切。范氏音稚。徐氏丁三切。又音勩。一曰恨也。又作懫。書曰有夏之民、叨懫日欽。孔安國曰忿懫也。說文作墊。陸氏勑二切。

忮叉義切、害心也。詩云不忮不求。毛氏曰害也。說文曰狠也。莊周曰雖有忮心、不怨飄瓦。

悁　懠　恨　憑　急　悍　愎　憎　怪

悁規緣切、悁急也。晉語曰小心悁不、不敢行也。與狷義近。說文曰忿也。又縈緣切、憂也。詩云中心悁悁。悁、籀文。

懠⑩才細切、又胥函切。詩云天之方懠、無爲夸毗。毛氏曰怒也。通作齌。楚辭曰反信讒而齌怒。

恨下艮切、義不待訓。

憑⑪皮冰切、盛气憑滿也。通作馮。傳曰震電馮怒。

急訖及切、亟心也。

悍矦旰切、又下罕切、暴悍也。

愎弼力切、狠執也。

憎咨騰切、猜惡也。

怪古壞切、駭異也。

惎 怨 忍 㥑 愁 恤

渠記切、說文曰毒也。傳曰管蔡啓商、惎間王室。又曰惎澆能戒之。杜氏曰毒也。又曰晉人㠯廣隊不能進、楚人惎之脫扃。杜氏曰教也。別作忈諅惎、瘱恚也。

於願切、義不待訓。說文、恚也。𢘓古文。又作惌𡩟。

尒軫切、義不待訓。說文、能也。忍𠬞屮之能𠬞者也。別作荵、非。

於求切、義不待訓。別作𢝊。說文憂、和之行也。引詩布政憂憂。

从夂𢝊聲。𢝊、愁也、从頁。徐鍇曰𢝊、愁形於顔面、故从頁。蜀本頁聲。按、徐氏之說鑿而不通。頁非其聲、乃从心、㥑省聲也。

鋤尤切、說文憂也。幽憂不已也。按、易晉之未濟曰晉如愁如、貞吉、受茲介福于其王母。佀無憂愁義。楚辭曰愁鬱鬱之無快。又曰愁悄悄之常悲。吕愁爲憂葢自此。

雪律切、憂閔也。亦作卹。

罹 慜 患 恙 惱 悶 憹 懊 愀

鄰知盧何二切、憂也。詩云無父母詒罹。又曰逢此百罹。羅省聲。又與離通、用爲阪離之離。

美隕切、哀矜也。通作閔。又作愍。楚辭曰離慜而不與。又作憫惽。

胡丱切、心所疾苦也。說文曰憂也、从心上田吅、吅亦聲。闕、古文、从關省。𢝺、亦古文。按、吅非聲、乃串聲。說文闕串字。

弋亮切、憂患也。一說蟲入腹入人心。

奴皓切、憂撓也。𡿺省聲。別作嫍。說文曰心有所恨也、从女𡿺聲。

莫困切、憂否也。又作懣。說文悶、懣也。懣、煩也。

奴冬切、憹懊、猜狠也。又奴老切。類篇曰懊憹、痛悔也。

於浩切、又乎聲、悵惱也。爾雅、忨也。又於六切。

茲秋切、憂深之皃、與湫通。又子小切、憂

見顏面之皃。又親小切。

悄

七小切，愁恤也。舅曰憂極，他慮不入，故靜。詩云憂心悄悄。又曰勞心悄兮。

惄

乃歷切，心虛弱也。詩云我心憂傷，惄焉如擣。又曰未見君子，惄如調飢。說文曰飢餓也。一曰憂也。又作㥾。說文曰憂皃，讀與惄同。

惆

丑鳩切。說文曰失意也。與怊通。

怊

丑招切。莊子曰怊乎若嬰兒之失其母。楚辭曰怊惝怳而永褱。說文新附曰悲也。

悵

丑亮切，失意悵望也。說文曰望恨也。

悒

乙及切。悒悒，憂辭⑫也。古單作邑。於邑鬱邑不獨心爲然。又烏合切。

怏

於兩切，又去聲。怏怏，中心恨望不平也。通作養。詩云中心養養。又通作鞅。漢書曰居常鞅鞅。又於浪切。快然，欣愜自足意。古通作盎。

惋

烏毌切，駭悵也。

憮

罔甫切，意若失也。孟子曰夷子憮然爲閒，曰命之矣。說文曰憮，愛也。

惝

他朗切，又齒兩切。惝怳，心若有亡也。莊周曰君惝然若有亡也。又作戃。

怳

詡徃虗廣吁郎三切，心荒忽也。說文，狂之皃。又作、通作荒。楚辭曰怊荒忽其焉極。別作㤺、慌。

懭

苦謗切。楚辭，愴怳懭悢兮，去故而就新。朱子⑬曰皆失意皃。別作懬。說文闊也。一曰廣也，大也。又上聲。

悢

力讓切，懭悢也。又平上二聲。

怲

彼病切，又彼浪切。詩云憂心怲怲。毛氏曰憂盛滿也。

忡 敕中切。詩云憂心忡忡。與沖通。又作㤝。毛氏曰猶衝衝也。楚辭曰極勞心兮㤝㤝。又職容切。怔忡也。亦作忪。

惙 竹劣切。又丁活切。詩云憂心惙惙。舅駟曰憂結皃。

惔 徒甘切。詩曰憂心如惔。毛氏曰燔也。

忉 都勞切。憂勞也。詩云勞心忉忉。

六書故第十三　二十七

懆 七到切。又采早七感二切。詩云念子懆懆。說文曰愁不安也。舅氏曰澡亂皃。

慅 七老切。又倉刀七到二切。詩云勞心慅兮。說文蘇遭切。動也。蓋讀與騷同。非。

慱 徒官切。詩云勞心慱慱兮。侗謂通當作專。憂心屯積不匕也。

悲 逋眉切。義不待訓。

悼 徒到切。悲痛也。說文曰懼也。陳楚謂懼曰悼。徐鉉曰从⑭䍿。

悽 千西切。憂心悽然也。與淒通。

惻 察色切。心有感觸刺刺然也。

㥯 倚謹切。痛恒懨心也。又作㦩。

怛 當割切。痛也。或作悬。又實也。

憯 七感切。痛毒也。漢書作㦧。詩云憯莫懲嗟。毛氏曰曾也。

六書故第十三　二十八

慘 七感切。淒慘也。或曰憯慘實一字。

愴 楚亮初良二切。悲楚也。古通作倉。詩云不殄心憂。倉兄塡兮。與滄通。

恫 他紅切。痛心也。說文曰痛也。一曰呻吟也。別作痌瘜。

悕 香衣切。公羊傳曰吚存悕矣。何休曰悲也。

忼 丘浪丘郎二切。亢慨意气感激不平也。古單作亢。徐鉉曰別作慷。非。

慨

口蓋切。槩於心發於聲气也。又作愾。說文曰太息也。又作嘅。詩云愾我寤歎。又曰嘅其歎矣。記曰愾然必有聞乎其歎息之聲。愾又許既切。傳曰諸侯敵王所愾。杜氏曰恨怒也。按，愾蓋王心所㥜，未見怒意。又作忾、鎎。尒雅曰忾，靜也。說文曰忾，癡皃。鎎，怒戰也。引傳，敵王所鎎。

惜

恖積切。悁失也。因之爲吝惜。

慟

辻弄切。哭哀不自止也。

愳

懼

衢遇切。義不待釋。

恐

丘勇切。懼甚也。𢖶古文。

怖

⑮普故切。畏懼甚也。又作悑。又普駕切。俗作怕。

惴

之瑞切。畏懼小心也。

惕

他歷切。驚懼也。說文或作悐。

恇

⑯丘崔丘王二切。畏橈也。

懾

質涉切。慴服失气也。說文曰失气也。伯曰膽攝也。又作偪。說文曰心服也。又作讋。說文曰慴也。漢書曰豪彊讋服。

慴

迪涉切。說文曰震恐也。讀若疊。與疊通。詩云莫不震疊。

怵

勑律切。說文曰心恐動也。

憚

辻案切。畏難也。又作嘼。秦輿赧王於嘼孤。又丁左切。詩云哀我憚人。毛氏曰勞也。又丹末切。與炟通。莊周曰憚赫千里。又丁但切。亦作僤。詩云逢天僤怒。毛氏曰僤，厚也。此說非。又詩云我事孔庻，憚我不暇。毛氏曰勞也。讀丁左切。恐不必變正文。

忌

渠記切。嫌畏也。引之爲疑忌、敬忌、忌克。又作誋、諅。說文曰誋，戒也。諅，忌也。又作惎。又居吏切。借爲辭助。詩云叔善射忌。

悸

渠季切。心動也。又作痵。

怔 𢛰諸盈切。怔忡，心動悸征營也。古俗用征。

愬 色責切。易曰：履虎尾愬愬。子夏傳曰：恐懼也。又穌故切。訟也，譏也，與訴通。語曰：公伯寮愬子路於季孫。又曰：膚受之愬。

憺 辻濫切。漢書曰：威稜憺乎鄰國。李奇曰：猶動也。蘇林曰：陜西謂恐爲憺。今俗吕爲恬澹之澹，非也。又辻敢切。楚辭曰：心怛傷之憺憺。

愞 奴亂切。駑弱也。又作偄。說文曰：弱也。俗譌爲懦，非。

怯 去涉切。膽弱畏愞也。

慙 才甘切。羞愧也。

恥 丑巳切。羞惡也。

愧 俱位切。内慙也。又作媿。

忝 他點切。辱也。

怍 疾各切。慙也。又作詐。說文曰：慙語也。

忸 女六切。羞縮也。又作恧。

怩 女夷切。羞沮皃。書曰：顔厚有忸怩。

悔 虎猥切。又去聲。追悔其所已爲之非也。又爲卦之貞悔。書曰：乃命卜筮，曰貞，曰悔。凡易内卦爲貞，外卦爲悔。傳曰：蠱之貞風也，其悔山也。本卦爲貞，變卦爲悔。晉語曰：貞屯悔豫。說文作㪳。

懲 持徵切。創乂也。說文曰：㣻也。㣻，懲也。

悛 逡緣切。懲改也。

怠 蕩亥切。不敬也。

惰 杜果切。又去聲。解弛也。怠則惰。別作憜、媠。

忽 呼骨切。輕易也。俗爲倏忽、恍忽、荒忽之忽。作止去來不可期知之皃。別作惚。俗爲芒忽，眇忽之忽。徐鍇曰：一蠶所吐爲忽，十忽爲絲。亦作芴。莊周曰：察其始，

慢　懶　慵　慆

無形無气、樸兮芒芴之閒。

慢(17) 莫晏切、不共也。亦作嫚。荀子作僈。

懶(18) 力但切、不勤也。說文作嬾。

慵 常庸切、懶也。慵懶二字皆古所無。

慆 吐刀切、慆(19)猶偷也。苟且因循之謂。書曰無即慆淫。傳曰君子之近琴瑟、非己慆心也。又曰君日不悛、己樂慆憂。詩云日月其

慆。言日月㠯(20)因循中逝也。

恌　恝　忘　𢡟

恌 他雕切、偷也。或曰輕也。詩云視民不恌。毛氏曰愉也。孫氏愉、他矦切、又音踰。說文引詩作佻。

恝 訖黠切、戞然不槩於心也。孟子、孝子之心不若是恝。說文作忦、忽也。引孟子不若是忦。或作怀。又居拜切。

忘 武方切、遺忘也。又去聲。

𢡟 步拜切、疲倦也。又作憊。易曰系遯之厲、有

愒　慭　愚

疾𢡟也。說文、𢡟、[illegible]也。[illegible]孫氏苦計切𢡟也。或作[illegible]。

愒 苦葢切、玩慢也。傳曰主民玩歲而愒日。杜氏曰貪也、非。又苦㓟切、息也。徐鉉曰別作憩、非。

慭 魚覲切、意已倦而勉彊也。詩云不慭遺一老。尒雅曰願也、彊也、且也。鄭氏曰心不欲自彊之辭也。楚語曰吾慭置之耳。傳曰兩君之士皆未慭也。

愚 元俱切、不慧也。

惑　憒　悗　惷　戇

惑 穫北切、眩易也。古單作或。

憒 胡對切、宴煩潰潰也。古通作潰。詩云潰潰回遹。

悗 謨官切、心昏瞢也。又母本切、或作懣。

惷 書容、丑江二切。說文曰愚也。記曰寡人惷愚冥煩。

戇 陟降切、窒直也。

怐 許候切、怐瞀冥悶無開豁也。

惡 遏鄂切、不善也。又烏故切、憎疾也。又哀都切、俗爲惡有惡旻之惡、與烏通用。又爲發語辭。孟子曰惡是何言也。

慝 他悳切、衺惡也。

忒 他悳切、過差也。又作貣。說文曰忒更也。忒、失常也。亦俗用貸字。月令曰無有差貸。

愆 丘虔切、過也、辠也。又作遃。說文愆、𡫏㉑㑷皆過也。㥶、籒文。漢言曰失道之諐。又作愆。

憸 息廉切、邪陂銛巧也。又作憸。說文曰疾利口也。引書相旹憸民。又七廉切。

恣 資三切、縱欲也。說文曰縱也。又千咨切、咨雎縱橫也。

怓 奴交切、詩云無縱詭隨、以謹惽怓。毛氏曰亂

也。說文同。

慳 丘閑切、靳忍也。自慳而下皆俗所通用。

恰 苦洽切、適當其可也。孫愐曰用心也。

忙 莫郎切、倉皇也。孫愐曰怖也。又作恾。

恁 如甚切、今俗所用猶言如是也。典引曰勤恁旅力。說文曰下齎也。孫愐曰念也。

惹 人者切、今俗所用其義爲縈惹。孫愐曰亂心也。

懰 力九切、詩云佼人懰兮。毛氏曰好皃。埤蒼作劉、妖也。自懰而下、然古書之雜通者。

懮 於九切、詩云舒懮受兮。陸氏曰舒皃。楚辭曰傷余心之懮懮。朱子曰愁也。

慉 許六切、詩云不我能慉。毛氏曰養也。鄭氏曰驕也。說文曰起也。

怭 蒲必切、詩云亦既醉止、威儀怭怭。毛氏曰媟

慢也。又作侮。說文引詩作侮。

憬

憬　俱永切。詩云：「憬彼淮夷。」毛氏曰：遠行皃。說文曰：覺寤也。

怗　懘

怗　処廉切。懘　尺制直制二切。記曰：宫商角徵羽五者不亂，則無怗懘之音矣。康成曰：敝敗不和皃。徐氏曰：怗，敝也。懘，敗也。怗又多忝切，靜也。托劦切，服也。癡廉切，怗懘也。又作惉怗懘。又作懘。說文曰：高也。一曰極也。一曰困劣也。按，史記引記止作沾滯。

悐

悐　他的切。楚辭曰：「悼來者之悐悐。」一作逖。朱子曰：憂思皃。

六書故弟十三　三十七

怦

怦　普耕切。楚辭曰：「心怦怦兮諒直。」朱子曰：心急皃。

惲

惲　委隕切。說文曰：重厚也。

戁

戁　女版切。說文曰：敬也。詩云：「不戁不竦。」毛氏曰：恐也。朱子曰：思也。

心之疑

寍

寍　奴丁切。說文曰：安也。从宀，从心在皿上。人之飲食器所以安。又寧，願辭也。从丂，寍聲。又甹，定息也。从血，甹省聲。按，寍、甹、寧三字必相因而為聲義。許氏之說皆牽合而甚無理。書傳之用其義有二。其一安也。其一願辭。擇於不𡕥已，寍若為此也。語曰：「禮與其奢也，寍儉。」

惠

惠　胡桂切。說文曰：仁也。从心，从叀。𢡱，說文曰古文。徐鍇曰：為惠者心專也。按，經傳之用其義有二。其一順也。書曰：「惠迪吉。」曰：「朕言惠可厎行。」曰：「嗣王不惠于阿衡。」其一恩惠也。

六書故弟十三　三十八

懿

懿　乙器切。書云：「徽柔懿共。」詩云：「好是懿德。」毛氏曰：美也。說文曰：專久而美也。从壹，从恣省聲。按，从壹無義，恣於聲亦不諧。疑从心，歛聲。欠譌為次也。類篇曰：懿，古作歖。又於其切，𢡛㉒。歖。歖蓋自為一字。

慶

慶　丘畺丘竟二切。嘉事曰慶，因之為賀慶。說文曰：行賀人也。从心，从夊，从鹿省。吉禮以鹿皮為贄。

憲

憲許建切、伯曰工師叔爲宮室、先爲之圖曰憲。管子曰如屨之憲、謂鞻灋也。書曰監亐先王成憲。按憲、縣灋也、周官布憲掌憲邦之刑禁。康成曰憲、表也、謂縣之也。士師掌五戒、五曰憲、用諸都鄙。正歲、帥其屬而憲禁令亐國及郊埜。又曰帀刑小刑憲罰。鄭司農憲播其肆。又

鄉大夫正歲令群吏㉓考灋亐司徒、已退、各憲之於其所治。故取灋亦謂之憲。詩云文武吉甫、萬邦爲憲。書云惟天聰明、惟聖旹憲。中庸曰仲尼憲章文武是也、於旹文武之道未隊、故曰憲章。說文曰敏也、从心目、害省聲。按害非聲。

六書故弟十三

六書故弟十三

永嘉戴　侗著　　西蜀李鼎元校刊

人七

手

𠂿式九切、象指掌及捥。說文作𠂿。𢫦、古文。按、𠂿𢫦皆傳寫之譌。

手之指事

共

𦬇矩竦切、又手也。从兩手交叉。鄕䠶禮、共而俟。單作共。今俗作拱、叓加手、非。共璧謂璧之大盈共、猶言共把之桐梓也。俗作珙、加玉、非。

共手所㠯爲共、故因之爲共敬之共、居容切。詩云念彼共人、靖共尒位。又曰虔共尒位。傳曰民未知禮未生其共。曰亯㠯示共儉。曰共而从君。曰敬共朝夕。共公、共世子、共仲、凡共敬皆單作共。今俗作恭、从心。書曰皃曰共。語曰皃思共。共主於皃、从心、非也。又因之爲共弄共給之義。所共之物爲共、居用切。書曰汝共工。周禮共王之膳。共祭祀之齍。凡共弄皆作共。傳曰王祭不共。曰斂不共給。皆單作共。今俗作供、加人。又作龔、竝非。又因之爲同共之義、具用切。說文曰𦬇同也、从廿。𦬇古文。按、共之从廿、其義迂曲。古文交手乃其正也。隸書趨省、傳寫譌爲廿也。

手之會意

拜

𢪏布壞切、下手爲拜。書曰皋陶拜手稽首。揚雄曰从兩手从下。別作𢷎。說文曰首至地也、从手从𠦒。徐鍇曰𠦒、進趨之疾也、故拜从之。按、𠦒乃聲、說具𠦒下。𢯷、古文𢳎①𢳎皆古文。

投

𢪃达矦切、擿也。㠯殳投之也。博者投某㠯賭勝負、故②搜某因謂之投。別作骰。又度透切、爲酒者投飯於酤中謂之投。別作酘。

扞

𢪀矦玩切、扞禦也。从手持干、扞之義也。干亦聲。古通作干。詩云公矦干城。亦作捍。內則曰又佩決捍。捍卽拾也、㠯皮爲之、所㠯扞臂遂弦。亦作𢼛。說文扞、忮也。捍、止也。又作撖。

折

𣂷之列切、斷物也。从手持斤、折物之義也。

已折爲折、常削切。又之側切。

手之龤聲

捥

烏擐切、掌幹曰捥。傳曰捘衛侯之手及捥。亦作掔。士喪禮曰設握乃連掔。鄭康成曰掔、手後節中也。

掌

諸兩切、指本也。俗爲職掌之掌、又爲鞅掌。詩云或王事鞅掌。莊周曰鞅掌之爲使。

鞅掌、罷㑭皃也。

指

指職雉切、手五指也。喻人者指呂示之、故心之所指亦曰指。別作恉。

擘

擘博麥切、指也。孟子曰吕仲子爲巨擘焉。因之擘削、挽擘之義。顏師古曰弓弩手張曰擘、足蹈曰蹶。亦俗用捭字。記曰燔黍捭豚。康成讀作擘。

拇

莫古莫厚二切、將指也。足將指因亦謂拇。在周易咸之初曰咸其拇、二曰咸其腓、三曰咸其股、此足拇也。

拳

衢員切、握手也。引之爲拳拳之義、言其握固弗舍也。中庸曰旻一善則拳拳服膺而弗失之矣。又因之爲拳勇。詩云無拳無勇。說文作捲。

掔

相邀色交二切、徐鍇曰臂長纖殺皃。考

工記曰望其轂、欲其掔爾而纖。康成曰纖殺小皃。讀如蠉蛸之蛸。

攣

閭員切、駢指也。引之則凡拘攣、凡聯屬者皆謂之攣。易曰有孚攣如。

握

乙角切、闔指掌也。記曰雛尾不盈握不食。把握之義由之。說文曰古文。

搹

乙革切、圜握也。喪服傳曰苴絰大搹。又

作㧪𢰇。說文曰：搤，捉也。㧪，把也。康成曰：搤，㧪也。中人之㧪，口九寸。㧪者握之急，故因爲控㧪。

把

把 㨨下切，秉也。一子爲把，合手爲共。③說文見秉下。弓弦之屬，手所把爲把。必駕切。別作弝。猶秉之爲柄也。

抲

抲 苦加切，搹之力也。或作抲搈。

攝

攝 失涉切，斂把也。語曰：攝齊升堂。記曰：毋

子攝束帛乘馬而敘之。引之爲攝官之義，謂兼執其事也。語曰：官事不攝。

𢪃

𢪃 諾劦切，攝之固也。又作敜，見攴部。俗作捻。

搦

搦 昵格、昵角二切，𢪃之執也。

拈

拈 奴廉切，指攝也。

捉

捉 側角切，執之也。

持

持 直之切，久執也。

操

操 七刀切，持之力也。記曰：執主器，操幣圭璧。所操曰操，去聲。

拾

拾 是執切，掇斂也。弓有決拾，韝著左臂，所以遂弦者謂之拾，亦謂之遂。詩云：決拾既佽。周官繕人掌王之決拾。康成曰：拾，斂也，所以蔽膚斂衣。又記：拾級聚足。康成曰：當作涉，聲之誤也。又記曰：與客拾踊。曰：婦人奔喪，與主人拾踊。陸氏其劫切。康成曰

拾，更也。益迭踊。

掇

掇 都活切，輕手采取也。易曰：患至掇也。言取之易也。詩云：采采芣苢，薄言掇之。說文曰：拾取也。又作敠。

擷

擷 奚結切，挈取也。拾眂掇爲易，掇眂擷爲易。

摭

摭 之石切，采取也。少牢饋食禮曰：乃摭于

摘　搯　撮

負笞組。說文作拞、拾也。陳宋語或从庚。

摘陟革切、搯取也。說文曰④拓果樹實也、啻聲。亦曰指近之也。徐鉉曰當从適省、乃旻聲。

搯苦甲切、爪入也。

撮倉括切、㠯指撮取粒物也。中庸曰今夫地、一撮土之多。又作搔搔。莊周曰有一狙焉、委蛇攫搔、見巧于王。因之爲圭、撮之名、三圭爲撮、三撮爲抄。又

抔　掊

宗括切、撮聚也。詩云臺笠緇撮。謂㠯緇帛緫髮也。

抔步侯切、匊取也。記曰汙尊而抔飲。漢書⑤曰取長陵一抔土。又作捊。說文曰引取也。或作抱。

掊蒲侯蒲回蒲北三切。詩云曾是掊克。說文曰把也。唐本曰捊也。史記曰掊視旻鼎。莊周曰掊斗折衡。今鹽官謂⑥人水取鹽曰掊。

捄

捄渠尤切、手區於鉤切抔物之皃。詩云有捄棘⑦棘。毛氏曰捄、長皃。朱子曰曲皃。又曰有捄天畢。毛氏曰捄、畢皃。曰捄之陾陾。毛氏曰捄、虆也。鄭氏曰捄、捊也。築牆者捊聚壤土、盛之㠯虆而投諸版中。又曰殺旹犉牡、有捄其角。鄭氏曰捄、角皃。按、捄本手區抔物之狀、捄之陾陾謂抔土實於版中也。鄭氏之說是也。棘棘天畢謂其宛中如區也、有捄其角言角之宛中也、兕觥其觩、角弓其觩之觩皆同此義、或从角从朩。六書之義不明、故傳注或㠯爲長、或㠯爲曲、或㠯爲虆爲捊。至不旻其說

拏　挐　扯

則但㠯爲畢與角之皃、皆緣詞意揣也。爾雅曰欒、其實捄。謂其下有斗捄然也。又曰椒、椒醜菉。謂其實蓬⑧出盈匊也。

拏奴加切、矍執也。說文曰牵引也。

挐女居切。莊周曰歛久丈挐而引其船。宋玉賦⑨枝煩挐而交橫。說文曰持也。孫愐曰牵引也。又女加切。按、挐與拏通。

扯齒者齒只二切、拏曳也。與撦通。又作撦。類篇曰刷也。又作扭、淺野切、取也。

摣　抄　搴　擥　摻

摣 莊加切，叉攫也。又作担。一曰取物泥中。又作𧇸，見又部。說文：担，挹也。

抄 初交切，从旁取也。故吕匕抄取粘物亦曰抄。今人言抄錄文字亦曰抄。又楚教切，所抄錄謂之抄，與鈔通。又从旁發物亦謂之抄。

搴 丘虔切，引取也。楚辭曰朝搴阰之木蘭。又曰搴夫容兮木末。賈誼曰盜者搴兩廟之器。司馬興曰斬収搴揔。淮南子曰搴巨揔。如淳曰取也。顏師古曰拔也。說文作攐、拔取也。又作攓。莊周曰攓蓬而指之。

擥 魯故切，歛取也。漢書曰王莽自擥衆事。又作攬擥。

摻 所覽切，引取也。詩云摻執子之手。又所銜切，手指纖長皃。詩云摻摻女手，可吕縫

摳　摟　搊　挽　控　揔　捽

裳。亦作擓。

摳 虧矦切，曲指鉤擥也。記曰兩手摳衣，厺亝尺。

摟 盧矦切，摳挽也。孟子曰摟諸矦吕伐諸矦。又曰踰東家牆而摟其処子。皆謂力鉤致之。說文曰曳聚也。類篇龍朱切。按：詩弗曳弗婁，不从手。

搊 側九切，叉指摳擥也。

挽 武遠切，牽引也。挽車之挽或作輓。

控 苦貢切，挽持也。詩云抑磬控忌。又曰控于大邦。毛氏曰騁馬曰磬，止馬曰控。今人謂控馬爲鞚，从革，非。

揔 祖孔切，兼持也。傳曰君若揔其罪人吕臨之。與總義近。記曰冕而揔干。

捽 昨沒切，拏捽也。凡捽者必捽其頭項。說文曰持頭髮也。漢書曰捽胡投何羅殿下。

挎　攡　抱　抽　掣　拔　擢

挎空胡切，摳持器物也。禮𠂇何瑟，後首，挎越。康成曰：持也。按，越，瑟空。挎，謂指入越內摳持之。又虧瓦切，與摳通。

攡妥勇切，半抱也。

抱薄皓切，義不待釋。說文：捊，引取也。或作抱。裒，褎也。徐鉉曰：俗作抱，非。按，抱本非褎，所抱者多在褎，故云褎抱。裒乃⑩抱也，捊亦不當吕包爲聲。

抽敕鳩切，拔也。引長曰抽。別作擂、[扌秀]。

掣尺削切，牽曳也。尺制切，牽制也。易曰：見輿曳，其牛掣。又作摩瘳。說文曰：引縱曰瘳，瘛省聲。瘛，小兒瘛瘲病也。按，掣縱本謂小兒風驚乍掣乍縱也。掣，搐也。縱則掣而乍舒也。瘛瘲本因掣縱而立文，今乃作瘳，更从瘛，失之甚矣。

拔蒲八切，引固曰拔。⑪文作𢻨。淮南子曰：猋風𢻨木。又蒲末切，矢括也。又蒲貝切，詩云：柞棫拔矣。鄭氏曰：木生柯葉皃。一說撮取也。

擢直角切，柬拔也。

揥　揠　撏　搐　拆　撩　挑　抉　搲　探

揥丑例切，詩云：象之揥也。毛氏曰：所吕擿髮。

揠乙黠切，拔之微起也。孟子曰：宋人有閔其苗之不長而揠之者。

撏昔占切，拔短曰撏。說文作拼，併持也。

搐初六切，抽掣也。通作慉。漢書曰：一二指慉，身慮無聊。師古曰：動而痛也。

拆恥格切，手削物也，與坼通。

撩郎蕭切，吕指鉤物也。

挑他雕切，挑發也。說文：撓也。又徒了切，挑致也。傳曰：趙旃請挑戰。又作誂。說文曰：相呼誘也。

抉一決切，抉取物於角中猶空也。又作取，烏括切，抉取也。亦作捾。

搲烏瓜切，深取也。聲義與抉、剜相近。

探他含切，深取也。漢書曰：深探其獄。測深淺者因亦謂之探。他紺切。

撢　撢，迖合切、周官撢人掌誦王志、道國之政事、以巡天下之邦國而語之。陸氏他南切、與探同。徐本說文曰探也。唐本曰掬也。孫氏他紺切。淮南子曰撢掞挻挏、世之風俗。

摉　摉，疏鳩切、索也。詩云束矢其摉。古單作叜。晉語曰合群叜比。

挹　挹，乙汲切、舀水也。詩云洞酌彼行潦、挹彼注茲。

抒　抒，仲與切、舀也。

摶　摶，迖官切、兩手鞠摶之也。記曰無摶飯。周禮百羽為摶。謂摶束之也。陸氏徐轉切、非。說文摶、圜也。別作摑。

攢　攢，徂官切、輯聚也。又作欑。

括　括，古活切、結束也。易有括囊、禮有括髮、皆此義。括髮之括別作髺、鬠。說文髺、絜髮也。矢之銜弦者因謂之括。書曰往省括于度則釋。矢括別作筈、栝。因之為結礙之義。易曰動而不括。說文曰絜也。一曰檢也。絜麻一端也。蜀本說文曰絜也、結也。又會也。此葢因括囊括髮之義。詩云悳音來括。亦作佸。詩云曷其有佸。

揫　揫，將由切、斂也。說文曰揫、束也。韋部又有䪌、收束也。或作䪌、从要。或作揫、又作揂、聚也。⑫

攟　攟、攈、捃，袪倫、舉緼二切、收束之也。魯語曰收攟而烝。漢書曰攟摭秦法。亦通作麇。傳曰麇之以入。別作擄、捆、太聲。

攜　攜，亐圭切、縣持也。俗為攜貳之義。別作儶。

提　提，迖兮切、一手縣持也。記曰提者當帶。漢書、兩人相為提衡。又曰幺提。又挈。又迖計切、擲也。漢書、太后吕冒絮提文帝。又是爻

撕　拎　拕　挈　扶　挾　拯

切。詩云歸飛提提。

撕山𢇍切、提綏之也。於古當爲綏。

拎郎丁切、縣持也。又作㩕。

拕湯何切、曳也。又作拖扡。亦通作佗。又唐何切、與佗通。又湯我切、曳而委之也。語曰加䩞服拕紳。又达我切。非。亦作柁。

挈苦結切、縣舉也。

扶防無切、義不待訓。說文曰左也。古作㚘、从从夊。又投壺禮曰籌室中五扶。康成曰鋪三指曰扶、一指按寸。春秋傳曰膚寸而合。何氏曰側手爲膚、按指爲寸。陸氏曰方亏切。

挾檄頰切、掖持也。說文曰俾持也。又假借、郎涉切、帀也。周官曰挾日而斂之。與浹通。按、古無帀字、呂挾爲帀。詩云天位殷適、使不挾三方。

拯鬻鼎切、舉隊也。又作抍、又諸仍切。說文曰上

掀　揭　撅　扛　擷　擎　撰　措

舉也。或作撜。

掀虛言切、舉之起也。春秋傳曰乃掀公而出於淖。

揭居竭丘竭二切、掀舉也。說文木部又有楬、桀也。又太例切、詩云深則厲、淺則揭。舉其衣襦也。

撅居衛居月二切、記曰不涉不撅。康成曰揭衣也。

扛古雙切、橫扛舉也。

擷虎項切。類篇曰山東謂儋何曰擷、今浙人亦有此語。俗呂大力爲夯。

擎渠京切、高舉也。又去聲。

撰雛勉切、又雛戀切、造也、具也。易曰呂體天地之撰。周禮曰群吏撰車徒。語曰異乎三子者之撰。屬辭述事者因謂之撰。別作譔。記曰論譔其先祖之美。說文巺、具也。無撰字。韓康伯曰撰、數也。

措倉故切、置也。通作錯。別作厝。又壯格切。漢

書曰爭門揩指。

接

接卽涉切，引手相接也。漢埶韓信使武士反接之，謂縛兩手使自相接也。

授

⑬授植赦切，付畀也。

揖

揖伊入切，共而上下手又之以相禮也。周官詔王儀，土揖庶姓，旹揖異姓，天揖同姓。康成曰：土揖，推手小下之也。旹揖，推手也。天揖，推手小舉之。語曰揖所

與左右又手又⑭曰：執圭上如揖，下如授。揖雖有高下，大槩爲上其手也。又作㩹。說文㩹舉手下手也。孫氏於計切。按，說文舉手下手也，卽揖也。孫氏之音誤。又卽入切，俗爲揖揖之揖。詩云：螽斯羽揖揖兮。

擯

擯必刃切，屛席也。古通作賓。亦上聲。又爲賓相之賓。擯相賓客也。或作儐，从人。

招

招之遙切。說文曰：手呼也。引手以招來之也。又祁堯切。周語曰：好盡言以招人過。韋昭曰：舉也。又常遙切。傳曰：祭公謀父作祈招之詩。孟子曰：蓋徵招角招是也。與韶通。

揮

揮許歸切，舉手揮之也。又與麾通。

撝

撝許歸切。說文曰：裂也。一曰手指也。易曰：无不利撝謙。程子曰：撝，施布之象。朱子曰：發揮也。

披

披甫羈切，撥開也。史記曰：披山通道。因之

爲披衣之披。又普靡切。披靡，風之所吹披撇偃靡也。別作犻。說文曰：牲犻，披靡也。又披義切。記曰：飾棺，君纁戴六，纁披六。康成曰：披，匹行夾引棺者。婦人之服披於表者曰披，別作帔。說文曰：弘農謂帬帔也。飾棺之披與婦人帬帔義同，陸氏讀彼義切，非。

撥

撥北末切，推撥也。

攘

攘如陽切，手袪出臂也。孟子曰：馮婦攘臂

擐

下車。詩云擐其幺又。記曰幺又擐辟。又因爲引手取物之義。書云敓擐矯虔。孟子曰日擐其鄰之雞者。又因爲擾擐之義。賈誼曰國制搶擐。亦上聲。注、擐、亂皃。顔音搶擐爲傖獊則非矣。別作轂勨躨纕。說文纕、爰臂也。擐、推也。

擐胡卝切、說文曰毌也。傳曰擐甲執兵。

揎

揎荀緣切、鉤袂出臂也。又佗揎。士虞禮、鉤袒。康成曰如今揎

衣也。

挺

挺他頂切、擐臂申直之也。說文拔也。因之則凡長物亦謂之挺、徒頂切。鄉飲禮、薦脯五挺。亦佗脡。士喪禮、脯三脡。詩曰周道挺挺。又佗侹。說文曰長皃。一曰著地。一曰伐⑮也。又因爲挺出之義。月令曰挺重囚。史記曰敓劒挺。

摯

摯陟利切、下手盡其勢也。凡揚之極者必摯、般疑者必先摯、故謂軒摯。書曰天曷不降威、大命不摯。孔氏曰至也。考工記曰大車之轅摯。又曰大車弓地、旣節軒摯之任。說文曰摯、握持也。又婜、至也。引書、大命不婜。又作摯。軒摯之摯亦作輊。鄭康成曰摯、輖也。又曰凡甲鍛不摯則不堅。康成曰摯之言致也。又與贄質通用。記曰凡摯天子鬯、諸侯圭、卿羔、大夫鴈、士雉。

捷

捷測洽切、獵也。士冠禮曰啐⑯醴捷柶。康成曰扱也。今作插。又疾葉切、敏速也。詳見疌下。因之爲勝捷。

扱

扱楚洽切、收斂也。記曰扱上衽。又許及切。記曰吕其自鄉而扱之。康成曰收糞也。讀若吸。

搢

搢即刃切、插佩也。周禮曰王搢大圭。單作晉。又即旬切、搢紳亦作薦紳。

[illegible]　掄　擇　揆　揣　摹　描　擬

⑰[illegible]親然切，搣也。俗作扻。

掄龍昏盧昆二切，掄選也。周禮曰：邦工入山林而掄才。

擇直伯切，簡選也。

⑱揆巨癸切，度也。說文：葵也。唐本：度也。詩云：揆之以日。

揣楚委切，捫而察之也。孟子曰：不揣其本。蘇秦學揣摩，陳弓曰：坐揣我何念。說文曰：量也，度高曰揣。一曰掝也。又作敲。又徒官切，賈誼賦曰：何足控揣。孟康曰：揣，持也。如淳曰：揣摶通。

摹芒鋪切，規画也。義與模範之模通。謂寫⑲放其形模也。

描眉鹿切，摹画也。描摹聲相近。描輕而摹重也。描摹皆俗書。

擬語己切，疑手欲有所為，擬而未下也。故為擬議，為比擬。易曰：擬諸其形容。又曰：擬之而後言。亦作儗。記曰：儗人必於其倫。

捫　摸　撫　摩　擦　挼　搓

捫莫奔切。詩云：莫捫朕舌。漢書：漢王傷匈乃捫足。

摸末各切，捫也。說文呂此為摹字。古無摸字，即捫也。捫摸一聲之轉，其義一也。又作揞。

撫孚武切，循撫也。愛則撫之，故有撫柔、撫綏之義焉。又作改。說文：撫也。㧶，古文。侗謂改敉字也。

摩芒波切，摩切之也。引之為研摩之義。古通作靡，與磨同。因之有漸摩之說。別作攠。考工記、鳧氏為鍾，于上之攠謂之隧。康成曰：攠所擊之處，攠敝也。

擦七轄切，摩之切急也。

挼囊禾切，按揉也。又作捼。說文⑳曰：推也。一曰兩手相靡切也。

搓倉何切，轉摩也。古單作差。記曰：差沐于堂上。

撚 揑 擪 按 揾 擩 捺 據

㉑撚乃診切、說文執也。亦曰蹂也。兩指撥撚也。

揑乃別切、撚之力也。

擪乙涉乙甲二切、說文曰一指按也。莊周曰擪其顙。古單作厭、楚辭曰自厭按而學誦。亦作押。今人以簽署文書爲押、或作轄甲切。以爲檢柙者、非。檢柙从木。

按烏旰切、掌印也。與案通用。

揾烏困切、指按也。說文曰沒也。

擩而宣惢主乃豆三切、禮曰取菹擩于醢。又取肝擩于鹽。康成曰猶染也。又作㨎。詩云濩污我私。康成曰污煩㨎之也。煩㨎猶挼莎也。

捺乃曷切、重按也。字林、搦捎也。

據居御切、兩手力按也。易曰據于蒺藜。語曰據於德。漢書曰嬴而三據。史記、趙廉頗軍長于、以按據上黨民。

擅 揜 損 撙 撟 揉

擅旹戰切、專據也。

揜衣檢切、手覆也。亦作掩。說文曰自關以東謂取曰揜。一曰覆也、掩斂也。小上曰掩。

損蘇本切、說文曰減也。

撙祖本切、記曰君子共敬撙節。又作僔。荀子曰共敬僔絀。皆自節約之義。又作劕。說文曰減也。

撟居小切、撟猶矯也、反其偏也。考工記曰撟幹欲孰於火而無贏、撟角欲孰於火而無燀。與矯通。周官、士師之八成、五曰撟邦令。康成曰稱詐以有爲者。史記、舌撟然而不下。漢書、撟虔吏、桀勢以侵下。說文曰舉手也。一曰撟、擅也。

揉而又切、又上聲、柔木而屈申曲直之也。古通作柔。考工記曰揉輻必齊。康成曰謂以火槁之。易曰揉木爲耒。別作輮、煣。說卦曰爲矯輮。考工記曰行澤者反輮、行山者側輮。説文、楺屈申木也。

摺

摺質涉切、折疊也。又落洽切。史記曰折脅摺齒。與拹互用。

拗

拗於絞切、曲折也。又於較切、反戾也。

捩

捩力結切、拳綟也。又力計切、關捩也。琵琶撥謂之捩。

拘

拘共亐切、拘止之也。説文在句部、从句止也。又古侯

切。記曰㠯袂拘而退。

振

振之刃切、頓奮之也。今俗語所謂斗藪也。記曰振書、端書。周禮曰司馬振鐸。聘禮曰振袂中攝之。此振之本義也。傳曰振㐭同食。謂斗藪囷㐭之所藏、相與共食之也。周禮、振掌事者之餘財、亦此義也。周禮曰振竆。傳曰振廢滯。謂振起其竆困也。昧其義

者㠯為拯救。别作賑、从貝、非。周官、中旾敎振旅、出曰治兵、入曰振旅。蓋歸气易怠、故先王有振旅之禮、㠯振整其卒伍、所㠯嚴兵也。是先王行師之精義也。孟子曰金聲也者、始條理也。玉振之也者、冬條理也。樂之般凡、其音靡殺、玉聲鏘然清越、振而作之、所㠯美成也。是先王制樂之精義也。昧其義者、

但㠯為兵事、則皆釋之曰收。振乃振奮、安有收義。中庸曰振河海而不洩、亦㠯收釋之、尤非其義。振者、振搖也。莊子曰疾雷破山風振海而不能驚。此明證也。易曰山下有風、蠱。君子㠯振民育悳。夫蠱之為卦、巽而止。巽弱而不動、則腐壞而蠹生之。故巽而止為蠱。人道皆然、國家之敝極必由此。

敉蠱之道、莫先於振民、振作興起乃能去蠱而植新。譬之戶樞不朽、此聖人新民之精義也。放勳曰勞之來之、匡之直之、輔之翼之、又從而振悳之。此之謂也。夫振民振惄、振之㠯玉、皆聖人精義之所存、訓故之學不講、一字之義不明、而聖人之精義千載莫識。故六書者、格物致知之學、不可徒

㠯為小學而已也。學文者必由是㠯入者、㉒入學者先之。又之人切。詩云宜爾子孫振振兮。又曰振振公子。言兮其作興也。說者㠯仁厚釋之、去之遠矣。

搖

搖余招切、義不待釋。史記曰心搖搖如縣旌。素問曰風勝乃搖。

撼

撼戶感切、搖動之也。說文作摵。

掉

掉徒弔切、縣掉也。傳曰掉鞅而還。又曰尾大不掉。

捭

捭補買切、幺又揮捭也。又作擺。類篇曰開也、撥也。

摝

摝盧谷切、上下振摝也。周官司馬振鐸作旗、車徒皆作、摝鐸、弊旗、車徒皆坐。康成曰掩上振之為摝。摝、止行息气也。因之為撈摝之義、亦音虜。俗別作擄。

撈

撈郎刀切、沈取也。

挏

挏杜緫切、攡引來去也。說文曰攡引也。漢有挏馬官、掌作馬酒。蓋挏馬乳㠯為酪也。別作酮、非。淮南子曰撢掞挺挏、世之風俗。

搈

搈余隴切。說文曰動搈也。

攪

攪古巧切、撓也。擾撓攪三字之分、察其聲而可見。

擾

擾尒沼切、指叉紛㉓撓也。因之而生馴擾之

義謂屈曲从人也。書曰擾而毅。孔氏曰順也。又曰叀乂典擾兆民。康成曰猶馴也。又作擾。說文曰半羊柔謹也。

撓 撓女巧切、㠯手斡旋物也。又尼交切、搔也。俗作捆掬。又女教切、撓之而曲曰撓、與橈通。說文曰擾也。一曰抓也。

拌 拌蒲旱切、攪和也。

搔 搔穌遭切、爬之輕曰搔。古亦通作騷。說文曰括也。儀禮㠯此爲蚤揃、非。

揲 揲食列切、閱數也。易曰揲之㠯三。別作抴。說文抴、余制切、捈也。

扐 扐歷悳切、㉔著物指閒也。易曰歸奇於扐。又爲數、與仂阞通。

掛 掛古買切、又厺聲。易曰掛一㠯象三。陸氏曰別也。又作絓。唐本說文曰縣也。徐本曰畫也。禮曰挂亏季指。引之則凡罥絓者皆曰挂。縣絓當作絓、罥絓是也。

摛 摛抽知切、舒㞡也。又作攡。揚子雲曰幽攡萬類。

攄 攄抽居切、摛也。一曰抒也。又作捈。說文曰臥引也。孫氏同都切。

掞 掞㠯冄㠯贍舒贍三切、舒也。又作撊。

拓 拓闥各切、推席也。說文之石切、㠯爲摭字。

攤 攤他干切、鋪也。

擴 擴闊鑊切、拓張也。孟子曰凡有三端於我者、知皆擴而充之矣。亦作鄺、又作彍。說文曰弩滿也。漢書、十賊彍弩。又古縛、虛郭二切。

揄 揄羊朱切、說文引也。夊又揄搖也。莊周曰被髮揄袂。陸氏曰乑手衣內而行也。音遙、又音偷、又褚由切。李氏曰音投、投揮也。又士由切。又余招切。詩云或舂或揄。亦作抌。周官舂人、女舂抌二人。鄭康成注引詩作或舂或抌。毛氏曰抒、臼也。按、抒臼也、抌乃揄也。

抗、九聲、譌爲冘。揄搖聲相近、故后服揄翟亦爲搖翟。

揚　余章切。說文曰：飛舉也。敭，古文。撒而上之爲揚、夂之又之爲揄。引之爲卬揚、颺揚、發揚、揚明揚之揚。易曰：揚于王廷。

播　補過切、撒布也。布播音義相鄰。說文：播，種也。一曰布也。敽，古文。又譒，敷也。引書：王譒告之。按：凡種黍稷者必撒布其種，故謂之播。播

非種也、不當別太文。播告猶言布告也。又引之爲奔播逋播、播與播奔言如播揚而撒越也。

撒　山戛切、撒擲也。古無此字、當即用撒字。

拂　敷勿切、拂略也。引之爲拂逆。孟子曰：入則無法家拂士。謂拂其非者也。別作佛、讀爲蒲密切者、非。說文曰：拂，過擊也。

撇　僻別切、拂之稍重而疾也。史記、平原君側行撇席。字林从衣、匹結切。三倉云：拂也。說文曰：撆、別也。一曰擊也。

担　丁但切、拂之重也。楚辭曰：意恣睢吕担撟。居桀切。朱子曰：担撟、軒舉也。

拭　書力切、吕巾拭垢濡也。

拒　之刃切、士喪禮、拒用巾。又拒用浴衣。康成曰：晞也、清也。古作振。鄭氏居各切。

抆　武粉切、拭也。楚辭曰：孤子唫而抆淚。又

作抿。吕氏春秋曰：吳起抿泣。

挩　始銳切、不盥而拭也。鄉飲酒禮、又手取肺、絕末吕祭、尚左手、嚌之、興、加于俎、坐挩手。陸氏始銳切、拭也。說文曰：解挩也。孫氏他括切。

抹　莫葛切、拭之長也。別作滅。說文曰：拭滅皃。

揩　可皆切、拭之力也。

捖　古八切、考工記、刮摩之工。刮、故書作捖。

推　推穿隹切、㩻使歬也。引其義則爲推廣推究。推與充聲相通、義亦近之。又通回切、排之歬卻也。

排　排蒲皆切、排而辟之也。排辟音相近。今俗有排剮之言。

擠　擠殘圅切、推之使隊也。又子禮切。

措　措乳勇切、推攏也。措㩳皆俗書。

㩳　㩳笱勇切、推摵也。又作揀摠。

挨　挨英皆切、旁排也。又上聲。說文曰擊背也。又作擠。

振　振除耕切、挨入也。

搪　搪徒郎切、排突也。古俗用唐。

拶　拶子末切、遞相排迫也。

挃　挃陟栗切、詩云穫之挃挃。毛氏曰穫聲也。侗謂挃猶拶也。今人或言挨拶、或言挨挃、雙聲。多取其聲。詩言兮穫者之比密也。

攙　攙初咸切、排而先也。一曰旁扶也。說文新附、刺也。

撞　撞傳江切、直突也。說文曰凡撞也。樊噲傳、直撞入項羽營。又去聲。

擣　擣都皓切、舂也、築也。說文曰手推也。一曰築也。詩云我心憂傷、惄焉如擣。毛注非。又作搗。

抵　抵丁兮切、排也。又丁禮切、拒不進也。與牴通。牴、牛角觸也。古單作氐。漢書曰大角氐。又作觝牴。

說文抵、擠也。抵、怒不進也。

拄　拄冢庾切、㠯丈築抵也。

拒　拒臼許切、抵禦也。與距通。

抗　抗苦浪切、敵拒也。又因之爲抗張。詩云大侯既抗。記曰小臣抗衾、御者浴。古單作亢。詳具亢下。說文抗、扞也。或作杭。

搶　搶千羊切、賈誼曰國制搶攘。孫愐曰拒也、突也。又千剛鈕庾二切。晉灼曰搶攘亂皃也。搶音傖。又此兩切，矍拏也。

捘

捘子回切。傳曰捘衛侯之手及捥。說文曰推也。杜氏曰捘也，血至捥。按，捘但爲推，捘則不旻言至捥。又子寸切。

掎

掎居綺切，自後摧之也。說文曰偏引也。詩云伐木掎矣。伐之戕殊，摧而仆之也。毛氏曰掎其顚。鄭氏曰掎其顚者，不欲妄踣之。傳曰晉人角之，諸戎掎之。角者角其肯，掎者摧其後也。杜氏曰掎其足也。

摧

摧徂回切。說文擠也。一曰挏也。一曰折也。侗謂合三說而後其義具。

挫

挫寸過切。說文摧也。摧折之削切其鋒銳也。漢書銳气挫於險塞。又側臥切。莊周曰挫鍼治繲。按，摧挫二字義相通，古人通用摧字。詩云乘馬在廄，摧之秣之。鄭氏曰摧，今莝字。陸音采臥切。

拉

拉落合切，中折也。漢書曰拉脅折齒。說文摧也。

又有拉，折木也。或作搚拹。

扤

扤五忽切，摧兀也。詩曰天之扤我，如不我克。考工記轂廣而鑿淺，是已大扤。季曰止當作兀。

撅

撅其月切，發地也。古俗用闕字。傳曰闕地及泉。又曰闕肯我公室。

搰

搰古忽切。吳語曰狐埋而狐搰之。韋昭曰發也。莊周曰搰搰然用力甚多。鄭氏曰用力皃。又作[illegible]。

荀子曰太古薄葬，故不抇。揚倞曰穿也。呂氏春秋曰水之性清，土者抇之。高誘曰濁也，亂也。

拊

拊方武切，拍拊也。書曰擊石拊石。又曰搏拊琴瑟。傳曰公拊楹而歌。又爲弓弣之弣。少儀曰屨韣執拊。

拚

拚皮變切，拊掌也。或作抃。又方問切。記曰汛埽曰埽，埽席前曰拚。聘禮曰不腆先君

打　抌　撻　抶　搒　掠　捶

打都挺都令二切。又都假切、擊也。

抌竹甚切、說文曰深擊也。又吕紹吕昭二切、抒臼也。乃抌之譌、冘非其聲也。又作𢻰。

撻他達切、鞭朴之也。書曰撻吕記之。記曰撻之流血。說文曰𢾁古文。

抶丑栗切、小笞也。說文、笞擊也。

搒希曠希孟二切、笞擊也。又作榜、進舟也。

又通橫切、牽也。

掠力讓切、搒笞也。又力灼切、說文曰奪取也。古作略。

捶主惢切、毃擊也。說文曰吕丈擊也。按、推擊亦謂之捶。記曰乾肉則捶而食之。莊周曰皆在鑪捶之閒尒。本又作錘。又曰犬馬之捶鉤、不失㉖毫芒。鄭氏曰丁果切、玷捶鉤之輕重而不失毫芒也。或曰江東三魏之閒謂鍛

之祧、旣拚吕俟矣。與龔通。詩云拚飛維鳥。與奮通。㮚成釋吕翻。陸氏曰芳煩切。未然。

拍　搭　搨　批　挻　摑　擭　擊　扣

拍普白切、說文、拊也。拊之重也。

搭悳合切、擸吐盍切。唐韻搭、吐盍切、摸搭也。搭、都合切、打也。搨都盍切、手打也。又作搶。按、此皆俗書。今人吕搭爲拍搭、悳合切。搨爲摹搨、吐盍切。

批篇迷切、挺吕指也。引其義則蔑切亦爲批。又作𢪃。又蔑結切。孫臏曰批亢擣虛。

挻尸連切、掌擊也。挻重於批。賈誼曰因而挻之矣。說文曰長也。从延、延亦聲。按、挻之訓長者、从木。俗又作搧。

摑古獲切、挻也。

擭伯各切、手擊也。說文曰索持也。許氏葢吕爲捕宊、誤。

擊吉歷切、義不待訓。

扣苦后切、又去聲、攴擊也。又作叩、敂。又作訂。說文曰扣、牽馬也。此乃惑於扣馬之說。又曰訂、扣也。如求婦先訂叕之。从言。

搉　擊　摽　撲　撥　捎

爲捶。按、或說[illegible]近。又伀䈞。

搉克角切、說文曰敲擊也。又伀擢。漢書、揚搉古今。

擊詰弔切、說文曰㫄擊也。莊周、見髑髏擊呂馬捶。又古的切。

摽婢小切、擊也。詩云摽有梅。曰寤辟有摽。又必遙切。孟子曰摽使者出諸大門之外。

撲弻角切、掩擊也。又替木切、自上搭而下也。書云其猶可撲滅。秦始皇槖撲二弟。又伀擈。說文撲、挨也。又擈、擊也。今顛撲之撲用此、弼角切。

撥桑葛切、側手擊也。公羊傳曰宋萬臂撥仇牧。古通伀殺。又師害切。㉗擺撥、俗語。

捎師交切。說文曰自關已西、凡取物之上者爲撟捎。類篇曰又山巧切、擊也。莊周曰蒲捎之馬。按、捎、邪擊也。相如賦曰捎鳳皇。又上聲。考工記曰呂其口之阞捎其藪。鄭氏

揳　攦　摵　擉　拑　捦　捕　擿

曰除也。阞、三分之一也。鄭司農讀如蠨蛸之蛸。

揳訖黠切、史記曰揳鳴琴。類篇、擊持也。即書戞字。

攦所綺切、莊子曰攦工倕之指。鄭氏呂係切、又力結切。徐所綺切、李云折也、崔云撕之也。

摵測革率國二切、說文新附曰捎也。又色賁切。類篇、隕落也。摵摵、乃俗呂狀落葉之聲、便呂爲隕落。解字之敝大略如是。

擉測角切、又作簎。周官、鼈人呂旹簎魚鼈、凡貍物。鄭司農曰簎謂呂又刺泥中捜取之。莊子曰冬則擉鼈于江。按、簎刺也。今刃刺人者。又伀戳。

拑巨淹切、說文曰脅持也。

捦巨今切、說文曰急持衣衿也。別伀襟。按、拑捦古通伀禽。

捕蒲故切、索持也。說文、取也。

擿直隻、治革二切、投也。說文、搔也。一曰投也。按、擿擿多相亂。

攙　拋　揞　捐　捨　失

莊子曰擿玉毀珠。又作擿。

攙倉凡切、擲而上也。俗書。

拋匹交切、遙擲也。拋揞皆俗書。

揞於臽切、擲弃也。又於咸切。

捐余專切、說文曰弃也。

捨始野切、古單作舍。義見舍下。

失式質切、脫手失物也、乙聲。

技　拙　拮　据　挶

技其記切、巧埶也。女之有技者別作妓。說文曰妓、婦人小物也。

拙職悅切、不能巧也。

拮激質切、据斤於切。詩云予手拮据。毛氏曰拮据、戟挶也。又曰手病。說文曰拮、口手共有所爲也。据、戟挶也。自拮至摎凡十二字、雖見於經傳而其義未明。漢書、拮擊鳴球。讀如戛。

挶居玉切。說文曰戟持也。又作撠。史記曰謷敂門者不搜撠。孫愐曰持也。義亦未明。又爲畚挶。傳曰陳畚挶。杜氏曰土轝也。

掤　擭

掤筆陵切、詩云抑釋掤忌。毛氏曰掤、所以覆矢。馬氏曰韇凡蓋也。杜預曰韇凡箭箙也。

擭戶匕切、周官、雍氏令爲阱擭、秋令塞阱杜擭。康成曰擭、柞鄂也。堅地阱淺則設柞鄂於其中。秋則杜塞收乂之告、爲其臽害人也。粊誓曰杜乃擭、敜乃穽。孔子曰擭、捕獸機檻也。中庸曰驅而內諸罟擭臽穽之中。說文曰搫擭也。搫擭、不正也。一曰布擭也。一曰握也。孫氏一虢切。

擖　掫　揤

擖力盍、弋涉二切、說文曰刮也。一曰撻也。孫氏口八切。記曰執箕膺擖。康成曰舌也。吕舌自鄉。陸氏吕涉切。管子作揲、曰執箕膺揲、厥中有帚。

掫子矦切、又子俱、子柳二切。傳曰陪臣干掫。又曰賓將掫、主人辭、賓不可、親執鐸、終夕與於燎。說文曰夜戒守、有所擊也。杜氏曰行夜也。

揤考工記曰刮摩之工、玉揤。亦作楖、从木。

捆　撋　掾　摎　挒　抶　攏

康成曰讀如巾櫛之櫛。

捆口衮切、攷禮曰旣拾取矢、捆之。康成曰𡐦也。

孟子曰捆屨織席。朱子曰捆、扣椓之、欲其堅也。

撋下版切、傳曰撋然授兵登陴。杜氏曰勁忿皃。按、漢文帝詔曰憪然念外人之有非。蘇林曰寢眠不安皃。孟康曰猶介然也。按、二字文意實同、當㠯一爲正。

掾呂絹切、說文曰緣也。秦漢官皆有掾與屬。漢書

音義曰正曰掾副曰屬。按、秦司馬欣爲櫟陽獄掾、曹咎爲蘄獄掾、蕭何爲掾主吏。掾乃屬官通稱。

摎古肴力求居畱三切。說文曰縛殺也。孫愐曰束也、撓也。

秦有收軍摎。

挒補別切。方言、無齒杷也。今官府文書紀數者用此爲七八之八。

抶一丈切。說文曰㠯車鞅擊也。按、今俗㠯㔽馬半行爲抶。

攏盧東切、又上聲。類篇曰理也、持也、掠也。按、俗言攏馬、亏聲。攏掠、

扮　掕　捖　丮　鬥　鬧

上聲。

扮說文曰握也。太玄曰地則虛三㠯扮天。范氏扮猶并也。要亦不可曉。今俗㠯裝飭爲打扮、晡幻切。

掕里甑切、說文曰止馬也。

捖胡玩切、易也。

手之疑

丮說文曰持也、象手有所丮據。讀若戟。孫氏己劇切。

丮之會意

鬥當豆切。說文曰兩士相對、兵仗在後、象鬥之形。鬭說文曰遇也。孫氏亦音都豆切。按、今鬥爭之鬥皆伭鬭。如孫氏之音、則鬥鬭二字實一字。說文鬥爲鬥爭、鬭訓遇、二義不同。且斲非鬥之聲、疑鬭別自有音也。

鬥之會意

鬧奴敎切、市中紛鬧也。

鬥之諧聲

鬨　鬩　鬮　埶　巩　谻

鬨下貢切、鬥喧也。孟子曰鄒與魯鬨。

鬩許壁切、小鬥也。詩云兄弟鬩于牆。說文、恆訟也。从兒。兒、善訟者也。按、兒非善訟者、倪霓鶂皆兒聲、乃鬩聲也。

鬮古侯切、說文曰鬥取也。又曰讀若三合繩糾。

埶魚祭切、種也。說文曰从坴、丮、持而種之。徐鍇曰坴土也。又作蓺。亦作藝、从云未達。書曰歸格于蓺祖。孔氏曰文祖也、不能明埶之義。按、埶祖猶椒子也、譬諸艸木樹埶、肇造所自始也。借爲道埶之埶。周禮六埶、禮樂䠶御書數。又傳曰陳之埶極。杜氏曰準也。曰貢之無埶。曰埶貢事。曰大國令而共無埶。曰希常無埶。杜氏皆曰法制也。

巩居悚切。說文曰褱也。或作鞏。

谻其虐、訖約二切、說文曰相踦谻也。相如賦曰徼谻受詘。蘇氏、顏氏曰谻、倦極也、音與勮同。

執

執之入切、說文曰捕罪人也、从丮从㚔、㚔亦聲。經傳之用爲執持。

六書故弟十三

六書故弟十五

永嘉戴侗著　西蜀李鼎元校刊

人八

又　延九羽己二切。象又手形。**𠂇**　臧可切。象𠂇手形。人之又手力於𠂇手。凡任用者尚又。俗謂之順手。故因之生又助之義。亐救切。又作右。加口焉。口手交助也。劦助爲𠂇。則賀切。又作佐。加工焉。相工事也。易曰裁成天地之道。輔相天地之宜。㠯左右民。書曰予欲左右有民。又曰克左右厥辟宅師。詩曰亦右命爾。曰實右序有周。皆經文之未變其舊者也。𠂇弱於又。故所力與者爲右。所不與者爲左。傳曰王右伯輿。范匄曰天子所右。寡君亦右之。所左亦左之。漢人尚又。又丞相位𠂇丞相之上。

凡下與者爲𠂇與。又之假借。其用爲叓。又之俗義奪正義。而𠂇不便於書。故俗叓㠯左右爲𠂇又手之文。而右助之右。左相之左。叓加人爲佑爲佐。加示爲祐。

𠂇又之合

𠬞　居五切①。兩手合也。說文曰竦手也。又作𢪔。揚雄說从兩手。又作掬。

𠬞之象形

爭　側耕切。象兩手爭一物。𤔌晉姜鼎文。說文从𠬪从厂。引也。曲說也。爭之力爲爭。去聲。諫爭之爭取此。別作諍。

爭之諧聲

靜　疾郢切。爭息也。與靖通。說文曰从青爭聲。審也。按、靜無審義。从青尤無謂。又作靚。說文召也。賈誼賦澹兮若深囦之靚。顏氏曰靚靜也。又作妌。說文曰靜也。

舁　與　䙴　興

舁居許切、舁重也。兩人三手、同力數舁也。說文曰：共舉也、从臼从廾、讀若余。按、此非从臼、乃兩廾相向、卽舉字也。舁重非一人之所勝、故从兩廾。共舁今作舉、舉加手、贅矣。

舁之諧聲

與余呂切、相與同事也。因之爲黨與之義。[illegible]古文。說文曰：黨與也。參於其事曰與、去聲。亦通作預。

䙴親然切、舁移也。說文曰：升高也。䙴或古文。又作遷。說文曰：登也。䙴古文。按、升高與登非與之義、且不應从舁。䙴與遷實一字、後人夓加辵。漢志曰：䙴亏帝廷。單作與。

舁之疑

興虛陵切、舁之起曰興。說文曰：从同、同力也。同舁而後能興。引之則凡作興者皆曰興。孔子曰：興於詩。又曰：君子篤②亏親、則民興於仁。因物興意之謂興、去聲。周禮：教六詩、三曰興。又曰：以樂語教國子、興、道、諷、誦、言、語。凡興者託事物以起意、其感發也深、使人之意興、故謂之興。說詩者常以興爲比、說文者常以諧聲爲會意、故多曲說。

廾之會意

戒

戒古拜切、敕備也。兩手執戈、戒之義也。古以兵事爲戒。孟子曰：辭曰聞戒、故爲兵餽之。引之則凡先事儆戒者皆曰戒。祭祀之禮、齊前之十日戒、三日宿。戒也者、戒亏官有司、使各儆乃心、共其職、具其物也。百物旣具、然後可以壹其宿。明以戒與宿同說者非。別作誡、悈、課。

兵　弄　弇　𠬪

兵　餔明切，殺伐之器也。从収執斤。說文曰：械也。𢓊，籀文。㡿，古文，从人持干。

弄　魯貢切，兩手持玉，玩弄之義也。

弇　古禫切，兩手合覆，弇之義也。說文曰：蓋也。𢍜，古文。引其義，則廣中而陿口者皆謂之弇。周禮曰：凡聲弇，聲鬱。康成曰：弇謂中央寬。考工記曰：棧車欲弇，飾車欲侈。又曰：厚脣弇口謂之羸屬。春秋傳：申鮮虞出奔，行及弇中，枕轡而寢，出弇中曰驅之。又姑南、於檢二切。

𠬪　辰陵切，自下𠬪上也。从収𠬪卩。又作𢀩。說文曰：翊也。从卩从収从山，山高，奉𠬪之義。承，說文曰：奉也，受也，从手从卩从収。唐本說文曰：从手从丞。張參曰：从手从丞。按許氏謂丞从卩从収从山，㠯山高爲奉𠬪之義，義甚迂曲。𠬪既从収，又从手，亦無謂。當㠯承爲正。承皆㠯𠬪爲聲。張參之說必有所本。丞與𠬪其音同，其義又同。經傳無用丞字者，秦漢始有丞相及守令丞之稱。丞相掌丞天子，郡縣之丞各丞其守令。其義猶曰丞③下而翊輔之也。傳曰：子擊之，鄭師爲𠬪。丞承特一字也，當㠯𠬪爲正。

収之轉注

廾　𠬯　攀

𠬯　普班切，反手有所𠬯爰也。別作𢪃、攀聲、加手。又作攀，再加手，非。漢書凡攀字皆止作𠬯。

収之龤聲

奉　父勇切，兩手奉物也。別作奉。又加手，非。又叓勇切，合手匊奉也。別作捧，再加手，非。又房用切，所奉之物曰奉，若秩祿田邑之入皆謂之奉也。漢書曰：小吏勤事而奉祿薄，其益百石㠯下奉十五。顏氏曰：扶用切。漢書凡奉祿皆單作奉。別作俸，非。或作甫用切，非。

异　羊吏切，置也。書曰：异哉！試可乃④已。謂

奚　奕　畀　奐　𢍭

姑置勿論也。

𠔉說文⑤曰摶飯也，釆聲。釆，古文辦字。孫氏居券切。

弈移石切。口棊也。弈者必兩人，故从𠬞。

畀必至切。𢂸物予人也。或作畁。說文，畁，𢂸也，从𠬞由聲。孫氏渠記切。畀，相付與之約在閣上也，从丌由聲。孫氏必至切。按，畁畀特一字，相付之約在閣上曲而不通。當以从𠬞爲正。

𠬞之疑

奐呼毌切。說文曰取奐也。一曰大也。从夐省。徐鍇曰夐營求也，取之義也。按，夐、奐皆从冏而聲相近，疑冏自爲一字。三字皆以冏爲聲也。詩云伴奐爾游矣。毛氏曰伴奐，廣大有文章也。康成曰伴奐，自縱弛之意也。按，二說皆非詩意。記曰美哉輪焉，美哉奐焉。康成曰奐言衆多。孫愐曰文采明皃。

𢍭說文曰持弓拊，从肉。讀若逵。孫氏渠追切。

又之象形

厷　㕚　聿

厷古弘切。𠃋，古文厶，象臂取之曲。𠃊之文孤，故加又爲厷。俗作肱，再加肉。

㕚側狡切。說文曰手足甲也。象形。通亦作爪。書傳亦俗用蚤字，又作搔。士虞禮沐浴搔鬋。

聿鄙密切。古所用書也。象又持刻画之刀。又作筆。古之書以刀，後世易之以毫。束毫而建諸管，故加竹焉。說文，聿，手之疌巧也，从又持巾。孫氏尼輒

切。肄與肅皆从聿，聿所以書也。楚謂之聿，吳謂之不律，燕謂之弗。从聿一聲。孫氏余律切。按，書傳未嘗有聿字，且手之疌巧何以取義於巾。說文謂聿所以書而筆釁其失。釋曰秦謂之筆，筆聿與書畫皆从聿，明聿筆實一字。蒙恬始束毫爲筆，故秦謂之筆耳。孫氏分爲二字二音者誤也。俗作笔。借爲發語辭，余律切。書云聿求元聖。詩云聿來胥宇。別作欥。說文曰詮辭也，从欠从曰，曰亦聲。班固賦曰欥中龢爲庻幾。聿既爲借義所奪，故專以从竹者爲筆，而孫氏誤以爲二字也。

史　吏　事

聿之指事

史 爽士切、掌書之官也。秉聿㠯俟、史之義也。

史之疑

吏 力置切、分治之職也。周禮曰吏㠯治㠯民。說文曰从一从史、史亦聲。按吏从一未達。

事 鉏吏切。說文曰職也、之省聲。㞢古文、亦作𠭥。按事疑从吏省聲。又七賜切、漢書事刃公之腹。今作剚倳。

聿　書　畫

聿之會意

隶 叔鄰切。說文曰聿飾也。俗語㠯書好爲隶、讀若津。

聿之諧聲

書 商魚切、書字也、者聲也⑥。

畫 戶乂切、圖寫物象也。或曰㠯聿摹畫之之謂畫。說文曰象田三界、聿所㠯畫之。𤲶、𤰞古文。按聿非所㠯畫田者、畫畫同聲、俗㠯畫爲畫、故畫更作畫、劃無義。漢畫堂、畫室、圖畫、畫象皆止作畫。

肄

肄 羊至切、習書也、亦作肄、矣聲。引之則凡肄習皆謂之肄。周禮、凡王之會同軍旅、肄儀爲位。傳曰肄業及之。又曰爲三師㠯肄焉、亟肄㠯疲之。說文曰習也。𦘔籀文、隸篆文。按隶乃聿之譌。又作肄。說文習也。肄之俗義爲餘。詩云伐其條肄。傳曰夏肄是屏、肄餘蓋同聲。

建　肇

建 居萬切、𥁕筆也。禮曰栖𦍙加之、及鎋建之。引之則凡植立者皆謂之建。說文曰立朝律也、从聿从廴。假借之音居偃切、漢書曰猶居高屋之上建瓴水也。建水猶傾水也。

聿之疑

肁 池沼切、創始也。書曰肁十有二州。又

帚　埽　彗·丑

曰肇我邦亏有夏。曰肇造我區夏。又作⑦肇。說文曰肇，擊也，从攴肇省聲。肇从戈肁聲。漢和帝諱闕之。李舟曰擊也。肁，始開也，从戶从聿，治小切。徐鉉曰聿者，始也。按，聿無始義，開戶不應㠯聿。書傳肇皆爲創造之義。

帚之九切、帚所㠯糞除也、象手持帚之形。

帚之會意

埽蘇老切、从帚从土、埽除之義也。或作掃、再

加手、非。

彗祥歲切、帚小而弱、宊㠯埽室堂。彗廣末而彊、宊埽除麤穢。各象其形。說文曰𥫶、古文。或作篲。

丑奴九切、手丑取物也。或曰手械也、象形。別作扭杻杽鈕鈕扭。俗爲十二辰子丑之丑、敕九切。說文曰紐也。十二月萬物動用事、象手之形。旹加丑。亦舉手旹也。按、衄忸皆㠯丑爲聲、奴九切爲音之正。十二辰不可厺文、故皆假借。許氏欲傅會卒篇之大義、故其說

叉　尹　君　寸

尤鑿不通。

叉初加切、指鎝也。或曰指叉取物也。木之叉叉別作杈、叉人厷聲、別作⿰足叉。

尹余準切、主事者也、象執持之形。凡主宰者皆謂之尹。書曰尹爾多方。曰尹茲東夏。說文曰治也、从又丿、握事者也。𢑱古文。

尹之會意

君舉云切。君者、出命者也。故从尹从口、尹亦聲。𠱂古文。說文曰象君坐形。按、𠱂从[illegible]省聲。

又之指事

寸倉困切、說文曰十分也。人手卻一寸動衇謂之寸口。寸者度之所从厺分者十分其寸也。

寸之龤聲

導　　寺　　專

導說文㠯此爲古文道、非。導、辻到切、篦類也、今之搔頭擿篦之類。漢晉天子所建玉導是也。漢有導官令主米事。導擇、葢㠯篦別擇之。王莽使太醫尚方與巧屠刳剝王孫慶量度五藏、㠯竹筳導其脈、知所兂始。隨志曰先所㠯建冠於髮、導所㠯轢鬢髮於巾幘之裏也。相如賦曰導一穗

六莖於庖。謂導擇也。說文誤太渠文、非也。凡鄉道、道山道河、皆謂順其道而道之、當直作道、太聲。

寸之疑

寺祥吏切、周官寺人掌王之內人。秦漢㠯來官府謂之寺。說文、廷也、有法度者也、从寸之聲。

專職緣切、專壹也。說文曰六寸簿也。一曰專紡也。別作嫥。說文曰壹也。又辻官切、圜梱也。周禮曰其民專

尋

而長。亦通作摶。今俗作團。

尋士箴切、㠯手度之、八尺爲尋。假借之用爲溫尋之尋。春秋傳尋師尋盟皆此義也。子貢曰若可尋也、亦可寒也。與爓通。說文曰繹理也、从工从口、从又从寸。工口、亂也。又寸、分理之、彡聲。唐本不从口而从几。唐玄度林罕云古文从寸从尺。說文蓋緣溫尋而生繹理之說、今俗又因之生尋求之義、誤矣。

彠　　采

尋之諧聲

彠乙虢切、度也。又作矱。楚辭曰求巨矱之所同。

采倉宰切、手在木上、采之義也。凡農桑皆采也。民事莫多於采、故謂事曰采。書云亮采。若予采、俗爲償采之采。別作寀。爾雅寀寮、官也。說文曰同地爲寀。又禹貢曰五百里侯服、百里采、二百里

𠬪　𤔔　𤔕

男邦、三百里諸侯。采鐵內、公卿之食邑也。又爲采色之采、謂丹朱青堊之類、所用吕作色者也。書曰吕五采章、施亏五色。別作綵彩。

𠬪上下兩手相授受也。說文曰物落上下相付也、从爪从又、讀若摽有梅。孫氏亏小切。

𠬪之會意

𤔔治絲也、一手提絲、一手治之。說文、𤔔古文。䜌字、亂也。一曰治也。徐鍇曰象絲亂而爪治之。爪、𤔔手也。孫氏吕員切。集韻盧玩切。古孪經同。又作𤔫說文曰治也、幺子相亂、𠬪治之也。讀若亂。一曰理也。𤔕、古文。孫氏郎段切。按辭吕𤔕爲聲、疑𤔔與𤔕卽治字。書曰亂而敬。又曰惟吕亂民。曰自亂亏威儀。凡治皆作亂、乿𤔔之譌也。按、說文亂、治也、从乙。乙、治之也。孫氏郎段切。治亂相反、不應同文。說文之說、孫氏之音、紛然爻亂、未知所壹、當俟考文者正而壹之。

𢀩　受　寽　爰

𢀩依謹切。說文曰所依據也、从工、讀與隱同。徐鍇曰⑧作㥯、非。

𠬪之諧聲

受秦鍾文。受師毛卣文。常帚切、上予而下受也。說文冐、从𠬪舟省聲。按、鍾卣之文皆从舟。說文亦云舟聲、而受之上乃作爫、蓋多⑨之譌也。商主受、尚書皆作受、他經傳皆从紂、一人不應兩名、且自商紂之外皆無用紂字者、蓋受之譌也。

寽律括切、又力輟切。一手持物、一手寽取之也、一聲。別作捋。說文曰寽、五指捊也。捊、取易也。按、寽捊實一字。

爰亏元切、相爰引也。孟子曰嫂溺則援⑩之吕手。引之爲件爰之義。詩云有兔爰爰。兔足短後、其行常探脊、故曰爰爰。所爰爲爰、太聲。別作援。加手、非。偕爲發語辭、詩云爰居爰處⑪。又偕爲藩爰之爰。亦作楥。春秋傳、晉人吕君命賞、於是作爰田。杜氏曰分公田之稅應入公者、爰之於所賞之眾。國語

敢　及　隶　隸　𣦼　⿱𣦼貝

作轅田。韋昭曰易也。爲易田之法、賞衆吕田、易疆界也。或云轅車也、吕田出車賦。韋昭謂賞吕說衆而言出車賦、非也。說文、䟠、䟠田易居也。徐鍇曰爰田之爰卽此字、謂吕田相換易也。

敢苟菼切、說文曰進取也。引之爲果敢之義。說文、𣪊、籒文。敢、古文。

及其急切、追及其人也。从人而又屬其後、及之義也。說文曰隶也。乁、古文及秦刻石。弓、古文。𨔶、亦古文。

隶迠竊切、逮及也、从又持尾省。纔隶、及其尾也。別作逮。

隶之諧聲

隸郎計切、說⑫文曰附著也。隸、篆文。

⑬說文曰穿殘也。讀若殘。

𣦼之諧聲

⿱𣦼貝說文曰𣦼深堅意、从𣦼从貝。貝、堅寶也、讀⑭者概。按、如許氏說、从貝無義、貝

父　爹　支　友

乃聲也。

父浮甫切、尊老之稱也。有子者謂之父、从又持丈。老者然後丈也。凡父之兄弟通曰父。又孚武切、與甫通。

父之諧聲

爹迠可陟邪的奢三切、岷俗呼父曰爹。梁書曰始興王、人之爹、何肯憂來乳哺。

⑮俗亦呼⑯爺。木蘭詩曰阿爺無大兒。

支章移切、支吾也。說文曰去竹之支也、从手持半竹。㩆、古文。按、手持竹所吕支吾、古文意亦如此。俗作榰。又爲本支之支。詩云本支百世。凡木正爲幹、旁爲支。別作枝。人身爲幹、手足爲支。俗作肢、胑。今俗吕內貟貯爲收、出爲支、未知何所本。或曰取支分之義。

友延九切、二又相从、友之義也。洪範曰彊

弗友剛克、燮友柔克。兄事相愛謂之友。引之爲朋友、皆取協同之義。兄事同生也、朋友同道也。詩云嚶其鳴矣、求其友聲。矧伊人矣、不求友生。說文、𦬾𦬾、㚢古文。

仅

仅方遇切、从又授物於人、仅之義也。說文曰从寸持物數人。按、寸不能持、乃又之譌也。

奪

奪達活切、隹欲奮而手矍之、奪之本義也。

說文曰手持隹、失之也。又作敓。書曰敓攘矯虔。

𠬸

𠬸謀骨切、說文曰入水有所取也。从又在回下。回、古文回。回一曰㘥省聲。

夬

夬古買切、決也、从又从先省、㠯先決物也。易曰夬決也。又古賣切。

爯

爯處陵切、舉也。說文曰幷舉也。又𠫓聲。一作𢜞。

又之龤聲

攴

攴普木切、扶也。扶重而攴輕、有督策之義焉。又作𢻫。書曰扑作教刑。凡教敎者从攴。

攴之會意

𢼄

𢼄溪禰切、開戶也。開𢼄之聲通而義有廣陿。開从門、𢼄从戶、其義可推矣。別作启。說文、開也、从戶从口。又作啓。

寇

寇可候切、毀完爲寇。書曰寇賊姦宄。孔氏曰群行攻刼曰寇。

政

政之盛切、正之曰政。語曰政者正也。法度紀綱、政之大者也。

攽

攽布還切、分也。古通作班頒。又作朌。禮曰朌肉及廋車。

攴之龤聲

敇　整　放　敫

敇恥力切、敇正也、戒敇也。攴所㠯督人。說文、敇、擊馬也、朿聲。孫氏楚革切。敇、戒也、𦬊地曰敇、朿聲。孫氏恥力切。按、擊馬當作策。敇㠯朿爲聲、非恥力之音也。詩云旣匡旣敇。毛氏曰固也。按、秦漢㠯來人主之命令稱制爲敇令、漢書猶皆作敇、六翰始通用勑字、今皆作勑、實當作敇也。

敇之會意

整之郢切、敇正之也。

放甫妄切、㡿遷也。書曰放驩兜于崇山。又曰放牛于桃林之野。說文曰逐也。放之所厎爲放、上聲。記曰推而放諸東海而準。孟子曰放于琅邪。又俗爲放象放效之放。別作倣、仿髣。

放之會意

敫五牢切、出游也。別作遨。詩云微我無酒、㠯敖㠯游。俗爲倨敖、敖慢之敖、去聲。別作傲。說文曰倨也。又作嫯。說文曰侮易也。呂氏春秋、史記作慠。

敫　教

放之疑

敫說文曰光景流也、从白从放、讀若龠。又吉歷切、徼也。吉弔切、歌也。堅垚切、擊也。又牽幺切。按、敫之音義俱可疑。㠯敫爲聲者、徼、繳、噭、有堅垚之音。激、覈有吉歷之音。繳、弦之繳有龠音。

敎居效切、誨不能也。誨人者㠯言、敎人必有術業規巨程督之方、故从攴。又作斆斅。說命曰惟斆學半。孔氏曰斆、敎也。陸氏戶孝切。說文曰敎、上所施下所效也、从孝。𡥈𢽽古文。斆、覺悟也、从敎从冂。冂、尚矇也。臼聲。𦥯、篆文。孫氏胡覺切。按、說文㠯斆學爲一字、於說命斆學之說不通。斆敎實一義。斆从學而攴、㠯督之、敎之義也。亦通用學字。記曰凡學世子及學士必時、春夏學干戈、秋冬學羽籥。小樂正學干、籥師學戈。又曰學

效

然後知不足敎然後知困知不足然後能自反也知困然後能自彊也故曰敎學相長也兌命曰學學半其此之謂乎陸氏曰上學戶孝切學也

效矦敎切眡巳爲者而放效之也效與學聲義相近說文曰象也別作効傚詨又顯致曰效記曰效馬效羊者孟子曰效能勿去傳

曰使諸侯僞效烏餘之封漢書曰諸叔效首虜曰請畢今日驩效能於前因之爲績效爲效驗漢伍被諫淮南王吕吳楚七國爲效

敦

𣪍都昆切篤也崇也厚也易曰敦艮之吉吕厚終也又曰安土敦乎仁中庸曰敦厚吕崇禮曰大惪敦化書曰敦敘九

乑曰敦信明義今俗作惇从心蓋後人所易寖失其本義矣又都回切與𠂤通又都内切盛黍稷器也周官曰共珠盤玉敦昏禮曰黍稷三敦皆蓋亦作𣪊椒季敦文从皀又徒官切詩云有敦瓜苦毛氏曰猶專專也敦煌郡名又徒本切傳曰舜流三凶乑渾敦其一又詩云敦弓旣堅毛氏曰畫弓也陸氏都僚切又都雷切

敯　敃

敯眉隕切趨功勤速也別作敯愍

敃眉隕切不顧是非而力爲之也又作敯書曰殺越人于貨敯不畏死又曰其在受惪敯惟羞刑暴惪之人同于厥邦說文曰敃彊也敯冒也

敄　孜

敄亡遇切專力其事也說文曰彊也又作懋

孜津之切𪗋勉不輟孜孜也通作孳

故

故古慕切、造意爲之也。書曰宥過無大、刑故無小。造意爲故、差誤爲過。凡造作者必有其故。詩云維子之故。春秋傳曰爲周公祊故。六書之說謂之訓故。別作詁。說文、詁、訓故言也。毛詩訓詁。舊本作故。又引之爲新故之故、故舊也。

敂

敂苦屋切、又去聲、小擊也。又作叩。又作訆。

攷

攷苦浩切、敂擊也。攷器者敂擊以聲其工苦、故凡攷覈通曰攷。古通作考。詩云考槃在阿。曰子有鍾鼓、弗鼓弗考。

敲

敲口交切、敂之重爲攷、攷之重爲敲。敲攷敂聲義相通、輕重如其聲。說文、敲、横擿也。敲、擊頭也。又作摮。公羊傳曰以斗摮而殺之。或又作搞。

攻

攻沽紅切、致力攻治也。攻堅攻木攻金攻城皆此義也。又去聲、攻究之也。俗作賨。

敗

敗卜戒切、毀之也。自壞爲敗、步拜切。說文賊敗皆从貝。𣀔、籀文。又退、敗壞也。按、敗之从貝無義、貝乃聲也。

敝

敝毗祭切、靡敝也。說文曰帗也。帗、一幅巾也。一曰敗衣也。俗作弊。

改

改古亥己里二切、革也。

更

更古行切、革故更新也。因之爲更迭。又因之爲更歷。持夜者分爲五旹、旹每一旹輒更其人、謂之五更。更改革聲義相通。又古孟切、夏也。

變

變彼眷切、更易也。

敬

敬居慶切、戒慎也。从攴、所以敕戒之。敬之本義始此。子路問君子、孔子曰脩己以敬。曰如斯而已乎。曰脩己以安人。曰如斷而已乎。曰脩己以安百姓。脩己以安百姓、堯舜其猶病諸。聖人之道始乎脩身、脩身之道本乎敬。易曰君子敬以直內、義以方外。敬義立而德不孤、直方大、不習無不利、則不疑其所行也。敬則心存、心存則道立、故曰敬德之聚也。中庸曰君子戒慎乎其所不睹、恐懼乎其所不聞、所以教敬也。程子教學者立德必由主敬、其有功於後學大矣。

敍

敍象吕切、又去聲、經次也。與序通。序者、自然之序。敍者、經次其序也。

數

數爽主切、枚計多寡也。又雙遇切、自一至萬億兆眾謂之數。因之爲頻數、色角切。語曰事君數、斯辱矣。記曰祭不欲數。又因之爲數密、趨六切。孟子曰數罟不入洿池。考工記曰數目顧脰。

敉

敉緜婢切、書曰以予敉寧武圖功。又曰敉寧王。大命曰亦未克敉公功。亦越武王、率惟敉功。爾雅曰撫也。或作侎。

敞

敞齒兩切、豁開也。

救

救居又切、振捄急難也。

敵

敵亭歷切、充也、當也。

赦

赦式夜切、宥舍罪過也。

毆

毆虧亏切、驅逐也。孟子曰爲湯武毆民者、桀與紂也。漢書曰毆从烏孫眾兵。亦通作驅。

斁

斁夷益、夷約二切、猒也。詩云服之無斁。又曰在彼無惡、在此無斁。通亦作射。詩

敿 敲 敔 敳 戳 敶 敧

云神之格恖、不可度恖、矧可斁恖。又丁故切、敹壞也。書曰彝倫攸斁。孔氏曰敗也。詩云秏斁下土。毛氏曰敗也。說文作殬。

𢾊諾効切、書曰敿乃穽。孔氏訓塞、疑卽扤字。

敽舉夭切、書曰敽乃干。孔氏訓拖。說文曰擊連也。疑卽撟字。

敔偶呂切、書曰合止柷敔。郭璞曰狀如伏虎、背有二十七鉏鋙、吕木長尺櫟之。

敳負開切、春秋傳、八凱、其一名隤敳。說文曰有所治也。

戳直角切、吕攴衡箠也。又敕角切、與擉義近。鋭而入曰擉、推而築曰戳。

敶池鄰切、說文曰列也。古借用陳。

敧去奇切、⑰傾敧也。又作攲、欹、从欠乃攴之譌。

攸

攴之疑

攸延秋切、說文唐本曰水行攸攸也、其中作丨。徐本曰行水也、其中作丨、从攴从人从水省。𢻫秦嶧山刻石文。傳曰恤恤兮、湫兮攸兮。按、說文及秦刻石、此爲攸之本義。攸長攸遠之義皆取此。唐本是也。若曰行水、則已有游字矣、徐本非也。詩云爲韓姞相攸。攸所也。凡書傳之用、訓所者爲多。按、此爲假借。借義奪正、故攸攸之攸⑱再加水爲滺滺。心恩之攸長、加心爲悠。

敹 𢽷 殳

敹書曰善敹乃甲胄。孫氏洛㷅切。孔氏曰簡也。說文曰擇也、从攴寀聲。按、寀非洛⑲㷅之聲、詳費誓辭意、殆亦非簡擇之謂。

𢽷孫氏許其切。說文曰从厂、𠂆之性坼、果孰有味亦坼、故謂之𢽷、未聲。按、說文聲義俱舛。釐嫠氂皆吕此爲聲、其義闕。

殳市朱切、長兵也。詩云伯也執殳、爲王前驅。毛氏曰殳長而無刃。考工記曰殳長尋有亖尺。說文⑳曰吕杸殊人也。禮、殳吕積竹、八觚、長丈一尺、建於兵車。旅賁吕先驅。杸、軍士所持殳。

毅　殷

按、殳建於兵車、正軍中、所用、非有二物、別立杸字、非。傳曰張勾抽殳而下、扶伏而擊之、折軫。

殳之䶩聲

毅魚既切、彊忍也。傳曰致果爲毅。果非毅也、致果然後爲毅。

殷衣身衣謹二切、衡轉如身之殷也。詩云殷其靁。杜子美詩曰鼓角緣邊郡、川原入夜昔。秋聽殷地發、風撒入雲悲。考工記曰殷畝而馳。書曰日中星鳥、㠯殷中旾。宵中星虛、㠯殷中秋。孔氏曰正也。馬鄭曰中也。周官十有二歲、王巡守殷國。鄭氏曰殷眾也。殷之爲言猶㐆也、㠯夏之日、南北底至、故曰正旾。秋之日、衡殷南北之中、故曰殷。王巡守殷國者、周考邦國也。史記天

官書曰北斗七星、杓攜龍角、衡殷南斗、魁枕參首。又曰衡殷中州河濟之閒。殷之本義蓋如此。書云三后成功、惟殷于民。孔氏曰盛也。言其功惠之實徧逮民人也。俗㠯周致爲殷勤、亦此意也。俗作慇。又易曰先王㠯作樂崇惪、殷薦之上帝。馬氏曰盛也。京本作隱。書曰王肇稱殷禮。周禮曰殷見曰同、殷覜曰眡。康成曰殷猶眾也。又烏閑切、朱赤之色、殷明也。傳曰左輪朱殷。

癹　殺

癹普末切、披擊也。說文曰㠯足蹋夷艸也、从癶[21]又。鏺兩刃、木柄、可㠯又[22]艸。按、足蹋不當从殳、鏺即癹也。又作𤼽。

殺山戛切、𢧵也。說文曰戮也、杀聲。殺繖𣪩布、𢿡古文。徐鉉曰說文無杀字、相傳音察。徐鍇曰杀从乂术聲。林罕曰杀、古文察。又作𦂷。考工記曰攦𦂷爰簶。陸氏色界切。罊氏色例切。按、𦂷即殺字。又所戒切、減

削也。

殺之䚡聲

弑 式吏切、下殺上曰弑。

毆 烏后切、說文曰捶擊也。

㱿 克角切、擊堅也。說文曰从上擊下也。一曰素也。類篇曰堅固也。別作㩁。 假借之用二、果核之郛甲曰㱿。㓹子曰木棄幹㱿。別作㲉。 又𦋝角切、歐不出㱿之也。褚師聲子曰臣有疾、異於人。若見之、君將㱿之。又作咯。

段 都玩切、說文曰椎物也。耑省聲。引之為段鍊。別作鍛、煅。 又為段䃺。詩云取厲取段。旾秋旹凡名段者皆字石。別作碫。說文曰碫、厲石也。

又徒玩切、刺㦰為段。㉔

殿 丁見切、師行勇者殿後也。語曰孟之

反不伐、奔而殿。引其義則詩所誦殿天子之邦。毛氏曰鎮也。鎮雖未足以盡其義、然與殿聲義相近。說文曰擊聲也。 俗為宮殿之殿、定見切。別作壂。

毆 煙奚切、又去聲。說文曰擊中聲也。

毃 苦交切、又鍇之也。本但作交。毃函、地名。別作崤。

殳之疑

𣪘 說文曰揉屈也、从殳从皀。皀、古文叀字。廄字从此。徐鍇曰叀、小謹也。亦屈服意。孫氏居又切。按、小謹於揉屈義不通、疑廄既聲、既譌為𣪘也。

祋 詩云何戈與祋。說文曰祋、殳也。示聲。引詩。孫氏丁外切。陸氏又都律切。𣪠、殺擊也。古文祋如此。孫氏度侯切。

反 甫遠切、手反覆也、厂聲。說文曰厂象形。非。 引之為還反。凡覆其故者皆曰反。別作返、仮。說文返還也。

叛　叓

爲反倍、又爲反變、兮聲。漢書、雋不疑行縣錄囚、有所兮反。俗通作番翻。

反之鰭聲

叛薄半切、倍太也。古通作畔。

叓芳無、普無二切、希也。司馬相如封禪書曰雲叓霧㪇。說文曰希也、从寸。按、又所㠯叓之、从寸乃又之譌。又作敷。說文曰攴也。按、叓已从又、从攴者後人所加。又作旉、从方。按、易說卦、震爲旉。王氏曰𢍟之通名、鋪爲𢍟皃、謂之藪、音孚。本又作專。姚氏曰專一也。按、專乃叓之譌。又作捇。漢書曰捇偏九州。今俗通作鋪。非。

叔　度

叔尸竹切、說文曰拾也。詩曰九月叔苴。俗爲叔季之叔。說文曰汝南名收芌爲叔。或作村、从寸。

度植路切、長短之則也。分寸尺丈尋常通謂之度、庹省聲。俗爲渡度之度。別作渡。量其長短謂之度、㉕待洛切。

尌　曼　矍

尌常句切、植也。說文曰亣也、讀若駐、从豈从寸。

曼亡販切、說文曰引也。引其義爲延長。楚辭曰曼予目已流觀。又曰蛾眉曼緑目騰光。又莫官切。伯曰冒其目而取也。此爲本義。今作謾瞞。

矍九縛切、拏奪也。說文曰隹欲逸走而又持之。一曰眡遽皃。按、瞿乃聲也。別作攫。說文曰扟也。扟、从上挹也。孫氏所臻切。

䖒　將

䖒側巴切、叉矍也。䖒拏之辨如其聲。又作担摣。

將資良切、攜持也。又作牂。說文曰扶也。又作將。說文曰師也、从寸、𨠯省聲。孫氏卽諒切。按、將之从寸亦又之譌也。詩云承筐是將。㉖又曰不皇將母。語曰將命者出戶。傳曰鄭伯將王自圉門入。又曰公將上軍、太子申生將下軍。將之義一也。將軍猶師入聲師也。將軍者謂之將。去聲。猶師師者謂之

㪟　奴　収　臤　豎

帥太聲也。今讀叔軍帥師皆厺聲、非。因之爲叔迎叔送也。詩云之子亏歸、遠予叔之。僭爲幾叔叔欲之叔。公羊傳曰君親無叔、叔而誅焉。又爲大。詩云福履叔之。曰亦孔之叔。在渭之叔。又七竿切、詩云叔子無怒。曰叔叔母狃幾。頤辭也。又爲金玉聲、詩云佩玉叔叔。與瑲鎗通。

㪟楚快切、小舂也。別作敹、初黍切。又初芮切。

奴乃都切、罪隸也。周官曰其奴、男子入亏罪隸、女子入亏舂槀。㑀、古文。說文曰从女从又。按、男女雖通謂之奴、然其分男爲奴、女爲婢。奴非从女、乃女聲也。古文从人女聲、是其證也。

収尸周切、攈斂也。

臤說文曰堅也。讀若鏗鎗之鏗。古文㠯爲賢字。孫氏苦閑口耕二切。

臤之疑

豎上主切、周禮曰内豎倍寺人之數。康成

肅　叟　疌

㉗曰豎、未冠者。說文曰立也、豆聲。豎、籀文。又作竪侸。說文侸、立也。

肅息逐切、𦘒手肅拜也。周禮九拜、九曰肅拜。鄭司農曰但俯下手、今皆揖是也。記曰主人肅客而入。又曰婦人雖君賜、肅拜、爲尸坐則不手拜、肅拜。康成曰肅拜、拜低頭也。手拜、手至地也。婦人㠯肅拜爲正。傳曰爲事之故、敢肅使者。三肅使者而退。不者不拜、故肅之。从又、𣶒聲。引之爲共肅整肅之

義。書云共作肅。說文曰持事振敬也、从聿在𣶒上、戰戰兢兢也。按、肅非戰兢、聿在𣶒上之說是牽彊而不通。歗㉘嘯蕭鱐皆㠯肅爲聲。詩條其歗矣、與淑劦。𣶒與肅實同聲。𢘍、古文、从心从卪。

叟失神切。說文曰引也。

疌疾葉切、手足相應𢾀疌也。从又从止、入聲。說文疌、機下足所履者。从止从又、入聲。孫氏尼輒切。疌、疾也、从止从又、少聲。孫氏疾葉切。按、疌疌實一字。織者足躡於下、手應於上、務於𢾀疌、實一義也。中於聲不

第十五　人八

皮　皰　皽　皸　皴　䵷

鑷、乃入之譌。旁趨取疾因謂之疌。詩云豈敢定居、一月三疌。傳曰待我不如疌之速也。戰勝因謂之疌。今作捷。

又之疑

𥮺蒲羈切、厺毛曰皮、完曰革。說文曰剝取獸革謂之皮、从又、爲省聲。𠷎古文、𡰪籒文。伯曰象巻皮而手攝之。

皮之諧聲

皰披敎切、皮爲气所攻浮泡也。通作泡。

皽章善切、記曰取豚炮之摩之厺其皽。康成曰皮肉之上魄莫也。

皸拘云切、手足凍瘃也。漢書曰手足皸瘃。別作皴。

皴七倫切、皮微瘃皴䵺也。說文新附。

䵷側救菑尤二切、皮蹙也。與縐通。

六書故弟十五　三十九

皵　皻　皯　㿽　取　𠬪　叜　叚　燮

皵倉各七約二切、皮理甲錯也。

䶊力盍切、皻德盍切。皻皯、皮寬衣皃。俗語。

皮之疑

㿽(29)古文𤿎籒文𤿺。說文曰柔韋也、从北从皮省、从敻省。讀若耎、或讀若雋。按、考工記、攻皮之工、函鮑韗韋裘。鄭司農曰鮑書或爲鞄。蒼頡篇有鞄甍。

取此苟此主二切。說文曰捕取也、从又从耳。周禮獲者取左耳。按、取之義甚博、乃獨曰取耳爲義、不眙於忍者乎。取馬曰取、厺聲。易曰勿用取女。別作娶。

𠬪說文曰治也、从又从卩。卩事之卩也。孫氏房六切。

叜穌后切。於書傳爲長老之稱也。說文曰老也、从又从灾。闕。𡨕籒文、从寸。又作傁。

叚說文曰借也。𠬋古文、𡰪譚長說叚如此。孫氏古雅切。

燮燮穌劦切、書曰燮友柔克。又曰燮理会昜。曰燮和天下調也。說文燮在又部、和也、从言从又炎聲。燮籒文、从

六書故弟十五　三十

三四一

㕞 尤 𡳿 卑 差

羊。羊音䍮、讀若溼。燮在炎部、大孰也、从又持炎辛。辛者、物孰味也。徐鉉曰燮从炎从又、孰物可持也。燮从燮省、言語吕和之也。二字義相出入。按、炎非燮之聲、疑燮燮燮實一字、羊之譌爲辛、辛之譌言。(30)

㕞所劣切。說文曰拭也、从又持巾在尸下。按、刀部有㕞字、說文曰㓹也。疑㕞自爲一字。

尤(31)羽求切、甚也。甚惡甚美皆曰尤。傳曰尤物足吕移人。人之所爲太過則人甚之、亦

謂之尤。傳曰尤而效之。語曰言寡尤。亦通佗鄭。說文曰異也、从乙又聲。按、尤从乙無義。俗作訧。

𡳿偷勞切。說文曰滑也。詩曰𡳿亐達亐。从屮。一曰取也。

𠂇之疑

卑賓彌切、下也。說文曰賤也、从𠂇从甲。徐鍇曰又重𠂇卑、故在甲下。

差說文𨹔、差聲。徐鉉曰說文無差字、蓋二左也。衆力左之、故从二左。

六書故弟十五

六書故弟十五畢

六書故弟十六

永嘉戴　侗著　㽞蜀李鼎元校刊

人九

足　卪臬切、自股脛而下通謂之足。上象厀髁、下象跖。俗爲給足之足。又遵遇切、俗爲足共之足。足共作僞象共也。說文曰：人之足也、从止口。其說不通。徐鍇曰：口象股脛形。按、止與屮乃生於足。

足之指事

止　祇百切。屮、孫氏他達切。跖也、象足掌指形。止又止屮。幺止也。說文曰：下至也、象艸木出有址。故吕止爲足。按、足走辵步之屬皆从止、止乃足、非取象於艸木。正義奪於餘義、故又作趾、加足、非。進止由足、故不行因謂之止。止居一身之下、故引之又爲至止。詩云止至乃理。別作址。說文曰至也。又作阯。

止之指事

步　盤布切、夕又兩足代𨑊爲步。中人之度、一𨑊足㒸周三尺、再𨑊足㒸周八尺、故一𨑊足爲跬、再𨑊足爲步。於今爲六尺。

步之指事

陟　竹力切、步㠯爲陟、升也。說文、𨸏、古文。

涉　昔攝切、步水爲涉。說文作𣻜、从㳅。

步之龤聲

歲　相芮切、日步也。日之行天、始於南陸①。兵至之日、日底亏南陸。自是始北、至中夏而日窮亏北陸。自北夏南、至中矣而夏底亏南陸。凡三百有六旬有六日。而日之行一周謂之一歲、故中冬爲一之日。一之日、歲之始也、故謂之正歲。周禮、歲冬則令群吏致事、正歲各帥其屬而觀治象。正月之吉、始和布治于邦國都鄙、使萬民觀治象。蓋先官府而後萬民、先朝廷而後邦國都鄙。朝廷官府有歲會之事、皆訖於歲冬、正月之元、清明閒暇、然後

可㠯布維新之政也。書言中冬于在朔易。詩云十月蟋蟀入我牀下、嗟我婦子、曰爲改歲、入此室処、皆於十一月改歲也。周官、凌人正歲十有二月、令斬冰。謂十一月十二月皆可取冰也。禾生於旾、成於秋、旾作夏長秋斂冬藏、人事周而夏始、故秊从禾、三旹周爲一秊也。歲㠯紀天步、故始於中冬、秊㠯敍人事、故始於孟旹。周官、太史掌正歲秊㠯敘事。此歲秊之辨也。康成㠯正歲爲孟旹夏之正月、正月爲中冬周之正月。於始和不㝵其說、則曰言始和者猶若改造云尒。於凌人不㝵其說、則又㠯季冬爲正歲、皆曲而不通。

癶

癶北末切、足兩張有所撥除也。說文曰足刺癶也。別作蹳。

癶之諧聲

登

登都滕切、伯曰升也、从癶、𧯠省聲。說文曰上車也。𤼷、籀文。

歰

歰色入切、兩足相距歰不行也。亦作歮。水涸行艱因謂之歰、味苦歰亦謂之歰。別作澀。又色洽切、楔也。鄭司農注周禮曰三歰之令可叚移。

康成曰周人之葬牆置翣。檀弓、置翣。康成曰吕木衣爷如攝。

辵

止之會意

辵丑略切、循道疾行也。說文引公羊傳曰辵階而走。今本作躇。陸氏曰一本作辵。通作踏。詩云執爨踖踖。又作蹲道。說文辵、乍行乍止也。道、迹、道也。蹲、蹉、蹲也。一曰行也。

辵之會意

逵

逵渠追切、大道也。凡大道必就高坴、故从坴。衢、逵聲義略同。詩云肅肅兔置、施于中逵。傳曰入自皇門至于逵路。亦通作馗。爾雅曰九逵謂之逵。

辵之龤聲

道

道徒皓切。衜、古文。路也。道路、人所共行也、故从辵、亦从行。中庸曰天命之謂性。率性之謂道。天之所命、人物之所性、有常理矣。通達適逵、古今之所共由、猶達三方行者之有道路也。故因而命之曰道。先人曰審察之謂理、通達之謂道。夫道原於天、達乎萬物、無所如而不有道焉。故孔子曰誰能出不由戶、何莫由斯道也。孟子曰夫道

若大路然。古之言道者蓋如此。自李耳氏始吕虛無沖漠爲道。其言曰有物混成。先天地生。宗兮寥兮、獨立而不改。周行而不殆。吾不知其名。字之曰道。曰道生一、一生二、二生三、三生萬物。曰天法道、道法自然。其爲言微妙高深、若不可加者。而實畔於聖人。

由垚羼而來至亏孔孟、未嘗有是言也。夫一生二、二生三、順是而下、生生不息、而萬物形焉。行於萬物者道也、故一者、道之所自出。自一吕徃、道之所行、一之上又何有焉。易曰一侌一昜之謂道。侌昜气也。一侌一昜、道也。天地之道不踰於兩、兩者竝行而生

生不息。故曰立天之道曰侌與昜、立地之道曰柔與剛、立人之道曰仁與義。人道莫大乎仁義。仁義也者、達可行之道也。不吕達可行者為道、而吕虛無沖漠為道、是猶不吕康莊衢術為道路、而吕蒼莽壙埌無所適从者為道路也。不亦舛乎。聖人不作、大道

垔塞、百家之言、各自穿穴、吕為徑術。李耳氏之徒始吕是自尊高、而天下亦从而尊之、謂其學曰道家。嗚呼、孰知其為大不道也乎。釋氏之說實出於李耳、剿襲而尤務為超絕脫離、吾黨之士雖攻其邪而未能出其玄、故道悳性命之說、窮極微眇、離形气

而獨立。道與器貳、行與言睽、君子小人倀倀焉、莫知適从。君臣父子兄弟夫婦失其倫、天地失其位、萬物失其性、學之不明、豈小故哉。六書非小學也、侗故因先訓而簡論之。道之之謂道、去聲。語曰道千乘之國。曰道之吕悳。又稱述亦謂之道。大學曰如切如

通　逢　　迪　遂

礛者、道學也。有斐君子、兒不可諼兮者、道盛悳至善、民之不能忘也。孟子道性善。陳相見孟子、道許行之言。

通他紅切、道路通徹無旹也。

逢唐割切、通也。又他逢切、恣隸不循理道也。詩云①、挑兮逢兮。說文、逢、行不相遇也。引詩挑兮逢兮。或作达。或曰迭也。

迪亭歷切、順道而逢也。故爲順、爲逢、爲道。迪逢蓋同聲。

遂徐醉切、行而遂肯他逢也。事既洤因曰遂。語曰、遂事不諫。俗爲鄉遂之遂。周官、王國内有②六鄉、外有六遂。五家爲鄰、五鄰爲里、三里爲酇、五酇爲鄙、五鄙爲縣、五縣爲遂。又爲溝洫。周

遵　述　適

禮曰、夫間有遂、遂上有徑。一耦之伐、廣尺深尺謂之甽、田首倍之、廣二尺深二尺謂之遂。遂、小溝也。

遵將倫切、循道而行也。

述食律切、循已行之迹也。䢤籀文。

適施隻切、行有所之也。因之爲適然之適。謂行而適相偶③也。又其所如因謂之適。書云、民不適有居。又丁歷切、意向所主也。孔子曰、君子之於天下也、無適也、無莫也。傳曰、一國三公、吾誰適從。引之則元妃謂之適妻。適妻之所生謂之適子。適子之妻謂之適婦。別作嫡。又俗爲遻④適之適、陟革切。別作謫。又俗爲仇敵之適、亭歷切。

造　七到切、詣也。又在早切、俗爲造作之造。說文曰：艁、古文。

邁　莫敗切、遠行也。或作蠆。

逝　旹制切、長往也。

進　即刃切、行肯也。說文⑤云閵省聲。按、隹有臾隹之音、於進聲䧹。

逞　丑郢切、肆行也。又作侱。

過　古臥切、行度越也。過不及之義生焉。過之曰過、平聲。

隨　旬爲切、从也。隨从同聲。

迎　魚京切、輅來者也。又去聲。

逆　魚戟切、迎也。逆迎同聲、其義亦同。說文曰：關東曰逆、關西曰迎。侗謂逆之致欲曰迎。今通㠯此爲屰順之屰。

迓　魚駕切、迎迓聲同、其義一也。通作輅御訝。

遡　蘇故切、迎肯也。

遇　元具切、行相直也。

逢　符容切、遇也。又蒲紅切。詩云鼉鼓逢逢。狀鼓聲也。

遭　臧曹切、逢也。一曰邐行也。

遘　居候切、遇也。

邂逅　邂、下賣切。逅、下冓切。邂逅、行適相直也。古俗用解后。

遻　五各切、卒相遇、鍔遻也。因之爲驚遻之義。又作愕。噩、周禮有噩夢。杜子春曰：噩當爲驚愕之愕。或曰从吅王聲。漢書、群臣皆驚鄂失色。俗用鄂字。又五故切、逢也。楚辭

追　追　逐　遻　迋

曰重𡗞不可遻。莊周曰遻物而不慴。

別作逜、迕、啎。

䢓蕩𡗞切、又太聲、趣及也。詩云追其

今兮曰追冰未泮。曰追我暇矣。曰追

天之未会雨。又作隸。類篇合追與逮⑥爲一、非也。追者、趣及於

者至之先。逮者、追及於旣太之後。

詩云莽云不隶。二字之用判然。

䢓陟惟切、追逐太者也。又假借、都回

切。詩云其追其貊。毛氏曰追、貊、戒狄國也。

䢙直六切、驅逐也。說文从豚省。徐鍇曰豚走而豕追之。

按、許徐之說鑿而不通、且遯已从豚、逐乃豕聲。

䢡太演切、發之使太也。又太聲、枣有

遻𩓚遻車是也。因之爲遻何遻賚。別作

讂、見言部。

𨒫亏放切、傳曰日其過此也。君使子

巡　運　還　遶　徧　辿　遜　遯

屍迋勞於東門之外。杜氏曰往也。又假借

爲欺迋、居況切。詩云無信人之言、人

實迋女。傳曰予無我迋。今作誑。

䢾松倫切、周行省眂也。亦作巡、巡狩之巡。徐氏讀養純切、非。又逡巡、欲進不進也。

䢵王問切、旋轉也。

䢼侶緣切、反也、與旋通。又胡關切、反

其故所也。

䢺尒沼切、行旋繞也。

䢸北薦切、行周帀也。亦作徧、又借用

辯字。

䢻想氏切、與也。說文曰或作征、𢓁、古文。

䢹蘇困切、避太也。古單作孫。

䢷迣困切、潛逃也。又作遁、又作遂。

逃 辻刀切、脫丢也。

逋 奔模切、逃亾也。說文、𨓤、籀文。

逭 胡玩切、脫避也。說文、或作爟。

避 毗義切、行有所引避也。古通作辟。

迸 北爭去聲切、奔迸散丢也。

透 他候切、辵度也。引之爲穿透之透。亦作䞟。

遮 之奢切、徼闌也。

迣 力制、良辥二切、斷遮也。

邏 郎左切、徼巡也。又去聲。

遏 阿葛切、遮闕行者也。與閼通。

速 蘇谷切、行疾也。說文曰、遬、籀文。𧫴[?]、古文、从言。

遄 市緣切、速也。

遽 其據切、亟行倉皇也。因之爲傳遽。傳曰使遽告于鄭。

迫 博陌切、脅近也。

逼 彼側切、行相迫也。與偪通。

迮 側伯切、迫蹙也。

遒 徐由切、說文曰迫也。孫愐曰盡也。書曰遒人以木鐸徇于路。詩云三國是遒。毛氏曰固也。鄭氏曰斂也。又曰百祿是遒。毛氏曰聚也。楚辭曰歲忽忽而遒盡。又曰分曹並進遒相迫。按、破斧言三國是皇是吪、乃驚皇驚吪之義。說文訓迫爲近之。歲忽忽而遒盡、亦此意也。毛鄭固斂之訓未然。百祿是遒、疑與佀先公酋矣之酋同、久也。遒从辵、亦未見有聚義。

近 巨謹切、不遠也。又去聲、附近之也。𡵝[?]、古文。𡰱[?]⑦。

邇 忍氏切、近也。說文曰、𨘢[?]古文。然又自有邇字、近也。孫氏人質切。

遲　直尼切、行徐也。遲以待之爲遲、去聲。說文、遟、籒文、从屖。或作迟。

逗　大透切、亭留也。

迆　演尒切、衺迆也。書曰東迆北會于匯。亦作迤。

邐　輦尒切、漸靡也。

邅　張連切、艱蹇也。易曰屯如邅如。別作儃。楚辭曰入浦漵予儃回。又作驙。說文、駗、張切⑧人。驙、馬載重難也。引易乘馬驙如。又作邅。說文曰䢜邅也。

選　須沇切、弱足行不力選耎也。借爲簡選之選。或曰選、過閱也。故从辵。簡中者留之、不中者罷之、所謂選也。傳曰秦后子有寵於桓、如二君於景。其母曰弗去、懼選。在選爲選、去聲。

遴　良刃切、說文曰行難也。說文引易、以往遴。或作僯、从人。按遴選皆有靳吝意。

遠　雨阮切、不近也。說文曰𨘼、古文。遠之之謂遠、去聲。

遐　何加切、遠也。又借爲胡何之遐。詳見胡下。表記引詩遐不謂矣作瑕。鄭氏曰瑕、胡也。

遴　憐巛切、紆遠也。

遙　余招切、遠甚也。

逖　他歷切、離遠也。又作逷。古春秋傳曰豈敢離逷。

迢　田聊切、迢遰遠行迢遞也。

迂　云俱切、紆遠也。

邎　迥　遹　遪　邊

邎羣角切、道遠望之邎邎也。說文新附。古通用藐。

迥戶茗切、深遠也。

遹允律切、回曲也。詩云謀猶回遹。又曰回遹其悳。又曰潏潏回遹。毛氏曰辟也。書曰祗遹乃文考。馬氏曰述也。又爲發語辭。詩云文王有聲、遹駿有聲。遹求厥寍、遹觀厥成。又曰匪棘其欲、遹追來孝。鄭氏曰述也。疑與聿同。

遪竹角敕角二切、說文曰遠也。一曰蹇也。楚辭曰遪絕垠亏寒門。又曰曾秋逴逴而日高。史記曰舉騎逴行絑遠而糧不絕。漢書單作卓。與踔通用。又作趠。

邊卑眠切、旁行也。因之爲邊旁邊鄙。

遞　迭　遝　迄　𨑒　迷

遞大計切、傳代也。古單作代。

迭徒結切、更代互進也。

遝徒合切、合沓并進也。正當作沓。說文迨也。遝、迨也。

迄許訖切、幾至也。詩云吕迄亏今。又曰迄用有成。曰迄用康秊。通作汔。易曰汔至亦未繘井。又曰小狐汔濟。詩云汔可小康。

𨑒同都切、無車步行也。易曰賁其止、舍車而𨑒。故其用又與特同。𨑒但特獨聲相近、義相通也。車行必有𨑒、故又爲𨑒衆𨑒黨之義。

迷民卑切、惑不知道也。俗吕隱語爲迷、去聲。別作謎悇謎。

遺　逑　逿　逢　迒　适　遰

[篆]夷隹切，行有所忘失也。有所畱与
因謂之遺，去聲。書曰用𠪚遺後人休。
故饋詒因曰遺。
[篆]渠尤切，說文曰斂聚也。詩云君子好逑。與
仇通。毛氏曰匹也。又曰已爲民逑。毛氏曰合也。鄭
氏曰合聚也。
[篆]徒浪切，又乎聲，行不循道也。通作

蕩。史記倉公傳曰重易者逿心主。徐廣
音唐，盪也。漢王式佯醉逿墜。師古曰失據而倒也，音蕩。
按，顏音爲是。
[篆]皮江切，孟子，逢蒙學射於羿。類篇，塞也。
[篆]戶江切，獸蹊也。說文曰獸迹也。或作蹝。
[篆]古活切，說文曰疾也。語有南宮适。
[篆]內則曰又佩管遰。康成曰刀鞞也。陸氏音昔世切。徐

退　送　⿺辶丌　走　趨

氏作滯。疑即蹛字俗用。
辵之疑
[篆]吐內切，卻也。衲，古文。說文，復，从彳从日从夊。⑨
古文或作衲。
[篆]蘇弄切，行者送之也。說文曰从倴省。倴，籀文不
省。倴，送也。孫氏已證切。
[篆]說文从辵从丌，丌亦聲。古之遒人以木鐸記詩言。讀與記同。孫氏居

吏切。詩云往⿺辶丌王舅。詩作近。鄭氏音記。朱子曰辭也。今从
斤，誤。
止之鍇聲
[篆]則苟切，義不待釋。走其所曰走，去聲。
夭之鍇聲
[篆]七須切，趨，七六切。步走。醫經曰人生
十歲好走，二十好趨，三十好步，三十

趣

好坐。又七六切、速其趨也。俗作促。記曰衛音趨數煩悉。康成讀爲促。莊子曰有人於彼、脩上而趨下。通亦作趣。漢傳曰局趣效轅下駒。又側鳩切、與掫通。

緅倉苟切、趨湊也。書曰綴衣趣馬。詩云溛溛辟王、又趣之。周官、趣馬掌贊正、良馬掌駕說之頒。所趨向爲趣、七慮切。又七六切、見趨下。

起

起口己切、說文曰能立也。義不待釋。

越

越王伐切、踰越險阻也。又作𨒫。說文曰踰也。又作戉。說文曰輕也。又瑟底空名越。記曰清廟之瑟、朱絃而疏越。又傳曰大路越席。康成曰蒻蒲席也。杜元凱曰結草也。陸氏曰戶括切。

超

超敕宵切、跳越高阻也。

奔

𡙡逋昆切、疾走有所避就也。从走省、卉聲。古亦通作賁。書云虎賁三百人。⑩亦作犇。說文曰奔、走也。从夭、賁省聲。與走同意。按、賁蕡皆㠯卉爲聲。奔就爲奔、夵聲。

赳

赳居黝切、蹻走也。詩云赳赳武夫、公矦干城。

趙

趙治小切、輕走也。說文曰趨趙也。詩云其鎛斯趙、㠯薅荼蓼。毛氏曰刺也。用爲國名。

趯

趯他歷切、跳躍輕走也。詩、趯趯阜螽。

趡

趡千水切、說文曰動也。春秋、公會邾儀父盟于趡。揚雄賦曰神騰鬼趡。博雅曰趡奔也。類篇曰走皃。按、類篇之說近是。

趁

趁丑刃切、隨及也。說文曰𨘢也。讀若塵。

趫

趫丘囂切、高昇輕走也。說文曰善緣木走之才。類

趲　趕　趟　趮

爲丑小切、輕走皃。又作趬、行輕也。一曰舉足也。

趲子罕切、行弟相趣也。

趕古旱切、追逐也。說文有趕、舉尾走也。孫氏巨言切。

趟中庚切、雀躍狀也。

趮子到切、考工記、矢人羽殺則趮。鄭氏曰旁掉也。

走之疑

赴　歷　堂

赴芳遇切、趨就也。說文曰仆省聲。按、說文、仆、卜聲。仆既可吕卜爲聲、赴亦當自吕卜爲聲、但卜與赴仆聲不諧尒。有喪者奔告於君親、因謂之赴。別作訃。

歷郎擊切、涉級循次也。推步日月之行因謂之歷。俗作歴。

堂直庚丑庚二切、距也。與牚通。

止之疑

疋　此　些　正

疋所葅切。說文曰足也、从止。上象腓腸。弟子職曰問疋何止。古文吕爲詩大疋字、亦吕爲足字。或曰胥字。一曰疋、記也。按、弟子職、恐卽足字、大疋卽大胥小胥也。

此雌氏切、此猶茲也、斯也。斯茲此聲相近。說文曰止也、从止从匕。匕、相次比也。

此之疑

些蘇个切。說文曰語辭也、从此从二。見楚辭、其義未詳。按、今俗又呼蘇遮切、吕爲鮮少之稱。

正之性之成二切、端也。又爲射之正鵠。說文曰是也、从一从止。𤴓、古文从上。𤴓、古文、从足。足亦止也。鄭漁仲曰彡氏曰反正爲乏。正無義也。正乃射的也、象形。乏、臧矢之具也、从反正。正受矢而乏臧矢、故反正爲乏。或曰反正爲丏。丏、蔽矢短牆也。正受矢而丏蔽矢、故反正爲丏。此亦反正爲乏之義也。按、正之从一从止既無義。周禮、王射三侯、九節五正。詩云、終日射侯、不出正兮。鄭康成曰、儒家云三尺曰正、二尺曰鵠。鵠乃用皮、其大

乏　丏　是

如正。此說失之。正蓋二⑪尺、正鵠特不過規𡰥中㠯志叐、正之文亦恐非其象。周官、服不氏㠯㩻居乏而待獲。大叐儀、乏用革。康成曰獲者所㠯御矢也、𡰥北面而張㠯受矢、乏南面而呰㠯御矢。反正爲乏、則義有可言者、但反正當爲丏、譌爲乏尒。正月之正、今人讀之平聲。說者謂避始皇之名、不然。正自有平聲也。詩云允日叐𡰥、不出正兮。與名清成甥叚、平聲與仁宗御名同音。當時欲改正月爲端月、一月有㠯去聲爲言者、遂不改。然習俗至今㠯平聲言正月也。諫正之正别作証、非。說文、証、諫也。

正之轉注

丏 笅沔切、說見正下。在書傳又爲匱乏之乏。又丏、彌沇切。說文曰不見也、象呰蔽之形。按、如說文呰蔽之說、則正叐之乏也。其篆文稍異而聲絕不通。沔賓麪皆㠯丏爲聲。

正之諧聲

是 承旨切、㫐正爲是、反正爲非。說文从日从正。昰、籀文。徐鍇曰日中爲正、是。

是之諧聲

韙 于鬼切、是也。說文曰愇、籀文。

歬 昨先切、所向爲歬、所北爲後。从止从舟、未喻。說文曰不行而進謂之歬、从止在舟上。鑿而不通。今俗書作劕、非。劕从刀歬聲、乃刀劕也。既㠯劕爲歬後之歬、故刀劕之劕再加刀作翦。

歸 居韋切、反其家也。說文曰女嫁⑫也、从止从婦省、㠯聲。籀文。按、婦人内夫家、故謂嫁曰歸。然⑬父母家實其所自出也、故其來寍亦曰歸。嫁非歸之本義、且从止亦未可曉。

踝　踵

足之諧聲

踝 苦果戶瓦二切、踵上兩旁圜骨也。外向爲外踝、内向爲内踝。記曰負繩及踝。

踵 主勇切、足後跟也。別作歱偅。說文、歱、跟也。踵、追也。偅、相迹也。按、追者迹厺者之後、因謂之踵、非有二字。

跟　跟古痕切，足根也。或作眼。

跗　跗風無、方遇二切，足版上爲跗。禮曰履結亏跗。康成曰足上也。傳曰弢王太輈及跗。亦作趺、跃。

跖　跖之石切，足掌也。亦作蹠、蹠。說文曰跖，足下也。蹠，楚人謂跳躍曰蹠。戰國策曰蹠穿厀纍。蹠因有蹋義。史記曰蹠勁弩。

跣　跣穌典切，裸足也。

跬　跬缺婢切。司馬法曰一舉足爲跬，再舉爲步。又作蹞、蹪、趌。說文趌，半步也，讀若跬。足部乃無跬字。

踐　踐在衍切，履也。又作衜、䢭。說文二字皆迹也。

踏　踏達合切。又作蹹。踐重於履，蹋重於踐，蹈重於蹋。

蹈　蹈大到切，踏也。搯足爲蹈。

躡　躡尼輒切，足相履也。

六書故弟十六　二十九

跆　跆堂來切，恣踐也。漢書兵相跆藉。今俗呼若紿。

躧　躧女屣切，踶足踐之重也。莊周曰躧市人之足。又曰輪不躧地。又作蹝。莊周曰凡道不欲壅，壅則哽，哽而不止則跈。廣雅曰本或作躧。

蹂　蹂人九切，往來踐之䡅也。

蹸　蹸良刃切。足躒曰蹸，車曰轥。或作躪。

蹊　蹊戶禮切，踐也。傳曰牽牛以蹊人之田。所蹊成徑路，因謂之蹊。絃雞切。孟子曰山徑之蹊閒介然。亦互作徯。月令曰塞徯徑。

六書故弟十六　三十

跐　跐淺氏切。又側氏、阻買二切。跐猶蹈也。莊周跐黃泉而登大皇。劉向楚辭曰躇步跐蹈。

蹙　蹙子六切，足蹴蹙物也。記曰足蹙路馬芻有誅。又作蹴。孟子曰蹴爾而與⑭之，乞人不屑也。引之爲蹙迫，爲蹙聚，爲蹙縮、頻蹙

跦　蹜　蹻

蹙頞謂蹙聚眉間也。又七宿切。說文蹴躡切。孫氏七宿切。新附有蹙迫也。孫氏子六切。李善曰蹙蹴通。孟子曰曾函楚然。謂收斂蹴縮也。別作款。說文曰愁然也。引孟子作曾函愁然。

跦他歷迖歷二切、亐行也。說文曰行亐易也、引詩。詩云跦跦周道、鞠爲茂艸。又子六切、行太不安皃。語曰跦蹜如也。

蹜所六切、行不㝵止也。語曰足蹜蹜如有循。古通作宿。記曰執圭玉、㝵肯曳踵、蹜蹜如也。陸氏曰本或作宿。

蹻㝵天切、說文曰㝵足行高也。踝下因謂之蹻。外踝下曰昜蹻、内踝下曰会蹻、因之爲武健之義。詩云蹻蹻王之造。又曰其馬蹻蹻。又作趫。說文曰善緣木走之才。又訖約切。詩云老夫灌灌、小子蹻蹻。謂其無知高蹈也。又屩下

踽　蹺　蹐

桅錐㠯行山也。亦作橇。

踽顆羽俱羽二切、行無侶皃。說文曰疏行皃、引詩。詩云獨行踽踽。孟子曰行何爲踽踽涼涼。

蹺乞幺切、㝵足也。

蹐資昔切、跦蹐、行太不安皃。語曰戛其佐、跦蹐如也。通作脊、又作蹟。詩云謂地蓋厚、不敢不蹐。毛氏曰絫足也。說文曰小步也。又與迹通。詩云執爨蹐蹐。

踥　蹀　躞　跇

踥子葉切、又七葉切。踕、迪葉託葉二切。又作躞。又作𨅪躞。說文曰躞躞足也。躞、悉劦切。踥蹀蹀躞躞蹀、皆著進連步之皃。楚辭曰衆踥蹀而日進。劉子曰康王蹀足。顏延之馬賦曰望朔雲而蹀足。

跇、孫氏丑例切。說文曰述也。揚雄曰跇巒阬。師古曰弋制切、度也。

亦作迣、从辵。漢天馬歌曰迣萬里。

躣權俱切、說文曰行皃。楚辭曰又蒼龍之躣躣。

踊尹竦切、跳丂聲起也。別作踴。說文、踊跳也。踴、悤辟踊也。又作踴。水滕踊、本作踊。漢書曰水泉踊出。又作涌。又刖者之屨謂之踊。㫺秋傳⑮齊景公繁於刑、有鬻踊者、晏子告公曰踊貴屨賤。刖者

踸踔如踊、故因吕名之也。

躍弋灼切、跳太聲也⑯、太為躍、小為踊。躍太其所、踊不離其所。傳曰距躍三百、曲踊三百。又作趯。說文曰踊也。

跳田聊切、踊也。又作趒。說文、跳、蹶也。一曰躍也。趒、雀行也。又作䠷。按、說文踊躍跳皆从蚤、非。又吐弔切、躍也。

躅㕑玉切、小踊也。又直角切。或作⿰足屬。

踉呂張切、跳踉高蹈也。

蹌千羊切、雀躍也。書云鳥獸蹌蹌。言鳥獸聞樂而率舞、蹌蹌然也。或作蹡牄。說文曰蹌、動也。蹡、行皃。牄、鳥獸來食聲。

踟陳知切。躕陳如切。踟躕、次且肯卻不忍去之皃。詩云愛而不見、搔首踟躕。踟或作峙跱跢。躕或作躇躇。亦通作跦。

躊陳畱切、躊躕猶踟躕也。躊踟同聲。

跦追輸重朱二切、雀躍不肯皃。傳曰鸜鵒跦跦。

蹐子末切、行相迫蹙也。

蹄闔各切、行不循道也。漢書曰蹄⑰跑之士。顏師古曰無撿局也。

踢他歷切、蹙之力也。又式灼切。漢書曰河靈矍踢。

躁　躐　躋　踰

躁則到切、疾動輕擾也。又作趮。說文曰疾也。徐鉉曰作躁、非。又作譟。說文曰擾也。

躐力涉切、越級也。記曰毀宗躐行。又曰學不躐等。說文無躐字。通作獵。

躋牋西切、升也。又作隮、見阜部。

踰羊朱切、超越也。盜者或穿阫、或踰垣牆、故謂穿踰。別作窬。又作逾。書云逾于洛。孔氏曰越

躔　⿰足从　跡

也。又曰無敢昏逾。

躔澄延切、步也。說文曰踐也。日月五星之步因謂之躔。

⿰足从即容切、足所从迹也。古正作从。傳曰苟伯不憂从。杜氏曰不憂故道。說文無⿰足从字、車部有⿰車從、曰車迹也。徐鉉曰今俗作蹤、非。

跡資昔切、足跡也。又作迹、蹟。⿺辶朿、籀文。

路

路洛故切、人所共由也。說文曰从足从各。按、路、人所共由、从各無義。季曰各、聲也。度有度與辻各二音、莫有莫與慕各二音、簿有薄音、胙有胙與在各二音、作有作與祖故二音、錯有錯與倉故二音、各有各與古度二音、路輅賂皆㠯各爲聲。周官巛上有路。康成曰路容三軌。車因謂之路。王之五路、玉路金路象路革路木路。亦作輅。正門爲路門、正輸爲路輸、正寢爲路寢、大鼓爲路鼓、皆取其中正通達之義。

躩　蹲　跧　踆

躩屈縛厥縛二切、足卷曲皃。語曰足躩如也。

蹲徂尊切、曲股去也。又作跱。傳曰蹲甲而射之。又徂丸切。又作躦。類篇曰聚足皃。又七倫切。詩云蹲蹲舞我。毛氏曰舞皃。或作墫。

跧踆莊緣、逡緣、阻頑三切、跧踆之義一也。莊子曰紀他踆于窾水。公羊傳曰靈公呼

踞　跪　跽　跨　蹔　跫　蹕　蹁

羨而屬之、祁彌明逆而踆之、絕其領。何氏曰呂足逆蹋曰踆。

踞居御切、蹲足坐也。

跪巨委切、又苦委切、下兩厀著地也。

跽渠几切、厀大也。說文曰長跪也。別作巽[illegible]。

跨枯化、苦故二切、張兩足呂跨也。故兩足之間謂之跨下。漢書、韓信俛出跨下。別作胯骻。

六書故弟十六　三十七

又作跨跨踤。說文曰跨、渡也。跨、踞也。跨、奎也。按、行遇塹瀆者、跨越之、跨非渡也。跨者或大或跪、不可專言踞。袴之旻名由此。集韻曰兩股閒曰跨。

蹔緘濫切、大不久也。亦作暫。說文、暫、不久也。無蹔字。

跫渠容、丘共二切、莊周曰聞人足音跫然而喜矣。

蹕壁吉切、止行者也。說文作趩、从走、止行也。一曰竈上祭名。

蹁蒲眠、卑眠二切。蹮、相然切。蹁蹮、行步攲

蹮　蹣　跚　蹭　蹬　蹉　跎　踸　踔　蹩　跋

危皃。莊周曰子輿病、蹁蹮而鑑于井。崔譔本作邊蹮。司馬氏曰病不能行、故蹁蹮也。又作蹁[illegible]。

蹣謨官、蒲官二切。跚、相干切。蹣跚猶蹁蹮也。亦作槃㪔。史記曰有躄者槃㪔行汲。蹣又作跸蹳。

蹭七鄧切。蹬、徒亙切。蹭蹬、行不先也。

蹉七何切。跎、徒何切。蹉本作𨑊、𨑊差池也。跎

六書故弟十六　三十八

跎逗也。蹉跎之爲言悠逗也。

踸丑甚切。或作趻。踔敕角切。踸踔、一足行皃。

莊子曰夔謂蚿曰吾呂一足踸踔而行。踔又音卓。史記曰遼東踔遠。通作逴、或徒弔切。韓退之曰一日踔數千里。說文、踶也。孫氏知教切。

蹩蒲結切、足交戾也。又蹩跋、蹩蒲必切、跋方勿切。古詩曰健兒須快馬、快馬須健兒、

蹩跋紅塵下。蹩跋、蹻健皃也。類篇蒲計切、蹴也。蒲結切、足擊也。

疐

疐丁三陟利二切、行有罣礙也。叀省聲。詩云狼[18]跋其胡、載疐其尾。毛氏曰跲也。說文、礙不行也。又作躓。

躓

躓陟利切、行有罣戾失足也。傳曰見老人結艸㠯亢杜回、杜回躓而顛。說文曰跲也。按、說文、躓、跲也、引詩載[19]疐其尾。疑卽疐字、別作跮。

跌

跌辻結切、失足蹉跌也。日下昃因謂之跌。亦作昳。周禮、景夕。鄭司農曰謂日跌景乃中。引之則凡蹉跌者皆通謂之跌。又因謂[20]之跌蕩。別作胅駚。說文曰跌、踢也。踢、跌踢也。胅、骨蹉也。駚、馬有足疾也。

躛

躛于歲切、過蹉也。說文曰衞也[21]。杜氏曰過也。字林作𢥠、夢言意不慧也。別又作讆。又呼怪戶快二切。

跲

跲極業切、中庸曰言前定則不跲。說文曰躓也。皇侃讀訖去切、又訖業切。一曰代也。

蹶

蹶居月切、頓仆也。孟子曰今夫蹶者趨者是气也。傳曰是謂[22]蹷其本。又曰推而蹷之。弩之彊者足蹶而張之、謂之蹶張。記曰兩手摳衣、厺齊尺、衣毋撥、足毋蹶。謂足不可胃觸蹎頓也。或作蹷。說文曰蹎也。又作𨇾。又居衛切、蹶者驚遽、蹶然而起也。詩云文王蹶厥生。又曰箸士蹶蹶。又曰天之方蹶。

踣

踣蒲北切、僵仆也。傳曰與晉踣之。又作䞳。

踠

踠烏臥切、足跌傷骨蹉也。亦作踒。說文曰足跌也。類篇、折足也。

䟾

䟾奴骨切、足挫傷也。

蹇

蹇紀偃切、行步艱蹇也。易曰蹇、難也、險在前也。又曰王臣蹇蹇、匪躬之故。言王臣所

跛　躄　跔　⿰足困　趼

履之艱棘也。楚辭曰予固知謇謇之爲患兮、忍而不能舍也。佀呂謇謇爲忠諫、後來承楚辭遂有謇諤之說、別去謇謰謱字、竝非。

跛補火切、足長短偏也。又彼義切。記曰去無跛。又作彼。康成曰去偏任也。說文曰跛行不正也。彼、蹇也。按、跛彼特一字。

躄匹亦匹篾二切、跛甚也。記曰瘖聾跛躄。陸氏曰兩足不能行也。說文、𣦢、不能行也、从止。按、列子、躄者槃㪍行汲、躄非不能行

也。又作蹩。說文曰踶也。一曰跛也。莊子曰蹩躠爲仁。崔本作弊殺。

跔權俱切、天寒足跼跔也。戰國策曰虎摯之士跿跔科頭。裴駰曰跳躍也。集韻曰偏舉一足曰跿跔。跿、同都切。伯氏曰跿从足夵聲、音㉓跿跔、今俗所謂飜筋斗也。

⿰足困苦本切、說文曰瘃足也。

趼古顯切、足繭也。莊周曰百舍重趼。司馬氏曰胝也。說文曰獸足企也。孫氏五甸切。類篇經天切、久行傷足也。一曰足指約中斷傷

踦　跂　躒　躉　躧

爲趼。

踦居宜切、說文曰一足也。漢書曰夏屬門之踦。公羊傳曰踦閭而語。又檀弓、童汪踦。陸氏曰魚綺切。

跂去知去聲切、說具企下。

躒郎擊切、春秋傳晉有張骼輔躒。說文、躒、動也。類篇歷各切、逴躒超絕也。

躉蹛說文曰踶也。孫氏當蓋切。王莽昔有躉惲呂此爲娃。又匈奴傳有蹛林、匈奴祭處。顏師古曰蹛者、繞林而祭也。又與滯通。史記平準書曰留蹛無所食。又曰蹛財役貧。古今字詁曰卽今滯字也。

躧所綺切、說文曰舞履也。亦作蹝。孟子曰舜視弃天下猶弃敝蹝。封禪書曰去妻子如脫躧。又作屣。別作⿰革此躧。漢書、暴勝之躧履起迎雋不疑。顏師古曰履不著根曰躧、謂曳履亟迎之。

蹏　蹯　蹢　距

蹏杜兮切。獸足曰蹏。亦作蹄。踶。半馬類皆已足彈擊。宻謂之踶。莊周曰：怒則分背相踶。說文曰：蹏，足也。踶，躗也。

蹯符袁切。獸之爰噬者，其足蹯。傳曰：宰夫胹熊蹯。說文曰：番，獸足也。从釆田，象其掌。𨆌古文。或作蹞。

蹢都歷切。詩云：有豕白蹢。毛氏曰：蹢，蹄也。又直隻切。用爲蹢躅之蹢。蹢躅、踊類。蹢近於躍，躅近於踊。

距臼許切。雞爪也。鬥則用距。傳曰：季郈之雞鬥，郈氏爲之金距。故引之則爲格距、扞距。書曰：不距朕行。又曰：距于河。孟子曰：距詖行，距楊墨。又引之則目此距彼謂之距。書曰：予決九川距三海，濬畎澮距川。亦作歫。說文曰：止也。一曰槍歫也。

蹼　趹　跑　行

蹼博木切。鳧雁駢趾爲蹼。爾雅曰：鳧雁醜其足蹼，其踵企。疏曰：足指間有幕相著，飛則申其腳跟企直也。

趹烏穴切。馬後足抉地也。戰國策曰：秦馬之良，探歬趹後，蹄間三尋。

跑蒲交切。又弼角切。獸歬足掊地也。又作趵。

行戶剛、戶庚二切。書傳行皆戶郎切。易與詩劦庚韻者，慶皆去羊切，未嘗有劦映韻者。如野之上與切，下之後五切，皆古正音，與合異。雖有合韻者，然行未嘗有非合韻也。

象彳亍，又股脛代疑行之義也。道路因謂之行。詩云：寘彼周行。又曰：厭浥行露。又曰：遵彼微行。曰：嗟行之人。曰：行有死人。皆謂路也。又因之爲行削。又下孟切，身之所行爲行。又下浪切，行行，剛彊皃也。

彳

行之省

彳孫氏丑亦切。亍徐氏丑亍切。彳从行省。說文曰：彳，少步也。象

廴　廷　延

人脛三屬相連也。亍从反彳。按、行之彡象人彡足、其又象又足、非从反彳。彡之與又、止之與屮、彳之與亍、皆象手足之兩。又與止取其又偏㠯爲字母、彳與亍取其彡偏、各取其便。於書彳亍皆不成字、古今無用者。

彳之象形

廴余忍切、說文曰：長行也、从彳引之。

廴之龤聲

廷唐丁切、又廷勁切。堂下南除也。㠯其寬

六書故弟十六　四五

廣可帋武、故取義於廴。說文曰：廷、朝中也。庭、宮中也。按、古者廷不屋、故諸侯相朝、雨霑衣失容則廢。後世始屋之、故加广焉。其實一字也。古者朝寑堂室通謂之宮、廷在堂下。許氏所謂朝中、宮中亦不可曉。鄭忠恕曰：廷、𡈼聲、本無亭音、庭乃丐聲、不知古初無庭字也。

廴之疑

延㠯然切、於經傳爲延長、遲延、延引、爲延客入之。延皆取義於廴、从正則

役　徑　征　徃　徂

未可曉。說文又有延字、曰安步延延也、从廴从止。孫氏丑連切。延長行也、从延丿聲。按、書傳未嘗有用延字者、且丿不成聲、今不取。

彳之會意

役營隻切、戍役也。執殳㠯征行、役之義也。故因之爲徒役、力役、役使。

彳之龤聲

徑吉定切、步道也。周禮曰：夫閒有遂、遂

六書故弟十六　四六

上有徑。康成曰：徑容牛馬。又曰：步道曰徑。小道徑達、故因之爲徑直之義。又作逕、俓㉔。莊子曰：鼪鼬之逕。揚子曰：山俓之蹊。

征諸盈切、行也。說文作延、正行也。因之爲征伐。

征訍。孟子曰：征之爲言正也。非本義。又因之爲征求。

徃亏兩切、行厺也。說文䞶、古文。

徂叢租切、徃也。說文作𨑢。𧻚、籀文。人乩因謂之

循　徇　徼

徂。坐者來而起者徃也。書曰帝乃徂落。別作徂。說文𨒪、古文从乩从㐌。

循。船倫切、遵道也。因之爲拊循、謂㠯手循之也。

徇。辭閏切、周告也。書曰遒人㠯木鐸徇于路。周語曰王則大徇。又作徇。唐本旬聲。徐本勻聲。

徼。堅堯切、又伊消切、要諸道也。傳曰鄭

既受盟于辰陵、又徼事于晉。秦康公徼戒。又曰亝医囗郕、孟孺子速徼之。又曰我則不悳而徼怨于楚。記曰小人行險㠯徼幸。謂違道行險㠯徼遇幸會、猶曰徼福也。史記曰徼一旹權。子貢曰惡徼㠯爲知者。竊本知末之謂知、从旁抄略是一二而自㠯爲知者、子貢之所惡也。

傍　徐　待　徯　律　御

俗㠯徼爲幸。別作僥儌。說文曰儌、幸也。又作邀、𨘋。因之爲徼巡之徼、古弔切。邊境必常巡邏、故謂邊徼。

傍。蒲浪切、輔行也。周禮曰共兵車之卒與其萃傍。康成曰人御之、居前曰萃、在旁曰傍。

徐。祥朱切、緩行也。說文作徐、緩也。

待。遲止蕩亥二切、止而須也。

徯。戶禮切、待也。又作傒。說文又作𧮙、待也。徯或作蹊。

律。劣戌切、行節也。說文曰均布也。易曰師出㠯律。引之爲六律之律、音節也。後世因㠯爲法律。㉕

御。牛據切、給侍幺又前後也。書云御事厥士。又曰百尹御事。曰侍御僕从。曰御王冊命。周官、九嬪掌敎九御、㠯旹御敘于王所。御史掌贊書、御僕掌群吏之逆

徵

及庚民之夏大祭祀相盟而登掌王之爇令。詩云我辻我御、我師我旅。又曰辻御嘽嘽。士昏禮曰媵御沃盥交。亦通用爲馭馬之馭。說文專㠯此爲駕馭之馭、誤矣。周官駕馭之馭皆作馭、侍御之御乃作御。又魚駕切、與迓通。魚屐切、與禦通。

𢕟無非切、潛行也。㴠匿者因謂之微。傳曰白公奔山而縊、其辻微之。潛伺察者因謂之微。漢書曰使人微知賊處。別作覹、說文覹、司也。凡微小隱細皆曰微。微雨別作溦、非。又與非及無通。非微無聲相近。詩云微我無酒、微君之故。

彼

彼補靡切。由此指他謂之彼。

約

約職略切。孫愐曰橫木度水曰約。又彌角切。爾雅曰奔壆爲彴約。

彳之疑

後

後胡口切、太則有肯後、行則有先後也。說文曰从彳幺夂、夂者後也。𢔏、古文。徐鍇曰幺猶纙躓之也。又去聲。詩曰予曰有先後。

徹

徹敕列直列二切。𢔶、古文。說文曰通也、从彳从攴育聲。按、育非其聲、㱿疑自爲字、从攴从鬲、屏去釜鬲徹饌之義也。徹从彳㱿聲、鬲譌爲育耳。詩云徹彼桑土。毛氏曰剝也。又曰徹我牆屋。毛氏訓毀。又曰天命不徹。毛氏曰道也。又曰廢徹不遲。毛氏曰徹去諸饌。又曰徹田爲糧。毛氏曰治也。康成曰什一而稅謂之徹。語曰三家者㠯雍徹。孟子曰周人百畝而徹、徹者徹也。何晏曰通也。一夫受田百畝、同井之人通爲力作、計畝均收。語曰民之徹官百。韋昭曰達也。又曰陳士卒百人㠯爲徹行。韋昭曰百人通爲一行也。又曰不敎徹聲。按徹之用於書傳者其義甚精、諸儒隨句爲說、故駁而不精。徹从彳、本言道路之通徹、故凡通徹者皆曰徹。百畝而徹者、廣一步長百步爲畝、其間爲畛皆直徹亐遂、由遂吕徹亐溝洫澮川、故阡陌之制旻牠焉、什一之政旻通焉。其取之也通八

家之力吕耕公田、所謂徹田也。徹官、百官之旻自通亐天子者也。徹行、百人通爲直行徹肎後也。天命不徹、天命不通徹也。漢之徹矦避武帝諱攺爲通矦。樂之卒章謂之徹、章語之徹聲皆此義也。水之清者徹亐底、謂之淸徹。今作澈。吕上丛敕列切。惟百畝而徹、直列切。食饗旣畢屏徹器皿亦謂之徹。廢徹不遲、三家吕雝徹是也。因之爲徹除、徹我牆屋是也。俗作撤。

行之龤聲

術

術食律切、小道也。說文曰邑中道也。㉖記曰審端徑術。漢書曰除城池邑居園有術路。又曰橫術何廣廣。引而申之、凡小而通者皆曰術。孟子曰是乃仁術也。先人曰術、小道也。丝

王見牛而不忍其死、其發雖微、然是心可與適於仁也。孟子又曰敎亦多術矣。記曰樂正崇三術、立三敎。古之言術者、要皆適於正道而已矣。自大道不明、曲技小數巧詐之辻用於世、然後謀術術數之說興焉、異乎古之所謂術矣。

衢

衢其俱切、通道也。與逵通。

衖　衝　衙　衎

衖古龤切、國邑中道。今謂之衖。

衝昌容切、又作衝、衝。道經緯徃來相直処也。傳曰執戈逐之、及衝。引其義則凡衝突者皆曰衝、車之衝城者曰衝車。別作輣。說文曰爾陳車也。舟之外蔽而輕疌可攻衝者曰蒙衝。別作艨艟。又去聲、衝之竆也。

衙魚覊切、說文曰行皃。又牛加切。類篇曰古者軍行有牙、尊者在後。後人因以所治爲衙。侗謂衙、行列也。軍行、士卒衙列以翰夕於牀帥、故今謂之昂晚衙。唐之藩鎭皆開軍府、故因以治寺爲衙、循襲之稱也。春秋秦地有彭衙。

衎空旱切、又去聲、徐行從容也。因之爲衎樂。易曰㉗飲食衎衎。詩云嘉賓式燕以衎。記曰居君之母與妻之喪、居處言語飲食衎爾。亦作侃。語曰孔子翰、與下大夫言、侃侃如也。又曰冉有子貢侃侃如也。說文曰侃剛直也、从㐰从川。㐰、古文信。从川、取其不舍晝夜。按、侃非剛直。孔子居鄉黨恂恂如也、與下大夫言、何事乎剛直。冉有子貢亦未見其有剛直气象。从㐰从川無義。又作偘。

衞　衒　卵　毈　力

衞于歲切、護行也。易曰日閑輿衞。說文曰宿衞也。唐本从行从韋、徐本从韋从市从行、行列衞也。用爲國名。

衒熒絹切、行賣也。說文作衙、从言。或作衒。

卵魯管切、象人会核。獸亦有卵、魚鳥昆蟲之孕皆卵生、通以謂之。

卵之龤聲

毈达玩切、鳥卵中壞爲毈。淮南子曰鳥卵不毈。說文曰卵不孚也。

力六直切、象人筋力形。按、字之从力者或譌爲刀、若勮作劇、當从力。从刀者或譌爲力、若券若勦若勦、皆當从刀也。

力之會意

男

男那含切，力田，男事也。

男之諧聲

甥

甥所更切，吾女之所生曰甥。雖其孫猶謂之甥也。

舅

舅其久切，謂吾甥者爲舅，母之兄弟也。引而申之，凡異姓之屬于父道者皆曰舅，故夫之父爲舅，妻之父爲外舅。天子謂同姓之國曰伯父、叔父，謂異姓之國曰伯舅、叔舅。記曰：昏禮，壻親迎，見於舅姑，舅姑承子以授壻。妻之父曰舅，故壻亦謂之甥。孟子曰：舜尚見帝，帝館甥于貳室。

劦

劦胡頰切，合力也。三力相从，劦之義也。引之則同心亦曰劦。亦作恊、協、勰。說文曰：恊，同心之和，从心。協，衆之同和。勰，同思之和。荔、珕㉘从三刀，譌爲三力者，非。

加

加古牙切，用力而助之以口，加之義也。與右同意。凡增加者皆謂之加。

劣

劣力輟切，少力謂㉙之劣。

力之諧聲

勢

勢始制切，力之所集爲勢。男子血气之勢在会，女子在乳，故会亦謂之勢。

勁

勁居正切，亢健不撓也。

勇

勇尹竦切，敢進也。說文或作恿，从心。又作戜，从戈。

勍

勍渠京切，彊力也。傳曰：勍敵之人。勍，彊聲，義蓋相近。

勝

勝識烝切，力堪勝也。勝之之謂勝，去聲。

動

動杜緫切，又作連。義不待釋。

勤

勤渠巾切，勉力不怠也。又作慬、懃、癉。漢書曰：癉身从事。晉灼曰古勤字也。

勉

勉芒辡切、加力也。又作勔、愐。說文、愐、勉也。

勖

勖許玉切、勉也。說文曰冒聲。鄭衆仲曰从力从冒、會意。按、勖从冒無義。冒有目墨音也。

勞

勞魯刀切、作勮也。說文从力熒省、熒、火燒門。用力者勞。𢡚古文从悉。按、許氏之說鑿而(30)不通。㷀亦㠯𤇾爲聲。

劬

劬其俱切、勤勞也。勤劬聲相近、劬重於勤。

努

努暖五切、奮力也。

勃

勃蒲沒切、努力皃也。語曰勃如戰色。亦作敦。又爲塊勃之勃。亦作埻。又勃海、地名。或作渤郣。

勠

勠力竹切、并力也。書曰與之勠力。古通作戮。傳曰戮力同心。

勑

勑恥力切、謹力也。書曰勑我五典。曰勑天之命。曰惟民其勑懋和。說文、勑、勞也。孫氏洛代切。非。勞來之來單作來、或作徠。與敕通。說具敕下。

勸

勸去願切、奬勸也。引之則樂於盡力者亦曰勸。記曰樂事勸功。語曰使民敬忠㠯勸。

劭

劭實照切、說文曰勉也。

勱

勱莫話切、勉力肻邁也。書曰用勱相我國家。孔氏曰勉也。

助

助牀據切、左力也。

功

功沽紅切、庸也。若所謂康功田功土功、凡力役之所施是也。功力既施、厥有成績、因謂之功。周禮曰王功曰勳、國功曰功、民功曰庸、事功曰勞、治功曰力、戰功曰多。

勳

勳許云切、成功也。

辦

辦步莧切、力能幹事也。古無此字。漢書通用辨字。

幼

幼乙繆切、弱力也。人生十年曰幼。又烏皎

飭　勘　劾　勦

切、幼眇、細微也。漢書曰閒幼眇之聲。
飭恥力切、致力也。周禮曰百工飭匕八才。說[31]文曰从人从力、食聲。按、飭飾皆㠯飤爲聲。
勘苦紺切、力實也。說文新附、今用爲勘校、勘覈。
劾紇㝵切、孫氏胡槩切。劾猶覈也、考劾其實曰劾。說文曰灋有罪也。
勦楚交切、从旁勦取也。記曰無勦說。鄭氏曰猶擥也。謂取人之說㠯爲已說也。說文曰勞也。引旾秋傳、安用勦民。誤矣。

勩　勮　募　劼

勩余制切、勞僁也。
勮奇逆切、用力罷極也。又作谻。漢書曰徼谻受詘。說文曰務也。孫氏其據切。郭璞曰疲極也、音勮。司馬貞曰燕人謂勞爲谻。按、說文新附有劇字、从[32]力、尤甚也。乃力之譌。因疲極而生尤甚義耳。
募莫故切。說文曰廣求也。
劼吉黠苦八二切、書云汝劼毖殷獻臣。孔氏曰固也。說文曰慎也。類篇曰用力也。

劫　鬼

劫訖業切、㠯力脅制也。說文曰从去从力。人欲去、㠯力止之曰劫。按、怯劫皆㠯去爲聲。或作刧、从刀。莊周曰盜人不㝵刧。俗多[33]作刼、从刃。
鬼居偉切、天曰神、地曰示、人曰鬼。人之乩也、其、魂魄爲鬼。說文曰人所歸爲鬼、从人、象鬼頭。鬼、侌气賊害、从厶。䰟、古文。按、人乩則爲鬼、鬼無形。設令有象、當各象其生。說文謂甶爲鬼頭、無稽。又㠯厶爲侌气賊害、無義。

魂　魄

鬼之諧聲
魂戶昆切。魄、普百切。子產曰人生始匕曰魄。既生魄、昜曰魂。凡人之生、昜气之神爲魂、侌气之神曰魄。肝藏魂、肺藏魄。魂彊能識、魄彊能記。記曰魄者、鬼之盛也。引而申之、則日爲魂而月爲魄、故生明爲生魄。又佗勸，見爪部。松脂入地、狀如虎魄、因㠯名之。別佗珀。又假借、肉鼔謂之魄。莫見內則康成注。又落魄。漢酈食其家貧、落魄無衣食業。鄭氏曰音薄。應劭曰志行衰惡之皃。顏師古曰失業無次也。

魃

魃蒲撥切、旱鬼也。詩云旱魃爲虐。

魅

魅明祕切、又佗鬽。說文曰老物精也。□古文。□籀文。周官㠯夏日至致地示物鬽。鄭氏曰百物之神曰鬽。傳曰螭魅罔兩、莫能逢之。

醜

醜昌九切、說文曰可惡也。借爲醜類之醜。易曰獲匪其醜、无咎。又曰夫征不復、離群醜也。記曰比物醜類。

魗

魗市由切、詩曰無我魗兮。毛氏曰弃也。鄭氏曰惡也。本亦佗𣫵。又佗𣫵。或云鄭音醜。朱子曰與醜同。說文、𣫵、弃也。周書㠯爲討、引詩無我𣫵兮。鬼之疑

魋

魋杜回切、晉秋、宋有桓魋。又傳追切。漢書、尉佗魋結。說文曰神獸也。疑魋結之魋爲正義、从隹鬼聲。

甶

甶說文曰鬼頭也。孫氏叀勿切、象形。按、畀㠯甶爲聲、疑別有義。鬼與畏皆㠯爲聲。甶之疑

畏

畏於胃切、悑思也。說文曰从甶、虎省。鬼頭而虎爪可畏也。又佗□□、又烏回切、借爲畏曲之畏。考工記曰夫角之中恆當弓之畏。別佗隈。

別佗䚈。說文曰䚈、角曲中也。孫氏烏賄切。又烏賄切。莊周曰山林之畏佳。李頤曰山阜皃。崔氏本佗喂。

六書故弟十七

永嘉戴　侗著　　㐫蜀李鼎元校刊

動物一

牛　語求切、象牛角尾、牛角內向、羊角外向。

牛之象形

牟　莫浮切、牛鳴聲也。㠯、象其聲气之出。俗為牟麥之牟。別作麰䴵。又俗為侵牟之牟。漢書侵牟萬民。李奇曰食苗根蟲也。別作[illegible]。

牢　魯刀切、牛閑也。象閑圈之形、牛羊豕曰太牢、羊豕曰少牢。引之則犴獄亦謂之牢、言其固也。廁圂亦謂之牢、言其圂也。別作窂。

牝　毗忍切、字牛也。象牛下有犢、與麀同。說文曰匕聲。非。

牽　苦堅切、㠯縻引牛也。玄、象縻索。冂、象軛。別作攄。說文曰相[1]援也。又別作擪。揚雄賦曰擪象犀。所用㠯牽者曰牽、太公聲。別作縴、[illegible]。

牛之會意

牷　从緣切、牲之色純者也。故从全、全亦聲。周官、掌共祭祀之牲牷。凡胥祀之牲必用牷物、凡外祭毀事用尨。

犇　博昆切、牛驚群走也。與奔通。

牧　莫卜切、支从牛、牧之義也。支亦聲。凡畜養者皆曰牧。因之為牧民之牧、州牧、牧伯是也。周官、牧人掌牧六牲、而㠯蕃其物。太宰九職、四曰藪牧、養蕃鳥獸。牧在郊外。小司徒經土地而井牧其田埜。鄭司農曰井牧者、春秋傳所謂井衍沃、牧隰皐也。康成曰隰皐之地、九夫為牧、二牧當一井。今造都鄙、授民田、有不易、有一易、有再易、通率二而當一、是謂之井牧。按、古人言井牧、猶漢人言田畜也。上古畜而不田，中古田畜兼之。故言井牧，知田而不知畜，故騎者乏馬、耕者乏牛。學者亦不知其說。夫衍沃之地宜稼，故井之。陘臯、氷艸所生，則牧焉。康成謂陘臯之地，九夫爲牧，二牧而當一井，蓋失井牧之義。司徒司空之典既隊，井牧之制亾矣。別作坶。說文曰：朝歌南地。引武王與受戰亏坶埜。

半

半博幔切，中分也。从牛从八，八，兩分之。又作料。說文曰：量物分半也。按，此即胖字，因之爲中半之半。半之用多，故奪去判胖二字。

告

告姑沃古到二切，籠牛口勿使犯稼也。童

牛未穿者必告之。易曰：童牛之告。書曰：今惟淫舍告牛馬。說文曰：告，牛觸人，角著橫木，所以告人也。別作牿。說文曰：牿，牛馬牢也。因之爲極牿之告，在𣅀曰告。又作梏。僭爲報告之告，亦作誥。別作祰、弉。說文曰：誥，告也。□古文祰，告祭也。

告之疑

嚳

嚳苦沃切，古有帝嚳。說文曰：急告之甚也。學省聲。帝嚳亦作俈。

牛之龤聲

牡

牡莫古莫后二切，父牛也。

犢

犢徒木切，牛子也。或作⿰牛蜀。

特

特敵悳切，畜父也。凡養馬，特居三之一。又作犆。引之則凡專獨皆謂之特。特獨蓋同聲。記曰：羔幦②虎犆。鄭氏曰：謂緣也。讀若直。

[illegible]

[illegible]烏猛切，俗謂犢[illegible]，因其聲以命之。

物

物文弗切，牛之毛色也。凡畜牲皆以毛物別。詩云：三十維物，爾牲則具。周官：牧人掌牧六牲，而阜蕃其物。校人：種馬一物，戎馬一物，亝馬一物，道馬一物，田馬一物，駑馬一物。凡大祭祀、朝覲、會同，毛馬而頒之。凡軍事，物馬而頒之。引而申之，天地之產有

犉　犖　牲　犧

萬、其物故曰萬物。

犉而倫切、詩云九十其犉。又曰殺旹犉牡。爾雅曰黑唇犉。又曰牛七尺爲犉。說文曰黄牛黑唇。按、詩牛則曰九十其犉、羊則曰三百維群、犉非黑唇之謂也。或曰漢書自天子不能具醇駟、疑犉卽醇、謂醇色也。

犖呂角、來刀二切。說文曰駁牛也。

牲史庚切、饗祀之牛、養而未殺曰牲。傳曰牛卜日曰牲。馬牛羊犬豕雞爲六牲。

犧欣宜切、詩云㠯我亝③明、與我犧羊、㠯社㠯方。鄭氏曰純色之羊也。又曰亯㠯騂犧。毛氏曰純也。周官、牧人祭祀共其犧牲。鄭氏曰毛羽完具也。記曰天子㠯犧牛、諸侯㠯肥牛、大夫㠯索牛。鄭氏曰犧純毛也。傳曰介葛盧來、聞牛鳴、曰是生三犧、皆用之矣。又曰賓孟見雄雞自斷其尾、問之、侍者曰、自憚其犧也。由此觀之、凡畜之牡、毛羽純具者犧也。古通用羲字。賈侍中曰犧非古字。又魯頌曰犧尊將將。毛氏曰有沙飾也。舅駟曰魏④太和中、魯郡㝵亝大夫子尾送女犧尊、永嘉中、曹嶷發亝景公墓、㝵二尊、亦爲牛象、分其背受酒、腹合如全牛。

犗　犍　犨　牼　犂　桊　⿱非牛

犗古邁切、說文曰騬牛也。莊周曰犗㠯爲餌。

犍居言切、又上聲。說文曰犗也。漢有犍爲郡。別作揵犗。

犨蚩周切、說文曰牛息聲。

牼口耕切。說文曰牛厀下骨也。

犂憐題切、別作㦒秜鑗。說文、㦒耕也。語曰犂牛之子騂且角。犂牛、耕牛襍種也。或曰與黎通、黑色也。司馬牛名犂。

桊居願切、穿牛鼻木也。別作桊。呂氏春秋作棬。又作絭、見系部。

⿱非牛補妹切、覆耕也。說文曰兩壁耕也。又非尾切。

牴

牴典禮切，牛角抵也。

犒

犒苦到切，饗勞迂㳂也。牛大物，故可以犒衆。

牣

牣而振切，牛充腯也。詩云於牣魚躍。

㹈

㹈巨禁切，牛舌病也。

𤛓

𤛓于歲切，說文曰牛踶𤛓也。

犛

犛陵之切，說文曰西南夷長髦牛也。又作斄。說文曰斄，彊曲毛，可以著起衣。孫氏洛哀切。莊周曰今夫斄牛，大若垂天之云。司馬氏曰髦牛也，郭氏呂爻切。按，來斄同聲，實一字。斄又湯來切。漢扶風有斄縣，顏師古曰后稷所封也，與部同音。

犎

犎方容切，類篇曰牛名，領上肉犦肤起，如橐佗。漢順帝旹踈勒獻犎牛，漢書單作封。

犀

犀先兮切，說文曰南徼外牛，一角在鼻，一角在頂，似豕。海牛一角，或二或三，或在頂，或在鼻額。本艸曰豕首，大腹，庳腳，腳有三蹄，色黑，其角堅栗可為器，革可為甲。考工記曰犀甲壽百年，故兵革堅利曰犀利。

馬

馬譌為𩡧。說文曰古文𩡧，莫古切，又莫下切，象其首足。鬣尾。說文馬與豕彖象皆从巾，蓋傳寫之譌，而末之察也。

馬之會意

騳

騳迂鹿切，兩馬㚘馳，聲騳騳也。

駢

駢蒲眠切，二馬并也。并亦聲。說文曰駕二馬也。引之則凡駢連者皆曰駢。駢齒、駢脅是也。別作骿。說文曰并脅也。又作⿰齒并。

駟

駟息利切，四馬也。車必四馬，故亦曰乘馬。

驂

驂倉含切，車中兩馬曰服，兩馬㕘其外，小退曰驂。

馵

馵之戍切，詩云駕我騏馵。爾雅曰厀上皆白惟馵。毛氏曰左足白曰馵。說文曰从馬二其足。說文又有馵、一歲馬也。一絆其足。孫氏戶關切。馵、絆馬也。引春秋傳韓厥執縶馬前。孫氏陟立切。

駁

駁北角切、馬色交襍也。易曰爲駁馬。毛氏曰駵白曰駁。說文曰交聲。徐鍇曰交非聲。又作駮。爾雅曰獸如馬、鋸牙、食虎豹。按、交非聲、卽爻之譌也。

馭

馭魚據切、持馬也。亦通作御。

馬之鮨聲

駒

駒共亏切、馬子也。

駣

駣周官、教駣攻駒。鄭司農曰二歲爲駒、三歲爲駣。顧野王曰四歲爲駣。徐氏音肇。墨氏音道。李氏湯堯切。沈氏徒刀切。

騋

騋洛哀切。周官、馬七尺㠯上爲騋。詩云騋牝三千。

騏

騏渠之切、詩云駕我騏馵。毛氏曰騏、⑤某文也。曰我馬維騏。曰有騂有騏。毛氏曰蒼祺曰騏。說文曰騏、馬青驪文如博某也。按、騏、馬綦色也。綦、蒼艾色也。⑥詳見某下。

驪

驪鄰夊切、馬黑色也。說文曰馬深黑色也。詩云有驪有黃。毛氏曰純黑也。記曰夏后氏尚黑、戎事乘驪。月令、兵駕鐵驪。

驖

驖吐結切、詩云駟驖孔阜。孔氏曰驖驪。按、月令單作鐵爲是、蓋黑色也。

騮

騮力求切、詩云騏騮是中。又云有騮有雒。鄭氏曰赤身黑鬣曰騮。說文同。月令夏駕赤騮、亦與赤身之說劦、然中央土則駕黃騮、又不可曉。亦作驑。

駱

駱盧各切、詩云嘽嘽駱馬。毛氏曰白馬黑鬣。說文曰白馬黑鬣尾。月令、秋駕白駱。鄭氏說與毛同。明堂位曰夏后氏駱馬黑鬣。廣雅曰朱鬣爲駱。山陰陸氏曰今呼黃馬尾鬣通黑者爲駱。侗謂馬無分黃白、但自鬣至尾通色如絡者皆爲駱。

驄

驄倉紅切、馬葱青色也。說文曰青白襍毛也。

騅

騅職惟切、詩云有騅有駓。爾雅曰蒼白襍毛。徐本說文曰蒼黑襍毛。按蒼黑之說近是。

駰

駰於人切、詩云我馬維駰。毛氏曰馬侌白襍毛。

騧

騧姑華切、詩云騧驪是驂。爾雅曰黑喙騧。說文曰黃馬黑喙。鄭氏曰今之淺黃色者。又佮騚。

驕

驕戶橋切、詩云有驕有皇。爾雅曰驪馬白跨。說文同。

騂

騂息營切、馬赤色也。周官、凡昜祀用騂牲。記曰周人尚赤、牲用騂。鄭氏曰騂赤色。詩云有騂有騂。毛氏曰赤黃曰騂。說文曰觲省聲。觲、用角低仰便也、从羊牛角。引詩觲觲角弓。按、今本詩騂騂角弓、从馬从辛。毛氏曰調利也。別出觲文、从羊牛角無義。

駓

駓鋪悲切。爾雅曰黃白襍毛、駓。鄭氏曰今桃華馬。徐本說文曰黃馬白毛。唐本曰黃馬白襍毛。

驒

驒他干切、又唐干代何二切。詩云有驒有駱。爾雅曰青驪驎、驒。韓詩及字林皆曰白馬黑髦。說文驒騱、野馬也。一曰青驪白鱗文如鼉。

騢

騢乎加切、詩云有駰有騢。爾雅曰彤白雜毛、騢。說文曰馬赤白雜毛、色佀鰕魚也。

驔

驔辻玷切、字林辻含切。詩云有驔有魚。毛氏曰豪骭曰驔。說文曰驪馬黃脊。讀若簟。

駽

駽古玄切、詩云駜彼乘駽。爾雅曰青驪馬。陸氏曰今鐵驄。

騵

騵愚袁切、詩云駟騵彭彭。記曰周人尚赤、戎事乘騵。爾雅曰騵馬白腹。

驎

驎離珍良忍二切。爾雅曰青驪驎驒。鄭氏曰毛色深淺隱粼如今連錢驄也。

驃

驃匹召切、又平聲。說文、黃馬發白色。一曰白髦尾。一曰馬剽猋也。

驥

驥⑦几利切、良馬也。語曰驥不稱其力、稱其悳也。說文曰千里馬也。

駿

駿子峻切、馬之俊才也。書曰駿奔走。詩亦

駿

云。又曰駿發爾私。皆言亏其敏疾也。詩云駿命不易。毛氏曰大也。又曰浩浩昊天、不駿其悳。毛氏曰長也。陸氏丝須閏切。俗義皆爲隆大。

驍

驍古堯切、馬勇健也。說文曰良馬。漢書梟騎俗用梟。

騂

騂胡瓜切、騂騂、駿馬名。古單作騂。漢書造父旻騂騄亘之乘。⑨

駃　騠

駃古穴切。騠、田黎切。駃騠、駿馬也。史記曰駿良駃騠。不實外廄。又匈奴奇畜有駃騠。本作決蹄。顏師古曰七日而超其母。廣志作決蹄。說文、駃騠、馬父贏子也。

騤

騤渠追切、詩云三牡騤騤。毛氏曰彊也。說文曰馬行威儀。

駉

駉古熒切、詩云駉駉牡馬。毛氏曰良馬腹幹肥張也。

駜

駜毗必切、詩云有駜有駜、駜彼乘黃。毛氏曰馬肥彊皃。說文曰馬飽也。

駹

駹莫江切、周禮曰駹車、雚蔽。故書駹作龍。康成曰車邊側有桼飾。說文曰馬面顙皆白。匈奴口漢高帝、東方盡駹馬、西盡白、南盡騂、北盡驪。顏師古曰駹、青馬也。又西南夷有冉駹。

騊　駼

騊迚刀切。駼、同都切。說文曰北野之良馬也。史記曰匈奴奇畜有騊駼、驒騱。

騱

騱弦雞切。說文曰野馬也。

騰

騰迚登切、馬超騰也。說文曰傳也。一曰犗馬也。侗謂傳非本義、取其騰速召命之亘。月令、季春合累牛騰馬。鄭氏曰乘匹之名。按、騰馬方春通淫、乘匹故超騰。

驤

驤如陽切、馬行孔疾皆騰驤也。說文曰馬之低仰也。漢書、交龍驤首。單俗用驤字。爾雅曰後又白⑩足曰驤。

驀

驀莫白切、說文曰上馬也。超越也。今人猶言驀越、驀忽。又莫駕切。

馳

馳直離切、馬長驅大出也。周禮曰車馳迚

禿。別作駞、非。

驅

驅豈俱切、敺馬也。通作敺。說文曰敺、古文。俗作駈。

驟

驟鉏救切、馬疾步足相及也。周禮曰車驟辻趨。

騁

騁丑郢切、大馳也。

駛

駛疏吏切、說文曰疾也。亦作駛、史殸。

騖

騖亾遇切、說文曰亂馳也。

騭

騭竹力切、又職日切、升也。書曰惟天陰騭下民。孔氏曰定也。馬氏曰升也。爾雅曰牡曰騭。說文曰牡馬也。

駸

駸千尋切、駸駸、馬進步不輟也。詩云載驟駸駸。

駪

駪所臻切、詩云駪駪征夫。毛氏曰衆多皃。說文同。按、駪駪、行欲先皃。楚辭曰徃來侁侁、同此意。說文曰侁、行皃。

馺

馺悉合切、馬行疾也。揚雄賦曰馺遝風。說文曰馬行相及也。

馮

馮皮冰切、馬行疾蹄聲。說文曰馬行疾也。詩云削屢馮馮。俗爲依馮之馮。書曰皇后馮玉几。易曰用馮河。詩云有馮有翼。漢三輔多爲馮翊。又爲馮滿之馮。傳曰震電馮怒。楚辭曰羌馮心猶未已。又厺聲。別作凭。又扶風切、

國名。因爲姓氏。別作⿰馮阝。

馴

馴詳遵切、馬馴擾也。

篤

篤冬毒切、馬力行也。中庸曰篤行之。引之爲敦篤之義。詩云篤公劉。又曰篤生武王。說文曰馬行頓遲。

駾

駾吐外切、詩云昆夷駾矣。毛氏曰突也。說文曰馬行疾來皃。詳詩意、乃遠厺皃也。

驕　驚　駭　駴

驕 舉幺切、馬驕逸自恃也。杜甫詩曰顧景驕嘶自矜寵。說文曰馬六尺爲驕。引詩我馬維驕。一曰野馬。引之則爲驕矜驕桀。詩云維莠驕驕。別作憍。莊子曰虛憍恃气。楚辭曰憍吾㠯其美好。

驚 居卿切、馬善驚、故驚與駭从馬。

駭 下楷切、馬驚擾也。又作侅㤥。

駴 胡楷切、周禮曰鼓皆駴、車辻皆喿。康成曰疾

驁　騷　駊

雷擊鼓曰駴。陸氏曰亦作駭、一音亥。莊周曰聖人所㠯駴天下、賢人所㠯駴世。王氏曰謂改眂聖也。韓退之曰不足令震駴。

驁 㐅到切、又平聲、馬驕驁也。周官、九夏、一曰驁夏。

騷 穌遭切、馬驚擾也。引之爲騷動騷擾。記曰騷騷爾則埜。一曰摩馬也、與搔通。

駊 普何切、又上聲。騀、半何切、又上聲。駊騀、

騀　騃　驇　騫　駔

馬行疾若頗俄也。當單作頗俄。

騃 㐅駭切、說文曰馬行仡仡也。按、今㠯童昏爲騃。又㐅來切、又偶起切。

驇 陟利切、說文曰馬重皃。

騫 去虔切、說文曰馬腹縶也。詩云如南山之騫、不騫不崩。毛氏曰騫虧也。閔損字騫、騫蓋有損義。

駔 子朗切、徐本說文曰牡馬也。一曰馬蹲駔也。唐本曰奘馬也。爾雅釋曰秦晉謂大爲奘。周官、駔圭璋璧琮琥璜之渠眉。又

騬　駘

曰駔琮㐅寸。鄭司農曰讀若駔疾之駔、外有疌盧也。康成曰與組同。郭璞曰江東謂大爲駔。侗謂⑪爲狡疌也、故市儈之狡者亦謂之駔。

騬 食陵切。說文曰犗馬也。

駘 辻哀切、又上聲。說文曰馬銜脫也。楚辭曰策駑駘而取路。駘、駑劣也。史記曰兵相駘藉。漢書作跆。駘猶蹋也、今俗呼若紿。又爲駘蕩撇遠之意。

鴐　駕　騎　騑　騶　馭　馹　驛　駷

鴐 鼍都切、馬頓劣也。

駕 古訝切、加車於馬也。別作輅。

騎 渠羈切、跨馬也。卒騎馬者因謂爲騎、去聲。

騑 甫微切、驂旁馬也。又豩也、詩云三牡騑騑。別作騛。

騶 逡須菑尤二切、趣馬者也。說文曰廄御也。傳曰程鄭爲乘馬御、六騶屬焉。杜氏曰六騶閑之騶。

馭 筏遇切、副馬也。一曰近也。

馹 人質切、置馬代馳、取疾也。以車曰傳、以騎曰馹。

驛 羊益切、置騎以傳曰驛。

駷 桑動切、公羊傳曰臨南駷馬。何休曰搡馬銜走。陸氏曰本又作揀。

驗　駐　驩　驢　驘　騌　馲　𩢍　駻　羊　羋

驗 魚窆切。說文曰馬名也。按、書傳借爲審驗之驗。因之爲證驗之驗、爲效驗之驗。

駐 中句切、立馬也。

驩 呼官切。說文曰馬名也。借爲驩虞之驩、與歡通。

驢 力居切、馬類。

驘 洛戈切、驢類。又作騾。驢父、馬母曰驢騾、馬父驢母曰馬騾。說文曰驢父馬母。

騌 莫紅切。說文曰驢子也。

馲 陟格切。𩢍、莫百切。孫愐曰驢父牛母曰馲𩢍。

駻 胡幹切、馬悍也。史記曰誅猇駻。

羊 與祥切、象形。

羊之象形

羋 彌爾切、羊鳴聲也、象气上出。楚人以爲姓。

丫　苜　蔑　𦫳

羊之指事

丫公瓦切，反屰也。羊角相反，故取義焉。又作䚍。

丫之會意

苜迭結切，羊目也。羊目不瞑，苜然也。

苜之龤聲

蔑莫噎切，說文曰目勞無精也。按，鄭

[illegible]蔑字明。引而申之，凡眂之若無者皆曰蔑。蔑因之又爲無靡之義。無徵靡蔑末网同聲。別作𥉈、瞸。宋玉風賦曰中唇爲胗，旻目爲瞸。又作儚。說文儚，輕易也。

𦫳母延切。孫氏母官切。說文曰相當也，讀若宀。予官越覽訟膴有𦫳折語，正音宀。

羊之會意

羴　羼　羖　羝　牂　羍

羴尸延切，羊臭也。亦作羶。

羴之會意

羼初限切，說文曰羊相厠也。一曰相出歬也。羊性躁，三羊群處屋下爭出也。

羊之龤聲

羖公戶切，牡羊也。牡半亦曰羖半，猶羖羊亦曰牡羊也。別作牯。

羝丁兮切，牡羊也。說文曰牡羊也。字林曰牂也。易曰羝羊觸藩。漢書曰羝乳乃旻歸。

牂子唐切，牂羊也。鄭氏曰牝羊也。說文曰牡羊也。字林曰三歲曰牂。詩云牂羊墳首。按，內則，取豚若牂，牂當爲牂，與豚幷稱，皆釋物也。

羍他達切。說文曰小羊也。詩云先生如達。鄭氏曰羊子也，如達，言易也。

羜　羭　羯　羠　群　羸　羚　羱

羜，丈與切。詩云：既有肥羜。爾雅釋曰：五月生羔。說文同。毛氏曰：未成羊。既曰肥矣，豈未成邪。

羭，與朱切。傳曰：攘公之羭。說文：夏羊牡曰羭。杜氏曰：美也。

羯，已竭切。羠羊也。凡畜奄之，𢇛其字㞙則易肥也。牛曰犗，馬曰騬，羊曰羯，豕曰豶。

羠，延脂切。說文曰：騬羊也。徐廣曰：音兕，健羊也。一曰野羊。

羣，巨云切。自晷己從爲群。周語曰：獸三爲群。

群。別作羣麇。

羸，力危切。瘠也。又爲缺折。易曰：羝羊觸藩，羸其角。又曰：汔至亦未繘井，羸其缾。別作癳。

羚，郎丁切。山羊也。別作䍅、麢、麐。爾雅曰：麢，大羊。說文曰：大羊而細角。陶隱居曰：羚出建平及西域諸蠻中，多兩角，一角者良。角節蹙蹙圓繞。別有山羊，角極長，惟一邊有節，節疏大。

羱，愚袁切。埤雅曰：似吳羊而大角，橢，善鬥。爾雅曰：羱如羊。又作羦。廣志曰：羦角重於肉。

羑　羞　義　美　羔

羑，弋九切。書曰：惟周文武誕受羑若。孔氏、馬氏曰：道也。說文曰：進善也。厶部有羑，相訹呼也。或作誘。羑，古文。

羞，穌鳩切。進膳也。借爲羞恥之羞。說文曰：進獻也。从丑，丑亦聲。

羊之疑

義，儀寄切。本義闕。用爲理義、仁義之義。程

子曰：在物爲理，處物爲義。朱子曰：義者心之制、事之宜也。物各有理，理有宜，當揆事理之宜而斷制之者，心也，故曰義內。說文曰：己之威儀也。从我从羊。徐鍇曰：从羊，與善同意。又作誼。說文曰：人所宜也。

美，莫鄙切。古今通用爲嘉美之美，與媺通。說文曰：甘也。羊在六畜主給膳。徐氏曰：大者肥美，故从大，與善同意。

羔，古豪切。羊子也。說文曰：照省聲。按，照非聲。

篘　豕

篘巳力切。說文、自急敕也。茍、从羊省聲⑫包省、从口、口猶愼言也。茍、古文不省。按、篘之義今無傳。說文从包从口、牽彊無義。亟篘皆从句、句殆其聲、今亾其義耳。

豕式視切、象形。說文曰、彘也。竭其尾、故謂之豕、象毛足後有尾。讀與豨同。今毋誤吕豕爲彘、吕彘爲豕。何吕明之、啄琢从豕、蠡从彘、皆取其聲、吕是明之。徐鍇曰、此語未詳、或後人所加。豕、說文曰、古文豕。孫氏式視切。亥、說文曰、亥、荄也。十月微昜起接盛会、从二。二、古文上、一人男、一人女也。从乙、象褢子咳咳之形。傳曰、亥有二首六身。亥、古文亥。亥爲豕、與豕同。孫氏胡改切。李陽冰曰、古文亥比豕減一画耳。本象豕形、篆文乃化二首六身、葢穿鑿。𧰲、說文曰、脩豪獸也。一曰河内名豕也。从彑、下象毛足、讀若弟。孫氏羊至切。𧰲、古文。𧰲、籒文。彖、說文曰、豕走也、从彑从豕省。孫氏通毌切。彖、說文曰、豕也、从彑从豕、讀若弛。孫氏式視切。彘、說文曰、豕也、後蹏廢謂之彘。从彑矢聲、彘足與鹿足同。孫氏直例切。彑、說文曰、豕之頭、象其銳而上見也。孫氏居例切。豨、說文曰、豕走豨豨。古有封豨脩蛇之害。孫氏虚豈切。按、豕爲六畜之一、而名物貿亂、葢自晚漢㫖已不知所壹矣。吕其文考之、則豕與馬同、皆象其三足而尾。說文所載古文馬彡及彖𧰲皆从巾者、傳寫之譌也。𧰲之與彖、特一字耳。說文、彖爲豕、𧰲爲脩豪豕、彖爲豕走。豕則旣爲古文豕、又爲古文亥、是

豕豕二字而音義則一、彖𧰲豕一字而音義有三也。彑爲豕頭、猶半之有中、羊之有从、馬之有彡也。自不昜別、太爲字、況可爲母乎。凡此皆文之亂也。說文之讀已難據、而孫氏之音又與說文舛。說文豕讀與豨同、而孫氏於豕則式視切、於豨則虚豈切、此一舛也。說文𧰲讀若弟、而孫氏羊至切、此二舛也。說文謂今毋誤吕豕爲彘、吕彘爲豕、吕啄琢从豕、蠡从彘明之。按、啄琢乃吕豕爲聲、與涿椓同、而蠡亦未嘗从彘、故徐騎省吕此爲後人所加。凡此皆聲之亂也。伯曰彖、古文彘也、亦有异肆音、故假借爲多。傳曰、使郤子逞其志、庶有彖乎。借爲异也。昜之彖象、借爲肆也。乾元亨利貞。文王肆乾之義也。古今讀爲吐亂切者、非。

按、墜蠡皆吕彖爲聲。漢書、蠡吾侯單佗蠡、从豕。瑑篆逯漢書、逯逃竄伏。緣蝝椽掾皆吕彖爲聲、當自有吐亂之音。豕之老者爲彘、故謂毋彘、加彑焉、象其老而牙長也。豕之稺而腯者爲豚、加肉焉、言其多肉也、通謂之豕。晉語曰、小溲于豕牢。韋昭曰、廁也。豕蓋與矢同音、式視切、是也、豕之式視與豨之虚豈聲相近也。豕、韋氏

彖

又爲豨韋豭豕、又謂豭豨豨令、又謂豬令明、一字也。豨之聲自虛豈而轉、又有虛豉之音、故藥有豨薟、亦謂海薟。海與亥聲相近也。豕、亥之物也、故因豕㠯名亥。虵、巳之物也、故因虵㠯名巳。巳、豕既爲辰名、故蛇豕不㬅不自爲文、猶鳥於之爲二字也。彖彘猶一字、直倒切。彘、从彖而省㠯矢聲、猶蠆之㞢聲、齒之止

聲也。自直倒而轉則又有直掾之音、自直掾而轉則有吐亂之音焉。方言曰北燕朝鮮謂之豭。關東西或謂彖、或謂豕。南楚謂之豨、其子或謂豚、或曰豯。吳揚之間謂之豬。

豕之象形

彖丈里切、又丈遠切。又作彘、矢聲。象豕之老而長身也。周易用爲彖象之彖、今讀吐亂切。易曰彖者、才也。陸氏曰斷也。按、彖言一卦之才、非斷也。

彖之會意

㣇息利切、陳牲也。故取二彖并陳之義。

周官奉牛牲羞其㣇。又曰祭祀羞羊㣇。

詩云或㣇或奴。皆謂解而陳之也。鄭氏曰陳骨體也、讀爲他歷切。非。鄭司農音肆。周禮曰凡縣鍾磬、半爲堵、全爲㣇。樂之有㣇、市之有㣇、刑戮

者㣇之市朝、皆此義也。引之爲放㣇、溪⑬㣇。又借爲發語辭、書曰㣇類于上帝、㣇予㠯爾衆士。說文曰㣇古文籀之譌也。又作肆。說文曰極陳也、从長、隶聲。或作𩬓、从髟。

喙

喙許穢切、長吻爲喙、彖口是也。

彖之諧聲

豪

豪乎刀切、剛鬣也。豕老而鬣剛、故从彖。

亦作豪，从豕。又作毫。說文曰：豪，豕鬣如筆管者。按，此所謂豪豬也，今人謂之箭豬。徐鉉曰：別作毫，非。引之則人之出乎𦵏類者亦謂之豪。豪桀、豪猾是也。

彙 云賁切。小禽，箭毛佀豪豬。胃省聲。亦作蝟。又作猬、猬、蝟。

豕之會意

豙 虛豈切。又作豨。豕也。又虛攺切。因之爲戌豕之豕，下攺切。豕，亥之物也，故㠯名之。又作亥、亥。詳見肯。亥旣爲辰名，故夏太豨文。

豖 丑六切。說文曰：豕絆足行豖豖。

豩⑭ 伯貧切。說文曰：二豕也。

豚 徒魂切。豕之小而腯者。今俗謂肉豬也。說文曰：𧰼，从彖省，从又持肉㠯給祠祀。豚，篆文。別作㹠、豘、豚。

豕之龤聲

豬 陟魚切。豕也。爾雅曰：豕子，豬。別作猪、䐗。

豵 子紅切。小豕也。詩云：言私其豵，獻豜于公。大獸公之，小禽私之也。爾雅曰：豕生三，豵。說文曰：生六月豚。一曰一歲爲豵。

豜 經天、輕煙二切。大豕也。說文曰：三歲豕，肩相及者。又作豣。豬。呂氏春秋曰：懼虎而刺豬。高誘曰：獸三歲也。又作豣。

豝 伯加切。詩云：一發五豝。爾雅曰：豕⑮牝，豝。

豭 古牙、古乎二切。牡豕也。傳曰：旣定爾婁豬，盍歸吾艾豭。

㲉 居候切，又呼酷切，又步角切。說文曰：小豚也。司馬相如賦曰：𧽊胡㲉蛫。過委切。張揖曰：白狐子也。郭璞曰：佀鼬而大。

豶 符分切，又都昆切。羠豕也。爾雅：豶，豶。郭璞曰：俗謂小豶豬爲豶。陸氏竿筆切。別作䝐、𧳂。

貇 口狠切。豕攈倒狠齧取食也。引之爲貇

土貇田、（別作墾。）爲貇到貇烟⑯。漢書曰貇貇干乩匕之誅。（別作懇貇。）又口根切、貇齧骨間肉也。（別作貇。）

豞

豞許偯切、豕怒豞也。又黑角切。

豷

豷許利切。（說文曰豕息也。又曰豕駭殞聲。）𠂇氏傳寒浞生澆及豷。（別作豨。）

豦

豦強魚切、司馬相如說封豕之屬。（爾雅曰豦、迅頭。）

說文曰鬥相丮不解、豕虎之鬥不相舍。一曰虎兩足舉。郭璞曰今建平山中有豦、大如狗、佀猴、黃黑色、多髯鬣、奮迅其頭能舉石擿人、玃類也。按、豕虎無鬥理、相如之說是也。虎鮨其聲。

豲

豲胡官切。唐本說文曰豕屬也。徐本曰逸也。周書曰豲有爪而不敢以撅、讀若桓。漢天水郡有豲道。（別作貆豲獂。）

貛

貛呼官切、佀豕而肥、穴居。（別作貛貒。爾雅曰貒子、貗。力主切。郭璞曰貒、豚也。字林曰佀豕而肥。貒又他官切。）

豕之疑

豙

豙魚既切、說文曰豕怒毛豎。一曰殘艾也。（徐鍇曰从辛、未詳。或曰言省聲。）

犬

犬口泫切、象形。犬兔覓鹿之類、凡善走者皆後足申。（說文曰狗有縣蹏者也。）犬之象形。

尨

尨莫江切、多毛犬也。引之則凡尨襍者皆

謂之尨。周禮曰外祭毀事、用尨可也。（別作牻。）言之襍者謂之尨言。（別作哤。）又謨⑰逢切、尨茸毛皃。

犮

犮蒲撥切、犬走足有所曳撥也。詩云狼犮其胡。引而申之、踰越山川險阻爲犮。履犮涉。又爲犮扈。別作跋。（說文曰跋、蹎犮也。）記曰燭不見跋。謂燭本也。（陸氏半末切。非。）又方勿切、䟆跋、蹻健皃也。見䟫下。

犬之會意

犾 語斤切。兩犬相齧也。別作狺、狋。說文、狋、犬吠聲。

犾之會意

獄 魚欲切。犴狴、以居罪人者。从言、訟也。

吠 房廢切。犬鳴也。

狊 古闃切。說文曰犬䀡皃。

臭 尺救切。气臭也。犬能迹獸之气臭、察臭者莫如犬、故从犬从自。翕臭曰臭、許救切。別作嗅、齅。說文曰齅、以鼻就臭也。

突 辻骨切。犬自穴去出也。別作揬。易曰突如其來如。

狧 他合切。犬食也。別作猎狢獪。漢書、狧穅及米。顏師古曰、古䑛字、直尒切。

伏 鼻墨扶睦二切。犬見人弜伏也。又扶富切。

戾 郎計切。犬出戶下、身曲戾也。引之爲貪戾、乖戾、罪戾、借之爲戾天、戾止、戾猶至也。又作盭。賈誼曰又苦踧盭。

猋 必遙切。犬群走猋猋也。風之狂猋爲猋風。別作飆、颮。

猨 亏元切。猴類、長臂善爰。古單作爰。漢書、李廣爰臂。別作蝯、猿。俗作猨。

犬之諧聲

狗 舉后切。犬也。

獒 牛刀切。犬之特大者。孔安國曰、犬三尺爲獒。

猶 以周切。犬子也。犬子視人所向、揵出其先、戛次且以俟、所謂猶豫也。說文曰玃屬。一曰隴西謂犬子爲猷。爾雅、猶如麂、善登木。鄒氏曰吕獸切。崔氏曰猨類也、卬鼻長尾、性多疑。一曰佀麂、居山中、聞人聲、豫登木、無人乃下、世謂不決曰猶豫。按、崔氏所謂乃狖也。借爲謀猷之猷。又借爲猶若猶尚之猶。

猗

猗於離切、說文曰犗犬也。借爲聲助。詩云猗嗟昌兮。曰河水清且漣猗。誤說詩者吕爲水皃、加水爲漪。毛公傳曰若俠河水清且漣、蓋亦不吕猗爲水也。爾雅誤吕淪猗漣猗爲水、後人始加水其旁。又倚可切、借爲猗難之猗。詩云猗難其攴。又於義於个二切、偏猗也。詩云兩驂不猗。

獫

獫力劒切、又虛檢切、詩云載獫歇驕。爾雅曰長喙狗也。

猲

猲許竭切、古借用歇。爾雅曰猲獢、短喙狗也。獢从犬、說文同。又作獢。類篇曰短喙狗。

猈

猈皮皆扶蟹扶移三切、𠤎氏傳有史猈。說文曰短脛狗也。

類

類力遂切、種類也。犬之種類多、故類从犬。引之則吕類而求神者爲類。書云類于上帝。別作禷。又盧對切、借爲頪類之類、傳曰荆之頪類。今作類。

狀

狀鉏亮切、形狀也。犬多變態、故狀从犬。

獨

獨徒谷切、單特也。牛曰特、犬曰獨。

猛

猛莫杏切、犬摯也。

獷

獷古猛切、犬獷悍不可附也。

獟

獟馨妖丘妖二切、獷也。史記曰誅獟駻。說文曰狃也。狃、五句切。獟也。

狊

狊下狊切、悍戾不可馴也。又呼狊切、犬鬥也。別作猑䁎。說文曰狊、不臣从也。一曰行難也。一曰鶪也。䁎、狊戾也。

狷

狷規玄切、又上去二聲、犬性狷急不可觸也。引之則不潔褊急不可磯者皆曰狷。狷與獧多互用、孟子曰、獧者有所不爲、不屑不潔、是獧也。與悁通。別作狘懁。

獧 許緣切、剽黠也。與翾義相近。別作譞。說文曰慧也。又作還。說文曰疾也。又作⑲儇。

狦 所晏切、又平聲。說文曰惡健犬也。埤雅曰狼也。

狡 古巧切、犬狡黠也。說文曰小狗也。

猾 戶八切、犬獧黠難羈也。因之爲寇猾、書云蠻夷猾夏。

獪 古外切、狡也。

⿰犭監 尼耕切、犬怒毛也。又作⿰監毛。

獳 奴刀切、犬惡毛也。又作櫌。記曰獿襍子女。又作獿、亦奴兵切。又奴矦切、犬鬥怒也。又奴交切、獿嘷、犬吠聲也。說文曰獿、獿獿也。獿、犬獿獿咳吠也。

⿰犭㞷 渠王切、犬蒼皇吠走也。亦作狂。

猖 蚩良切、犬狂披倡也。

猜 倉才切、犬疑也。

狎 下甲切、犬附習也。

狃 女久切、犬狃於㝵食憂宥也。

猥 塢賄切、犬貪不避穢褻下也。

犯 亾泛切、又防險切、犬侵馮也。

倏 式竹切、犬焱至也、儵省聲。別作倐。說文曰疾也、長也。

猝 倉卒切、犬默忽𡙇出也。說文曰犬从艸暴出逐人也。引之爲倉猝猝暴。古借用卒。又作踤。說文曰觸也。一曰駭也。一曰倉踤。

臭 敕略切、犬走剽疾也。左氏傳有石臭。別作猎獡。宋之犬善走者猎。

默 密北切、犬不鳴也。說文唐本曰犬潛逐人也。

⿰犭音 於咸切、犬竇中聲也。

猌　奬　獵　狩　獮　獀　獟

猌乊伊切、犬爭聲也。東方朔曰猌吽牙者、兩犬爭也。

奬子兩切、嗾犬麗進之也。引之凡奬勸者皆曰奬。傳曰無亢不衷、㠯奬亂人。又曰皆奬王室、奬順天灋。

獵力涉切、㠯犬从禽也。

狩書究切、焚獵也。狩主用迣謖驅逆之車、

六書故弟十七　三十九

於三旹之田爲盛。

獮息淺切、秋獵也。亦作獮、𤣥省聲。獮主用羅張獸。別作豧、禰。

獀疏鳩切、旹田曰獀。獀主用火。通作蒐。說文曰南越犬名獀狻。

獟力照切、爾雅曰宵田曰獟。相如賦獟於蕙圃。𧶠聲亦會意。又都狡切、吏獟也。別作獟。

獲　獻　猩　猴　玃

獲胡伯切、獵旻獸也。

獻許建切、進也。笮曰羹犬曰獻。記曰犬曰羹獻。引之則凡進物於所尊敬者皆曰獻。周官大比獻賢能之書于王。記曰諸侯歲獻貢士於天子。故賢能謂之獻。書云萬邦黎獻。又曰民獻有十夫。孔子曰文獻不足故也。載諸典冊者文也。傳諸其人者

六書故弟十七　四十

獻也。

猩桑經切、獸佀猴、能言。出交止、人面豕身、聲如小兒啼。

猴乎溝切、獸佀人而尾、善緣木。

玃俱縛切。爾雅曰玃父善顧、玃持人也。郭璞曰能玃持故曰玃。說文曰母猴也。顏師古曰玃身長、[20]金色。又作貜。孫氏王縛切。說文曰蘷、孫氏火屋切。貜也。一曰猴類、佀犬、食猴。鄭氏曰佀猴而大、色蒼黑、能玃持人。

狙 狖 狼 狽 犲 狐

狙子余七余二切、說文曰玃屬。莊周曰狙公賦芧。司馬彪曰一名獦牂、佀爰而狗頭。按、狙、玃類之黠捷者、一曰犬伺逐也。張良狙擊秦皇帝、葢取此。引之爲狙詐。

狖羊就切。顔野王曰奚猨也。倉頡篇曰佀貍。顔師古曰佀猴、卬鼻長尾。按、顔說即崔浩所謂猶。

狼盧當切、野犬能食獸者、能反顧其背。說文曰佀犬、銳頭、白頰、高前廣後。埤雅曰大如狗、青色、佗聲則諸竅皆沸、善逐獸。

狽布蓋切。類篇、狼屬。或欠一足、二足相附而行、離則顛、故猝遽謂之狼狽。

犲士皆切、獸佀狗而高大、赤色、善捕獸。獨犲大群犲小。別作豺。

狐洪孤切、獸佀狗、芃尾如彗。詩曰雄狐綏綏。里語曰狐欲涉水、無如尾何。腋毛皆白、宜爲裘、能竊雞、食血而不食肉、涉冰則疑而屢聽、故謂狐疑。俗謂狐能爲妖。詩曰莫赤匪狐、莫黑匪烏。

犴 狴 獺 獱 狻 狨

犴魚旰戶旰二切。說文曰胡地野狗也。鄭康成曰野犬也。漢書音義曰佀狐而小。別作豻。

狴蒲毖切、犴狴、獄名也、交之吕犬、故與獄俱从犬。說文作陛、曰牢也、所吕拘非。从非、陛省聲。犴狴、犴獄之犴。亦借用厈。詩云宜厈宜獄。

獺他達切、水獸、佀小狗、善魰。

獱毗賓布玄二切、獺類也。又作猵。淮南子曰畜池魚者必去猵獺。莊周曰猨猵狙吕爲雌。猵獱之譌也、說者吕猵狙爲一物、或曰非類爲牝牡、皆非也。

狻穌官切。爾雅曰狻麑如虦貓、食虎豹。釋曰狻麑、師子也。孟康曰師子佀虎、正黃有髯耏、尾端茸毛大如斗。狻麑或作狻猊、師子俗作[21]師子。

狨而融切、禺屬。其毛茸而長、金色異采、今古吕爲韉褥、謂之金狨。

玁 狁 狄

玁 喜檢切。梘、呂準切。詩云玁狁孔棘。毛氏曰北狄也。亦作獫。

狄 徒歷切。北狄也。亦省聲。古通作翟。爾雅曰麇之豳有力者。麇非犬類。戎狄之人生於深山貙虎之鄉、故狄貊玁狁从犬从豸。蠻越之人生於蟲虵之鄉、故閩蠻巴蜀皆从蟲、猶荊楚以艸木名也。

獯 狘 ⿰犭喿

獯 許云切、獯粥、古狄名。亦單作熏。

狘 陸氏況越切。記曰麟以爲畜、故獸不狘。鄭氏走皃。

⿰犭喿 思邀切、山鬼夔屬。又作魈獠。又所咸切、犬長毛皃。

犬之疑

猌

猌 魚僅切、又平聲。說文曰犬張齗怒也、來聲。按、來非聲、猌侣兩犬爭不相舍下意。傳曰兩君之士皆未憖也。憖以猌爲聲。

六書故弟十八

永嘉戴　侗著　西蜀李鼎元校刊

動物二

龍

龍力鍾切、鱗蟲之長、困居而天行。說文唐本从肉从飛及童省。徐本曰从肉飛之形、童省聲。又曰象夗轉飛動皃。遲久鍾。象形。古文。假借之用一、詩云旣見君子、爲龍爲光。毛氏曰：龍、寵也。

龍之會意

龖

龖达合切。說文曰：飛龍也。

龍之龤聲

龕

龕口含切。說文曰：龍皃也。徐本合聲。唐本今聲。鼂氏曰从今乃是聲。

虎

呼古切、古文。象虎爪牙攫殺之形。說文、虍虎文也。荒烏切。象形。虎从虍、虎足象人足。並古文。按、虍生於虎、虎不應反从虍、虍蓋自象而變也。凡說文从虍者皆从虎省。

虎之會意

虐

逆約切、殘酷也。从虎从爪。

彪

彪必幽切、虎文也。

虢

古獲切。說文曰：虎所攫畫明文。說文㠯寽爲聲、寽非聲也。古用名國、虢公敹馬。

虣

蒲報切①、武暴也。

虎之龤聲

虥

昨閑切。爾雅曰：虎竊毛謂之虥貓。又士諫切。

虒

虒斯移切。說文曰：虎之有角者。厂聲。

虓

許交切、虎闞也。詩云闞如虓虎。亦作哮。

號

乎刀切、虎咆也。

虩

許逆切、虎所虓闞、震曡虩虩也。易曰震來虩虩。

虞

元俱切、[illegible]虎也。山澤之官因謂之虞。引

虙　虘　虔

之爲憂虞虞度。又俗爲驩虞、又五亐切。別作娛。

伏六切。說文曰虍皃。伏羲宓子賤皆作虙、與伏通。

叢租徂何二切。說文曰虍不柔不信也。讀若酇。

虍之疑

渠焉切。說文曰虎行皃、讀若矜、文聲。徐鉉曰文非聲、未詳。按、書傳用爲虔共之虔。詩云虔共爾位、又曰有虔秉鉞。毛氏皆曰固也。又用爲虔劉之虔。書云奪攘矯虔。孔氏釋爲固。蔡氏曰劉也。詩曰方斲是虔。爾雅作椱。鄭氏曰椹謂之虔、斲於椹上以爲楀。傳曰虔劉我邊垂。杜氏曰虔劉皆殺也。

象

徐兩切、巨獸、長鼻脩牙、牙可爲器、象形。俗爲形象之象。易曰象也者、象也。以字義釋易名、非有二字也。俗作像、加人、非。凡象佀者皆象也、非特象人。別又作像。說文曰像、拔也。

豫　兕

象之龤聲

豫羊茹切。說文曰象之大者。伯曰象多疑也。俗爲豫先猶豫之豫。亦作。說文新附曰安也。又俗爲悅豫之豫。易曰雷出地奮、豫。②詩云逸豫無期。孟子一游一豫。別作悆。

③徐姊切、埜牛、青色、皮可爲甲、象其角。說文曰兕、如埜牛而青。古文。

鹿　麀　麤

④盧谷切、鹿叉角、象其角足也。、單彝癸彝文。

鹿之象形

於求切、母鹿也、象其下有子、與牝同。別作麀。

鹿之會意

倉胡切。說文曰行超遠也。俗作麁。又作犕、與粗通。

鹿之龤聲

麋

麋旻悲切、麋與鹿同而大。月令、麋角冬至解、鹿角夏至解。

麚

麚古牙切。爾雅曰牡鹿也。短脰。又作⿸鹿加。

麛

麛莫兮切、鹿胎也。凡孕獸曰麛、鳥曰卵。周官、禁麛卵者。

麑

麑吾雞切、鹿子也。魯語曰獸長麑䴠。

䴠

䴠烏皓切、麋子也。古單作夭。記曰不殀夭。又曰胎夭多傷。爾雅曰麋其子䴠。康成曰少長曰夭。陸氏曰烏老切。

麌

麌五矩切、詩云麀鹿麌麌。爾雅曰麔、牡麌。一說麋鹿群聚也。按、詩言麌麌非牡也。

麠

麠居卿切、又作麖。麂居履切、又作麂。麠麂同類、侶鹿而角不岐、毛不斑、麠大而麂小、

麂

麠毛𣭛罙而粗。爾雅謂麠、牛尾一角、麂、牦毛狗足、皆非。

麕

麕去倫、俱倫二切、說文曰麞也。別作麇、从囷省。又作麏。借爲麇縳之麇。傳曰麇之以入。別作攟。

麞

麞之羊切、侶麕而脂黃、亦謂黃羊。別作獐。

麝

麝夕夜切、獸如小鹿、臍有香。俗作麝、麘。

麈

麈止庾切、說文曰麋屬。唐本曰大力、一角。侶鹿而大、尾可爲拂辟塵。

麒

麒渠之切。麟離珍切。麒麟、祥獸也。陸璣曰麕身、牛

麟

尾、馬足、黃色、員蹄、一角、角端有肉、音中鍾呂、行中規巨、遊必擇地、詳而後処、不履生蟲、不踐生草、不群居、不侶行、不入臽穽、不離羅网、王者至仁則出。今幷州界有麟如鹿、非瑞也。司馬相如曰𢼸麋腳麟、謂此麟也。侗謂陸氏之云、大氐因麟爲祥獸、遂从而傅會之。不踐生草、不履生蟲、果何食乎。不群居、不侶行、是褱孤悳也。不入臽穽、不離羅网、王者至仁而後出、何爲而獲於子鉏商。至言音中鍾呂、行中規巨、愈夸誕矣。別作麐。說文曰麒仁獸也。麐、牝麒也。麟、大牝鹿也。

麃

麃⑤蒲交切、說文曰麞屬、䙴省聲。又表驕切。詩曰駟介

麃麃。言肥壯皃。

鹿之疑

麗

䴡郎計切。丽 說文曰丽、古文。丽、篆文。麗、旅行也。鹿性見食急則必旅行。从鹿丽聲。禮麗皮内聘、鹿皮也。按、麗之本義未詳、許氏旣㠯丽爲古文、又謂丽瞉、未免自牴牾。丽、特丽之譌尔。伯氏曰麗从鹿、麗皮也。或曰丽象网目、麗、鹿離亏网也。按、書傳所用麗有耦義。周官、麗馬一圉。兩馬也。束帛麗皮。兩皮也。故又爲伉麗。別作

儷。因是有曜匹之義、有麗密之義。詩云商之孫子、其麗不億。言其曜類也。說文作[illegible]、數也、上聲。又爲奢麗、美麗。書云敝化奢麗。麗離聲相近、故又有附離之義。易曰離、麗也。日月麗亏天、百穀艸木麗亏土。又因之有孿麗之義。亦鄰知切。東夷有高麗國、亦作高驪。

㲋

㲋胡官切、山羊也、象形。說文曰山羊細角者、从兔足、苜聲。

能

㠯奴登切。說文曰熊屬、足佀鹿、从肉、㠯聲。⑥能獸堅中、故稱賢能、而彊壯稱能桀也。徐鉉曰㠯形聲、疑皆象形。按、能爲熊屬、說文必有所據。賢能才能則假借也。又奴臺切。𠂇氏傳、鯀化爲黃能、入亏羽囦。或曰三足鼈也。又奴代切、堅忍也。亦作耐。又奴叓切。

能之疑

熊

㷱亏弓切、獸佀豬、𡗢而銳喙、其蹯類人掌、

蟄居、能升木。說文曰炎省聲。按、炎非聲。羔麃熊羆皆从火、疑別有⑦疑。

熊之䶜聲

羆

羆班縻切、詩云赤豹黃羆。爾雅曰如熊、黃白文。郭璞佀能⑧熊而長頭高腳、猛多力、能拔樹木。陸璣曰羆有黃赤二種、大於熊、脂如熊、白而粗理。說文曰羆、罷聲。羆古文。

豸

豸池尒切。說文曰象獸長脊、行豸豸然、欲有所伺殺形。漢志曰蟲豸之妖爲孽。師古曰有足曰蟲、無足曰豸。按、今俗亦有蟲豸之稱、肰从豸者皆貔貅貙豹之屬、與蟲豸

之說不合。

豸之黹聲

豹 北教切、獸佀虎而小、黄質黑章。

貔 房脂切、書云如虎如貔。爾雅曰貔、白狐。孔安國曰貔、執夷虎也。說文曰豹屬。陸璣曰佀虎、或曰佀熊。一名執夷、遼東謂之白羆。按貔、猛獸、非狐也。

貅 許尤切、記曰前有摯獸則載貔貅。

貙 敕俱切。爾雅曰貙佀貍。郭氏曰今貙虎也。大如狗、文如貍。爾雅曰貙獌。莫旦切。佀貍。郭氏曰今山民呼貙虎之大者爲貙豻。字林曰貙佀貍而大、豻貙類、故呼貙豻。

貊 莫白切、又模各切。又作貘、貘、貊。爾雅曰貘、白豹。說文曰貊佀熊、黄黑色、出蜀中。字林曰佀熊而白、出蜀郡南中。郡志曰貊大如驢、頗佀熊、所䶕無不摧。廣志曰色蒼白、其皮温煖。郭氏曰貘佀熊、庳腳、黑白駁、骨節彊直、中實少髓、能舐食銅鐵及竹骨、其皮辟溼。音陌。用爲狄名。詩云其追其貊。孔子曰雖蠻貊之邦行矣。

貉 下各切、狐類。毛厚可爲裘。語曰狐貉之厚以居。或作貈、又作貉、與貊貘錯互。說文曰貉、北方豸種。蓋以此爲蠻貊之貊。貈佀狐、善睡。引論語狐貈之厚。舟聲。孫氏下各切。徐鍇曰舟非聲。未詳。字林亦曰貈佀狐、善睡。郭氏曰牝名貀。乃老切。江東呼爲𧳜烏郎切𧲾。山吏切。按、各非貊音、舟非貉音、貉乃狐貉之貉。詩云一之日于貉、取彼狐貍、爲公子裘。毛氏曰于貉謂取狐貍皮也。鄭氏曰于貉、往搏貉以自爲裘也。狐貍以共

尊者。爾雅曰貉縮綸也。郭璞曰牽縛縮貉之。考工記曰貉踰汶則死。鄭氏曰貉或爲猨、善緣木之猨也。周官、甸祝掌三旹之田表貉之祝號。杜子春讀貉爲百、書亦作禡。貉、兵祭也。詩曰是類是禡。康成曰田者、習兵之禮、故亦禡祭。說文又有䶅、曰鼠出胡地、皮可爲裘。按、孔子狐貉之厚以居。詩亦曰一之日于貉、取彼狐狸、爲公子裘、則貉爲狐狸之類明矣。于貉猶言于耜、謂獵取狐貉也。凡田者、

先取狐貍之屬、爲驅逐大獸則小獸竄伏也。表者、先去表也。貉者、先攻取狐貍之屬也。二者皆爲田事之始、故祝祭先之。禡自爲兵祭、小祝師行掌其祝号、不言表貉、何爲於田用之、爰夒之皮、不聞可爲求、鄭氏之說九外。

貆 胡官切。爾雅曰貉子、貆。說文曰貉類。又作貛。淮南子曰貛貉爲曲穴。

貓 莫交切、又眉鑣切、捕鼠貍。或作貍。記曰迎貓、爲其食田鼠也。又虎類。詩云有貓有虎。爾雅曰虎竊毛謂之虦貓。毛氏曰似虎淺毛。

貍 陵之切、伏獸似貓、其類不一。或作狸、猍。又俗爲葬埋之貍、謨皆切。

貕 胡雞切、周官、幽州之澤藪曰貕養。

夒 奴刀切、猴也。又作猱、獶、玃。詩云毋教猱升木。夒似人、伯曰頁象其首、止象其手足、巳象其尾、夊象後足、人大也。陸璣曰猱、獼猴也。老者爲玃、長臂者爲爰、白要者爲獑、胡獑爰駿捷於猴。按、古無猴字、夒即猴也。

夒之象形

夔 渠追切、木石之怪也。似夒而角、一足。家語曰木石之怪夔罔兩。莊周曰夔謂蚿曰、吾㠯一足趻踔而行。今俗謂之山獟。又俗爲夔夔之夔。書曰夔夔亝栗。孔氏曰悚懼之皃。

兔 湯故切、象形。俗言兔口有缺、吐而生子、甚妄誕。

兔之會意

免 母辨切、脫也。兔善逸、从兔省、後足脫去之象也。說文俛、浼、勉、冕皆免聲、而無免文。引之則凡脫免者皆曰免、婦人生子爲免身。別作娩、㝃。俗爲喪服袒免之免。鄭氏曰以布廣寸从項中而前交於額上、又卻回繞髻、別作絻、音問。侗謂袒者、袒其衣、免者、免冠、不必更音問。

逸 冤 㲋 毚 菟 [illegible] 嬔 鼠

逸 夷質切。脫丢也。兔善丢，故取義於兔。引之爲逸，遊爲假逸。別作佚。

冤 於袁切。屈也。兔在冂下，冤屈不旻申也。

㲋 丑略切。說文曰：獸也，似兔，青色而大。象形。頭與兔同，足與鹿同。㲋，篆文。侗謂㲋、兔善丢者也，故視兔而多其足。

㲋之會意

毚 士咸切。說文曰：狡兔也，兔之駿者。

六書故事十八 十三

菟 同都切。傳曰：楚人謂虎於菟。漢書，不搜反寇而搜蒿菟。又菟裘，魯邑名。

兔之諧聲

[illegible] 七句切。說文曰：狡兔也。

嬔 奴厎切。爾雅曰：兔子，嬔。郭氏曰：俗呼曰嬔。按，嬔从主从女，不成字。

鼠 書呂切。象形。

鼠之指事

竄 鼬 鼪 鼷 鼱 鼩

竄 七亂切。从鼠入穴，逃竄之義也。因之爲流竄。書曰：竄三苗于三危。又七丸切，奔跳也。

鼠之諧聲

鼬 余救切。鼠狼也。如鼠而大，狼尾，黃色，能食鼠。又作䶉猶䶉。又而隴切。說文曰：鼠屬。

鼪 師庚切。莊周曰：騏驥驊騮，捕鼠不如狸鼪。又作狸狌。郭璞曰：江東謂鼬爲鼪。司馬彪曰：狌，鼬也。

六書故第十八 十四

鼷 下雞切。甘口鼠也。春秋曰：鼷鼠食郊牛角。李巡曰：鼷，鼱鼩也。博物志曰：鼠之最小者。或謂之甘鼠，謂其口甘，爲其所食者不知覺也。

鼱 咨盈切。鼩，權俱切。東方朔曰：鼱鼩之襲狗。如淳曰：小鼠也。郭氏曰：今鼠狼。又曰：小鼠也。爾雅曰鼠之蜀布鼩鼱下莫切鼷鼷秭移切鼶鼩鼩音肯鼭茷廢切鼣鼬音問鼤鼮徒彤切鼮古闃切鼳。爾雅名物未可盡信，但如爾

鼯　鼺　鼢

雅說、則鼦鼬爲二物。

鼯 五胡切、荀子曰梧鼠五技而窮。爾雅曰鼯鼠、夷由。郭璞曰狀如小狐、佀蝙蝠、肉翅、翅尾項脅毛紫赤色、背蒼艾色、腹下黄、喙頷雜白、脚短、爪長、尾三尺許、飛且乳、亦謂之飛生。說文、鼫、五技鼠也。能飛不能過屋、能緣不能窮木、能游不能度谷、能穴不能掩身、能走不能先人。按、飛生今俗所謂伏者佀之。又有所謂櫟鼠者、常在木間、無翼而跳、捷如飛、尾長如彗、詩所謂碩鼠、乃鼠之[10]石大者。序云貪而畏人若大鼠。蓋亦不過㠯頭爲大也、不當別厺鼫文、梧鼠五技、蓋約言

其技之多而卒窮、非謂每技輒窮也。別又作鼫。

鼺 倫爲切、又力軌切。飛生也。說文、鸓、从鳥、鼺鼠形、飛走且乳之鳥也。按、[11]生即飛生、實鼠類而非鳥類、與鴟俱譌而从鳥、蓋㠯其在林間如鳥而飛、故俗書从鳥尒。又作蠝。

鼢 房分切、隱鼠也。黎黑色、小於鼠、穴土而行、不入室家。㠯其常偃伏、故又謂偃鼠。㠯其起地若耕、故又名犁鼠。別作鼖蚡。偃別作鼴。說文曰鼢、

⿰鼠丣　鼦

地行鼠、伯勞所化。俗謂鼢豹所化、皆非也。

⿰鼠丣 力求切、竹鼠也。多肉如豚、肥美可食。古通作畱。莊周曰執畱之狗。司馬彪曰竹鼠也、肥美、人多珍之。別作⿰鼠畱。

鼦 丁聊切、鼠屬、大而黄黑、皮可爲裘。亦作貂。埤雅曰貂縟毛燠於狐貉、拂面如焰、朔地㠯其皮煖額、後世效之、㠯金璫飾貲、冄笛貂尾、漢因之、附蟬焉。侍中𠂇珥、常侍又珥。

鼨　⿰鼠离　⿰鼠曷　廌　嘼　獸

鼨 之戎切。爾雅曰鼨鼠、[12]鼨鼠、豹文。說文曰豹文鼠也、出胡谷間。

⿰鼠离 力知切。⿰鼠曷 於蓋切。孫愐曰小鼠相銜而行。

廌 宅買切。說文曰解廌獸也。佀山牛一角。古者決訟令觸不直、象形。夫人惟萬物之靈、人不能決而眐於獸、是㠯獸爲士也、不經甚矣。廌義闕。

嘼 孫氏許救切。說文曰犍也、象頭百足厹地之形。古文嘼下从厹。

嘼之會意

獸 舒救切。說文曰守備者。爾雅曰四足而毛謂之

獸。

角角盧谷古岳二切、獸角也。別作觻非。按、詩麟之角、振振公子。角與子叐、誰謂雀無角、何㠯穿我屋。角與屋叐。四皓有角里先生、葢皆作禒音、後人不悟、別作角文及刀下用等文、繆矣。類篇又有觻、東方音也。獸戴角者、㠯角相抵、故因之為角鬥角勝負之角。又引之為角斗甬之角。角校聲相通、義亦相近也。別作斠。說文亏斗斛也。又為東方之宿。

六書故弟十八　　十七

解

角之會意

解古買切、从刀解牛角、解之義也。自解為解、胡戒切。鹿角解艸木節解之類是也。易曰雷雨作、解。因之為解檄、解惰。別作懈。說文曰怠也。別作廨非。古賣切、又上聲。

觡

角之諧聲

觡古百路洛二切、角有叉曰觡。記曰角觡生。鄭氏曰無䚡曰觡。顧氏曰有叉曰觡、無叉曰角。按、司馬相如云犧雙觡共柢之⑬獸。顧說是也。

觝

觝都禮切、角柢也。按、角柢通當作氐。漢書角抵通作抵。司馬相如曰雙觡共抵。又作牴。

䚡

䚡新茲桑才二切、角中虛毳骨也。與鰓通。

觩

觩渠幽切、角宛曲也。詩云兕觥其觩。又曰角弓其觩。與捄通。詳見捄下。說文作觓。

六書故弟十八　　十八

觳

觳胡谷古祿二切、角跗也。饋食禮、主婦俎觳折。鄭氏曰後足也。旣夕禮、裳不辟長及觳。鄭氏曰足跗也。猶言跗也。莊周曰其道太觳。秦二世曰監門之養不觳於此。猶言下也。司馬氏曰觳音學、盡也。又古學切。說文曰盛觵卮也。一曰射具。

觫

觫穌谷切、角初出繭臬也。齊宣王見牽牛

徃釁鍾者曰、舍之、吾不忍其觳觫、若無罪而就死地。說者曰觳觫、恐懼皃。牛無知、方牽而徃、何知就死、觳觫葢角短小之皃、牛方穉而就死、故宣王不忍焉。

觭

觭太奇切、爾雅曰角一俯一仰也。周官三夢、二曰觭夢。杜子春讀如奇偉之奇、觭卽奇也。康成讀如掎角之掎、掎猶㝵也。又居宜切、莊周曰觭耦不仵。

[illegible]

[illegible]赦豕切、角頊也。

觢

觢尺制切。爾雅曰牛角踊、觢。說文曰一角仰也。別作[illegible]。

觜

觜遵爲切、又上聲、角銳耑也。說文曰鴟舊頭上角觜也。按、今人喙亦謂觜。

觰

觰陟加切、角大本也。亦作[illegible]。說文曰觰拏、獸也。按、今俗謂摣擄爲觰拏、披張爲觰沙。一曰角上張皃。別作[illegible]。

觺

觺負力切、又上聲。楚辭曰土伯九約、其角觺觺。說者曰角利皃。

觸

觸此欲切、角牴也。別作[illegible]。

觥

觥古橫古黃二切、飲器也、㠯角爲之。孔氏曰五升爲觥、或曰七升爲觥。又作觵。周禮曰掌其比觵撻罰。曰觵其不敬者、古㠯觥爲罰爵、故其所容多。詩云兕觥其觩、兕角巨、可㠯爲觥也。

觶

觶之義切、飲器也。說文曰受三升。鄭氏曰受三升。徐鍇曰戰省聲。別作[illegible]、觗、幷見觚下。

觚

觚古乎切、飲器也。考工記曰梓人爲飲器、勺一升、爵一升、觚三升、獻㠯爵而酬㠯觚、一獻而三酬、則一豆矣。食一豆肉、飲一豆酒、中人之食也。康成曰觚當作觶、豆當作斗。按、禮酬者皆㝵觶、故康成㠯觚爲觶、而謂觶受三升也。侗謂禮觶爲酬器、則容三升者爲是、觚殆觶之別名。觚之制有廉稜、故凡有廉稜者皆謂之觚稜。說文木部別有柧稜、非。

觴

觴式陽切、凡歓器實酒曰觴。傳曰觴曲沃人。說文、䚀觴、籒文、从𧆸。別作醻。

衡

衡何庚切。說文曰牛好觸、橫大木其角、从角从大、行聲。周官、凡祭祀、飾牛牲、設其楅衡。鄭司農曰所以楅持牛也。杜子春曰楅衡、所以持牛令不得抵觸人。鄭康成曰楅設於角、衡設於鼻、如椵狀。按、衡之从大未可曉。引之則凡衡設者皆謂之衡、今俗皆謂之橫。權之衡而爲弓者、車之衡加於兩服者、屋之棟楣衡加者皆曰衡。別作桁。

觼

觼古穴切、詩云鋈以觼軜。說文曰環之有舌者。別作鐍。

觱

觱卑吉切。說文曰羌人所龡角屠觱、以驚馬。觱、古文詩字。詩云一之日觱發。

觿

觿許規、渠惟、戶圭三切、記、必佩小觿、又佩大觿。說文曰佩角銳耑也、可以解結。按、觿有大小、似非專爲解結用。

⿰角喬

⿰角喬疑夭、負沼二切、淮南子曰角⿰角喬不猒蔑。高誘曰刀劒羽翮𠭊角也。太玄曰⿰角喬其角。陸氏音紹、角長也。

觖

觖遣㤈切、觖所望也。又厺聲。又古穴切。又與缺通。

⿰角弱

⿰角弱昵角切。說文、⿰角弱、調弓也、弱省聲。

革

革古覈切、獸皮也、象形、具三足首尾完曰革、柔曰韋、通曰皮。僭爲更革之革、更革聲相通。別作諽。又僭爲革亟之革、與亟通、紀力切。別作⿰革亟。

革之會意

⿱雨革

⿱雨革匹各切、說文曰濡革也。

革之諧聲

鞹

鞹厺𩫏切、凡革不厺其毛、張而完纍之之謂之鞹。淮南子曰譬之猶鞹革也、大則大矣、削之道也。詩云鞹鞃淺幭、以鞹爲鞃、淺爲幭、尚文也。子貢曰文猶質也、質猶文也、虎豹之鞹、猶犬羊之鞹。言文之不可幾也、虎豹之鞹無㕚毛者。犬羊之鞹亦用㠯爲裘爲幎。

鞄

鞄 步敎切、又步角切、柔革之工也。考工記作鮑。又作鞄。

靬

靬 居言苦旰二切、說文曰乾革也。漢書單于弟於靬王。張掖有驪靬縣。顏師古音虔。

六書故弟十八　二十三

靼

靼 多達之削二切、說文曰柔革也。韋繩因謂之靼。別作⿰革亶。

韗

韗 王問切、冒鼓之工也。考工記曰韗人爲皐匋。又攻問切。周官作韗、或作韈、然非。冒鼓必用生革、不㠯韋。又作⿰革亶、又弓殼。

鞔

鞔 謨官切、冒鼓也。呂氏春秋曰冒充則中大鞔。說文曰履空也。徐鍇曰履空猶言履殼也。

鞏

鞏 居竦切、㠯革束固也。

鞶

鞶 蒲官切、說文曰大帶也。易曰或錫之鞶帶。記曰男鞶革、女鞶絲。鄭氏曰鞶、小囊也、所㠯盛帨巾之屬。亦作縏。記又曰婦[14]又佩袉縏袠。鄭氏曰小囊也。傳曰帶裳幅舄、昭其度也。縏厲⿰氵冥纓、昭其數也。杜氏曰帶、革帶也。鞶、紳帶也。又曰王㠯后之鞶鑑予鄭伯。杜氏曰鞶帶而㠯鑑爲飾也。東觀書詔曰賜鄧遵獸鞶囊。按鞶、或㠯爲佩囊、或㠯爲大帶、疑鞶乃佩帶。玉佩、襍佩非紳帛所能勝、故必㠯革爲鞶。女子不服革、故㠯絲組爲鞶。鞶與縏同出內則、疑縏自爲一物也。

六書故弟十八　二十四

鞓

鞓 湯丁切、革帶也。今之帶有鞓、其革謂之鞓、俗書也。又作䩦綎。

⿰革夸

⿰革夸 苦瓦切、革帶⿰革夸也。凡革帶繫佩者必有環、環必有𨙸、今不佩而猶仿佛其制、㠯金犀與角爲之、謂之⿰革夸、俗書也。沈存中曰革帶必有蹀躞、

鞵　鞮

踈躞有環，如馬之鞦根。後雖去踈躞，猶存其環，即今之帶鞓也。今㠯角爲之，貫者㠯金玉。又作銙。

鞵戶皆切，革履也。說文曰：革生鞮也。別作鞋、鞎、蹝。說文：鞎，屣也。蹝，足所屣也。

鞮丁兮切。說文曰：革履也。記曰：大夫士去國鞮屨。康成曰：無絇之⑮屝也。周官、鞮鞻氏掌三夷之樂。康成曰：鞻讀如屨，鞮屨，三夷舞者所⑯屝也。揚雄賦曰：鞮鍪生蟣蝨。按，禮言鞮屨，則鞮非屨矣。又

鞻　靸　鞾

作鞮鞮。說文：鞮鞻，三夷之舞。又通西戎之言語者曰狄鞮。見王制篇。

鞻郎矦切，又去聲，又俱遇切。鄭康成㠯爲即屨字。吕⑰曰：靲、鞻也。說文曰：靲、鞮也。

靸悉合切。說文曰：小兒履也。按，今人㠯履無踵直曳之者爲靸。別作𩌂。

鞾吁戈切，革履有翁及骭也。說文新附，古無此字。按，北方馳逐艸閒，故履皆長其翁。中國因之，爲馬上之服。自周隋氏㠯戎服爲鞾服，故今之鞾服皆鞾，習而不察之過也。別作靴、鞴。

鞞　鞘　靫　鞬

鞞并頂切。詩云：鞞琫容刀。說文曰：刀室也。說具琫下。

鞘私妙切，刀室也。古通作削。又作鞘。又師交切，今乘輿之出，肩有鳴鞘，㠯蹕行者。國朝會要曰：黃質紫斑文，金銅飾，紫絛紛錯。梗雅曰：鷈山豕切謂之鞘。鷈，緌也。

靫楚厓切，箙室也。

鞬居言切，弓衣也。傳曰：又屬櫜鞬。杜氏曰：櫜㠯受

韊　韇　鞃

箭，鞬㠯受弓。說文曰：所㠯戢弓矢。又作鞬。

韊洛干切，弩矢室也。漢書作蘭。韓延壽傳：騎士抱弩負蘭。如淳曰：盛弩箭服也。

韇徒谷切，㠯革爲匱也。士冠禮曰：筮人執策抽上韇。亦作韣。見韋部。說文曰：韇，弓矢韇也。

鞃苦弘切，㠯革冒軾。⑱說文曰：軾也。讀若穹。孫氏丘弘切。詩云：鞹鞃淺幭。言㠯⑲爲鞃，㠯淺爲幭，尚

其文也。毛氏曰軾中也。孔穎達曰靷爲軾中，蓋相傳爲然，㠯革冒軾中爲固也。顧野王曰軾中靶也。孔顧之說近是。

韅

韅許見切、說文作𩋾，曰著掖鞥也。鞥，孫氏烏合切，轡鞥也。傳曰韅靷鞅靽。杜氏曰在背曰韅。

靷

靷余忍切、又夳𢿱。說文曰引軸也。𩌏籒文。詩云陰靷鋈續。毛氏曰靷、所㠯引也。孔穎達曰驂頸不當衡、橫軛之旁別有驂馬二靷、㠯皮爲之、前繫驂馬頸、後繫陰版之上。𠂇氏傳、鄭無恤曰兩靷將絕、吾能止之。駕而椉才、兩靷皆絕。杜氏曰在匈曰靷。按、古通作引。又作紖。說文曰牛系也。

鞅

鞅倚兩切、說文曰頸靼也。杜氏曰在腹曰鞅。傳曰御下、兩馬、掉鞅而還。又曰太子抽劍斷鞅。按、鞅可掉、欲軔車者斷鞅，鞅非在腹也。又借爲鞅掌之鞅。莊周曰鞅掌爲之使。

靽

靽博漫切。杜氏曰在後曰靽。類篇曰駕牛具。集韻、靽[20]韉、羈靽也。按、靽卹絆也、在後爲靽。

靳

靳居近切、說文曰當膺也。𠂇氏傳、王猛曰吾从子如驂之靳。杜氏曰靳車中馬也。言如驂之从服也。詳其辭意不然。猛益自比於靳。借爲靳各之靳、靳侮之靳。

靮

靮丁歷切、說文曰馬羈也。記曰孰執羈靮。鄭氏曰靮[21]引也。類篇曰繮也。

勒

勒歷悳切、馬銜勒也。周禮曰革路、龍勒、厭翟、勒面。說文曰馬頭絡銜也。一說馬鑣有銜曰勒、無曰羈。按、有銜曰勒者、勒所㠯約勒也。引銜當馬面、故曰勒面、凡約勒之義皆取焉。

鞗

鞗田聊切、詩云鞗革沖沖。毛氏曰鞗、轡也、革、轡首也。又曰鉤膺鞗革。鄭氏曰轡首垂也。又曰鞗革金厄。鄭氏曰轡也。郭璞曰轡靶、轡所把之外有餘而垂者謂之革條、皮爲之謂之鞗革。按、鞗革一物、而毛鄭屢變其說、郭氏之說佀㝵之。

靶 鞁 鞍 韉 鞭

靶必駕切、說文曰轡革也。按此卽轡字。

鞁平義切、駕車馬具也。漢志路車駕被具。單作被。說文曰車駕具也。别作紴。說文曰車紴也。或作茷、或作鞴。

鞍於寒切、鞁馬具、人所跨者也。說文曰馬鞁具也。

韉則前切、鞍韉也、今謂障泥。說文曰馬鞁具也。或作韀。

鞭賓連切、㠯革爲攴也。說文曰驅也。㪅古文。鞭本㠯革爲之、皮革隨人身圜轉、故鞭背而不傷

又藏。按北史崔伯謙不忍見血、改用韋鞭。

鞠

鞠居六切、㠯革裹毛爲毬、蹙蹋爲武戲也、今謂之毬。說文同音而異字者凡㐅、其一曰鞠、蹋鞠也、匊聲。或作𩌏、从𥷚。其二曰𥷚、窮理罪人也、从㚔从人从言、竹聲。或作𥷚。其三曰匔、曲脊也、𥷚省聲。其亖曰竆、窮也。其㐅曰竆、窮也、𥷚聲。𥷚與𥷚同、俗又有毱、皮毛丸也。鞠、裹也。踘、蹋也。又有詾竆匑躹𥷚文、文亂而義不明。按鞠之義有爲曲者爲窮者、皆㠯其聲通也。鞠之爲物、包裹曲局、受

蹙蹋而無所逃、非特其義然、其聲固然也、故其義非但爲曲爲窮、而又爲鞠窮爲鞠穹、丘仲切、俗作𦞑𦞑。大略爲曲局窮蹙不㝵申之義、故曲躳爲鞠躳。母之褱子、傴僂任之、亦謂之鞠。詩曰父兮生我、母兮鞠我、皆取曲鞠之義也。書云自鞠自苦。詩云昔育恐育鞠。又曰鞠爲茂艸。又曰鞠哉庶正。皆窮蹙

之義也。訊獄訟者必窮其情、故爲鞠獄之鞠。又因之爲鞠㉒攻之義。詩云陳師鞠旅。毛氏曰告也。非。又有曲音、與麯通用。鞠窮、藥名也。今曲窮之音爲芎。今人讀鞠爲芎。非。

鞼 鞙

鞼求位切、說文曰韋繡也。國語曰輕罪贖㠯鞼盾一戟。韋昭曰綴革文如繢也。又作韇。

鞙圭玄切、又太㲉。又狂沇切。說文曰大車縛軛靼。

韄　䩩　靲　韋　韠

韄烏百乙角二切。說文曰佩刀絲也。三蒼曰佩刀靶中韋也。莊周曰外韄者不可繁而捉。句氏音霍、李氏曰縛也。

䩩於遠切、又乎聲。說文曰量物之䩩也。一曰抒井䩩。又作⿰韋宛。

靲巨禁切、又乎聲。士喪禮重用二鬲盛鬻、繫用靲。康成曰竹䈼也。按、靲乃㠯革爲䈼也。

韋羽非切、革之已柔者也。本韋北之韋、借爲韋革之韋、因而生子、故自爲母、所謂有小宗而爲大宗者也。說文曰韋、相背也、从舛、口聲。獸皮之韋、可㠯束枉戾相韋背、故借㠯爲皮韋。𡆧、古文。

韋之龤嚴

韠卑吉切、市也。記曰韠、君朱、大夫素、士爵韋。圜殺直、天子直、公侯前後方、大夫前方後挫角、士前後正。韠下廣二尺、上廣一尺、長三尺、其頸五寸、肩革帶博二寸。一命縕

韍幽衡、再命赤韍幽衡、三命赤韍茵衡。康成曰韠之言蔽也。說文曰所㠯蔽前。士冠禮皮弁服、素韠、玄端、爵韠。

韐　韎　韝

韐古合切、士冠禮爵弁服、韎韐。鄭康成曰韐、合韋爲之韐、㉓韍之制佀韠。說文、帢从市、士帶有帢、制如榼、三角、爵弁服、其色韎。別作韐。傳曰有韎韋之跗注、君子也。跗注、韐也、戎服注㉔下於跗、故謂跗注。

韎莫佩切、詩云韎韐有奭、㠯作六師。說文曰茅蒐染韋也、一入爲韎。鄭氏曰韎韐、縕韍也、染㠯茅蒐、亝人謂蒨爲韎。又曰縕、赤黃色、所謂韎也。按、鄭氏葢誤㠯冠禮爵弁服爲士服、故㠯韎爲縕、爲赤黃色、韎韐㠯作六師、非士也。春秋傳亦曰有韎韋之跗注、君子也、稱君子、非謂士也。古者自冕至端賢者通服之、而兵事服韋弁韎韐、韋弁之服也。士冠禮攝盛、故三加而韎韐、猶昏禮之[illegible][illegible]卑也、染㠯茅蒐、卽赤韍矣、不旻有黃色。

韝古侯切、臂沓也、㠯韋韜臂、㠯便執事也、

弢者用之。又謂之拾、亦謂之遂。說文曰弢臂決也。詩云決拾既佽、弓矢既調。毛氏曰遂也、㠯皮爲之、著諸臂、所㠯遂弦也。鄭弢禮、袒決遂。鄭氏曰遂、弢韝也、㠯朱韋爲之、著夕臂、所㠯遂弦、其非弢也、則謂之拾。拾、斂也、所㠯蔽膚斂衣也。弢者之服也。漢董偃綠幘使韝。執事者厮役之服也。臂䪜者亦㠯韝。

韘

韘失枼切、指沓也、㠯齒骨若木爲之、藉之㠯韋㠯韜指決弦也、故又謂之決。或作弽。說文曰韘、弢決也、所㠯拘弦、㠯象骨、韋系、著又巨指。詩云童子佩韘。毛氏曰決也。

韤

韤亾發切、足衣也。別作韈襪袜絉。淮南子曰絉則躧履之。

韔

韔丑亮切、弓衣也。詩云交韔二弓。

韜

韜他刀切、所㠯幍器者也。說文曰劒衣也。又作縚。又厺聲。

韣

韣辻木切、所㠯韜斂之器也。說文曰弓衣也。記曰帶㠯弓韣。又曰載弧韣、旂十有二旒。鄭氏曰弧、旌旂所㠯張幅者、其衣曰韣。又作襡。曰斂簟而襡之與韇通。

韞

韞委隕切、韜韇也。子貢曰韞匵而藏諸。

⿰韋段

⿰韋段辻玩切。說文曰履後帖也。或作緞。

韛

韛皮拜切、韋囊也、鼓之㠯熾火。

韢

韢吁桂乎桂二切、說文曰櫜紐也。一曰盛虜頭櫜也。徐鍇曰謂戰伐㠯盛首級、紐所㠯關櫜。按、今㠯衣紐之牝環爲韢。或作⿰衤貴槼。

韓

韓胡安切。說文曰井垣也、从韋、取其帀。按說文之意亦未安、恐非本義。書傳用爲國名。

韌

韌如各切、又上聲、柔刃難斷也。古通作忍。亦借用刃。鄭氏棗禮注曰王棟擇棟、善理堅刃。

弟

韋之疑

弟 徒禮切、又去聲。說文韋束之次弟也、从古字之象。弟、古文、从古文韋、丿聲。按、弟未必从韋。次弟之第、去聲。合俗作第。又爲兄弟之弟、上聲。因之爲孫弟孝弟、去聲。俗作悌。

毛

毛 莫袍切、獸毛也、象形。

毛之會意

毳

毳 此芮切、毛之細縟者。周禮曰共其毳毛爲氈。詩云毳衣如菼。引之爲毳弱之毳、謂輕耎不堅忍易折斷。荀子曰小敵毳。別作脆、見肉部。

尾

尾 亡匪切、从尻省、毛屬於尻爲尾也。

尾之龤聲

屬

屬 專欲切、尾著也。屬目、注目也。別作矚。以言屬之亦曰屬。別作囑。俗爲洞洞屬屬之屬。別作灟。屬於我者爲屬、市玉切。俗作属。屬之固者爲屬、之喻切。

屈

屈 曲律切、曲其尾也。引之則凡屈而不申者皆曰屈。別作詘譎、言之屈也。蚰蝺、蟲之屈也。又渠勿切、彊曲也。引之爲屈彊、負力不屈也。別作倔。勥勵倔、彊弜倔。又佳尾也。引之爲短屈。別作屈橛。又九勿切、楚有屈氏、晉有屈地。又丘月切、后之衣闕翟、亦作屈狄。

求

求 渠鳩切、以皮毛爲衣也、从毛又聲。說文曰象形。一曰丫象領及督也。俗爲求索請求之求。求之本文爲求、取之求所擅、故別去裘文、加衣。

毛之龤聲

氂

氂 呂之切、細毛也。言度者以十氂爲毫、亦俗用釐。

毨息典切、毛夏脫、秋更生、潔治也。與洗通。

氄乳允切、又乳勇切、氄毛茂密也。說文作㲝、隼、毳。或作𣯷、猎。

毰普回切。毸蘇來切。又作毸。毛羽芃鬆輕圜兒。古無此字。

氈㉖諸延切、聚毛爲縟也。亦借用旃旜二字。

毯他敢切、毳之輕穳如菼者。菼、蘆荻孳也。

詩云毳衣如菼。言如菼、不當有毯字、今世㠯毛織成蓐爲毯。說文作綴、帛騅色、引詩毳衣如綴。又作緂。

毼胡葛切、士喪禮曰毼豆兩。鄭氏曰白也。顧氏曰罽也。鄭氏曰毼雞佀雉、青色。

毾土盍切。㲪都能切。說文新附。東漢書、身毒國出細布、好毾㲪。埤蒼曰毛席也。

氍其俱切。毹羊朱切。說文新附曰毾㲪氍毹皆氈緂之屬。氍又

作氀、毹又作毺。

氅昌兩切。說文新附曰析鳥羽爲旍纛之屬。

麾許爲切、㠯毛爲旌麾、持㠯指麾也。書曰又秉白旄㠯麾。周禮曰建大麾㠯田。說文作摩、旌旍所㠯指麾也。無麾字。

毬渠鳩切、鞠丸也。

鬣良涉切、毛鬣㉗切。通亦作鬛。說文曰从囟、象髮在囟上、毛髮

鬣鬣之形、與籒文子字同。按鬣字下與鼠同、葢象獸之毛鬣。

厹蹂孫氏人九切。說文曰獸足蹂地也。象形、九聲。蹂、篆文。爾雅曰貍狐貒貈醜其足蹯、其迹厹。女九人九二切。古文爲蹂字。詩云厹矛鋈錞。毛氏曰三隅矛也。陸氏音求。

厹之諧聲

禽巨今切、鳥獸禽獲之通名。周官、庖人掌共六畜六獸六禽。凡用禽獻、春行羔豚、膳

膏香、夏行腒鱐、膳膏臊、秋行犢麛、膳膏腥、冬行鱻羽、膳膏羶。司馬三旹之田皆致禽、大獸公之、小禽私之。易曰即鹿無虞、吕从禽也。又曰隼者禽也。記曰猩猩能言、不離禽獸。鸚鵡能言、不離飛鳥。大凡飛曰鳥、走曰獸、鳥獸之禽獲者皆曰禽、故三旹之田效所獲皆曰致禽、而鱻羽爲禽獻。又吕大

小分之、則大爲獸、小爲禽、引其義則戰鬥而執獲亦曰禽。又渠廉切㉘。爾雅曰二足而羽謂之禽。鄭康成曰鳥獸未孕曰禽。說文曰走獸總名也。三說皆非。別作擒、㪉、拎、㩁、竝非。說文曰㪉持也。

禺

厹之疑

禺孫氏牛具切。說文曰母猴屬、頭佀鬼、从厹。爾雅曰寓、鼠之屬、嗛。郭氏曰獼猴之屬、寄寓木上、嗛謂藏食於頰間。按、爾雅之寓即說文之禺、鬼安昃有象、禺與果、未知

孰爲字母也。

离

离孫氏呂支切。說文曰山神獸也、从禽頭、从厹从屮。歐陽喬說离、猛獸也。徐鉉曰从屮、義無所取、疑象形。

禹

禹王矩切。說文曰蟲也、从厹、象形。禽古文。古爲夏帝名。

禼

禼孫氏私列切。說文曰蟲也、象形。讀與偰私列切同。㝵、古文。

烏　烏　於

六書故第十九

永嘉戴侗著　岡蜀李鼎元校刊

動物三

鳥　都了切，象形。古文，象飛鳥。

鳥之象形

烏　哀都切。古文鴉也，象其飛烏黑不辨其目，故眡烏而殺之。又作[篆]。說文曰象古文省。又於加切，別作鴉。又作鵶。烏與鴉實一聲之轉，皆因其鳴聲㠯謂之，非有二字也。人之發聲曰烏，亦俗用之。書曰：黎民於變旹雝。又曰：於鯀哉。曰烏吟亦作於吟，皆發語歎辭也。烏吟有鴉呀之音，俗亦作歌歌啞。有噫戲之音，皆一聲之轉也。又俗爲烏有、烏旻之烏，亦作惡與安焉。於虔切。聲義相通。烏色黑，故俗亦謂黑曰烏。於又衣俱切，俗爲辭助，與亏義相近。又俗爲於邑之於。於邑猶鬱邑也。

六書故第十九　一

焉　鳴　梟

焉　亏乾、亏閒二切。白焉，雉屬。今多畜玩之，雄者純白，頳脚，尾長二三尺，象其形。今俗書作鷴。說文作鷳，閒聲，鳾也。焉，鳥黃色，出江淮。俗爲辭助。又於乾切，俗爲焉旻焉能之焉，與烏安通。

鳥之會意

鳴　母兵切，鳥言也。

梟　堅垚切，磔鳥也。又爲惡鳥名。說文曰：不孝鳥也。日至捕梟磔之，从鳥𦣞在木上。晹氏曰：梟，傁勞也，羽②灰褐色，閒白，頭兩旁黃，生而能自食，則食其母。漢使東郡送梟，五月五日作鬻㠯賜百官，眚聲考祥。經曰：梟聲安習筱祝。傳曰：甂瓦可㠯令梟宗，皆㠯其聲可惡也。梟鴞一物。按野人謂伯勞佀晝宥而短尾，或謂傁勞探食他巢之卵而卵其中，他鳥不知而字之，比長則啖其字已者，故旻食母之名。或云伯勞卵於鄗公之巢。梟鏡皆㠯芇名，搜勞胎是梟也。然爾雅又㠯伯

六書故第十九　二

鳩　鷇

勞爲鵙。康成曰伯勞五月鳴。傳曰伯趙氏司至者也。杜氏曰伯勞吕夏至鳴，冬至止。然則七月鳴者非伯勞矣。

鳥之龤聲

鷇古豆切、雛也。爾雅曰生哺、鷇。謂須母哺之者。蒦雀之類是也。別作㲉，又克角切，皆非。

鳩居求切、鳩類不一。傳曰少皞氏官有五鳩、祝鳩氏、司辻也、雎鳩氏、司馬也、鳲鳩氏、司空也、爽鳩氏、司寇也、鶻鳩氏、司事也。杜氏曰祝鳩、鷦鷯也。雎鳩、王雎也。鳲鳩、秸鞠也。爽鳩、䧹也。鶻鳩、鶻鵃也。說文曰鳩、鶻鵃也。徐鍇曰秸鞠、布穀也。按、今俗通謂鳩者有班鳩、又謂班隹。其坐小者、頸有白班點點、其聲若曰布穀、故謂之布穀、又謂勃姑、又謂步姑。班鳩之聲略佀布穀而短濁、拙於營巢、架構數交便卵翼其上、故俗謂拙鳩。鳩未嘗居

鵀　鳲

鵲巢、詩人蓋假設吕比興也。班鳩布穀、膳食之珍。又有青鳩、好食桑黮、食黮而醉、安爲人旻、其鷇畫壺、故俗謂之畫壺、又謂禍鳥、詩所謂吁嗟鳩兮、毋食桑黮、周禮中春獻鳩吕養國老、飴此物也。其他鳩類不可悉疑、惟班隹布穀單吕鳩名。偕爲鳩聚之鳩。傳曰五鳩、鳩民者也。又曰釋三國之圖吕鳩其民。曰叙使魯無鳩兮。

鳲式脂切、詩云鳲鳩在桑。毛氏曰秸鞠也。方言曰自關而東謂之戴勝。陸農師曰布穀也。男事興而布穀鳴、女功興而戴勝鳴、尸鳩戴勝不可謂爲一物。說文單作尸。

鵀如林切、戴勝也。古單作任。記曰季春之月戴勝降于桑。爾雅曰鵖鴔、戴鵀。陸農師曰鵀首有文如勝、故曰戴勝。按、相如賦、西王母白首戴勝。顏師古曰勝、婦人首飾、漢世謂之華勝。

鴿

鴿，古沓切，鳩類也。人多畜之，十百為群，縱太夏歸。

鶉

鶉，常遵切，鵪鶉也。踈踈③好鬥，人多畜之，其味美。詩云鶉之奔奔。記曰膳雉兔鶉鷃。說文鶉从隹。又南方之宿朱鳥，曰鶉首、鶉火、鶉尾，此非鵪鶉也。

鵪

鵪，恩含切。亦作[illegible]，从隹。

鴽

鴽，人諸切，公食大夫禮庶羞雉兔鶉鴽。記曰鴽釀之蓼。月令曰田鼠化為鴽。爾雅曰鴽，鴾母。鄭氏曰鴽母。音牟無儀禮注鴾無說文翟从隹，牟母也。亦作鴑。

鷃

鷃，烏諫切，內則膳爵鷃蜩范。亦作鴳。晉語曰平公射鴳不死。韋昭曰鷃扈，小鳥也。杜氏曰青鳥，鶬鷃也。春鳴夏止。莊周曰斥鴳騰躍而上，不過數仞而下，翱翔蓬蒿之間。司馬彪曰鴳，雀也。

鵲

鵲，七雀切，鳥類，以其聲名之。又作舄。說文舄，知太歲所在，故象其形。按，舄未見其與鵲形相象，篆文作鵲。舄又思積切，俗為舄屨之舄，履底曰舄。別作[illegible]。

鶴

鶴，下各切，高鳥，白羽，丹頂，玄尾，脩頸，高足。鶴皆卵生，俗謂胎生，又謂千歲化為玄鶴，皆誕也。又作鶮。又與翯通。詩云白鳥翯翯，孟子作鶴鶴。毛氏曰翯翯，肥澤也。或作皠。說文曰鳥之白也。又胡沃切。

鸛

鸛，古奐切，鶴雀，小於鶴。

鵠

鵠，胡沃切。孟子曰一心以為鴻鵠將至。記曰鵠梟胖。楚辭曰鵠酸臇鳧。又曰黃鵠後旹而寄處，鴟梟群而制之。陳勝曰燕雀安知鴻鵠之志。漢高帝歌曰鴻鵠高飛，一舉千里。賈誼賦曰黃鵠之一舉兮，知山川之紆曲。子虛賦曰弋白鵠。漢書曰黃鵠下建

鷩　鵔　鸃　鷮　鳳

章宫太液池中。顔師古曰鵠、水鳥也、其聲鵠鵠云。周官、司裘射呂共矦、設其鵠。鄭司農曰鵠、鵠毛也。康成曰謂之鵠者、取名於鳱鵠。鳱鵠、小鳥、難中、是呂中爲雋。叅呂眾說、鵠益鴻類、鳥之大者、康成鳱鵠小鳥之說未然。或曰遴人謂之天鵝。正鵠之鵠、亦通作告、古毒切。

鷩必削切、周官、亯先公、饗、射鷩冕。說文曰赤雉也。鄭氏曰佀山雞而小。冠背毛黄、腹下赤、項綠、色鮮明。顔師古曰俗呼爲山雞、非也。

鵔私閏切。鸃、負羈切。說文曰鷩也。秦漢初侍中冠鵔鸃。佀山雞而小。或曰今錦雞也。

鷮居喬、巨嬌二切。詩云依彼平林、有集維鷮。毛氏曰雉也。說文曰走鳴長尾雉也。乘輿呂爲防釳。揥[illegible]。[illegible]上方。數陸璣曰微小於翟、長尾、走且鳴、肉甚美。故語曰三足之美有麃、兩足之美有鷮。埤雅曰雉之健者爲鷮、尾長六尺。按、雉鮮集于木、鷮恐非雉。

鳳馮貢切、鳳皇也。書云簫韶九成、鳳皇來

鸞　鸑　鷟　鵷

儀。詩云鳳皇鳴矣、于彼高岡。語曰鳳鳥不至、河不出圖、吾已矣夫。蓋呂爲治世之祥也。爾雅、鶠、鳳、其雌皇。天老曰麟前鹿後、蛇頭魚尾、龍文龜背、燕頷雞喙、五色備舉、出於東方君子之國、見則天下大寧、飛則群鳥从之呂萬數。說文曰朋、古文鳳、象形。鳳飛則群鳥从呂萬數、故呂爲朋黨字。鵬亦古文。按、朋乃鵬也、皇又作凰。

鸞洛官切。說文曰雞形、赤色五采。山海經曰鸞佀翟而五采。古者車有鸞和、皆鈴類也。詩云輶車鸞鑣。曰八

鸞鈙鈙。三馬故八鸞。毛氏曰鸞在鑣、和在式。杜元凱曰鸞在鑣、而和在衡。斨之上亦有鸞、則爲鸞斨、刀之有鈴者爲鸞刀。別作鑾。

鸑五角切、鷟、士角切。周語曰周之興也、鸑鷟鳴於岐山。說文曰鳳屬、神鳥也。江中有鸑鷟、佀鳧而大、赤目。或曰鳳之別名也。按、鸞鳳鸑鷟皆爲鳥之祥、既不常有、其物色益不可詳。

鵷於袁切、莊周曰南方有鳥、其名鵷雛。史

記相如賦鵷鶵孔鸞。漢書單作宛鶵。郭璞曰鳳屬。張揖曰佀鳳。

鶯

鶯烏莖切、黃㮚留也。又作鸎。又名離留、離黃。黃鶯與㮚留離留皆因其聲而命之、黃言其色也。又名倉庚。詩云倉庚亐飛、熠燿其羽。又名商庚。陸璣曰幽人謂之黃鸎、一名楚雀、齊人謂之搏黍。孔氏曰倉庚卽黃鳥也。舅駟曰毛公釋黃鳥爲搏黍、倉庚爲離黃、明爲二物。詩云交交黃鳥、止亐棘、止亐楚。又云無啄我㮚、無啄粱黍、明非離黃。色之明燿者因亦謂

鶯。詩云交交桑扈、有鶯其羽、有鶯其領。毛氏曰鶯然有文章。

鸒

鸒羊慮切。詩云弁彼鸒斯。爾雅曰鸒斯鵯鶋。字林曰楚烏也。郭璞曰雅烏也、小而多群、腹下白、江東呼爲鵯烏。按、鸒斯猶螽斯鹿斯也、爾雅讀詩已誤、況後來者乎、俗遂有[斯鳥]字。

鵯　鵊　鴇

鵯必移切、鵊古洽切。鵯鵊、鳴旦之鳥。

鴇愽好切。詩云肅肅鴇羽、集亐苞栩。毛氏曰鴇之性、不樹止。說文曰鳥也、肉出尺胾。徐鍇曰鴇大於雁、虎文、無後止、不樹止。顏師古曰今呼爲豹聲之譌也。別作鳵鴇。

鶡

鶡胡割切。月令曰仲冬之月、鶡旦不鳴。鄭氏曰求旦之鳥也。說文曰鶡佀雉、出上黨。鳴、渴旦也。顧野王曰鶡佀雉而大、青色、有毛角、鬥死乃止、晝夜鳴、佀雞。鶡鳴一名倒縣。漢書鶡雀飛集丞相府。蘇林曰今虎賁所著鶡也。師古曰非也。鶡雀之鶡音芬、本作鳻。鳻雀大而色青、出羌中、虎賁所著、色黑、出上黨、以其鬥死不止、故以飾武弁。今俗所謂鶡雞也。按、鶡旦爲求旦之鳥、般旦則

鳴、故謂鶡旦、亦曰渴旦、別作鳴、非。顏師古以鶡爲鳻、亦未然。

鷊

鷊五歷切、又郎擊切。綬鳥也。爾雅曰鷊綬。埤雅曰大如鸜鵒、頭頰佀雉、吐物長數寸、如綬、食必畜嗉、嗉大如斗、慮觸其嗉、行必遠艸木、俗謂之錦囊、又謂功曹。按、埤雅言鷊之大僅如鸜鵒、而嗉乃如斗、亦不察矣。野人有鬻予錦囊者、其大如雞、頷下有錦囊、鳴則囊見。詩云邛有旨鷊。毛氏曰綬艸也。

鷁

鷁五歷切、又研奚切。春秋曰六鷁退飛、過

宋都。穀梁氏作鶂。說文曰鶂或作鷁。司馬相如賦、鷁从亦。杜元凱顧野王皆曰水鳥也。三蒼曰鶬鶂也。孟子曰陳仲子有饋其兄生鵞者、已頻顣曰、惡用是鶂鶂者。蓋俗㠯喻鵞聲。

鵙

鵙古闃切、詩云七月鳴鵙。月令、仲夏鵙始鳴。爾雅曰伯勞也。伯勞、伯趙也。傳曰伯趙氏、司至者也。杜氏曰伯勞㠯夏至鳴、冬至止。鄭氏曰伯勞五月鳴、幽地晚寒、故鵙㠯七月鳴。郭璞曰佀鶷鶡而大。陳思王曰

其音鵙鵙云。別作䳤。按、說者㠯伯勞爲梟詳具梟下。幽地雖寒、倉庚莎雞蜩皆㠯旹鳴、鵙鳴何㠯獨晚。鄭氏蓋與就使會之說、鵙恐非伯勞也。

鴂

鴂古穴切、孟子曰南蠻鴃舌之人。離騷曰恐稊鴂之先鳴兮、稊亦作鵜。使夫百艸爲之不芳。史記曰百艸奮興、秭鴂先嘷。說文曰鴂、盜鴂也。方言曰巧婦、一名盜鴂。集韻曰盜鴂、旹分鳴則百艸芳、秋分鳴則衆芳歇。徐廣曰秭鴂、子規也。別作鴩。

鷤 鳺 鵑

鷤如連切。鳺古攜切。揚雄反騷曰徒恐鷤鳺之攸鳴兮、顧先百艸爲不芳。鳺亦通用歸巂規。爾雅曰巂周。別作雉鳺鷤。韻書田黎切、單非田黎之音、當作如連切。鵑古員切。按、鷤鴂鳺古書名物多錯互、聲相適也。其實鳺鵑鴂一物。鳺、秭歸也、佀小鷂、常㠯旹莫嘷鳴、其音哀、若曰鳺。鵑與鴂者、故㠯此旻名、或謂秭鴂、或名杜鵑、俗作鳿鵑非。或名

謶豹、或名望帝。是鳥也、不北產、故邵垚夫聞鳺於洛、㠯爲地气自南而北、占世之攸亂、所謂南蠻鴃舌殆此也。揚雄所謂鷤鳺即離騷之稊鴂也、說者亦㠯爲秭歸。秭歸鳴於旹莫、與百艸不芳之說不合、疑別自爲一物。夫知盜鴂爲何物、疑即詩所謂鳴鵙、七月始鳴、故言百艸不芳也。

鴟

鴟處脂切、舊𨟍也、又名鴟鵂。莊周曰鴟鵂夜撮蚤、察毫末、晝出瞋目而不見丘山。淮南子曰鴟夜撮蚤蚊、察分秋毫。今人謂之竹雀、毛角貍首睅目、夜則飛鳴、其聲若鴟、其和聲骨鹿云、故又名骨鹿。鴟聲狀惡而夜出飛鳴、故又謂怪鴟。詩云爲梟爲鴟。說文作雖、雖是僞切也。雖、鴟也。或作鴟。詩云鴟鴞鴟鴞、旣取我子、

無毀我室。爾雅曰寍鴂也。方言曰自關已東謂桑飛爲寍鴂。陸璣曰鴟鴞佀黃雀而小、其喙如錐、取茅秀爲巢、已麻紩之、如刺韤⑤、𪓰人謂之寍鴂、或曰巧婦、或曰女匠、或曰過鸁、關西謂之桑飛、或謂之韤雀、或曰巧女。按、鴟鴞之詩、乃爲鳥言。吁鴟鴞而語之曰、汝旣取我子矣、無又毀我室、說詩者誤已𠔁篇皆爲鴟言、又因綢繆牖戶之說、故傅會已爲桑飛巧婦、蓋讀詩之誤也。鴟鴞、摯貪之鳥也、疑卽所謂鴟𨟍、𨟍鴞聲相近也。賈誼賦曰鸞鳳伏竄兮、鴟鴞翱翔。鴞或作梟。顏師古曰鴟鵂怪鳥。鴞、惡聲之鳥也。已賈誼賦觀之、則鴟鴞與鸞鳳各爲二物、然已詩意觀之、則鴟鴞皆非二物。賈賦作梟者、是與詩所謂爲梟爲鴟者同、非鴟鴞也。漢志、鳶焚其巢。顏師古曰鳶也、音緣⑥。𢦏非緣聲、疑卽鴟字。

鴞

鴞亏驕切、又堅蕭切。青鳩也。詩云墓門有梅、有鴞萃止。毛氏曰惡聲之鳥也。又曰翩彼飛鴞、集亏泮林、食我桑黮、褱我好音。鄭氏曰鴞常惡聲、貪桑黮而改鳴。陸璣曰鴞大如班鳩、綠色、惡聲之鳥也、入人家凶。賈誼所賦鵩是也。肉甚美、可爲羹臛及炙。漢共御物、各隨其旹、惟鴞冬夏常共之、已其美故也。埤雅曰鴞、禍鳥也。今謂之

晝鳥。按、陸氏所謂大如班鳩、綠色、卽莊周所謂青鳩、好食桑黮、其聲亦不惡、未嘗入人家爲妖、故詩謂好音、非因食桑黮而改音也。禍晝乃因其鳴聲而命之、不察者但見其與鴟梟互稱、又已禍爲名、故謂之不祥、其實非也。莊子曰鳩鴞之在籠、鳩鴞皆籠畜、蓋人所膳。司馬彪亦曰鴞、小鳩、可炙者。

鷂

鷂弋笑切⑦、鷙鳥。又名題肩、俗作鷂鶝、題又作鷂。

鶻

鶻胡忽切、鷂類也。爾雅曰鶌鳩、鶻鵃。說文鶻鵃、鶻鵃也、鳩鶻鵃也。孫氏古忽切。鶌鸍鳩也。孫氏九勿切。郭璞曰鶻鵃佀山鵲而小、短尾、青黑色、多聲。徐⑧

曰鶻鵃佀山鵲而小、短尾、多聲。鶻鵃聲相近、殆一物也。按、鶻㠯鷙鳥稱、古今所共、鶻鵃縱有其物、乃合二字㠯爲名、不足爲正義。

鸇

鸇　諸延切。鷙鳥也。傳曰：鷹鸇之逐鳥雀。孟子曰：爲叢敺爵者、鸇也。陸璣曰：佀鷂、青黄色、燕頷句喙、嚮風搖翅、因風飛擊鳩鴿燕雀食之。說文曰：晨風也。按、詩云：鴥彼晨風、鬱彼北林。晨風、翰風也、猶言翰云夜雨、鴥言風之凡也。風凡而林木披靡、故曰鬱彼北林。若晨風爲鸇、則當言集彼北林、不足言鬱。自爾雅誤⑨㠯鴥爲鳥飛、因㠯晨風爲鸇、俗遂制鷐字、繆矣。鸇別作鷐鷐。

六書故弟十九　十五

鷻

鷻　度官切。詩云：匪鶉匪鳶、翰飛戾天。毛氏曰：雕也。鵰、鳶貪殘之鳥。說文亦曰：鵰也。詳見鵰下。按、詩作鶉、鶉乃鵪鶉、此當作鷻。

鶚

鶚　五各切。鷙鳥之大者也。漢鄒陽曰：鷙鳥累百、不如一鶚。孟康曰：大⑩鵰也。顏師古曰：鶚乃大鵰之鶚者、非雕也。說文無鶚而有蔦、鷙鳥也。孫氏與專切。徐鉉曰：屰非聲、疑从雈省。俗作蔦、非。按、屰非與專之聲⑪比、即鶚字、孫音誤也。

鳶

鳶　與專切。鷙鳥也。說文無⑫此字。凡雎鳩鸇鷂鳶隼鶚鴿鶻皆搏擊之鳥。雎鳩鸇隼則盤空下瞰、鴿鶻則沈匿側伺。爾雅曰：鳶烏醜、其飛也翔。埤雅曰：鳶、鴟也。

鷲

鷲　疾僦切。說文曰：鳥黑色多子。漢書、匈奴㞢奇才木就羽。單作就。顏師古曰：大雕也、黄頭赤目、羽可爲箭笴。詳見雕下。

六書故弟十九　十六

鴝　鵒

鴝　其俱切。亦作鸜。鵒　余蜀切。亦作鵒。鴝鵒、小鳥、剔其舌而教之則能言。考工記曰：鴝鵒不踰濟。鸛鵒來巢於魯、春秋記其異、俗亦謂步鴿。

鸚　鵡

鸚　烏莖切。鵡　文甫切。別作鵡。鸚鵡、鳥之能言者、出南越。其類不一、南人㠯白者爲鸚鵡、綠者爲鷃哥、其最黠而善言者謂之秦吉了。

鴷

鴷　力薛切。爾雅曰：鴷、斲木。又名啄木、銳喙長舌、舌如筈、鉤啄木空、鉤食其蟲。

鷓　鴣

鷓之夜切。鴣古乎切。生閩蜀交廣、形似母雞而小、其鳴若云鉤舟格磔、或釋之為行不㝵。又有竹雞、類鷓鴣、其鳴若云泥滑滑、飛不能高。

鶬　鴰

鶬七岡切。亦作鶬。鴰古活切。爾雅曰鶬、麋鴰。顏師古曰關西呼為鴰鹿、山東通謂之鶬、鄙俗名錯落、又謂鴰鶨[13]、皆象其鳴聲。詩[14]曰鞗革有鶬。毛氏曰言有法度也。鄭氏曰金飾皃。

鵾

鵾古渾切、楚辭曰鵾雞啁哳而悲鳴。又作鶤。爾雅曰雞三尺曰鶤。相如賦曰亂昆雞。單作昆。張揖曰似鶴、黃白色。

鷦　鷯

鷦即消切。鷯力幺切。小鳥也。莊子曰鷦鷯巢於深林不過一攴。爾雅曰桃蟲、鷦。其雌[15]鳥鷦鷯。其雄[16]鶛。又曰鳭鷯、剖葦。說文曰鷦鷯、桃蟲也。鷦刀、鷯剖葦、食其中蟲。說苑曰鷦鷯巢於葦苕、著之㠯髮[17]、取茅秀為巢、至精密、㠯麻紩之如刺韤、故俗呼韤雀、又曰工雀、巧婦、女匠也。方言曰幽州謂之鸋鴂、或曰巧婦。自關㠯東謂之工雀、或謂之過鸁、或謂之女匠。自關㠯西謂之桑飛、或謂之韤雀。陸璣曰鷦鷯微小於黃雀、其雛化為雕、故俗云鷦生鵰[18]。郭璞曰鳭鷯、江東呼為蘆虎、似雀、青斑、長尾。鷦鷯、桃雀也、俗呼巧婦、小而生雕鶚者也。按、鷦鷯、鳭鷯、鳭鷯、皆一聲之轉、不過一物、介㠯莊子及諸人所言量之、小鳥也。小鳥之巧於為巢者有桑飛、俗謂桑鐵、又不若黃頭竊眼之巧、黃頭又不如茅雀之巧也。桃蟲之說、乃說詩之傅會也。小毖之詩曰肇允彼桃蟲、拚飛維鳥。毛公始謂桃蟲為鷦、鳥之始小卒大者。鄭氏則曰鷦之所為鳥、題肩也、或曰鴞也。毛鄭皆謂鷦㠯為大鳥、而陸璣則謂鷦生雕、其說又轉謬矣。要之、無始小卒大之理、亦無㠯小生大之理、二說皆不可信、而分鷦鷯為二物則尤謬也。

鷸

鷸余律切、傳曰鄭子臧好聚鷸冠。莊周曰皮弁鷸冠。爾雅曰翠、鷸。說文曰知雨鳥也。引記曰知天文者冠鷸。徐邈曰一名翠、似燕、紺色、出鬱林、取其毛羽㠯飾冠。又作鶐、音述。顏師古曰鷸大鳥、即戰國策所云蚌鷸相持者也。天將雨、鷸則知之。翠鳥亦有鷸名、而飾冠者非翠。

鷺

鷺洛故切、舂鉏鳥、白鷺也。爾雅曰鷺、舂鉏。

鷟

別作鷐鴼。

鷟 側八切，鳥侶百舌，長喙，善歛，越人謂之鴿鷟。

鵜

鵜 辻兮切，鵜胡也。詩云維鵜在梁。爾雅曰鵜，鴮鸅。郭璞曰今之鵜胡也，好群飛，沉水食魚，故名洿澤，俗呼淘河。陸璣曰形侶鶚而大，喙長尺餘，直而廣，口中正赤，頷下胡如數斗囊，小澤有魚則群共抒水，滿胡弃而竭之㠯取魚，故名淘河。舅氏曰鵜如鶴而灰色，淛人謂之灰鶴，亦謂鸙。按，鵜胡益㠯頷下胡旻名，鵜胡淘河特一聲之轉尔，鵜安能竭澤，益又因淘河而傅會也。胡別作鶘。

鴋

鴋 分兩切。爾雅鴋，澤虞。郭氏曰姻澤鳥也，侶水鴞，倉翠色，常在澤中，見人則鳴喚不去，有象主守之官，故名澤虞，俗呼護田鳥。說文，姻嫪也，言其姻戀池澤也。按，姻澤卯鷚鸐也。又作鴆。

鶖

鶖 七由切。說文，鵚鶖也。或作鶖，从秋。徐鉉曰尗非聲。按，椒亦㠯尗爲聲。詩云有鶖在梁。毛氏曰禿鶖也。顧野王曰水鳥也。

鴐

鴐 古牙切。說文曰鴐鵝也。廣雅曰鴈類。子虛賦曰弋白鵠，連鴐鵝。顏師古曰野鵝也。春秋傳有榮駕鵝。俗用駕字。別作鴚鵝。

鵝

鵝 五何切。鵝鴈同物，畜於人者爲舒鴈。鵝鴨鴈皆因其聲㠯名之，凡鳥多因其鳴聲而名之。俗謂鳥能自名者，誤也。

鴻

鴻 戶工切，鴻鴈，昜鳥也。秋南而旾北，水鳥也，故又从水。相如賦曰鴻鷫鵠鴇，群浮

說文，唯，鳥肥大唯唯也。或作鳿。俗爲鴻厖、鴻荒之鴻。與洪通。或曰鳿，鴈也，鴻乃水之鴻茫。又鴻洞，去聲。

鳧　鴨　鶩

鳧 扶俱切。鴨 繄狎切。又作鴄。鶩 莫卜切。鳧鴨鶩同物，畜於人者爲舒鳧。

鷖

鷖 烏雞切，鷗也。詩云鳧鷖在涇。毛氏曰鳧屬也。倉頡解詁曰漚也。埤雅曰鳧屬，倉翠色，鳧好沒，鷖好浮，故鷖一名鷗，一名水鴞，形侶白鴿而群飛。風土記曰鷖鷖鷗也，㠯名自呼。按，鷖鷗特一聲之轉，實一物也。凡鵝鴈鳧鷗

鴐鵞雞鶩盧鷀䴔䴖之鳥，皆能浮湿湛而求負，必伏气不息，勢不能[19]久，謂鳧好沒而鷗好浮，亦不察之論也。

鷗

鷗，烏矦切。說文曰：水鴞也。古單作漚。列子曰：海上之人有好漚鳥者。或曰㠯其浮游水上，狀佀浮漚，因㠯名之。

鴛　鴦

鴛，於袁切。鴦，於良切。水鳥匹游者。詩云：鴛鴦亏飛。古今注曰：鳧類。

鸕

鸕，猴之切。盧鷀，水鳥，佀鴈而黑，善魰。魰人畜之，環約其嗉，使取魚。爾雅曰：鶿，鷧。郭氏曰：卽鸕鷀也。按：盧言其色之黑，單作盧者是。相如賦曰：箴疵鵁盧。郭璞曰：盧，[20]鸕鷀也。箴疵，說文作鱵鷩。張揖曰：佀鳧，虒，蒼黑色。

鶒

鶒，恥力切。水鳥匹游者，雄者五采，翹首、柁尾，多在清溪中。野人或謂溪鶒，或謂雞鶒。亦作鷘。

鵁

鵁，古肴切。爾雅曰：鳽，頭鵁。說文曰：鵁鶄也。又曰：鳽，鵁鶄。相如賦曰：箴疵鵁盧。張揖曰：鵁，鶄頭鳥。按：鵁鶄特一字。又曰交精旋目。單作交精。郭氏曰：佀鳧而脛高，毛冠，江東人家畜之㠯厭火災。

鴆

鴆，直禁切。毒鳥也。㠯其羽畫酒殺人。徐鍇曰：狀如鶡，紫黑色，食蝮，一名運日。又曰運日。鴆酒別作酖，非。

鷙

鷙，之利切。鳥之瞿殺猛麗者曰鷙。埤雅曰：鷙鳥下擊，先側必翻。亦通作摯。

鴥

鴥，余律、許律二切。鳥飛卂疾也。詩云：鴥彼飛隼。又曰：鴥彼晨風。言風之卂疾也。說詩者誤㠯晨風爲鸇。說文遂㠯鴥爲鸇飛皃，誤矣。鴥亦通作矞。記曰：鳳㠯爲畜，故鳥不矞。鄭氏曰：飛走之皃。陸德明曰：矞，別作獝。風之卂疾者也，亦作颵颮。

鷕

曜鷕，愈水切。鳥鳴聲。詩云：有鷕雉鳴。按：詩有瀰濟盈，有鷕雉鳴。濟盈不濡軌，雉鳴求其牡。上二句瀰與鷕劦，下二句盈與鳴劦。陸氏讀㠯沼切，非。

鶱

鶱虛言切、說文曰飛皃。按、古書通作騫。

鵮

鵮知咸切、長喙啄也。

鳥之疑

鴈

鴈五晏切。說文徐本曰鵞也、从鳥从人、厂聲。唐本曰从仄、从鳥。徐鉉曰从厂从人、義無所取、當从雁省聲。雁音同。說文曰从人厂聲、讀若鴈。徐鉉曰雁、知旹鳥、已爲摯、故从人。按、二字重复、而其義皆不可曉。說文以鴈爲鵞、侶以爲人畜、故从人、然於雁亦不通。

隹

隹職惟切、又子回、都回二切、短尾鳥也。今俗呂短後爲隹。隹隹孔父㉑鼎文。隹㉒父丁鼎文。別作雛。詩云翩翩者雛。陸氏曰雛音隹、本又作隹。爾雅曰夫不方浮切也。陸氏曰夫不、一名鵻鳩。李巡曰楚鳩也。郭璞曰㉓鵓鳩也。徐本說文、䳢、祝鳩也、隹聲。孫氏思允切。或作隼。杜預曰祝鳩、鵻鳩也。雋音焦、本又作焦。按、詩自有隼字、隹亦非隼聲。杜氏蓋祖說文、呂祝鳩爲鵻、而傳寫之譌、遂呂隹爲焦耳。按、鄭氏所謂鵓鳩卽布穀也、今人呂班鳩爲班隹、班隹布穀、短尾鳥也、故又名隹、而後人又益呂鳥、殆爲繁复也。又亏追切、鐘鼎文皆俗此爲惟字。又子罪切、莊子曰山林之畏隹。

隹之象形

雈

雈胡官切、說文曰鴟屬、象其毛角。說文曰讀若和。爾雅曰雈㉔老鵵。郭氏曰木兔、佀鴟鵂而小、兔頭有角、毛腳、夜飛、好食雞。按、今人謂鵂䍃爲竹雈。又作雚、吅聲。說文曰小爵也。引詩雚鳴亏垤。孫氏工奐切。詩之所采、乃鸛鶴、非小爵、且小爵安旻毛角、此特雈字尒。觀歡讙權皆呂雚爲聲。

雈之會意

蒦

蒦乙虢切。說文曰規蒦、商也。从又持雈。一曰眂遽皃、一曰蒦度也。

雈之諧聲

舊

舊巨救切、舊畱也。詳具鴟下。說文曰或作鵂。亦音休。俗爲新舊之舊。

奞

奞息追切、孫恤息晉切、象鳥奞飛、頸項毛羽先奮張之形。

奞之會意

奮方問切、鳥泆起亏田也。

隼思允切、鷙鳥也。象䧹隼在臂韝上。詩云「鴥彼飛隼、其飛戾天。」說文徐本、鵻、祝鳩也。从鳥、隹聲。或作隼、从隹、从一、一曰鶉字。唐本曰鵻从鳥、从隼。隼从隹、从卂省。李陽冰曰隼、卂省聲。陸璣曰隼、鷂屬。齊人謂之擊征、或謂題肩、或謂雀䧹、旾匕希縠者也。埤雅曰卽鶻也。按、說文不以隼爲鷙鳥、而詩疏引說文乃曰隼、鷙鳥也、說文固多異本邪。从卂之說亦通、非特取其聲、亦取丮㲋之義。準、𨿅皆以隼爲聲。

隹之指事

瞿九遇切、隹鳥之眂、兩目瞿瞿然也。借爲瞿戟之瞿。書云「一人冕執瞿。」孔氏曰戟屬。陸氏其俱切。

隹之會意

雔市流切、兩鳥也。

雔之會意

靃呼郭切、鳥遇雨驚飛也。相如賦曰靃然雲消。亦作霍、从雔省。

雥群鳥也。孫氏徂合切。按、說文焦从火、雥聲。孫音恐非。

雥之指事

雧秦入切、鳥群萃亏木也。亦作集、从雥省。

隻之石切。雙所江切。持一爲隻、持兩爲雙。

雀卽略切、小鳥也、多凶檐宇。古通作爵。

罩陟校切、罩鳥也。說文曰讀若到。

隹之諧聲

雄羽弓切、牡鳥也。

雌七移切、牝鳥也。亦作鴜。

雛士余切、鳥子也。爾雅曰生噣、雛生而能自啄食也、雞鶩類是也。

雞古兮切、畜鳥之能司夜旦者。別作鷄。

雅 雉

雅五下切、又烏加切。說文曰楚烏也。一名鸒、一名卑居、秦謂之雅。俗爲雅頌之雅、又爲雅鶱閑雅。

雉直几切、佀雞而五采、雄者長尾、耿介善鬥。爾雅、雉之種十三、㉕雉說文盧諸雉、鷮雉、說文亦作鷸、鳪雉、鷩雉、秩秩海雉、翟山雉、雗雉、說文作雗、鵫雉、說文作鵫、雉絕有力、奮。伊洛而南、素質五采皆備成章曰翬。江淮而南、青質五采皆備成章曰鷂。說文作鷂、南方曰𨿳、東方曰鶅。說文作鶅、北方曰鵗。說文作鵗、西方曰鷷。說文作鷷、別作鷷。左氏傳、少皞氏官有五雉。又名𩿪蟲。俗爲城築之雉。傳曰都城過百雉。杜預曰方丈曰堵、三堵曰雉、雉之制長三丈、高一丈。

離

離鄰夂切、離畱也。別作鸝。說文曰離黃、倉庚也。鳴則蠶生。鸝、鸝黃、亦也、一曰楚雀也。其色黎黑而黃。按、離鸝倉庚楚雀、實一物。徐鍇亦曰離黃即楚雀、鸝即離黃。說文誤分二字。又作鸝鶩。俗爲離麗之離。詩曰魚网之設、鴻則離之。又爲離披、又爲離落、猶言羅落也。今作籬。爲陸離、光采陸離也。爲流離、珠佀玉也。俗作琉璃。爲淋離、沃水淋離也。離之之謂離、去聲。

離 雝

雕都僚切。說文曰鷻也、亦作鵰。埤雅曰雕能食艸、佀鷹而大、色黑、故吁阜雕。翱水上、扇水令沸、出魚鼉食之、一名沸㉖河、一名鷲。服虔曰大鶚鳥也、一名鷲、黑色、名子、其羽可爲矢羽。俗爲雕琢之雕、爲雕落之雕。別作彫、琱、錭、凋。

雝於容切。說文曰雝、雝渠也。鶅鳥也。爾雅曰脊令、雝渠。相如賦曰煩鶩庸渠。郭璞曰庸渠、佀鳧、灰色而雞足。一名章渠。顏師古曰即今水雞也。按、鄭氏所謂章渠、今人謂之章雞。雝庸聲相近、實一物。爾雅之說非也。雝又作雝。俗爲和鳴雝雝之雝。別作噰噰。又爲肅雝雝睦雝容之雝。詩云雝雝在宮、肅肅在廟。記曰肅肅、敬也。雝雝、和也。詩又云鎬京辟雝。毛萇曰水旋丘如璧曰辟雝。舅駟曰按、譙周曰成王作辟上宮、周器之銘多有曰王在雝上宮者、辟雝蓋二宮名也。古鼎銘又曰惟三月初吉壬寅、王在和宮、大夫始錫作彝。又曰王在辟宮、獻工錫章雝和也。和宮、貽雝宮之異名、與漢儒本因呂水而生璧呂之說。後之沿襲者遂加广爲廱、其[27]失滋甚矣。

難

𪂹奴丹切。說文曰鳥也。或作難。俗爲艱難之難。遇難爲難、去聲。又用爲猗難之難、諾可切。詩云隰有萇楚、猗難其𠀤。曰隰桑有阿、其葉有難。別作儺、㦬㦬。又用爲旹難之難、囊何切。周官、方相氏掌蒙熊皮、黃金三目、玄衣朱裳、執戈揚盾、率百隸而旹難、呂索室敺疫。亦作儺、見人部。

難之諧聲

艱

艱古閑切、險難也。𡎸、籀文。或作攉。

雇

雇侯古切、鳥也。古通作扈。詩云交交桑扈、率場啄粟。傳曰九扈爲九農正。爾雅曰鳸鴳。杜氏曰九扈、旾扈鳻鶞倫切、夏扈竊玄、秋扈竊藍、冬扈竊黃、棘扈竊丹、行扈唶唶、宵扈嘖嘖、桑扈竊脂、老扈鷃鷃。鄭氏曰竊脂肉食、無肉而啄粟、失其本性。郭璞曰桑扈、俗呼青雀、觜曲食肉、喜盜脂膏、因以名之。按、竊淺色也、竊脂、蓋淺白色、猶竊丹、竊黃也。鄭郭誤、以爲喜盜脂膏、食肉而不食粟。彼安見肉而食諸。且竊丹竊藍、亦爲盜丹與藍者乎。又作鶚鳸。俗爲扈雇之雇、庸予直也、古慕切。

雒

雒勒託切。爾雅曰鵅、鵋䳢。說文同。郭氏曰今江東呼鵂鶹爲鵋䳢、亦謂鵅雒。爾雅又曰鵅、烏鸔。鸔說文同。郭氏曰水鳥也、佀鶂而短頸、腹翅紫白、背綠色、江東呼爲烏鸔。俗爲河雒之雒。

䧳

䧳章移切。說文曰鳥也。一曰雉度也。漢[28]鳷鵲觀。亦作鳷。

閵

閵良刃切。𨶛、籀文。說文曰閵侶鴒鴒而黃、𠕁省聲。籀文不省。

雃

雃苦堅切、說文曰石鳥也、一名雝渠、一名精削。旹秋傳、秦有士雃。又作鳽。

雂

雂巨淹切、說文曰鳥也。篇曰句喙鳥也。類旹秋傳、吳有公子苦雂。陸氏古含切。

睢

睢七余切、說文从鳥、王睢也。又曰白鷢、王睢也。詩云關關睢鳩。毛氏曰王雎也、摯而有別。郭璞曰鵰類、江東呼爲鶚、好在江渚山邊、食魚。陸璣曰大小如鴟、深目、目上骨露、幽州謂之鷲。揚雄、許叔重皆曰白鷢。崔豹古今注曰伯雎、尻上白。禽經曰雎鳩、負雎也。明氏曰朱文公謂雎鳩生有定耦而不亂、耦常並游而不狎、引劉女傳未嘗見其乘居而匹處。蓋因詩而生意也。徐鉉、艸木圖至謂雎鳩在河州上爲倡耦、未嘗移處、是又傅會詩河之州一辭、遂以爲雎鳩之定居也。王性之又謂嘗至田野、見有鳥同巢而異室、野人謂之關雎、此尤傅會。詩本謂雎鳩之聲關關、後人合關雎以爲詩名、爾安旻遂爲鳥名乎。

雚

荒烏切。說文曰鳥也。

雊

古候切、雞雉之屬、引頸而鳴也。說文曰雷始動、雉鳴而雊其頸。

隹之疑

䧹

於陵切、鷙鳥也、飛翔下瞰、捷擊以食。說文曰瘖省聲、或从人。亦作鷹。

巂

戶圭切。說文曰周燕也、从屮、象其冠也、冏聲。別作規雟。按、爾雅巂周。燕燕、乙。陸璣曰巂周、子規也。燕燕則乙也。說文失爾雅之句讀、誤以周燕釋巂。

雋

徂沇切。說文曰肥肉也、从弓、所以弢隹。蔽通爲書、号雋永。又叔遂、子沇二切。引之爲雋異、子峻切、與俊通。別作儁。傳曰奄何爲焉、其以中儁也。

隺

說文曰高至也、从隹上欲出冂。易曰夫乾隺然。孫氏胡沃切。

朋

步崩切、鳥群飛也、象形。說文、朋、古文鳳、象形。鳳飛、群鳥从以萬數、故以爲朋黨。按、崩弸棚鬅輣皆諧朋匹之朋而無鳳聲者、明此實爲朋匹之朋。說文又有鵬文、亦以爲古文鳳、乃莊周所謂鵬也、周之說大而無當、亦不足馮也。引其義則兩相从者皆謂之朋。詩云朋酒斯饗、以兩爲朋也。又貝爲朋、以又爲朋也。易曰㉙十朋之龜。詩云錫我百朋。十百爲朋也。引之爲朋匹朋友朋黨。

燕

燕於甸切、玄鳥也。籋口、布翄、枝尾、象其形。又曰乙、又曰意而。燕乙意而皆因其聲而命之、玄則㠯其色也。燕㠯春至、巢於人宇㠯生育、及秋分則去、蟄竅木中。妄誕者有烏衣國之說。借為燕樂燕飲之燕。通作宴。別作醼。又借為燕婉之燕、上聲。詩云燕婉之求。別作嬿。又借為燕代之燕、平聲。

羽

羽王巨切、鳥羽有莖、象形。借為五音徵羽之羽。

羽之會意

几

几市朱切、短羽也、故眡羽而殺。

翏

翏力求切、又力幽切、又力竹切、眾羽飛聲也。引之則亦為風聲。莊周曰而獨不聞之翏翏乎。向秀曰長風聲也。別作飂飀。(30)

翟

翟徒歷切、雉羽也。雉羽彎而長、故从羽。古者析羽㠯為旌、全羽㠯為旞、重翟羽厭翟羽㠯飾車。(31)后夫人之服、刻繒為翟㠯飾衣

謂之褕(32)翟、皆取於雉羽者也。禹貢、徐州之貢夏翟。詩云又手秉翟。又曰翟茀㠯朝。亦通作狄。又直格直角二切。

䎓

䎓土盍切、又覩盍切、鳥遭奄覆翕其翅毛、羽䎓䎓颯不申也。引之為䎓昔。亦作闒。䎓昔、卑猥不治之皃也。

羽之龤聲

習

習佀入切、鳥肄飛也。記曰鷹乃學習。引之則凡數數扇闔者皆謂之習。詩云習習谷風。又引之為學習講習。別作謵。

翰

翰侯旰切、又平聲、羽之彊者曰翰。在羽為翰、在毛為毫、雞鳴必扱其翰、故謂之翰音、鳥飛必鼓翰、故曰翰飛。引之則為屏翰之翰。詩云之屏之翰。又曰維周之翰。曰大宗

維翰。猶言羽翼也。毛氏皆曰幹也。別作鶾、說文曰維肥翰音者也。又作𣯍、說文曰獸豪也。又作鶾、說文曰馬毛長也。不達屛翰之義者、說爲楨榦之榦、誤矣。又爲羽毛白色。易曰白馬翰如。記曰戎事乘翰。俗爲翰海之翰。別作瀚。

翮

翮下革切、羽莖也。周官羽人掌徵羽翮。康成曰翮羽本。史記曰三翮六翼、以高世主。別作[illegible]。

翼

翼余力切、鳥兩臂也。引之則凡張兩者皆曰翼。孔子趨進、翼如也。別作[illegible]。俗爲祇翼之翼。詩云小心翼翼。又爲翼日之翼。亦作翌。以翼覆護曰翼、去聲。詩云鳥覆翼之。

猴

猴乎溝切、說文曰羽本也。一曰羽初生皃。士喪禮猴矢一乘、骨鏃短衛。又作鍭。周官鍭矢用諸近弢。康成曰猴之言候也。釋鍭同。

翄

翄失豉切、說文作翄、翼也。別作[illegible]。㉝周官翨氏掌猛鳥。康成曰鳥翮也。司農曰讀如翄翼之翄。說文曰翨鳥之彊羽猛者。

翎

翎郎丁切、羽之長者也。

翁

翁烏紅切、鳥頸毛也。引之則刀頸鞾項皆謂之翁。別作鞥。翁公聲相近、故俗爲翁媪之翁。又俗爲翁盎之翁、去聲、亦上聲。周官盎齊。鄭氏曰翁猶盎也、盎齊翁翁然。別作滃蓊。

翹

翹渠遙切、鳥尾長毛。翹起也。西都賦曰發皓羽兮奮翹英。

翦

翦即淺切、羽毛摧落也。故通爲翦髮翦滅之翦、與剪通用。說文曰羽生也、一曰矢羽。又平聲、飛皃。亦作[illegible]。

翯

翯胡角切、鳥羽皜澤皃。又見鶴下。

翕

翕許及切、斂翅也。引之爲呺翕之翕、與吸通。又作翖、漢西域有翖侯、迄及切、音同、非二字。

翥　翩　翻　翔　翽　羾　翐翂

翥章庶切、說文曰飛舉也。

翩湯連切、鳥飛輕疾也。

翻孚袁切、鳥飛翻也。

翔如羊切、盤回徐飛也。別作鴹。

翽呼會切、飛聲。

羾胡公切、飛聲。又古送切。

翐直質切。翂更文切。翐翂、徐飛皃。

毣　翬　翊　翛

毣莫報莫卜二切。顧氏曰毛溼也。鮑宣曰極竭毣毣之恩。師古曰猶蒙蒙也。

翬許㉞規切、詩云如翬斯飛。春秋公子翬字羽。說文曰大飛也。一曰伊洛而南雉五采皆曰翬。爾雅曰雉、隼醜其飛也翬。鄭氏曰鼓翅翬翬然疾也。按、詩曰如翬斯飛、則以翬爲雉者是。

翊與職切、說文、飛皃。漢有左馮翊。又作翌、亦以爲翼日之翼。

翛詩姚切、羽敝蔽疏皃也。別作翛翛。又息六切、與倏通。

翡　翠　翾　翿

翡符沸切。翠此醉切。翡翠、捕魚鳥、其羽青碧、護飾者尚其羽、故从羽。說文曰翡、赤羽雀。翠、青羽雀。一曰雄曰翡、雌曰翠。

翾㉟𨑨袁切、小飛也、蟲飛爲翾。別作翾蠉。

翿𨑨到切、羽葆也。漢人謂之竽葆、又謂羽葆。詩云左執翿。毛氏曰纛也、翳也。又作纛、與幬通。

翳　翣　羿

說文作翳。別作翢。

翳於計切、羽葆可以屏蔽者。引之凡蔽翳者皆曰翳。又兮聲。

翣山洽切、又色洽切、羽扇也。別作翜翣箑、箑。後人以翣爲棺飾、惡之、故多去他文。

羿五計切。說文曰羽之羿風、亦古諸侯也。一曰𢏚師。說文又有芎字、帝㊱嚳𢏚官、夏少康滅之。

爪　孚　爬　飛　非

爪側狡切，鳥爪也。獸亦有爪，象形。引之則凡爪類皆曰爪。人之指叉或亦通作爪。爪非人手之形。說文吕合爪爲臼，誤矣。車蓋之爪吕玉飾之，亦曰爪。別作瑵⿰王爪。爪之曰爪，丂聲。俗作抓。

爪之會意

孚芳無切，鳥伏卵也。先人曰：鳥孚日啄，及其嫗伏也，凝然不動，絫日一下食，誠之至也。人之有孚者亦然。孚伏之久，㬰休周浹，卵乃匕生，誠之孚於物也亦然。

爪之諧聲

爬蒲巴切，搔也。

飛甫微切，象鳥飛。又作ヨE，寅盦文。象兩翼披靡。ヨE又轉而爲非，借爲是非之非。說文曰：飛鳥翥也，象形。非，違也，从飛下翄，取其相背。按，飛與非一字而兩用，猶烏於之爲一字也，借義既慱，故判爲二字。

飛之象形

卂息晉切，疾飛也。飛疾故不見其羽。別作迅。

卂之諧聲

煢渠營切。說文曰：疾也。按，煢从卂，絕起無匑與故因之爲煢獨。又作懁、惸，通作睘。詩：嬛嬛扗疚。崔本作煢。

飛非之諧聲

𩙪孚袁切，疾飛翩飜如反覆也。又作翻。俗吕爲㊲番覂。

靡莫彼切，疾飛披靡也。假借之用三：靡之聲與幾莫無罔相通，故其借義亦相邇。詩云：靡不有初。又曰：靡神不舉。靡愛斯牲。又爲靡敝，靡盡之靡。記曰：國家靡敝。亦丂聲。

又爲靡切之靡、莫何切、與摩通。莊周曰相靡呂信。又曰喜則交頸相靡。呂氏春秋曰樹相近而靡。別作劘。亦有靡笄之山。

非之疑

靠

靠苦到切。說文曰相韋也。按、靠無韋義。今俗以倚靠爲義。或曰从鼎省。㊳

至之會意

至

至之利切、象鳥下飛屬地、至之義也。

郅

郅人質切、偕至也。

至之諧聲

臻

臻側詵切、至也。亦作轃。說文、轃、大車簀也。

到

到都皓多告二切、至也。至之義、鳥自上而下、故顛到之義取焉。淮南子曰到𡳾挫傷。艸木皆在下、所謂到𡳾也。別作倒。又作𠟭、說文、艸木倒也。

西

西先稽切、鳥宿于巢也、象形。日西則鳥歸宿、故因之爲東西。說文曰卥、古文。卤、籀文。俗从棲栖。西之本文爲東西所擅、故別作棲栖也。

六書故弟十九

古代字書輯刊

六書故

下册

〔宋〕戴侗撰
黨懷興 劉斌 點校

中華書局

六書故弟二十

永嘉戴　侗著
西蜀李鼎元校刊

動物三

蟲

蟲直中切、蝡動跂行翾飛、乑生之屬也。象形、三之象其乑生也。凡内骨外骨、卻行仄行、連行紆行、㠯脰鳴者、注鳴者、旁鳴者、翼鳴者、股鳴者、匈鳴者、率皆从蟲、其或爲䖵、或爲虫者、从省、㠯便書也。字有象其多者、於天文則有品、於動物則有蟲、於植物則有艸、有竹。說文曰：有足謂之蟲、無足謂之豸。䖵、蟲之緫名也。虫、蝮也、博三寸、首大如擘、象其臥形。物之微細、或行或毛、或不或鱗、㠯虫爲象。孫氏曰：虫、許偉切。按、虺虫將一物、何㠯爲蟲類之宗、古書無有㠯虫爲虺者、而融則①㠯爲聲、㠯斷知虫與䖵特爲蟲之省文、非有二字也。餘於蟲者爲蟲、太公聲。亦佗䖵。

蟲之象形

蜀

蜀市玉切、蜀㠯蠶、色多青、墳首瞑目。㠯目而非目。葵藿胡麻蹲鴟多產之。詩云：蜎蜎者蜀。毛公曰：桑蟲也。毛氏葢因詩在桑野而爲此說。說文曰：葵中蠶也、上目象其頭、中象其身蜎蜎。爾雅曰：蚅、烏蠋。疏曰：詩、儵革金厄。毛氏曰：厄、烏蠋也。莊周曰：奔蜂不能匕藿蜀。韓非曰：蠶㠯蜀。司馬彪曰：豆中大青蟲也。别佗蠋。因之爲巴蜀之蜀。

蜀之疑

蠲

蠲古玄切、說文曰：馬蠲也、益聲。明堂月令曰：腐艸爲蠲。按、益非聲、未可曉。書傳用爲蠲潔之蠲。與圭涓通。詩云：吉蠲爲饎。禮曰：哀子圭爲而哀薦之。漢有中涓涓人。顏師古曰：涓、潔也。主知潔清灑掃之事。圭蠲涓益同聲。周禮又曰：除其不蠲。由是有蠲除之義。蠲有罪戾、與之爲潔也、故又有蠲赦之言。引之爲蠲免蠲減、則無義矣。

蠱

蟲之會意

公戶切。皿蟲爲蠱。凡爲蠱者，聚毒蟲於皿缶，使代相啖，其獨存者爲蠱，吕其兵毒人，輒能。周官庶氏掌除毒蠱，吕攻說禬之，嘉艸攻之。②引之，用之則穀之飛亦爲蠱。人病尸注者，蟲蝕其叉藏，亦謂之蠱。晦淫③近女者，生內熱惑亂之疾，疾如蠱，引之則凡物敗而蠹生之者，皆爲蠱。蠱壞之義生焉。易曰：巽而止，蠱。

蚝

千志切。毛蟲也。其毛多善螫人。或作蛓、蚵蝓。

⿱夗虫

於袁切。蟲夗曲也。夗亦聲。說文單作夗。別作蜿。

蜎

縈玄切。肙蟲之狀肙肙然。詳見肙下。肙亦聲。詩云：蜎蜎者蜀。亦作蜵。

蝡

乳尹而兗二切。蟲行耎耎也。耎亦聲。說文曰：動也。

風

蟲之諧聲

叓戎叓今二切。天地八方之气吹④噓鼓動者，命之曰風。風在有無之閒，無所取象。說文曰：風動而蟲生，古文者託象焉。凡聲。說文曰：凬，古文。或作飌。詩之風雅取義焉。風之之謂風，去聲。別作諷。

風之諧聲

颺

弋尚切。風所搖⑤義也。又平聲。風所飛揚也。因風吕播糠粃者亦曰颺。與揚通。

⿰舉風

紕昭切。風舉凡也。在風爲⿰舉風，在水爲𣿅。其義略同，故亦通用。詩云：風其𣿅女。又曰：風雨所𣿅搖。別作飃。

颷　颸　颯　颼　颭　⿵風貝　蠶　蛹　蛾　蠭

颷卑遥切、風猋起狂凡也。别作飈、颮。通作猋。

颸息茲切、風之輕涼者也。

颯穌合切、風乍至颯然也。又落合切、狂風扶物也。

颼穌求切、颼飂、涼風颼飂也。

颭隻冉切、風所軒擧也。

⿵風貝補妹切、海之灾風也。俗書誤作颶。

蠶昨含切、人所同識。說文曰任絲也。俗作蚕。

蛹尹竦切、蠶成緹㠯而爲甬也、亦會意。

蛾五何切、蛹㠯而羽曰蛾。凡羽蟲皆先㠯而蛹、再㠯而羽、古亦用爲蟻字。

蠭古文⿰虫丰叓容切、細要乑居之蟲也。有蜜蜂、有土蜂、有木蠭、其類不一、其尻有毒、所謂丁也、故古文从丁。

蜜　蠟　螉　蠮　蟻

蜜彌畢切、蜂飴也。又作蠠。

蠟力盍切、蜂房鬻之爲蠟。

蠮烏結切。螉、烏紅切。蠮螉、蜂類、細要縣腰、壘土爲房於屋壁空鏬中、取蛛蝥或青蟲實之、而卵其中、雌雄倡和、其聲若祝、已乃封其端而厺、卵㠯爲蟲、食蛛蝥而長、則㠯爲甬、再㠯而羽、乃爲蠮螉。習俗不察、但見其負他蟲若祝之然、謂細要無雄、祝他類爲子、毛氏遂㠯此釋螟蛉果蠃、誤矣。說文曰螉蜙、蟲在牛馬皮者。

蟻魚綺切、又作螘。蟻之類不一、白蟻居土中、其巢大如瓮盎、有城亭君王、㠯土爲甬道、高下縱屬、蠹食朽腐、梁棟亦被其害、㠯而羽、夏月侌雨旹、坌飛滿屋、⿰舟台所謂蚍蜉也、亦謂之螻、亦謂土蟻。玄蟻之乑尤蕃、亦有城亭、君王性慕羶、遇遻羶僵腐、則率其𨑒負曳而厺、有大頭蟻徃來其閒而不負良、若紏率之者、故俗㠯惰群者爲大頭蟻。又有同類而小者、其色微黃爲黃蟻。有虎蟻、稍大、好啖群蟻、故謂虎蟻。有蛆蟻、狀如翠蟻、匕而羽、能螫人、爾雅所謂丁蟻也。有臭蟻、好緣木爲窠、其臭惡、故謂臭蟻。此其大略也。爾雅曰蚍蜉、大螘。小曰螘。蠪、朾螘。螱、飛螘。方言曰亝魯之閒謂蚍蜉曰蚼蟓、卥南梁益之閒謂之玄蚼、燕謂之蛾蛘、大而亦色者名蠪、一名朾螘。

六書故弟二十　七

螻

螻洛戾切、螻、土蟻也。螻蛄、土狗也、好攻土、夜飛傻火㠯其好攻土、故屬之於螻。爾雅、螜、天螻。蟓、蛞螻。注曰螻蛄類也。疏曰螻、蛄之異名也。方言曰蛄詣謂之杜蛒、搯螻螲謂之螻蛄、或謂蟓蛉、南楚謂之土狗、或謂之螻蛄。蟻所蠹蝕爲螻、厺聲。人病頸腫如螻攻者亦曰螻。別作瘻。說文、瘻、頸腫也。又螻蟈、蛙屬。

蚍　蜉　蝣

[illegible]蒲陂切、又作[illegible]、縛牟切、又作[illegible]蚹。[illegible]、夷周切。詩云蜉蝣之羽、衣裳楚楚。夏小正曰蜉蝣、渠略也、翰生而莫𣦸。荀子曰不歆不食者、蜉蝣也。王裒曰蜉蝣出㠯会。爾雅釋曰蜉蝣、通謂渠略、佀甲蟲、有角大如指、長三四寸、甲下有翅、夏月会雨肖地中出、今人燒炙啖之、美如蟬也。樊光謂之糞中蝎蟲。合人曰南陽㠯東曰蜉蝣、梁宋之閒曰渠略、佀蛣蜣、

六書故弟二十　八

身狹而長、有角、黃色、聚生糞土中、朝生莫𣦸、豬好啗之。按、詩稱蜉蝣羽翼、㠯興衣服之采采粲粲、甲蟲雖甲下有羽、永物者不應合甲而言羽。荀子言蜉蝣不歆不食、渠略攻食糞土、亦非不歆食者也。蜉蝣盍羽蟲、疑卽夜蛾。夜蛾粉翅、如蝶而小、三月会雨肖多生麥圃中、夜則飛撲⑥燈火、不歆食、類蠶蛾、故其生不能久、近佀所謂不歆食翰生而莫𣦸者、豈㠯其不歆食而但翾飛、故謂之蜉蝣也邪。

蛺　蝶

蛺兼仰切。蝶、𨑒劦切。蛺蝶、胡蝶也。胡蝶、粉翅長喙、卵艸木上爲蟲、食艸木、匕而爲甬、

蜆　蠅　蛆　蜡　蟁

再蛻而爲蝶、其類不一。說文作蝗。

蜆胡千呼典二切。爾雅曰蜆、縊女。釋曰小黑蟲也、赤頭、喜自縊、故又名縊女。說文蜀本曰蜆爲蝶。是也。唐本曰卽繭字。

蠅余陵切、蠅類不一、其最多者集人身及食閒、青蠅生於圂、一名景跡、毛蠅好卵、蠶身、食蠶蛹、攻繭而出、乃匕爲蠅。

蛆七余切、蠅之類、卵臭腐糞穢中爲蟲、耎匕爲蠅。說文、胆从肉、蠅乳肉中也。

蜡鉏駕切、說文曰蠅胆也。周官、蜡氏掌除骴。康成曰骨肉臭腐蠅蟲所蜡也、讀如狙伺之狙、淸預切。按、昔非狙聲。又用爲蜡祭之蜡、天子八蜡。記曰蜡也者、索也。歲十二月合聚萬物而索饗之也。

蟁無分切、亦作蚊。淮南子曰孑孑爲蟁。高誘曰孑孑結黽水上、倒跂蟲也。亦作𧑒。

蚋　蝱　䗈　蠛　蠓　蠁　蟬　螓　蜩　螗

蚋而銳切、說文作蜹、曰秦晉謂之蜹、楚謂之蚊。或曰今飛蟲細如粱臬、正晝噆人膚者謂之蚋。荀子曰醯酸而蚋聚。按、蚊蚋似不得爲一物、集醯者蠛細於蚊、亦謂之蚋、細者爲蚋是也。

蝱陌庚切、蝱類虻而大、攻歛牛馬血。⑦

䗈陸氏由季切、楚語曰蝱䗈之既多、而不能掉其尾。⑧韋昭曰大曰蝱、小曰䗈。

蠛莫結切。蠓、莫孔切。說文曰細蟲也。爾雅、蠛蠓。疏曰小蟲似蚋、亂飛。一名醯雞。列子曰蠛蠓者、因雨而生、見昜而死。司馬氏曰醯雞者、酒上之蠛蠓。

蠁許兩切。說文曰知聲蟲也。司馬相如作蚼。爾雅曰國貉、蟲蠁。釋曰蛹蟲也、今俗呼爲蠁。廣雅曰土蛹、蠁蟲是也。按、今人吕醯雞爲蠁。

蟬市連切。別作蛾。螓、市臻切。蛁、徒聊切。或作蜩。

螗徒郎切。蠽、子削作結二切。⑨蟟、落蕭切。螿、側良切。蚻、側八切。蟬螓蜩螗蠽蟟螿蚻皆蟬類也。爾雅曰蜩、蜋蜩、螗蜩。蚻、蜻蜻。蠽、茅蜩。蝒、馬蜩。蜺、寒蜩。蜓蚞、螇螰。夏小

蠽　蟟　螿　蚻

正曰蜋蜩者五采具、螗蜩者蝘。說文曰蟬以旁鳴者也。蜩、蟬也。螇鹿、蛁蟟也。蚗、蛁蟟也。蝒、馬蜩也。蜺、寒蜩也。蚄、蛜蚗、蟬屬。方言曰蟬、楚謂之蜩、宋衛之間謂之螗蜩、陳鄭之間謂之蜋蜩、秦晉之間謂之蟬、海岱之間通謂之蟜、其小者謂之麥蚻、有文者謂之螓。鄭康成曰螓、蜻蜻、頟廣且方。陸璣曰蟪、一名蝘蚼。字林、蚼亦作蟟也、青徐謂之螇螰。郭氏曰蝭蜩、俗呼胡蟬、江南謂之螗蛦。按、記曰范則冠而蟬有緌。蟬頟下縣舌如緌也。螓、蟬聲相隣、皆因其鳴聲以命之也。詩云螓首蛾眉。蟬之大者其頟廣而方、故詩稱螓首也。詩云菀彼栁斯、鳴蜩嘒嘒。又云如蜩如螗、如沸如鬻。明蜩螗二物、而其聲嘒嘒啾襍也。蠽蟟、小蟬、其聲噍囋、因其聲以名之、亦呼蚻蟟、又謂茅蜩也。蚻、寒蟬也、亦因其聲以命之。其大者爲馬蚻、馬母也、即詩所謂莎雞、後人又謂絡緯也。爾雅曰螒、天雞。李巡曰即莎雞也。一名酸雞。疏

螬　蝤　蠐　蟪　蛄　螜

曰又名梈雞。其狀佀雞、多在莎中、食其莢、其鳴聲絕類絡緯者、是以謂之也。近秋始鳴、常鳴於夜、故又謂寒蟬、夜蟬也。螿、寒蟬之小者也。螇蝒蛜蛛蚗蛁之類、皆廢名也。

𧑒徂遭切。蝤字猶切。蠐徂兮切。又作蟦。蠐螬、蝤蠐一物也、生糞中、食艸木根、口剛而身耎耎、肥白壟腫、故俗以比肥白者、詩所謂領如蝤蠐也、匕而羽爲蟬。

蟪羽桂切。蛄攻乎切。楚辭曰歲莫兮不自聊、蟪蛄鳴兮啾啾。莊周曰蟪蛄不知春秋。說文曰蟬也。陶隱居曰莊周所云是、三五月小紫青色者、楚辭所言乃寒螿尒。司馬彪曰寒蟬也。一名蝭蟧、春生夏死、夏生秋死。崔譔⑩也、蛁蟟也、或曰山蟬、秋鳴者不及春、春鳴者不及秋。按、春生夏死等說、皆傅會莊周之說、不足徵也。蟪蛄一名、而陶氏以爲二物、亦非也。

螜乎木切。夏小正曰三月螜鳴。爾雅、螜、天螻。

蟋　蟀　蛩　螽

蟋息七切。通作悉。蟀所律切。或作蟀。蟋蟀、小蟲，翼而澤、善鬥、小兒籠畜以角勝負、其聲刺歷如織、七月始鳴、故又謂趣織。陸璣曰一名蜻蛚、楚人謂之王孫、幽州謂之趍織。

蛩渠容切、爾雅曰蟋蟀蛩。或作蛬蛬虷。說文曰蛩、蛩獸也。一曰秦謂蟬蛻曰蛩。

螽職戎切、艸蟲飛躍以股鳴者。詩云螽斯羽。又曰趯趯阜螽。又曰五月斯螽動股。亦作䘇。爾雅曰蛗螽蠜。艸螽負蠜。蜤螽蜙蝑。蟿螽螇蚸。土螽蠰谿。疏曰蛗螽一名蠜。艸螽一名負蠜、又名常羊。蜤螽周南作螽斯、七月作斯螽、一名蜙蝑、一名舂黍、毛氏亦曰螽斯蜙蝑也。漢志曰昏秋為螽、今謂之蝗。說文曰螽蝗也。蝗螽也。蜙蝑以股鳴者。蔡邕亦曰螽蝗也。李巡曰螽蝗子也。陸璣曰今人謂蝗子為螽、兖人謂之螣。蝗、螽一物也。艸螽一名負蠜、一名常羊、小大長短如蝗、奇音青色、好在茅艸中、一名艸螽。蜤螽螽斯也、又名斷螽、幽人謂之舂箕、卽舂黍、蝗類也、長而青、長角長股、股鳴者

也。或謂似蝗而小、班翼、其股似瑇瑁、又五月中以股相切作聲、聞數十步。蟿螽一名螇蚸、形似蜻蜓而細長、飛翅作聲。土螽一名蠰谿、今謂之土蝶、江南呼虴蜢、又名蚱蜢、似蝗而小、善跳。按螽斯、斯螽之斯皆辭助、猶鷽斯、鹿斯、柳斯、蕭斯、朋酒斯饗、有兔斯首之斯也。說者以螽斯自為一物、至去蟖蝑二字、誤矣。艸蟲凡指之也、阜螽、螽之大者也、詩云三牡孔阜、說者遂去阜字、誤矣。以周南七月之詩觀之、螽乃常有之物、決不可謂蝗、昏秋書螽、蓋以多為災也。

蚱　蝗　蠜　蟷

蚱陟格切。又作蚱蝶。蜢莫杏切。蚱蜢、螽類也。凡螽蚱蜢蟋蟀之屬皆長股而翼、善躍且飛、蚱蜢之類最多、甌越人通謂之蚱蜢。

蝗乎光切、又榮庚切。似蚱蜢而大、群飛食禾黍艸木莖葉、領下有文若王、翅旁有竅、可以縷冊、不常有、有則為灾。

蠜附袁切。說文曰阜蠜也、說見螽下、又見蜚下。

蟷迖郎切。又作螗。螂魯當切。蟷螂、羽蟲之鷙

蜋　蟰　蛸　蛣　蜣　螢

者、出自斧臂、卻行奮臂、搖肩側翅、攫食他蟲、翼下有紅翅如裙裳、俗謂織絹娘、腹中有二蟲如羉線。爾雅曰莫貈、螳蜋、蛑。又云不過、蟷蠰、其子蜱蛸。方言譚魯㠯南謂之蟷蠰、三河之域謂之螳蜋、燕趙謂之食尨、亝杞㠯東謂之馬穀、其子曰蟰蛸也。

蟰 匹消切。蛸、相搖切。蟰蛸、螳蜋卵也、生著枝閒。別作𧒒消蟰蠨。蛸又相交切、蟰蛸也。說具蟰下。

蛣 去吉切。蜣、區羊切。甲蟲之巨者、翼甲、甲下有翅、飛鳴洪洪然、好轉半矢為丸、俗亦謂之矢甲。向秀曰蛣蜣之知、在於轉丸。又名蜣蜋。爾雅曰蛣蜣、蜣蜋。又漢鄭縣有蛣埼亭。顔師古曰蚌也、長寸、廣二分、有小蟹在其腹中。南越志曰長寸餘、腹中有蟹子如榆莢、合體共生、亦作鮚、至今㠯此名其地。

螢 沿同切、甲蟲之小者、夜飛有光熒熒、故因㠯名之。古單作熒。爾雅[11]云熒火、即炤。或又名蚈螢、產子於艸中、謂腐艸化螢、非也。

蠸 巨員切、瓜蠅、狀侶熒火。爾雅曰蠸、輿父[12]、守瓜。釋曰黃甲小蟲、喜食瓜葉。

蜻 子盈切、又音青。蛉、郎丁切。蜻蛉、出目馬吻、六足三翼、飛空而卵於水、為水蠆、水蠆化而為蜻蛉、亦曰蜻蜓、蠝蜓。蜓、特丁切。呂氏春秋曰海上有好蜻者。高誘曰蜻、蜓也。一名白宿。爾雅曰虰蛵、負勞。釋曰負勞、蜻蛉也、江東呼狐梨。方言曰蜻蛉謂之蝍蛉、淮南人又呼蠊蛜。字林云一名桑根。說文曰蛉、蜻蛉也。一名桑根、又名蟌。又螟蛉、蟲名。詩云螟蛉有子、果蠃負之。螟蛉不知為何物、爾雅㠯為桑蟲、予於蠮螉已辨其誤。

蟌　蛚　蝎

蟌 粗叢切、淮南子曰水蠆為蟌。注云蟌、蜻蜓也。

蛚 良薛切、蜻蛚。說具蟋蟀下。

蝎 許謁切、蝤蠐類也。在木曰蝎、蝎與蝤同而色微黃、多蠹穴桑中、以而羽、有角如虫、芉、故俗謂天牛、亦謂桑芉、盧黑而白駁、緣木上下、飛騰不遠、還齧木皮、卵其中。爾雅曰蝎、蛣蜫。說文作蚰。又曰蝎、桑蠹。蠰、齧桑。又曰蟦、扶非切蠐螬。蝤蠐、蝎。疏曰在糞土中者名蟦蠐、又名蠐螬。在木中者、方言云關東謂之蝤蠐、梁益之閒謂之蝎、實一蟲也。齧桑、江東呼齧髮、似天牛、長角、體有白駁、好齧桑、正此物也。按、蝤蠐與蝎雖相類而實二物、以蝎爲蝤蠐、非也。

蠹　蛘　強　蟴

蠹當故切、木中蟲也。亦作螙、會意。

蛘與章切。爾雅曰蛣蟩、彊蛘。又曰彊蚚。說文曰蛘、搔蛘也。蛣蟩、彊芉也。爾雅疏曰今米穀中小黑蟲也、江東謂之蛪、建平人謂之蛘子。按、今穀中小黑蟲不羽、穀、陳浥則産此、俗謂穀蛘。讀若芉者誤、搔蛘當作癢。

強巨良切。彊籀文。說文、強、蚚也。蚚、巨衣切。強也。強从虫、弘聲。徐鍇曰弘非聲、秦刻石文从口、疑从籀文者。⑬

蟴式支切。說文曰蛅蟴、強芉也。本艸曰蛅蟴、毛蟲也、背上五色、刺螫人是

蛅　蛹　蟫　蠷　螋　蟰　蜘　蛛

毒、老者吐白汁、凝聚正如雀卵、一名雀瓮、此乃其卵。

蛅職廉切。爾雅曰蟔、蛅蟴。說文曰蛅斯、黑也。陶隱居曰蛅斯、蛓蟲也。爾雅疏曰毛蟲、蛓類。

蛹乎感切、爾雅、毛蠹也。按、此乃蠹食脯鱐者、或以爲蛓、非。

蟫余箴切、衣書中蠹也。爾雅曰蟫、白魚。本艸名衣魚、一名蛃魚、一名壁魚。

蠷其俱切、又巨由切。亦作蛷、蛷。叜、所由切。蠷螋、

似小蜈蚣、色青黑、足長、溺人則瘡、熱沸。說文、蛷、多足蟲也。

蟰蘇彫切、蟰蛸也。詩云蟰蛸在戶。爾雅曰蟰蛸、長踦。釋曰長踦、小蜘蛛長脚者、俗呼爲喜子。陸氏曰一名長脚、荊州河内人謂之喜母、此蟲著人衣則有喜、幽州人謂之親客。喜亦作蟢、踦亦作蟢。

蜘陟離切。又作䵹、鼅⑭。蛛陟余切。又作鼄。蜘蛛、网蟲、其類不一、縣空張网如罾、羅、食飛蟲。爾雅

鼅 蝍 蝥

曰次蟗䆼音鼅鼄。鼅鼄、鼄蝥。土鼅鼄、沙鼅鼄。方言曰自關㠯西、秦晉之閒謂之鼄蝥、自關㠯東、趙魏之郊謂之鼅鼄、或謂蠾蝓。北燕朝鮮洌水之閒謂之蝳蜍。郭氏曰齊人又呼社公、亦⑮云网公。爾雅又曰王、蛈蜴。釋曰此蜘蛛之一種也、一名螲蟷、穴居布网穴口有蓋、河北人呼蛈蜴也。

鼅 陟八切。說文曰作网蛛蝥也。

蝍 堋虐切。說文、渠蝍、一曰天社。又蝶離灼切蝷蝶也、一曰蜉蝣、朝生莫死者。

蝥 莫浮切、蛛蝥、蜘蛛也。

螋 蜫 蚤

螋 蒭連切、博雅曰螋、蜓沙𧊅也。按、沙中有蟲、蜓沙爲穽㠯伺物、有墮其中、輒取食之、俗亦謂之橐佗⑯、㠯其背若橐佗也。蜓亦作蜓蝥。

螕 邊兮切、扁蟲著牛馬食其血者也。衾薦蓐之閒者䖵小、嗜人膚、俗謂薦螕、亦曰芖蝨也、螕麻子類螕、故㠯名之。螕麻別作蓖、非。

蚤 子皓切、嗜膚跳蟲也。早莫之蚤亦俗用此、手爪之叉亦俗用此。

蝨 蟣 蜚

蝨 所櫛切、衣襦中蟲也。

蟣 居衣切、蝨卵也。

蜚 匪微切、又扶費切、春秋書有蜚。爾雅曰蜚、蠦蜰。劉氏五行傳曰蜚、負蠜、越地所生、爲蟲臭惡、南方⑰淫气之所生也。爾雅釋曰蜰卽負盤、臭蟲也。廣雅曰蟅也。本艸圖經曰金房人啗之、謂之石薑。按、蜚蜰蠜盤皆一聲之轉、而爾雅乃㠯蠜爲蛗螽、負蠜爲艸蟲。

蟅 蚿

蟅 之夜之石二切、本艸曰蟲似鼈亦似鼠婦、大者寸餘、有鱗無甲、生沙中及牆壁下溼土中。廣雅曰負蠜也、又名土鼈、亦謂地鼈。別作䗪。

蚿 胡田切、馬陸也。多足、俗名百足蟲、狀如穿百錢、亦謂百錢蟲、𧈩則側臥如刀環、故又謂刀環蟲。莊周曰夔謂蚿、吾㠯一足踸踔而行、今子之使萬足、獨奈何。爾雅曰蚿、馬䗃。方言

蠖　螟　蟘　蟊　蝝

曰馬蚿、北方謂之蛆蝶、大者謂之馬軸、軸亦作蠲。淮南子曰若蚿之足衆而不相害。注曰讀若溪⑱蚈、馬蚈、幽州謂之秦渠。

蠖烏郭切、蟲屈申而行者、多生桑上、其長至尺、易曰尺蠖之屈、以求信也。郭璞曰今蝍蝛、又名步屈。尺别作蚇、非。

螟莫經切。爾雅曰食苗心、螟。說文曰食穀葉蟲。陸璣曰螟侶子方而頭不赤。子方亦作虸蚄。

蟘徒得切、又作螣、又作蟦。爾雅曰食葉蟘。說文作蟦、食苗葉者。螣、神虵也。徒登切。按、蟘非一種、月令曰百螣皆起。螣虵乘霧、乃虵之能騰起者、止當作騰。

蟊莫浮切。爾雅曰食根蟊。說文、蟊、蟲食艸根者、从蟲、象其形。或作蝥、古文作蝆。孫氏莫浮切。蟊、蠿蟊也、从蚰。孫氏莫交切。蝥、盤蝥也、从虫。莫交切。按、說⑲文、蟊蝥蝆名物賈亂、今以蟊爲蟊賊之蟊、蝥爲蛛蝥之蝥。

蝝與專切、旾秋書蝝生。爾雅曰蝝、蝮蜪。董仲舒、劉向曰螟始生也、一曰蝗始生。劉歆曰蚍蜉之有翼者食穀爲災、黑眚也。何休曰始生爲蝝、長大爲蝗。陸悳明曰董仲舒說蝗子也、劉歆說蚍蜉子。魯語曰蟲舍蚳蝝。韋昭亦曰夏陶也、蓋祖爾雅。

蠹

蠹盧戍切、蠹古文、从丁、言蟲所毒也。高子曰禹之聲尚文王之聲。孟子曰何以言之。曰以追蠡。謂鍾用久剝蝕、若蟲蝕也。說文曰蟲蠹木中也。又盧果切、瘰癬蟲也。傳曰不疾瘯蠡。又作蠃。說文曰畜產疫病也。陸悳明曰瘯蠡、說文作瘯、皮肥也。按、說文徐本無瘯字、瘯、小腫也、一曰族累、徐鉉曰今作瘯蠡。又郎禾切、通爲蠃蚌之蠃。語曰以蠡測海。又憐題切、谷蠡、匈奴君長号。又蠡艸、詳見蘭下。

蛕　蟯　虵

蛕戶恢切、⑳又腹中長蟲也。別作蛔蚘。

蟯倪幺切、又如招切、人腹中短蟲也。

虵皆遮切、紆行鱗甲之蟲也。其類不一、好

蚦 蟒 蝮

噬齧人亦作巳、象形。因㠯爲十二辰之名、虵、巳之物也。或作蛇。俗爲委蛇之蛇、弋何切。陸氏音移、非。

蚦 如鹽切、說文曰大蛇[21]、可食、長者丈餘。

蟒 莫蠓切、虵之最大者。爾雅曰蟒、王虵。

蝮 孚六切、虵之最毒者。爾雅曰蝮虺、博三寸、首大如擘。孫炎曰江淮㠯南謂爲蝮、頭如拇指、有牙最毒。郭璞曰虺、細頸大頭、焦尾、色如艾綬文、文間有毛、佀豬鬣、鼻上有針、大者長七八寸、一名反鼻、惟虫南方。虺、土色所在有之、俗呼土虺。

蜥 蝘 蜓

蜥 先擊切、蜥易、蝘蜓也。易亦作蜴。

蝘 於殄切。蜓、弋典切。爾雅曰蠑螈、蜥蜴。蜥蜴、蝘蜓。蝘蜓、守宮。或謂之蠦蠷、或謂刺易、其在澤者謂之蜥蜴、蠑螈、虵醫也。㠯注鳴。按、蝘蜓守宮同類而異種、守宮專在屋壁間、故謂之守宮、俗亦謂壁弓。俗緣守宮之名、謂食㠯丹砂[22]、擣之點女子體、不去、耦男子則滅、㠯是爲守宮者誕也。在埜者俗謂蝘蜓、比守宮爲大、丹碧色者短尾、純青色者長尾。東方朔曰是非守宮、即蜥易。明爲二物也。又爲蜻蜓、見蜻下。

蛟 螭

蛟 古交切。說文曰龍屬也。郭璞曰佀虵、三[23]足、細頸、頸有白嬰、大者數十圍、卵如一二斛甕、能吞人。

螭 丑知切。呂氏春秋曰龍食乎清而游乎清、螭食乎濁而游乎濁。相如賦曰蛟龍赤螭。說文曰若龍而黃、北方謂之地螻、或云無角曰螭。又爲螭魅。

蚩 蜦 雖

傳曰螭魅罔兩。杜氏曰螭、山神獸形。別作魑。說文曰鬼屬也。

蚩 赤之切。說文曰蟲也。蘇鶚演義曰蚩、海獸也。漢武作柏梁殿、有言蚩尾、水之精、能卻火災、因置象于上、今謂之鴟尾者、非也。按、螭蚩或爲一物。俗爲妍蚩之蚩。又爲愚蚩蚩笑。又作嗤。嗤歎㒵。

蜦 力屯切。說文、虵屬、黑色、潛于神囦、能興風雨。讀若戾。或作蜧。

雖 息遺切。說文曰佀蜥易而大。今用爲雖然之雖。

蜈　蚣

蜈五烏切。蚣古紅切。多足，善啗蛇，食其腦，蛇則死，能螫人。又名即且。莊子曰即且甘帶。淮南子曰騰蛇游霧而殆于即且。爾雅曰蒺蔾，蝍蛆。廣雅曰蜈蚣也。即且之說不一，淮南子注曰即且，蟋蟀。爾雅謂之蜻蛚之大腹者也。上蛇，蛇不敢動。郭璞曰佀蝗大腹長角，能食蛇腦。侗謂蒺蔾亦佀指蜈蚣之形也，惟蜈蚣能制蛇。

蜮

蜮于逼切。詩云為鬼為蜮，則不可㝵。旾秋書有蜮。劉向曰在水旁能射人，甚者至死，南方謂之短狐。洪範五行傳曰如鼈三足。陸璣曰一名射景，江淮水中皆有之，人行厈上，景在水中，投人景則殺之，或曰含沙射人皮肌，其瘡如疥。埤雅曰一名溪毒，有長角橫口，背有如弩，儋㠯氣為矢，因水勢㠯射人，故俗呼水弩，鳧鴨能食之。一名射工。按，楚辭大招，鰅鱅短狐，蜮傷躬只。短狐與蜮乃佀二物。

蝦　蟇

蝦乎加切。蟇莫遐切。別作蟆。蝦蟇，黽屬也。爾雅，鼁、蟼。郭音鼁，又上聲。漢元鼎五年，鼃蝦蟇鬬。陳藏器曰背有黑點，身小能跳接百蟲，食之，作呷呷聲者，蝦蟇也。

蟾　蜍

蟾如廉之廉二切。蜍汝余[24]切。又作蠩。蟾蜍，黽屬也。古單作詹諸。爾雅曰鼀䱂，蟾諸。郭氏曰佀蝦蟇，淮南謂之去蚥。詹諸，蛤蚾也。陳藏器曰身大背黑，多痱磊，不能鳴，多在人家下溼處。按，今人謂之蛤蚾。

蟈

蟈古或切。周官蟈氏掌去鼃黽。月令，孟夏螻蟈鳴。說文又作蜮。鄭氏曰今御所食鼃也。蔡氏曰螻，螻蛄。蟈，鼃黽也，二物同旹鳴。伯曰此說㝵之。

蚾　蚧　螾

蚾補火切。蛤蚾，蟾蜍也。

蚧居拜切。本艸曰狀類蝘蜓，蟇背，細鱗長尾，生嶺南，在古牆壁及榕木間。

螾弋忍切，又平聲。又作蚓。丘蚓，土中無足蟲也，側行螾螾，古謂朐䏰。巴郡縣㠯朐䏰名，㠯其地多此蟲也。爾雅，螼蚓，蜸蠶。又名蜿蟺。說文，螼，弃忍切。螾，俗又謂曲蟮，又為廣蟺。丘康朐曲同聲，螾䏰蟺同一聲也。丘別作蚯。曲亦作蛐。螾別佮蛍。

蛭 之日切、水中蟲、蜈動如皿片、攻食馬牛血、著其肉中、斷之寸寸、皆能蜈動、牛馬飲水吞之、則孕育其腸胃中、故用爲破血藥、艸中石中泥中亦有之。爾雅曰蛭、蝚、至掌。又曰蛭、蟣。說文曰坐謂蛭、蟣。按、今人亦謂之馬蛭、本艸佮馬蛟。蛟亦佮蜞。蜞蟣蛟蛭聲相近。

蝙 布玄切。蝠、方六切。蝙蝠、伏翼也、佀鼠而翼、夜飛食蚊。

蜼 許偉切、又余季切、陸氏音誄、又㠯水切。周官、蜼彝。爾雅曰蜼、卬鼻長尾。郭氏曰佀獼而大、黃黑色、尾長數尺、佀獺、尾末有岐、鼻卬、雨則自縣於木、㠯尾塞鼻、或㠯兩指、江東人亦取養之。

蠵 戶圭切、楚辭曰、露雞臛蠵。說文曰大龜也、㠯胃鳴者。司馬相如佮蟕、从夐。應劭曰雄曰毒冒、雌曰觜蠵。又佮蠵。

蟹 胡買切、介蟲、八足二螯、旁行、穴居水土中、其類不一、別佮蠏。出於海者亦名蠞。同類者有蝤蝥、其螯不毛、後跪薄而闊、如櫂、故又名撥櫂。蝥亦佮蛑。有彭滑㉕、有彭蜞、有螠。說文有蛫、蟹也。俗有螯蟹二字。按、蛫即跪也、蟹足曲如人之跪、數則其肯兩大足如鉗者。荀子曰蟹六跪而二螯。說文螯亦單佮敖。

蠞 ㉖佮結切。說見蟹下。亦佮蠘。

螖 王伐切、彭螖、佀蟹而小。㉗爾雅、螖蠌、小者蟧。彭亦佮蟚、螃蟚。螖又佮蠘。

蜞 渠之切、佀螖而不可食。

蟳 徐林切、青蟳也、數佀蟹、殼青、海濱謂之蝤蝥。

螠 烏介切、佀彭螖、可食、薄殼而小。

蛤 古沓切、海之介物、兩殼相合者也、蛤類不一、圜而互者爲蛤梨。蛤亦佮龕、梨亦佮蜊。又蛤蚧、蜥易類也。凡蜃蛤蛽蚌蠃蜼蟶[虫䍃]皆合介。

蜃時刃切。爾雅、蜃、小者[虫䍃]。傳曰用蜃炭。埤雅曰蜃侶地、而要㠯下鱗盡逆。一曰狀侶螭龍、有耳有角、俗言蛟蜃。埤雅非蜃之正義、當㠯尒雅爲正。

蠙步陳步玄二切。書曰淮夷蠙珠暨魚。孔氏曰蚌之別名也。又作玭、說文曰珠也。

蠯步猛步皆二切、又頻彌切。周官鼈人掌取互物、祭祀共蠯蠃蚳。杜子春曰蚌也。

蜌步項步頂二切。爾雅曰蜌、蠯。蚌、含漿。說文曰蠯、蜌也、脩爲蠯、圜爲蠇。蚌、蜃屬也。郭璞曰江東呼狹而長者爲蠯也。按、蠙蠯蚌一聲之轉、實一物也。凡水之介物皆能產珠璣、而蠙之產珠爲多、故曰蠙珠。珠玉之類也、故蠙又作璸玭琕、亦作陛、蠯又作螷蜱、蛃蚌又作鮩蜯[魚丰]蛖。淮南子曰日月盛衰而螺蚌應於下。說文㉘切鮩、蚌也。又賀魮、山海經曰狀如覆銚、是生珠玉。

蚶火含切、侶蛤而厚殼、殼文鱗壘如瓦屋、俗亦謂之瓦屋也、亦謂魁陸。別作魽。爾雅、魁陸、釋曰本州魁陸如海蛤、圜而厚、外有理從衡、即蚶也。

蝛虛咸切、侶蚌而肉目毳。

[虫縣]吁典切、侶蛤梨而小。亦作蜆。

[虫進]即刃切、蛤類、陿長而盧㬎。又作[虫晉]。

蟶丑經切、蛤類、脩長如指。

[虫䍃]余招切、侶蚌、薄殼而大、其柱最珍。別作珧、[虫兆]。

蠇洛制切、海物厚殼者、附厓而生。

蠔乎刀切、蠣介生相附如山、俗謂之蠔山。

蜐歉業切、海物附厓叢生、形侶龜爪、中若竽荽、大者如嬰兒手、亦謂龜腳。荀子曰東海有紫紶。楊倞曰紫、紫貝也。紶未詳。按、紫紶、即蜐也。郭璞江賦曰石蜐應節而揚芭。注云石蜐、龜形、春則生華。陶隱居曰大者如手。

蠃洛戈切、又作螺、介蟲旋殼者、亦通作蠡。指文旋理類蠃弁、故亦謂之蠃。別作腡。

蝸　蝓　蛳

蝸烏瓜切、蝸蠃同類、其種不一、水產之別尤多、皆牝殼弇口、大者如斗。陸生者謂之土蝸土蠃、以其善緣、又謂附蝸附蠃陵蠃。以有肉角、又謂蝸牛蠡牛。土蝸亦有蠃而不散者、又名扂蝓。

蝓羊朱切、又夷周切、馬蝓也。亦作蜒蚰、亦呼蛞音闊蝓。

蛳霜夷切、蠃之小者也。

六書故第二十　三十一

蚡　蚳

蚡扶分切、顏氏曰、即鼢也。漢有田蚡。

蚳直尼切、又作䖥。周官、鼈人掌取互物、祭祀共蠯蠃蚳、以授醢人。爾雅、蚳、蟻子。杜子春曰蚳、蛾子。陸氏曰蚳蝆子。語曰負禁鯤鮞、蟲舍蚳蝝。韋昭曰螘子也、可以為醢。說文曰蚳、蟻子。蚳、畫也。讀若祁。畫黽也。𧑓、籀文。按、鼈人共互物、凡貍物、則蚳必水物蠯鼈之類、恐非螘子、里革言鯤鮞蚳蝝、似為蟲類孕育之通名、非專言蛾子也。

虹

虹戶工切、說文曰、螮蝀也、狀似蟲。蚒、籀文从申。申、電也。又音貢、

螮　蝀

漢沛郡有虹縣。螮、都計切。又作蝃。蝀、都貢切。詩云、蝃蝀在東、莫之敢指。月令、季春虹始見、孟冬虹藏不見。淮南子曰、天二气則成虹。虹、淫气也。郭璞曰、虹蜺雙出、色鮮盛者為雄、雄曰虹、闇者為雌、㉙雄曰蜺。一曰赤白謂之虹、青白謂之霓。蔡邕曰、虹常依侌云而出、於日衝無云不見、大侌亦不見、常以日西見東方、霓則常以闇濁見於日旁、白而直者曰白虹。三皆常有之、惟虹季春見、至冬乃藏。按、虹生於雨與日、微雨偏零、遇斜日激之、雨气

六書故第二十　三十二

規日成虹、斡雨而日東激、則虹見亏西、莫雨而日西激、則虹見亏東、雨气青而日气赤、所謂虹也。向日潠水側眡、則亦有青赤暈成虹、惟自春莫至秋、雨气行、云侌不偏、日光斜照、故有虹、冬雨無夏日光、故無虹。越人謂虹為鱟、且言其下歙淵谷。漢燕王旦傳、天雨、虹下屬宮中、歙井水。杜子美詩

亦曰江虹明遠飲。虹與螮蝀字皆从蟲、螘

亦㠯此耶。若白虹、則白气之侶虹者也、虹

霓非一物。孟子曰若大旱之望雲霓。楚辭

曰帥雲霓而來御。雲霓然言、雖未知果爲

何物、其非虹亦明矣。楚辭曰处雌霓之㯳顛、建雄虹之采旄。蓋

假譌言之、鄗氏雌雄之說由此而生也。

蠢

蠢尺尹切、蟲从生蠉動蠢蠢也。又作㦴惷。說文曰惷、

[30]辭也、引昏秋傳、王室曰惷惷焉。引之爲蠢動無知之義。

蜒

蜒夷然切、龍虵之長夗延也。

蟺

蟺旹連切、夗蟺長而夗曲也。

蚴

蚴於九切、又渠幽切、蚴丩、蟲虵曲相丩也。蚴亦作⿰虫幽。丩亦作虯、虯亦作蟉。說文曰龍子有角者。按、古今不聞有㠯龍爲虯者、俗有虯文。

蟜

蟜居夭切、夭矯、卷尾彊曲也。鄭公孫蠆字子矯。蠆尾蟜曲也。[31]

蚩

蚩丑善切。說文曰蟲曳行也。侗謂蚩、蟲行申也、又丂聲。

蟠

蟠蒲官切、龍虵之屬盤臥也。又附袁切、鼠負也。爾雅曰蟠、鼠負。詩云伊威在室。毛公曰委黍也。鄭氏曰鼠婦也。

蛻

蛻吐外切、又輸芮切、蟲稅皮殼也。

螴

螴止忍切。

蜳

蜳主尹切。螴蜳、蟲行皃。莊周曰螴蜳不㝵成。司馬氏曰讀若沖融、怖畏之气。此說不然。

蟄

蟄直立切、虵蟲伏藏也。

蚹

蚹符遇切、虵腰下齟齬也。莊周曰虵蚹蜩翼。

螫

螫施石切、蟲行毒也。

蠚

蠚呼各切、螫也。漢書曰蝮[32]蠚手則斬手。類篇又施隻切。蠚螫佀一字、又作𧏡。

蜇

蜇陟削切、蟲毒辛螫也。削子曰蜇於口。

蝕　蛀　蟨　⿱雋䖵　蠻　閩　蜑　虺

蝕 乘力切、蟲侵食肉敗也。

蛀 朱戍切、蟲鑽蠹也。

蟨 尼質切、蟲食病也。一曰蝕蟲。

⿱雋䖵 子兗切。說文作⿱雋䖵、蟲食也。

蠻 模還切、南夷通名。

閩 母巾切、東南越也、於今爲福建路。說文曰蠻、南蠻、蛇種。閩、東南越、蛇種。非也、說具犾下。

蜑 蕩旱切、蠻舟居者。

蟲之疑

虺 許偉切、詩云維虺維蛇。又曰胡爲虺蜴。吳語曰爲虺弗摧、爲蛇將若何。爾雅、蝮、虺。詳見蝮下。說文曰虫、蝮也、虺㠯注鳴者、从虫兀聲。徐鉉曰兀非聲、未詳。按、說文㠯蟲[33]爲蝮、故㠯虺爲注鳴者、疑說文所謂蝮者、當作虫、象蝮之大頭細頸、不當㠯虫爲虺。詩云虺虺其靁。呼悔切、俗㠯狀雷聲、又俗爲虺隤之虺。詩云我馬虺隤。呼回切、疲瘁皃也。

它　鼉　黽　鼃

它 託何切。說文虫也、从虫而長、象[34]冤曲垂尾形。上古艸居、患它、故相問無它乎。凡它之屬皆从它。孫氏湯何切。鼉音同。說文曰水蟲、佀蜥[35]蜴而長大。郭璞曰鼉佀蜥易而大、長丈餘、卵如鵞卵、甲如鎧甲、其皮堅厚可冒鼓。晉安海物記曰鼉宵鳴如桴、江淮閒謂之鼉更、㠯其夜鳴也。按、它鼉疑實一字、說文㠯它爲蛇、謂象蛇之宛曲、觀其文鼉不類蛇、而黽則从它、黿鼈鼃鼉類也、皆从黽、故知它卽爲鼉。說文黽部又有鱓字、黽名也、皮可爲鼓、亦鼉之衍文也。書傳多俗它佗爲他。按、他與佗二字之用不可合、說具人部。

它之象形

黽 莫杏切、鼃黽也。爾雅曰鼁䵶、蟾諸、在水者黽。釋曰黽、一名耿黽、一名土鴨、狀佀青蛙而腹大爲異。陶隱居曰大而青脊者、俗名土鴨、其鳴甚壯、卽黽也。說文曰鼃黽也、从它、象形、黽頭與它頭同。徐鉉曰象其腹也。䵷、籀文。俗爲黽勉之黽、眉隕切。陸氏曰本亦作僶。

黽之諧聲

鼃 烏瓜切、蟇類、善鳴。說文曰蝦蟇也。顏師古曰佀蝦蟇而

鼀　鼈　黿　鼇　⿱毒黽　⿱冒黽　鼆　鼂

長脚色青。陶隱居曰一種小形而善鳴者爲鼃。別作蛙。亦通爲淫

鼀之鼀。

鼀七宿切、又雌由切。說文曰詹諸也、其行詹諸、其皮鼀鼀、其行先先。或作䵷。

鼈必列切。別作鱉。

黿愚袁切、似鼈而楕長、大者幾丈。別作鼋。

鼇五牢切。說文曰海大鼈也。

六書故第二十　三十七

⿱毒黽徒耐切、⿱冒黽莫代切。⿱毒黽⿱冒黽、海之不物、似蠵而甲有黳班文、今人㠯爲器物背飾。

古單作毒冒。別作蝳蝐、瑇瑁。

鼆母耿切。類篇曰蟲名。博雅曰冥也。𠂇氏傳、一人門丂句鼆。疑卽鼆字。

鼆之疑

鼂直遙切。說文曰匽鼂也。揚雄說匽鼂、蟲名。杜林㠯爲朝旦、非是。从旦、讀作朝。[36]鼂篆文从皀。徐鉉曰今俗作日。[37]林罕曰从皀、篆文省作鼂。揚雄㠯爲蟲、杜林㠯爲朝夕之朝、非也。

龜　魚　魰　鰖

龜、古文龜居追切、又居求切。爾雅曰一曰神龜、二曰靈龜、三曰攝龜、三曰寶龜、五曰文龜、六曰筮龜、七曰山龜、八曰澤龜、九曰水龜、十曰火龜。攝、袪涉切、攝龜之小者、腹甲曲折、可㠯翕張、遇[38]蛇則翕甲、縮頭攝而食之。說文曰从它、龜頭與它頭同。天地之性、廣肩無雄、龜鼈之類、㠯它爲雄。按、說文㠯它爲虵、龜鼈皆有雌雄、野人目擊其屍接、龜乃有能食虵者、其頭不與虵同、許氏之說蓋傳譌也。

六書故第二十　三十六

魚語居切、象形。

魚之會意

魰語居切、取魚也。別作漁、𤃛、𩻏、魰。說文、𤃛、捕魚也。篆文作漁。篽禁苑也。或作魰、魚聲。按、[39]㠯又从魚、捕取之義也。魚固在水、从水从魚、無捕取義。

魚之諧聲

鰖秃火切、又愈水切。說文曰魚子已生者也。徐鍇曰謂已椒泊艸渚者也。𩺷、籀文。

鯤古魂切、魯語曰魚禁鯤鮞、鳥翼鷇卵、蕃庶物也。爾雅曰鯤，魚子。莊周之言無稽、不釆。

鮞人伊切。韋昭曰魚未成也。呂氏𠱃秋曰魚之美者、有東海之鮞。

鯉兩㸒切、䱆鯉也、挾脊至尾、每鱗皆有小𪑇點。爾雅釋魚、首及鯉與鱣二魚、偶無貳名、毛公說文誤謂爾雅吕鱣釋鯉、遂合鱣鯉爲一物、大抵毛公與說文專祖爾雅、爾雅固不可盡信、而此則又讀爾雅之誤也。說文曰鯉、一名鱳、洛兵切一名鰜、古甜切穿山甲、一名陵鯉、巨鱗佀鯉而𡳿於陵、故謂之陵鯉、俗作鯪、又名鱗鯉、非也。

鮒筏注切、易曰井谷弢鮒。少牢禮、魚用鮒、十有五而俎。廣雅曰鰿也。

鯽津易切、魚佀鯿、凡陂池下澤皆產之、魚之美而可常旻者也。別作鰿鱝。

魴浮長切、詩云魴魚赬尾。又曰豈其食魚、必河之魴。別作鰟。陸璣曰今伊洛濟潁閒魚也、廣而薄、細鱗、少力而肥甘、魚之美者、梁水魴尤美、故其鄉語曰居就糧、梁水魴。爾雅疏曰江東謂魴爲鯿。

鯿賓箋切、魚廣腹、縮頸、腹腴。別作鯾。

鱮夕與切。鄭氏曰佀魴而弱鱗。陸璣曰佀魴、厚而頭大、魚之不美者、故俚語曰网魚旻鱮、不如啗茹。其頭尤大而肥者、徐州人謂之鰱、或謂之鱅、幽州或謂之鴞鴞、或謂之胡鱅。埤雅曰今吳越呼鱅鰱。按、浙人今呼松鰱。

鰱力延切、鱮也。

鱧連弟切、魚之摯者、鱗罴駁、脊彡、又各有竅如七星、雌雄相隨、攸子啖食衆魚。又作鱶。說文、鱶、鮦也。鱧、鱯也。分鱶鱧爲二物。

鮦徒紅切、又篆蛹切、鱧也。爾雅曰鰹、大鮦。小者鮵。疏曰卽鱧也。又作[illegible]。

鱣陟連切、今(40)河河中黃魚也。短鼻豐肉、大者千餘斤。陸璣曰鱣出江海、三月中从河下來上、形佀龍、銳頭、口在頷下、背上腹下皆有甲、从廣三五尺、大者千餘斤、可烝爲臛、亦爲鮓、子可爲醬。郭璞曰佀鱏而短鼻、口在頷下、有邪行甲、無鱗、長二三丈。

鱔 侶侵切、鱣類、長鼻、骨有耎骨、俗謂之玉版、今江上㠯鱔與黃合而爲鮀也。亦作鱏、鱏。又音溪㊶。

鮪 于鬼切、周官、萅獻王鮪。陸璣曰、鮪侶鱣而青黑、頭小而尖、侶鐵兜鍪、口亦在頷下、其甲可㠯摩薑、大者不過七八尺。大者爲王鮪、小者爲叔鮪、一名鮥、肉白㊷、味不逮鱣、今東萊遼東謂之尉魚。

鮥 盧各切。說文曰、叔鮪也。

鱒 徂本切、詩云、九罭之魚鱒魴。說文曰、赤目魚。陸氏曰、侶鱓而鱗細、眼赤。

鯇 戶管切、又古本切。**鯶**、又古魂切。鄭氏曰、鯇即鱓也、侶鱒而大。本艸云、鯇侶鯉、生江湖閒、膽至苦、主喉閉。按、今溪澶中有軍魚、赤目、鱔鬣皆頳。

鱄 朱玄切、士喪禮、鱄鮒九。說文曰、魚也。徐鍇曰、赤目魚也。

鱖 俱銳切、魚之拏者、決吻、鋸齒、蹙鬣、豹文、雌雄㚇子啖食諸魚、魚之美者。

鮀 徒何切、說文曰、鮎也。左氏傳、祝鮀、字子魚。爾雅稱鯊鮀、說者遂誤㠯鮀爲鯊。

鮧 延知切、又杜兮切。又作鮷、說文曰、大鮎也。亦作鯷、漢會稽海外有東鯷、孟康音題、晉灼音䩠。

鮎 季兼切、魚無鱗、哆口、豕頰、長須、多次、江東謂之鮧。其大者謂之吳、言其哆口也。後人不察、夏大鱯文。圖經曰、口腹俱大者名鱯、背青。口小者名鮎、背黃、腹白者名鮠。

魾 符悲切。爾雅曰、魾、大鱯、小者鮡。疏曰、鱯侶鮎而大、白色。又曰、魴、鮎㊸。說文、魾、大鱯也。鱧、鱯也。又鯉、鱧也。孫氏曰、鱯、胡化切。鯉、胡瓦切。鱯鯉特一字。

鮠 吾回切、魚侶鮎而口小、皮黃、亦有黑者。本艸曰、鮠侶鮎、色黃而美、秦人呼爲賴魚。按、此魚甌人謂之黃顙魚。

鰋

鰋依遠切、又作鰕。詩云魚麗于罶、鰋鯉。又曰鰷鱨鰋鯉。毛氏鄭氏曰鮎也。說文曰鮀也。鮀、鮎也。鄭景純曰今偃額白魚也。按、爾雅鯉鱣鰋鮎鯊鮀名旻六物、而讀者己鱣釋鮪、鮎釋鰋、鮀釋鯊、毛氏說又皆蹈此誤、而說文又并己鮀爲鮎也。

鰻

鰻謨官切、魚無鱗而摶長、腹白、決吻如虵。別作鱗。

鱺

鱺里西切、鰻也。

鱓

鱓石遷切、侶鰻而無鬐、穴土水己居。淮南子曰鱓侶蚍。又作鱔鮔。說文鱓、魚名、皮可爲鼓。說見它下。

鱨

鱨弜彊切。毛氏曰揚也。陸璣曰一名黃揚、(44)今黃頰魚是也。身形厚而長大、頰骨正黃、有力能飛。

鱀

鱀亘至切。爾雅、鱀是鱁。釋曰鱏屬也、體侶鱏、尾如鯛、大腹、小喙銳而長、齒羅生、上下相銜、鼻在額上、能作聲、少肉多膏、健啖細魚、大者丈餘、江中多有之。

鱁

鱁仲六切。爾雅曰鱀、是鱁。釋曰體侶鱏、尾如鯛。又鱁鮧。史載宋明帝耆蜜漬鱁鮧、一食數升。一曰鹽藏魚腸也。本艸曰鱁鮧、魚鰾也、此說爲是。

鰌

鰌七由切、小魚生下田淺渟中、與鱓同游、畜鱓者必置鰌焉。說文、鰌、鰼也。鰼、侶入切。鰌也。別作鰍、海有鰍魚。

鰷

鰷迖聊切。毛公曰白鰷也。今俗猶呼白鰷。

鯈

鯈陳留切、荀子曰鯈鉌者浮易之魚也。楊倞曰魚名。今字書無鉌字。莊子曰鯈魚出游从容。李氏曰音由、白魚也。徐氏音條。郭璞曰(45)鯈也。類篇合鰷鯈爲一、非也。

鯫

鯫叔厄切、說文曰白魚也。史記、漢王曰鯫生說我拒關。服虔曰七垢切。司馬貞曰小魚也。按、鯫己取爲聲、服音鮐是、鯫蓋浮易小魚也、故庸淺者謂之鯫生。

鰦

鰦莊持切。或作鯔。爾雅、鮂、黑鰦。鄭景純曰即白鯈也、江東呼爲鮂魚。按、今生鹹淡水中者、長不過尺、摶身、椎首而肥、俗謂之鰦、海亦有之。又有子魚、與之絕

鱭　鰨　鰈　鯢

相類、閩人鹽藏、㠯爲苞苴之珍。(46)

鱭在禮切。爾雅、鮤鱴刀。郭景純曰今之鱭魚也、亦呼刀魚。說文曰鱭、刀魚也、飮而不食。或作鮆。按、鱭魚生江河鹹淡水中、春則上、側薄類刀、其大者曰母鱭、宜膾。

鰨他盍切(47)、薄魚竭土而行者、今謂之鰨鰻。說文曰虛鰨也。相如賦曰禺禺魼鰨。史記作魶、郭景純、魶、鯢魚也、佀鮎、三足、聲如嬰兒。說文曰鰨、佀鼈、無甲有尾、無足、口在腹下。奴答切。

鰈亦接切。爾雅曰東方有比目魚焉、不比不行、其名爲鰈。釋曰佀牛脾、細鱗、紫色、一眼、兩片相合、比目而後行、一名比目。郭氏曰江東又謂之王餘。按、海中比目魚狀佀半脾、細鱗、竭行、其昜則紫黑色、兩目聚焉、其侌則白、人見其若牌也、遂㠯比目命之。鰨鰈同類、故鰈亦託盍切。又達劦切。

鯢擬西切、傳曰古者明王伐不敬、取其鯨

鯨　鯊

鯢而封之。杜元凱曰鯨鯢、大魚。莊周曰尋常之溝、巨魚無所還其體、而鯢鰌爲之制。又曰趣灌瀆、守鯢鮒。呂氏春秋曰鮒入而鯢居。高誘曰鮒小而鯢大。鯢、魚之賊也。㠯春秋傳則鯢爲大魚、㠯莊氏則鯢爲小魚。說文曰鯢、刺魚。爾雅曰鯢大者謂之鰕。釋曰雌鯨也、大者長八九尺。

鯨渠京切、亦作鱷。說文曰海大魚也。賈誼賦曰横江湖之鱣鯨。臣瓚曰鯨大者長數里。又具鯢下。一曰雄曰鯨、雌曰鯢、常

㠯五月生子於岸、八月道㠯還海、鼓浪成雷、噴沫成雨、水族畏之。

鯊所加切、詩云魚麗于罶、鱨鯊。陸氏曰魚狹而小、常張口吹沙。郭氏亦曰吹沙小魚也。按、鯊生淡水中、著、鱗闊、布黑點文、伏沙而游、噞喁、輒吹沙、俗名吹沙小魚也。海中所產㠯其皮如沙而得名、哆口、無鱗、胎生、其類尤多、大者伐之盈舟。說文、鯊、出樂浪潘國、沙省聲。

鮫　鮫，加肴切。海魚，鯊類。其皮麤錯，堅厚可飾刀室。

鱸　鱸，洛乎切。巨口、細鱗。海鱸大者三五尺，其肉毳者尤珍美。

鯼　鯼，子公切。說文曰：石首魚也。其首有石。

⿰魚每　⿰魚每，謨杯切。佀鯼而小，首亦有石。

鮸　鮸，美尹切。海魚，佀鱸而肉粗。說文曰：魚出薉邪頭國。亦佗鰵。

魟　魟，呼工切。海魚，無鱗，狀如蝙蝠，大者如車輪。類篇曰：魚佀鼈。又曰：白魟，魚名。胡公切。又佗⿰魚無，與邵易魚相類，不鱗。

鱅　鱅，餘封切。又佗鰫。說文分二字，皆魚名。相如賦曰：鰅鰫鰬魠。鄭景純曰：佀鰱而黑。按，今海魚肉如凝脂，謂之鱅。

鰅　鰅，元鍾切。余叉切。說文曰：魚皮有文，出樂浪東暆。神爵三年捕輸考工。徐廣曰：音娛。

魠　魠，他各切。說文曰：哆口魚也。

鱷　鱷，五各切。海魚之鷙毒者。說文：佀蜥易，長一丈，水潛吞人即浮，出日南。又佗鰐。

鮐　鮐，田咍切。史記曰：鮐鮆千斤。說文曰：海魚也。

鯸　鯸，乎鉤切。說文曰：魚名。

鮔　鮔，盈之切。亦佗鮧。揵雅曰：鯸鮔、魨音豚也。背青黑，腹白，觸物即嗔怒，其肝殺人。亦謂之⿰魚規，又謂烏狼，亦謂探魚。其黃者謂之黃⿰魚規，尤毒。生淡水者謂之河豚。

⿰魚規　⿰魚規，均規切。說見鯸鮔下。

⿰魚狄　⿰魚狄，亭歷切。海魚，頰肉毳美。

⿰魚亙　⿰魚亙，古登切。鯍，武登切。說文曰：⿰魚亙，鯍也。鯍或佗鱛。

鰥　鰥，古頑切。詩云：其魚魴鰥。李陽冰曰：當从眔，眔省聲。別佗眔鰥。毛氏曰：大魚也。鄭氏曰：魚子也。孔叢子曰：衛人釣昗鰥魚焉，其大盈車。按，詩稱魴鰥、魴鱮，鰥、魴、鱮三魚之名，魚子乃鯤也，鄭氏蓋誤。僭為鰥寡之鰥、老而無妻曰鰥。

鯣

鯣營隻切，魚類鮎而三足。類篇曰：魚有三足，如龜而行疾。按，如龜之說未然，里中叡人屢嘗獻此，目擊其狀，乃類鮎。郡城中嘗因大水獲此，召為蛟龍，為召巫祝禳而送之江。別作鱥。本州鯢魚生山谿，侶鮎，三腳，長尾，一名人魚，即此物也。

鯧

鯧齒揚[48]切，海魚侶鯿，纖鱗，少骨，最肥曰。亦作鯧。

六書故弟二十　四十九

魱

魱洪孤切，又去聲。魚侶鯿而大，生江海中。三四月大上[49]，肥美而多骨，江南珍之，召其出有旹，又謂旹魚。魚召旹出，旻名旹魚者，不特此。別作鰣鯡，非。

鰒

鰒弼角切，又房六切。石決明也，肉侶鸁肉。漢書：王莽亶飲酒，啗鰒魚。說文曰：海魚名。

鰂

鰂昨則切，烏鰂也。形如革囊，口在腹下，足生口旁，而須如纜，又名纜魚。腹有墨，又名墨魚。

鮓

鮓助駕切，又作蛇，海物水母也。

鱟

鱟許候切，海介物，如覆缶而有骨，尾口足皆在下，牝牡常並行。

鯆

鯆滂模切。又作鱄鯆。類篇皆曰江豚也。又作鯆。今大江中有江豚，狀如豚，鼻中有聲，群浮則風雨。

鱓

鱓士限切，海魚之小者，決吻，芒齒，不鱗而弱。亦作鱥鱗。

六書故弟二十　五十

鰿

鰿子側切，又子賊切，海魚侶鯿而小，肥美。

鯙

鯙竹魚切，溪澗之中卓魚。

鮰

鮰戶恢切，鮰魚不鱗，狀侶鮎，生大江中。

鰕

鰕吁加切，水蟲可食者，溪澤江海皆有之，其類不一，小者不盈寸，巨者須長數尺。爾雅曰：鯢，大者謂之鰕。注曰：侶鮎，三足，肯侶獺，後侶狗。又曰：聲如小兒啼，大者八九尺。

曰雌鯨也。鰝、大鰕。魵、鰕。疏曰鰕之大者長二三丈、須長數尺。說文曰鰕、魵也。按、爾雅所謂鯢大者鰕、疑自爲魚名、非今所謂鰕也。

鰓

鰓蘇來切、魚頰思也。古通作思。

鱗

鱗犂神切、魚鱗甲也。

鰭

鰭渠伊切、魚脊上鬣也。通作鬐。士喪禮載魚進鬐。記曰進濡魚者、冬右腴、夏右鰭。

鰾

鰾婢小切、魚膘也、可粥爲膠。

鮮

鮮息肩切、魚初出水新鮮也。𩵦省聲。說文曰魚名、出貉國。引之則鳥獸之新殺者皆曰鮮、亦作鱻。周禮、凡鱻薧之物、以共王之膳。俗爲鮮少之鮮、上聲。俗合是少是少爲尟、尟者、說文、尟、是少也、俱存也。

鯖

鯖諸盈切。類篇曰鬻魚煮肉曰鯖。

鮓

鮓側瓦切、魚醢之大臠者也。別作鮺。

鮨

鮨烝夷切、公食大夫禮、牛胾醢、牛鮨。爾雅、魚謂之鮨、肉謂之醢。郭景純曰鮓屬也。說文曰魚䏿醬也、出蜀中。一曰鮪魚名。

鯁

鯁根杏切、魚骨不入喉也。亦作骾。

鮭

鮭烏瓜切、吳人通謂魚菜曰鮭菜。

鱐

鱐思畱切、乾魚也。一曰析乾爲鱐。周禮曰夏行腒鱐。別作䐹。

薧

薧苦告切、浥魚也。周官鱻薧作薨。康成曰乾也。陸氏苦老切。亦作槁。按、薧俗書。

鮿

鮿陟涉切、膄魚不鹽也。

鯗

鯗寫兩切、鹵魚也。越人以大者爲鯗、細者爲薧。

鮑

鮑蒲巧、步豹二切、浥魚也、以鹽浥而累藏之、今謂之鯗。周官、朝事之籩、其實膴鮑。史記曰鮿鮑千鈞。康成曰鮑者、於煏室中糗乾之。說文唐本曰瘞魚也。徐本曰饐魚也。顧野王曰漬魚也、今謂浥魚。按、鄭氏所謂糗乾者、鱐也、海魚最夥、惟浥藏能久、史記所謂鮿鮑千鈞者、此物也、其臭㷚腥、故大戴禮荀子有蘭鮑之說、而始皇之乩、後車皆載鮑魚、吕亂其臭。

鮌

鮌古本切。說文曰魚也。亦作鯀。

貝

[51]補昧切、海介物也、象形。篆文作貝。古者貨貝、吕貝爲貨、故凡貨財之屬皆从貝。

貝之會意

賏

烏莖切、又一盈切、聯小貝吕爲飾也。別作

六書故弟二十　五十三

嬰。含桃狀如賏、故亦謂之賏桃。別作櫻。賏萸狀如賏、故謂之賏萸。別作蘡。

贔

平祕切。說文無此。孫愐曰贔屓、虛器切壯士作力也。三貝爲作力、無義、方氏吕贔屓爲用力皃、贔𡃟爲壯大皃、亦不知其所據、要知此二字皆可廢。

𧴪

斷果切、小貝也、引之則爲𧴪細、𧴪屑。別作瑣。說文曰𧴪、貝聲。瑣、玉聲。玉猶有聲、貝何聲之有。

員

亐專切、錢也。太公始鑄金爲員、吕作貟、外圜内方、故其文从口从貝、今謂之錢也。貝吕朋數、錢吕員數、木吕朱數、條吕枚數、故員爲數名。說文曰物數也。又亐分切、楚伍員字胥。

貫

古玩切、穿錢貝也、今吕千錢爲一貫。

貨

呼臥切、貨之爲言匕也、所吕匕與有無也。古單作匕。匕貨之始用貝、故从貝、亦諧聲。

六書故弟二十　又五十四

凡錢貝金玉便於貿易者皆曰貨。亦作貨。

㝵

當則切、貝在手、㝵之義也。說文曰取也、从見从寸、寸度之、亦手也。又作得。說文、行有所㝵也、从彳、古文作㝵。

貳

而至切、說文曰副益也。侗謂儲吕代匱之謂貳。周官、大祭三貳、中祭再貳、小祭一貳。傳曰君異於器、器貳不匱。引之則有貳心者亦曰貳。

財　賄　資　貢　賦

貝之諧聲

財（篆）自來切，財之爲言才也，凡桌米絲麻才木可用者曰財。

賄（篆）虎猥切，良貨財也，凡金玉珠璣良兵良器之宜於居藏者曰賄。（别作賄。）

資（篆）津司切，生養所取給也。（别作貲貲。又卽移切。按，漢人多言貲產，亦多作訾，葢本於訾算其多寡，詳見訾下。古無貲字，貲財之貲止當作資。）

貢（篆）古弄切。（别作贛。）

賦（篆）方希切。自下輸之上曰貢，自上取諸下曰賦。古之王者，任土形民而制其貨財力役之征，先眚而授數，使民各有常貢，是之謂賦。周禮曰：吕九賦斂財賄，吕九貢致邦國之用。引之則爲賦命、賦政。凡賦者各徵其實，故詩之六義，賦事之實者謂之賦。

賈　販　貿　買　賣

賈（篆）公戶切。販，方萬切。坐肆居賣之謂賈，行儈買賣之謂販，通曰商。貿賤之直曰賈，公訝切。周官司市吕量度成賈，賈師辨其物而均𢓊之，展其成而奠其賈。凡天患禁貴賣者，使有恆賈，國之珍異亦如之。漢書曰：其賈畝一金。（俗作價。）又公雅切，古國名，因吕爲姓氏。

貿（篆）門豆切，交易也。古通作楙。書云：楙與有無化居。因之爲貿亂、貿鬻、貿貿。漢會稽有貿縣。（别作鄮。）

買（篆）芒解切，市物也。(52)又市并錢貨吕貿物曰買，旻直而粥之曰賣。

買之會意

賣（篆）莫隘切。說具買下。

賫　賤　贏　賴　賢　賸　贍

賫 矩佐切。賤、自見切。物賈之卬爲賫、下爲賤。引而申之、賫賤之名無所不通。

贏 夷嬰切、賈獲利多也。徐鉉曰𣎵省聲。贏餘羨同聲、義亦相近。

賴 洛夳切。亦作𧶼。說文曰贏也。利賴同聲、利人所恃以養也、故引之爲恃賴之義。

賢 由堅切、貟貝多於人也。記曰某賢於某

若干純。又曰獻其牲之賢者於宗子。引之則悳行道埶踰人者謂之賢。又彤甸切、車大穿也。

賸 以證而證二切、用餘也。說文曰物相增加也。一曰送也、副也。昚秋傳、鄭罕達字子賸。賸賸羨聲義相近。

贍 昔豔切、給足也。通作澹。漢書曰以澹一隅。

賜　賚　貽　贈　賮　賓　賀　賞　賻

賜 斯義切、上予下也。

賚 勒戒切、予也。

貽 盈之切、遺也。古通作詒。一說畀貝也。

贈 似鄧切、以財送人也。

賮 似刃切、行資也。孟子曰行者必以賮贈賮聲義相近。亦作贐。

賓 必民切、以禮幣來賓也。賓而進之爲賓

相、太聲。天子九賓、宗伯爲上賓、嗇夫爲下賓。書云賓稱奉圭兼幣。漢儀曰大行謁九賓臚句傳。引其義、則賓而外之爲賓席。後人加手爲擯、別作儐。說文曰𡧍古文。

賀 戶个切、以禮物奉慶也。

賞 式掌切、賚有功也。

賻 符遇切、致喪助也、貟財曰賻。

賵　貯　費　賒　貰　貸

賵撫鳳切、致衺助也、車馬曰賵。別作鳳。

貯竹慮切、居財也。積貯聲相鄰。史記通作著。

費芳味切、用財也。又冰𠕋切、魯邑名。別作鄪郙。又扶沸切、楚有費氏。

賒式遮切、縣買未償直曰賒、俗因㠯遲緩爲賒。

貰詩制切、貰賒同聲、其義一也。因之爲寬貰。

貸他代切、假貸也、無息爲賒、有息爲貸。周官、凡賒者、祭祀無過旬日、喪紀無過三月。凡民之貸者、㠯國服爲之息。傳曰陳氏㠯家量貸而㠯公量收之。因之爲寬貸。亦作貣。漢書曰旦莫乞貣蠻夷。又曰匃貣無節。又他𡕒切、差也。與忒通。記曰毋有差貸。說文、貸、施也。貣、从人求物也。

質　贅

質之日切、貸賒㠯物質當也。質必有物、故爲質實之義。質疑質獄、皆實之也、故爲文質之義。又因之爲椹質之質。別作鑕。所質爲質、陟利切。傳曰周鄭交質、王子狐爲質於鄭、鄭公子忽爲質於周。亦作贄。見於人者必有所執也、通作摯。

贅之芮切。說文作贅、㠯物質錢也、从敖貝、敖者猶放、敖貝當復取之也。按、敖(53)乃敫之譌。類篇云贅、古文。縣質也、贅者縣屬於他、故壻於女家者謂之贅壻、縣肉著體者謂之肬贅、父於辥者謂之贅辥。公羊傳曰若贅旒然。漢書賜民米帛者、縣鄉即賜、無贅聚。謂縣遠聚合之也。

貼 他劦切、附益也。說文新附曰吕物爲質也。

賡 古行切、答償也。通作庚。記曰季子皋葬其妻犯人之禾、申祥請庚之。鄭氏曰償也。賡歌之義取此。

賃 女沁切、庸取直也。

贖 神瀆切、吕貨反質也。因之爲贖刑之義、內金吕贖罪也。

貶 悲儉切、減損也。

貧 蒲賓切、不贍也。別作穷。或曰同田爲富、分貝爲貧、惟分故貧。此曲說也、富初不从同與田。

貪 他含切、欲貨也。

賣 迋谷切、瀆貨也。說文曰衒也。賣、古文睦。讀若育。按、衒粥之粥俗用粥字。

賂 勒故切、吕貨屬予也。徐鉉曰當从路省聲。

賕 巨牛切、說文曰吕財枉法相謝。一曰戴質也。

負 房久切、侍所貸賒不償也。說文曰恃也、从人守貝、有所恃也。一曰受貸不償。按、从人無義、盖久聲。因之爲負何之負。

責 則革切、誅貨也。傳曰宋多責賂於鄭。因之爲詰責、誅責。別作謮。又側不切、逋貸未償曰責。周禮曰聽稱責吕傅別。記曰與其有諸責也、寍有已怨。傳曰施舍已責。漢書曰折券弃責。俗作債。

贊 則旰切、相進貨幣也。周官、冢宰贊玉幣玉獻玉几玉爵。聘禮曰賓覿、奉束錦、緫乘馬、二人贊。又曰上介奉幣、丽皮、二人贊。凡貨幣之屬、非一人可㝴者、必有贊。說文曰見也、从貝从兟。徐鉉曰兟音詵、執贄而進、有司贊相之。按、贊無見義、當吕扶爲聲、作兟者、扶之譌、與贊聲亦不劦。引之則凡相助皆曰賛。書曰益賛于禹。易曰幽賛於神明。賛禮之賛別作禶、賛辭之賛別作讚、丛非。

購 古豆切、縣財㠯募所求也。

贉 达感切、又夳聲、市先入直也。又作驗、达檢切。

賭 當古切、㥽塞也。

貤 㠯豉切、移與也。說文曰重次弟物也。類篇曰移也。漢書、民賣畜者無所流貤。相如賦曰貤丘陵、下乎原。師古曰延也。說文又有貤字、迻予也。孫氏彼義切。

賺 佇陷切、買賣誤儺、直多少不當也。

賫 牋西切、行所持資也。說文曰持遺也。別作賷。俗爲賫咨之賫、悲歎聲也。

賨 徂紅切、說文曰南蠻賦也。

贗 負澗切、僞也。

巳 許里切、虵也、象形。於十二辰、虵爲巳之物、故因㠯爲辰巳之巳、猶豕之爲亥也。虵巳葢同聲。李陽冰曰俗爲巳止之巳。

巴 伯加切、說文曰蟲也。或曰吞象大虵也。象形。疑从巳。

蠆 丑介切[54]、蟲之㡿壁閒、長尾、尾有毒、能螫人、象形。今人謂之蠍。通俗文曰長尾爲蠆、短尾爲蠍。別作蠆蠆蠣。說文、蠆、蠆也。蚳、蠆也。蠆、毒蟲也。

萬 無販切。說文曰蟲也。按、禮有蠆鶪蜩范、又曰范則冠而蟬有緌。康成曰范、蠭也。豈卽此也[55]。按、今用此爲數名、十千曰萬。又爲萬舞之萬。伯曰此萬舞也、象其手舞足蹈。俗爲千萬之萬、俗有万字。

丁 當經切、蠭蠆之毒也、象形。凡造器用必㠯金木爲丁、附著之、其狀類蠭蠆之丁、故亦謂之丁。今俗作釘。丁之之謂丁、夳聲。別作靪、玎。丁當同聲、故因有當義。詩云盄丁我躬。俗爲十日丙丁之丁。又菑耕切、說見錚下。

六書故弟二十一

永嘉戴　侗著　卥蜀李鼎元校刊

植物一

木

木門卜切，象木①杸榦根氐之形。木之上出者，中爲榦，旁爲攴，下達者，中爲氐，旁爲根，根氐通曰本。

木之象形

果

果古火切，木實也。木實果然，故引之爲果敢果斷。別作菓，加艸，非。

㮚

㮚力質切，象㮚蓬形。說文、𣡌、古文、从卤。假借之用三，嘉㮚、恂㮚、憒之角爾㮚，言乎其縝密以實也。別作瑮。㮚烈、戰㮚，言乎其寒凜而膚㮚也。別作凓。𢆶㮚，言乎其敬懼而心㮚也。別作慄。

朿

朿七賜切，木有芒朿也。別作茦。說文曰莿也。又作莿，說文曰茦也。徐鍇曰莿，艸木之朿也。

朿之指事

棘

棘己力切，朿木叢生者也。㚘朿爲棘，象其叢生。棘有二，樲棘之棘，其實佀棗而多酸。詩云園有棘，其實之食。又曰湛湛露斯，在彼杞棘。士喪禮曰決用正，王棘

若檡棘。鄭氏曰檡，今文作澤，世俗謂王棘矺②昆。本艸，棘鍼。陶弘景曰白棘，酸棗也。圖經曰白棘生道傍，棗莖實都佀棗，而有赤白二種。荊棘之棘，樸生荊中，木小而尤多朿。詩云楚楚者茨，言抽其棘。傳曰被③苦葢冡荊棘。引其義爲艱棘。詩云棘人欒欒。又曰俾民大棘。又曰孔棘且殆。又爲棘急，與亟通。詩云如矢斯棘。曰匪棘其欲。亦通作革。

棗

棗子皓切、棗佀棘而木高大、其實大而目、④絫朿爲棗、朿象其高大也。

桼

桼親逸切、木液可巳髤物者、象木液下滴。

桼之龤聲

髤

髤香求切、桼塗器用也。周官、駹車髤飾、桼車雀飾。康成曰髤、赤多黑少之色。又作髹髹。𠬝禮、髤梱。

朩

朩乂葛乂刪二切、榦中折而乂旁達也。别作蘖巘枿棒。書云若顛木之有由蘖。乂子因謂之不子。别作孽、从子。又作孼、从子。俗爲妖孽。漢志、⑤蟲豸之妖爲孽。别作蠥孼。

禾

禾木閡於上、不旻直申也。孫氏古兮切。

禾之疑

稽

稽古兮切。說文曰畱止也、从禾从尤、旨聲。按、稽从禾、稽畱稽遲稽至本義也。莊周曰大浸稽天。引之爲稽古稽疑、猶曰考極之也。别作叶、說文曰卜𠮦問疑也。又作乩。周禮曰眡師田𠮦簡稽。鄭司農曰稽、計也。稽其人民爲要簿也。吴語曰吴夫差陳士卒百人爲徹行、行頭皆攡鐸共稽。唐尚書曰稽棨戟也。按、稽𠮦共言、𦙶棨戟之屬、又因𠮦紀人辻之數、如党進所執丈也。又康禮切、稽首稽顙、首至地也。

丫

丫於加切、木之岐也。或作椏。

束

束書錄切、縛木也。

束之龤聲

㮯

㮯戶本切、又古本切。說文曰橐也。

㮯之龤聲

囊

囊奴當切、盛物器具也。毛萇曰無底曰橐、有底曰囊。

橐

橐他各切、長囊無底、束其兩端者也。

詩云亏橐亏囊。

櫜 𣝐古勞切、盛弓矢者也。詩云載櫜弓矢。說文曰車上大橐。按傳曰又屬櫜鞬、則不特車上之器。

東之會意

東 𣐚古限切、說文曰分別簡之也。从八。八、分別也。與簡通。

巢 𡿺⑥徂交切、象鳥巢於木、雛在其上。說文曰在木曰巢、在穴曰窠。別作樔。𠫓木爲巢於車以遠望謂之巢車。別作轈。

木之指事

本 𣎵布忖切、根氐也、木下曰本。說文曰𡴖古文。

朱 𣎳章俱切、幹也、木中曰朱、木心紅赤、故因以爲朱赤之朱。別作絑、說文曰純赤也。條以枚數、幹以朱數。⑦別作株。借爲朱儒之朱。晉語曰朱儒不可使爰。東方朔曰朱儒長三尺。別作侏。

末 𣎴莫撥切、木杪也、木上曰末。本末之義、引之無所不通。末、木之窮也、故因之爲末殺末滅、末略。末蔑莫聲相通、故又與蔑莫同義。記曰末之卜矣。語曰吾末如之何、末由也已。唐本說文曰本、从木从下。末、从木从上。郭忠恕同、呂朱倒之。此說似是而實不然。

未 𣎵扶沸切、木暢茂也、从木重爻。借爲未可未能之未、借義悽而正義泯。說文曰味也、六月滋味也。五行木老於未、象木爻桒。又借爲十二辰午未之未。

才 才鉏哉切、李曰斬木爻根、取其才以爲用也。按、李陽冰已有此說、在地爲木、伐倒爲才、象其爻根斬伐之餘。凡木之剛柔長短、小大曲直、其才不同、而用各有宜、謂之

片

才。或作材、加木非。其不中用者謂之不才。引之則凡人物之才質皆謂之才。人受天地之中㠯生其才，皆可㠯爲堯舜。故孟子曰非天之降才爾殊也。若夫爲不善、非才之罪也。或相倍蓰而無筭者、不能盡其才者也。此㠯天之降才論者也。然就其稟賦之差殊而言之，則其降才亦有知愚賢不肖之不同焉。就其學問之所成者而品別之、則其才又有差等焉。故孔子謂才難，而有才不才之言、孟子亦有英才之稱。後世之論濅差、直㠯知術技能勇力爲才。温公有才悳之分、程子有才與性異之說、皆失之矣。

片匹見切。判木也。从半木。又匹半切。莊周曰雌雄片合。別作牉。又步還切。別作盼。

版　牘　牒　牓　牌　⿰片兆　牏　⿰片菐　⿰片畐　牔

片之諧聲

版補綰切。解木爲薄片也。別作板。

牘辻谷切。書版也。

牒辻劦切。書版也。薄可聯圖爲牒。

牓北朗切。扁也。冊爲扁、片爲牓。扁牓之聲義相通。又鋪郎切。別作榜。

牌蒲階切。牓也。陿長爲牌。

⿰片兆辻紹切。長版也。又辻刀、直紹二切。

牏辻矦、與俱二切。說文曰築牆短版也。史記、石建取親中帬廁牏、身自浣滌。孟康曰行⑧圖中受糞者也。東南人謂鑿木空中如槽者爲牏。

⿰片菐蒦木切。㠯薄版附著也。

⿰片畐弼力切。㠯版周⿰片菐也。

牔百各切。類篇曰屋端版也。俗書。

片之疑

牖與久切。說文曰穿壁㠯木爲交囪、譚長謂甫上日也、非戶也、牖所㠯見日。按、牖、囪也。古之爲室也、𠂇戶而又牖。

爿在良切。說文牀、从木、爿聲。李陽冰曰又爲片、𠂇爲爿。徐鍇曰說文無爿字、李、妄也。按、牂壯狀牀戕牆皆从爿聲、唐本說文有爿部、張參五經文字亦有之、李氏未可厚非。鄭漁仲曰殳也、亦判木、音牆。按、古文偏旁爿皆篆爲

目、恐非判木、且𠂇又之分亦無義。

木之會意

林力尋切、比木爲林。

林之會意

棥附袁切、說文曰藩也、从爻、象編織藩爰。又作樊、𠬜聲。詩云折柳樊圃。說文曰樊、騺不行也、从𠬜、从棥。孫氏音同。棥之義、引之爲樊籠。又俗爲地名、姓氏、周有樊邑、大夫有樊仲。又作𣡕。說文曰京兆杜陵𣡕鄉。又周官、王之五路有樊纓。未詳其義。鄭康成曰讀如鞶帶之鞶、謂今馬大帶也。

森所今切、林木高皆茂密也。別作槮。

林之龤聲

楚創舉切、荊也。楚地多產此、故㠯名國、荊楚一物也、故楚國亦謂之荊、㠯荊爲

支、所謂夏楚也、因夏楚而生痛楚之義。別作憷。楚之爲物、叢生彌望、脩短並輯、故因之而生楚楚之義。詩云楚楚者茨。又曰衣裳楚楚。

麓盧谷切、大林也。穀梁氏曰林屬於山爲麓。亦作綮。

楙莫候切、木緐殖也。引之爲楙悳楙功

之楙。與茂通。書曰予楙乃悳。曰旹乃功楙哉。曰方楙厥悳。曰惟公楙悳。曰其番命用楙。此言功悳、天命之長楙也。書曰政事楙哉、悳楙楙官、功楙楙賞。言悳之茂者茂之㠯官、功之茂者茂之㠯賞也。曰楙昭大悳。曰楙建大命。曰楙乃攸績。曰楙乃后悳。與易之茂對旹育萬物、語之茂正其悳、茂昭明悳、茂穚勸分、皆此意也、雖有勉意而不可專訓勉、自孔安國專㠯勉訓楙、後人加心於其下、而經之本意不可尋矣。別作懋。忞。爾雅曰楙、木瓜也。或曰朵桃也。讀若髦。說文曰木盛也。

棽

棽癡休⑨、疏先二切。說文曰木枝條棽儷皃。

鬱

鬱迂弗切、木叢生鬱茂也。

棼

棼夫文切、木棼芳也。旾秋越椒字伯棼。亦作芬。或曰林木棼錯也、引之爲棼亂。書曰泯泯棼棼。傳曰猶治絲而棼之也。

亦筏分切。說文曰優屋棟也。又作楞、說文曰香木也。又作芬、說文曰艸初生香分布也。

林之疑

橆

橆文甫切。說文曰豐也。从林奭。或說規模字、从大、卌、數之積也。林者、木之多也。卌與庶同意。商書曰庶艸繁橆。徐鍇曰或說大卌爲規模之模、諸部無此字者、不審信也。李陽冰曰㒰爲有無之無。按、𣛧古某字。橆、从人、疑卽廊廡之廡、从广省、𣛧聲。橆、从𣛧从亾。

桑

桑息郎切、眾手所采莫若桑、三又在木上、桑之義也。

朶

朶丁果切、彎弓垂也。易曰觀我朶頤。別作𥠧、說文曰禾垂皃。又作䅵、又嚲、丁可切、下垂皃。

困

困苦悶切、木不具舍也。引之爲困窮。說文曰朱、古文。

木之鮨聲

根

根古痕切、本也。凡木、命根爲氐、旁根爲根、通曰本、故二十八宿氐謂之本、又謂之天根。俗爲排根之根。漢書曰引繩排根、虫兮慕之後弃者。顏師古曰下恩反、言相與引繩根格排退之。今吳楚猶謂牽引肯卻爲排根。

榦

榦古案切、木身直上爲榦、爻所宗也。古通用干、亦通作幹、詳具幹下。書云杶榦栝柏。孔氏曰柘也。考工記曰凡取幹之道、柘爲上。幹、弓幹也。杶可爲榦、故與栝及柏同貢。召幹爲柘、侶非。凡版築必植榦。書云峙乃楨榦。

校

校章移切、榦之別出也。古通作支。詩云本⑩支百世。引之爲支梧、支拄。俗作榰。

柯

柯古俄切、校之大者也。柯中斧柄、故斧柄亦謂之柯。考工記曰柯長三尺、博三寸、厚一寸有半、五分其長、以其一爲之首。柯之長博與厚、皆紀度焉、不他待、而度在手、故詩云執柯伐柯、其則不遠。

條

條徒雕切、校之脩達者也。引之爲條達、條理、芟夭桑木之檗校謂之條桑。又爲木名。

詩云兵南何有、有條有梅。毛氏曰稻也。

枚

枚莫回切、條之摶直者也。詩云伐其條枚。傳曰召枚數闔、故小木因召枚數。說文曰幹也、可爲丈、从木从攴。按、枚、玟皆召文爲聲。

梢

梢所交切、條之遠揚者也。引之爲篙梢、櫂舟者用長木故也。考工記曰梢溝三十里而廣倍。溝行遠則受水漸多、稍稍增廣、故至三十里而廣偣、猶木之梢也。又山巧切、木長皃。又所敎切、剡木上殺也。亦作槊。又色角切、梢櫂無枝柯也。

櫟

櫟補搖切、梢之末也。亦通作剽。莊子曰有長而無本剽。一⑪作作櫟。櫟者挺出於校棎之上、故因之爲櫟揭、櫟識。別作幖幟。太土。㠯櫟者、別作墂。櫟準。又作梎、斗柄之末亦曰杓。按、勺非聲。

六書故苐二十一　十五

杪

杪亡沼切、櫟之眇也。梢櫟杪之𤼲如其聲。又楚敎切、㠯木發物爲杪。

㮔

㮔古杏切、絪校也。校㮔衡塞則不通、故引之爲㮔塞、㮔礙。詩云誰生厲階、至今爲㮔。骨骾之骾、略與此同。周官女祝掌㠯旹招㮔禬禳。康成曰㮔、禦未至也。說文曰山枌榆有朿莢可爲蕪荑者。

枼

枼與涉切、鄭衆仲曰即枼字也。說文曰編也。枼、薄也、𡴀聲。⑫徐鉉曰當从卅乃旻聲。孫氏音同衆仲曰有象木枼、非聲。按、𡴀無枼形、卅聲固鍇、𡴀亦有沽聲、沽梏皆㠯𡴀爲聲、今作葉、既从木、又从艸、非。衆仲之說是。

核

柹下革切、果中堅覈也。亦通作覈。或作槅。引其義爲核實、考核。又爲刻核、言其刻深次核也。別作覈。

松　柏　檜　栝

松祥容切。別作⑬枀。柏、㮩佰切。檜、古外切。栝、古活切。爾雅曰柏枼松身曰檜、松枼柏身曰樅。孔安國謂柏枼松身爲栝、孔頴逹

六書故苐二十一　十六

謂詩書之檜栝爲一物。說文曰柏、鞠也。按、松柏人所同識、今人所謂檜、枼佀絪杉而榦如柏、其兼柏枼者謂之二色檜。栝生北方、其枼佀松而人⑭、實佀小㯳、爲果核之珍。書云杶榦栝柏。說文曰⑮栝、檃也。一曰矢栝、築絃處。按、檃栝、矢栝之栝當从手。又艸名栝樓、詩果蠃之實、毛氏曰⑯从蠃、栝樓也。鄭氏曰𡍮人謂天瓜、蔓生、夏開黃㽔、秋結實、椇如葛。

樅

樅七容、子容二切。爾雅謂松枼柏身。未詳。詩云虡業⑰

椈　杉

維樅。毛氏曰崇牙也。朱子曰業上縣鍾磬處，以采色爲崇牙，其⑱狀樅樅然。

椈居六切。記曰鬯曰以椈。鄭康成曰柏也。按此即說文所謂鞠。

杉所銜切。亦作煔。爾雅曰⑲彼煔。杉木直榦似松，葉芒鋭，實似松蓬而細，可爲棟梁棺亭器用，材美，爲諸木之最，多生江南，亦謂之沙木，沙、杉之譌也。其一種葉細者，易大而疏理，温

人謂之温杉。

檟　梓　楸　椅　槄

檟古雅切。亦作榎。梓即里切。說文曰宰省聲。亦作榟。楸七由切。亦作萩。傳曰伐雝門之萩。史記曰河濟之間千樹萩。椅於離切。亦作檹。詩曰椅桐梓桼。槄吐刀切。爾雅曰槐小葉曰榎，大而皵楸，小而皵榎。又曰椅梓。槄，山榎。鄭氏曰槐當作楸。樊光曰皵，錯皮也。皵老而皮粗皵者爲楸，小而皮皵者榎也。陸幾曰楸之疏理白色而生子者爲梓，梓實桐皮曰椅，楢，今山楸也。亦如下田楸，皮葉白色，亦⑳曰才理好，宜爲車版，能溼。又可爲棺大，宜陽，北土多有之。樂彥曰楸梓也。胡廣曰椅，今梧桐也。賈氏要術，種梓法，秋末冬初，取梓角暴乾，播種之，一季薅之，二季而移之。楸無子，掘根取栽移之，十季後可爲車版器用，爲棺亭勝松柏。按詩椅桐梓竝稱，明爲二物，恐非梧桐。江南梓木似桐，葉小於桐，生子成佩。

楰　杞

楰羊朱切。爾雅曰楰，鼠梓。陸璣曰鼠梓，枝葉木理如楸，山楸之異者，亦名苦楸。郭璞曰楸屬也，今江東有㉑虛梓。

杞虛豈切。杞，大木，枸杞，地骨也。詩云無踰

我里，無折我樹杞。傳曰杞梓皮革自楚往。孟子曰順杞柳之性以爲桮棬。此與梓柳竝稱，大木也。詩云陟彼北山，言采其杞。又曰山有蕨薇，隰有杞桋。此可采者，枸杞也。爾雅曰枸杞，檵。陸璣曰一名苦杞，一名地骨，皆生葉，可茹，微苦，子秋孰正赤。又曰杞如樗，一名狗骨。又曰杞柳可爲車轂，湖汝之旁與河朔饒有之。郭氏以榎爲杞。按杞，柳爲一物，或爲二物，詳見柳下。

楩　檵　楓　樗　椿　⿰木粤

楩眦連切、相如賦曰楩柟豫章。郭[22]璞曰杞也、佀梓。類篇曰佀豫章。

檵古詣切。說文曰枸杞也。

楓方戎切、木之喬直者、葉三岐、脂與實皆香、可焚。爾雅曰楓、欇欇。欇音涉。說文曰厓葉弱支善搖、一名欇。此說非。

樗丑居切、椿丑倫切。詩云采荼薪樗。毛氏曰惡木也。莊周曰吾有大樹、人謂之樗。其大本擁腫不中繩墨、小支曲拳不中規巨、立之

塗匠者不顧。本艸曰椿樗相類、椿大實而葉香可啖、樗木疏而气臭、膳夫熬[23]去其气、北人呼爲山椿、江東呼鬼目、亦謂虛目。其葉脫處有目、樗蒲子類之、故以爲名。其木最不才。又椿莢條曰樗之有雩者無莢臭樗無雩有莢、未見椿有莢者。世俗不辨樗與椿、故謂椿莢尒。按、樗椿同聲、疑特一字、有實無實、或香或否、乃其種別、大槩樗木以不才而壽、故莊周因而生大椿之說、周之言亦不足稽也。樗作⿰木粤、見⿰木粤下。

⿰木粤胡匕切、又粤聲。今用其皮貼弓、古通作粤。相[24]和賦曰粤楓樗櫨。顏師古曰粤卽今用其皮貼弓者。說

檴　杶　栲　杻

文曰樗木也。以其皮裹松脂、讀若粤。或作檴、樗木也。孫氏樗、胡匕切。樗、丑居切。按、說文盖以樗爲檴、而以樗爲樗、雩與粤音不諧、樗樗特一字耳。檴胡匕胡郭二切。爾雅檴落。陸氏曰榔榆也、葉如榆、皮堅韌、剝之長數尺、可爲甑帶、其才可爲桮圈。

杶敕倫切、書云杶幹栝柏。或作櫄。顏師古曰佀樗而實。說文曰杶木也、或作櫄。杽、古文。按、杻自爲一木[25]、士非杶之聲。說文又有棆、母杶也、讀若易卦之屯。

栲苦皓[26]古老二切、詩云山有栲、隰有杻。又曰南山有栲、北山有杻。又作㮇。爾雅曰栲、山樗。說文曰㮇、山樗也。陸氏曰山樗與下田樗無異、葉差陿尒。吳人以其葉爲茗、方俗無有名此爲栲者。爾雅佀誤、今所云栲者、葉如櫟、皮厚數寸、可爲車輻、或謂之[27]栲櫟。郭景純曰栲佀樗、色小白、生山中、亦謂桼。俗諺曰櫟樗栲桼、相佀如一。

杻女九切。爾雅、杻、檍。陸氏曰葉佀杏而鑯、白色、皮正赤、多曲少直、二月中開數粤如楝而細、蕊正白、今官園種之、正名萬歲、或謂之半筋、或謂之[28]檍、才可爲弓

檍　榆　枌

智。鄭景純曰：佀楝，細桒，桒新生可飼半，才中車輞。關西呼杻子，一名土橿。按，杻

又爲杻械之杻。

檍於力切。考工記曰：取榦之道，柘爲上，

檍次之。說文曰：檍，杶也。橿，梓屬，大者可爲棺鄭，小者可爲弓。陸璣曰：簪正白，

桒佀杏，今官園種之，取億萬之義，名萬歲，詠朓詩風動萬季枝是也。

榆羊朱切，詩云：山有樞，隰有榆。枌扶分切。

詩云：東門之枌。記曰：枌榆吕滑之。又曰爲

榔　槐

榆沈。榆木堅忍而皮汁滑。爾雅曰：榆，白枌。鄭景純曰：枌榆

先生桒而後著莢，皮色白。漢高祖禱枌榆社。榆之種凡十數，桒皆相佀，但㉙木及木理

異尒。齊民要術曰：有莢榆、朿榆、凡榆，莢榆味苦，凡榆且。按，今有緜榆、沙榆。緜榆細桒

無朿，最堅忍，故謂緜榆。沙榆，桒大木毳。榆白皮汁滑，故禮及醫方皆取其滑吕爲用。

榔里黨切，佀榆而木稍毳。本艸：榔榆皮主下熱淋，利水道，

令人睞。嵇叔夜所謂榆令人瞑也。野人云榔皮最滑。又佮桹，亦單佮郎，又通佮榔。

槐戶恢、戶乖二切。爾雅曰：守宮槐，桒晝聶宵炕。櫰，槐大桒而黑。鄭

景純曰：櫰，古回切，又音褱。按，槐木㞢所共識，七月開𠌶，𠌶可染黃，其實莢，合昬桒佀

槐，夜合晝開，故謂合昬，俗語轉而爲合歡，又謂夜合，合皆非槐也。

亲　榛

亲側詵切。說文曰：果實佀小桌。榛音同。詩云：樹之榛

桌。又云：榛楛濟濟。記曰：婦人之摯，椇榛棗

桌。說文曰：榛，木也，一曰菆也。字林曰：木叢。又曰：才佀梓。按，書傳椇榛，榛桌皆佮榛，

獨榛楛丛言，又佀別爲一木。齊民要術曰：榛有二種，一種枝桒皆如桌子，形佀杼子，

味亦㉚如桌。一種枝莖入木蓼，桒如半李色，高丈餘，其核中悉如李，生佮胡桃味，其枝

櫧　橡　樣　栩

莖生樵爇，燭明而無煙。漁陽、遼、代、上黨饒有之。按，肯一種南方亦有之，後一種惟北方有之。

櫧專於切。木之剛而能溼者，實佀榛而苦

澀。

橡徐兩切。樣亏亮切。孫氏曰：徐兩切。栩況羽切。又佮柔杼、柖芓。櫟郎擊切。橡櫟皆皁物也，橡實大於

櫟，桒佀桌而兵雕，其實有斗，故又謂橡斗。

櫟

橡櫲一也、又謂之栩、栩柔一也。莊周曰[31]狙公賦芧。
櫟不兵離、其實亦斗、木剛、宜為薪炭而不
堪器用、有睘心櫟、白櫟、綿櫟、白櫟子尤細、
綿櫟呂堅忍旻名。爾雅曰栩、杼、櫟、其實梂。郭氏曰有梂彙自裹也。
說文曰櫲、栩實。栩、柔也、其實皁。一曰櫲、柔栩也、櫟、木也、梂、櫟實。陸氏曰栩、今櫟也、徐
人謂櫟為杼、或謂為栩、其實為皁、或言皁
斗、子煑汁可呂染睘、今京洛及河内多言
杼斗、謂櫟為杼、又方通語也。按、橡櫟雖實
相佀、而實二物也、[32]像櫲同聲、栩杼同聲、爾

雅說文陸氏之辨皆不明、說文因爾雅其實梂又去梂文、誤矣。今俗呂器
之式範為櫲。

柃

柃子各切、又在各切。詩曰柃棫拔矣。鄭氏曰櫟
也。陸璣曰周秦人謂柃為櫟、或曰木蓼。又側百切。詩云載芟
載柃。毛氏曰除木曰柃、除艸曰芟。周官柃氏掌攻艸木
及林麓。鄭司農讀如唶唶之唶、屋笮之笮。鄭康成曰除木者必先校剝之。

棫

棫亏逼切、詩云芃芃棫樸。桵、儒隹切。爾雅曰棫、

桵

白桵。陸氏曰三蒼說即棫也、才理全白而
無赤心者為白桵、直理易析、可為車輻及
矛戟矜、今人謂之白梂、或謂白柘、未知孰
是。郭景純曰小木叢生有朿、實如耳璫、紫
赤、可食。

槲

槲胡谷切。本艸曰與櫟相類、亦有斗、但小不中用。類篇曰槲樕、木名。𣙰、

樕

桑谷切。詩云林有樸樕。爾雅樕樸心。孫炎曰樸樕、一名心。某
氏曰即槲樕也、有心能溼、江河閒呂伦柞、爾雅有棟字。說具棟下。

枏

枏奴含切。爾雅曰梅、枏。陸氏曰梅樹皮葉佀豫章、豫章葉大如牛耳、一頭

鐵、亦心、華亦黄、子青不可食、枏葉大、可三三葉一叢、木理細致於豫章、子赤者才堅、
子白者才毳、江南新城庸蜀多章枏。郭景純曰枏葉佀杏。按、俗又有楠字、吾里中有
香枏、黄貫枏。香枏、木香黄貫枏、木宜雕刻、為木偶者用之。

梅

𣜉莫杯切、酸果也。槑呆某古文。說文曰梅、枏也、可餐。

某

某、酸果也、从木从目。槑、古文。李陽冰曰此正梅字也。伯氏曰槑呆皆象形、佀目者。○
之謠也、梅酸果、从目非也。按、梅之為果、書傳所同、惟召南之詩曰有條有梅、毛氏呂
為枏、蓋本爾雅、爾雅呂槑為枏、是呂一字而名兩木也、說文既呂[33]梅為酸果、又為槑

桃　李　梨　棠　杜

枏、爲可餐、是又合三字而爲一物也。[34]枏之爲枏、無所稽、闕疑可也。杲俗爲杲人之杲、莫后切。

桃達高切、桃李人所同識。

李力子切、俗爲行李、又爲刑獄。

梨連脂切。棠达郎切。杜达古切。爾雅曰：梨、山樆。杜、甘棠。又曰杜、赤棠、白者棠。說文曰牡曰棠、牝曰杜。舍人曰白者爲棠、赤者爲杜、爲甘棠。爲赤棠。陸氏曰赤棠與白棠同、但子有赤白美惡、子白色爲白棠、甘棠也、少酢滑美、

赤棠子澀酢無味、俗云澀[35]加杜也、赤棠木理韌、亦可爲弓榦、杜一名甘棠。郭景純曰今之杜梨也。按、爾雅吕赤者爲杜爲甘棠、陸氏則吕白棠爲甘棠、棠杜實二物、杜蓋小梨、郭氏謂杜梨是也、杜實小於梨而大於棠。詩云有杕之杜、有睆其實也。棠則今之所謂海紅子嘉慶子海棠來禽之類也、棠多澀酢、故甘者爲甘棠。凡木華後者實必儉、海棠華最穠麗、其實最細而澀酢、白者實差大、吕此觀之、陸氏謂白棠甘而赤棠澀酢是也。梨則果之大者、味甘而雋、其種不一、人所同識也。杜俗爲杜塞之杜。別作敷、說文、閉也。

樝　榠　柰　榲　桲　棣

樝側加切、樝佀榲桲。記曰：樝梨曰攢之。說文曰果佀梨而酢。廣成曰梨之不臧者。按、本艸、樝、木瓜類、佀榲桲而小。陶弘景曰鄭公蓋不識樝。又作柤、說文曰木閑也。柤又鉏加切、與樝通。

榠莫經切、榠查、絕佀木瓜。

柰那賴奴代二切、果也、棠屬。陳士良曰長者爲柰、圓者爲來禽。借爲柰何之柰。又乃个切、與那聲義相近。

榲烏沒切。桲蒲沒切。榲桲、果也。

棣特計切、郁李類也。爾雅曰常棣、棣。唐棣、栘。說文曰棣、白棣也。陸氏曰唐棣、郁李也、一名雀梅、亦曰車下李、所在皆有、其華或白或赤、六月中熟、常棣如李而小、子如覞桃、正白、今官園種之、又有赤棣、樹亦佀白棣、葉如刺榆而微圓、子正赤、如郁李而小、五月始熟、自關西隴西天水多有之。郭景純曰今山中有棣樹、子如覞桃、可食、唐棣佀白楊、江東呼夫移。沈存中曰扶移、即白楊也。本艸、白楊、扶移爲兩條、扶移出陳藏器、藏器蓋不知扶移白楊之爲一物也、扶移亦謂之蒲移、至今

越人謂白楊爲蒲移、藏器又引論語逸詩唐棣之華、偏其反而、鄭注移也、亦多移楊、此又誤也、逸詩唐棣乃白移、小木、比郁李稍大、非此蒲移、蒲移乃喬木也、詩云六月食鬱及薁。唐棣、鬱也。㊱棠棣、薁也。詩注云鬱棣屬、卽白移也、其實佀棣、故曰棣屬、又謂之車下李、又謂之唐棣。唐棣也、鬱也、白移也、車下李也、一物也。薁卽郁李也、薁郁同音、詩注謂之蘡薁、蓋其實佀賏。賏、含桃也、常棣也、薁也、郁李也、一物也、與蒲移不相涉。本艸續添郁李、一名車下李、亦誤也。晉宣室閣銘曰華林園中有車下李、三百十三朱、薁李一朱、明車下李與郁李自爲兩物也。常棣或作棠棣、誤爾。按、白楊、喬木也、

多種於虛墓閒、佀楊而白、故謂之白楊、沈存中辨之已明。棣實小木、叢生、高不過五六尺、其種不一、其華或紅或白、或單出或重出。紅而重出者、園圃多植之、亦名錦帶、白而單出者、結實如小李、與李同旹孰、其大僅如賏薁、故謂郁李、又謂雀李也。七月所謂薁卽賏薁也、蔓生、類蒲萄、六月孰、甌越諺云賏薁孰、食新粥、正詩六月所食也、存中誤㠯此爲郁李、非也。常棣唐棣㊲棠棣特一物、猶夫移扶移蒲移之爲一物也、棠唐常、夫扶蒲皆聲相邇、故通用尒。棠棣乃棣之類、棠者、今世之垂絲海棠、華如棣而支幹類棠、其華麗爾下垂、豈所謂偏其反而者邪、自爾雅分㊳棠棣常棣爲二物、遂攸後誤、校棗韓鄭爾雅㠯移爲唐棣、移必棣類也。詩云山有苞棣。棣蓋叢生。詩云威儀棣棣。言其文采如棣華之麗密也。

移　樲　橪　棯　樸　梬　㮕　柹

移 弋支切。說具㊷棣下。

樲 而至切、孟子曰舍其梧檟、養其樲棘。爾雅曰樲、酸棗。

橪 人善切。淮南子曰代橪棗㠯爲矜。說文曰酸小棗也。

棯 式荏切、又奴店切。爾雅曰還味、棯棗。鄭氏曰還味、短味也。亦作橎。

樸 愽木切。說文曰棗也。

梬 㠯整切。說文曰棗也、佀柹。顏師古曰今㊴檽棗也。

㮕 乳沇切、廣志㮕味如柹、晉陽㮕肥細而厚㠯共御。

柹 鉏里切。椑、賓彌切。椑柹同類、柹實亦而

榫鳥緣、故謂鳥榫、又名緣柿榫。又部覷切、親身之棺曰榫。記曰君即位而爲榫。鄭氏曰謂[40]地棺親尸者。又部迷切。考工記曰句兵榫。鄭司農曰讀爲敔鞞之鞞。康成曰齊人謂斧柄爲榫、則榫、橢圜也。說文曰圜榼也。

桕其九切、桕膏物也、葉如鳧蹼、遇霜則丹、其實外膏、可爲燭、其覈中油可然燈。亦名烏臼、單作臼。

槿居隱切、小木、人多植之、編爲樊籬。詩、顏如舜。毛氏曰木槿也。古通作堇。記曰堇荁枌榆㠯滑之。按、槿葉揉取汁甚滑、古通作堇、故謂之木堇。康成曰冬用堇、夏用荁、槿不冬離故也。陸悳明㠯爲菜、殆非也。

橘居聿切。橙宅耕切。亦作棖。柚羊狖切。亦作櫾。楱千候切。類篇曰小橘、出武陵。枳掌氏切。凡絡濡之果、肉味甘而中食者謂之甘、俗作柑。若橘甘橘之類不一、肉味酢不堪食而皮香可食者曰橙。其木束。橙之類亦不一、大實皮厚[41]、皮肉俱不中食者曰柚。小於柚者、甌人謂之朱欒。其香者爲香欒、其小而不堪食者曰枳、空入藥。其木多束、甌人謂之枸橘。考工記曰橘踰淮而北爲枳。呂氏春秋曰果之美者有雲夢之柚。本艸唐本注曰柚皮厚、味甘不如橘、皮辛而苦。枳、又平聲。

櫞余專切、柚類、生南方、形㠯木瓜、皮澤而厚、味雖短而香勝、置衣箱中、芬香絫月。

櫾直由切、大木堅忍、空爲柁及櫓。說文曰昆侖河隅之長木。

枸俱羽切、又作椇、枳椇也。詩云南山有枸。毛氏曰枳枸也。記曰婦人之摯椇榛。康成曰椇、枳椇也、今邳郯之閒食其實。陸氏曰枸樹高大、㠯白楊、有子著支[42]端、大如指、長數寸、甘美如飴、八月熟、亦名木蜜。按、今亦佗支枸、又謂白石、又謂鴈漢脚指、吕其實佀指也、人亦取吕代飴佗餈、能釀酒。說文曰枸木也、可爲醬出蜀。按、此乃蒟、通佗枸、詳見蒟下。又爲枸杞之枸、古厚切。

楰

楰吕脂切、詩云隰有杞楰。爾雅、楰、赤楰。白者楰。陸氏曰楰葉如杝、皮薄而白、木理赤者爲赤楰、一名楰、白者爲楰。鄭景純曰赤楰樹葉細而峻鋭、皮理錯戾、叢生山中、宜爲車輞、白楰葉圜而峻、爲大木也。說文亦曰楰、赤楰、而無楰字。按、詩蕨薇、杞楰竝言、佀皆可采食者。

櫾

櫾力求切、安石櫾也、其種本出西域、張騫使外國旻塗林安䂮是也。

棐

棐妃尾切、今棐木葉佀杉而不苂、榦類柏而縝澤、其核中仁可食、果實之美者。別佗榧。本艸謂爾雅被杉卽此、蓋近佀而實非一物也。書傳所用其義未詳。書云天棐忱辭、越天棐忱。曰天畏㊸匪忱。曰若天棐忱。曰棐佀邦君、厥棐有共。曰教汝于棐民彝。曰公功棐迪篤。曰明明棐常。曰率乂于民棐彝。孔安國皆曰輔也、詳書辭、恐未然。

梧

梧五胡切、梧桐也。俗爲枝梧之梧、與吾捂

桐

桐徒紅切、桐類不一、大略榦直心虛而葉大。梧桐膚青、故又謂青桐、其皮可漚爲繩、故又謂皮桐、其實莢生類豌豆。本艸、青桐支葉俱青而無子。梧桐皮白葉青而有子、可食。

白桐類榖、䔢而不實、故又謂䔢桐。本艸白桐有䔢與子、䔢二月舒、黃紫色、一名椅桐、又名黃桐。按、詩椅桐梓桼乃四物。毛桐空中、葉尤大、支葉皆毛、故謂毛桐。剛桐絶類毛桐、葉瘥細而不毛。毛桐易枯、剛桐能大、最中琴瑟、多生於山、所謂嶧陽孤桐、蓋此桐也。本艸曰岡桐佀白桐、惟無子、宜佗琴瑟。陸氏曰白桐宜琴瑟、雲南人績吕爲布、佀毛布。油桐又名膏

檖　楛　楊

桐、實可厭油。又有朿桐。本艸云嶺南有朿桐、梭皺有朿、葉如梧桐、𠌶側叓如掌、深紅色。㯓桐。本艸曰江南又有頳㊹桐、秋開紅𠌶、無實。有紫桐、𠌶如百合、實堪糖煑啗。又西域鄯善出胡桐、孟康曰佀桑而多曲、師古曰胡桐佀桐不類、桑蟲食其樹、沫下流者、俗名胡桐淚、可㠯污金銀、工匠皆用之、流俗誤呼淚爲律、本艸云出肅州㠯西平澤及山谷中、相傳其木佀白楊青桐、葉初生佀桺、大佀桑桐、其液入地與石相著、乒川采入藥。

檖。徐醉切、亦作檖。詩云隰有樹檖。爾雅曰檖、羅。毛

氏曰赤羅也。陸璣曰一名赤羅、一名山梨、今人謂之楊檖、一名鹿梨、一名鼠梨。鄭景純曰今楊檖也、實佀梨而小、酢可食。

楛。侯古切、書云惟箘簬楛。魯語曰有隼集亏陳侯之廷、楛矢毌之、楛砮可㠯爲矢笴也。詩云詹彼旱麓、榛楛濟濟。陸璣曰形佀荊而赤、莖佀著、上黨人織㠯爲箱筥、又屈㠯爲釵。

楊。與章切。桺、力久切。支條揚起者曰楊、弱

桺

而長條垂下垂者曰桺、亦謂垂楊。弱條脩直如蒲者謂之蒲桺、宜爲矢笴、傳所謂堇澤之蒲也。中庸曰夫政也者、蒲盧也。莊辛曰射者方將脩其蒲蘆、治其矰繳。蒲蘆、殆是蒲桺。蒲桺最易生、吳中種之水田中、彌頃畝如秧稻、織之爲箱匧。白楊、栘楊生於山。崔豹曰青楊葉長、桺葉細長、白楊葉圜、栘楊圜葉弱蔕、微風則大搖、一名

高飛、一名獨搖。蒲桺生水邊、葉佀青楊、亦曰栘楊、亦曰蒲栘、枝莖勁忍、堪作矢。本艸曰蒲桺可爲笴、又謂雚苻、水楊是也、生水旁、葉粗而白、木理微赤、曰杞桺、人㠯爲車轂、共山淇水旁、魯國汶水旁純生杞桺也。按、桺不可爲桮圈、杞桺當自爲一物。

檉

檉。敕貞切、詩云啓之辟之、其檉其椐。爾雅曰檉、河桺。旄、澤桺。楊、蒲桺。陸璣曰檉皮正赤如絳、一名雨師、枝葉如松。景純曰杲氏云今河旁赤莖小楊也。按、詩㊺云啓之辟之、其檉其椐、峻周原土、必宊其當亏原廣陸者、不麗先景河旁小木。爾雅之說殆未可據。

椐　樻　檀　柘　檿　桂

椐九魚羌居二切。樻求位切。爾雅椐樻。郭氏曰節中腫佀扶老，今人㠯爲丈及馬鞭。或曰樻又名靈壽。顏師古云木佀竹有節，長不過八九尺，口可三亖寸，不煩繩削而可爲丈。

檀徒乾切。檀木堅忍，桒頗類槐，有黃白二種，黃者尤堅忍。毛氏曰彊忍之木也。陸璣曰木皮正青滑澤，與繫迷相佀，又佀駁馬。駁馬，梓榆也。故里語曰斫檀不諦，得繫迷，繫迷尚可，得駁馬。繫迷又名挈榼，故諺曰上山斫檀，挈榼先殫。本艸又白檀，出海南。

柘之夜切。桒類，蠶所食也。考工記曰取榦之道，柘爲上，檍次之，檿桒次之。

檿於琰切。檿桒，山桒也。禹貢厥篚檿絲。詩云攘之剔之，其檿其柘。

桂古惠切。桂生嶺南，百藥之長。爾雅曰梫，木桂。郭景純曰今南人呼㕞皮者爲木桂。桂桒佀枇杷而大，白華，不著子，叢生巖嶺，冬夏常青。本艸謂之牡桂。按，本艸欽部諸州所產，凡三種，三三⁽46⁾曰華，金類茱萸，九月成實，今人多㠯爲藥。實大梫木如石榴，桒網，高丈餘，四月華如雲，生江東，今人又㠯木犀爲桂，謂月中景爲桂。樹進士至㠯中禮部事爲折桂，此固俚俗之論，不知木犀何㠯名桂也。

梫　柃　槻　榖　楮

梫七荏千尋二切。說文其桂下。

柃子林切。說文曰青皮木，或作檽，从寖省。高誘曰若歷木也。伯曰柃謂爲秦，今秦皮是也，淮南子曰柃色青，治翳目。木佀檀，桒網而無華，取皮水漬之，碧色，治目眚，一名石檀。又作㮳。本艸有㮳木，皮桒煑洗蛇傷。(47)柃也，甌人謂之槃槻。

槻均窺切。集韻曰宜爲弓，一曰樊槻，皮能漬水和粟，㠯書不脫。按，樊槻卽

榖古祿切。楮丑呂切。楮榖兩種，一種高大，皮駁，實如楓實，孰則紅，書所謂桒榖共生者也。一種皮白，桒長，實小佀覆盆子，其木不能高大，俗謂扁榖，所謂楮也。楮皮漚之，宜爲紙，榖皮粗，宜爲茵帳，故謂紙楮也。又作柠。又有藤皮，亦可爲紙，後漢蔡倫始用敗

网襍撳膚爲紙、今之爲紙者用楮與竹、竹紙毳而易敗、楮之用多焉。凡治楮、刲而薅之、三秊然後可伐、伐而漚諸水火、取其皮暴而㊽臧之、收爲紙則瀆而刮之、取其粹白者、粥之㠯蜃㊾炭若石灰而箓諸清流㠯厺其灰、出而暴之、而汱之、而再箓之、然後取而孰捄之、橐盛而濯之、厺其水而摶之、織

竹爲窨簾爲櫝容簾爲煏、四周皆壁而炎其中。旣治楮、和之㠯水、投黃葵之根焉、則釋而爲渟糜、酌諸櫝、抄之㠯簾、其薄者畢抄再抄、厚者至五抄六抄、旣抄則复諸煏、乾而揭之、葢紙之成也、其難若是。紙之未興也、書用簡牘刀筆、故三皇五帝三王之典謨訓告、下㊿逮先秦古書、國不能盡備、而

況家乎、遭秦焚滅、書用大缺、雖秦無道、亦其傳之陋、故滅之易也。毫楮旣興、然後書籍之道大備、而聖人之傳家藏人有、下逮醫卜星歷方技之書、皆㝵其傳、官府之憲章質要、上所㠯令乎下、下所㠯复乎上、國人之所㠯交信者、無不賴其用焉、百官㠯治、萬民㠯察、楮之用大矣哉。雖然、由是㠯

來、法令日苛、上㠯虛文令乎下、下㠯便文應乎上、錙銖方寸畢徵於書、老胥宿吏至不能㝵其要、古語云老吏抱案死、葢天下幾困於文法矣。士不務於行而騖於辭、極悉隸口簧、鼓天下之是非、絺章繢句、務㠯新靡相尚、爰筆舒紙、日數萬言、其尤無義理者、科㝵程度之文也、摘剔破碎、毋聖人

之言㠯詭毋好、其文理悖繆、幾可駭笑、上㠯是取、下㠯是應、嬋英俊壯銳之精鑠、其知仁聖義之性盡、舍他業而詰屈从事焉、然後旻中有司之選、使天下無一士不出于此者、考其允、乃無片言隻字之用、而疑毋㠯爲不可改之法、不知其何說也。比季㠯來、非程文類書、則士不讀、而市不鬻、汗

牛充棟、塞于區宇矣、故今毋號爲故紙毋畀。古者祭祀用牲幣、秦俗牲用馬、淫祀寖繁、始用㝢馬、唐明皇瀆(51)於鬼神、王璵始鑿紙爲錢、㠯代幣、至于今便之、凡禱祠必用紙錢、加㠯畫馬、楮不足、繼㠯槀稭、負販者肩摩而踵接也。楮幣興於近毋、其始恃錢㠯權楮、而其允也、舍錢而任楮、屬辻數百、

日造數十萬、楮不啻於地、不出諸民、不貢輸於州縣、而巨萬之資成於俄頃、府庫之用十八出焉、幾㠯楮爲國矣、費鮮而利博、姦民私造、不畏死而爭爲之、公私之楮、充牣于內、楮用大賤、有司數議更楮㠯救之、每一更楮、上失其信、民失其資、於是貨幣大亂、商旅不行、國埶嚻嚻、三民喪業、而國

亦甚病之、永允知救、識者同憂焉。嗚呼、楮之功大矣、而其患若此者、豈楮罪哉。予故具論之、㠯諗(52)來者、使裁成天物者無至於暴殄焉。

梀

梀椒子僚切、小木多束、葉叉出佀薔薇、其實梀、六月紫赤、其子突出如目、謂之椒目、取其殼爲芼、甚辛芬、㠯爲藥、治邪气欬逆、

榝

温中下气、出蜀漢者良、出秦中者曰秦椒。秦椒芳辛不隶、但入藥而不爲芼、今俗名豬椒。說文作茮、从艸。按、椒實小(53)大、而尗於齊不鯖。

榝所八切。爾雅曰榝、大椒。椒榝醜茦。說文曰榝、佀茱萸、生淮南。郭景純曰榝佀茱萸而小、赤色、叢生、實大者名欓。李巡曰榝、茱萸也。記三牲用藙。康成曰煎茱萸也。漢律會稽獻之。爾雅謂之椒。陶隱居曰俗中呼爲藙、當是不識藙字、轉寫之誤。按、榝藙欓名物肴互、今但共知有茱萸爾。

欓　楝　欅　枇

欓多朗切、椒之臭惡者。類篇曰越椒也。別作⿱艹黨。

楝郎電切、今謂之金鈴子、生蜀地者其實大、狀類小鈴、孰則黃。本艸曰葉密如槐而長、三四月華紅紫芳香、實如彈丸、生青孰黃、爲治气殺蟲之藥、皮亦可殺蟲。

欅苟許切、木生水濱、葉佀檀而大。掌禹錫云山欅葉亦相類、鄉人采葉爲甜茶。又有山毛欅、葉加大而毛。別作柜欅。

枇頻脂切、枇杷、果也、三月孰。

橄　欖　桄　檳

橄古覽切。欖、盧敢切。橄欖、果實味苦澀、咀久回甘、生南中。

桄姑黃切。說文曰充也、一說舟筩木也。

檳卑民切、桄榔、檳榔、皆生交廣。本艸曰桄榔、木佀栟櫚而堅硬、斫其間有麪、大者至數石、皮可紉爲綆、葉下有須如馬尾。檳榔如桄榔而高五七丈、正直無枝、皮佀青桐、節如桂竹、葉生木顛、大如楯頭、又佀甘蕉葉、實作房、从葉中出、一房數百、狀佀雞心、領表㠯當果核、食之下气。郎又作梛。

榕　椰

榕余封切、南中木、枝榦節節生根、下垂、諺云、榕樹到生根也。

椰㠯遮切、生南中、杢高六七尺、葉如束蒲、華如千葉木蓮、實如大瓠、中有瓤如肪、甘

梔　栟　櫚　檗　樠

可食有汁可飲南人謂之椰子酒其殼堅可爲桮盃。

梔章移切小木夏華潔白芬香秋實丹黃可染實類卮本草作卮。

栟蒲眠夜盈二切櫚陵如切栟櫚木高者一二丈葉如蒲扇實如貝子葉下有毛貫如髮故亦謂鬉櫚亦作椶欄。亦作棕 相如揚雄賦單作并閭。

檗博僻切黃檗東木性涼可爲藥亦可染黃。本艸曰木高數丈葉類茱萸及椿皮黃又有小檗條如石榴子如枸杞有束皮黃可染。別作蘗。

樠莫干莫昆二切。說文曰松心木。傳曰楚子卒於樠木之下。杜氏曰大木名。陸德明曰郎蕩切又莫昆切按蔄無郎蕩之聲。漢書曰烏孫山多松樠。顏師古曰木心佀松。莊周曰

樿　楷　杝　楀　欒

呂爲門戶則液樠。司馬彪曰謂脂出樠樠然。崔氏曰[illegible]液出也。

樿旨善切記曰犧尊樿勺又曰櫛用樿櫛康成曰木白理。

楷古諧切說文曰木也孔子冢蓋樹之。又苦駭切記曰今吾行之後吾已爲楷。陸德明曰法式也。

杝弋支切記有杝棺。爾雅曰椵杝。郭景純曰白椵也木佀白楊能溼。又曰櫠椵。景純曰柚屬子大如盂皮厚二三寸中佀枳少味。

楀王巨切說文曰木也。詩云楀維師氏。

欒盧丸切說文曰木佀欄按說文無欄字。白虎通曰天子樹松諸侯柏大夫欒士槐。本艸欒木佀木堇而細華黃佀槐而稍長大子殼佀酸漿中有實如豌豆堅硬圜黑堪爲數珠。沈存中云一種樹生實可爲數珠謂之木欒本艸所謂欒也黃荊亦謂之土欒。本艸又有欒荊。按晉有欒氏又詩云棘人欒欒兮毛氏曰瘠皃。又考工記曰鍾兩角謂之欒。又左思賦欒櫨疊桅注欒曲枅也又曰瑚欒鏤楶注欒栱也張平子賦結重欒

杬　㯓　權

吕相承、謂栱者是。又俗爲團欒、俗語團欒、突欒皆合之爲團也。

杬愚袁切。爾雅曰杬魚毒。景純曰大木，生南方，實佀橐，皮厚，歬汁可藏卵果。

㯓丈忍切。山礬也。染者用其葉燒灰，吕收所染之色。黃庭堅名之曰山礬。別作梸。

權渠員切。爾雅曰權，黃英。又釋艸權，黃華。說文曰黃華木。吕艸釋木，佀誤。俗爲權衡之權，今所謂稱鎚也。衡常主平，稱物之輕重，而歬卻吕就平者，權也。故揆事物之旹義而變與吕就道者曰權。易之言巽曰稱，曰吕行權。孔子曰：可與立，未可與權。孟子曰：執中無權，猶執一也。權無常止，止於平而已矣。君子之行權也，止於道而已矣。公羊氏曰：權者反於經。夫衡平之

謂經。權所吕合經，非反經也。自反經之說起，於是反常倍道者皆託於權，而權譎機權之說生焉。陸宣公曰：權之爲義，取類權衡，若重其所輕，輕其所重，而謂之權，不亦反乎。吕反道爲權，吕任數爲知，此所吕長姦邪而多亂也。流俗至吕攝官爲權，因是有權變之說，繆矣。衡之輕重，歬卻制於權，故權秉權勢之說生焉。

椋　梄　枋

椋吕張切。爾雅，椋，卽來。本艸曰葉佀柹，兩兩相當，子細圜如牛李，子生青，孰黑。郭氏曰才中車輞。

梄吕周切。說文曰柔木也，工官吕爲耎輪。

枋府良切。莊子曰蜩與學鳩決起而飛，搶榆枋，旹則不至而控於地。李氏曰枋，檀木也。說文曰檀，枋也。一曰鉏柄名。枋，木可作車。俗吕此爲柄，非。

梌　栭　栵　樴　榮

梌同都直加二切、茗也。今俗用茶字、因改爲鎗聲之余、其下爲木、吕别異之、殊無義。梌乃小木、不當从艸。集韻、梌、苦茶也。又直加切、茗也。又謂之荈。

爾雅曰、檟、苦荼。

栭如之而兗二切、記曰、芝栭蔆椇。爾雅曰、栵、栭。陸璣曰、葉如榆、木理堅韌而赤、可爲車轅。郭景純曰、似槲樕而庳小、子如小栗、江東亦呼曰栭栗。伯曰、在地曰芝、在木曰栭。本作而。又作萸、說文曰、木耳也。又作㮨、類篇曰、楰、木耳也。亦作檽。又曰、欂櫨也、似栭而小。說文曰、屋枅上㮨也。爾雅曰、栭謂之楶。按、記稱芝栭蔆椇、皆可食者、而芝與栭並稱、伯說爲當、說文類篇木耳之說近之。

栵力制良薛二切、詩云、作之屛之、其菑其翳。脩之平之、其灌其栵。程氏曰、叢生曰灌、行生曰栵。爾雅、栵、栭。舅氏曰、詩云菑翳灌(54)栵、不應栵獨爲木名、程說是也。

樴王伐切。孫愐曰、樹陰也。或作樾。

榮永兵切、艸木華也。因榮華之義而爲榮辱之榮、又爲榮衛人之一身、榮血也、衛气也。血盛則色榮。又假借屋翼也。檐、榮聲義相通。記曰、洗當東榮。又曰、夏升自東榮、降自西北榮。爾雅曰、榮、桐木。

柔　梃　梴　杕　樛

柔耳由切、木初生柔耎也。引之則柔之義無所不通。金之柔爲鍒、革之柔爲鞣、肉之柔爲腬、並非。土剛者擾而柔之、謂之柔田。(55)別作腬。

梃他頂切、支條挺出也。取吕擊撞因謂之梃。徒頂切。孟子曰、殺人吕梃與刃。又曰、制梃吕撻秦楚之堅甲利兵。

梴尸連切、木長也。商頌曰、松桷有梴。通亦作挻。

杕特計切、詩云、有杕之杜。毛氏曰、特皃。說文曰、樹皃。

樛居蚴切、木句曲也。亦作朻。

榣

榣餘招切、晉語曰榣木不生危。韋昭曰大木也。

栽

栽作來切、種核曰種、移植曰栽、穉曰栽、長曰樹。中庸曰栽者培之。故俗亦謂木苗爲栽。亦借用菑。又眊代切。傳曰水昬正而栽、日至而畢。役築城先植楨榦也。又謂之植。傳曰華元爲植巡功。說文曰築牆長版。非也。

樹

樹常句切。尌古文。種曰埶、栽曰樹、艸曰埶、木曰樹。引之則凡樹立者皆曰樹。說文曰生植之總名。

六書故弟二十一　卌九

植

植常職切、樹也。或作𣑽。植之爲植、植立爲植、直吏切。傳曰宋華元爲植巡功。語曰植其丈而芸。立木㠯庋蠶曲者亦曰植。月令、戴勝降亏桑、具曲植筥匡。關西謂之持、關東謂之槌、越人亦謂之槌、說文又有持、槌也、徐本陟革切、唐本唐記反。棪、槌之橫者、直祗切。按、此皆本植字一聲之轉、因方言小變、遂分立三字、如此者甚多也。

樸

樸匹角切、木未器也、在木爲樸、在玉爲璞。說文曰木素也。因之爲質樸、樸素、樸實。考工記曰察車之道、欲其樸屬、不樸屬無㠯爲完久也。言其樸實固著也。亦作朴。說文曰木皮也。藥有厚朴、葉如槲、不兵離、華紅實青、皮厚而澤、㠯其皮入藥。樸、又步木切。詩云林有樸樕。說見樕下。爾雅曰樸樕、心。毛氏曰小木也。或曰樸樕、槲樕也、有心能溼、江淮閒㠯爲柱。又補木切。詩云芃芃棫樸。爾雅曰樸、枹者。鄭氏曰白桵相樸屬而生者。鄭氏曰樸屬、叢生者爲枹。

六書故弟二十一　五十

楨

楨陟盈切、說文曰剛木也。書曰峙乃楨榦。孔氏曰題曰楨、旁曰榦。詩云維周之楨。毛氏曰榦也。

棡

棡胡昆切、又去聲。說文曰完木未析也。又梡。上聲。棡、木薪也。明堂位曰俎有虞氏㠯梡。康成曰斷木爲三足而已、胡官切、又上聲。

極

又作棍、類篇曰東木也。揚雄曰棍申椒與菌桂。
極渠力切、棟也。極當屋之中、三方輻湊之、
所取東也、故有中義焉。極當屋之隆、三方
輻湊之、所厎止也、故有厎至究極之義焉。
北辰居天之中、衆星環共、故曰北極。易之
作也、太象㠯盡意、象昉於一、一生兩、兩生
三、三生八。兩曰儀、三曰象、八曰卦。儀象卦

皆本於一、故名之曰太極、太之爲言莫之
與先也。洪範之𠷎九而五居其中、君王宗
主之位也、故謂之皇極。皇、大也、君也。大君
者、建中㠯爲民極、所謂皇建其有極也。詩
云商邑翼翼、三方之極。周禮曰惟王建國、
辨方正位、體國經野、設官分職㠯爲民極。
中天下而正治王國、所㠯爲三方之極也。

詩云立我烝民、莫匪爾極。凡此所謂極、皆
取屋極之義、兼中與至者也。詩云攸攸蒼
天、曷其有極。考工記曰旹夊、恩索、允臻其
極。記曰樂極和、禮極順。曰竆高極遠。書云
威用六極。凡此皆取竆極之義者也。直㠯
中訓極者非也、直㠯至訓極者、亦非也。夫
理義之精微者難言、而易之理无賾、故非

象無㠯盡意、極儀象卦皆因象㠯見意者
也、而毋之言太極者異焉、㠯超乎形器者
爲極、莊周、王通之說皆繆於聖人者也。

棟　杗　楣

棟多貢切、屋正中上衡也。爾雅曰桴謂之棟。
杗謨郎切。說文曰棟也。爾雅曰杗廇謂之梁。
楣旻悲切、屋下架衡也。凡屋五架、正中之
衡曰棟、次曰庪、下架曰楣、楣猶眉也。楣之

柱　楹　樘　梲　枅　楶

下徃徃爲門、故謂門楣、㞐居楝與楣之閒、猶度也。叚禮、序則物當楝、堂則物當楣。鄭氏曰楣爲楝之次架。按、叚禮又曰豫則鉤楹内、堂則由楹外、當夕物、北面揖。蓋叚必臨外、序淺而堂深、故堂則設物當下架、當下架、故竟由楹外吕卽物。楣、楹(57)上之衡也、若楣爲中架則亦當鉤楹内矣。說文曰秦名屋櫋聯也、齊謂之檐、楚謂之梠、亦非也。

柱直主直遇二切、𠫔木承楝梁者也。又展呂切、橕柱也。亦作拄。又朱遇切、冡拄也。

六書故弟二十一　五十三

楹吕成切、柱也。或作[illegible]。

樘丑庚切、又作橕、冡柱也。與牚通。

梲朱劣切、梁上短柱也、短故又名朱儒、又他活切。淮南子曰揮梲而呼狗、欲致之顧反走。說文曰木丈也。按、穀梁氏挩、殺也、从手。釋文引字林曰木丈也、當从木。

枅古兮切、柱斗上方木承衡者也。

楶子結切、柱上斗也。管仲山節藻梲。論語

欂　櫨　榱　椽　桷

禮記楶皆作節、謂柱上有斗、如竹有節也。爾雅、栭謂之楶。說文曰栭、屋枅上標。楶、欂櫨也。

欂伯各切、又蒲陌切。櫨洛胡切、枅也。爾雅疏吕槉爲枅、又名欂、又名沓、吕楶爲櫨、又名栭、又謂斗栱。說文則吕櫨爲柱上柎、枅爲欂、欂爲壁柱、欂櫨爲楶、相如賦有杒櫨、古今字林曰合欂木也。顏師古曰今黃櫨木也、楶園木黃、堪染黃。

榱初追切、椽也。

六書故弟二十一　五十四

椽直專切、衡上設小木吕載瓦也。

桷古岳切、易曰鴻漸于木、或旻其桷。商頌曰陟彼景山、松柏丸丸、是斷是與、方斲是虔、松桷有梴。魯頌曰徂來之松、新甫之柏、是斷是度、松桷有舄。毛氏曰榱也。旾秋書魯刻桓宮桷。杜氏曰椽也。傳曰子尾抽桷、擊扉二(58)慶。舍爰廟桷、動於甍。說文曰方曰桷、又曰秦曰椽、周曰榱、齊魯曰桷。

按、易言鴻漸亏木而旻桷、則桷船柯之類鴻騈跖本不能木亙、旻桷而可安、桷葢柯之大者、取㠯爲椽、今浙亙猶謂椽爲桷。

橑

橑盧皓切、又憐㟪切。說文曰椽也。葢引亦謂之㯟、又作轑。

櫋

櫋莫田切、屋櫋聯也。

梠

梠力舉切、說文曰楣也。葢誤㠯楣爲櫋聯。椽端著橫木㠯聯椽者、今人謂之櫋梠。劉熙釋名、梠或謂之槾、緜聯榱頭使亝亏也。

㮰

㮰鼻空切。說文曰梠也。徐鍇曰卽連檐木也、在椽之端。張衡賦、鏤檻文㮰。注、連檐也。

檐

檐余廉切、亏也。記曰复廇重檐。鄭氏曰承壁(59)木也、非。亦作櫩、㰈。徐鉉曰俗作簷、非。按、檐不用竹、今俗又㠯檐爲儋何之儋、非。

⿰木芟

⿰木芟所監切。類篇曰接檐也。按、今㠯屋東西榮柱外之亏爲⿰木芟。

樓

樓洛侯切、重冓屋也。或作艛、城上樓也。

榭

榭詞夜切、屋無室曰榭、亦謂之序。禮又作豫。榭序豫音相近也。臺上之屋三逵、故亦謂之榭。說亦見序下。

椳

椳烏恢切。說文曰門樞也。

樞

樞七余切、戶門之軸也。引之則凡圜中持轉者皆謂之樞。樞者、轉之柄。機者、發之主也、所㠯謂樞機也。又木名。詩云山有樞。爾雅曰樞、荎直之切。陸氏曰朿榆也、其朿作柘而葉如榆、㠯爲茹美滑於白榆、恐未必然。

橛

橛瞿月切、說文曰弋也、一曰門閫也。莊子曰処身若橛朱枸。橛椿皆木之已斲伐者。史記曰皆有銜橛之變。張揖曰橛、騑馬口長銜也。周輿輿服志曰鉤苐上者爲橜、(60)在銜中、㠯鐵爲之。

椿

椿朱江切、說文新附曰橛弋也。橛短曰椿。俗又曰樘、樁皆切、椿聲之轉也。

樴

樴之弋切。爾雅曰樴謂之杙。周禮、牛人祭祀共其亯牛、求牛、㠯授職人而

楗　橦　杠　桯　槷

剱之、康成曰職讀爲樴、樴弋也、可吕繫牛。

楗渠寋切、又𢀖厺二聲、櫡也。漢武帝塞河下淇園之竹吕爲楗。

橦傳江切、植爲橦、衡爲杠、帳柱𣏾楹之幹皆曰橦。又辻紅切。孫愐曰橦𢀖可吕爲布。又木才謂之橦、唐長安有司農木橦渠。

杠古雙切、孟子曰歲十一月辻杠成、謂衡木吕度也、𣏟之肻後橫木亦謂之杠。說文曰𣏟肻橫木也。今人吕杠重之木爲杠、古衡切。

桯他丁切、又戶經二切、杠之小者也。說文曰𣏟肻几也。考工記曰輪人爲蓋、桯口六寸、長八尺。鄭司農曰蓋杠也。又作𣏌、沓秋地有虛朾、又宅耕切。說文曰朾、橦也。

槷魚列切、亦作臬、又作闑。鄭康成曰槷省聲。說文曰臬、从

棖　楔

木从自、臤準的也。李陽冰曰劓省聲。按、槷埶聲。爾雅棖謂之楔、橛謂之闑。又曰樴謂之杙、在牆曰楎、在地曰臬。棖、宅耕切。說文曰丈也。楔、先結切。說文曰櫼也。記曰君入門、介拂臬、大夫中棖與闑之閒、士介拂棖、賓入不中門、公事自闑西、私事自闑東。按、棖槷橛槷之名義、諸家之說眩易不明。吕經傳考之、槷植木於地也、故亦謂之橛、亦謂之弋。考工記曰置槷

吕縣、槷之義可知也。謂槷爲橛、爲弋則可、謂闑爲臬不可。禮所謂棖者、門兩旁長木、今人所謂貼方也。李巡曰闑上兩旁長木也、陸悳明曰兩旁木楔是也。禮所謂臬者、門中關木、今人所謂扆、古詩所謂扊扅也、後人加門吕別之爲闑也。闑門雖不謏臬、而臬之仫存焉。君出入中門、則當臬也、介拂臬、則必君少𡋯

也、大夫中棖與臬之閒、則加遠辟君也、士介拂棖、則彌遠中辟大夫也、蒐田之禮、置旃吕爲門、吕葛覆質吕爲槷、棖與槷之義居可知也。冠禮、筮日席于闑西閾外。鄭氏曰闑、古文作槷。臬之不可謂闑明矣。康誥曰汝陳旹臬司師、茲殷罰有倫。曰汝陳旹臬事罰蔽殷彝。孔氏訓法、侗謂臬刑罰之事也、謂之臬事者、言當謹其罪之出入也。

樴　桓

樴精廉切、說文曰楔也。徐鉉曰卽今尖文。徐說非也。樴、古砧字。

桓戸官切、桯之植大者曰桓、雙植吕爲門者謂之桓門、亦謂和門、亦謂華表。桓和華一聲也。周禮曰吕旌爲乡又和之門。古者諸侯之葬植桓楹、穿中爲鹿盧吕縣率下棺、天子之葬斲石爲碑、吕爲鹿盧。記曰公室視豐碑、三家視桓楹。後人效之、因刻碑焉吕忠墓、謂之桓碑也。公執桓圭、則吕其摶直如桓也。別作瓛。引之爲桓桓之義、植大武毅之皃也。說文作桓。又借爲盤桓之桓、盤桓裴回聲義相近而發不同。

櫺　櫳

櫺連丁切、櫳盧紅切。櫺櫳、房室之交疏也、言其靁龍疏通也。說文曰櫺、楯閒子。櫺龒、房室之疏也。櫳、檻也。按、龒櫳實一字、檻爲鳥獸者亦吕木爲交疏、故通謂之櫳、非有二字也。

楯　檻　格

楯食允切、說文曰闌檻也。用爲干盾之盾、非。

檻胡黯切、闌也。說文曰櫳也、一曰圈。

格古百切、交木爲方疏也。說文曰木長皃。引之則吕方格物爲格、正之義。書云格則承之。又曰惟先格王正厥事。曰格其非心。孟子曰惟大人爲能格君心之非。借義爲感、爲徹至。詩云神之格思、神不是格。言其感而至也。書云格亐上下、格亐文祖、格汝舜、格汝衆庚七旬、有苗格、祖考來格、有若伊尹格亐皇天、大學所謂格物致知、皆徹至之義也。亦通作假。又僃爲格鬥距格之格。書云不格姦。別作格挌敍。又僃爲扞格之格、下格切。

牀

牀士莊切、寢榻也。或作床。

榻

榻他盍切、牀類。

案

案烏旰切、榻類。周官掌次、王大旅上帝、則張氈案、設皇邸。祭祀、輓覲、會同、師田、皆設案。康成曰：以氈爲牀也。

榪

榪莫駕切、牀端橫木也。

耒

耒盧對切、耜上句木也。易曰神農氏作、斲木爲耜、揉木爲耒。考工記曰車人爲耒、疵長尺有一寸、中直者三尺有三寸、上句者二尺有二寸、緣其外以至於首、以弦其內、六尺有六寸、與步相中也。康成曰：疵、耒下耑曲接耜処也。說文曰从木推丰。按耒無丰形、者丰乃聲也。

耒之⿰齒旨聲

耜

耜詳里切、耒下剌土臿也。古以木爲之、後世以金。考工記曰耜廣五寸。吕氏春秋曰六尺之耜、所以成畝也、其博八寸、所以成甽也。高誘曰刃廣八寸。說文枱、从木、臿也。或作梩、徐鉉曰今俗作耜。

耓

耓湯丁切、耒下木也。又作程。

耦

耦五口切、考工記曰二耜爲耦。一耦之伐、廣尺深尺、謂之甽、引之爲奇耦之耦。俗亦作偶。

耕

耕古莖切、以耒耜反土也。用牛曰犂。別作畊。

䎱　耰　耨　耘　耔

䎱蒲[63]切切、臥兩耒、著齒其下、人㕛其上而牛輓之吕摩田也。別作鑼、説攵曰梠屬。

耰於求切、摩田也、既耕而耰之吕易田也。語曰長沮桀溺耦而耕、子路問津焉、耰而不輟。既播而耰之、吕覆種也。孟子曰今夫麰麥、播種而耰之。漢書作櫌、亦謂之耮、郎到切又作橯。

耨奴豆切、薅器也。孟子曰深耕易耨。吕氏春秋曰耨柄尺。此其度也、其耨六寸、所吕間稼也。纂文曰柄長三尺、刃廣二寸、吕刺地除艸。別作鎒槈。

耘羽分切、除苗穢也。亦作秐。別作芸、又作蕓。

耔即里切、又津之切、邕禾本也。漢書曰耘、除艸也。耔、附根也。每畮爲三甽而播種其中、苗生葉吕上稍耨隴艸、每輒隤其土吕附苗根、比盛暑、隴盡而根深、能風與旱、所謂耔也。別作秄芓。

耤　耬　耖　枷

耤秦昔慈夜二切、方里而井、井九百畮、八家皆耕百畮、而耤其力吕養公田、所謂九一而耤也。帝耤千畮、天子所率公卿大夫士躬耕者也。孟子曰夏后氏五十而貢、殷人七十而助、周人百畮而徹。

助者、耤也。今經傳皆作藉、引其義因爲借。傳曰吾小人可藉乩。漢書曰藉弟令無斬。又曰藉友報仇。

耬郎矦切、下種具也。又上聲。賈思勰曰耬有三腳者、有兩腳者、不如一腳者之爲易也。

耖楚教切、覆耕曰耖。

枷古牙切、接摺兩木爲連枷、吕擊落禾穀

也。說文曰淮南謂之㭒。方言曰自關而西謂之拂。[64]亾語曰耒梠枷芟、軍器亦用此。

杷

杷蒲巴切、爬艸土、收禾麥器也。漢書曰捽艸杷土。又枇杷果名。

𠦒

𠦒戶瓜切、兩刃臿也。說文曰竹、象形。[65]按、竹乃聲。

𣜰

𣜰疑朱切。說文曰𠦒臿也、从入、朋聲。按、字書又有欋、亾魯謂四齒杷曰欋。

柶

柶息利切、柶狀如匕、古㠯歃醴、今之匙近

之。

梜

梜古劦古狎二切、記曰羹之有菜者用梜、猶[66]箸也。又作筴。少儀曰筴籥竹木皆可爲梜。字林曰筴、箸也。說文曰梜、檢柙也。孫氏古狎切。

榼

榼克盍切、盛酒器、扁𦐇者。

桶

桶吐孔切、受盛圜器。古通作甬。月令曰日夜分則角斗甬。史記曰平斗桶。說文曰木方受六升。按、今人合版爲圜、束之㠯篾、謂當於下謂之桶、猶鍾甬也。

概

槩工代切、平斗斛之木也。引而申之、凡壹槩者皆曰概。方音或爲古溉古轄二切、因別立杚、其實一字也。集韻杚、又居代切。或說爲丈爲杙、或音古外、巨劂切、皆非。

棜

棜於庶切、饋食禮、陳棜在鼎南、實獸于其上。昏禮、設棜于東堂下、䉛于其上、兩甒醴、

酒、酒在南、篚在東、實角觶、木柶、豆在甒北、籩亦如之。鄭氏曰棜之制、如今大木轝、上有四周、無足。少牢禮、司宮尊兩甒同棜。鄭氏曰棜無足、禁酒戒也、大夫去足改名棜、優尊者若不爲戒。記曰禮有㠯下爲貴者、天子諸侯廢禁、大夫士棜禁。康成曰棜、斯禁也、謂之棜者、無足、佀棜、大夫斯禁、士棜禁、如今方案、隋長局足、高三寸。按、古之用棜、猶今之用案卓、故獸、昔甒匪籩豆皆錯焉、酒必有禁、大夫士則錯諸棜、故謂之棜禁、廢禁猶廢𤁻也、謂其無足也、棜

㯆　楎　架　桁　枕

則有足矣、故曰㠯下爲貰也、康成謂桄無足者、非也。

㯆㠯戈切。別作篪。方言曰榻前几、趙魏之閒謂之㯆。楎、吁韋切。(67)說文曰从木、軍聲。六叉犂。一曰犂上曲木犂轅。讀若渾天之渾。鄭氏曰弋也。架、古訝切、別作榢。記曰男女不同㯆架、不敢縣於夫之楎㯆。爾雅曰在牆曰楎、竿謂之㯆。(68)按、架與構閣聲相近、構木㠯閣物之謂架、架之爲言若枷、(69)故俗有架構架閣之說、衡而在上者爲桁、架㠯庋物、桁㠯縣物、楎㯆雖未詳、爾雅謂之竿、謂在牆、則亦桁之類也。李曰架、古謂之閣、天子之閣𠂇達五又達五。鄭氏曰版爲之庋食物也。

桁下浪切、說具架下。又寒剛切。莊周曰桁楊者相推也。司馬彪曰腳長械也。崔譔曰夾頸及脛者皆曰桁楊。

枕章荏切、臥所用薦首也。枕之曰枕、去聲。負惱中骨可爲器者亦謂之枕。別作魫。

櫛　楪　楥　機　縢　椱　杼

櫛阻瑟切、理髮者也。考工記曰(70)刮摩之工玉櫛。鄭司農曰讀如櫛。孔氏曰櫛、櫛一也。

楪逄務切。集韻弋涉切、牖也、一曰楪楡、縣名在雲中。按、今人㠯食器之淺盛負肉不洎者爲楪。

楥許務切、履楥也。別作楦。又亏元切、籬落也。

機居衣切、說文曰主發謂之機。按、機有二、織帛之具合名曰機、弩則主發者爲機、

今人所謂弩牙也。

縢詩證切、說文曰機之持經者。

椱扶富切、說文曰機之持繒者。

杼直呂切、行緯者也、今人謂之梭。凡爲杼必復削其兩端、然後可㠯往來經閒、故杼有殺義焉。考工記曰凡爲輪行澤者欲杼。杼㠯行澤、則是刀㠯割塗也。又曰大圭杼

梭　柅　梐　枑　杴　梩

上皆謂剟之。別作竽。

梭穌禾切、杼也。別作⿱竹夋。

柅奴禮切、易曰繫于金柅。說文曰柅、實如梨。杘、篗柄、或作柅。檷、絡絲趺。鄭康成曰杘、篗柄也。陸氏曰讀若昵、一曰柅、止車木。按、車行欲止、必有所繫止、所謂金柅者、以金爲之、卓地爲固也。孟子曰止或尼之、殆謂此也。絡絲趺因以爲名、今人猶云絡柅也。杘乃劉子所謂罌鐺音杘勑夷切者、从木、尸聲。說文所謂篗柄者、即杘之省文尔。檷、柅實一字、既爲絡柅、不㬎又爲篗柄也、別又作鑈鈮。

梐步禮切。枑、戶故切。交木以止行者也。周官王之會同之舍、設梐枑再重。故書枑爲柜、鄭司農曰梐、榱梐也。杜子春曰梐枑、行馬也。

杴虛嚴切、木鍫也。

梩陵之切、孟子曰反虆梩而掩之。說者曰土轝也。按、孟子言反虆梩而掩之、殆非土轝也。司馬灋、周輂載梩。說文曰梠、臿也。或作梩、从里、一曰徙土轝、亝人語也。徐鍇(71)曰今俗作耜、又作枱、耒耑

槽　棧　棚　楄　柎

也。或作鉛、从金、孫氏弋支切、非。

槽才勞切、鑿木爲槽、以食畜也。

棧士限切、編柴木爲棧也。又作栫。傳曰栫之以棘。又才甸切。車以棧者謂之棧車。詩云有棧之車。險道縣絕、棧木以通者謂之棧道。編木以養馬謂之棧櫪。莊周曰編之以皁(72)棧。徐氏曰編木作橋、侶牀、以禦溼也。崔氏曰木棚也。

棚蒲庚切、棧閣也。

楄卑眠切、編木也。傳曰楄柎所以藉幹。說文曰楄、部方木也。引春秋傳杜氏曰棺中笭牀也。

柎甫無切、又厺聲。說文曰闌足也。傳曰楄柎所以藉幹者。杜氏曰棺中笭牀也。考工記、弓人曰於挺臂中有柎焉、故剽。康成曰側骨也。又曰凡爲弓、方其峻而高其柎。又曰下柎之弓、末應將興、爲

櫪　柵　梯　桴　枹　栰

椒而發，必動於網。康成曰弓椒弊，崩應弛則椒動。

櫪郎毄切。說文曰櫪槲、椑指也。未詳櫪槲椑指爲何。按，畜馬者有棧櫪之名。漢書馬不伏歷，不可以趨道。單作歷。

柵楚革切，植木編以爲藩也。

梯土雞切，以木爲階也。梯、階聲相近。古謂梯曰階。記曰狄人設階。

桴方無切，編木浮川也。語曰乘桴浮于海。亦作泭。說文曰泭，編木以度水也。又作柎。爾雅曰庚人乘泭。又曰棟謂之桴。按，棟之爲桴不足據，桴、枹、柎(73)之字多錯互，今正定之。

枹甫柔切，擊鼓丈也。亦作桴。按，二字多互用。

栰房越、方吠二切，桴也。亦作筏。亦謂之排。馬氏曰大曰栰，小曰桴。又作橃。說文曰橃，海中大船也。徐鉉曰今俗作茷，又作筏，非。按，桴、泭、栰、橃皆一聲之轉，謂爲船者非。

棑　杭　柁　楫　櫂　槳

棑蒲皆切，栰也。又作箄。漢書乘箄船。亦作簰。

杭胡郎切，方舟也。詩云誰謂河廣，一葦杭之。毛氏曰度也。楚辭曰魂中道而無杭。淮南子曰舟杭一日不能濟也。又作斻，說文曰方舟也。又作航，亦通作桁。晉朱雀航，亦作朱雀桁。

柁待可切，舟尾設柁，隨流轉之以正舟者也。亦作拕。

楫子葉切。又作檝，別作艥。

櫂直效切。史記通作濯。亦作棹。又直角切。梢櫂，木無枝柯皃。

槳子兩切。楫、櫂、槳皆所以進船也。剡而蔑之爲楫。易曰剡木爲楫。凡舟之用戈者曰楫，推而斡之曰槳，別作𦪓。搖者曰櫓，刺者曰櫂曰篙。

枻　檣　桅　梁　橋　榷

枻吕制切、楚辭曰桂櫂兮蘭枻。類篇曰楫謂之枻、或曰柁也。朱子曰船旁版也。或作栧。

檣才竿切、船上帆竿也。別作艢。

桅吾回切、檣也。說文曰黃木、可染者。

梁吕張切、駕木跨水吕度也、从木从水、刃[74][illegible]。[illegible]古文。續兩木吕度水也。其在屋則从跨兩楹而負朱儒者謂之梁、橫木水中吕張負者亦曰梁。

六書故弟二十一　七十三

橋渠嬌切、梁也。別作撟。絜[75]皋之衡亦謂之橋。記曰弄席如橋衡。康成曰井止[76]桔橰、衡上低卬、弄席如之、必卬又低。陸氏居席切、古亦通吕爲轎字。士昏禮曰笄加于橋。鄭氏曰所吕庋笄、其制未聞。史記河渠書曰山行即橋。按、山行所乘、即今轎字、㕣聲。

榷江岳切、獨木橋也。漢榷酒沽鹽鐵、蓋取

桔　橰　柣　械　櫓　柷　棨

此義、縣官專其利、非官沽賣則不㝵行也。

桔古八切、絜橰也、亦作桔橰。又古屑切、傳曰門于桔柣之門。又桔梗、艸藥也。

橰古牢切、桔橰也。莊周曰有械于此、鑿木爲機、肩重後輕、挈水若抽、其名爲橰。古亦單作絜皋。絜亦作桔、皋亦作橰。

柣迭結切。說具桔下。又直質切、爾雅、閾謂之柣。孫炎云門限也。俗謂地柣。

六書故弟二十一　七十四

械戶戒切、器械也。唐本說文曰或說內盛爲器、外盛爲械。

櫓龍五切、大盾也。古單作鹵。別作艣、樐。按、今人又吕爲進舟之櫓。

柷昌六切、書云合止柷敔。詩云鞉磬柷圉。毛氏曰木[77]椌也。說文曰吕止音爲節。郭璞曰柷方二尺三寸、深一尺八寸、中有椎柄、連底挏之[78]令左右擊、其椎名止。

棨康禮切、說文曰傳信也。漢書曰建幢棨。李奇曰棨戟也。顏

檄　札

師古曰有衣韔也。[79]崔豹古今注、櫜韔、㠯木爲之、厺滷韜之、亦謂之油韔、王公㠯下通㠯毎驅。

檄胡狄切。說文曰二尺書也。顔師古曰㠯木簡爲書、長尺二寸。魏武奏事云有急則插㠯鳥羽謂之羽檄。

札側八切、木片也。說文曰牒也。漢書曰谷子雲筆札。又曰一札十行。漢人葢㠯此爲簡牘也、甲之革片因謂之札。傳曰蹲甲而弢之、

六書故弟二十一　七十五

槧　檢

徹七札焉。考工記曰凡爲甲必先爲容、然後制革。鄭司農曰裁制札之廣袤。類篇曰甲葉也。又僭爲札瘥之札、瘕疵也。周禮曰大荒大札則不疑。傳曰札瘥夭昬。別作疵疵。今俗㠯爲札縛之札。

槧七豔切、又自琰切。說文曰牘樸也。又在敢切、削木也。

檢居奄切。說文曰書署也。東漢封禪、有司奏用玉牒、書有玉檢、又用石檢十枚、東西各三、南北各二、皆長三尺、廣一尺、厚七寸、檢中刻三處、深三寸、方五寸、有

柙

葢、檢用金鏤五、周㠯水銀和金爲泥、上㠯用石、功難、欲因故封空檢、更加封而已、又曰檢狀加封匧。檢葢三大爲之、所用檢柙也、凡封緘者用之、故引之爲檢束檢制。孟子曰狗彘食人食而不知檢。俗因用爲檢覈檢閱檢察、非。

柙戶甲切。說文曰檻也、出、古文。語曰虎兕出於柙。漢大喪、斂用玉柙。漢儀注㠯二爲襦、如鎧狀、黄金[80]鏤綴之、自要㠯下㠯玉爲札、長尺、廣二寸、半爲柙。

六書故弟二十一　七十六

檠　榜　檃　模

檠巨京切、又去聲、弓檠也。凡檠弄者皆曰檠、今人謂[81]燈臺爲檠也。

榜補旨切。說文曰所㠯輔弓弩者也。又北孟切、楫類。楚辭曰齊吳榜而擊汰。

檃於謹切、說文曰栝也。栝、檃也。荀子曰用句木者必檃栝[82]。通作隱。

模莫胡切、作器法也、木曰模、竹曰範、土曰

榜　梆　枘　柄　柲

型。通作摹。別作橅橅。

榜他各切、易曰重門擊榜、㠯待暴客。馬氏曰兩木相擊㠯行夜。說文曰榜、判也、引易。別作㯤、說文曰夜行所擊也、亦引易。

梆悲江切、斲木三尺許、擊之、其聲邦邦、今官府擊之㠯爲号召之節、近佀古之用榜也。

枘儒稅切、木之相入、牝爲鑿、牡爲枘、鑿空爲鑿、入空爲枘。淮南子借用芮、又音訥。

柄陂病切、戈矛斤斧之屬、其柯曰柄、人所秉也、亦通作秉。別作棅枋。

柲兵媚切、柄也。考工記曰戈柲六尺有六寸。按、柄柲同聲、其實皆秉之轉也、古蓋未有柄字。士喪禮、弓有柲。康成曰弓檠也、弛則縛之、弓裏、備損傷、引詩竹柲緄縢。別作䪐。按、弓柲疑即必字。

椄　槢　櫑　楘　椎　栿　棓

椄即葉切。槢、迖劦切。莊子曰椄槢枘鑿。說文曰椄、續木也。槢、木名。孫氏佀入切。

櫑盧猥切、又去聲。漢雋不疑帶櫑具劒。晉灼曰劒首刻木如弓茁形也、一說劒上鹿盧飾、說文㠯爲尊罍之罍。

楘莫卜切。詩云五楘梁輈。毛氏曰歷錄也。

椎直追切、木拳所用㠯椎擊者也。說文曰亝人謂之夂葵、夂葵、戒葵也、其實拳然、爲

椎者象之。考工記曰天子之圭、杼上夂葵首。謂象葵實爲椎首也、與鎚通。俗作鎚槌柤。類篇曰椎、又木名、佀㮚而小、朱惟切。

栿房六切。類篇曰梁也。按、今人㠯小木貼附大木之上爲栿、浙人亦㠯梁爲栿。

棓步項切、說文曰棁也、棁、木杖也。[83] 公羊傳曰踊于棓而窺客。何休曰高下有絫加躡版曰棓、蒲庚切。史記天官書、

欃　槍　檛　樵

紫宮左三星曰天槍。又右三星曰天棓。韋昭音剳、[84]司馬音皮、蘇林音擲打之擲。詩緯云王槍人棓人。按、今俗作棒、又作擲非。

欃鉏咸切。相如賦曰欃檀木蘭。康成曰欃檀、檀別名。天官書有天欃天槍。韋昭曰欃音毚之毚。又作欃。

槍七羊切、說文曰距也、一曰槍欜也。剡木爲刃也。

檛莊華切、簸也。馬簸亦曰檛。[85]說文作築、簸也。又作簻。

樵遵爲切、又去聲。說文曰㠯木有所擣也。

築　椓

按、今人猶有此語。又叔遂切、昔秋越敗吳亏檇李。杜元凱曰嘉興醉李城。

築陟玉切、㠯木築土也。𡍜古文、从土。別作篤。

椓竹角切、又丁木切。說文曰擊也。書曰蚩尤爰始淫爲劓刵椓黥。孔氏曰椓会也。詩云椓之丁丁。又曰椓之橐橐。鄭氏曰穜土也。又作㪔、說文曰擊也。又作毅、說文曰推擊物也。又作椓、又作斀、說文曰去会之刑也、引書劓刵斀黥。

桼　棬[86]　椹

桼古倦切、卑鼻中木也。又作桊棬。

棬側嫁切、又作甄、笮、沛酒具也。

椹張林切、鈇質也。古稱鈇椹椹質。周官司弓矢、王弓、弧弓㠯授射甲革椹質者。王弓之彊者、故試諸甲革椹質也。圉師射則充椹質、圉人蒭莝食馬、椹質其所掌也。故射則使共之。古之斬戮者用椹質、故謂伏

校

斧椹、伏質也。擣衣者㠯石爲質、故椹亦作碪[87]、从石。俗又作砧。桑實亦謂之椹。亦作葚、食荏切。

校戶交、戶孝二切。校有交義、或曰交木爲校、會意。几俎之下皆有衡木爲足、謂之校。士昏禮曰拂几授校。鄭氏曰几足也。記曰夫人薦豆執校。鄭氏曰豆中央直者也。按、豆有校、猶几之校足也。囚校之校、取此。易曰屨校滅止。又曰何校滅耳。又

某　桍　梏　桊　桎

引之爲廄校。冒官、校人掌王馬之政、六廄成校。漢趙充國爲塹壘木樵、校聯不絕。師古曰校謂用木相毌穿吕爲固者、廄之名校、蓋用關械闌養馬也。又俗爲學校。孟子曰夏曰校、殷曰序、周曰庠。校者教也。又俗爲考校之校、古效切、引之爲校競。語曰犯而不校。通作較。別作挍、从手、非。

某渠之切、奕子也、擾投亦謂之某。又作碁、棋。

桍蒲兵切。說文曰弓也、一曰挭局。相如賦曰彎楓桍櫨。鄭景純曰弓仲木也。史記作檘。

梏古沃切、頸械也。

桊古勇切、兩手共械也、亦會意。或作拲。

桎之日切、足械也。鄭司農曰桊、兩手共一木。桎梏、兩手各一木。康成曰在足曰桎、在手曰梏。王介甫曰梏在脰、桎在足、桊在手。按傳曰樂轡吕弓梏彎弱於韔、則梏在脰明矣。

椵　榀　櫬　棺　椁　槥　槎　栞

椵古牙切、梏也。鄭氏說椵見梏下、今人書爲枷、與連枷亂、當定作椵。說文曰椵、木可作牀几、讀若賈。

榀彼卽切、又方六切。周官、祭祀、飾牛牲、設其榀衡。魯頌曰夏而榀衡。鄭氏曰榀設於角、衡設於鼻、如椵狀。杜子春曰所吕持牛、令不得抵觸。說文曰吕木有所逼束也。

櫬初覲切、親身棺也。

棺古丸切、死者所用周身也。

椁古縛切、棺外亭也。古單作亭。(88)俗作槨。

槥才芮切、又爲綴切。漢書曰士卒从軍死者爲槥、歸其縣、縣給棺葬。應劭曰小棺也、今謂之櫝。說文曰棺櫝也。別作櫘、檅、槵。

槎鉏加、鉏何二切。說文曰衺斫也。亦通作查、楂。魯語曰山不槎櫱。漢書作茬櫱。又側下切。

栞苦寒切、刊也。禹貢隨山刊木。孔氏曰槎

横　橢　⿰扌㼌　榾　柮

也。史記作栞。說文曰：槎識也、从木从夭。闕。栞、篆文从幵。

横　戶旨切、太衡也。又去聲、衡衺橕距也。記曰：鍾轂横、引之爲横䛓。後漢鮑昱修起横舍、注曰：横、學也。字又作黌。按、横舍乃於孔子廟之外衡削爲屋以處學者、後人乃别制字、从學省、黄聲、乃俗書也。

橢　他果切、又徒果切、圜長爲橢。楚辭曰：南北順橢、其衍幾何。一本作隋、一本作墮、陿長也。

淮南子曰：闔面於槃水則圜、於杯則橢。又曰：汲水者或以瓮瓴、或以盆盂、其方圜鋭橢不同。說文曰：車笭中橢橢器也。

⿰木㼌　戶匕切、傳曰：鍾大則⿰木㼌、⿰木㼌則不入。杜氏[89]曰：演大不入也。又作⿰扌㼌、从手。

榾　古忽切。[90]顧野王曰：枸榾、木中箭。孫愐曰：枸榾、木也。

柮　說文曰：斷也、讀若貀。孫氏女滑切。按、今以木塊爲榾柮。

村　欄　栝　槱　樵　柴

村　粗存切、籬落也。杜甫詩曰：無村眺望賒。又作邨、邨。

欄　郎干切、考工記曰：㡘氏涷帛以欄爲灰。說文、欒木似欄而無欄字。類篇：欄、木名、桂類。按、今以此爲闌干之闌。

栝　他念切、進火木也。說文曰：炊竈木。徐鉉曰：甜省聲。又作𣘹栖。

槱　以九切、詩云：薪之槱之。周禮曰：以槱燎祀

司中司命、風師雨師。从木从火、酉聲。說文曰：積木燎之也。又亐聲。

樵　昨焦切、采薪也。詩云：樵彼桑薪。傳曰：請無扞采樵者。說文曰：㪔也。别作蕉、藮。又見譙下。

柴　鉏皆切、木薪也。周官以實柴祀日月星辰。記曰：燔柴以祭天。别作禘祡。又去聲、師行野次、𢿛柴以藩也。徐鉉曰：别作寨。又作砦磔。又詩云：助我

舉柴。毛氏曰積也。陸氏子知切。說文作呰。

杮

杮芳吠切、削木札也。說文曰陳楚謂櫝爲杮。

槮

槮所禁切、積柴水中吕聚魚而取之也。說文曰木長皃。孫氏所今切。按、槮非長也。或曰橚槮、艸木盛皃。按、此當作蕭森。

椌

椌苦工苦江二切、記曰鞉鼓椌楬。鄭氏曰柷也。

楬

楬苦瞎切。鄭氏曰敔也。說文曰桀也、引春秋傳楬而書之。孫氏其謁切。明堂位夏后氏揭豆。鄭氏曰無異物之飾也。

六書故弟二十一　卅五

棝

棝古慕切。說文曰棝斗、可弢鼠。

枊

枊五亢切。說文曰馬柱也。

棸

棸甾尤切、詩云棸子內史。記曰鳳皇麒麟皆在郊棷。鄭氏曰聚艸也。陸氏桑口切。說文曰棸、木薪也。又作橵。

朷

朷达刀切。說文曰斷木也。

杌

杌五忽切、傳曰顓頊有不才子、天下謂之檮杌。爲凶人之号。孟子曰晉之乘、楚之檮杌、魯之春秋。爲史冊之名。其義皆未詳。孫愐曰杌、樹無攴也。類篇曰刜餘木。

橭

橭功乎切、周禮曰吕牡橭午貫象齒而沈之。故書橭爲梓、杜子春云梓當爲橭、橭讀爲枯、枯榆、木名、書或爲樗。

枉

枉迂徃切、木曲也。

橈

橈女教切、木弱中曲也。又而遙切、楚辭曰蓀橈兮蘭旌。方言曰楫謂之橈。

六書故弟二十一　卅六

枯

枯苦孤切、木乾也。說文、楛、枯也。枯、枯槀也、引書惟箘輅枯、木名也。

槀

槀苦浩切、木枯脊也。別作槁。

檃

檃呼覽切、木蕨纍也。周官、彊檃用蕢。又作檃。

枵

枵虛驕切、木虛中也。傳曰玄枵、虛中也。枵、秏名也。

朽

朽許久切、木腐也。說文、㱙、腐也、或从木。

木之疑

杏

杏何梗切、果佀梅而甘。説文徐本曰可省聲。唐本曰从口。林罕曰从嘤省聲。鄭漁仲曰可非聲、从只、木實之可食者。伯曰呆杏皆象形。按、杏从叐呆、亦未達。

六書故弟二十一

六書故弟二十二

永嘉戴侗著　西蜀李鼎元校刊

植物二

禾 𥝌乎戈切。黍稷稻粱自苗至實通謂之禾。象形。詩云禾麻尗麥。又曰禾易長畝。北方多陸土。其穀多粱㮚。故粱㮚專㠯禾稱。南方多澤土。其穀多稻。故稻專㠯禾稱。稾穗爲禾。

去稾爲穀。去糠爲米。北方㠯粱㮚爲穀。南方㠯稻爲穀。

禾之會意

秉 鄙永切。禾盈握也。詩云彼有遺秉。聘禮禾四秉曰筥。毛氏曰秉把也。米十六斗曰籔。十籔曰秉。語曰與之粟五秉。秉把同聲。實一字。古無把字。所秉曰秉。去聲。今作柄。

秉之指事

兼 古恬切。幷二禾而兼秉之也。

秝 力的切。說文曰稀疏適也。

禾之諧聲

稷 崽弋切。土之穀也。莖葉㠯粱而麤。穗㭊如稻。粒如粱而扁大。稃外瑩滑。米正黄。五穀之長也。南人謂之穄。爾雅曰粢稷。說文曰稷粢也。粢稷也。

穄，穈也，子㑭切。穈，穄也。侗謂穄稷同聲，實一字。說文益本爾雅，爾雅益本禮記。記曰稷曰明粢。夫祭祀之米，黍稷稻粱通謂粢盛，而各爲之嘉号，故稷曰明粢，粱曰薌萁。謂稷爲粢，亦可謂粱爲萁号，固矣夫爾雅之爲說也。

黍 暑雨切。黍苗㠯蘆荻，實圜㬉，㞢高寒。南人謂之荻穄。米最黏。北方高寒地少澤。故多黍稷。爲酒醴酏糗者多用黍。南方土澤而气溫。故多稻。爲酒醴酏糗者多用秫稻。

北人罕識稻、故言稻稌者多不中物、南人罕識黍稷、故言黍稷者多不中物。按、黍吕旹種、說文謂大暑始種、非也。

黍之龤聲

香　𪏽虛良切、黍之芳臭也、古吕秬黍爲鬯。說文曰从日。徐鍇曰日非聲、稌香作日、从日會意。按、香气臭也。日、味也、非所从、說文亦不應指日爲聲、蓋从皀省、譌爲日也。別作薌。

香之龤聲

馨　𩡖火形切、香之清揚者。

馥　𩡮方六切、香之芬郁也。

黏　𪏻尼占切、黍膠著也。別作粘。

黐　𪐀丑知切、黏之甚者也、苦木皮擣取膠液可吕黏羽物者、今人亦謂之黐。別作粚。

黎　𥠷郎奚切、黍色黑也、利省聲。說文曰履黏也。別作黧。古爲國名。書云西伯戡黎。別作𨞴、說文曰殷矦國、在上黨東北。

稻　稌　稻徒皓切、稌、他魯切。澤土所生芒種也、亦有同類而陸種者謂之陸稻。記曰煎醢加于陸稻上。今人謂之旱稜、南方自六月至九月而穫、北方地寒、故詩曰十月穫稻。稻稌一聲、實一字。稌宜下而黍宜高、豐年高下皆孰、故詩曰豐年多黍多稌。爾雅曰稌、稻。說文同。

秬　𥝌其吕切、詩云誕降嘉種、維秬維秠、維穈維芑。傳曰黑牡秬黍、吕亯司寒。爾雅曰秬、黑黍。說文、𪍲、从鬯、黑黍也。

秠　𥟸浦宜切。爾雅曰秠、一稃二米。

穈　𥢑謨昆切、亦作虋。爾雅、虋、赤苗。郭氏曰赤粱粟也。疏曰詩作穈。穈虋同音。又作亹、穈。鄭剛中曰岐山之陽種床九盛、俗書穈爲床、米類稷、可麪可餅、西

稙　穉　種　　種　稑

人飽食麫、非䆮猶飢、殺家云、出戰糗糧乾不可食、嚵床①咔匊則津液生、餘物皆下咽、士卒用小囊盛寘馬上、遇水漬之、尢美。又床者自外而內、又麥者自內而外、蓋床㠯麥孰、麥㠯晩孰故也。

稙常職切、詩云稙穉尗麥。毛氏曰先種曰稙、後種曰穉。

穉直利切、幼禾也。說具稙下。又作稚穉。

種之勇切、穀子也。穀㠯種別、故引之爲種類種仄。埶種曰種、去聲。

種直容切、詩云黍稷重穋。周禮曰詔王后帥六宮之人而生種稑之種、而獻之于王。呂氏春秋曰種稑不爲稑、重不爲重。鄭司農曰先種後孰謂之種、後種先孰謂之稑。說文、種、埶也、童聲。孫氏之用切。種、先種後孰也、重聲。孫氏直容切。按、詩重稑、俗用重字、說文但與詩合、然重實與之用之音合、重實與直容之音合、周禮種稑之種與書傳所用種字皆同、當从周禮爲正。

稑力竹切、又作穋。說具種下。

秫　稬　秔　秈　穬　稜　穀　穎

秫常出切、凡米之黏者爲秫、亦謂之稬、不黏爲秔、亦謂之秈、稬秫宜爲酒爲餈、秔秈宜爲飯、凡五種皆有秔秫、陰昜之別也。說文曰从禾、术聲、或單作朮。按、今㠯山薊爲术。

稬奴亂切、說具秫下。俗亦作⿰米耎糯。說文曰②沛國謂稻稬。

秔居行切、說具秫下。俗亦作稉稉。

秈相然切、說具秫下。別作秈。

穬古猛切、說文曰芒粟也、㕜穀皆有穬。又作⿰麥廣。

稜閭承切、稻𠩄散、廉稜高起者也、水種者曰水稜、陸種者曰旱稜、畞有廉稜、故謂畞稜。別作棱。釦器皿之上廉者亦曰稜、俗作錂。

穀古速切、黍稷稻粱之實曰穀、嘉種之通名也、故凡嘉善之成皆曰穀。

穎余逞切、說文曰禾末也。書云異畞同穎。孔氏曰穗也。

詩云：實穎實㮚。毛氏曰：衆穎也。

穗　徐醉切，禾實成枝也。說文：采，禾成秀也，从爪禾，人所㠯收。或作穗、遂。按，說文褎从衣、采聲，則采之聲與褎相近。

稃　芳亐切。說文曰：⿰禾會也。徐鍇曰：卽米散也。別作粰、稃。

⿰禾會　苦會切。說文曰：穅也。按，稃與⿰禾會，穀散也，已舂為穅。

秳　戶括切。說文曰：舂㮚不潰也。

⿰禾乞　居乞切。說文曰：秳也。

⿰禾矣　之若切，說文曰：禾皮也。呂氏春秋曰：旻旹之麥，蕧⿰禾矣而赤色。

秱　徒東切。呂氏春秋曰：旻旹之禾，長秱而穗大；旻旹之麥，長秱而頸𪐗。按，秱，禾稾節閒，猶竹之筩，旻旹則長透。

秸　古黠切，禾莖也。又作鞂、稭。說文曰：稭，禾稾去其皮，祭天㠯為席。書云：三百里内秸服③。孔氏曰：槀。記曰：莞

簟之安，而槀鞂之設。鄭氏曰：穗去實曰鞂。別作䵍。

秆　根旱切，禾直莖也。稾　古皓切。說文：稈，禾莖也。或作秆。稾，稈也。徐鍇曰：稈卽秸之和皮者，稾則又稈之粗劉者，古之有罪者席稾，今人謂書之草創者為稾。稭、秸、秆、稾聲相通，引之則矢幹亦謂之稾，亦謂之秆，皆一聲之轉，非二物也。周官：稾人掌弓矢。秆別作稈、䅌、蘇。稾別作菓、藳。亝語曰：及寒擊菓除田。

⿱列禾　良舌切。說文曰：黍穰也。徐鍇曰：謂此卽桃莿之莿。

穖　居希切。呂氏春秋曰：旻旹之禾，疏穖而④穗大；旻旹之稻，長秱而疏穖。說文曰：禾穖也。徐鍇曰：莖也。按，穖，禾莖節也。

秒　彌小切，禾芒也。班固傳曰：造計秒忽。說文曰：夏至而禾有秒，秋分而秒⑤定，十二秒為一分。

稼　古訝切，樹埶為稼，收穫為嗇。周官：稻人

掌稼下地。

秧 殷彊切、栽禾也。說文曰禾若秧穰也。

移 吕攴切、移秧也。凡種稻必先苗之而移之。說文曰禾相倚移也、一曰移禾名。凡與移之義取焉。別作迻、說文曰與迆也。

穮 彼消切、傳曰是穮是蔉、必有豐秊。說文曰耕禾閒也。

六書故弟二十二　九

稠 直由切、禾密也。與綢通。

穊 几利切、稠也。

稀 香衣切、禾疏也。古通作希。

穠 奴冬切、禾茂盛緐穠也。

穆 莫卜切、禾深美、幽遠穆穆然也。詩云維天之命、於穆不已。穆穆文王、皆此意也。宗廟之禮、昭居𠂇向牖、吕其明也、故謂之昭、穆処又向墉、吕其幽也、故謂之穆。

穟 徐醉切、詩云禾役穟穟。說文曰禾穗之皃。

褎 由救切、禾盛皃。詩云實種實褎。又曰褎如充耳。漢詔子大夫褎然爲舉首。褏省聲。毛氏曰褎、盛服也。充耳、盛飾也。鄭氏曰顏色褎然、如見塞耳、無聞知也、聾者常多笑。陸氏曰本亦作袖、由救在秀二切、鄭笑皃。朱子曰褎多笑皃。按、諸說皆鑿而不通、毛氏不過吕爲盛服。又侶又切、與褏通。

六書故弟二十二　十

穰 汝良切、禾實豐也。

稔 而沈切、穀孰也。

𥤚 七半切、穀孰皆也。亦作秋、𪏮省聲。書云若農服田力嗇、乃亦有秋。

秊 泥賢切、穀成孰也。詩云自古有秊。昔秋曰大有秊。𠂔鐘鼎文、人聲。周官、太史掌正歲秊、吕敘事。歲吕紀天步、故日一周爲歲、秊㠯敘人事、故三旹周爲秊。

穫 穫胡郭切、收乂也。又胡故切、俗爲地名。詩云整居焦穫。毛氏曰周地。郭璞曰扶風池陽縣瓠中是也。

穧 穧亝帝切、詩云此有不斂穧。鄭康成曰手把曰秉、四秉曰稆、謂一穧也。舅曰禾之已乂而未收櫫者、此說佀當。

稇 稇苦本切、亝語曰諸侯之使稇載而歸。說文曰絭束也。

穌 穌孫吁切。說文曰把取禾若也。徐鍇曰若卽竹若也、穌部斂之也。

稰 稰陸氏息呂切。

穛 穛、陸氏側角切、又作穱。記曰飯黍稷稻粱白黍黃粱稰穛。鄭氏曰孰穫曰稰、生穫曰穛。說文、䊪、从米、早取穀也、孫音同、楚詞稻粱穱麥、音亦同。類篇、穱、稻下種麥也。

積 積津亦切、疊聚禾黍也。所積爲積、子賜切。又作積、說文曰積禾也、引詩積之秩秩。

秩 秩直匹切、積之次弟也。引之則爵祿之秩敘與凡有次弟者皆曰秩。

稱 稱齒仍切、舉禾程其輕重也。引之爲稱舉。傳曰禹稱善人。又爲稱道。記曰銘之義稱美而不稱惡。又去聲、輕重各當之謂稱。易曰巽稱而隱。今之禾麻皆㠯稱計、俗謂權衡爲稱、皆祖此義也。俗作秤。

程 程直征切、多小輕重有程也。說文曰品也。

稯 稯子紅切。稯、籒文。

秅 秅宅加切。聘禮、禾三秉曰筥、十筥曰稯、十稯曰秅、秅三百秉也。秅又作秺、秺。漢金日磾封秺侯。又丁故切。

秭 秭將几切、詩云萬億及秭。毛氏曰數萬至萬曰億、數億至億曰秭。說文曰布之八十縷爲稯、五稯爲秭。風俗通曰萬生億、億生京、京生秭、秭生晐、晐而上五絫而至載。按、經傳之言數者至秭而止、不聞有言京者、毛氏之說是也、風俗通之說無取焉。

租

租尊吾切、田中禾豪也。詩云予所畜租。謂拾取田中餘豪也、田賦因謂之租、畚内緫内銍内秸兹謂之租。⑥

稅

稅輸祑切、田賦也。引之則凡賦取者皆曰稅。俗爲稅駕稅服之稅、與說通用。記曰小功不稅。鄭氏曰日月已過、聞喪而追服曰稅。陸氏他外切、亦未然。又爲解稅之稅、吐活切、與脫說通。

六書故弟二十二　十三

穩

穩烏本切。說文新附曰蹂穀聚也。曰安也。亦通作隱。俗書。

私

私息夷切、古有公田有私田、私民所私有也。詩云兩我公田、遂及我私。說文曰禾也、北道名禾主人曰私主人。

稍

稍史櫂切、祿㐭也。古之仕者皆有稍食、王畿六遂三百里外爲稍地、大夫之所食也。又作𨛍。說文曰大夫所食邑。周官借用削字。又上聲、稍稍、漸次之義也。說文曰出物有漸也。按、此乃假借之義。

秣

秣莫葛切、食馬穀也。

稂

稂盧當切、詩云不稂不莠。爾雅曰稂、童粱。又作蓈。說文曰禾粟之穗生而不成者謂之蕫蓈。或从禾。

稗

稗旁賣切、稗桒純佀稻、惟節間無毛、實佀蕢、害稼者也。

稊

稊田黎切、孟子曰五穀不孰、不如稊稗。郭璞曰佀稗、希地生穢艸也。又作蕛。易、枯楊生稊。鄭氏作荑。王弼曰稊、楊之秀也。按、王說佀便。會、鄭作荑近是、稊蓋荑之譌。

六書故弟二十二　十四

穢

穢污廢切、又烏外切、稂莠污穢也。漢書曰莠盛苗穢。引之則凡穢惡者皆謂之穢。商書曰無起穢吕自臭。周書曰穢悳章聞。說文薉从艸。荀子皆作薉。

秏

秏虛号切、禾收虛秏也。今皆作耗、未曉。一曰稻名。

秀

呂氏春秋曰飯之美者、南海之秏。俗有[illegible]夊、類篇曰虖厲也。

禾之疑

𥝢息就切、禾吐穗也。詩云三月秀葽、又曰實發實秀、實堅實好。孔子曰苗而不秀者有矣夫、秀而不實者有矣夫。毛氏曰不榮而實曰秀。徐鍇曰秀、象禾實下𠂹。按、秀之不可謂實、猶苗之不可謂秀、詩云嗇我俎矣、黍稷

方𠌶。凡穀皆有秀、不榮之說非也。禾文上句已象其實之下𠂹、不應再𠫓象於禾根之下。秀蓋穗也、禾黍之類皆先穗、穗⑦則稃、稃然後𠌶、𠌶然後實、故詩先言發秀而繼㠯堅好也、說文㠯漢光武諱闕其義、然釋穗曰禾成秀也、蓋㠯穗爲秀。或曰禾弓爲秀、从禾从弓、會意。

引之爲俊秀、秀桀。亝語曰秀民之爲士。記曰選士之秀者、升之學曰俊士。

秦

𥠖自人切、伯益之後封於秦。說文曰秦地宜禾、从禾从舂省。

米

米莫禮切、穀厺康爲米。

米之象形

粟

㮚粟相玉切、禾實也、象㮚穗。說文曰粟、从卤。卤、艸木實𠂹卤卤然、象形。㮚亦从卤。按、㮚蓬粟穗、其形不同、𠫓象偶相近、如燕與奐、非从火、半臾鹿非从屮也。北方多㮚、故言食者多曰㮚、亝景公曰雖有㮚、吾得而食諸。轉交曰食㮚而已。

米之會意

⿱臼米

⿱臼米舂米也。說文曰舂、糗也、臼聲。孫氏其九切。

⿱臼米之會意

毇

毇許委切。說文曰米一斛舂爲八斗也。

毇之諧聲

糳

糳則各切、伐米也。說文曰糲米一斛舂爲九斗也、丵聲。

經傳通用鑿。傳曰粢食不鑿。引之則凡精白者皆曰鑿。詩云白石鑿鑿。

籴　粜　粱　粒　粗　糙　糲　粺　粲

籴迏力切、亦作糴、翟聲。粜、他弔切。亦作糶。

从糴省。入米爲籴、出米爲粜。

米之齰聲

粱呂張切、粟之美者、粱有青白黃、而黃粱最美。

粒力入切。別作⿱立食。

粗倉胡切、又徂故切、疏也、與麤通。俗作⿰米鹿。

六書故弟二十二　十七

糙七到切、疏糲也。俗書。

糲粱察力制二切、米始礱太康也。別作⿱㓞米。

粺旁卦切、米稍疏也。詩云彼疏斯粺。

粲倉贊切、米精白也。別作穄、說文曰粟重一石、爲一斛六斗有斗之太半、舂爲一斛曰糲。糲一斛舂爲九斗曰糳。稻重一石、爲二斛、舂爲十斗曰毇。爲米六斗有斗之太半曰粲。又曰糲一斛舂爲八斗爲毇。粺、毇也。毛萇曰粺、精也。康成曰米之率、糲十、粺九、糳八、侍御七。按、說文謂稻十斗爲毇、又謂糲一斛舂八斗爲毇、自相抵牾、詩言彼疏斯粺、而毛公曰粺爲精、殆未詳文義也、大抵糲與粺爲疏、粲與糳爲精。引之則凡潔白者皆謂之粲、言女色者曰粲。詩云見此粲者。語曰女三爲粲。別作婜敀。玉之潔白曰粲。別作璨。齒之整潔曰粲、笑見齒者因謂之粲、粲而有光曰粲爛。詩云角枕粲兮、三英粲兮、於粲洒埽。別作燦⿰粲彡澯⿱髟粲。

精　粹　粢　糧

精子盈切、糳之精潔、絕米衣也。目中睘粒

六書故弟二十二　十八

亦謂之精。今作睛。

粹雖遂切、擇之純也、精者毋粒之糳、粹者衆粒之純、精與粗對、粹與襍對。

粢津夷切、共祭祀之米也。亦作⿱次皿。見皿部。禮、夫人親舂以共粢盛。傳曰奉盛以告曰潔粢豐盛。記曰稷曰明粢。說文作秶、粢。

糧呂張切、行所齎米也。

粻　糈　氣　釋

粻陟良切、詩云以峙其粻。記曰五十異粻。陸氏曰糧也。說文新附曰食米也。

糈疏與切、楚辭曰懷椒糈而要之。朱子曰精米也。

氣許既切、以米餼也。別作槩餼。

釋施隻切、潰米也。詩云或簸或蹂、釋之叜叜。毛氏曰淅米也。解釋、開釋之義取焉。又詩夜切、俗爲釋置、釋舍之用同。又作釋从采、采、米之譌也。

糁　糜　糗

糁息感切、肉糜也。周官、羞豆之實、酏食糁食。記曰糁取牛羊豕之肉、三如一、小切之、稻米倍合以爲餌、煎之。又投粒於羹亦謂之糁。莊周曰藜羹不糁。亦作糂、糣。說文曰以米和羹也。

糜靡爲切、粥之潰孰者也。糜爛之義取焉。別作⿸广米、⿸广賁、麊、⿸麻鹿、⿰米靡、⿸麻賁。說文、糜、糁也。麊、潰米也。交止有麊泠縣。

糗去九切、熬穀麥類也。周禮曰羞籩之實、餌粉餈。

糒　糔　⿰米㡀　粉　糉

糒平祕切、乾飯也。

糔息久切、又相流切、記曰爲稻粉糔溲之以爲酏。鄭氏曰讀若滫瀡、義闕。

⿰米㡀蒲昧切、研米以糁粥也。又蒲漫切。別作䊃䴺。

粉方吻切、擣米爲塵屑也。

糉作弄切、角黍也。說文新附曰蘆葉裹米也、亦作粽。

⿰米壹　糕　粔　籹　糤

⿰米壹一結切、粉餌也。亦作饐。

糕居牢切、屑米麥炊之爲糕、周官所謂粉也。亦作餻。

粔其呂切。籹、人渚切。楚辭曰粔籹蜜餌。說文新附曰粔籹、膏環也。一曰寒具也、以蜜和米麪、煎之以油。粔別作⿺麥巨。

糤顙旱切。說文曰熬稻粻餭也。又作饊。

糵　魚列切，牙糓爲糵也。別作[illegible]。

粞　先亝切，米碎也。別作[illegible]。

康　苦剛切，糓殼也。偕爲康寍之康。偕義之用慷，別作糠、穅，非。

粃　匹履、補履二切，㮚之不成粒者也。書曰若苗之有莠，若粟之有粃。亦作秕。

粕　匹各切，米滓也。古單作魄。莊周曰古人之糟魄。

籸　疏津切，粉滓也。麻子之滓亦曰籸。別作[illegible]。

粈　女救切，又人九切，米飯和襍也。亦作糅。

糊　紅沽切，㠯米麥粉爲糊㠯黏也。說文作𪏮，从黍。又作粘、[illegible]。

來　力該、力代二切，又里亟切。來牟，麥通名也。說文曰來牟，一來二縫，象其芒朿。徐鍇曰今小麥也。通作釐。漢書曰貽我釐麰。別作䅘，說文曰亝謂麥䅘。別又作麳。偕爲徃來之來。別作徠、倈、逨。又去聲，綏來爲來。孟子曰勞之來之。別作勑，說文曰勞也。

來之疑

麥　莫獲切。集韻又紀力切。麥有小有大。說文曰麥，金也。金王而生，火王而死。从來，有穗者；从夊。侗疑爲夕聲，夕譌爲⑨夊也。伯曰禾生於春，成於秋，麥生於秋，成於春。稻晝吐華而夜合，麥夜吐華而晝合。北寒宜麥，南溫宜稻，侌昜之義也。

麥之龤聲

麵　眠見切，小麥粉也。亦作麪。又作糆、[illegible]。

麩　甫無切，麵餘殼也。李氏曰麥稃也。又作[illegible]、[illegible]。

麴　牽六切，罯麥爲麴，㠯爲酒醴也。亦作[illegible]。說文[illegible]，从米，[illegible]省聲。又作[illegible]。

麷　芳戎切，周官朝事之籩，其實麷蕡。鄭司農曰黙麥也。説文曰衟麥也、讀若馮。

䴴　圭玄切、麥稾也。別作稍、説文曰麥莖也。

麨　齒紹切、衟麥爲糗也。

麧　恨竭、胡骨二切。説文曰堅麥也。又作秔籺。季曰古單作覈。漢書曰亦食糠覈耳。孟康曰麥糠中不破者也。晉灼曰京師謂粗屑爲覈頭。

尗之諧聲

尗　式六切、豆也。象豆莢。別作菽。尗寅匝文。

敊　是義切、麴豆也。亦作豉。

椀　烏凡切、蠶豆也、𤮗當蠶甞。亦作豌。

瓜　古華古胡二切、象瓜及其蔓、瓜之類不一。

瓜之會意

㼌　説文、本不勝末、微弱也。孫氏以主切。按、㼌、瓜實纍也、故引之有本不勝末之義。

瓜之諧聲

瓠　胡誤切。今俗謂之蒲瓜。

瓠之諧聲

匏　蒲交切、老瓠太瓢可爲器也。从瓠省。

瓞　大節切、詩云緜緜瓜瓞、瓜瓞唪唪。毛氏曰瓜、紹也。瓞、瓝也。爾雅、瓞瓝、其紹瓞。釋曰瓜有二種、大曰瓜、小曰瓞、瓜蔓近本、其瓜必小、故謂之瓞。瓞、瓝之別名也。鄭氏曰瓜之本實紹先歲之瓜必小、狀似瓝、故謂之瓞。説文曰瓞、㼒也。或作𤓯。按、毛氏以瓜爲紹、而説者皆以瓞爲紹、且瓜無宿根、安旻有紹先歲之理、皆本爾雅而不通、曲爲之説也。生民詩言瓜瓞、與荏尗麻麥並言、以荏尗麻麥例之、當爲二物、瓞必瓜類、未知的爲何尒。

瓟　蒲角切、小瓜也。亦作瓝、㼒、説具瓞下。

𤬳　毗宵切、匏之小者爲飲器也。別作瓢。

瓤　如昜切、瓜中犀也。通作穰。

瓣　皮莧切、瓜中片分也。説文曰瓜中實。

韭　舉有切、葷菜也。

韭之諧聲

韲　韭　韱

韰韲下介切、韲菜也、佀韭而桒大。別作薤。

齏祖雞切、擣葷辛吕爲齏也。又作韲韲。古僭用

韭。說見韭下。

韱息廉切。說文曰山韭也。揚雄太玄曰漸然能自韱。注曰少也。釋文曰古纖字。又菜佀韭也。

六書故弟二十二

竹　个　箘

六書故弟二十三

永嘉戴　侗著　函蜀李鼎元校刊

植物三

竹之指事

竹陟六切，象形，兩之，象其朿生也，與艸同。

个古賀切，竹一竿也。亦作箇。說文唐本曰：箇，竹枚也。今或作个，半竹也。徐氏闕个字，曰个不見義，無从下筆。明堂𠂇又个者，明堂旁室也，當作介。鼂

六書故弟二十三　一

說之曰：大射儀禮三挾一个者，矢也，亦可易爲介乎。魯次公曰：竹生非一，故兼个，猶艸兼屮，林兼木，秝兼禾也。說之據籀文亦有个字。

俗爲室之𠂇又个。記曰：天子居明堂𠂇个，又个。鄭氏曰：堂之偏也。

又射矦有上个、𠂇个、又个。鄉射禮曰：東方謂之又个。鄭氏曰：上个謂最上幅也。亦古案切。

竹之龤聲

箘渠允切。類篇曰區倫切，又巨損切。又作箬箟。

箟　簬　筱　簜　筀　篔　簹

箟古渾切。簬勤故切。禹貢荊州之貢惟箘簬楛。楚辭曰：箟簬襍於黀烝兮，機蓬矢以射革。又曰：箟蔽象棊，有六博。戰國策曰：發公宫之垣，荻蒿苫楚，試以爲矢，箘簬之勁，不能過也。孔氏曰：箘簬，美竹。曷氏曰：小曰箘，大曰簬。按，箘簬楛皆矢才也，故類篇合箘與箟爲一。簬亦作簵。

筱篠息了切，小竹也。簜、辻廣切。禹貢震澤

六書故弟二十三　二

底定，篠簜既敷。孔安國曰：篠，竹箭；簜，大竹。孫炎曰：竹節[1]闊者爲簜。說文曰：篠，小竹，箭屬。簜，大竹。大射儀：簜在建鼓之閒。鄭氏曰：謂笙簫之屬。按，小竹爲篠，笙簫雖非大竹，亦竹之脩節者。孫炎之說近之。簜別作[illegible]。

筀圭惠切，竹名。蔑竒而美筍，其種不一，有早筀、晚筀、紫筀、班筀。

篔雨分切。簹都郎切。篔簹，竹名。王彪之閩中賦：篔簹函人。言竹之大。

筤　笪　篁　篳　箭　筍

筤盧當切、說卦曰震爲蒼筤竹。別本作琅。說文、筤、籃也。孫氏魯黨切。

笪多旱切、竹之叢生而大者、竹笪虛中、木笪實中、其筍亦美。

篁乎光切。說文曰竹田也。淮南王書曰谿谷篁竹之中。張衡賦、篠蕩敷衍、編町成篁。竹林也。

篳卑吉切、傳曰若敖蚡冒篳路藍縷㠯啟山林。杜氏曰柴車也。又曰篳門圭竇之人。杜氏曰柴門也。鄭康成曰荊竹織門也。說文曰藩落也。按、篳、竹也、織爲車爲門也、或曰篳、織竹也、故有籬落之說。

箭子賤切、小竹疏節而直者、可爲矢、故矢亦謂之箭。

筍舒隕切、竹萌也。周書曰敷重筍席。蓋析子竹㠯爲席也。馬氏曰箁箬也。徐氏曰竹子爲席。別作笋、筍。因

箈　竿　笴　篙　節

之爲筍虡之筍、取其榑直而銳入也。考工記曰小首而長、摶身而鴻、若是者謂之鱗屬、㠯爲筍。亦作簨。別作栒楢椇。

箈徒哀切。亦作⿱竹怠。爾雅曰箭萌也。周官、箈菹鴈醢。康成曰箈、箭萌。筍、竹萌。

竿古寒切、竹幹也。別作杆。又上聲。別作簳。

笴公可切、又古老公但二切、箭幹也。鄉射

禮曰物長如笴。康成曰笴長三尺、與跬相應。考工記曰妢胡之笴。按、竿幹个篙豪笴一聲之轉。木曰榦、竹曰竿曰笴曰个曰篙、禾曰秆曰稾、其義略同。

篙古牢切、竿也。

節卽血切、竹約也。引之爲節度、節奏、節約。又與卩通用。又爲梲節之節、柱上斗如竹

之有節也。又夕皿切。詩云節彼南山。假借也、今伭巀。

筠 王旾切、記曰如松柏之有心也、如竹箭之有筠也、毋三旹而不改柯易桒。說文新附曰竹皮也。類篇曰竹②青皮也。按、竹無心、其彊忍在筠、筋之从竹、亦此義也。

笨 奔忖切。說文曰竹裏也。

笢 迷牝切。說文曰竹膚也。

六書故弟二十三　五

箬 如灼切、小竹而大桒、可吕包裹、可吕爲蓬草。別伭篛。

箁 薄矦薄口蓬逋三切。說文曰箬也。類篇曰竹桒也。別伭篰。

⿱竹隋 杜果切、季曰筍皮也、亦謂之籜筍、成竹則解⿱竹隋、小竹⿱竹隋不脫者謂之含⿱竹隋。

筎 人余切、刮取竹青也。

籊 他歷切、詩云籊籊竹竿。毛氏曰長而殺也。

簇 千木切、小竹叢密簇簇也。故蠶薄亦謂之簇。

篾 眠結切、劈竹爲篾、吕織吕纏也。書云叀重篾席。亦伭篾。

筩 达紅切、斷竹也。又上聲、亦伭筒。又去聲。說文曰筒、通𥭲也。孫氏达弄切。徐鍇曰通、洞無底也。筩、斷竹也。瓦如筒者謂之筒瓦。別伭瓬、瓬。

六書故弟二十三　六

管 工短切、竹角也。又伭管。別伭琯。凡吕管爲之者皆曰管、竽笙籥箎篴皆管也。商頌曰鞉鼓囦囦、嘒嘒管聲。周頌曰磬筦叙叙。周禮曰下管、播樂器。此眾管之通稱也。笙師掌教龡竽笙塤籥箎篴管。管又爲竹聲之一也。說文曰管如篪、六孔。別伭琯、古者吕③玉爲之。康成曰管如篴而

箰 策 簡 ⿰⺮𠷎

小、併兩而吹之。又管鍵之管、吕金爲之、其牝象管、所吕轄門關也、故因之爲管攝管轄之義、馬。又絡緯者亦吕管、亦謂之筳與箰。說文曰筦、箰也。箰、筳也。筳、維絲管也。又假借語曰夫子莞爾而笑。何晏曰彎版切、小笑皃。

箰 方無切、說具管下。

策 楚革切、削竹也。筮者算者用策。書記者

用策、簡策是也、馭者亦用策、鞭策是也、因著算而爲筭策、策畫、因鞭策而爲督策。別作筴、夾非聲。

簡 古限切、編策爲簡吕書也。俗爲易簡之簡、不煩之謂也、爲簡孚之簡、審當之謂也。又爲簡擇之簡、與柬通。別作簡、說文曰簡存也。

⿰⺮𠷎 陳収切、削竹吕算也。洪範九𠷎亦單作𠷎。

籍 篇 簿 箋 籤

籍 秦昔切、④載之編也。

篇 芳連切、簡策之秩也。古者編冊吕書、其文字多者異爲之篇、上篇下篇、内篇外篇之類是也。一說篇、扁也、㫄篇必表揭之也。

簿 畔毋切、籍也。

箋 収先切、說文曰表識書也。又作牋。按、今

上書者皆稱表牋、推其義、益上書言事者皆條別表識之也。鄭康成藝論云注詩宗毛爲主、毛義隱略、則叓表明、如有不同、則下已意、故可識別、故其注謂之箋。

籤 七廉切、削竹吕籤表也。江左有典籤之官、吕掌書記。又作簽。說文曰驗也。一曰銳也、一曰貫也。又籤、丑廉切、說文曰擾馬也。大槧籤必削竹、使薄而銳、故有銳與貫之義、今人吕署牒狀爲簽、蓋沿襲之稱、簽簿之簽別作劃、非。

篆　籒　筱　笏

篆柱兖切、以竹篾繞約也。周禮曰孤乘夏篆、卿乘夏縵。考工記曰陳篆必正。鄭司農曰轂約也。康成曰五采畫轂約也。又曰鍾帶謂之篆。書體之宛繆者因謂之篆。說文曰引書也。

籒直右切。說文曰讀書也。按、說文稱周宣王太史籒著大篆十五篇、與古文或異、至秦李斯作蒼頡篇、趙高作爰歷篇、太史令胡毋敬作博學篇、皆取史籒大篆、或頗省改、所謂小篆也。按、說文所著籒文、或画多緐古文、固有先自緐而趨省者、至如袖作𧝝、糸作纕、禋作䄟、禱作𥛍、徂作𨓈、述作𨘚、速作𨗻、遁作𨘢、侖作䨏、㣈作𢕹、頌作額、徍作𢓊⑤贅益於成文之外、竊意爲後來者之使會增多也。

筱防夫切、契竹刻之、各持其一、合之以爲信節也。周官掌節門關用筱節。

笏呼骨切、公士大夫所搢以記數命也。記曰天子以球玉、諸侯以象、大夫以魚須文竹、士竹、本象可也。笏度二尺有六寸、其中博三寸、其殺六⑥分而去一。凡有指画於君前用笏、造受命於君前則書於笏。說文新附曰籒文作回、象形。笏字後人所加。

簈　篦　笸　箴

簈古兮切、先也。

篦邊兮切、削竹以導也。

笸居之切、去頭垢及蟣蝨比也。

箴諸深切、箴猶鍼也。記曰衣裳綻削、紉箴請補綴。又側沈切、箴諫也。傳曰命百官官箴王闕。商書曰毋或敢伏小人之攸箴。或曰箴卽鍼也、箴規猶鍼砭也。

箸　籩　簞

箸直遇切、㔾挾也。說文曰飯攲也。攲、持去也。俗作筯、櫡。

籩卑眠切、竹豆也。籩以盛果脯糗餌凡乾物、豆以盛菹醢凡澤物。文。匴、櫥

簞多寒切、盛器也。語曰一簞食。士冠禮、櫛

筥　筲　笲　篹　籔

實亏箄。漢律令、箄、小匡也。

筥已呂切、盛器也。周官、雝氣米百有二十筥。聘禮曰三秉曰筥、筥半斛。詩云采尗采尗、匡之筥之。又曰亏吕盛之、維匡及筥。

筲所交切、語曰斗筲之人、何足算也。說文曰箱、飯筥也、受五升、秦謂筥曰箱。孫氏山樞切。箱、陳畱謂飯帚、一曰飯器、容五升、一曰宋魏謂箸筩爲箱。孫氏所交切。

笲附袁切、士昏禮、婦執笲棗㮚。鄭氏曰竹器而衣者。

篹祖管切、記曰食粥於盛不盥、食於篹者盥。康成曰竹筥也。又曰薦用玉豆雕篹。鄭氏曰籩屬、或佮篹。陸氏本又佮匴、亦息緩切。說文、籫、竹器也、讀若纂、一曰叢。

籔蘇口、色縷二切、聘禮、門外米三十車、車秉有五籔。鄭氏曰今文籔或爲逾。十斗曰斛、十六斗曰籔。伯氏曰按韋昭注國語引聘禮十六斗爲庾、然則籔卽庾、鄭氏謂今文佮逾、庾本倉庾之庾、逾與庾皆假借也。當佮籔、說文曰炊䈅也、䈅、漉米籔也、於六切。

簝　箅　笥　笈　簏　籠

簝洛皋切、受盛器也。周官、牛人共牛牲之互與其盆簝、盆受血、簝受肉。鄭司農曰受肉器也。按、俗有篣箞、栲栳文。

箅必至切、蔽甑底器也。亦佮箄。

笥息吏切、盛衣器也。匧笥所吕臧衣服幣帛、匡匪所吕弄而媵之。鄭氏曰圜曰簞、方曰笥。

笈測洽、極業二切、匧類也。

簏盧木切。說文曰竹高匧也、別佮箓。今人佮盝。

籠來充切、織竹器也。或吕盛土石、或吕畜鳥。大槩籠之爲器空疏、故因之爲霝籠、籠蔥籠鬆、日月之初出童籠朧然。別佮瓏、曨朧櫳。又上聲、今人不言匧笥而言箱籠、淺者爲箱、深者爲籠也。

箱　籯　笯

箱脩翔切、盛器之大者也。詩云睆彼牽牛、不㠯服箱。毛氏曰服、牝服也、箱、大車之箱也。鄭氏曰不可用於牝服之箱。說文曰箱、大車牝服也。又曰乃求千斯倉、乃求萬斯箱。鄭氏曰萬車㠯載之。孔氏曰兩較內謂之箱、謂車內容物之処爲箱。按、毛鄭皆㠯服與箱爲二物、說文徑㠯箱爲牝服、佀誤仍毛說、詳詩人辭意、服如服牛服鹽車之服、謂星雖有牽牛而不可用之㠯服車箱也、箱从竹、乃大車盛輜重之器也、故因㠯爲箱匧之類。又屋亦有箱。公食大夫禮曰公揖

退于箱。覲禮曰几俟于東箱。康成曰東夾之前。漢書曰呂后側耳於東箱聽。顏師古曰正寢之東西室皆曰箱、言佀箱匧形。侗謂顏氏葢習聞後來箱匧之說、本其㝵名乃取於車箱也、後世別制廂字、今史記亦改作廂、惟漢書古字多存、猶可考耳。

籯怡成切。說文曰笭也。漢書曰遺子黃金滿籯。如淳曰竹器受三四斗。

笯農姑切、籠也。楚辭曰鳳皇在笯。

籃　篰　籮　篝

籃籠三切、疏籠也。

篰薄苦切、籃類。說文曰滿爰也。博雅、⿱竹滿爰、篰也。徐鍇曰按字書滿爰、簡牘也。侗謂未然。

籮洛戈切、籮之爲言羅也、織之密㠯盛穀米、筥籔類也。按、今浙又謂之⿱竹坐。方言曰陳魏宋楚之閒謂之籮。

篝古侯切、籠火具也。史記曰陳勝夜篝火狐鳴。漢書俗用構字。又㸑衣籠也。說文曰篝、笿也、可㸑衣。笿、桮笿

也、盧各切。

篘　笱　筌　簁

篘初尤切、漉酒器也。別作⿰酉取、⿱竹酉、⿱竹叜。

笱古厚切、捕魚籠也。詩云敝笱在梁。柂於魚梁之下。

筌七全切、莊周曰筌者、所㠯在魚、㝵魚忘筌。

簁所宜所皆二切、竹器所㠯治粒物、別粗

絗。又作篩。又所倚切。籭，說文曰：竹器也，可以取粗去細。籭籭。

笭 筳 篗

笭，連丁切。說文曰：車笭也。一曰笭籯。揚雅曰：笭，箮竹席也。又曰：車中筵。鄧氏曰：舟中簀曰笭。箮。笭箮亦作笭箐。

篗，王縛切。說文曰：收絲者也。亦作籰，又作䦆䦆。

筳，特丁切。說文曰：維絲莞也。楚辭曰：索瓊茅以筳篿。朱子曰：筳，小折竹也。楚人結艸折竹以卜曰篿。莊周曰：𦙶筳與楹，厲與西施，言大小好醜之侏也。

六書故弟二十三　十五

按，筳斷竹之小者。漢書曰：以筳撞鐘。

篿 簆 䈏 笠 簦

篿，朱遄切。說具筳下。又辻官切。說文曰：圜竹器也。

簆，𠃊候切。織所以冊經而冉卻之者也。

䈏，方六切。類篇曰：織具也。織所以張其幅也。俗又名楤。⑦

笠，力入切。戴以禦雨者。

簦，丹增切。吳語曰：簦笠相望。从艸。唐尚書曰：夫須也。韋昭曰：備雨具也。史記、躡蹻儋簦。徐廣曰：笠有柄謂之簦。按，簦以

儋，言有柄是也。

箑 箯 筵

箑，七接切。扇類。

箯，婢篇切。說文曰：竹輿也。漢書曰：箯輿肩。

筵，以然切。竹席以藉席者。其度長於席。周官、司几筵，王依斧依、莞筵、加繅席、次席。諸侯祭祀席、蒲筵、加莞席。公食大夫禮、蒲筵常加萑席尋。考工記曰：周人明堂度九尺之筵。

六書故弟二十三　十六

簟 簾 箔 簀

簟，辻念切。筵之精者也。

簾，離鹽切。織竹𥿮之以障也。

箔，步各切。簾屬。古單作薄。

簀，阻戹切。編竹以藉也。凡牀先用簀，乃加薦席。又作笮。說文曰：迫也。在瓦下棼上。按，椽上必設笮，然後安瓦。今人謂之棧。𨟻酒者亦用笮，又讀側𣑯切，與榨通。本作沛，見水部。

笫
笫阻史切、簀也。簀笫槎同聲。

筄
筄羊昭切。爾雅曰屋上蔑謂之筄。釋曰今之屋笆也。

篂
篂湯丁切、類篇曰舟車蓬也。粗箔也。篂片聲義相邇。

䉭
䉭力涉切、織竹爲篂也。

籧　篨
籧彊魚切。篨直魚切。織竹如席、規以爲囷、或以貯穀粟、或以取魚。籧篨不能俯者似之、故因以名其疾。詩云籧篨不殄。晉語曰籧篨不可使俛。

篅
篅市緣切、說文曰以判竹圜以盛穀。淮南子曰安其篅笆。笆、辿本切、伀囤爲正、見口部。

篽
篽疑寖切、藩籬之類也。說文曰禁苑也、引旾秋傳曰澤之自篽。或伀敔。漢宣帝詔池籞未御幸者、假與貧民。蘇林曰折竹以繩緜連禁禦、使人不旻徃來、律名爲籞。

籬
籬鄰知切、織竹爲藩也。別伀篱。今人織竹如勺以漉米謂之爪籬、俗有笊篱字。

筃
筃諸盎切、竹索也。又伀紉節。

筰
筰自莫切、竹索也。說文曰筊也。筊、竹索也。漢西南有筰夷。杜詩、架竹爲長橋、連笮動梟那、卽筰也。

筅
筅穌典切、析竹爲帚以洗也。

筧
筧吉典切、續竹通水也。古單伀建、建瓴。亦伀梘。

笙
笙色行切、鄭司農曰笙十三簧。爾雅注曰大笙才九簧、小笙十三簧。自笙至箏皆樂器也。

竽
竽員魚切。鄭司農曰竽三十六簧。

簧
簧胡荒切。說文曰笙中簧也。按、說者謂簧、竹管裏薄莩也。笙竽皆植管於匏、以金爲薄棻障其管底、歙者以气鼓之、上下翕張以出聲、以其象簧、故謂之簧。然鹿鳴之詩曰吹笙鼓簧、又曰鼓瑟吹笙、又曰竝坐鼓簧、以辭逆之、則簧與瑟皆鼓而

篪　篴　籟　箹　筑　笳

不吹、自爲竹聲之一、非笙中物也、況君子陽陽之詩曰ナ執簧、吕執言、非管中簧槀明矣。

篪直奇切。鄭司農曰篪七空。郭景純曰篪吕竹、長尺有三寸、口三寸、一空上出、徑三分、橫龡之、小者尺二寸、鄭司農云七空、蓋不數其上出者也、月令作箎。別作竾。

篴田溺切、橫管也。又作笛。杜子春曰篴、讀如滌、今音所龡五空竹笛也。說文曰七孔筩也、羌笛三孔。馬融曰笛本四孔、京房加一孔爲商聲。

籟郎蔡切。說文曰三孔龠也、大者謂之笙、中謂之籟、小謂之箹。莊周曰人籟比竹是已。

箹乙卻切。說具籟下。一曰竹節。

筑張六切。說文曰吕竹爲五絃之樂也、从竹从巩、巩持之也。按、巩乃聲。史記高漸離善擊筑。司馬貞曰筑似琴有絃、吕竹擊之。

笳古牙古㸦二切、胡龡也。又作箛、說文曰箛、吹鞭也。顧氏曰笳、胡人卷葭葉吹之。按、笳箛一物、今人亦謂之角、或龡鞭、或卷木皮、蓄葉而龡之。笳箛角一聲之轉。凡吹笳者皆爲角聲、且吕其卷皮槀如角、故謂之角。

箏　範　箠　笞　箚　箾

箏側弘切、絃竹而鼓之也。

範防氾切、規竹爲模也。通作范。記曰范金合土。易曰範囗天地之匕。亦作笵、說文曰笵、法也、从竹。竹、簡書也。古法有竹刑。

箠之絫切、鞭類也。通作捶。

笞丑之切、箠也。

箚竹洽切、削竹刺入也。按、剳已見刀部、今俗通用此。

箾色捉切、又作箾。說文曰吕竿擊人也。春秋左氏傳、季札聘魯、見舞象箾南籥者。陸氏音朔。又曰見舞韶箾者。陸氏音蕭。按、箾一字而陸氏二音、蓋舜有箾韶而武不吕籥、故異其讀、亦意之耳、闕疑可也。

篕 初又切。旹秋，泉丘人之女奔孟僖子，僖子使助薳氏之篕。杜元凱曰：副倅也。侗謂篕既爲副，亦不應又言助，其義蓋闕。

竹之疑

等 多肎切，高下之差次也。車有六等，𣪊有五等。說文曰：齊簡也，从寺。寺，官曹之等平也。

籅 旹制切。記曰：龜爲卜，䇲爲筮。說文曰：易卦用蓍，从

竹，从𢍰。𢍰，古文巫。亦作筮簭。

算 孫氏穌管切。吕策爲之，从衡希算，吕計多寡之數也。說文曰：數也，从竹从具，讀若筭。

筭 穌貫切。說文曰：長六寸，計歷數者，从竹从弄，言常弄乃不誤也。又作笇。史記曰：笇軍食。說文蜀本曰：筭古文，祘古文。

笑 私妙切。借爲笑樂之笑。孫愐曰：說文从竹从犬，嵩也。今說文無此字。李陽冰曰：竹㝵風，夭矯如人之笑。按，陽冰之說鑿而不通，笑當自有本義而今亾之，嵒笑之笑特假借耳。漢書談笑大噱。師古曰：笑，古笑字。又作咲，从犬，亦無義。

六書故弟二十三

六書故弟二十三

永嘉戴侗著　函蜀李鼎元校刊

植物三

艸

艸艸倉老切、艸之類緐而芟乱、其根柢不足道也、故象其丛生而不及其根。俗作草。說文曰草、斗櫟實也、从艸、早聲。按、櫟實不當从艸、已具𠦝下。因之爲艸創艸昧艸艸之義。

六書故弟二十三　一

艸之象形

芻

𦱿楚隅切、食牛馬艸也、象包束艸形。別作蒭。

艸之指事

屮

屮丑列切、艸木之初生也。微、故从艸之半。漢書徑㠯爲艸字。

屮之象形

屯

屯陟倫切、難也、象艸木初出地、屯尼未申也、偕爲屯聚之屯、徒渾切。別作芚。

𣏟

𣏟𣏟匹邁切、麻枲𣏟物也、象艸皮可披剝。說文曰𣏟、分枲莖皮也、八象枲皮、讀若髕。𣏟、艸木盛𣏟𣏟然、八聲、讀若輩。侗謂不當分爲二字。

𣏟之會意

麻

麻莫遐切、从广、言人所治也。

麻之龤聲

六書故弟二十三　二

䔺

䔺犬穎切、枲屬、佀苧而蔓、黌黃子如蜀葵而㬰、高者六七尺、北人種㠯績爲及索繩。通作潁、又作蘔絅尚。記曰三秊之喪既潁、康成曰無葛之鄉、去麻則用潁。

𢻃

𢻃穌旰切、分離之也、自𣏟爲𢻃、𡕒聲。俗作散。

索

𡩡 穌各切。𠃌枲以爲繩索也。俗爲索盡之索。書曰牝雞之晨、惟家之索。因是爲𢿱索之索、俗又有摸索之語、謂以手循索如捫繩索狀也。別作㩋。又索索爲震驚之狀。易曰震索索。又穌格切、搜索也。別作索、說文曰入家搜也。又盡也。

朩之龤聲

枲

枲 胥子切。牡麻也、麻之牡者不實。喪服傳曰牡麻者、枲麻也。蜀本說文辝省聲、𣂩籀文。按、枲台聲。又倉目、亦名枲目、葉有毛、實有刺、不可食、惟葉可作麴、俗謂之道人頭、亦謂之芊絲。

朩之疑

𣎳

𣎳 卽里切。說文曰止也、从朩、盛而一橫止之也。

𣎵

𣎵 亏貴切。易曰拔茅茹以其彙。說文曰艸木𣎵孛之皃。顏野王曰艸木三舒𣎵孛之皃、畀聲。今俗作棄、蓋傳寫之譌。又作彙、疑从木、彙省聲。

南

南 那含切。說文曰艸木至南方有枝任也、羊聲。𡴂古文。按、今用爲南北之南。

屮之龤聲

每

每 梅瑰切、又上聲、艸青蒼也。傳曰原田每每。又作莓、今人以爲莓莓苔之莓、莓苔猶蒼苔也。俗爲每人每事之每。

芔

芔 廣鬲切。說文曰菌芔、地蕈也、叢生田中。𦯬籀文。

㞷

㞷 戶光切。艸狂生也、从屮、王聲。說文曰从之在土上、讀若皇。

毒

毒 亭沃切、艸惡中人也。說文曰𣫊、古文。蜂蠆之丁亦曰毒、又亭夏切。說文曰關中謂蚍蠆毒曰𧉅、蓋不知其特爲毒音之轉也、人呺毒亦與毐同音。①䚡　又辻僁切、俗爲毒冒之毒、毒冒佀鼅、生南海、其甲班鎗、爲器物之珍飾。別作蝳玳、又作瑇瑁蠹鼊。

卉

卉 許貴切、又上聲、艸木眾生也。詩云卉木萋萋。又曰百卉具腓。爾雅曰卉艸也②。

卉之諧聲

賁

賁 彼義切、卉木𢍏炳也。書云賁若艸木。引之爲賁飾。易曰賁者、飾也。又扶云切、與墳通。詩云賁鼓維庸。毛氏曰大也。又補魂切、古有虎賁、言其勇趫、與奔通。又扶粉切。記曰奮末廣賁之音作而民剛毅。又方問切、與僨通。記曰僨軍之叙。

六書故弟二十三　五

茻

茻 模晃切、又莫古切、艸深衺也。易曰伏戎于茻。又作莽、艸深藏犬也。

叒

叒 而灼切。說文、叒曰初出東方湯谷所登榑桑、叒木也。象形。𠮦、籀文。䓘、擇菜也、从右、右手也。按、楚辭曰折若木以拂日、扶桑若木之說雖無所稽、其來舊矣。叒象木而三其枝、蓋所謂若木者、說文譌而爲三又也、古鍾鼎文皆作叒、無从又者。若之義③从口、叒聲、籀文乃碧之譌也、从艸右則又自籀而譌也。

苗

苗 眉鑣切、禾稺曰苗、艸在田中、苗之義也。

蓏

蓏 郎果切、木實曰果、艸實曰蓏。別作㒩。

葱

葱 倉公切、葷艸也、其莖菜空中、故謂之葱。俗作蔥。葱之色青、故引之爲青葱葱蒨。別作繱、說文曰帛青色。

六書故弟二十三　六

蔓

蔓 武曼切、艸曼生也。又莫干切、蔓菁、菜名。

茁

茁 側劣切、艸初出也。

芽

芽 五加切、艸初茁如牙也。漢書、詩始萌牙單作牙。

艽

艽 古肴切、艸根相丩結也。秦艽、藥名、吕其

斮　芟　菜　蔌　菘　芥　葵

根乃結，故謂之艽。俗誤作芄，又譌爲芃，非。

斮之削切，斷艸也。自斮爲斮。食削切。斮籀文。斮篆文，从手。見手部。

芟所銜切，乂艸也。別作蔪。艸之䶒聲

菜倉代切，場圃所蔬，人所茹也。

蔌孫卜切，澤野之物可茹者。詩云其蔌維何，維筍及蒲。今俗謂蔬，蔬蔌一聲也。又曰蔌蔌方有穀。蔌蔌，輕小而積之皃。

六書故弟二十三　七

菘息躬切，冬菜也。其莖葉中白，因謂白菜。菘華黃，來服華紫，故來服亦名紫華菘。

芥苟蠆切，冬菜也。葉微佀菘而毛，味辛。白，其子粒細，味尤辛，子可厭油者謂之油芥。

葵揆惟切，冬菜之滑者。爾雅：莃，菟葵。芹，楚葵。菺，戎葵。冬葵，蘩露。按，本艸冬葵莖紫或白，夏華而實，實而萎，又之憂生。其次戎葵，又名蜀葵，華佀堇，有五色。華細者名錦葵。其次兔葵，大莖小葉，紫黃色，吳人謂之蘩露，又名落葵，又名胡燕脂。兔葵佀葵而葉小，狀若藜，有毛，汋啖之甚滑。又有黃葵，七月華，俗名側金盞。

荍　菁　葑

荍朋遙切，詩云視爾如荍。爾雅曰荍，蚍衃。毛氏曰芘芣也。陸氏曰佀蕪菁，華紫綠色，可食，微苦。郭氏曰今荊葵也，佀葵，紫色。

菁子丁切，蔓菁，冬菜也。書曰包匭菁茅。孔氏曰菁吕爲菹，茅吕縮酒。鄭氏曰菁菜，茅有毛朿也。周官菁菹鹿臡。

六書故弟二十三　八

鄭氏曰蔓菁也，一名蕪菁，又名冥精，又名諸葛菜。菜葉類菘，根類羅匐而差小，根葉皆可啖。春食苗，夏食心，秋冬食根。又爲艸木青蔥之狀。詩云有杕之杜，其葉菁菁。又曰菁菁者莪。毛氏曰葉盛皃也。

葑叓容切，詩云采葑采菲，無吕下體。亦作蘴。毛氏曰須也。鄭氏曰葑、菲，蔓菁與葍之類也，皆上下可食，然其根有美時，有惡時，采之者不可吕其根惡幷弃其葉。爾雅曰須，薞蕪。又曰須，葑蓯。說文曰葑，須从也。方言曰

菲　葍

蘴、蕘、蔓菁也。陳楚謂之蘴，𧀁魯謂之蕘，關西謂之蕪菁，趙魏之郊謂之大芥。爾雅疏曰：蘴也、須也、蕪菁也、蔓菁也、薞蕪也、蕘也、芥也，七者一物也。　又去聲。苿根盤結久則弅土浮水上，謂之葑，故水艸泥溢之地皆謂之葑。南方葑有廣袤頃畝者，又其苗菜可㠯種稻，謂之葑田，別作𦼮。

菲，甫尾切。爾雅：菲，芴。又曰：菲，息菜。毛氏曰：有毛，三月中烝鬻爲茹，滑美，幽州謂之芴，河内謂之宿菜。鄭氏曰：芴，土瓜也，息菜生

下溼，佀蕪菁，華紫，亦可食。按葑菲有兩說，一說采葑菲者食其根，無㠯在下體而賤弃之；一說如康成之說，取其葉，無㠯其根惡而弃其葉。鄭說是也。白季曰：采葑采菲，無㠯下體，君取節焉可也。　因之爲菲薄之義。又扶沸切。𥿻服傳曰：菅屨者，菅菲也。傳曰：共其資糧菲屨。別作屝。說文：屨也。杜氏曰：艸屨也。　又甫微切，芳菲，芳气也。

葍，方六、鼻墨二切。詩云：我行其野，言采其

蔔　蘘　萵

葍。爾雅曰：葍，蒚。毛氏曰：惡菜也。陸璣曰：幽州謂之燕葍，其根正白，著熱灰中溫啖之，饑歲佀④禦飢。漢祭曰泉或用之。其華有兩種，一種莖葉細而香，一種莖赤有臭气。風土記曰：葍蔓生，被樹而外實，狀如牛角，一枝數枚，味甜如蜜。按此其蔓即木通。本艸云：木通，蔓大者徑三寸，每節有二三枝，枝頭有五葉，華有紫白，實如小木瓜，長三三寸，核黑瓤白。陳士良云：實名桲棪子。陶隱居云：近道繞樹藤生，汁白，莖有細孔，兩頭皆通，含一頭吹之，气出彼頭者良，主通利九竅，出音聲，去脾胃中寒熱，蓋通可去塞，故其治如是也。永嘉山中亦有之，但未有噉其根者。俗書作蘡。

蔔，蒲北切。羅蔔，蓏菜也。亦有夏蔔，根葉俱可食。根大曰毳，江南多產之，又名來服，又謂盧蔔。盧、羅、來一聲之轉。又謂紫花菘。說文：蘆菔佀蕪菁，實如小尗。

蘘，汝羊切。蘘荷也。說文：一名𦸗菹。崔豹曰：白曰蘘荷，紫曰𦸗菹。葉佀蕉，根佀薑，性好侌，根莖宜菹，白者宜藥，又名蕧苴。苴、蕉同聲。

萵，烏禾切。苣，勤呂切。苦菜也，俗謂萵苣。有

黄白紫數種。說文曰：苣，束葦燒也。束葦當作炬。顏野王曰：苣勝，胡麻也。巨勝當作巨。

莧

莧，咢旦切，夏菜也。有紅莧、紫莧、白莧、五色莧、水莧、人莧。人莧又名胡莧，又名康莧。又有馬莧，馬莧又名馬齒。

茄

茄，求加切，實可瀹可菹，一名落蘇，實大如鳧卵，與瓜匏同旹。又爾雅，夫渠之莖曰茄，古身古俄切。詳見荷下。

莙

莙，居云切。蕼，唇割切。菜也，葉似蓫，瀹之滑，其湯空濘。

蓫

葷

葷，許云切，辛菜也。薑、茵、韭、虀、蒜通曰葷菜。韭、虀食葉，薑、蒜食根。記曰：膳於君，有葷桃茢，於大夫去茢，於士去葷。鄭氏曰：葷，辟凶邪，薑及辛菜也。按，釋老之法無戒輒禁葷，俗共⑤七之。古人乃以葷辟穢惡，祭祀之豆先韭。

蒜

蒜，穌毋切，葷菜也。有大小二種，葉似虀，根可食。大蒜又名葫。諸葷之中，蒜气尤烈。

薑

薑，居良切，亦作薑。山薑、良薑、薑黄，薑類。

蓴

蓴，普各、補各、匹沃三切，楚辭曰：醢豚苦狗，膾苴蓴。孫愐曰：蘘荷也。

蕉

蕉，茲消切，巴蕉，巴且也。葉大如㭉，生南方，其葉可以為絺，其實曰芙。相如賦作巴且。

蘇

蘇，孫孤切，桂荏也。蘇以紫為賢，紫蘇葉似荏而辛芳似桂，空為畬，故謂桂荏。色淡者為野蘇，生水旁者為水蘇。又借為樵蘇之蘇。蘇，周曰：蘇者取而爨之。史記曰：樵蘇後爨。漢書音義曰：取艸曰蘇。又為蘇醒，易曰：震蘇蘇。書曰：后來其蘇。俗作甦。又為流蘇。相如賦曰：蒙鶡蘇。孟康曰：蘇，析羽也。

荏

荏，而沈切，白蘇也。莖葉似蘇而白，子如粟

芑

米、可食、亦可厭油。詩云蓺之荏尗。爾雅曰戎尗謂之荏尗。蓋誤吕荏尗爲一物。偁爲荏弱之荏、詩云荏染⑥柔木。孔子曰色厲而内荏。

芑乞已切、詩云誕降嘉種、維穈維芑。爾雅曰芑、白苗。鄭氏曰白粱也。又云薄言采芑、于彼新田。毛氏曰菜也。陸氏曰佀苦菜、莖青白、摘其葉有白汁、肥可生食、亦可烝食、青州謂之芑。舅氏曰卽穈芑之芑也。又曰豐水有芑。毛氏曰艸也。按毛氏於詩三變其說、芑吕嘉種稱則吕爲穀類、芑吕采言則謂之菜、芑生豐水中則不昜爲禾與菜、故又謂之艸、其實未知芑果爲何物也。

六書故弟二十三　十三

藿

藿虛郭切、詩云皎皎白駒、食我場藿。毛氏曰藿猶苗也。公食大夫禮、鉶芼牛藿。康成曰豆葉也。漢書曰山有猛獸、藜藿爲之不采。爾雅曰蔨鹿藿、其實莥。鄭氏曰蔨鹿豆也、蔓生、葉佀大豆、根黃而香。本艸曰生山谷、苗佀豌豆。又藥名、藿香。

荅　芌　芧　薇

荅都合切。說文曰小尗也。偁爲荅問之荅、猶對也。

芌云昫切、蹲鴟也。古通作預。別作蕷。詩云君子攸芌。毛氏曰大也。鄭氏曰當作幠、覆也。按、二說未當。𠂇氏傳、楚有芌尹、芌地名也。

芧云昫切、相如賦曰蔣芧青薠。漢書音義曰三稜也。莊子曰狙公賦芧。乃栩柖譌爲芧也。

薇無非切。說文曰菜佀藿。薇、籒文。詩云薇亦作止、

六書故弟二十三　十四

歲亦莫止。次曰薇亦柔止。又次曰薇亦剛止、歲亦昜止。薇蓋作於歲莫、至夏而剛也。又曰山有蕨薇。曰陟彼南山、言采其薇。薇生於山也。公食大夫禮、鉶芼豕吕薇。疑卽苦益菜、生山中、冬晚抽牙、至春柔美、夏而剛、宜芼豕。說文、薇佀藿、項安世曰今之埜豌豆也、莖葉莢實皆佀豌豆而小、莢可菹、蜀人謂之小巢菜、豌豆謂之大巢、蘇子瞻名之曰元脩、詩正義亦云莖葉佀小豆、蔓生。

蕨　葶　藶　薺　芣

蕨俱越切，紫萁也。生山中，萁有二，有蕨萁，有狼萁。蕨萁初出土紫色，拳如小兒手，可食，其根掘而擣之，取粉可食，凶年吕御飢，謂之烏昧，亦謂烏穠。爾雅曰：蕨，虌。⑦

葶特丁切。藶郎擊切。爾雅曰：蕇，亭歷。本艸曰：佀薺，開黃華，結角子，扁小如黍粒，味苦寒，治脉上气及癥瘕，一名丁歷。伯曰：市中所鬻有甜苦二種，甜亭歷乃薺與菥蓂，不能破气下水也。月令孟夏靡艸死。說文、鄭康成皆曰薺、亭歷之屬也，至夏則枯死。

薺疾澬切，雞薺也。詩云其甘如薺。爾雅曰：菥蓂，大薺。釋曰：俗呼老薺，佀薺而葉細。析亦作菥。

芣縛牟切，芣苢，車前艸也。又名馬舄，又名當道，江東呼蝦蟇衣，大葉盤生，華實成穗如鼠屍。

苢　薏　葛　藷　蔗　蘭

苢移里切。芣苢、薏苢二物。亦作苡。

薏依記切。薏苢，穀類，枝葉如黍，其實殼堅，圜澤如珠，其米如貝。鄭衆仲說有會薏，有食薏，殼尤堅硬，椎之乃破。

葛格曷切。葛根可食，蔓可乂，漚吕為絺綌。

藷直於切。藷根如署預，署預堅致潔白，而藷虛滑類蹲鴟，猶武夫之於王者，多不能辨。又作藷。類篇曰：署預也。蓋亦吕藷與署預為一物。

蔗之夜切。甘蔗，葉如蘆，幹如竹而實中，甘美可食，小者卞如荻，名荻蔗，厭其汁為蔗餳，乾者為沙餳。相如賦曰：諸柘巴且。通作柘。

蘭洛干切。芳艸也。春蘭葉細，夏蘭葉細而長，秋蘭葉大而澤，冬蘭葉叢大，葉皆不冬稠也。蘭一榦一華、夏秋華、皆一幹十數華、三旹之蘭芬馨最於眾芳。本艸曰蘭與澤蘭相佀、生水旁、紫莖赤節、高三五尺、綠葉光潤、纖長有岐、葉会小紫、五六月華、華紅白色而香、一名都梁、一名水香、又名燕尾香、澤蘭葉鐵微有毛、方莖。按、傳曰鄭穆公予燕姞蘭而御之、曰以蘭有國香、人服媚

之。又楚辭曰秋蘭兮青青、綠葉兮紫莖。又曰紉秋蘭以為佩。朱子曰今所謂蘭、雖香而不可佩、本艸所指是也。按、離騷引物如荷衣蕙帶之類、皆託辭也、佩蘭之說亦未可徵、然以少氏傳考之、則蘭固古人所服佩容臭之物也、澤生者曰澤蘭、木生者曰木蘭、以類推之、則本艸所指正古所謂蘭也、但蘭並之蘭今不聞服佩、而三旹之蘭獨著於今、予故兩著之。

蕙

蕙胡桂切、楚辭、蕙華之曾敷兮、紛犄抳乎都房。何曾華之無實兮、从風雨而飛颺。本艸曰薰艸也、生下溼地、麻葉、方莖、赤華、黑實、气如蘼蕪、可以已癘。陳藏器曰即零陵香也。黃魯直曰一幹一華者蘭、一幹數華者蕙。按、山中人所謂蕙、葉佀秋蘭而大、一莖十數華、華細而芳、黃與魯直說稍異、皆非蕙茝之蕙也、但不知其果為零陵香否也。

薰　芸

薰許云切。本艸曰即零陵香也、莖葉謂之蕙、根謂之薰。

芸王分切、詩云苕之華、芸其黃矣。又⑦曰裳裳者華、芸其黃矣。毛氏曰黃盛也。月令、中冬芸始生。鄭氏曰香艸也。說文曰佀苜蓿。淮南子說芸艸死而復生。襍禮圖曰芸、蒿也、葉佀邪蒿、香美可食。沈存中曰今人謂之七里香、小叢葉類豌豆、華極芬香、秋則葉閒微白如粉汙、善辟蠹蟲、古人以藏書、南人采置席下以辟蚤蝨。爾雅曰權、黃華。鄭景純曰今謂牛芸為黃華、華黃葉佀苜蓿。按、毛氏黃盛之訓乃因詩傳會、鄭氏之說略與

⑧

六書故弟二十三　十九

营　茝　葯　蘺

微黄、根入藥、㠯其根色白故謂白芷。許具離下。

营去弓切、别作芎。山鞠窮也。傳曰有山鞠窮兮。司馬相如賦作穹窮。营也者、鞠窮之合言也。⑨萱曰一云香艸。

茝昌已切、又昌改切。䕬、乙角切。虈、鄉之切。爾雅曰蘄茝麋蕪。說文曰楚謂之蘺、齊謂之茝、晉謂之虈。又曰江蘺、麋蕪也。本艸曰营一名蘄茝、其苗謂之麋蕪、荀子謂蘭槐之根是爲芷、蘭槐、離騷所謂蘭茝也、苗爲

六書故弟二十三　二十

蘭茝、根爲芷也。白芷、一名茝、一名虈、一名莞、一名苻離、一名澤芬、葉名蒚。王逸曰白芷謂之葯。按、離騷曰扈江離與辟芷。又曰襍杜衡與芳芷、豈惟紉夫蕙茝。又曰秋蘭兮麋蕪。淮南子亦曰亂人若营窮之於槀本、蛇牀之於麋蕪。芷茝麋蘺各爲一物、自爾雅蘄茝麋蕪丛言、然後名物分合殽然紛亂。爾雅曰莞苻離、其上蒚。乃謂莞蒚之莞、本艸但見苻離之名略與蘺同、遂又并之於芷下、誤愈甚矣。蘄芹實一字、水艸也、鞠窮苗葉似蘄、故亦冒芹名、不可直謂之芹也。要之、今世所用不過营芷二物、其餘名物闕之可也。

蘩　蒿　菣　蓬

蘩閩爲切、蘩蘩、古單作緐、亦作蘩。

蒿呼牢切、蒿類不一、有白蒿青蒿邪蒿同蒿亩蒿蔞蒿因陳蒿馬矢蒿蓬艾蔚莪菣蕑萩藾荂蘩、皆蒿類也。爾雅曰蒿、菣。說文曰香蒿也。陸氏郭景純皆曰今青蒿也、汝南汝陰皆謂之菣。本艸曰艸蒿、青蒿也、葉極細嫩、人亦取襍諸香菜食之、至夏高三四尺、秋後開細淡黄荂、荂下結子如㮚。

菣止刃切。說具蒿下。別作墍。

蓬薄紅切、蓬蒿也。葉僉白而毛佀艾、亦可擣爲艾、故謂皤蒿、又謂艾蒿、荂如栭絮相輗如毬、遇風則飛旋、故謂蓬科轉蓬、詩人所謂首如飛蓬是也。蓬葉峭歰不可茹、今人采其嫩葉、擣和米粉爲餈糍。本艸曰蓬蒿、白蒿也。先眾艸而生、葉麤於青蒿、上有白毛錯歰、自生至枯白於眾蒿、爾雅所謂皤蒿也。疏云可以爲菹。陸氏曰凡艾白色爲皤蒿、今白蒿、春始生、及秋香美可生食、又可⑩烝、名游胡、北海人謂之旁勃。夏小正云蘩游胡。游胡、旁勃也、古人以爲菹、唐孟詵亦云生挼醋食、今人不聞此、疑古今食品之異。蓬生最緐、往往彌望、故蓬蓬爲叢茂之狀。蓮房㮚房亦謂之蓬、謂其狀如蓬科也。俗爲蓬籠船蓬之蓬、謂其覆盖蓬然也。

艾

艾五蓋切、艾葉厚而毛緜白茸茸、擣挼用以灸者也。爾雅曰艾、冰臺。俗爲耆艾之艾。記曰五十曰艾。孔穎達曰髮蒼白如艾也。詩云或肅或艾、言其老成也。曰夜未艾、未闌也。又爲少艾、孟子曰知好色則慕少艾。又爲報義、詩云福祿艾之。周語曰艾人必豐、皆報也。又爲懲艾之艾。別作忞、說文曰懲也。又魚計切、俗爲斬艾之艾、與乂通。

蔚

蔚迂胃切。爾雅曰蔚、牡菣。說文曰牡蒿也。陸氏曰牡蒿二月始生、七月華、華佀胡麻華而紫赤、八月為角、佀小豆、銳而長、一名馬新蒿。鄭氏曰即蒿之雄無子者。本艸曰馬先蒿葉如充蔚、華紅白、八九月實、俗謂之虎麻、陸謂有子、鄭謂無子、有子者為正。按、鄭氏所㠯謂無子者、㠯其有牡蒿、牡蔚之名也、據本艸、馬先蒿葉佀充蔚、充蔚子一名貞蔚、葉如荏、方莖白華、華生節閒、實佀雞冠子、充蔚亦蔚之類也。馬先又作馬新馬尖、一音之轉。又為薈蔚之蔚。詩云薈兮蔚兮、南山朝隮。言雲气茂密也。又迂律切。易曰君子豹變、其文蔚也。

蕭

蕭先雕切。爾雅曰苹、藾蕭。蕭、萩。說文曰蕭、艾蒿也。萩、蕭也。陸氏曰今人謂之萩蒿、或云牛尾蒿、佀白蒿、莖麤科、生多者數十莖、可作燭、有香、故祭祀㠯脂爇之、許氏㠯蕭為艾蒿、非也。詩云取蕭祭脂。記曰蕭合黍稷、臭易達於牆屋。康成曰薌蒿也。僭為蕭森之蕭、灌木森爽皃也。又作橚櫹。又僭為蕭條、蕭疏、蕭索、蕭槭。又詩云蕭蕭馬鳴。

萩　莪

萩七由切。說具蕭下。

莪吾何切。詩云蓼蓼者莪、匪莪伊蒿。爾雅曰莪、蘿。毛氏曰蘿蒿也。陸璣曰莪生澤田漸洳處、葉佀邪蒿而細科、三月中莖可生食、又可烝、香美、味頗佀蔞蒿。郭璞曰莪蒿也、亦曰㐭蒿。本艸、角蒿葉佀白蒿、華如瞿麥、紅赤可愛、子佀王不留行、黑色、作角。陳藏器㠯此為㐭蒿、為莪蒿。按、藥又有蓬莪朮。

苹　藾

苹蒲兵切。詩云呦呦鹿鳴、食野之苹。毛氏曰萍也。按、萍、水艸、不生終野、亦非鹿所食。

藾落蓋切。爾雅曰苹、藾蕭。陸璣曰苹葉青白色、莖佀箸而輕肥、始生香可食。郭璞曰今藾蒿也。

蔞　蘩

蔞力朱切。蔞蒿葉佀蓬蒿、生澤土、根莖皆可食。詩云翹翹錯薪、言刈其蔞。爾雅曰購、蔏蔞。郭璞曰蔞蒿也。別作蓾。又力久切、蘩蔞、一名鷄腸艸。爾雅、蔜、蕿蔞。疏曰即蘩蔞也。

蘩符袁切、詩云亏㠯采蘩、亏沼亏沚、亏澗之中。傳曰澗溪沼沚之毛、蘋蘩薀藻之菜。

蘋

蘩蓋水艸而未詳其物。爾雅曰蘩皤蒿。鄭璞曰皤蒿即白蒿也。按，詩及傳蘩乃澗溪沼沚之毛，白蒿乃生亐陸，明非一物。

𧆸蘋蒲賓切，澤艸也。未詳其物。詩云亐吕采蘋，南澗之濱。又作蒷，詳見萍下。

萍

𦾍萍薄經切，又毗宵切，浮生水上不根著之艸也。其類不一，或大或細，或青或紫。又作蓱、薸。蘋。爾雅曰苹、蓱。其大者蘋。陸璣曰今水上浮蓱也，大曰蘋，小曰蓱，季春始生，可糝烝

為茹，又可苦酒淹吕就酒。鄭璞曰江東謂之薸。說文曰苹，蓱也，無根，浮水而生。蒷，大萍也。水部又有萍，水艸也，从水苹，苹亦聲。徐鍇曰蒷俗作蘋。鄭敷仲曰蘋，水菜，生淺水及岸側，葉佀車前，白華。易氏曰詩言采蘋於澗濱，采藻於行潦，藻生水中，蘋生水際也，華白，故謂白蘋。蘋萍明非一物。萍薸特一聲之轉，非二物。苹蘋萍薸聲相近，故易眩。周官萍氏掌水禁。凡从艸加水者多水艸也。

藻

𧅼藻子皓切，水艸也。或作薻。爾雅莙，牛藻。陸璣曰藻，一種葉如雞蘇，莖大如箸，長三五尺，一種莖大如釵股，葉如蓬，謂之聚藻，皆可食，鬻孰挼去腥气，米麪糝烝為茹，楊人饑歲吕當穀食。古者畫藻吕為飾，故因之為華藻、文藻。又冕有繅就，車亦有繅就，玉有繅藉，吕采絲為之，亦作藻。

薀

𧂇薀於渾切，水艸蔓生，節節生葉如羽牦之狀。傳曰蘋蘩薀藻之菜。今傳作蘊，陸悳明讀如蘊，非。又於粉切，與蘊通。

蒲

𦾈蒲蓬逋切，水艸也。其類不一。曰蒲，又名蒲蘆，初生本出水，紅白色，苩背然。其入土白色者，啖之曰脃，空為菹，周官所謂深蒲也，故謂曰蒲。其葉與蒻如芰，柔滑而耎，可吕為筵為薦，周官所謂蒲筵也。華黃，取其黃為治血藥，謂之蒲黃。說文深，蒲蒻也。蓋昧深蒲之義，故贅深字。昌蒲佀蒲而其味辛，其臭烈，能辟蚤蝨，故

蓀　荃　莞

曰蒲爲香蒲、昌蒲爲臭蒲。莞、小蒲也、又謂蒲兹黽茨蒲栭類之、故亦㠯蒲名。石昌蒲生清水石上、根葉皆佀昌蒲而小、纖緣可愛、根節數密。又見蓀下。又作莆、說文曰菖莆也。說者曰瑞艸也、堯旹生於庖廚、扇暑而涼。此不經之談也。

蓀思渾切。荃、逡緣切。類篇合二字爲一。陶隱居曰東閒溪有名溪蓀者、根形气色絶佀石昌蒲而葉無脊。鄭敻仲曰昌蒲初輕、乾則實、蓀乾則虛燥。

六書故弟二十三　二十七

蓀與昌陽、亖㐅月生蘖孿、石昌蒲則孿少。別作蒖遜蓀。楚辭曰荃蕙匕而爲茅。一本作蓀。又曰蓀橈兮蘭㫌。一本作荃、說者曰荃蓀一物也。說文曰荃、芥脃也。鼂說之曰芥脃之荃當从唐本初劣切。漢書、繇王閩侯遣江都王建荃葛。蘇林曰細布屬。服虔曰音蓀、細葛也。亦作絟。說文曰細爲絟、粗爲紵、檾屬。

莞古丸切、又上聲、小蒲也、莖葉圜長、叢生如蓍、可㠯爲席、剔取其莖中虛白者、可㠯

苻　芌　蒻　蕫

漬油然登、故又謂之登心艸、蒲類而小、故謂小蒲。又一種尤細、謂之龍須。周官、祭祀之席蒲筵繢純、加莞席。詩云下莞上簟。鄭氏曰小蒲之席也。爾雅曰莞、苻離。蒚、鼠莞。釋曰鼠莞纖細佀龍須、可爲席、蜀中出好者。顏師古曰夫離也、今謂之葱蒲。別作蔇。

苻防無切、傳曰取人於萑苻之澤。爾雅、莞、苻離。疑此爲萑苻之苻。又曰苻、鬼目。郭氏曰今江東艸有鬼目、莖如葛、葉圜而毛、子如耳璫、赤色、叢生。

六書故弟二十三　二十八

芌胡了切、鳧茨也、蒲茨苗佀龍須艸、根如小栗、可食。爾雅曰芌、鳧茈。漢有芌陂、蓋㠯産此㝵名。伯曰鳧茨言鳧所食。鳧蒲聲相近、茨兹聲相近、故又名蒲兹。別作蒻蔱、誤讀音酌者非。

蒻如約切、蒲初萌、近根擇也。說文曰蒲子可㠯爲席。徐鍇曰蒲下入泥白処、俗呼蒲白。

蕫旻動切。爾雅、蘱、薡蕫。釋曰薡蕫狀佀蒲而細、可爲屩、亦可爲索。杜林曰

荷　蓮　菡　藕　芡　芰　菱

董藕根也。按、董僭爲董正之董。書云董之用威。又曰董正治官。義近於督。董督同聲、督急而董稍緩。

荷閑俄切。蓮力延切。菡古感切。藕五口切、夫容也。又曰夫渠。其根藕、其葉荷、其𠌶菡、其實蓮、蓮中之子的、的中之心薏。荷又作遐。爾雅、荷芙渠。其莖茄、其葉蕸、其本蔤、其𠌶菡、其實蓮、其中的、的中薏。按、茄、蔤皆不用之名、夫容亦作扶容、芙蓉、芙渠。的又作菂。

芡巨險切、水艸也。實佀雞頭、故亦謂之雞頭、又謂鴻頭。

芰巨記切、菱也。別作茤。

菱力膺切、菱類大小不一、實如吴牛角、鬼菱三角如蒺藜、亦有三角者、無角者。又作蔆、䔖。司馬相如作蘧。

芹　荇　苽

芹渠巾切、又渠叉切、水艸也。葉如鞠藭、莖虚三脊、根長數寸、正白、自香可食、秋開白𠌶。周禮曰芹菹兔醢。古作𦺒。亦作𦸗、蘄。爾雅曰芹、楚葵。⑪蘄茝、麋蕪。又曰薜、山蘄。鄭氏曰蘄茝佀虵牀。廣雅曰山蘄、當歸。當歸佀蘄而麤大。陸惪明曰蘄、古芹字。本艸水蘄、蘠一名水英。芹有兩種、荻芹取根白色、赤芹取莖葉、竝作菹及生菜。又有查芹、可爲生菜。鞠藭、當歸苗葉皆佀芹、故鞠藭有蘄茝之名、當歸有山蘄之名。又

有回芹、馬芹、皆芹類也。蘄亦與祈通用。

荇下孟切、水艸蔓生、葉圜而青、蔓長丈餘、大如釵股、根至水面始有叉葉、𠌶黄而細、根莖白於芹而無節、香可食。浙人至今呼荇菜也。又作莕。爾雅曰莕、接余。其葉苻。陸璣曰鬻白莖、吕苦酒濱之可食。

苽古胡、古肴二切、又作𦲽。亦作菰。水艸也。苞茂如管蘖、取其心如筍、白美可食、謂之茭、

蕿　茾　蕁　蕳

眢實如米、可飯、古謂雕苽之米、亦曰雕胡。記曰食空苽謂苽飯也。食牛馬者取其葉、故馬牛之食通謂芻茭。茭苽一聲。爾雅曰茭、牛蘄。說文曰茭、乾芻也。

蕿子兩切、苽也。徐鍇曰青謂之苽、蕿乾謂之芻茭。古用爲國名、今㠯爲姓。

茾力久切、水艸也。周禮曰茾菹麋臡。詩曰

思樂泮水、言采其茾。毛氏曰鳧葵也。陸氏曰茾與荇菜相佀、莖大如匕柄、葉大如手、赤圓、有肥者著手中滑不能停、可生食、作粥滑美、江南謂之蓴、或謂之水葵。鄭小同亦曰江南謂之蓴。說文、蘻、[illegible]官鳧葵也。徐鍇曰江南謂之猪蓴。杜子春讀若丣、非。咎須茾與酒劢。

蕁殊倫切。說具茾下。說文曰蒲叢也。

蕳古顏切、詩云彼澤之陂、有蒲與蕳。毛氏曰蕳蘭也。鄭氏曰當作蓮。韓氏曰蓮也。按、蕳未詳何物。

萑　荻　菼　薍　蒹　葦　蘆　葭

萑胡官切。荻、迮歷切。又作藡、蔽蔄。菼、吐敢切。又作莿。薍、盧玩切。蒹、堅嫌切。萑荻蒹一物也。詩云毳衣如菼。孔氏曰初生爲菼、長爲薍、成爲萑。暘氏曰菼薍萑荻蒹一物而又名、今人猶謂之荻。荻莖短小而實、其末曲如鉤、類馬鞭節、其葉陿長而色重於蘆、有白膂、其華先紫艴、後白如椒絲、今人㠯爲簾箔。

淮南子曰荻苗類絮。葦、亐虺切。蘆、陵如切。葭、⑫閒巴切。葦蘆葭一物。孔氏曰初生爲葭、長爲蘆、成爲葦。暘氏曰葭蘆葦一物而三名、今人猶謂之蘆。蘆幹大而虚中、其末直、其葉闊大而色淺、其華褐色、穗生如狐尾、今人㠯覆屋織壁、編蔑作筆管箱筥絞繩、皆蘆也。詩云八月萑葦。曰葭菼揭揭。曰蒹

葶　茅　菅

葭蒼蒼。今人言蘆荻、皆數疑之詞也。按、葦薍葭菅皆吕蘆爲之。毛氏曰葭、蘆也。菼、薍也。旣吕蘆菼爲二物矣、毳衣如菼之下則又曰菼、騅也、蘆之初生者、又吕蘆菼爲一物、非也。

葶芳亍切、說文曰艸也、一曰葭中白皮。漢書曰非有葭葶之親。顔師古曰葭、葦⑬中白皮至薄者。

茅謨交切、艸可用吕覆吕藉者也。

菅居顔切、菅茅類而大、桊侶茭、其𠌶白、其穗𤘽𤘽如帚、而莖圜直、空爲帚、其蒻柔忍、空爲屨。又謂之芒、有黄芒白芒、白芒柔忍不及黄芒、白菅𠌶最晚、八月九月始開、其𠌶白而輕。詩云東門之池、可吕漚菅。喪服、斬衰菅屨、皆此物也。又作芉。類篇曰蔽芉、艸名。芒、又作荵。爾雅曰莣、杜榮。鄭氏曰莣侶茅、皮可爲繩索屨屩。說文謂菅卽茅、非也、菅空瓬中、茅不可負中、菅根赤、茅根白。

蔽　麃　苕

蔽庫拜切、記曰浴出杅、履蒯席、連用湯、履蒯席。喪服、齊衰疏屨傳曰疏屨者、藨蒯之菲也。左氏傳曰雖有絲麻、無弃菅蔽。未知於今爲何物。說文曰蔽聲。徐鉉曰說文無蔽字、當是蔽𡠿正字之省而聲不近、未詳。今經傳皆書作蒯、亦不可曉。

麃悲薊切、又皮表切、喪服傳曰藨蒯之菲。爾雅曰猋、藨芀。釋曰苕又名猋、又名藨。爾雅又曰藨、麃。鄭氏曰卽苺也。又曰蔨、鹿藿。

說文曰藨、鹿藿也。一曰蔽屬。徐鍇曰說文侶誤吕藨藨爲鹿藿也。按、記苞屨不入公門。鄭氏曰苞、藨也。說文曰苞、艸也、南陽吕爲粗屨。侗謂蔽屬、郎爲屨者。

苕田聊切、詩云苕之𠌶、其桊青青。苕之𠌶、芸其黄矣。爾雅曰苕、陵苕。黄𠌶、蔈、白𠌶、茇。毛氏曰陵苕將落則黄。陸璣曰一名鼠尾、生下溼水中、七八月中𠌶紫、侶今紫艸、𠌶可染、卑粥吕沐髮則黑、本艸曰陵苕、紫葳也。詩云卬有旨苕。陸氏曰旨苕、饒也、幽州謂之翹饒蔓

芀

生莖如勞豆而細、葉佀蒺藜而青、莖葉綠色、可生食、如小豆藿也。按、詩及爾雅、毛公皆言苕之𠌶、陸氏所稱鼠尾與本艸紫葳皆紫𠌶、且陵苕旨苕未知其果爲二物否也。

芀、丁聊切。說文曰苕、艸也。苕、葦𠌶也。荀子曰南方有鳥、吕羽爲巢、繫之葦苕、風至苕折。與說文之說相近。

莓

莓芒救切、莓種不一、或校或蔓、皆有毛朿、叀莫實丹、狀類覆盆、曰酸可食、故又名覆盆。爾雅、藨麃。茥、缺盆。葥、山莓。鄭氏曰藨莓也、江東謂之藨莓、子佀覆盆而大。茥覆

六書故弟二十三　　三十五

盆也、實佀莓而小。葥、木莓也、實佀藨而大。本艸、蓬虆子一名覆盆、一名陵虆。按、今江東呼爲藨、藨與袍音同、藨蓋莓之轉。

荼

荼田吾擇加二切、荼有三、菅茅之𠌶曰荼。旣夕禮、茵著用荼。周官、荼人掌聚荼吕共喪事。康成曰茅秀也。詩云出其闉闍、有女如荼。吳語、吳王白常白旟白羽之矰、望之如荼。考工記曰望而眡之、欲其荼白。茅𠌶

輕而白、故康成吕荼爲茅秀也。二則爲荼毒之荼。詩云誰謂荼苦。又曰蓳荼如飴。又曰吕薅荼蓼、荼蓼朽止。又曰民之貪亂、寍爲荼毒。毛氏曰苦菜也。按、荼與蓳蓼竝稱、且言荼毒、必辛苦毒螫之艸、非苦菜也。爾雅曰蒤、委葉。鄭氏引詩吕茠蒤蓼、荼文加水、王肅說荼、陸穢也、亦不然。舅氏曰荼、苦蔾也、苦朿人喉。三則今之茗、爾雅所謂檟、苦荼、今人呼擇加切。俗書爲荼省、其下从木吕別於荼、不知其繆於

六書故弟二十三　　三十六

六書也。梌實木類也、集韻有梌文、予爲厺其艸、定从木。又商居切。考工記曰凡爲弓、各因其君之躳志慮血气。豐肉而短、寬緩吕荼者安爲之危弓。鄭康成曰荼、古文舒假借字。

蓳

蓳居隱切、詩云蓳荼如飴。通作堇。說文曰根如薺、葉如細柳、烝食之⑭目。按、蓳荼、荼蓼竝稱、必皆苦辛之艸。朱子曰烏喙也。晉語曰驪姬寘蓳于肉。韋昭曰烏頭也。

苦

𦬆口魯切、詩云采苦采苦、首陽之下。毛氏曰苦、菜也。公食大夫禮、鉶芼牛苦。士虞禮、鉶芼用苦。記曰濡豚包苦實蓼。鄭氏曰苦、荼也。爾雅曰蘦、大苦。本艸、苦菜一名荼艸、一名選、一名游冬。月令、孟夏苦菜秀是也。葉佀苦苣而細、斷之有白汁、花黃如菊、堪食但苦尔。一說苦菜即今苦蕒也。俗爲苦良之苦。周官、典婦功及秋獻功、辨其苦良、典絲受良功、典枲受苦功。荀子作楛。鄭司農曰讀爲盬。又曰祭祀共其苦鹽散鹽。杜子春讀爲盬、謂出盬直用不湅治。然下文又云粥盬呂待戒令、苦未可謂之盬也。

苓

𦬁力丁切、詩云隰有苓。又曰采苓采苓、首陽之顛。爾雅、卷耳、苓耳。說文直謂苓爲卷耳。毛氏曰大苦也。爾雅、蘦、大苦、呂爲今曰艸、曰艸呂曰名、何炅反謂大苦。

蓼

𦺇盧鳥切、辛菜也。其類不一、多節著味辛、古人呂和粥、今人呂爲麴、宜染青者謂之蓼藍、俗謂之蓼青、不中用者俗謂狗青、生水旁者曰水蓼、皆紅花。又力竹切、蓼艸蒼蒨皃也。詩云蓼彼蕭斯。又曰蓼蓼者莪。

藍

𧄩盧銜切、又盧含切、染青艸也。槐藍叢生、葉如槐、宜爲澱。蓼藍子葉皆如蓼而差大、花紅白、宜染青綠。大葉如蟹匡者俗謂之蟹散澱。又有大藍、眠蓼藍爲大而色不隶、宜染碧。說文藍兩出、一染青艸、一瓜菹。按、瓜菹、蘫也、又有漤文。

葒

𦲽戶公切、葒蓼、節蓼、花而校葉高大、俗謂紅蓼、又謂水紅。爾雅曰紅、龍古。大者蘬。郭氏曰俗呼紅艸爲龍古、語轉尒。詩云隰有游龍。毛氏曰龍、紅艸也。又作葓龍、俗作蘢。

菊

𦳓居逐切、芳艸也。秋花、古通作鞠。月令、季秋鞠有黃花。又名曰精。又作蘜鞠。爾雅、鞠、治蘠。大菊、蘧麥。說文曰菊、蘧麥。鞠、曰精。鞠、治蘠。郭氏曰治蘠、今秋花菊也。

蘧　薛　藎　蔿　蓷

蘧彊魚切。說文曰蘧麥也。徐鍇曰今謂之瞿麥，其小而華色深者爲石竹。

薛私削切、相如賦曰薛莎青薠。顧埜王曰莎也。漢書音義曰賴蒿也。於古爲國名、有夏奚仲所封、今㠯爲姓氏。

藎夕晉切。本艸、藎艸葉佀竹而細薄、莖圓小、生亐澤溪澗之側、荊襄人鬻㠯染黃、俗名菉蓐、爾雅所謂菉王芻者也、鄭氏曰今亐鴟腳莎。詩云王之藎臣。毛氏曰進也。

蔿比兖切、楚辭曰解蔿薄與雜菜兮、備㠯爲交佩。爾雅曰竹萹蓄。鄭氏曰佀小藜、赤莖節、好生道旁、可食、殺蟲。本艸曰嵒中帝地生、苗佀瞿麥、葉細綠如竹、赤莖如鈒股、節間生華昆細、青黃色、根如蒿根、赤、亐爲萹竹、衛詩綠竹猗猗、說者曰綠王芻也、竹萹竹也。說文萹苑也、苑萹也。按、綠竹如簀、正謂竹尒、初非兩物、萹竹正㠯佀竹得名、苑字贅。又作遍。

蓷吐回切、又川隹切、詩云中谷有蓷。爾雅曰萑、蓷。毛氏曰鵻也。說文曰萑、艸多皃。孫氏職追切。陸璣曰舊說及魏博士濟陰周元明皆云菴蕳是也、韓詩及三蒼說悉云益母、益母、茺蔚也。故劉歆曰蓷臭穢、臭穢茺蔚也。鄭氏曰茺蔚葉佀荏、方莖白華、華生節間、又名益母。

菴　蕳　薁　萇

菴依廉切。蕳呂居切。菴蕳狀類蒿、燹要痛。相如賦曰奄閭軒亐。單作奄閭。又蕳茹、苗佀大戟而華淡黃、或淺紅、無子、根佀來蔔、斷之汁出、乾則凝累、又謂桼頭。

薁於六切、賏薁也、蔓生、實纍纍如賏、故謂賏薁。詩、六月食薁。毛氏曰蘡薁也。諺云賏薁飄、喫新粥。

萇直良切、詩云隰有萇楚、猗儺其支。毛氏曰銚弋也。鄭氏曰銚弋始生正直、及其長大則其枝猗儺柔順、不妄尋蔓艸木。陸璣曰銚弋、交莖弱、過一尺、引蔓亐艸上、人㠯爲汲灌。鄭氏曰即羊桃也。舅氏曰羊桃藤長丈餘、可㠯爲綆、不知即萇楚否。按、萇楚於詩㠯枝言、而不㠯蔓言。鄭康成謂銚弋初生正直、長而猗難、猶不妄尋蔓。羊桃乃蔓生之艸、陸氏故謂交莖過一尺則蔓亐艸上、

蘞　苓　蓍

葢由傳康成之說、其實萇楚未必為銚弋、而銚弋初非羊桃也。

蘞雷炎切、又上聲、詩云蘞蔓于埜。說文曰蘞、白蘞也。或作蘞。陸璣曰佀栝樓、葉盛而細、子正黑如燕薁、不可食。本艸白蘞一名菟核、蔓生、赤莖、葉如桑而小、根如雞卵、三五同窠、外赤黑而中白、濠州有赤蘞、華實相類。又烏蘞莓、葉有五丫、子黑。

苓渠今切、詩云呦呦鹿鳴、食野之苓。陸璣曰莖如釵股、葉如竹、蔓生鹹澤、牛馬喜食之。本艸、黃苓叢生、類紫艸、亦有獨莖者、葉細長、兩兩相數。說文、苓、艸也。蓥、黃苓也。

六書故弟二十三　四十一

蓍式脂切、艸叢生、圜直、可用筮。詩云洌彼下泉、浸彼苞蓍。說文曰蒿屬。本艸曰蓍如蒿、叢生、條直、高五六尺、秋後華出支端、紅紫如菊。古之筮也、或吕策、或吕蓍。易傳曰聖人幽贊於神明而生蓍、觀變於侌昜而立卦、發揮於剛柔而生爻。生蓍生爻、言聖人創為之也。讀者不曉、乃謂天下和平、王道得而蓍莖長丈、其叢⑮滿百、其下有神龜、吕此為生蓍、誕矣。

蓫

蓫敕六切、詩云言采其蓫。鄭氏曰牛⑯蘈也。爾雅、蘈、牛蘈。陸璣曰蓫、今人謂之羊蹄、佀蘆菔而莖赤、幽州謂之蓫、或作蓄。按、今羊蹄菜謂之禿唇、即此物也。禿蓫蓄一聲之轉。鄭氏曰高尺許、方莖、葉長而銳、有穗、穗閒有華、紫縹色。爾雅又曰蓫薚、馬尾。

六書故弟二十三　四十二

蒚　藚　薊

蒚褚良余章二切。本艸、商陸一名蒚、江東呼當陸、俗名章蔞、苗高三四尺、葉如牛舌而長、莖青赤至柔毳、夏秋開紅紫華、實紫黑、根如蘆菔而長。又作薚。

藚佀足切、詩云彼汾一曲、言采其藚。爾雅曰藚、牛唇。毛氏曰水蕮也。陸璣曰今澤舃也。本艸曰生淺水中、葉佀牛舌艸、獨莖而長、秋開白華、佀穀精艸。

薊吉詣切、薊多朿、華跂與葉皆森然、狀佀

芺　芄　茨

紅藍而萼紫。有大薊、有小薊、大薊一名虎薊、俗名牛溺東、北人呼千鍼艸、小薊無束、一名貓薊、白朮雅佀薊而生於山、故謂山薊。爾雅、芺薊、其實荂。朮、山薊。楊枹薊。釋曰楊枹薊生亐地、肥大於他薊。又謂馬薊。

烏皓切。爾雅、鉤、芺。郭云大如拇、空中、莖頭有臺佀薊、初生可食。說文曰味苦、江南㠯下气。蜀圖經曰苦芺子若貓薊、莖圜無束。鄭漁仲曰苦芺薊類而非薊。

胡官切、詩云芄蘭之支。爾雅曰雚、芄蘭。說文曰莞也。陸

六書故弟二十三　四十三

璣曰芄蘭一名蘿摩、幽州謂之雀瓢。本艸曰蘿摩佀女青。諺云去家千里、勿食蘿摩枸杞。蘇共曰女青卽雀瓢、大如棗。按、雚與莞皆澤艸、爾雅誤㠯雚為芄、說文遂㠯芄為莞也。

㱦滋切、㱦黎也。詩云牆有茨、不可埽也。細葉蔓生布地、子三角芒束、長安最多、行人多著木屐、兵家㠯鐵為之、布路㠯禦敵。㱦黎之合言為茨也。別作薋、薺。說文曰薺、蒺藜。又編茅覆屋為茨。書曰惟其塗塈茨。又芀根曰皃茨。又茨苽、根類皃茨、葉類苽、曰茨苽。茨亦作茈。

蒺　藜　莎　薠　苄　蒨

秦悉切、蒺藜、茨也。古單作㱦黎。

郎奚切。爾雅、葥、王蔧。釋曰藜之科大可為帚者、江東呼落帚、又名王帚。徐鍇曰或謂落藜、初生可食、藜之類也。漢書又作莉。

穌禾切。夏小正曰薃也者莎蔩、媞者其實。爾雅曰薃侯、莎、其實媞。釋曰侯、維也、語辭也。說文曰莎、鎬侯。本艸曰葉如三稜、根名香附子。

六書故弟二十三　四十四

附袁切、楚辭曰登白薠兮騁望。相如賦曰薛莎青薠。說文曰青薠佀莎者。張揖曰薠佀莎而大、生江湖、雁所食。

戶古切、爾雅曰苄、地黃。記曰苄蒻不納。鄭氏曰今蒲苹也。陸氏戶嫁切。

倉甸切、蔓艸、葉佀棗而銳、叢生節閒、根紫色、可染絳。通亦作精。鄭康成曰齊人謂蒨為韎。醜人謂韎、口束蔓有束也。又為艸盛蒨蒨皃。

藘 葽 荁

藘力居切、詩云茹藘在阪。又曰縞衣茹藘。爾雅曰茹藘、茅蒐。陸璣曰一名地血、亝人謂茜、徐州謂牛蔓。按、詩言縞衣、似非絳。

葽於宵切、詩云三月秀葽。爾雅曰葽繞、棘蒬。廣雅曰棘蒬、遠志也、似麻黄、亦有似大青者。按、本艸圖經曰三月華、與詩異、要向說此味苦、苦葽也、一說狗屁艸也。

荁胡官切、士虞禮、芼冬用荁。記曰堇荁枌榆以滑之。鄭氏曰堇類也、乾則滑、冬用乾荁。

薜 荔 藺

薜蒲計切、薜荔、芳艸也、曼生、緣木石牆垣、夏初開華、芬潔、其種亦不一。爾雅曰薜、山蘄。又曰薜、白蘄。又曰薜、山麻。說文曰薜、牡贊也。

荔郎計切、薜荔說具薜下。月令、仲冬荔挺出。說文曰似蒲而小、根可作㕞。鄭氏曰馬薤也。相如賦曰其高燥則生葴析苞荔。顏師古曰荔、馬荔、今馬藺也。

藺良刃切、馬藺也。本艸曰葉似薤而長厚、

華紫碧、結實作角、子如麻人而亦有棱、根細長可為㕞、一名蠡、又名荔。按藺荔蠡一聲之轉、以其似薤、故又謂馬薤也。說文曰莞屬。

芫 葴

芫愚袁切、說文曰魚毒也。本艸芫華可用毒魚。

葴職深切。爾雅、葴、馬藍。又曰葴、寒漿。鄭氏曰馬藍、今大葉冬藍、為澱者、寒漿、酸漿也、江東苦葴亦名酸漿。本艸曰酸漿苗似水茹而小、華黄味酸、實作房、房中

有子如梅李大、黄亦色、葉可食。

蒢 藋 苜

蒢直魚切。爾雅蘵、黄蒢。鄭氏曰葉如酸漿、華小而白、中心黄、江東以為葅。

藋徒弔切、傳曰斬之蓬蒿藜藋。爾雅曰拜、商藋。疏曰似藜而大、葉葉心有白粉。說文曰堇艸也、一曰拜商藋。徐鍇曰今所謂灰藋也。別作藋䕓。又音翟、蒴藋每葉輒有岐、葉五六、秋生細白華、實如茱萸、一名陸英。又音狄、與荻通。

苜莫六切。蓿、息逐切。苜蓿本生大宛、馬所

蓿　薷　苧　萊　蒴

者食、漢武帝取其種㠯來。漢書單作目宿。

薷　汝朱切、香薷㠯蘇、可㠯治霍亂水腫、厺暑乞。又㠯由切。亦作葇。

苧　直呂切、絲類、科生、葉如野蘇、一歲三乂、爲布精白於枲。亦作紵。說文曰紵、檾屬、細爲絟、粗爲紵。別作綍。禹貢豫州厥貢絺紵。苧非絲類、从艸艸爲正。

萊　洛哀切、詩云北山有萊。說文曰蔓𠌶也。陸氏曰葉可食、

兗州人烝爲茹、謂之萊烝。又爲艸萊通名。周官、上地田百畮、萊五十畮。中地田百畮、萊百畮。鄭康成曰萊謂休不耕者。蓋㠯有艸萊㝵名。又曰虞人萊山田之野。蓋芟其艸萊也。詩云田卒污萊。謂艸生之也。孟子曰辟艸萊。

蒴　北朔切、惡實也、一名牛蒡、其實茲能黏物、又名鼠黏也。

葙　茴　葥　蕺　萆　薢

葙　息良切、本艸、青葙子佀蒿莢、生子累而充、殺蟲。

茴　戶恢切、茴香莖佀芹、葉青纖、實佀回芹而粒長、味甘臭香、今人㠯芼菹醢。亦作蘹。

葥　卽淺切、艸類、牛膝根、暴乾愈欬及瘚。

蕺　阻立切、會稽蕺山㠯生蕺菜名。說文曰蒩菜也。崔豹古今注、蒩、一名蕺。類篇曰葉佀蕎麥、生溼地。

萆　府移切、萆薢根主煗腎、擣之淘取粉可煼食、一名山皃茨。又雨衣亦謂之萆。又與蔽通用、漢書萆山而望趙軍。

薢　胡隘切。說文、薢茩、艸名。又曰蔆、楚曰芰、秦曰薢茩。爾雅、薢茩、芵茪。郭景純曰葉黃銳、𠌶赤、實如山茱萸。陶隱居曰葉如茳芏子、形佀馬蹄、呼爲馬蹄決明。廣雅謂之羊躑躅也。圖經曰決明葉佀苜蓿而大、七月𠌶黃白色、子作穗如綠豆而銳。與郭說物色不類。

荊　蘠　蒟　蔻　苨　莔

荊舉卿切、楚也。許具楚下。有牡荊、蔓荊、紫荊。

蘠才良切、東藤、粤紅紫、亦有黃者、其荼白者為荼蘼。亦作薔、从牆省。爾雅、蘠蘼、虋冬。又曰蘠、虞蓼。郭氏曰門冬一名滿冬。又曰巫夷、蔱蘠。相如賦曰東蘠雕胡。廣志云東蘠子青黑。河東記曰貸我東蘠、償我白粱。又作蘠。本艸、東蘠苗似蓬、子似葵、十月熟、可為飯、出河函。

蒟俱雨切、本艸、蒟醬、蔓生、葉似王瓜而厚大、味辛、實似桑椹、皮黑肉白。漢書作枸。說文曰蒟、果也。

按、越中有蒟蒻、本艸又名蒻頭、根如天南星、大可食。

蔻呼豆切、豆蔻實可為藥、有肉豆蔻、白豆蔻、紅豆蔻、艸豆蔻。

苨奴禮切、薺苨、根莖類人參而葉小、與桔梗相亂、桔梗苦而薺苨甘。爾雅曰苨、菧苨。

莔眉耕切、貝母也、根類小貝、相附如蒜、故謂貝母。別作蝱。[illegible]詩陟彼阿丘、言采其蝱。毛氏曰貝母也。

莃　莨　苔　蘚　芍　茇　葜　草　蕕

莃香衣切。爾雅、莃、兔葵。鄭氏曰頗似葵而小、葉狀似藜、有毛、汋啖之滑。

莨來湯切。說文曰蕩艸、爻爻相似、葉葉相當。史記倉公傳曰飲莨菪藥一撮。別作蒗。相如賦曰藏莨蒹葭。徐廣曰狼尾艸也、似茅。

苔徒哀切、苔生於水者、青綠如髮、生海濱者人多取裛而食之、又名陟釐。晉武帝賜張華側理紙千張、王子季云卽陟釐也。亦作菭。陸地下溼、亦生蒼苔。

蘚息淺切、苔之淺駁者曰蘚、猶人之㾬癬。

芍市略切、芍藥、芳艸也、牡丹亦名木芍藥。字書與芀亂。芀、刀聲。芍、勺聲。

茇蒲八切。葜止八切。茇葜、根似萆薢而堅蹵、葉眡萆薢大而圓、有束根可藥。

草許旱切、艸生山澗、其根辛芥可菹。俗作蔊。

蕕以周切、傳曰一薰一蕕、十年尚猶有臭、

莠

艸之臭惡者。爾雅曰莤、蔓于。郭氏曰一名軒于、江東呼莤。說文曰水邊艸。本艸曰生水田中、佀結縷、葉長。伯曰今臭腥艸、又名水生艸、細葉黃萼。

莠與久切、狗尾艸也、初生𦉼與粱㮚苗相類、但其葉微𦐊而多毛、其穗類㮚而𦉼細、既穗而後與㮚殊。孔子曰惡莠、恐其亂苗也。說文曰禾粟下生莠。按、孔子稱惡莠亂苗、明與禾粟非一物。莠乃狗尾艸。

茱萸

茱市朱切、萸羊朱切。茱萸之實椒。

藙

藙魚既切、記曰三牲用藙。鄭康成曰茱萸也。漢律、會稽獻藙一斗。爾雅謂之椴。按、說文謂椴佀茱萸、則疑自爲二物。或作藾。

萄

萄徒刀切、蒲萄、漢書作蒲陶、木之蔓生者、實佀䝕薁而巨。

茗

茗莫迴切、歈䣜之異名。鄭氏曰今人謂早采者爲荼、晚取者爲茗⑰、又謂荈、尺兗切。

荓

荓普耕、補耕二切、爾雅曰荓、馬帚。釋曰佀蓍、可爲埽彗。詩云

荓云不逮、使也。毛氏曰又曰莫予荓蜂。爾雅⑱曰甹夆、掣曳也。鄭氏曰謂牽拕也。

莒

莒居許切、說文曰齊人謂芌曰莒。古邑爲國名。

蔡

蔡倉大切、說文曰艸也。古邑爲國名。禹貢、五百里要服、三百里夷、其外二百里蔡。孔氏曰法也。五百里荒服、三百里蠻、其外二百里流。傳曰殺管叔而𥘸蔡叔。杜氏曰放也。陸氏桑達切。侗謂禹貢蔡與流皆屏放凶慝之名。又爲大龜名。語曰臧文仲居蔡。

范

范防減切、說文曰艸也。春秋晉有范氏。記曰范則冠而蟬有緌。見萬下。

莅

莅郎計切、易曰莅衆用晦而明、與涖、隸通。又見隸下。

蒍

蒍韋委切、說文曰艸也。春秋楚有蒍邑、子玉治兵于蒍、蒍氏食焉。

荀　芄　薳　薖　苟

荀 相倫切，說文曰：艸也。古有荀國，滅於晉，荀氏食焉。

芄 巨鳩切，說文曰：遠荒也。詩云：至于芄埜。

薳 韋委切，說文曰：艸也。楚有薳氏。

薖 苦禾切，說文曰：艸也。詩云：碩人之薖。

苟 古厚切，說文曰：艸也。俗為苟且之苟。

薋　菉　葹　蓆　莊　萴

薋 疾資切。菉 力玉切。葹 式支切。離騷曰：薋菉葹以盈室。說文曰：薋，艸多皃。菉，王芻也。類篇：卷葹，艸名，拔心不死。朱子曰：薋，蒺藜也。葹，枲耳也。本艸枲耳一名葹。

蓆 祥亦切。詩云：緇衣之蓆兮。毛氏曰：大也。說文：廣多也。

莊 側羊切。本義闕。俗為莊敬之莊。又道路六達謂之莊。

萴 阻力切。傳曰：爽鳩氏始居，兹季萴因之。

蒠　莛　莘

陸氏士則切。說文曰：烏喙也，一曰附子一歲者。孫氏阻力切。按，附於烏喙者為附子，小而附者曰側子。止當作側。

蒠 胥里切。語曰：愼而無禮則葸。伯曰：艸結也。

莛 山空、息紫二切。集韻曰：艸名。數五倍曰莛。孟子曰：或相倍莛。

莘 所臻切。呂氏春秋曰：艸有莘有藟，獨食之則殺人。孟子曰：伊尹耕於有莘之野。詩云：纘女維莘。毛氏曰：太姒國。

蔦　菌　蕈

又曰：魚在在藻，有莘其尾。毛氏曰：長皃。⑲

蔦 都了切。詩云：蔦與女蘿，施于松柏。毛氏曰：寄生也。陸璣曰：葉似當盧，子如覆盆，赤黑恬美。或謂鳥食木實，遺矢木上，因產此，故謂寄生，又名寓木，又名宛童。本艸⑳云：葉如橘而厚。按，詩言蔦與女蘿施于松栢，又曰施于松上，二物皆當似蔓生，乃可言施。寄生不能施于松上也。或作樢。

菌 渠隕切。爾雅曰：菌，芝。中馗，菌。小者菌。郭氏曰：地蕈也，似蓋，江東人名土菌，亦曰馗廚，可啖。說文亦曰：地蕈也。

蕈 慈荏切。俗又作蕁。說文曰：蕈，桑萸。

葚

也。萸、木百也。葚、食荏切。說文曰桑實也。按、菌蕈之栭皆朽腐熏烝所產、莊周所謂烝成菌也。地有朽壞、木有朽腐則生之、其類不一、佀葢而耎者可食、其毒甚者能殺人、今人謂之蕈、亦謂之菌、其佀鼠耳者謂之木耳、生石上者爲石耳、初耎後剛、亦可食、堅厚而有五色文采、或一本十數莖者謂之之、今作芝。詳具之下。桑實本謂之黮、取其黕而紫黑也、亦作椹、今人吕艸牙之卷者爲葚。

萌　荄　荑

萌、莫耕切、艸牙初迸也。

荄、古哀古諧二切、爾雅曰荄根也。

荑、杜奚切、艸木初抽牙葉也、柔毳曰荑。詩曰手如柔荑。又曰自牧歸荑。亦借用稊。易曰枯楊生稊。或作桋。又延知切、蕪荑、梜仁可爲藥。

莖　萁　英

莖、戶耕切、艸幹也。鎖莖之莖別作鏗、非。

萁、居之切、豆稭也、蕨亦謂之萁。又記曰梁曰薌萁。別作藄𦶈稘琪棊。

英、於良於京二切、華之始發精明曰英。詩云、尚之吕瓊華、尚之吕瓊英。曰英英白云。言其英明也。曰朱英綠縢。曰二矛重英。葢吕朱絲爲之、象艸木英吕爲飾也。玉之宂亦曰英。別作瑛。人之秀出者因謂之英。

蔕　葩　萼

蒂、都計切、艸木華實之䠩也。又作蔕。說文曰蔕、瓜當也。鄭敷仲說見帝下。

葩、浦瓜切。說文曰華也。又作芭。楚辭曰傳芭兮代舞。說者曰芭與葩同、巫所持香艸。

萼、五各切、華房也。詩、鄂不韡韡。鄭氏曰足也。

葰息遺切、艸中須也。漢武帝賦曰函葰荴音叓㠯俟風。又作䕀。孟康曰葰、艸中丝也。此說不肰。別作葰芟蒛。說文葰、薑屬、可㠯香口。胡荽實頗類艸荽而香。說文所謂可㠯香口者疑卽此。

芒武方切、艸耑禾穎芒鋭也。引之則凡鋒芒皆謂之芒。別作秘𥝀鋩。又與茫通用。

藟力癸切、又去聲、蔓生纍繞者也。詩云葛藟纍之。又曰緜緜葛藟。又作纍蘽虆蘲。說文、蘽、木也。爾雅、諸慮、山櫐。欇、虎櫐。鄭氏曰今江東呼櫐爲藤、佀葛而粗大。曰虎櫐、今虎豆、纏蔓林木、莢而毛朿。或曰葛類也、子如綠豆而桒大。又本艸蓬蘽子、一名覆盆、莓類也。孟子曰反蘽梩而掩之。

藤徒登切、藟也。

蘿魯禾切、藤蔓羅絡也。詩云蔦與女蘿、柂于松柏。爾雅曰唐蒙、女蘿。女蘿、兔絲。說者曰在木爲女蘿、在艸爲兔絲。

六書故弟二十三　五十七

莢古劦切、又古狎切、艸之屬若豆莖、木之屬若檀榆槐、其實皆莢。莢之爲言若夾。周官、土宜三曰墳衍、其植物宜莢物。

蕡符分切、枲實也。周官、朝事之籩、其實麷蕡。蕡、喪服、苴絰文。傳曰苴絰者、麻之有蕡者也。凡枲有蕡而後漚者、其皮老粗、故喪服㠯爲斬衰疏衰之絰。記曰斬衰皃若苴。詩云桃之夭夭、有蕡其實。言桃實緜纍纍如蕡也。又作𪎭黂。列子曰常衣緼黂。

蘀他各切、艸木葉及皮皵通謂之蘀。詩云蘀兮蘀兮、風其吹女。又曰十月隕蘀。今人亦謂筍殼爲蘀。別作籜。

蕻吁貢切、艸木叢蕻也。

茇蒲末切、說文曰艸根也。艸宿因謂之茇。

六書故弟二十三　五十八

芳　芬　苾　薟　蒼　茂　薿　菶

詩云召伯所茇。通作拔。傳曰晉大夫反首拔舍。杜氏曰艸舍也。別作废。說文曰舍也。

芳敷房切。芳气香也。

芬敷文切。芳也。亦作棻。又作劳、楞、棻、[illegible]。

苾毗必切。芳气烈發也。詩云苾苾芬芬。又作飶。詩云有飶其香。又作馝。

薟虛嚴切。艸气過烈逆人也。艸有豨薟、呂

六書故弟二十三　五十九

其气之薟也。俗作火杴、海薟，蓋豨之譌爲火、爲海。禾傷糞亦曰薟。別作秂。類篇曰禾傷肥。又作蘞。

蒼七岡切。艸色向老青蒼也。

茂莫候切。艸盛也。與楙通。別作[illegible]。

薿魚紀切。盤茂也。詩云黍稷薿薿。又魚力切。

菶布孔切。艸木[illegible]起也。詩云菶菶萋萋。又蓬孔切。今曰艸木叢㝡爲菶。亦作莑。

萋　薈　苞　蓁　芃　茸

萋七稽切。艸茂密會合也。詩云葛之覃兮，維葉萋萋。又云有渰萋萋。言興雲之茂密也。又曰萋兮斐兮，成是貝錦。別作霋、緀。

薈古外切。詩云薈兮蔚兮，南山朝隮。

苞布交切。艸木叢生也。在詩木則有苞棫、苞桑、苞棘，艸有苞稂、苞蕭、苞蓍。又曰如竹苞矣。

六書故弟二十三　六十

蓁側詵切。詩云桃之夭夭，其葉蓁蓁。毛氏曰至盛皃。

芃蒲東切。艸豐盛芃起也。詩云芃芃其麥。又曰芃芃黍苗。又曰有芃者狐。言狐毛芃然也。

茸而容切。艸䌛耎茸茸也。今人謂綫之緘而毳者曰茸綫。別作髶。說文曰髮亂也。又作鞲緒。又上聲。

蓊　蒙　藇　芊　蔟　蕃　苯蓴　蕪

爲闒茸之茸、言其闒闒猥茸也。與宂氄通。

蓊烏孔切、艸鬱勃而茂如水之滃也。又亏聲。又作蓊。司馬相如賦曰觀衆樹之蓊薆。

蒙莫紅切、艸盛冂冡也。先人曰卽冡字。

藇象呂切、詩云釃酒有藇。爾雅揭車、芞藇。毛氏曰美皃。伯曰濃也。

芊倉先切、芊芊、艸緜遠皃。

蔟倉奏切、艸茂盛蔟聚也。語曰六律、二曰太蔟。韋昭曰湊也。漢志作族、十二月太蔟。族、奏也、言昜气大、奏地而達物也。

蕃附袁切、艸滋茂也。

苯補袞切。蓴、祖本切。苯蓴、艸叢生皃。

蕪武夫切、艸彌漫也。又上聲。書曰庶艸蕃廡。俗用廡字。漢書無蔞亭無湖皆單作無。引之爲荒蕪蕪穢。又蘼蕪、艸名。蕪荑、藥名。

藹　蓐　薦　萃

又作莁、爾雅曰莁荑、蔱蘠。

藹烏割切、又於改切、艸藹盛也。詩云藹藹王多吉士。又去聲。別作藹靄靉。說文曰藹、从言、葛聲、臣盡力之美引詩。

蓐而蜀切、艸豐縟也。說文曰陳艸夏生也。一曰蔟也。蓐、籀文。以艸藉坐臥因謂之蓐。傳曰秣馬蓐食。杜氏曰早食於寢蓐也。別作褥。

薦在甸切、豐艸也。莊周曰麋鹿食薦。又作荐。傳曰戎狄荐居。又曰荐食上國。又與洊通。詩曰饑饉薦臻。又曰天方薦瘥。又側甸切、編稾艸以藉也、寢所用藉席者、今謂之薦也。弄承以進者因謂之薦。薦進聲相通、薦人、薦[21]之義取此。

萃秦醉切、艸所聚也。又作稡。漢賈誼賦、又異物來崒。从山。

藪　苑　菹　茠

七醉切、萃蔡新衣聲。又通爲游倅之倅。

藪 蘇后切、大澤叢蒦深廣之地謂之藪。周官、職方氏、九州皆有澤藪。別作籔。轂空中眾輻所湊也、因謂之藪。又所主切。

苑 於阮切、苑近於藪、林木鳥獸所聚也。晉語曰人皆集於苑、已獨集於枯。故謂苑囿。亦作菀。又娶隕切、與蘊通。又紆勿切、與鬱蔚

六書故弟二十三　　六十三

通。詩曰有菀者柳。記曰大積焉而不苑。陸氏亏粉切。

菹 側魚切、水艸曰菹、从艸从水、是其義也。孟子曰驅蛇龍而放之菹。又爲菹醢之菹、瀹菜茹㠯爲豆薦也。亦作蘫、說文曰醢也、从血。按、蘫乃从皿、从血譎也。又作菹。

茠 呼高切、去田間艸也。又作薅。說文曰从蓐、好省聲。

薙　蘊　蔽　芾　茀　茷　蔭

詩云㠯薅荼蓼、荼蓼朽止。

薙 他計切、鬄削艸萊也。

蘊 於粉切、積艸也。傳曰芟夷蘊崇之。凡去艸、旣芟鉏則聚而蘊崇之、艸乃苑能。亦通作薀。傳曰毋薀年。又曰薀利生孽。

蔽 必袂切、艸盛蔽翳也。或通作萆。僭爲蔽斷之蔽。書曰官占惟先蔽志。又曰丕蔽要囚。又

六書故弟二十三　　六十四

曰蔽昔忱。語曰詩三百、一言㠯蔽之。周禮、弊邦治弊獄、僭用弊字。又必刜切。

芾 方未切、蔽芾也。又方勿切。說具市下。

茀 方勿切、艸蕪蔽也。周語曰道茀不可行。因之爲車蔽之名。詩云翟茀㠯朝。

茷 扶沸切、又房越切。說文曰艸葉多。

蔭 於禁切、艸会翳也、止當作会。

苛 茱 薄 藐 荒

苛，乎哥切，艸細密也。引之為苛細煩苛。

葆，慱抱切，又作蓧，說文曰艸盛皃。漢書曰頭如蓬葆。因之為羽葆之葆，記曰御棺用羽葆。俗為餓葆之莩，與𩞄通，今書傳作莩。皮表切。

薄，旁各切，叢薄也。因為蠶曲之薄，又因之為帷薄之薄。俗作箔。俗為厚薄之薄，又為薄人於險之薄，迫陜之也，又為盤薄旁薄。今亦作礴，又迫各切。

藐，弭沼切，艸初生幺微也。傳曰吕是藐諸孤。與眇通。又莫角切，艸芊緜廣遠望之藐藐然也。詩云藐藐昊天。又曰寢廟既成，既成藐藐。

荒，呼光切，艸蕪漫也。田荒則穀不登，故因之為饑荒。別作⿰禾荒，說文曰虛無食也。引之為荒。覆為帷

萎 苶 蔫 菸 芤

荒。喪大記飾棺，君龍帷、黼荒，大夫畫帷、畫荒。鄭氏曰在上曰荒。別作㤺慌。荒度之義取此。因之為荒遠。禹貢五服最外為荒服，遠地多荒棄不田也。又因之為淫荒、荒亾。書云內作色荒，外作禽荒。孟子曰从獸無猒謂之荒。別作㤺慌。

萎，於危切，艸萎悴也。詩云何木不萎。又萎蕤，艸弱而柔也。夌霄華蔓生而柔，故亦謂之萎蕤。別作葳。

苶，尼結切，萎之甚也。

蔫，於虔切，艸木華葉精華變脫也。

菸，央居切，又太聲。艸木萬葉菀積菸邑也。

芤，太侯切，艸莖中空也。脈濡，按之無，舉之來至，旁實中空曰芤。

落　藃　普　菑

落盧各切、艸木凋零也。雨零別作零、非。借為羅落聚落之落、又為𦣻落、為濩落落莫。又宮室器皿成、歃酒吕考之曰落。傳曰楚子成章華之臺、願與諸侯落之。叔孫為孟鍾、饗大夫吕落之。

藃吁高吁報二切、木不理孫藃剝也。考工記曰吕火養其陰而齊諸其易、則轂雖敝不藃[23]。亦借用槁字。荀子曰木揉吕為輪、其曲中規、雖有槁暴、不夏挺者。

普市之切。又作蒔。說文曰更別種也。

菑側持切、乂殺艸木也。書曰厥父菑、厥子乃弗肎播。又曰既勤敷菑、為厥疆畎。詩曰于彼新田、于此菑畝。又曰作之屏之、其菑其翳。凡啟土必先菑而後可墾、大木難伐者則規䦆其皮。齊民要術曰凡山澤開荒皆七月芟乂之、艸乾而焚之、林木大者劉殺之、葉死不扇、便任耕種、三歲後根莖枯朽、焚而耕之、中為穀田。荀子曰周公身如斷菑、而爾雅亦謂木立死曰椔也。爾雅曰一歲曰菑、二歲曰新田、三歲曰畬。說文徐本曰菑、不耕也[24]、二歲田也、从艸从甾、或省艸、从田从巛、巛亦聲。唐本曰古文作甾、別作葘、椔。又借吕為裁植之菑、與裁通。考工記曰察其菑蚤不齵、則輪雖敝不匡。康成曰謂輻入轂中者也。又通為災害之菑。

蓘　芼　藥　藉

蓘古本切、傳曰是穮是蓘。杜氏曰壅苗也。

芼莫報切、吕菜冒𩱳也。

藥吕灼切、百艸之類可治病者、采之曰藥。

藉慈夜切、吕艸薦物也。易曰藉用白茅。又祥亦切、艸不編狼藉也、故因之為狼藉、狼藉則㭊漫、故謂藉藉。

茵

茵於真切、艸蓐也。別作鞇。

著

著陟慮直略陟略三切、㠯茶絮充茵也。士喪禮曰幎目䌈裏著。鄭氏曰著、充之㠯絮也。曰茵著用茶。引之則直略之音為附著、陟略之音為容著、陟慮之音俗為表著之著。傳曰翰有著定、會有表。著定如今班位各有籤識也、翰有常位、故曰著定、因之為顯著之義。

中庸曰形則著、著則明。又詩云俟我於著乎而。毛氏曰門屏之閒曰著。孔穎達曰爾雅門屏之閒謂之宁、宁著同。

蕞

蕞在外祖外二切、束艸也。史記曰叔孫通為綿蕞。如淳曰翦茅樹地為纂位。因之為藐小之稱。傳曰蕞爾國。言藐小如蕞也。

蕝

蕝子悅切、又子芮切、晉語曰楚為荊蠻、置茅蕝、設望表、與鮮牟守燎。說文曰朝會束茅表位。賈逵說同。按、蕞蕝實一字、雖讀有三音、特一聲之轉也。

苴

苴子余子都二切、禮、刌茅長五寸束之曰苴。鄉師大祭祀共茅蒩。即苴也。又七余切。喪服、斬衰苴絰杖。傳曰苴絰者、麻之有蕡者也。苴杖、竹也。記曰斬衰何㠯服苴。苴、惡皃也。斬衰皃若苴、齊衰皃若枲。又七也切。

傳曰冠雖敝、不㠯苴履。說文曰履中艸也。又鉏加切。詩云如彼棲苴。毛氏曰水中浮艸。按、木曰查、艸曰苴、聲義一也。

菙

菙主惢切、周官、菙氏掌共荊菙㠯灼龜。

苫

苫失廉切、葺茅為苫、㠯蓋㠯藉也。喪禮、斬衰寢苫。

葺

葺七入切、緝茅也。傳曰叔孫所居一日必葺其牆屋。考工記曰葺屋三分、瓦屋三分。

䕯　蓋

傳曰繕完葺牆。又曰蒙葺公屋。引其義則葺理葺補皆曰葺。

䕯良薛切、又作梨。說文、䕯、芀也。梨、黍穰也。記曰膳於君、有葷桃䕯。鄭氏曰茢帚也。徐鍇曰以黍穰爲帚、治涵桃湯以除不祥也。

蓋古太切、以艸覆也、因之爲蓋笠之蓋。偕爲疑是之辭。又谷盍切、魯有蓋邑、有蓋公。又轄臘切、魯人謂蒲席爲蒲蓋、今浙又亦

蘞　藩

㬹。

蘞方脒切、以葦類爲席也。又作𧃴。類篇曰籧篨也。亦作蘞。

藩甫煩切、編艸以爲屏障也。易曰羝羊觸藩。傳曰乃藩爲軍。別作籓籓蓄。車之有蔽者亦曰藩。周禮曰桼車藩蔽。夕氏傳、與屋以藩載欒盈。別作轓。漢景帝詔、二千石朱兩轓、千石至六百石朱夕轓。東漢志、轓長六尺、下屬廣八寸、上業廣尺二寸。㶉劭曰轓、車耳反出所以藩屏翳塵泥也、以簟爲之。顏師古曰據許叔重李登說、轓、車蔽也、言車耳反出非矣。通作蕃。書云以蕃王室。詩云亐蕃亐宣。傳曰封建親戚、以蕃屏周。

蔀　藏

蔀裴古切、王肅音苟切。易曰豐其蔀。又曰蔀其家。朱子曰障蔽也。

藏慈郎切、藏匿艸莽中也。古通作臧。因之

薶

爲蓄藏之義。又去聲、出內曰夜、受藏曰藏、心肝脒腎脾於人爲五藏、謂其受藏而不寫也。別作臟。盜所藏爲藏、與臧同音。別作贓。又藏莨、艸名。司馬相如賦曰藏莨蒹葭。漢書音義曰佀薍而葉大。

薶莫皆切、薶藏艸莽中也、葬之从茻同意。亦作埋、从土、貍省聲。

薪

薪息鄰切、艸木之㠯爨者曰薪。詩云有洌氿泉、無浸穫薪。曰翹翹錯薪、言刈其蔞。薪、艸也。曰采㉕荼薪樗、樵彼桑薪。薪、木也。

蒸

蒸鬻仍切、麻骨也。(別作蒸。)

菆

菆側鳩切、艸木莖也。既夕禮曰御㠯蒲菆。(鄭氏曰蒲菆杜莖也。)傳曰晉荀首每射、抽矢菆、内諸廏子之房。廏子曰董澤之蒲、可勝既乎。又

曰左射㠯菆。麻蒸亦曰菆。(別作黀、[麻芻]。)記曰天子之殯也、菆塗龍輴㠯槨。(鄭氏曰菆木㠯周龍輴。陸氏讀才官切。今世遂㠯殯爲菆、亦書作攢、其實菆無攢音。)

蕘

蕘如昭切、薪艸也。又音垚。本艸、蕘花佀胡荽、無束、花細而黃、主去水。

莝

莝粗臥切、剉芻也。古通作摧。詩云摧之秣之。

茹

茹人恕切、馬牛飤芻茭也。飤茹同聲。詩云柔亦不茹、謂茹噉也。又曰來咨來茹、謂茹噉尒其理也。又曰我心匪鑒、不可㠯茹。曰玁狁匪茹、謂不可容内也。菜人所茹也、故謂菜茹。易曰拔茅茹。(王弼曰茹、相牽引之皃。程叔子曰根之相連者。按、二說皆緣易辭㠯生訓、易義實未通。)又乎聲。詩云茹藘在阪。(說具藘下。)

莜

莜徒弔切。(說文曰田器也。)亦作蓧。語曰丈人㠯丈荷蓧。

蕢

蕢求位切。(說文曰艸器也。)臾古文象形。語曰有何蕢而過孔氏之門者。又作蕢。(吕氏春秋曰艸鬱則爲蕢。高誘曰纖也。)又戶㪣切。衛世子蔽蕢、亦作蔽聵。又苦怪切。記曰蕢桴而土鼓。左氏傳晉屠蒯、檀弓作杜蕢。(爾雅曰蕢、赤莧。)

芠　芠力入切、孟子曰今之與楊墨辯者、如追放豚、既入其苙、又从而招之。朱子曰苙闌也。

藙　藙盧皓切、周官、饋食之籩、其實乾藙。鄭氏曰乾梅也。按、後漢長沙王始粥艸爲藙、乱非特梅也。

蔇　蔇虛旣切、說文曰艸多也。傳曰善鄭吕勸來者、猶懼不蔇。杜氏曰至也。又爲地名。

芮　芮而銳切、說文曰芮芮、艸生皃。周有芮伯。本艸、石龍芮、一名地椹、子如桑椹。又水名。

六書故弟二十三　七十五

蘸　蘸莊臽切。說文新附曰吕物浸水也、从艸、未詳。

茬　茬士疑切、漢東郡有茬平縣、泰山郡有茬縣。又佐茬。貨殖傳言山不茬蘖。師古曰古櫱字也。按、茬、在聲、在譌爲仕者非。

莋　莋在各切、漢越嶲縣名。史記佐筰、漢書佐莋。

艸之疑

蒐　蒐疏鳩切。說文曰茅蒐茹藘、人血所生、可吕染絳、从艸从鬼。按、禮、春蒐夏苗、田獵之名。亦佐搜。傳曰蒐乘補卒。蒐、蓋有搜閱之義。

蕆　蕆丑善切、春秋傳曰寡君又輸吕蕆陳事。杜氏曰勑也。

甲　甲古狎切、象艸木戴甲而出。易曰雷雨佐而百穀艸木皆甲坼。因之爲甲胄之甲。說文曰从木戴

六書故弟二十三　七十六

孚甲之象。一曰人頭宐爲甲、甲象人頭。命、古文。鄭敷仲曰象被鎧之形。借爲十日甲乙之甲。

出　出尺律切、說文曰艸木上出也。鄭敷仲曰象咢英乏出之形。又尺祟切。

𢎘　𢎘乎感切、艸木函咢𢎘𢎘也、象形。荷咢謂之𢎘。菡别佐菡萏頷。

𢎘㉖之鮨聲

甬

甬余隴切、艸木𢎘马之長者也。蟲之未匕者類之、故亦曰甬、別作蛹。器物之圜長者亦曰甬。考工記曰鳧氏爲鍾、兩欒謂之銑、銑閒謂之于、于上謂之鼓、鼓上謂之鉦、鉦上謂之舞、舞上謂之甬、甬上謂之衡、鍾長甬則震。月令曰日夜分、則同權衡、角斗甬。康成曰斛也。別作桶、筩。

六書故弟二十三　七十七

𢎘

𢎘說文曰木生條也、从马、由聲、引商書若顛木之有𢎘枿。古文言由枿。

亝

㉗亝徂奚切、禾穀之秀亝也。亦作齊、引之爲整亝爲亝一、爲潔亝、偕爲腹亝之亝。別作齊臍。又爲國名。又側皆切、偕爲亝戒之亝。記曰亝者、精明之至也、凡亝者必屏絕恩慮、致其純壹、㠯交神明、精之至也。別作齋。又郎夷切、偕爲亝盛之亝、與粢通。亦作齍。又偕爲裳亝之亝、裳下緝也。別作𧝁、說文曰緶也。又才細切、偕爲分亝、亝量之亝。易曰亝小大者存乎卦。周官、食醫掌六食六飲六膳百羞百醬八珍之亝、瘍醫掌祝藥劀殺之亝、酒正辨五亝之名。考工記曰築氏執下亝、冶氏執上亝。記曰有無惡乎亝。別作劑。又祖雞切、偕爲醬亝之亝。周官、醢人掌共五亝七菹。康成曰亝當作韲。五亝、昌本、脾析、蜃蚳、豚拍、深蒲也。凡醯醬所和、細切爲

六書故弟二十三　七十八

亝、全物若䐑爲菹。侗謂韲乃韭韲、菌蒜五辛之類、今誤㠯醬爲韲。說具韭部。

𠂹

𠂹是爲切、艸木𠌶下𠂹也、象形。𠂹爲共工、故言工者曰工𠂹。別作倕。莊子曰攦工倕之指。離騷曰巧倕不斲。

𠂹之龤聲

𠌶

𠌶況于、況瓜二切、艸木𠌶也。別作花、蕐、荂、蘤。又胡瓜切、𠌶之精采曰𠌶、引而申之、凡榮𠌶文𠌶𠌶美皆曰𠌶。又偕爲𠌶夏之𠌶。又周官、

形方氏掌制邦國之地域而正其封畺、無有𠌶離之地。康成曰讀如佤哨之佤。陸氏苦瓜切。謂佤邪也。記曰爲國君削瓜者𠌶之。鄭氏曰中削也。陸氏胡瓜切。又胡化切、西岳曰𠌶山。別作崋。宋有𠌶氏。

𠌶之龤聲

韡亏鬼切、𠌶縣爾也。

差初加初宴二切、參次弟相差也。引而申之爲參差、差池、爲等差、差擇。別作[illegible]縒傞。分職授任、差其才能秩敘而使謂之差使。俗作初皆切、非。病愈因謂之差。說文作瘥。又楚何切、差跌、差跎、足之差也。別作蹉。又兩相切爲差。詩云屢舞差差。言其衣裳之萃蔡也。別作傞。記曰差沐亏堂上。俗作搓。

六書故弟二十三　七十九

皁昨早切、橡櫟之實爲皁、象皁有斗承實形。詩云既方既皁。言黍稷之稃如皁也。皁可以染黑、今人謂黑曰皁。俗爲皁隸之皁。傳曰士臣皁、皁臣輿。周官、趣馬下士皁一人、三乘爲皁、皁一趣馬。說文無皁而有草。草斗、櫟實也。一曰象斗子。按、橡櫟之實不當从艸、皁之象形昭然、从艸从早者、今書傳通以爲艸字、不聞以爲橡櫟實也。俗又歷其下爲皂、亦非。

丩居虯切、瓜瓠之類、蔓閒有丩、遇物則纏繞之、其蔓乃得上引。說文曰相糾繚也。一曰瓜瓠結丩起、象形。

六書故弟二十三　八十

乇孫氏陟格切。說文曰艸葉也、从𠂹穗、上田下有根、象形。按、乇字偏旁多用之、而正義不顯。

𠧪說文曰艸木實𠂹𠧪𠧪然、象形、讀若調。說文栗與粟皆从此。按、此說亦未允。

六書故弟二十五

永嘉戴　侗著　　西蜀李鼎元校刊

工事一

工

工古紅切。說文曰象人有規巨也、與巫同意。𢒄、古文。周官九職、五曰百工、飭匕八才。

工之指事

巨

巨俱雨切、工所用㠯爲方也。說文、規巨也、从工、象手持

之。今或作榘、𢀙、古文。按、今書傳皆作矩、鄭康成注大學絜矩、或作巨、巨乃本文。又借爲巨細之巨、其呂切。又作鉅。說文曰鉅、大剛也。巨細之義愽、故規巨之巨叓別爲矩。

工之會意

左

𠂇則賀切、相工事也。俗㠯此爲𠂇又之𠂇、故左相之左叓作佐旌、非也。

工之龤聲

式

𢍑賞職切、工事之式灋也。引之爲灋式之式。借㠯爲車中之式、輿前橫木、𠈲車者所馮也、通作軾。有敬事則式、故因之爲式敬。又借爲發語辭。式敬之式別作侙恜。

巧

巧苦絞切、審曲利用曲盡其校之謂巧。

工之疑

巫

巫武夫切、楚語曰民之精爽不貳者、明神

降之、在男曰覡、在女曰巫。周官有男巫女巫。說文曰祝也、女能事無形、㠯舞降神者也、象人兩褎舞、與工同意、古者巫咸初作巫。[illegible]、古文。

巫之龤聲

靈

靈郎丁切、神通曰靈。古之爲巫者、亝肅中正、明神降之、能監亏物先而逆其吉凶、故靈从巫。說文作𩆜、从玉、或作𢣍、加心。借用爲善

覡　㠭　宀　广

美。書云靈承于松。又曰苗民弗用靈制吕②形。詩云靈臺靈囿靈沼。

巫之疑

覡胡狄切、楚語曰男曰覡、女曰巫。說文曰从見。徐鍇曰能見鬼神也。

㠭說文曰極巧眡之也。孫氏知衍切。

宀居屋也、象形。說文宀交覆深屋也。孫氏武延切。

宀之象形

广序也、一夏架楹、一夏倚墉、故其文視宀而殺、凡庠序廄庫之屬皆从广。說文曰因广爲屋象對刺高屋之形、讀若儼然之儼。孫氏魚儉切。按說文吕交覆深屋訓宀、吕因广爲屋訓广、皆曲而不通、予考古鍾鼎文、見宀之立文因㾜广之義、二字之義煥然不待箋釋而著焉。

广之會意

庫　序　庠　廡

庫苦故切、車藏也。古有庫門、門旁葢藏車、故謂之庫門、古稱廄庫、車馬兹言也。

广之龤聲

序徐吕切、東西序、今廊廡之類也、屋淺故从广、庠廡之類皆然。鄉㱃禮曰豫則鉤楹內、堂則由楹外。又曰序則物當棟、堂則物當楣。序淺而堂深故也。豫、序也。

大戴禮曰曾子遐負序而立。又謂之榭。孟子曰序者、射也。序、榭、豫、射相近、義相同也。說文曰東西牆也。俗爲次序之序、與敘大同而小異。

庠侶羊切、孟子曰夏曰校、殷曰序、周曰庠、學校之異名也。

廡文甫切、序類。說文曰堂下周屋也。𢋈籒文。

廊　　廂　　廟

廊魯當切、說文曰東西序也。

廂息良切、說文曰廊也。亦作箱。覲禮記几俟亏東箱。漢書曰呂后側耳於東箱聽。史記作廂。說見箱下。

廟眉召切、鄭氏曰宮前曰廟、後曰寢、今王宮之前殿、士大夫之聽事是也。虞箴曰民有寢廟、巧言之。詩曰奕奕寢廟。傳

曰夫鼠不穴寢廟、畏人故也。猶後世言廟榦廟堂也、能則異爲宮而祭之、有廟而無寢謂之祖廟禰廟、通謂之宗廟。亦作𢉀、从榦、會意。覲禮諸侯覲前榦、皆受舍亏榦、既畐乃又肉袒亏廟門之東、乃入門又聽事。康成因謂三皆榦覲受之祖廟、蓋不知榦之爲𢉀而誤吕爲宗𢉀也、若果受之於宗廟、則天子不容負斧依南面矣。爾雅曰室有東西廂曰𢉀、無東西廂有室曰寢、無室曰榭。按、廟皆有室。

府

府方武切、貨財所入也、入出曰府、蓄藏曰藏、車器曰庫。周官大府玉府內府皆屬諸天官、泉府倉人屬諸地官。故二官獨稱官府、自漢吕來三公皆稱府、而府藏不在焉、循習之失也、人有五藏六府、藏主藏、府主出內。

廄　　序　　庖

廄居又切、馬舍也。周官馬二百一十六匹爲廄。別作廏。說文曰廄从𣪘。疑廄既𣪘、譌爲𣪘也。

序五下切、說文曰廡也。周官圉師夏序馬。康成曰廡也、廡所吕庇馬涼也。按、廊廡三達之謂序。

庖薄交切、腥殺之所也。周官庖人掌能生鮮薨之物、雝人掌割亯煎和之事。漢書亦作胞。

廏　廬　廁　廥　庾

廏 直朱切、軥啚之所也。

廬 力居切、小屋也。中田有廬、農㠯便於耕也、王宮有周廬、衛士所宿也、喪者倚廬、倚殯宮之墉爲廬也。今人謂廬曰寮。

廬寮蓋同聲。

廁 初吏切、說文曰清也。今人作圂。俗爲廁跡廁仄之廁、居閒之謂也。

廥 古外切、說文曰芻稾之藏也。疑當作會。

庾 㠯主切、詩云我庾維億。又曰曾孫之庾、如坻如京。鄭氏曰露積曰庾。說文曰倉無屋者。按庾从广、臾非露積、蓋積之屋下。又借爲量名。子華使於齊、冉子爲其母請粟、子曰與之釜、請益曰與之庾。聘禮、米十斗曰斛、十六斗曰籔。康成曰今江淮之閒有㠯籔名量者、今文籔爲逾。康成蓋㠯籔爲庾、說見籔下。

店　廨　庵　庋　庎

店 都念切、今人謂旅舍爲店。

廨 居隘切、今人謂舍爲廨。

庵 烏含切、倚廬也。古無此字、鄭康成釋諒闇曰闇、讀如鶕鶕之鶕、闇謂廬也。

庋 過委切、閣類也。別作庪掎攱。

庎 居拜切、庋版令足流水㠯受滌濯謂之庎、今人謏之於廏。

庰　厞　廣

庰 蒦經切、門閒庰蔽者、所謂塞門也。亦作屏。說見屏下。按屏从尸無義、當㠯此爲正。

厞 筏沸切、又亏𣪠。士虞禮、尸出、祝入徹、謏亏圅北隅、几在南厞。喪大記、徹廟之圅北厞。說文曰隱也。

廣 古晃切、凡宮室東圅曰廣、南北曰深。又作懬、說文曰闊也。度其深曰深、度其廣曰廣、厷轂。又③戒車曰廣。傳曰楚君之戒、分爲二廣。厺轂。杜氏曰兵車也。

㡿 昌石切、拓廣之也。引之爲屏㡿。

廓 苦𩫏切、空闊也。又作霩、說文曰雨止雲罷皃也。

龐 薄江切、說文曰高屋也。詩云三牡龐龐。毛氏曰充實也。陸氏鹿同切。

⿸广侈 尺尔切、又昌也切。說文曰廣也。吳語曰坙宋徐

夷曰叔闕溝而⿸广侈我。韋昭曰旁擊也。又作彦。

庳 旁禮切、屋卑也。又蒲蠏切。亦作矲、今謂之矮、古無矲矮二字。

廑 渠巾切、又厺聲、說文曰少劣之居也。旾秋傳、衞有治廑。

庇 必至切、蔭覆也。亦作芘、从艸。

庀 匹婢切、比敘也。周禮曰庀其委積。傳曰④宰庀家器爲葬具。又曰使華閱討又官、官庀其司。使樂遄庀刑器。工正出車、庀武守、使西鉏吾庀府守。鄭氏杜氏皆曰具也。

庤 持恥切、儲偫也。周頌曰庤乃錢鎛。通又作峙。魯誓曰峙乃楨榦。別作偫峙跱。

廞 許今切、周官、大喪廞求飾皮車。又曰大喪共其复衣服、斂衣服、奠衣服、廞衣

服。又曰大喪、廞其樂器、及葬、弆而藏之。大⿰木叐則陳之。又曰大喪飾遣車、遂廞之行之。康成曰興也。

廋 所求切、匿也。語曰人焉廋哉。

廝 式支切、又厺聲。公羊傳曰廝役扈養。韋昭曰析薪爲廝、炊亯爲養。史記張耳傳曰廝養卒。又作斯。

廢	庇	庮

廢方吠切、屋頓也。引之爲興廢之廢、病不可事謂之廢疾。別作癈。

庇才爻切、又七賜切、考工記曰車人爲耒、庇長尺有一寸、堅地欲直庇、柔地欲句庇。康成曰耒下歬曲接耜者。

庮夷周切、周禮曰牛夜鳴則庮。鄭司農曰朽木臭也。說文曰久屋朽木。別作庮。

廮	廖	庈	庲	庶

廮於郢切、說文曰安止也。漢鉅鹿有廮陶、地名。

廖力𠛱切、春秋傳有召伯廖。又厺殸、人姓。

庈渠今切、春秋傳魯有費庈父。

庲郎才切、蜀地有庲降、地名。

广之疑

庶商著切。說文曰屋下眾也、从炗。炗、古文光。鄭敷⑤作曰庶、數也、遏也、炗爲广所蔽也。按、庶之用於書傳爲眾、庶爲庶幾。又周官庶氏掌除蠱毒、翦氏掌除蠹物。凡庶蠱之事。鄭氏曰驅除蠱毒之言、讀如藥煑之煑。陸氏章預切。又遮鷓蔗皆㠯庶爲聲。

廛

廛直連切、說文曰一畝半一家之居、从广从里从八从土。周禮曰㠯廛里任國中之地。園廛二十而一。廛人掌斂市廛布。孟子曰市廛而不征、

法而不廛、則天下之商皆悅而願藏於其市矣。廛無夫里之布、則天下之民皆悅而願爲之氓矣。蓋國中之地、里㠯居士、廛㠯居工商、而廛有賦也。遂人頒田里、夫一廛田百畝、郊遂之地、農民亦受廛、有田賦而無夫里之布也。

向

向許亮切、囪牖室所取明也、象形。詩云塞

向墐戶。亦僭用鄉。禮曰㡎牖鄉。牖向之明、人所向也、故因爲向背之向。別作嚮。牖向䟽通、㲋臭所逵、故爲肸向之義。虚兩切。書秋半舌肸字向。又僭爲國邑名。息亮切。

宀之會意

家

古胡古牙二切。人所合也、从㐺、三人聚宀下、家之義也。㐺之譌爲豕。說文不見其說、謂从豭省㲋。牽彊甚矣。

安

烏寒切、女在内、昜之安、男出女処、女昜之義也、室家之内、女所安也、故安从女。別作侒。

宦

胡串切、臣於家爲宦。傳曰妾爲宦女。又奄人爲宦寺。

宂

如勇切、給事宮中無常職者也。謏官分職、人有常交、轉移執事、不可無人、故有宂員。呂備使令。周官、槁人掌共外内朝宂食者之食。漢有宂从僕射、宂棷宂襍宂長之義由是而生。又作㝔。

實

神質切、充牣也、貫盈于宀、實之義也。亦作宲。說文曰、宲、止也。孫氏常隻切。

宀之會意諧聲

寢

七荏切、夜所寢処也、从宀从牀省、㝲聲。說文𡪢从㝱省、㝲省聲、病臥也。寢、寐而有覺也、从宀从疒、夢聲。寢寐之屬皆从㝱省。籀文。又作寑。按、周官、王六寢。傳曰民有寢廟、獸有茂艸、夫人日而从事、夜已安身、必有寢室、豈爲病臥乎、寤寐與夢皆因寢而有者也。引之則政事官職之寢廢不舉行者曰寢、皃陋者亦曰寢。又作侵。

寢之諧聲

寐

密二切、寢熟也。今人謂之睡。

寤

寤五故切，寐覺也。引之則凡覺寤皆謂之寤。𡪒、籀文。別作悟。

寎

寎陂命切，多寐也。爾雅、三月為寎月。說文曰臥驚病也。

寣

寣五合切，寱、牛例切，寐中語也。說文曰瞑言也。

寱

亦作𠯗、囈。

宀之諧聲

六書故第二十五　　十五

穴

穴乎決切，窟穴土室也。記曰先王未有宮室，冬則居營窟，夏則居曾巢。穴故从宀。

穴之會意

穿

穿昌緣切，鑿透也。

穴之諧聲

空

空苦紅切，穴中虛也。古之居室始於營窟，故工官之長掌邦土居三民曰司空。鑿空為空，去聲。別作腔。物之空竅為空，上聲，史記曰延其城下水空。俗通作孔。

窟

窟苦骨切，穴之深者。別作堀。說文土部有兩堀，其一曰兔堀也，从屈从出，其一突也，从屈。

窞

窞徒感切。說文曰坎中小坎也，一曰旁入也。在易，坎之初六、坎之六三皆曰入于坎窞。初坐重險之下，三在上體之下，故皆有坎窞之象，蓋坎之深窞者也。太玄作窴。

六書故第二十五　　十六

竇

竇徒奏切，穴之通者也。古通作瀆，又作窬。說文、穿木戶也。按，少氏傳曰篳門圭竇。杜氏曰竇，小戶，穿壁為戶，即說下方狀如圭也。杜氏之說即說文之說，小戶僅足往來，故謂之竇窬。孫氏羊朱切。

窡

窡牽料切，小穴也。

竅

竅口管切，空也。莊周曰批大郤，導大竅。謂俞穴也。史記曰實不中其聲者謂之竅。亦僭用欵。申子曰欵言無成。

窖 古孝切，穿地以藏也。月令仲秋穿竇窖。鄭氏曰入地圜爲竇、方爲窖。又作㡯。說文曰窌窖也。窖、地藏也。考工記曰囷窌倉城。陸氏曰依字當爲窖。傳曰予之石窌。陸氏力救切、又力到切。按、从丣則力救切、从丣則窖也、今本皆从丣、卯窖字也。鍼經言人要下有八窌、上窌弟一空在要髁下、夾骨兩旁、次窌中窌下窌各以其空次弟推之、外又共八窌。窌、空窟也、馬亦有八窌。別作髎。

穽 疾正切，掘坎覆之以臽獸也。亦作阱、汬。

竁 充芮切、周禮曰小葬兆甫竁。又曰邦若屋誅、則爲明竁。鄭大夫讀爲穿、杜子春讀爲毳、皆謂穿壙也。康成曰今南陽謂穿地曰竁、讀如脃⑦。

窆 方驗切、下棺封土也。亦作堋。鄭氏弃讀封爲窆、誤矣。

窊 烏瓜切、地臽下污所集也。又作㡯。甑空因謂之窐。楚辭曰圭璋襍於甑窐。說文曰窐、甑空也。窊、污衺下也。朱子曰甑、帶也。按、說文甑空乃甑底空、孔音非帶也。

竈 則到切、絫土甓受釜以爨也。又作竈、竈省聲。

窠 苦禾切、蟲鳥所窟处也、穴地爲窠、在樹爲巢。別作窼。

容 余封切、穴深廣可容内也。㝐古文从宀。說文曰从宀谷。一說谷言其有容也。按、谷於聲義皆不合、以古文參之、蓋从穴而公聲。僭義二、从容、舂容、安肆⑧舒徐之狀也、頌皃之頌亦僭用此。

邃 雖遂切、穴深遠也。別作㥟⑨、說文曰深也。

窈 烏皎切、深靜也。

窕 徒了徒弔二切、說文曰深肆極也。詩云窈窕淑女窈窕、幽閒意也。凡雙聲字當㠯聲求、不當㠯文求。又吐凋他弔二切、俗爲輕窕之窕。傳曰楚師輕窕。又伦窱、說文曰杳窱也。按、杳窱即窈窕字。

穹　去弓切、穴上高也。

究　居又切、竆深也。

竆　渠宮切、穴竆極不通也。別伦竆。史記曰竆竆如畏

六書故弟二十五　十九

肰、羿叔有竆、伦竆。

窘　渠隕切、竆迫也。別伦僒。

窒　陟栗切、杜穴也。

窄　側迫切、穴中褊也。

窶　力主切、竆陋也。詩云終窶且貧。窶非貧也。又郎矦切。史記曰甌窶滿篝。司馬氏曰甌窶猶杯樓也。

窣　蘇骨切、鼵鼠之屬動於穴中悉窣也。

窋　丁滑切、說文曰物在穴中皃。又竅亦丁滑切。說文曰穴中見也。又周祖不窋。之律切。

竀　說文曰正視也、从穴中正見、正亦聲。孫氏敕征切。傳曰如負竀尾。杜氏曰竀、赤色。蓋與赬通用。

窺　去隨切、穴中望也。

穵　烏黠切、探穴也。說文曰空大也。類篇曰烏八切、探穴也。

竊　千結切、穿穴爲盜也。說文曰盜自中出曰竊、从穴从

六書故弟二十五　二十

米、廿禼皆聲。按、說文之說牽彊不通、乃从糲竊、萬之省譌爲廿也。

窀　陟倫切、穸　詞亦切。傳曰旾秋窀穸之事、所㠯从先君於禰廟者、請爲靈若厲。杜氏曰窀、厚也。穸、夜也。厚夜猶長夜。旾秋謂祭祀、長夜謂葬埋。按、窀穸二字皆从穴、厚夜之說未知何所本、曰从先君於禰廟、疑亦非葬埋。

窳　容朱容主二切、苟容也。漢書曰江南民呰窳偷生而無積聚。顏師古曰弱也。

穼　宮

穴之疑

㝔式鍼切。說文曰深也。一曰竈突、从穴⑩从求省。類篇又所禁切、俗謂深罙爲窨穼。商頌曰穼入其阻。說文作罙。按、毛氏曰深也、疑卽穼字、作罙無義。鄭氏曰冒也、於說文則合、於詩義不通。

宮居戎切、周墉爲宮、屋室之都名也。周官、小宰掌建邦之宮⑪刑、以治王宮官府次舍皆在其中。記曰築宮仞有三尺。又曰壞其

室、汚其宮而豬焉。又曰儒有一畝之宮、環堵之室。說文曰躳省殸、一說吕省殸。

宮之龤殸

營

營余傾切、爲宮室締構也。詩云經之營之。引之爲營壘、又引之爲營求、爲營營。詩云營營青蠅。言青蠅之逐臭營營亦其殸然也。別作謍。

宅　室　寮　宇

宅場伯切、居室所奠也。亦作𡧒厇、說文曰古文。

室式質切、戶牖之内爲室。

寮憐蕭切、又作寮从穴、說文曰穿也。論語有公伯寮、書傳亦用爲僚采之僚。今人以廬爲寮。

宇王矩切、屋下覆者也。易曰上棟下宇。考工記曰輪人爲蓋、上欲尊而宇欲卑。說文曰屋邊也。寓、俗文。

宙　宸

宙直又切、下覆爲宇、上尊爲宙。莊子曰有實而無乎處者宇也、有長而無本剽者宙也。三蒼曰上下四方曰宇、古往今來曰宙。說文同。按、莊周、三蒼之說皆充類之言。

宸植鄰切、語曰爲敝邑宸宇。說文曰屋宇也。韋昭曰宸、屋霤也。又作桭。揚雄賦曰日月纔經於柍桭。服虔曰柍、中央也。桭、屋梠也。按、天子之居曰楓宸、今人言宸極。宸、屋上墬棟之所居也、帝居高廣、惟楓脩大可冀、故曰楓宸。

㝔

於弔切。喪禮曰埽室聚諸㝔。爾雅曰室東南隅謂之㝔。又作宎。莊子曰㸹生於奧、鶡生於宎。司馬氏曰東北隅也、一曰東南隅也。又作宧、說文曰戶樞聲也、室之東南隅。孫氏烏皎切。又作窔、說文曰窅深也。又作窅、說文曰冥也。

寰

戶關切、又厺聲。穀梁傳曰寰內諸侯。謂畿內也。侗謂寰、宮周垣也、充廣而言、則畿內猶寰內也。

寏

爰番切、說文曰周垣也。亦作院。

寬

苦丸切、屋寬大有容也。

宣

須緣切、屋通明也。宣室文。周有宣榭、漢有宣室。引之爲宣布。

宏

戶萌切。說文曰屋深響也。又作谹、說文曰谷中響也。

宓

美畢切、屋周宓也。說文曰安也。或用爲宓義、宓子賤之宓者、虙之譌也。今周宓之宓通作密。

完

胡官切、室屋周完無闕也。

宛

於阮切、宮室繚曲宛轉也。說文曰屈艸自覆也。凡宛轉宛委皆取義於此。別作惌。又乎聲。旾秋傳有宛、晉南陽有宛縣。又委隕切。

定

徒徑切、不興也。又丁定切。詩云定之方中、作亏楚宮。毛氏曰定、營室星也。曰麟之定。毛氏曰題也。

守

書九切、居守也。說文曰守官也、从宀从寸。寺府之事、从寸。寸、法度也。按、寸乃又之譌、說文不晏其說、故吕爲守官法度。守者曰守、厺聲。諸侯分守天子之土、天子巡眡之曰巡守。孟子曰巡守者、巡所守也。或作狩。

宲

博抱切、又作、呆守也。說文曰藏也、呆聲。呆、古文保。

官

古丸切、職守也。古者百官各有署次、謂之官、而分吕職也。說文曰吏事君也、从𠂤、𠂤猶眾也、與師同意。按、官、聲、古環字、之譌爲𠂤。說文不晏其說、故鑿而不通。秦權文官正作。

宰

作亥切、家宰也。宰制家事者也。引之則

天下之宰曰冢宰、一邑之宰曰邑宰、主宰、宰制之義皆由此乎出、主膳羞者曰膳宰、故因之爲庖宰。說文曰罪人在屋下執事者、从辛、辛、罪也。按、說文之說甚牽彊、辛實殸也、梓亦㠯辛爲殸。

宴

於甸切⑫、燕居閒適也。古者饗爲盛禮、主敬、既饗而宴、或宴而不饗、所㠯安賓娛樂⑬之、故曰宴、亦通佗燕。

宿

息逐切、夕止舍也。二十八舍、日月五星所舍也、亦謂之宿。今讀恖宥切、非。因循稽久者謂之宿畱、恖宥切。

寄

居誼切、託止也。

寓

牛具切、寄也。別佗庽。

客

苦格切、自外至者謂之客。

富

方副切、充實也。

寵

丑壟切。說文曰尊居也。按、書傳上所隆厚爲寵。書云寵綏三方。又曰居寵恖危。

宐

負鸎、負歌二切、鍇之亏下稱而安也、多殸。詩云宐其室家、亦佗、多省殸。說文曰宐、所安也、从宀之下、一之上、多省殸。古文、亦古文。

察

楚八切、諦眡也。別佗詧。

寘

陟吏切、鍇之亏下也。易曰寘亏叢棘。詩

云寘彼周行。與置通。

宥

亏救切、寬舍也。書⑭曰流宥五刑。

寫

悉也切、傳寫宮室之制也。史記曰秦每破諸侯、寫放其宮室、佗之咸陽。故會畵者因亦謂之寫、今人遂㠯傳書爲寫也。俗爲頃寫之寫、或曰屋頃寫也。俗爲傳寫寫放。說文曰置物也。

宵 宋 寥 宄 定

宵 相邀切。說文曰夜也、从宀、宀下冥也。

宋 肯歷切、闃宋無聲也。又作寂、家。

寥 落耑切、冷落兒。通作漻。別作憀繆憭寥。

宄 居洧切、姦宄也。書曰寇賊姦宄。亦偕用軌。傳曰乿在外爲姦、在內爲軌。

定 莫甸切。說文曰冥合也。實吕定爲聲。宀之疑

六書故弟二十五　二十七

宋 寁 寡 奧

宋 穌統切⑮。說文曰居也、从宀、从木。徐鉉曰木所吕成室也。於書傳爲微子啓所封之國。

寁 詩云無我惡兮、不寁故也。毛氏曰速也。說文曰居之速也。孫氏子感切。陸氏市坎切。類篇又㹞桒切。按、詩義實未可曉、㹞桒之音侶是。

寡 古瓦切、於書傳爲寡少。又老而無夫曰寡。說文曰少也、从宀、从頒。頒、分賦也。按、說文之說甚牽彊。

奧 烏到切、古者室戶東入、其西南隅爲奧。說文曰宛也、室之西南隅。徐鉉曰𡕝非聲未詳。別作⿱宀奧。又於六切、山水之隈皆爲奧。詩云瞻彼淇奧。別作澳、墺。隈奧則溫、故爲溫奧、亦作燠。詩云日月方奧。漢志曰悊旹奧若。又記曰雁腎鴇奧。鄭氏曰膍胵也。

害 胡蓋切、傷也。又胡葛切、與曷通。詩云害澣害否。說文曰傷也、从宀、从口、言从家起也、丰聲。孫氏胡蓋切。

六書故弟二十五　二十八

𡫳 寅 戶

𡫳 說文曰⑯室也、从㠭、从収、窒宀中、㠭猶齊也。孫氏蘇則切。

寅 弋眞切。說文曰髕也。正月昜气動、去黃泉、欲上出、会尚彊、象宀不達、髕寅於下也。鋈古文。按、寅之用二、爲寅敬。書曰寅賓出日。又曰汝作秩宗、夙夜惟寅。又爲十二辰寅卯之寅。許氏之說甚曲而不通、寅與臾皆申聲。

戶 戶戹古切、宮室出入闔扇也、象形。亦作床。引之爲凡閉拒之義。傳曰歷蕩戶之。

門

戶之指事

門莫奔切、兩戶爲門。

𨳌

門之指事

𨳌直刃切。說文曰登也。徐本从⑰丁。唐本从上。

門之會意

閨

閨古攜切、說文曰犆大之戶、上圜下方侶圭也。傳曰篳門閨竇、古單伦圭。

閑

閑侯艱切、𠂤木限門中也。畜馬者閑之、故謂廄閑、引之爲防閑、又引之爲閑習。

閃

閃失冉切、人在門中、閃忽乍見也。

闖

闖丑甚切、馬在門中、闖望之義也。說文讀若郴。

閉

閉博計切、闔門也、才所𠂤距門也。

門之轉注

戼

戼莫飽切、象門兩闢也。借爲十二辰寅戼之戼。

戼之轉注

丣

丣與久切、从戼而塞其通、闔之義也。因爲十二辰戼丣之丣、日出于戼、日入于丣、萬物出于戼、入于丣、故戼闢而丣闔也。別作酉、非。𨟻畱𣈱駵皆𠂤丣爲聲。王莽謂劉爲戼金刀、蓋已昧其義。

門之龤聲

闈

闈羽非切、宮之内門也。記三年之喪、君夫人歸、入自闈門。考工記曰廟門容大扃七个、闈門⑱容小扃三个。爾雅曰宮中之門謂之闈、其小者曰閨。鄭氏曰宮中門也。又曰廟中之門。

閶

閶尺良切。說文曰天門也。楚人名門曰閶闔。

閎戶萌切、傳曰銘諸僖閎。又曰高其閈閎。爾雅、衖門謂之閎。以傳觀之、非衖門也。

閈戻旰切。説文曰門也。汝南平輿里門曰閈。

閭力居切、里門也。周官、五家爲比、五比爲閭。

閻余廉切。説文曰里中門也。別作壛。

闉於眞切、闍、當孤切。詩云出其闉闍。毛氏曰闉、曲城也。鄭氏曰謂曲城之中市里也。説文曰城内重門也。爾雅、闍謂之臺。毛氏曰城臺也。李巡曰積土爲之、所以觀望。按、臺不應从門、且詩不應言出闉臺。闉、城門外曲城也。闍者、闉之門、猶今城外甕門也。軍行有羅闉、公壘五十步、以羅爲闉、周軍之莽後屮乂、彍弩誰何、謂之羅闉。又與垔通。周官、掌斂蜃物以共闉壙之蜃。

闤戶關切。説文曰市垣也。

闠胡數切。説文曰市外門也。

闥他達切、房寢閒門也。漢高帝病臥禁中、樊噲排闥直入。説文曰門也。顏師古曰宮中小門也。一曰門屛也。

闕去月切、宮城上爲樓觀闕、其下爲門、所謂闕門也。引其義爲虛闕闕失闕乏、攻而闕之曰闕、其月切。傳曰闕翦我公室。又與掘通。傳曰闕地及泉。

闔胡臘切、門扇也。記曰排闔説屨於戶內。月令、仲春脩闔扇。傳曰吾小人皆有闔廬。又曰齒著于門闔。凡室廬出入之竇必有闔扇以閉之、故因之爲闔闢之義、闔爲閉、闢爲開。

閤古沓切。爾雅曰小閨謂之閤。説文曰門旁戶也。按、有門不應旁夾爲戶、爾雅之⑲説近之、室旁夾有小室、其戶謂之閤、令人皆以小室爲閤也。

閾亐遏切，門限也。

閫苦本切，閾也。又作梱。說文，梱，門橛也。徐鍇曰梜門兩旁短限也。古者門通車，故中必厺限。按通車之門容爲短限，他則否。禮，行不履閾。

關古還切，說文曰目木橫持門戶也。亦作闗。按古有門有關，謂於宮室城亭者爲門，謂於郊同者爲關。又借其聲爲閒關。詩云閒關車之舝兮，車舝閒關然也。

詩云關關雎鳩。鳥聲關關然也。又烏還切。孟子曰關弓而弢之。今作彎。

闌洛干切，謂遮於門外也。漢妄入宮禁者爲闌入。別作闌，說文曰妄入宮掖也。借爲闌殘之闌。

閼烏割切，衞版於門目遏行也。漢書召信臣起水門提閼。提閼猶縣門也。引之爲閼絕夭閼。莊周曰莫之夭閼。

閘祖甲切，閼類。今人讀若霅。

閣古洛切，說文曰所目止扉也。記曰天子之閣𠂇達五，又達五。又曰始能之食其餘閣也與。鄭氏曰庋藏食物。

闊苦括切，門中廣也。

閬來宕切，門高爽也。又去聲。

開苦哀切，啟門也。說文曰閞，古文。

闢旁益切，開之盡也。說文又作闢，从𠬞。

闡昌善切，大闢也。

闓苦亥切，昉開也。

閜呼可切，大開皃。相如賦曰谽呀豁閜。

[門爲]羽委切，又呼爲空媧二切。半開也。魯語曰公父文伯之母，季康子之从祖叔母也。康

閟　闇　閹　闒　闟　闃

子徃焉、闖門與之言。類篇曰門不正開也。別作闖闞。

閟兵媢切、揜也。書多用閟字。魯莊公見孟任、从之、閟。有不通之義焉。詩云我恩不閟。

闇烏紺於禁二切、閉而晻也。與暗通。

閹於檢切、揜閉也。孟子曰閹然媢於世者、是鄉原也。說文曰豎也、宮中奄閽閉門者。按、奄、宮椓也、古者未嘗使守門。

闒吐盍切、門卑也。說文曰樓上戶也。孫氏徒盍切。闒茸[20]義因焉、詳見翕下。

闟所及切、闔也。史記曰持矛操闟戟。司馬氏曰亦作鈒。

闃忽域切、闃靜也。又作侐。詩云閟宮有侐。說文曰靜也。又作閴。漢有湖閴鄉。譌爲閿、孟康曰

閽　閱　闞　闋　閔　闐

古闃字、从旻。師古曰旻譌爲受、郭璞音汝授切、非也。

閽呼昆切、守門者也。

閱弋雪切、閱視人物於門也。故引之爲大閱、蒐閱。漢書曰貧伐閱詣夜伐、戰功也。傳曰郤至驟稱其伐。閱、所踐歷也。史記曰明其等曰伐、積日曰閱。今作閥。說文新附閥閥、自序也。按、今品制有畫戟者、其門爲烏頭閥閱。

闞苦濫切、从門隙伺望也。又作瞰矙。又呼滅切。詩云闞如虓虎。[21]哮闞也。亦作徼喊。

闋頃雪切、說文曰事已閉門也。燕禮樂闋。康成曰止也。記曰樂三闋、然後出迎牲。

閔眉隕切、說文曰弔者在門也。䘗、古文。別作愍。在書傳爲矜閔之義。

闐亭年切、塞門也。與塡通用。函域有亐

闃國、堂練切。

闃 初六切。孫愐曰眾也。類篇曰眾在門中。按禾乃聲。

門之疑

閒 古閑切、說文曰从月从門。閖、古文。先人曰葢丹聲、譌爲月。兩門之中爲閒、因之爲閒廁、爲閒隙、爲閒諫、𠀤厺聲。又爲閒暇、傒覸切。別作僩、嫺。說文曰僩、愉也。嫺、雅也。今俗吕閑爲閒暇之閒。

戶之會意

扇 式戰切、闔扇也、猶羽翕張、故从羽。說文唐本从羽、徐本翅省聲。爾雅、蠅醜扇。蠅類皆扇翅也。別作蝙非。今人謂翣爲扇。

扁 方沔切、說文曰署也、从冊者、署門戶之文也。詩云有扁斯石、履之卑兮。朱子曰扁、卑皃。按、庳之甚爲扁、今俗書作匾。

戶之龤聲

扉 甫微切、爾雅曰闔謂之扉。記曰闔門少扉。

扃 古熒切、戶關也。說文曰外閉之關。記曰入戶奉扃。鼎鉉亦謂之扃、又上聲。詩云我心扃扃。

房 符方切、室旁夾室也、从戶、由戶吕入也。

扆 於豈切、屏也、設於戶牖之閒。書曰狄設黼扆。亦借用依。

戺 上史切、書云三人執戈夾兩階戺。爾雅曰落旹謂之戺。孔氏曰堂廉曰戺。說文曰戺、古文𨸏。

[illegible] 數還切、戶扃也。又作[illegible]。

扊 吕冄切、扅、弋支切。㉒古詩曰憶亯伏雌炊扊扅、今曰富貴忘我爲。說者曰門關也。

戹 於革切、扼持門戶之要也。

扂 迲玷切。類篇曰戶牡也。或作䦌、今俗用爲居楔。

囪 楚江、楚紅二切、鑿牆屋爲囪、靁吕取明也、象形。亦作𡆥。別作窗、窻、牎、牕。說文曰在牆曰牖、在屋曰囪。𡆥、古文。窻、通孔也。

傳曰陽虎載囱霝而逃。蓋車之爲囱霝者也。凡有囱霝囱空者皆曰囱。漢書曰息明上通。偺爲囱卒囱遽之義。囱倉同聲、囱卒猶倉卒也。別作息。

囱之龤聲

𤴔

𤴔所葅切。說文曰門戶疏囱也。

囧

囧九永切、囱牖麗廔闓明也、象形。穆王命伯囧爲周太僕正。亦作臦、又作臩、說文曰驚走也。一曰往來皃。周書伯臩。臩古文囧。徐鍇曰臦、居況切、臦猶乖也、臩从臦。臦亦聲、言古囧字未詳。

六書故弟二十五　三十九

宁

宁直呂切、記曰天子當依而立、諸侯北面而見曰覲、天子當宁而立、諸公東面、諸侯西面曰朝。說文曰辨積物也。陸氏曰門屏之閒曰宁。鄭衆仲曰當屏閒也。

冓

冓古候切、說文曰交積材也、象對交之形。按說文冓在卄之後。卄、甘屬、與冓文相近而義相遠。冓乃才木交冓之象、故爲冓屋之冓、今加木爲構。書云弗肎堂、矧肎構。引之爲結冓交冓、如所謂冓怨冓閔是也、昏冓之冓亦取此義、今加女爲媾。

冓之會意

爯

爯処陵切、說文并舉也、从又从冓省。

再

再作代切。說文㉓一舉而二也、从一从冓省。

六書故弟二十五　四十

六書故弟二十五

六書故弟二十六

永嘉戴　侗著　　函蜀李鼎元校刊

工事二

口 羽非切、周口也、象形。又伩圍，韋聲。韋乃吕口爲韍。

口之象形。

㐭 力甚切、絫禾露積爲㐭、上𠆢象覆㐭。詩云亦有高㐭，萬億及秭。又伩稟，从禾，稟。請稟稍之稟、筆錦切。今書傳專吕稟爲稟請之稟。晉語曰：人之有元君、敀稟命焉。若稟而弃之、是𢽵穀也、其稟不才、是穀不成也。書云：不言臣下罔攸稟令。別伩廩、从广。按、㐭乃露積、不當从广。又借爲坎廩之廩、虘感切。各伩壈。

㐭之龤聲

嗇 所力切、穀可收曰嗇。說文、愛濇也、从來、來者㐭而藏之、故田夫謂之嗇夫。𤲸、古文、从田。又伩穡。毛萇曰斂之曰穡。說文、穀可收曰穡。

因之爲吝嗇。按、古文牆旁嗇从秝、當吕秝爲聲。蜀本說文曰：一說从𣗥省聲。按、朿自有七、亦音朿①、乃赤之譌、又來亦有洛、𣗥音、三說皆通。

嗇之龤聲

牆 才良切、倉垣也。說文曰：牆、古文。牆、籀文、从兩來。又伩廧、春秋有廧咎如、赤狄種。引之爲牆垣之通名。

亶 多旱切、說文曰多穀也。書曰：誕告用亶其有

衆。又曰：亶聰明伩元后。孔氏曰誠也。詩云：亶其然乎。又曰：祈父亶不聰。又曰：擇三有事、亶侯多藏。毛氏曰誠也。按、亶㐭庾之實、許氏所謂多穀也、故毛、孔因詩書而訓吕誠。

㐭之疑

啚 方美切。說文曰嗇也、从口从㐭。㐭、受也。𠾃、古文。

𩫖 古薄②切。說文曰：民所度居也、象城𩫖之重、兩亭相對也。又伩

⿰亯成　⿰亯卒　⿰亯亘　⿰亯庸　⿰亯者　⿰亯單　高　亭　亳

郭、从邑。

𩫏之龤聲

⿰亯成是征切。⿰亯卒、筱夋切。⿰亯亘、雨元切。⿰亯庸、餘封切。⿰亯者、當古切。五字今皆从土、古皆从𩫏、見土部。項弓父曰：王莽封諸侯置附城。蓋以城爲庸也。古單伭庸、後人加土。附庸猶言屬城。

⿰亯單都可切。顧氏曰：衺下皃。

高古牢切、崇也。說文曰：高、崇也、象臺觀高形。亯、叔高盘文。亯、陀鼎文。伯曰：楚子問城之高厚、城有高厚之義、故取𩫏之上以爲高、取𩫏之下以爲亯。

高之龤聲

亭特丁切、城上屋也。伯曰：因高築之以③覘望者也。說文曰：亭有樓。秦漢制十里一亭。

亳旁各切、說文曰：京兆杜陵亭也。書曰：湯始居亳、从先王居。

喬　京　就

喬渠嬌切、脩竦也。又矛之上句曰喬、所以縣英也。

京舉卿切、高廣也。傳曰：莫之與京。高者未必廣也、廣者未必高也、故地之高而廣者曰京、建國者宅之。詩云：景山與京。曰乃陟南岡、乃覯于京。曰曾孫之庾、如坻如京。傳曰：辨京陵。說文曰：人所爲絕高丘也、从高省、丨象高形。按、許氏之說絕不通、蓋从高省、巾聲。蜀本亦曰巾聲。

京之龤聲

就疾僦切、與⿺辶止以即所安也。說文曰：就、高也、从九、九異於凡也。就、籀文。按、就、九聲。周官五冕五玉之繅皆有采就、路車之樊纓斿常皆有就。鄭司農曰：一帀爲一就、五就、五帀也。秉成曰就、成也、合五采絲爲繩、繩毋一帀毋叉采王、毋就關蓋一寸、樊及纓亦皆叉采罽飾之、一成爲一就。按、采就之說今莫詳矣、世俗蓋有成就之說。

高之疑

臺

臺徒哀切、築土爲臺㠯臨觀也。說文曰从至从之从高省、與室屋同意。

㫗

㫗胡口切。伯曰取亯之下㠯爲㫗。一說反高爲㫗、隆於上爲高、積於下爲㫗、山曰高、地曰㫗、水曰渟。又作厚、加厂。說文曰㫗、厚也、从反亯。㫗、山陵之厚也。又作垕。見土部。說文曰垕、古文。

㫗之龤聲

覃

覃徒含切、延長也、从鹹省聲。詩云葛之覃兮、施亏中谷。毛氏曰延也。又曰實覃實訏。毛氏曰長也。又曰覃及鬼方。覃、晉姜鼎文。覃、說文古文。覃、說文篆文。又曰㠯我覃耜。毛氏曰利也。陸氏曰㠯冉切、薟與剡通。徐氏㠯廉切。

口之指事

囚

囚佀由切、口人爲囚。

圂

圂胡困胡卝二切、圈豕爲圂。亦作豢。凡畜牲食㠯米穀曰豢、犬豕是也。芻秣曰芻、牛羊是也。記曰君子不食圂腴、謂犬豕之腸胃近穢也。鄭康成曰周官圂作豢。圂豢實一字也。廁㠯穢、故亦謂之圂、與牢引之則凡汚浼者皆曰圂。亦作溷。溷、水穢也。別作慁。說文曰圂、廁也。溷、水濁皃。慁、憂也。一曰擾也。傳曰主不慁賓。杜氏曰患也。儒行曰不慁君王。鄭氏曰辱也。按、圂之爲言猶煩浼也、陸賈謂其子曰、歲中不過再過、毋久溷、女不慁、君王圂賓、皆此意也、非憂非患、不當从心。

囷

囷去倫切、口禾爲囷。

口之會意

邑

邑於汲切、有城郭之聚曰邑、从口卪、所㠯

安也。周禮曰安邦國者用玉卪、守都鄙者用角卪。又曰三井爲邑。井邑都邑自有二義。俗爲於邑鬱邑邑怏。別作悒、⿱艹邑、⿰食邑。又烏合切。漢書張湯㠯知阿邑人主。

㗊

邑之會意

㗊 說文曰鄰道也。孫氏胡絳切。

㗊之龤聲

鄉

鄉 許良切。周人五州萬二千五百家爲鄉。鄉，鄉民所𠈌聚也。故从二邑。俗爲鄉背之鄉。亦聲。與向通。徃者在前，來者从後，故徃者謂之鄉，者徃曰謂之鄉日。別作曏。伯曰㗊即鄉也。周官二鄉則公④一人，謂之鄉。会，故从二邑相鄉。因之爲鄉背。鄉从自㗊聲、與香通。後人㠯爲鄉黨之鄉。

巷

𨞠 胡絳切。邑門道也。𨞠篆文。又作巷。

郵

郵 羽求切。說文曰竟上行書舍也。从⑤垂、垂邊也。又與尤通。詩曰不知其郵。

邑之龤聲

邦

邦 博江切。國也。別而言之，則城郭之內曰國，三境之內曰邦。鄭氏曰大曰邦，小曰國。說文曰𡵨，古文。

都

都 當孤切。邑之大者曰都。周禮曰三邑爲丘，三丘爲甸，三甸爲縣，三縣爲都。王侯之所宅亦曰都。傳曰邑有宗廟先君之主曰都。都，都邑之人閑雅。詩云彼都人士。喪服曰楚人曰父母何算焉。都邑之士則知尊禰矣。言都人之異乎楚鄙也。故容服閑雅者謂之都。詩云洵美且都。漢書曰司馬相如从車騎雍容閑雅甚都。

郊　鄙

都。又爲歎美之辭。驩兜曰都。又偕爲大都之都、猶言凡也。

郊 古肴切、國埜之閒曰郊。周官、王國之外五十里爲近郊、百里爲遠郊。祀天於郊故亦謂之郊。

鄙 兵美切、周官遂人掌造縣鄙形體之法。五家爲鄰、五鄰爲里、三里爲酇、五酇爲鄙、五鄙爲縣、五縣爲遂。又邊邑爲鄙。傳曰太叔命西鄙北鄙貳於已。杜氏曰鄙邊邑也。又曰過我而不假道、鄙我也。記曰三鄙入采。故有邊鄙、埜鄙之稱。埜人眂都邑爲陋、鄙人眂埜人爲尢陋、嗇於財而薄於禮。故有鄙陋鄙吝之稱。鄙人鄙夫之謂焉。

鄰　酇　郡

鄰 力珍切、比屋比邑之謂鄰。周官、五家爲鄰。吅、古文。班固賦曰東吅虐而殲仁。別作鄰。

酇 作管作旦二切、又昨何切。周官、三里百家爲酇。蕭何封酇矦。說文曰聚也。南陽有酇縣。顏師古曰南陽之酇、蕭何所封、音贊。本春秋陰國、所謂與陰亏下陰者也。今爲襄州陰城縣。城西有何廟、彼土有筑水、筑水之陽古爲筑陽縣。何龐無嗣、高后封何夫人同爲酇矦、小子延爲筑陽矦、孝文罷同、更封延爲酇矦。沛縣之酇本作鄼、音嵯。說文曰沛國縣也。漢志、南陽酇縣矦國。沛縣不言矦國。此明驗也。班固泗水亭碑曰文昌三友、漢有蕭何。序功弟一、就封亏酇。葢南陽之酇亦有嵯音、王莽改沛之酇爲贊、治是沛縣、亦有贊音也。蕭何、沛人也、故泗水之碑云尒。二酇相亂、江統徂淮賦遂謂何封於沛者、誤也。南陽之酇今光化軍乾德縣、沛縣之酇、今爲楊州酇縣。

郡 渠運切、傳曰晉簡子誓師曰克敵、上大夫受縣、下大夫受郡。杜氏曰周書作雒篇、千里百縣、縣有三郡。秦并諸侯、分天下爲三十六郡、縣統於郡。

郛

郛甫無切、郭也。

邸

邸都禮切、邦國之人有舍於王國曰邸。周禮、王大旅上帝、則張氈案、設皇邸。康成曰謂後版屏風。又、三圭有邸召祀天。鄭司農曰爾雅曰邸、本也、中央爲璧、圭著三面也。皆取義於邸舍之邸。

部

部盤五切、邑有分屬也。說文曰天水狄部。孫氏蒲口切。考工記、輪人爲蓋、部廣六寸。鄭司農曰蓋斗也。

郤

郤綺戟切、邑閒空郤地也。記曰諸侯相見於郤地。又地名。晉大夫叔虎所邑也。僭爲還郤之郤、厺約切。又伦郤、从卩、說文曰節欲也。

鄭

鄭直敬切、周厲王之子桓公友所封、在今華州上鄭縣。幽王之亂、武公寄孥於檜、取其地而䙴焉、在潧洧之上、是爲新鄭。韓哀侯又並焉、於今爲鄭州新鄭縣。

邢

邢戶經切、周公子所封、今爲邢州龍岡沙河縣。說文有兩邢、其一井聲、鄭地邢亭。其一幵聲、周公子所封、近河內褱。按、幵非聲。

鄧

鄧徒亙切、曼姓所國、今爲襄州鄧城及鄧州。

邾

邾陟輸切。說文曰江夏縣。

鄒

鄒側鳩切。說文曰顓頊後所封。鄒邾同聲、實一字也。春秋時邾莒用夷、故邾謂之邾婁。婁亦兩音、力俱切者合邾婁之音爲邾、力溝切者合邾婁之音爲鄒也。輿地廣記曰今淄州鄒平縣、古鄒國也、兗州鄒縣、邾文公所䙴、本繹邑

郰　鄩　邘　郇

也、有孟子冢。楚宣王滅邾、與之江夏、故江夏有邾城、今黃州黃岡縣。

郰側鳩切、記曰孔子少孤、不知其墓、問於郰曼父之母。又作陬。史記曰孔子生魯昌亏鄉陬邑。或作鄹。杜氏曰魯縣東南莝城是也。

鄩徐林切、傳曰寒浞使澆滅斟灌及斟鄩氏。又曰殺斟灌以伐斟鄩。杜氏曰北海亏壽有鄩亭、今爲濰州北海縣。又周子朝之亂、二師囗郊、郊鄩潰。杜氏曰河南鞏縣西南有地名鄩中、即今河南鞏縣。

邘禹俱切、傳曰邘晉應韓、武之穆也。說文曰在河內埜王。杜氏曰河內埜王縣西北有邘城。又曰王取蔿邘之田亏鄭。又宋築邘邑於曹之郊、其一曰邘。

郇息倫切、周文王之子封亏郇。詩云三

邳　鄅　鄫　郯　郜

國有王、郇伯勞之。傳曰畢原酆郇、文之昭也。又曰狐偃及秦晉之大夫盟亏郇。又曰必居郇瑕氏之地。杜氏曰解縣西北有郇城、今爲解州解縣、郇瑕氏即此地。

邳叀悲切、傳曰薛之皇祖奚仲居薛、奚仲興亏邳。今爲淮陽軍下邳縣。

鄅王矩切、妘姓之國、今爲沂州臨沂縣。

鄫疾陵切、姒姓之國、今爲沂州承縣。

郯徒甘切、少昊之後、已姓國、今爲淮陽軍下邳縣。

郜古報切、又工竺切、傳曰郜雝曹滕、文之昭也。隱公十年伐宋取郜。杜氏曰濟陰成武縣東南有郜城。僖公二十年郜子來朝。又晉人絕秦曰焚我箕郜。楚子辛、鄭皇辰侵宋、城郜。葢有三郜。

郕

郕旹征切。旹秋有郕伯。杜氏曰東平剛父縣西南有郕鄉。又王與鄭人蘇忿生之田隰郕。杜氏曰在襄縣西南。

邿

邿書之切。左氏傳、邿亂分爲三。魯取邿。說文曰東平亢父縣有邿亭。杜氏說同。又晉伐亝克邿。杜氏曰平陰西有邿山。

鄀

鄀而灼切。旹秋秦晉伐鄀。杜氏曰在商密秦楚界上。其後與於楚南郡鄀縣、故鄀今爲襄州宜城縣。

郳

郳五兮切。旹秋郳犂來來朝于魯。杜氏曰郳小邾也、東海昌慮縣東北有郳城。

鄶

鄶古外切。古國名。鄭語曰泲洛河潁之閒、子男之國、虢鄶爲大。旹秋、鄭文夫人葬公子瑕于鄶城之下。國風作檜。杜氏曰故鄶國在滎陽密縣東北。按、如杜氏之說當作檜。輿地記、鄭所興檜在今鄭州新鄭縣、今此在鄭州密縣、大同小異。

邰

邰土來切。后稷所封。又作斄。在漢又扶風斄縣、今爲京兆武功縣。漢志、稷封斄。顔師古曰斄讀曰邰。

郿

郿武悲切。今鳳翔郿縣。左氏傳、魯莊公築郿。魯亦有郿。杜氏曰魯下邑。

扈

扈後古切。夏書曰啓與有扈戰于甘之埜。亦作鄠。說文曰鄠縣有扈谷甘亭。輿地記、今京兆鄠縣有甘水、出南山甘谷、北入渭。旹秋魯莊公會亝侯于扈。杜氏曰鄭地、在滎陽卷縣西北、今爲鄭州原武縣。假借之用二。傳曰九扈爲九農正、扈民無淫者也。楚辭曰扈江離與辟芷。王逸曰扈披也。朱子曰被也。按此與扈民之義同、扈離芷、言襲藏之也。九扈、本桑雇之類、亦作雇。詩云交交桑扈。

邽

邽古畦切。漢隴西有上邽縣，今爲秦州天水縣。漢京兆弘農有下邽縣，今爲華州下邽縣。說者謂秦武公伐邽戎，與其人亐下邽，邑有上邽，故名下邽。

郝

郝呼各切。說文曰又扶風鄠縣盩厔鄉，今爲鳳翔府盩厔縣。

郟

郟工洽切。傳曰成王定鼎亐郟鄏。說文曰河南縣直城門官陌地也。今爲河南府河南縣。旹秋楚公子囗城郟，葬郟敖亐郟。杜氏曰屬襄城，今爲穎昌府郟縣。

鄏

鄏儒曲切。說具郟下。

鄆

鄆王問切。旹秋傳，文公十二秊城諸及鄆。杜氏曰莒魯所爭者，城陽姑幕縣南有員亭，員即鄆也。輿地記曰今密州諸城縣，古諸鄆地也。成公九秊，楚公子嬰亝伐莒，莒潰，楚遂入鄆。杜氏曰莒別邑也。十六秊，晉人執季孫行父，公還待亐鄆。杜氏曰魯西邑，東郡廩丘縣東有鄆城，今爲濮州鄆城縣。襄公十二秊，莒人伐我東鄙，囗台，季孫宿救台，遂入鄆。昭公元秊，魯取鄆，趙孟曰莒魯爭鄆爲日久矣。叔弓帥師畺鄆田。昭公二十六秊，至自

亝，居亐鄆。按，春秋有二鄆，莒在魯東，莒魯所爭東鄆也，公待亐鄆者西鄆也。文公城諸及鄆，不聞與莒爭，及成公旹楚伐莒入鄆，則鄆自爲莒邑，亦不聞夏取諸魯也。文公所城即西鄆亐。

邶　鄘

邶補妹切。鄘余封切。國風邶鄘衛。鄭氏曰商受畿内地名，屬古冀州。受都之北曰邶，南曰鄘，東曰衛。說文曰邶故商邑，自河内韓歌邑北是也。舅曰受伦北里之舞、記所謂桑間濮上之音，蓋其地也。受與⑥河北，故所都曰北，亦曰妹土，當單伦北。後人夏加邑爲邶，別伦鄁。按，亝

與晏子邯殿、其鄙六十、葢兩邯也。

邯 胡目胡安二切。鄲、都寒切。邯鄲、晉邑、今爲磁州邯鄲縣。

鄔 烏古切、傳曰王取鄔劉之田于鄭。杜氏曰在河南緱氏縣西南有鄔聚。今爲河南偃師、永安二縣。又魏獻子分羊舌氏之田以爲三縣、司馬彌牟爲鄔大夫。說文曰太原縣。今汾州介休縣有故鄔縣。

祁 巨叉切、晉大夫祁奚食邑、今爲太原祁縣。詩云被之祁祁。毛氏曰舒遲也。又曰采蘩祁祁。毛氏曰衆多也。曰諸娣从之、祁祁如云。毛氏曰徐靚也。曰瞻彼中原、其祁孔有。毛氏曰大也。

鄴 魚劫切、今相州臨漳縣。

鄗 口交呼各二切、𠂇氏傳、齊國夏伐晉、取鄗。漢光武受命即位於此、改爲高邑、今爲趙州高邑縣。傳又曰晉師在敖鄗之間。杜氏曰二山在滎陽縣西北。陸氏曰苦交切。亦作磝碻。

郢 以整切、楚所都⑦、今爲江陵府江陵縣。子西與郢於都⑧、楚考烈王自陳徙壽春亦命曰郢。或作郢。

鄢 於幰切、又乎鄢。春秋、鄭伯克段于鄢。杜氏曰今潁川鄢陵縣。漢陳畱有傿縣。應劭曰鄭伯克段于鄢是也、潁川有鄢陵縣。

又晉楚戰于鄢陵。杜氏曰屬潁川。今東京開封府有鄢陵縣。輿地記曰戰國謂之安陵。又莒亦有鄢陵。魯公孫敖逆婦于莒、及鄢陵、登城見之、美。又按𠂇氏傳、靈王沿夏將入鄢。今襄州宜城縣。輿地記曰楚之別都也、即鄀國、楚滅之、昭王與焉、後復還郢、故謂鄢郢。漢志作傿。

鄂 五各切、傳曰翼九宗五正、逆晉侯于

鄖

隨。內諸鄂、晉人謂之鄂侯。杜氏曰晉別邑、不知其处。輿地記曰今鄂州武昌、楚之東鄂也。漢爲江夏鄂縣。孫權改爲武昌。鄧州南陽有漢之西鄂。詩云鄂不韡韡。鄭氏曰鄂不、鄂足也。

鄖 羽分切。傳曰鄖人軍於蒲騷。杜氏曰江夏雲杜縣東南有鄖城。又作䢵。傳曰鬥伯比淫於䢵子之女、生子文焉。䢵夫人使弃諸夢中。陸氏曰䢵本作鄖。後爲楚所滅、今爲夏州沔陽縣。又均州亦有鄖鄉縣、本錫縣、晉太康改此名。說文曰漢南之國。漢中有鄖關。傳又曰衛大叔疾死於巢、殯於鄖。魯哀公會衛侯于鄖。杜氏曰鄖、發陽也。季系曰發陽之後、衛石雅鞈半耳。

郈

郈 胡口切。魯邑。在今東平須城縣。

鄄

鄄 吉縣切。衛地。今爲濮州鄄城縣。

郫

郫 婢支切。春秋傳、趙孟使殺公子樂于郫。杜氏曰晉地。齊侯伐晉、⑨戍郫邵。杜氏曰晉邑也。今成都府有郫縣。說文曰郫、蜀縣。

邵

邵 實照切。說文曰晉邑也。又見郫下。或曰爲周召之召、非。

那

那 諸舍諸何二切。左氏傳、楚武王克權、與權於那处。杜氏曰楚地。南郡編縣東南有那口城。說文曰西夷國。安定有朝那縣。詩云王在在鎬、有那其居。鄭氏曰安皃也。雅曰不戢不難、受福不那。頌曰猗與那與、置我鞉鼓。毛氏曰那、多也。又俗爲問辭、如何奈何之合言也。華元曰弃甲則那。又諸个切。與柰通。

酅

酅 戶圭切。春秋紀季以酅入于齊。杜氏曰在齊國東安平縣。陸氏曰本又作巂。又齊人侵魯西鄙、僖公追齊師至酅、弗及。杜氏曰濟北穀城縣西有地名酅下。⑩

又晉楚戰亐城濮，楚師背酅而舍。杜氏曰：酅、丘陵險阻名。按、酅必山、或地名。

郱

郱蒲丁切、春秋、齊師與紀郱鄑郚。杜氏曰：郱在東莞臨朐縣東南。

鄑

鄑子斷切。杜氏曰：北海都昌縣西有訾城。左氏傳、公敗宋師亐鄑。杜氏曰：魯地。

郚

郚五姑切。杜氏曰：在朱虛縣東南。漢志、東海郡有郚鄉縣。

六書故弟二十六　廿三

郲

郲洛哀切、春秋、魯隱公會鄭伯亐旹來。杜氏曰：鄭地也。左氏傳、衛獻公出奔，齊人吕郲寄衛侯。杜氏曰：齊所滅郲國。類篇曰在滎陽縣東。

邪

邪吕遮切，郎邪、齊山、今沂密州、古郎邪郡。別作琊。俗為詞助，與乎二聲之引也。或譌為耶，非。司馬貞曰：耶音邪，譌也久矣。又為邪揄。俗作揶。又俗為邪正之邪，與衺通，佀遮切。又音徐。詩云其虛其邪。邪猶徐也。

郪

郪千私切、春秋、公子遂及齊侯盟亐郪。杜氏曰：齊地。說文曰：新郪，汝南縣。應劭曰：秦伐魏，取郪丘，漢興為新郪。按、戰國策魏已有新郪，今梓州有郪縣。

鄣

鄣諸良切、春秋、齊人降鄣。杜氏曰：紀附庸國，東平無鹽縣東北有鄣城。又齊伐莒，莒子奔紀鄣。杜氏曰：莒邑，東海贛榆縣東北有紀城。秦立鄣郡、江南池歙宣

六書故弟二十六　廿四

太平廣悳湖潤皆屬鄣。⑪輿地記、湖之安吉烏程、故鄣縣也。漢志、丹陽郡有故鄣縣、輿地記佀非。

郎

郎魯當切、春秋傳、魯費伯帥師城郎。杜氏曰：高平方與縣東南有郁郎亭。漢承秦制、宿衛之士曰郎，有中郎、中外郎。

郠

郠古杏切、左氏傳、季平子伐莒、取郠。

鄎

鄎相卽切、左氏傳、魯會吳伐齊師亐鄎。

鄎 說文、姬姓之國、在淮北、今汝南新鄎。按、淮北新息之息止當單作息、鄎乃亝地。

郗 丑脂切。說文、周邑也、在河内。杜氏曰、在河内野王縣西南郗城、是。

鄍 莫經切、𠂇氏傳、晉矦假道於虞、曰冀爲不道、伐鄍三門。杜氏曰、虞邑。又晉郤克伐亝、魯成公會晉師亏上鄍。杜氏曰、地名、闕。

鄐 丑六切、𠂇氏傳、晉邢矦與雝子爭鄐田。

鄇 胡冓切、𠂇氏傳、晉郤至與周爭鄇田。杜氏曰、温別邑、河内褱縣西南有鄇人亭。

邲 毗必切、春秋、晉楚戰亏邲。邲在今鄭州管城縣。

鄢 於幰切、戰國屬魏、今爲潁昌府鄢城縣。

郔 弋然切、𠂇氏傳、晉矦伐鄭及郔。又曰楚子北師至亏郔。杜氏曰、鄭北地。

鄤 莫干無販二切、左氏傳、諸矦侵鄭、鄭人禦之、覆諸鄤。杜氏曰、鄭地。

鄬 亏軌切、春秋、諸矦會亏鄬。杜氏曰、鄭地。

鄵 七報千消二切、春秋、鄭伯髡頑卒亏鄵。杜氏曰、鄭地。

鄟 朱遄切、又辻官、市沇二切。春秋、魯取鄟。杜氏曰、附庸國。傳曰、晉矦伐鄭、門亏鄟門。又晉師盟衛矦于鄟澤。

邙 莫郎切。說文曰、河南洛陽北山上邑。

郅 之日切。說文曰、北地郁郅縣。按、漢有郅惲、呂郅爲姓、單亏有郅支。司馬相如曰、文王改制、爰周郅隆。

郥 古後切、𠂇氏傳、亝矦衛矦會亏𤕺葭、

實鄍氏。杜氏曰高平巨野縣西南有鄍亭，今爲濟州巨野縣。又楚子之在蔡也，鄍陽封人之女奔之。杜曰蔡邑。

鄾 於求切。傳曰鄧南鄙鄾人。杜氏曰在鄧縣南沔水之北。

鄳 毋杏切。又作肯。漢志江夏有鄳縣。

郴 丑林切。項羽延義帝長沙都郴。今郴州郴桂陽宜章縣。

鄮 莫公、莫增二切。春秋傳公孫會自鄮出奔宋。

鄻 削勉切。左氏傳周王子趙車入于鄻㠯叛。

鄋 所鳩切。左氏傳長狄鄋瞞氏。

郁 於六切。漢志又扶風有郁夷縣，膠東有郁秩縣。說文曰有戫。按，有之爲戫疑。借爲文采郁郁之郁。語曰周監於二代，郁郁乎文哉。亦作彧。又爲馥郁芬郁。又作馧。

邡 府良切。漢高帝封雍齒什邡侯，漢屬廣漢，今爲漢州什邡縣。

酃 郎丁切。漢長沙有酃縣，今爲衡州衡陽縣，有酃湖，其水爲酒而美，晉武帝于吳始薦酃酒。今人言醽醁，當作酃綠。

鄃 容朱切。漢清河有鄃縣，今悳州于原縣。

鄚 末各切。漢涿郡有鄚縣，今莫州任丘縣。

邗 河干切。左氏傳吳城邗，溝通江淮。杜氏曰於邗江築城穿溝，東北通射陽湖，西北至末口入淮。按，今揚州漕河出其中，所謂邗溝也，吳始穿之，通于江淮。

鄍 鄞 酈 邧 邴 酆

鄍莫偋切。漢鄍縣。輿地記曰今爲明州鄞、弄乚、慈溪、昌國縣。

鄞負斤切。今明州鄞縣。輿地記、今弄乚、象山、昌國本鄞縣地。

酈力知切。旾秋、魯公子叒敗莒師于酈。杜氏曰魯地。又郎擊切。漢南陽有酈縣、今爲鄧州内鄉縣。

邧愚袁、顧晚二切。旾秋傳、晉侯伐秦、口邧。

邴彼丙切、又厷敽。說文、宋下邑。按、旾秋傳竝有邴歜、邴意茲。

酆芳忠切。傳曰畢原酆郇、文之昭也。說文曰文王所都、在京兆杜陵西南、今長安縣。杜氏曰酆國在始平鄠縣東。按、文王作豐、在豐水之上、乃單作豐。如杜氏說、鄠去京周甚近、恐亦非叔國之地。旾秋傳、康有酆宮之朝、卽文王之豐、不當从邑、又見豐下。

酁 邥 邛

酁仕咸切。說文曰宋地。左氏傳、宋皇麇奪其兄酁般之邑。

邥式荏切。旾秋、周甘歜敗戎于邥垂。杜氏曰周地、河南新城縣北有垂亭。

邛渠容切。詩云邛有旨苕。毛氏曰丘也。說文曰邛在濟陰縣。俗作邛、非。又曰我眡謀猶、亦孔之邛。毛氏曰病也。按、蜀有臨邛、今爲邛州臨邛縣、產

鄯 䣕 鄨 郻 邔 鄡

竹可爲丈、謂之邛丈。別作筇。類篇曰筇、竹名也、誤矣。

鄯昔戰切。漢西域有鄯善國。

䣕莫亞切。漢犍爲郡屬䣕縣名。

鄨必削切。漢牂柯縣名。

郻苦幺切。漢鉅鹿縣名。

邔其已切。漢南郡縣名。

鄡牽遥切。漢豫章縣名。

邦

甫扶切、漢鄜邪縣名。

鄭

因連切。說文曰地名。

邑之疑

鄜

甫無切。說文屮馮翊縣。亦作鄜。按、麃與鹿谷觳皆不龤。

囡

女洽切、又女聶切。說文曰下取物縮藏之讀若聶。

口之龤觳

圜

于權切、規圜也。周官有圜土。別作。說文、圜、天體也。圓、圜全也。

團

度官切、圜椈也。古單作專、亦通作摶。周禮曰其民專而長。考工記曰摶身而鴻。今人謂之突欒、欒突之合爲團。

國

古或切、王侯之所都也。又作䦵、从土、又說見邦下。

囿

延救切、苑有周垣也。、籒文象形。

園

羽元切、場有樊墉也。

圃

補雨切、鄭康成曰果蓏曰圃、菜茹曰園、艸木禽獸曰囿。按、三者圃爲大。

圈

起權切、揉木爲圈器也。記曰毋沒而杯圈不能飲、口澤存焉耳。又作棬。告子曰吕杞柳爲杯棬。又群宛切、畜獸閑也。

囹

郎丁切。

圄

負𦆘切。鄭康成曰囹圄、所吕禁守繫者、若今別獄。說文曰囹、獄也。圄、守之也。伺謂囹

有囪霝、若今㪊繫罪囚之檻圄、加固焉。傳曰圄伯嬴於轑陽而殺之。

固

古慕切、周口不通也。引之則固閉不通者皆曰固。語曰殀固也。傳曰僞固而授之末。又引之爲堅牢之義、殀之牢不可忝者曰固殀。別作痁痼。鑠金吕周固器物亦曰固。別作錮。

囷 圚 舍 舒

㘝迂本切、囷類織竹規㠯貯穀也。又作篅、說文曰篅、篅也。

圚親盈切、圊廁也。

舍始夜始據二切、行所止舍也。古者十里有廬、廬有飲食。三十里有宿、宿有路室、路室有委。五十里有市、市有候館、候館有積、皆行者所舍也。舍有委積、行李之貲必有

垣牆、故从口、余聲。說文曰市居曰舍、从亼、屮象屋也、口象築也。按、古鍾鼎文凡余皆單作余、舍益余聲。因止舍之義而為寘舍、上聲。別作捨。禮有舍奠舍菜。周禮曰舍萌于三方其義一也。行者止舍則隋載弛儋、故舍有縱舍之義。又梔隻切、與釋通。

舍之龤聲

舒傷魚切。說文曰申也、从舍从予、予亦聲。一說舒緩也。按、書

圖 壼 因 圉

傳舒為徐緩、與紓義相近。又作徐。

口之疑

圖同都切。說文曰畫計難也、从口从啚、啚難意也。按、書傳从口、言崩回圖度也。書曰惟冡永圖。又曰圖功、圖事、圖厥政。詩云是究是圖。又曰弗慮弗圖。因之為圖畫。書云伻來㠯圖及獻卜。易曰河出圖。

壼苦本切。說文曰宮中道也、从口、象宮垣道上之形。詩云室家之壼。爾雅曰宮中衖也。鄭氏曰猶閫也。

因於眞切。說文曰就也、又作捆、說文亦曰就也。按、書傳所用為因循因仍、因其故之謂也。因之為昏因之因、與婣通。

圉魚舉切。說文曰囹圄、所㠯拘罪人、从㚔从口。一曰圉垂也。一曰圉人掌馬者。周官圉師掌教圉人養馬、圉人良馬匹

一人。傳曰馬布圉、牛布牧[13]。偁曰此卽圉字也。賈誼書曰安圉扞敵之臣。

倉

倉七岡切、穀藏也。說文曰从食省、口象倉形。仺、奇字。

六書故弟二十六

匚　區

六書故弟二十七

永嘉戴　侗著　　西蜀李鼎元校刊

工事三

匚器之爲方者也、取象於巨、匚省文。說文曰匚受物之器、象形。匚、籒文。孫氏府良切。按、曲可受物、匚形側、非受盛之器。

匚之會意

區豈俱切。說文曰踦區、藏匿也、从品在匚中。品、衆也。按、書傳之

用區之義爲區分。子夏曰區以別矣。从匚而三區之也、非从匚。故爲區域、區落。書云用肇造我區夏。揚雄傳曰有宅一區。氾勝之爲區種、法皆由此義而引之也。故言褊小者曰區區。傳曰宋國區區。僭爲踦區之區、今作崎嶇。又烏溝切、量名。傳曰亝舊三量、豆區釜鍾、三升爲豆、三豆爲區。

匠　医　曲　匡

匠疾亮切、攻木之工也。伯曰从工从斤。

医於計切、說文曰盛弓矢器也、引亝語曰兵不解医。說文从匚。按、劉原父曰張中医銅器、有蓋、識文作𠥾、正从匚。

匚之轉注

𠙽丘玉切、說文曰象器曲受之形。𠃊、古文。又作𠤷。說文曰𠤷、骫曲也。按、此本曲直之曲、生義

於巨、从玉者、又龤以玉聲也。曲能有容、故爲受物之器、爲曲薄之曲。月令季春具曲植筥匚。漢書曰織薄曲。康成曰曲、薄也。許氏曰葦薄爲曲也、蓋所以盛蠶。別作苗笛。樂聲之一兵、詘如也、故謂之樂曲。漢書吹洞簫、自度曲。

匚之龤聲

匩匡匤去王切、受盛方器也。詩曰弓以盛

㔯　匪　匰　匱

之、維匡及筥。毛氏曰方曰匡、圜曰筥。易曰女承匡。詩云承匡是叔。別作筐。因之爲匡且②匡輔。書曰臣下不匡其刑墨。又曰尚賴匡救之悳。又曰匡其不及。

㔯苦劦切、藏衣笥也。別作篋。

匪非尾切、匡類也。別作篚、說文曰車笭也。按、說文侣吕爲箱。匡匪如今所謂箱、皆吕弆器幣相授受、㔯笥則有盇吕藏、僭義之用、匪與非同。

匰都寒切、周官司巫祭祀共匰主。說文曰宗庿藏主器也。

匱求位切、藏器也。說文、匱、匣也。匣、匱也。匵、亦匱也。別作櫃鐀。按、今通吕藏器之大者爲匱、次爲匣、小爲匵。語曰虎兕出於柙、龜玉毀於櫝中。匱之僭義爲匱竭。詩云孝子不匱。傳曰勤則不匱。

匣　匵　匭　匴　匯　匳　匶　匸　匿

匣胡甲切、藏器也。亦作柙③。㭘作乂、說文曰㭘、劒柙也。

匵徒谷切、盛器也。亦作櫝。說文又曰大梡也。

匭居洧切、匱也。

匴穌管切、士冠禮、爵弁、皮弁、緇布冠各一匴。康成曰古文作篹。說文曰盝盛米器也。

匯胡罪切、說文曰器也。書曰東匯澤於彭蠡。孔氏曰回也。

匳力鹽切。顧埜王曰盛香器也。別作奩籢。說文曰籢、鏡籢也。

匶匛巨救切、棺有尸曰匛。記曰在牀曰尸、在棺曰匛。別作柩。

匸說文曰衺徯、有所俠藏也、从乚、上有一覆之、讀與徯同。乚、匿也、象迟曲隱蔽形、讀若隱。按、乚未成字、疑④乚即匸也。

匸之龤聲

匿女力切、隱藏也。

匽　㔷　匹

匽於蹇切、隱曲也。周禮曰爲其井匽。康成曰匽豬、霤下地。傳曰規匽豬。

匸之疑

㔷虛偃切、說文曰側逃也、从匸、丙聲。曰笴屬。徐鉉曰丙非聲、當从内、疑傳寫之誤。

匹普吉切、說文曰三丈也。从八匸、八揲一匹、八亦聲。按、帇帛二丈爲端、兩端爲匹、故引之爲匹配爲匹敵。

車　軎

車𨏖斤於、昌遮二切、人所載也、象兩輪、輈軸之形。車、省文。

車之象形

軎于歲切、杜林曰車軸端也、象形。又作轊。史記、亝田單令宗人盡斷其車軸末而傅鐵籠、安平城壞、亝人走爭塗、㠯轊折車敗。徐廣曰軸頭也。又作轊。

軎之會意

毄

毄吉歷切、車軎相毄也。凡車並驅則軎好相毄、所謂轂毄也。又作轚、說文曰車轄相擊也。

車之指事會意

輦

輦力展切、車用人挽者也、从二夫輓車、扶⑤亦聲。周官、巾車曰輦車、組輓。康成曰爲輇輪、人輓之㠯行。傳曰南宮萬㠯乘車輦其母。

軍　轟　連

軍舉云切、包車爲軍、營陳之義也。周官、萬二千五百人爲軍。

轟呼宏切、衆車聲也。別作輷。

車之會意

連力延切、車行相聯也。鄭衆仲曰又力展切。易、往蹇來連。陸氏力善切。王氏曰往來皆難也。馬氏曰難也。鄭氏如字、遲久之意、今人亦有連蹇之言。按、易徃蹇來連、當作實也、徃則蹇、來則連、連非蹇難也。

輿

車之龤聲

輿以諸切、車中人所載也、匡而三合者曰軫、軫加於轐、轐加於軸、前有式有軓、少又有輢有較有軹有轛。考工記曰輿人爲車、輪崇車廣衡長叁如一。輪崇六尺有六寸、輿之廣亦如之、古所謂六尺輿也。乘車者

士大夫也、晉文公聽輿人之誦、采士大夫之衆論也、故輿有衆義。易曰師或輿尸、凶。又从舁軫、非。又去聲。詩云吁嗟乎、不承權輿。爾雅曰權輿、始也。疏曰權輿者、天地之始也、天圜而地方、因名云。舅駟曰權、度之始也、輿、車之始也。按、權輿之義蓋闕、衆說皆未安。

軫

軫章忍切、輿三面木匡合成輿者也。說文曰車後橫木也。鄭康成說同。考工記曰軫之方也、以象地

也。又曰六尺六寸之輪、軹崇三尺有三寸、加⑥軫與轐焉、三尺也。康成曰軫、輿也。又曰輪人爲蓋、弓長六尺謂之庇軹、五尺謂之庇輪、三尺謂之庇軫。又曰五分其軫閒、以其一爲之軸口。按、軫乃輿三面木、獨以爲輿後橫木者誤也。使軫獨爲輿後橫木、則不旻言方以象地、且軫之兩旁木加於轐、轐加於軸、故曰加軫與轐爲三尺、若輿後橫木、安能加轐軸之上乎、且庇軫庇輿庇軹皆指少又兩旁而言、非指輿後明矣。況

記言五分其軫閒、以其一爲之軸口、康成曰軸口一尺三寸五分寸之一、蓋軫少又兩閒六尺六寸也、若獨爲輿後木、則不旻言閒矣、康成於軫口旣謂之車後橫木、於加軫與轐則又通謂之輿、蓋其說不通、故不免於自變也。康成之誤由不察任正衡任之名、以任正爲輿下三面才持車正者、故獨以軫爲輿後橫木也。考工所記輪人之事、專言輪轂輻蚤之法度、輈人之事、專言輈轅軸之法度、輿人之事則言輿軫軾較之法度、初不相參、蓋所謂任正者、輈也、衡任者、軸也。任正者、十分其輈之長、以其一爲之口、即所謂十分其輈之長、以其一爲當⑦兔之口者也。衡任者、五分其長、以其

軾

一爲之口、卿所謂㐅分其軫閒、㠯其一爲之軸口者也。輈與軸皆任輿者也、故謂之任木、安⑧文於輈人之事而論爲輿三面之度者乎。俗其聲爲軫轉之軫、琴下轉絃者因謂之軫。別作轃。

輢謖職切、輿旁所馮也。古單作式。考工記曰參分車廣、厺一㠯爲隧、參分其隧、一在歬、二在後、㠯揉其式、㠯其廣之半爲之式崇。康成曰兵車之式、深尺四寸三分寸之二、高三尺二寸。

較

較訖岳切、考工記曰㠯其隧之半爲之較崇。又曰六分其廣、㠯其一爲之軫口、參分軫口、厺一㠯爲式口、參分式口、厺一㠯爲較口。康成曰兩輢上出式者、兵車自較而下凡㐅尺㐅寸、故書較爲榷。杜子書云當爲較。疏曰較、車輿兩⑨相、今人謂之亏耳、較之兩端皆置輢上。按、式崇三尺三寸、較崇二尺二寸、鄭氏謂自較而下㐅尺㐅寸、則較又出於式上也。詩曰猗重較兮。亦作較。說文曰較、車輢上曲銅也、⑩文聲。徐廣曰較在箱上。通俗文曰車箱爲較。俗爲較競之較、與角通。孟子曰魯人獵較、孔子亦獵較。又居效切、比較也、與校通。

轛

轛都内切、又朱衛切、考工記曰參分較口、厺一㠯爲軹口、參分軹口、厺一㠯爲轛口。鄭司農曰轛、讀如繫綴之綴、謂車輿軨立⑪者也、立者爲轛、横者爲軹。書轛或作軨。康成曰轛、式之植者、衡者也、謂轛者㠯其鄉人爲名。說文曰車横軨也。

軨

軨郎丁切、記曰君車已駕、則僕展軨。說文曰車轖閒横木也、司馬相如說或作𨏥。盧氏曰車轖頭靼也、舊云車闌也。按、轖頭靼之說非。楚辭曰倚結軨兮長太息。朱子曰軾下从横木。

輢

輢於綺切。說文曰車旁也。

轖

轖殺測切。說文曰籍交錯也。

輒

輒陟枼切。說文曰車兩輢也。俗爲專輒之輒。

輪

輪力屯切、車所任㠯轉也。考工記曰凡察

轂　輻　轒

車之道、必自載於地者始、是故察車自輪始。乘車兵車之輪皆六尺有六寸、田車之輪六尺有三寸。中爲轂、外爲身、三十輻直指轂、身之中、輪既成、毌之以軸、加軫與轐、馬、輿所載也。所謂衡任者也。加輈、馬後以承輿、身以駕馬、所謂任正者也。

轂古祿切、輪之中爲轂、空其中、軸所毌也、三十軸湊其外。蔡邕曰重轂者、轂外復有一轂、抱轄其外、乃設轄抱銅置其中。東京賦曰重輪貳轄、疏轂飛軨。⑫

輻方六切、輪中木上湊於轂、下植於身者也。又作輹。周易小畜之九三曰、輿說輻。大畜之九二曰、輿說輹。大壯之九三曰、壯于大輿之輹。說文曰輻、輪轑也。輹、車軸縛也。按、易說輻一作輹、一作輹。

轒憐揣切、輻也、益弓亦謂之轒。

輞　轄　軑　軝　輴

輞文紡切、身也。

轄下瞎切、又作舝。詩云載脂載舝。陸氏曰軸頭金也。又曰閒關車之舝兮。傳曰巾車脂轄。說文曰車聲也、非。一曰鍵也。又作鎋。漢陳遵飲客、輒取客車轄、投井中。士喪禮主人乘惡車木錧。鄭氏曰今文作鎋。按、轄即錧、錧猶管也、轂空裏之以金如管也。管轄之義取此。車行必脂其轄、以利轉也。史記曰豨膏棘軸、所以爲滑也。軸轄相切有聲、故曰閒關車之舝。

軑殖計切、說文曰車輨也。楚辭曰齊玉軑而並馳。朱子曰轂內之金也。一曰轄也、一說韓魏謂輪軑。

軝渠支切、詩云約軝錯衡。毛氏曰長轂之軝也、朱而約之。說文曰或作𨋩。

輴丑倫切、記曰君大夫葬用輴。鄭氏曰當爲輇、或作

輲　軨

圉。又曰天子龍輴而槨幬、諸侯輴而設幬。或作輇。說文、輇、車約輇也、引周禮孤乘夏輇、此吕篆爲輇也。又曰下棺車也。此吕輴爲輇也。

輲、記曰大夫之喪、載吕輲車。鄭氏曰讀爲輇、或作槫、引說文無輻曰輇。周官又有蜃車、天子載匛。蜃輇聲相近、其制同乎輇、崇葢半乘車之輪。孫氏市緣切。

軨、敕倫淳沿二切。說文曰蕃車下庳輪也。又曰有輻曰輪、無輻曰軨、讀若饌。孫氏與輲爲一字。禹曰予乘三載。孔安國曰泥乘輴。淮南子曰泥之用輴。尸子曰行塗吕輴。史記曰泥行乘橇。河渠書曰泥行蹈毳。

軜　軸

孟康曰橇形如箕、擿行泥上。按、樏行泥上、非公侯之載毳、橇與輴聲相近、作輴者是。輴輇橇特一字、輴不設輻、利吕行泥、故澤行用輴也。

軜、說文曰喪車也。孫氏如之切。別作輭輀。按、輲輭輀一字之譌、輴輲輇一聲之轉、其實一字也、葢輪之無輻者也、載重之車三輪而庳、故不設輻。

軸直六切、車衡任持輪者也。考工記曰衡任者、五分其長、吕其一爲之□、小於度謂之無任、五分其軫閒、吕其一爲之軸□、軫

軹

閒六尺六寸、軸□一尺三寸五分寸之一。說文曰由聲。徐鍇曰當从胄省聲。按、妯里之妯、說文亦曰由聲、迪笛皆吕由爲聲、由之本義雖不可知、然迪亦有迮谷之音。詩云弗求弗迪、是顧是复。迪與复劦、又笛亦作⑬篴、吕逐爲聲、葢古實吕由爲聲、徐氏之說非也、雖改爲胄、其聲猶不劦。引之則凡杼軸之類皆曰軸。小雅杼軸用橘柚之柚、非。

軹掌氏切、考工記曰六尺有六寸之輪、軹崇三尺有三寸。鄭司農曰軎也。康成曰轂末也。曰輪人爲

輪、五分其轂之長、厺一吕爲賢、厺三吕爲軹。鄭司農曰賢大穿。軹、小穿也。康成曰凡大小穿皆謂金也。又曰葢弓長六尺謂之庇軹。康成曰轂末也、輿廣六尺六寸、兩轂併六尺三寸、旁減軌內七寸、則兩軹之廣凡一丈一尺六寸也。又輿人爲車、參分較□、厺一吕爲軹□。康成曰輢之植者衡者也。按、考工記有兩軹、其一爲輪人之事、其一爲輿人之事、康成吕爲轂末、又吕爲小穿、又吕爲輢之植者衡者、不應一名而三物。其實軹者、軸兩端之名、杜子春謂之轊、鄭司農謂之

軌

軎。軎卽轊也、此說近之。軸端必出於轂、軹疑所㠯限轂之脫軸、當輪中、故其崇半於輪、軹在轂外、故盇弓之最廣者㡳軹。康成謂賢爲太穿、軹爲小穿、大穿徑八寸餘、小穿徑四寸有餘、軸在轂中者未銳本大、恐不利於轉、且有脫軸之患矣、況亙分軫間、厺一㠯爲軸口、軸徑才三寸餘、而大穿乃八寸餘、亦不相當、未可曉。輿人之軹、恐他字之譌、不應車而名物貫亂也。

軌　矩有矩洧二切、記曰車同軌。考工記曰涂度㠯軌。康成曰軌謂轍廣、乘車六尺六寸、旁加七寸、轍廣凡八尺、旁加

七寸者、輻內二寸半、輻廣三寸半、綆三分寸之二、金轄之閒三分寸之一。詩云濟盈不濡軌、雉鳴求其牡。毛氏曰由輈㠯上爲軌。陸氏曰舊龜美切、謂車轊頭也、依毛氏傳意宜音犯。朱子曰軌、居美切、劦居有切、車轍也。記曰在車則𠂇執鑾、又受爵、祭𠂇又軌范。康成曰大馭祭兩軹、祭軌。軌與軹同、謂轊頭也、軌與范同軾前也。按、軌九聲、於詩軌與牡劦、朱子已旻其音、但㠯軌爲車轍、則有瀰濟盈不應不能不濡轍、此毛氏之所㠯與就其說、而陸氏又欲與就其音也。其實軌乃轂當身中契於轂者、轊頭之說近之而非也、軌正當八尺之中、若轊則在轂末、不止於八尺矣。古之爲涂者度之㠯軌、涂必同軌、然後車無所不通、故王道之行、則天下之車同軌、八尺爲軌、不可損益之制也、故因之而爲軌度軌量之義。八尺爲軌、輿廣六尺六寸、兩旁各餘七寸㠯容轂也。

轐

轐　步木切、又音木。考工記曰六尺有六寸之輪、軹崇三尺有三寸、加軫與轐焉、三尺也。

鄭司農曰讀如旃僕之僕、謂伏兔也。康成曰軫與轐并七寸、軸圜故加轐使平㠯安、軫狀如伏兔也、轐猶幞也。

輈

輈　張流切、車任正長木、後承輿、前加於衡者也。考工記曰凡任木任正者十分其輈之長、㠯其一爲之□、十分其輈之長、㠯其一爲之當兔之□。康成曰輈當伏兔者。參分其兔□、厺一㠯爲頸□。康成曰頸前持衡者。五分其頸□、厺

軓

一吕爲踵囗。康成曰：踵、後承軫者。國馬之輈、深三尺有七寸。田馬之輈、深三尺。駑馬之輈、深三尺有三寸。⑮軓歬十尺而策半之。康成曰：輈、軓歬十尺、與隧三尺三寸、凡丈⑯三尺三寸。凡輈自軓吕歬弧曲穹隆而句於衡、其狀如梁、故詩云五楘梁輈也。國馬八尺、兵車、乘車軹崇三尺三寸、輈深三尺七寸、衡高八尺七寸、除馬之高、餘七寸爲衡頸之閒。

軓夂汎切、考工記曰：軓歬十尺而策半之。亦伦軓。鄭司農曰：軓謂軾歬也、書或伦軋。康成曰：軓、法也、謂輿下三面之才。又曰：自伏兔不至軓七寸、軓中有灂謂之國輈。康成曰：自伏兔至軓、蓋如軾深、軾深一尺三寸三分寸之二。又大馭𠂇執轡、又祭兩軹、祭軓、乃飮。故書軹爲斬、軓爲範。杜子春曰：軓當爲軋、謂車歬軾。說文曰：車軾歬也。按、軓中有灂謂之國輈、軓與輈明非一物、鄭司農軾歬之說是也、康成輿下之說誤矣。

轅

轅亐元切、輈自軓吕歬爲轅。

軶

軶於革切、衡也、轅端設木衡加於兩服、故謂之衡也、耕者吕曲木加於牛項、亦謂之軶。

軥

軥古侯其俱二切、說文曰：軶下曲者。傳曰：弢兩軥而還。杜氏曰：車軶卷者。服虔云：車軶兩邊叉馬頸者。又曰：弢之中楯瓦、由朐汰輈。杜氏曰：朐、軶也。本又伦軥。漢書曰：乘不過軥半。

輗

輗吾雞切、語曰：大車無輗、小車無軏、其何吕行之哉。說文曰：大車轅端持衡者。朱子曰：轅端衡木縛軶吕駕牛者。按、轅端衡不即衡也、輗乃持衡者、大車載重、岐衡、故持衡者與小車不同。別伦棿輗。

軏

軏魚厥切。說文曰：轅端持衡者。孫愐曰：轅端曲木也。朱子曰：曲鉤衡者。

轙

轙語綺切。說文曰：車衡載轡者。或伦钀。

轍

轍直列切、兩輪所蹍迹也。傳曰：周行天下、必皆有車轍馬跡焉。轍、由軌出者也、故轍

輔

亦謂之軌。孟子曰城門之軌，兩馬之力與。通作徹。說文曰軌、車轍也。無轍字。又作蹴。荀子曰繩塵弭蹴。殷敬順曰迹也。輔弄甫切、詩云其車既載、乃棄爾輔。無棄爾輔、員于爾輻。朱子曰若今人縛丈於輻目防輔車。傳曰輔車相依。說文曰輔、頰車。杜氏曰輔頰、輔車、牙車。二說皆非。輔从車、甫聲。目詩考之、維持車者也、故引之爲輔弼輔左之義、厺聲。別作較。兩頰因謂之輔。易

曰咸其輔頰舌。別作䩉。

軜

軜諾荅切、詩云龍盾之合、沃目觼軜。毛氏曰驂內轡也。說文曰驂內轡繫軾前者。未詳。

輅

輅洛故切、說文曰車軨前橫木也、各聲。徐鉉曰各非聲、當从路省。既夕禮賓奉幣當前輅、北面致命。康成曰輅、轅縛所目屬引。周官巾車、王之五路、玉、金、象、革、木、金路而下目叔王后亦五路、孤卿而下皆曰車。

輜

傳曰叔孫豹如周聘、王賜之路、及卒、叔目路葬、南遺謂季孫曰冢卿無路、介卿目葬、不亦少乎。路乃王厎之車、與⑰制不傳。古單作路、後人改从車。又音迓、與迓訝御通用。

輜莊持切、載重車前後屏蔽也。漢書曰君母出則乘輜軿。李百曰君子行不離輜重。說文曰軿車前衣車後也。字林曰載衣物車、前後皆蔽、若今庫車。

軿

軿蒲眠切、又旁經切。說文、輜車也。類篇曰婦人車三面屏蔽者。

軘

軘徒魂切、傳曰使軘車逆之。說文曰兵車也。

輂

輂居玉切、周禮曰作其同徒輂輦。說文曰大車駕馬也。康成曰輂駕馬、輦人輓、所目載任器也。又作暈。說文曰直轅車轒也。又作欙、史記曰山行乘欙。徐廣曰一音橋。按、徐音非。

輣

輣蒲庚切、漢書作輣車鍛矢。說文、兵車也。徐廣曰戰車。

轒

轒符分切、六韜曰攻城則有轒轀臨衝。揚

輼　輬　軺　轏　軒

雄賧曰砖轒輼。說文曰淮陽名車穹隆爲轒車。

輼烏魂切、轒輼、車名。又作輐、見轒下。又輼輬、車名。說見輬下。

輬呂張切、楚辭曰肯輕輬之鍛鍛。史記、始皇崩、祕之、棺載輼輬車中。說文曰臥車也。孟康曰如衣車有窗牖可開闔、故曰輼輬也。

軺丁聊切、又餘招切。說文、小車也。博雅曰柵車也。一說軺車也。

轏仕限切、傳曰丑父寢於轏中。杜元凱曰士車也。林氏曰臥車也。又作輚。古單作棧。詩云有棧之車。毛氏曰役車也。鄭氏曰輂者也。周官、士乘棧車。康成曰不革鞔而桼之。

軒虛言切、車肯高也。傳曰衛懿公好鶴、鶴有乘軒者。又曰歸夫人魚軒。又曰乘軒者三百人。說文曰曲輈藩車也。杜氏曰大夫車也。凡肯高曰軒、肯下曰輊。詩曰戎車既安、如輊如軒。周禮

輊　輶　輕　輈　輤　輁

曰諸侯軒縣、曲縣。三面而虛其肯、如軒也。

輊陟利切、車肯下也。古通作摯。別作轚、說文曰抵也、車肯重也。又作墊轚。

輶夷周切、輕車也。詩云輶車鸞鑣。毛氏曰輕也。又曰悳輶如毛。

輕牽盈切、輕車也。引之爲輕重之通名、又去聲。

輈之由切、喪禮、惢夨一乘、軒輈中。說文字林皆曰重也、康成曰摯也。

輤倉甸切、記曰諸侯行而死於道、其輤有裧、緇布裳帷、素錦㠯爲屋、大夫㠯布爲輤、士輤、葦席㠯爲屋。康成曰輤載匛將殯車飾也、取名於櫬與蒨、讀如蒨旆之蒨。櫬、棺也。蒨、染赤色也。喪葬車飾曰柵輤、象宮室屋、其中小帳覆棺者。

輁陸氏九勇切。既夕禮、輿亏祖用軸。又曰夷牀

輁軸、餧亏函階東。康成曰軸、輁軸也、軸狀如轉轔、刻兩頭爲軹、輁狀如長牀、穿程歬後著金而關軹焉。或作拱。

輯　載　輸　轉　輓

輯秦入切、先人曰合才爲車、咸相旻謂之輯。輯、和合也。借爲輯文之輯、斂也。記曰子有王命、則厺文、國君之命、則輯文。一曰七入切。

載作代切、車載人物也。引之則記載於簡冊者亦曰載。古者㠯季紀事、故季亦謂之載。

載、所載之物爲載、昨代切。詩云載輸爾載。詩云上天之載、無聲無臭。揚雄賦止天之縡、師古曰事也、讀與載同。又爲發語辭。

輸式朱切、頃遂所載也。

轉陟兖切、輪回也。引之爲轉運之轉、厺聲。

輓亾反切、周禮曰輦車組輓。所用㠯挽車者也、與挽通。

軷　轢　輾　轔　軋　軼

軷蒲葛切、又蒲益切、詩云取羝㠯軷。毛氏曰道祭也。周官大馭及犯軷、王自左馭、馭下祝登、受轡、犯軷、遂驅之。聘禮釋軷祭酒脯。康成曰行山曰軷、封土爲山象、㠯菩說文曰艸也。孫氏步乃切。芻棘柏爲神王、既祭、㠯車轢之而厺。說文曰出將有事於道、必先告其神、立壇四通、樹茅㠯依神爲軷、既祭犯軷、轢牲而行。

轢郎敱切、車所陵歷也。別作轣轆。

輾女展切、車輪轉轢也、㠯金石爲輪㠯輾

物者因謂之輾。亦作䡹。又作輾硍橏。又知輦切、與展通。

轔離珍切、車聲也。古單作鄰。詩云有車鄰鄰。又厺聲、轢也。古單作粦。又作轥。

軋乙轄切、載重輾軋有聲也。

軼迭結切、車侵突也。又弋質切。說文曰車相出也。引之爲奔軼。

轠 輠 輥 軻 輟 軔 輩 轆 轤

轠盧回切、車輪輥轢也。揚雄賦曰爲黨所轠轠。

輠古火切、又胡瓦胡筦古本三切、記曰輪人㠯其丈關轂而輠輪。陸悳明曰回也。史記曰炙轂過髡。劉向別錄過作輠、輠者、車之盛膏器也、炙之雖盡、猶有餘流。按、輠、斡旋也、㠯脂澤轂中炙而輠之、則滑而易轉、㠯譬滑稽無滯、與輠輪之輠同、輠非器也。別作輠。

輥古本切、轉之速也。別作輥。

軻丘何切、車逢坎亩也。坎軻亦作轗坷。說文曰軻、接軸車也。坷、坎坷也。又上聲。

輟陟劣切、車停也。說文曰車小缺复合者。徐鉉曰网部罬、別作輟。

軔而振切、礙輪木也、般行則發之。

輩補妹切、車㠯削分爲輩。說文曰軍發車百兩爲一輩。

轆盧谷切。轤、龍都切。井上汲水軸也。古單作鹿盧。

轎

轎渠廟切、亏聲。服虔曰儋輿也。河渠書曰泥行蹈毳、山行即轎。史記作橋。漢書曰越人輿轎而隃領、山谷崎嶇、輪蹄不可柂則用之。高宗駐蹕維揚、㠯塼街滑、許百官乘轎。今自一命㠯上皆轎、非六人八人不可、下隸民庶皆轎而出、上惰而下勞、役徒眾而宂食多、非制也。古通用撟與橋、今爲上下所通用之器、从車爲當。

軖 軵 轘 舟

軖渠王切。說文曰紡車也。一曰一輪車。

軵說文曰反推車、令有所依也、讀若胥。孫氏而隴切。類篇車箱外大木、承重較之才。漢書曰再三發軵。如淳曰推也。淮南子曰內郡軵車而餉。

轘胡卝切、大罪車削也。周官誓馭曰車轘。

舟張流切、易曰刳木爲舟、剡木爲楫、舟楫之利㠯濟不通。古作丞。鄭衆仲曰古者彝㠯盛酒、其下

方

有舟。鄭司農曰尊下臺，若今峕承盤。

舟之象形

方，府良切，又去聲。說文曰并船也，象兩舟省總頭形。詩云就其深矣，方之舟之。鄭氏曰泭也。借爲方圜之方，因之爲方正之方，因之爲三方之方，因之爲方版之方，古者記載書之於方冊，百名已上書於策，不及百名書於方。又借爲

六書故弟二十七　二十七

方叙之方，猶甫也，方甫聲同聲。又借爲比方之方。又借爲方命之方，不受命也。借義多而本義奪，故又加舟爲舫。說文曰舫，船師也，引月令曰舫人習水。又借爲方羊之方，蒲旁切。別作彷徉。

般

舟之會意

般，蒲潘切，旋舟也。舟在水上旋莫易焉，故取類於舟。說文曰辟也，象舟之旋，殳所以旋之也。引之爲般辟之義。記曰主人般辟。又引之爲般游、般樂。孟子曰般樂怠敖。通作盤。今俗又因之爲般移之般，亦逋潘切，又逋還切。

船　舸　艇

舟之諧聲

船，食川切，舟也。俗作舡。

舸，古我切，大舟也。

艇，待鼎切，小舟也。

六書故弟二十七　二十八

艦　舶　䑲　服

艦，戶黯切，舟有屋者也。類篇，戰船三面施版以禦矢，狀如牢。

舶，蒲陌切，海舟能風浪者也。類篇曰蠻夷汎海舟也。

䑲，郎丁切，舟有窗者也。亦作舲。楚辭曰乘舲船余上沅兮。亦通作靈。靈楚辭曰橫大江兮揚靈。

服，弼力、房六二切。說文曰用也。一曰車又騑所以舟旋，从𠬝。一曰事也。⿰舟卜，古文，卜聲。按，服，小舟附大舟者也。引之爲

服馬之服馬之服轅者也。又作犕。又引之爲衣服之服爲弓矢之服矢房也。又作箙鞴。凡言服者皆親附服从之如衣服之在躳故爲柔服服从服事之義又妖鳥名服。賈誼賦單作服、別作鵩。

舠

舠都勞切、輕舟也。又見刀下。

艘

艘穌遭先雕二切、凡舟吕艘數。又作梭。漢志曰船五

百梭。說文曰梭船緫名。

舳

舳直六切、船後持柁處也。說文曰艫也、漢律名船方長爲舳艫。一曰舟尾。

艫

艫郎兮切、船頭也。說文曰舳艫也。一曰船頭。李斐曰舳、船後持柁處。艫、船歬刺櫂處也。

舷

舷胡千切、船旁也。

艤

艤語綺切、整櫂附岸曰艤。又作檥。史記曰烏江亭長檥船待。徐廣曰音儀、一音俄。孟康曰附也。

⿰舟少

⿰舟少楚敎切。類篇、舟不寍也、俗書。

舟之疑

俞

俞羊朱切。說文曰空中木爲舟也、从亼从舟从巜。巜、水也。於經爲應辭之速。記曰男唯女俞。書云帝曰俞。孔氏曰然也。

又人身亦藏六府皆有俞。

朕

朕直禁切。說文曰我也、闕。按、古之君臣皆自稱曰朕、疑卽兆朕之眹。

几

几居履切、古人坐于地、几、坐所馮也。象形。周官司几筵掌五几之名物、玉几雕几彤几桼几。別作机。

几之象形

且

且側吕切、爲牲贠之几也、足有二衡、象其校。又作俎⑱、从半肉。說文曰且、薦也、从几、足有二横、一其下地也。俎、禮俎也、从半肉在且上。鄭氏曰且、薦几也。假借之用多、故俎⑲加半肉吕別之。几

與俎皆有校。士昏禮曰拂几授校。記曰薦豆執校。兩足閒横木也。俗爲辭助、子余切。又俗爲次且之且、次余切。俗作趑趄。按、次且、不進也、从走非。又俗爲苟且之且、七也切。

凭

几之會意

凭皮氷切、倚几也。古通作馮。徐鉉曰人所依馮、几所勝載、故从任。

処

几之龤聲

処昌與切、居也。說文曰从夂得几而止。許氏之說鑿而迂、夂乃聲也。亦作[illegible]、處、虍聲。所処爲處、去聲。

凳

凳丁鄧切、今人謂坐牀曰凳。字林曰牀屬。

六

六居父切、庋閣之器也、象形。說文曰下基也、薦物之六。

奠

六之會意

奠定硯切、又迮徑切、措酒于六上也。古之命㱃者必相授受、其不授者與受而未㱃者、則皆奠之、禮所謂奠㱃、奠酬也、奠幣、奠鴈、皆此義也。引之爲奠定。書云奠高山大川。又曰奠厥攸居。

虡

六之龤聲

虡其呂切、鍾磬之跗也。考工記曰梓人爲筍虡。天下之大獸五、脂者、膏者、臝者、羽者、鱗者。宗廟之事、臝者羽者鱗者㠯爲筍虡。厚脣弇口、出目、短耳、大胷、燿後、大體、短脰、若是者謂之臝屬。恆有力而不能走、其聲大而宏、有力而不能走、則於任重宜、大聲而宏、則於鍾宜、若是者㠯爲鍾虡、是故擊其所縣而由其虡鳴。銳喙、決吻、數目、顅脰、小體、騫腹、若是者謂之羽屬。恆無力而輕、其聲清揚而遠聞、無力而輕、則於任輕宜、其聲清揚而遠聞、則於磬宜、若是者𠀤為磬虡、故擊其所縣而由其虡鳴、小首而長、摶身而鴻、若是者謂之鱗屬、𠀤為筍。詩云虡業維樅。又曰設業設虡。毛氏曰植者為虡、衡者為栒。又佀虡。說文曰虡、鐘鼓之柎也、飾𠀤猛獸、从虍、異象其下足。虡、篆文或佀鐻。按、虡或象贏獸、或象羽屬、記言贏屬有力而不能走、虎豹盆不與焉、从虍無義、虍乃聲也、从六⑳从収、収益象虡之形。

畀羊吏切、度閣殊異之也、畀聲。

異之龤聲

戴昰代切、疑而戴之物上也。說文曰分物昰增益曰戴。𢍏、籀文。又佀𢦟㉑。

六之疑

巽穌困切。說文曰具也、从丌、弜聲。巽、篆文。顨、巽也、从頭、徐氏戀切。士易所謂顨為長女、為風者。按、易巽為八卦之一名、經傳之用其義為巽順、與孫相近。按、巽从六、說文曰具也、疑卽撰具之撰、士戀切。僎為震巽之巽、說文無撰字、詒正義為僎義所奪、後人复加手也、又見手部。堯曰女能庸命、巽朕位。孔氏曰順也。蔡氏曰與遜通。於辭義皆不通。

六書故弟二十七

六書故弟二十八

永嘉戴　侗著　函蜀李鼎元校刊

工事三

瓦

五寡切。覆屋瓦也。象形。

瓦之龤聲

瓬

甫兩切。匋埴之工也。考工記曰瓬人爲盆豆。

甄

居延切。瓬人之爲形體者也。董仲舒曰泥之在均，惟甄者之所爲。俗㠯爲姓，側鄰切。

瓴

郎丁切。牝瓦仰盖者也。仰瓦受覆瓦之流，所謂瓦溝也。史記曰猶居高屋之上建瓴水也。說文①瓮，佀缾也。然說文釋甓爲瓴甓，則瓴非瓮矣。

㼧

徒東切。小牡瓦如筒者也。俗書。

甍

莫耕切。傳曰慶舍爰廟桷動於甍。晉語曰既鎭其甍矣。說文及韋杜二氏皆曰棟也。按，棟不當从瓦，乃緣本文而生此義也。甍盖屋脊，鎭之然後瓦不動，盖佀屋之成事也。

甓

蒲歷切。令甋也。詩云中唐有甓。爾雅曰瓴甋謂之甓。說文曰瓴甓也。鄭氏曰即令甎甋也。按，甓甋實一字。

甎

朱緣切。燒墼用㠯絫甃也。亦作塼。或作甎。

⿰鹿瓦

盧谷切。甎也。

甃

側救切。絫甎石㠯砌甃也。易曰井甃無

咎。脩井也。

瓷

疾資切。類篇曰匋器之堅致者也。或作甆。

瓮

烏貢切。缶之中盎者。古人㠯盛醯醢之屬。又作雝、罋。鄭康成曰其容盎一斛。

甒

网甫切。缶之小者。記曰禮有㠯小爲貴者，門外缶，門內壺，君尊瓦甒。

⿰卑瓦

蒲頻切。說文曰罌謂之⿰卑瓦。

甇

甇丁浪切、說文曰大瓮也。揚雄酒箴曰為甇所轠。師古曰井之甈甇也。

甂

甂卑眠切、又上聲、扁缶也。說文曰佀小瓿、大口而卑、用食。

甔

甔都濫切、史記曰醬千甔。漢書作儋。師古曰一人所儋也、一儋兩甖。曰安儋石之祿。後漢書、宣秉無擔石之儲。上作擔。司馬貞曰都日切。

瓻

瓻丑脂切、缶屬。又作瓵。

甌

甌烏侯切、卽區也。爾雅曰甌瓿謂之瓵②。說文曰小盆也。景純曰甌瓵、小甖也、長沙謂之瓵。今人謂食器大而宛中者曰盌、㠯盛飲、小而深者曰甌、㠯盛𩟄。

甗

甗語蹇切、考工記曰匋人為甗、實二鬴、厚半寸、甑實二鬴、厚半寸、脣寸七穿。鄭司農曰甗無底甑。康成曰甗如甑一空。按、饋食禮、亯人摡甑甗、則甑甗異用、㠯工記考之、甗葢未必有空也。甗

見鬲部。

甑

甑子孕切、說文曰甗也。鬵、籒文。說具甗下。按、今人㠯木為甑、如桶而無底、著箄㠯炊飯。

𤮊

𤮊楚兩切、說文曰磋垢瓦石也。

缶

缶甫九切、瓦器用㠯盛酒醬之屬、象形。易曰尊酒簋貳、用缶。

缶之象形

匋

匋余招、徒刀二切、燒瓦竈也。別作窰窯、書傳通作陶、誤。

缶之龤聲

缸

缸古雙切、今人謂瓮之大者曰缸。說文曰瓨也、瓨佀甖、長頸、受十升、讀若洪。漢書曰醯醬千瓨。按、如說文之云、則醯醬千瓨纔百石耳、不足言富也、㠯聲求之、缸葢大物、瓨卽缸也。

罍

罍罍盧回切、盛酒與水器也。周官、春祠、夏禴、秋嘗、冬烝、三昔之閒高獻用尊者、皆有

罍、諸臣之所眂也。以罍盛酒也。燕禮、設洗亏阼階東南、罍水在東、以罍盛水也。詩云缾之罄矣、維罍之恥。罍大於缾、與尊也。又作櫑、說文曰龜目酒尊、刻木作雲雷象、施不窮也。或作罍、从缶。作𦉼、从皿。𤮚、籒文。

罌　罌烏莖切、小缶也。又作甖。

罃　罃於弘切。說文曰備火長頸缾也。又作甇。

缿　缿后講切、說文曰受錢器也、古以瓦、今以竹。器之可入而

六書故弟二十八　五

不可出者也、為之以瓦、或以竹、亦以畜錢、所謂撲滿也。

䍌　䍌蒲口切、又房尤蒲侯二切。缶類。說文、小缶也。又作瓿、說文、③甊也。

缾　缾旁經切、今人以小而長者為缾。說文曰罋也。或作④缾甁。

罐　罐古玩切、今人以缾之庳者為罐。

罈　罈徒含切、今人以缾之深大者為罈。又太

聲。

缽　缽北末切、盆之小者也。或作盋、鉢。

甀　甀池偽切、說文曰小口罌也。又作㼓。又地名。漢書、高祖擊黥布軍會甀。

缺　缺苦穴切、器毀缺也。與闕通。或作[illegible]、从垂、缶之譌也。又作𦈢、徐本缺省聲、唐本夬聲。

罅　罅呼迓切、缶坼有隙也。又作𡑞、說文曰坼也。或作𨻽。

六書故弟二十八　六

罄　罄苦定切、器中空也。又作𥦗、說文曰空也、引詩缾之𥦗矣。

䍃　䍃以周切。說文曰瓦器也、肉聲。徐鍇曰从䍃省乃昜聲。按、䍃亦以肉為聲、疑肉好之肉與䍃協。

臼　臼其九切、上古掘地為臼、後世易之以木石、象臼中有米。

臼之會意

舂　舂書容切、从収持午加於臼、舂之義也。以

梴與刀築攉者因亦謂之舂。傳曰寓父兵甥、舂其㗋㠯戈。別作搖。

舀

舀㠯沼㠯周二切、抒臼中臬米也、㝵手探臼、舀之義也。亦通作揄。詩云或舂或揄。又作抌。周官、女舂抌二人。說文曰或作抌、从手从冘。或作䏙、从臼从冘。按、抌、冘聲、說文从冘無義、今俗又譌冘為宂、或又作䏙、皆非。

臿

臿楚洽切、說文曰舂去穀麥皮也、从干、所

㠯臿之。一說臿、臿入也、从干臿臼中、卽插字也。別作⿰目臿。

午

午昌与切、父乙鼎文 庚午鬲文 斷木為午、所㠯舂也。亦作杵、加木。借為十二辰子午之午、疑古切。通為鎝午午毌之義、與乂通、詳具乂下。又作啎迕逜、通作遻。說文曰午、啎也、五月侌气午屰、昜冒地而出、與矢同意。啎、屰也、从午。按、說文之說鑿而不通、所㠯知其為午臼之杵者、舂从午、从臼、此明證也。

鬲

鬲郎激切、𩰫器也。考工記曰匋人為鬲、實五㲉、厚半寸、脣寸、三足、象形、旁象兩耳。亦作䰛。說文曰鬲、鼎屬、實五㲉、斗二升曰㲉、象腹交文三足。或作䰙、从瓦。漢令作㽁、从瓦、厤聲。𩰫、㽁也、古文亦鬲字、象孰飪五味气上出也。孫氏𩰫鬲同音。按、𩰫鬲一字、猶斈與子、皆與百不當分為二。亞父巳鬲。借為阻鬲之鬲、與隔通、古校切。五藏肝肺之閒有鬲肉焉、所謂匈鬲、鬲闓鬲也。別作膈、㠯竹為鬲者、又作⿱竹鬲。

鬲之指事

𠧪

𠧪方夏切、無足鬲也。又作𠧪。別作鍑⑥、說文曰鍑、釜大口者。畐、滿也、从高省、象高厚之形、讀若伏。孫氏芳逼切。按、說文福輻葍逼偪副富幅匐稫蝠丛畐聲、而籀文副作疈、稫作䅭、㠯此推之、畐乃𠧪之變、𠧪乃𠧪之變、𠧪卽鍑也。

⿱𦥑鬲

⿱𦥑鬲渠容切。說文曰所㠯支鬲者、从爨省鬲省。侶鬲而有耳者也、臼象其耳。

⿱𦥑鬲之會意

爨

爨七亂切、从𠬞推木內火於⿱𦥑鬲下、爨之

義也。圝、籒文。說文曰臼象持甑、冂爲竈口、収推林内火。

釁

𦥯之龤聲

釁虗振切、㠯𣅀酉或血塗罅釜及竈、其隙也、成廟成器皆釁之。說文曰血祭也、从爨省、从酉从分、分亦聲。周官、𣅀人大喪共其釁𣅀。康成曰釁尸㠯𣅀酒、使之香美者。雞人祭祀面禳釁、共其雞牲、天夜上音釁寶鎮及寶器。康成曰殺牲㠯血血

之。龜人上春釁龜。康成曰殺牲㠯血血之。按、釁不必專用血、有用𣅀者、龜玉恐不可用血、被除釁浴亦不可用血。女巫掌被除釁浴。康成曰㠯香薰艸藥沐浴。記曰成廟則釁之㠯羊、外屋南面刲羊、血流于前、乃降、門、夾室皆用雞。宗廟之器、其名者、成則釁之㠯豭豚。又作衅。記曰車甲衅而藏之。康成曰衅卽釁。

鬻

鬲之會意

鬻之六切、字林曰濡糜也。亦作粥。說文、鬻健也。孫氏戜悲切。鬻、粥也。戜作鬻。偺爲販粥之粥、合賣買而言謂之粥、余六切。別作𧶠。周官、司市掌賣價之事。康成曰買也。又曰禁價慝者、禁賈價者。按、康成之說於此不通、王制不粥於市者七、皆非言買者。又與育通用。詩云鬻子之閔斯。

𩱐　鬴

鬲之龤聲

𩱐負綺切、鬴屬。亦作錡。詩云維錡及釜。傳曰匡筥錡釜之器。說文曰三足鍑也。一曰滫米器也。

鬴弃甫切、鑊類也、且㠯爲量。亦作釜。詩云于㠯湘之、維錡及釜。毛氏曰有足曰錡、無足曰釜。考工記曰㮚氏爲量、量之㠯爲鬴、深尺、內方尺而圜其外、其實一鬴、其臀一寸、其實一豆、

其耳三寸，其實一升。傳曰亝舊三量，豆區釜鍾。三升爲豆，三豆爲區，三區爲釜，釜之實凡六斗三升。按，鬴本亯器，加耳與臀爲量。

鬵

鬵才林切，釜類。詩云誰能亯魚，溉之釜鬵。爾雅，甑謂之鬵。鬵，鉹。媚氏也。方言曰自關而東或謂之甗，或謂之鬵，涼州名鉹。毛氏曰釜屬。說文曰大釜也。一曰鼎大上小下若甑曰鬵。古文作鬶。按，亯魚不應用甑，毛許之說近之。

𩰲

𩰲古禾切，釜屬，亦作鍋。說文曰秦名土釜曰𩰲。類篇曰鍋鑹，溫器也。又作䰙錢。今俗謂釜曰𩰲。

鬷

鬷子紅切，說文曰釜屬。詩云鬷假無言。毛氏曰大也。鄭氏曰緫也。中庸引詩作奏。按，鬷、奏皆偺聲。鄭說近之。

鬳

鬳說文曰鬲屬。⑧今本虍聲，唐本虔省聲，林罕亦曰虔省聲，孫氏牛建切，疑即甗字。

𩱛

𩱛古行切，有湆爲𩱛。又作䰜𩱛。說文曰五味和𩱛也。从羔。𩱛小篆文，从美从羔。按，羔之義近，而聲實近之。

𩱽

𩱽章與切，亯也。或作𩱽，加水。亦作𩱽煑。周禮曰及果築𩱽。

𩱐

𩱐弓灼切，內物湯中瀹出之也。通作瀹。

鬺

鬺式羊切，又作觴。史記曰九鼎皆嘗鬺亯。說文曰鬺，煑也。又作䰨。

融

融弋戎切，火洞明也。詩云高明有融。傳曰明而未融。說文曰炊气上出也。融籀文。

鼎

鼎都挺切，實羊豕魚腊臐亯，和五味之寶器也。兩耳三足，象形。說文曰和五味之寶器也。从貞省聲。古呂貞爲鼎，籀文呂鼎爲貞。亦作鼑。

鼎之會意

鼏

鼏莫的切，覆鼎也。从冂覆鼎。禮扃鼏呂茅，若束若編。通作冪。說文曰呂木橫毌鼎耳舉之，冂聲。徐氏曰周禮亦謂之鬲。按、鬲鼏乃二物、二說皆非也。

具

具健芌切、[篆]張中医文。膳饕之饌具也、从鼎省、从収。凡饗食之禮、籩定則實諸鼎、乃告具、故凡饌具皆曰具。周禮曰、祭祀掌其具脩。又曰、比官府之具。傳曰、具又獻之籩豆亏幕下、皆謂共具也。引而申之、凡備具者皆曰具。周禮曰、凡邦之賦用取具焉。詩云、火

烈具舉、神具醉止、樂具入奏。又曰、莫怨具慶。記曰、大夫具官。又曰、喪具、君子恥具。⑨說文曰、共置也、从貝省。按、貝之文本作[篆]、目非貝省、且貝於其義亦迂、从鼎有明徵。

鼎之諧聲

鼐　鼒

鼐奴代切。鼒側[illegible]切。詩云、自羊徂牛、鼐鼎及鼒。毛氏曰、大鼎謂之鼐、小鼎謂之鼒。爾雅曰、鼐、鼎之絕大者。鼒、鼎之圜掩上者。魯詩、鼒、小鼎也。說文曰、鼒、俗作鎡。

凵　皿　簋

凵去負切。說文曰、凵盧、飯器、柳爲之、象形。或作筁。

皿美丙切、說文曰、讀若猛。飲食之器也、象形。竹、古文。

皿之會意

簋矩洧矩有二切、簋盛黍稷之器也、㠯瓦或竹爲之、从皿盛皀、簋之義也。聘禮、公食大夫禮、簋皆實黍稷、有會蓋則稻粱。聘禮又曰、夫人使下大夫勞㠯二竹簋方。康成曰、竹

簋方者、器名也、㠯竹爲之、狀如簋而方、如今寒具筥、筥圜而此方耳。玄被纁裏、有蓋。其實棗烝栗擇。考工記曰、瓬人爲簋、實一觳、崇尺、厚半寸、脣寸。說文曰、簋方、簠圜。康成曰、方曰簠、圜曰簋。陸悳明曰、內方外圜曰簋、㠯盛黍稷、外方內圜曰簠、㠯盛稻粱、皆容一斗二升。說文又作𥮗、从竹从皀从皿、[篆]、古文从匚、飢。[篆]、古文或从軌、朹、亦古文。[篆]、叔高父簋、[篆]、楚師奕父、[篆]、寅簋。

益

益伊昔切、增益也。說文曰、饒也、从水加皿、益之意也。疑益本爲溢

盥 昷 血 衇 衈

字水在皿上，溢之義也，用爲⑩曾益，故溢复加水。

盥古玩切，澡手也。古之盥者以匜水沃手，廾水于盤若盥，故从収，収水加于皿上。

昷烏渾切，暖也。从日，暖之義也。昷，說文曰仁也，从皿，以食囚也，官溥說。

皿之諧聲

血呼決切，祭所薦牲血也。說文曰一象血在皿中。李陽冰曰一蓋聲。

血之會意

衇莫獲切，血理有𧖴，分行肉中。亦作脈、䘑。

書曰𧖴之𠂢，𠂢曰絡，衇，絡𧖴之𠂢曰孫衇。衇所以从𠂢也，𠂢亦聲。

血之諧聲

衈而忠切，殺牲取血也。記曰成廟則釁之，外屋，刲羊，門、夾室皆用雞，其衈皆於屋下。康成曰衈用牲以釁先滅耳旁毛薦之，耳聽聲者，告神欲其聽而亯之。按，鄭說牽彊，衈乃从血，耳聲。通作珥。周官凡祈珥羊人共其羊牲，士師弄犬牲。康成曰珥讀爲衈，祈或爲刉，釁禮之事也。毛牲曰刉，羽牲曰衈。

衁 衃 盡 衉 朘

衁呼光切，傳曰士刲羊亦無衁也。說文曰血也。杜氏同。伯曰卹肯字。

衃鋪杯切，凝血也。今人以[illegible]脂爲衃，葢取諸此。伯曰女子任身一月爲始衃，言血始凝也。別作肧。

盡叔鄰切，气澌也。今人通用津字。

衉苦紺切，說文曰羊凝血也。別作[illegible]。

朘祖回、津來二切，老子曰赤子未知牝牡之合而朘作，精之至也。說文新附曰赤子会也。

衄女六切、血流出也。鼻出血謂之鼻衄、兵敗者被血謂之敗衄。

衊莫結切、血污也。

盥奴冬切、邕腫潰腐為盥也。俗作膿。

盩張流切、攴見血也。說文在㚔部、引擊也、从㚔攴、見血也。扶風有盩⑪厔縣。

衋許力切、說文曰傷痛也、从血聿、皕聲。書曰罔不衋

六書故弟二十八　十七

傷心。

盟眉兵切、割牲歃血以涖約也。

盤蒲官切、器大而淺曰盤。亦作槃。又作柈、鎜。俗為盤桓之盤。

盆蒲奔切、小而深曰盆。士喪禮、新盆、槃、缾造于西階下。康成曰盆以盛水、槃以盛湅濯。又曰淅米用盆。周官、牛人祭祀共牛牲之盆簝、盆以盛血也。考工記、甸人盆實二鬴、厚半寸、唇寸。

盂羽俱切、盆類、深而大。亦作杅。既夕禮、用器兩杅。康成曰盛湯漿。記曰浴出杅。

監古銜切、又古蹔切、盆類、臨省聲。詩云我心匪監、不可以茹。周官、凌人春始治鑑。康成曰如甄、大口以盛氷。莊周曰同濫而浴。按、監从皿、周官所謂鑑、莊周所謂濫、皆此物也、不當加水與金。借為監臨之監、去聲。監

六書故弟二十八　十八

者為監、本聲。記曰天子使其大夫為三監、本聲監去聲於方伯之國。又為鏡監之監、亦作鑑、又因鏡監而為監觀之監。別作瞰。

盎烏浪切、器之中宏者也。亦作㼜。因其聲義而用之、則凡和厚稠渾者皆謂之盎。酒之汁滓相將盎盎然者謂之盎齊。別作䣊、醠。孟子曰見於面、盎於背。

盧　盙　盌　盃

盧郎乎切。說文曰飯器也。盛火器也。亦作鑪。或作𨰉、爐、鑪。周官宮人寑中共鑪炭。傳曰廢于鑪炭。說文虘从甶，䍃也。凵虘，飯器，以柳爲之。按，飯器以柳爲之，當从甶；从皿者，火盧也。俗爲盧罌之盧，與玈通。書云盧弓一、盧矢百。別作黸。目中罌子因謂之盧。亦作矑，見目部。又俗爲犬名。詩云盧令令。毛氏曰犬也。字林作獹。韓良犬也。淳于髡曰韓盧者，天下之俊犬也。

盙匪父切。說具𠤱下。又作簠、医。

盌烏管切。今人以侈口宛中者爲盌，盛飯者用之；淺中弇口者爲甌，盛粥者用之。又作㼝。說文皆曰小盂也。

盃鋪枚切。歓酒器也。亦作桮。又作棓、匜、坏。記曰母沒而杯圈不能歓，口澤存焉耳。孟子曰以杞柳爲桮棬。

盞　齍

盞阻限切。盃類。又作琖、醆。

齍津私切。祭祀之粢穀也。周官甸師掌耕耨王藉，以共齍盛。康成曰齍盛，祭祀所用穀也。粢，稷也。稷爲穀長，是以名云。在器曰盛。舂人掌共齍盛之米。小宗伯辨六齍之名物。康成曰謂六穀黍稷稻粱麥苽。通作齍、又作粢。傳曰奉盛以告曰潔粢豐盛。又曰粢食不鑿。按，米曰粢，孰而在盙𥁰曰盛。鄭氏以稷爲齍，非。又作粢、禌。

盛　盇

盛音征切。貯物於皿也。黍稷之共饋食者因謂之盛。周官饎人掌共盛。俗爲盛大盛衰，太聲。

盇古夓、胡沓、轄臘三切。覆也。說文曰覆也，从大从皿。徐鉉曰大象覆蓋形。按，盇从皿無義，蓋从皿，太聲。假借之用，胡沓切。語曰盇徹乎。盇各言爾志。猶言亦空也。說者曰何不也、何謂不然。記曰子盇愼諸。又曰是夫也多言、盇嘗問焉。傳曰盇請濟師。又曰盇內王乎。子盇早自貳焉。盇亦求之。盇舩之。盇使睦者歌吾子乎。盇適諸侯。君盇築武軍。君盇歸之、使合晉楚之成。盇爲冠具子。盇圖之。子盇與季孫言之。子盇謂之。孟子曰則盇反其本矣、盇歸乎來。凡書傳之言盇者、其辭气雖容、皆爲疑可欲然之辭、無何不之意。

盡

盡慈刃切、器中空竭也。又之忍切、盡其所有曰盡。

𥁊

𥁊彌畢切。說文曰械器也。

盪

盪待朗切、蕩滌器皿也。易曰八卦相盪。

盝

盝盧谷切、竭器中水滌也。考工記、㡛氏湅帛、清其灰而盝之。又曰沃而盝之、義與漉近。爾雅曰竭也。疏曰即漉也。又作盝。今人呂櫝匣之小者爲盝、與簏通。

盦

盦烏合切、說文曰覆蓋也。又亐上二聲。徐鉉曰今作署、非。又作盒、亐聲。

皿之疑

盈

盈呂成切、滿也。說文曰滿器也、从皿从夃。徐鉉曰夃、古亐切、益多之義、古者呂買物多𡕒爲夃。

豆

豆豆迖候切、盛菹醢䤈䊡之器也、象形。說文曰豆、古食肉器也。㒷、古文。梪、木豆也。爾雅曰木豆謂之豆、瓦豆謂之登。按、豆或瓦或木、或金或玉、不當別太字。考工記、瓬人爲豆、實三而成觳、崇尺。是豆亦呂瓦也。古器之遺者、如祖癸豆、姬寏母豆、皆銅豆也。明堂位曰殷玉豆。是豆亦呂玉也。借爲豆尗之豆。

豆之會意

登

𥁅都滕切、豆屬、从豆盛肉収弄之、或从又持肉加豆上。詩云卬盛亐豆、亐豆亐登。又作鐙。說文曰䒭、禮器也、从収持肉加豆上、讀若鐙。鐙、錠也。錠、鐙也。徐鉉曰⑫鉉中置燭故謂之鐙、今作燈、非。一說鐙、豆屬、有跗曰鐙、無跗曰錠。公食大夫禮、大羹湆不和、實亐鐙、宰又執鐙、少執蓋。按、登蓋豆之深者、故可呂盛湆、注膏

豐

油其中則可㠯然照、後人加金與火焉。又按、記、夫人薦豆執校、執醴授之、執鐙。康成曰、鐙、豆下跗也、授醴之人授夫人㠯豆則執鐙。按、鄭說誤、夫人薦豆當鐙亏筵肯、執醴則當授尸、故豆則執校、醴則執⑬鐟、豈一豆而執校、覂執鐙亏、酌醴用觶、鐙豈觶之跗與、闕疑可也。

豆之龤聲

豐豐叓戒切、鄉𢎨禮、弟子弄豐、謏亏函楹之函、勝者之弟子洗觶、升酌、坐奠亏豐上。

公食大夫禮、歠酉實亏觶、加亏豐。康成曰、豐所㠯承觶也、佀豆而卑。說文曰、豆之豐滿者也。一曰、鄉飲酒有豐矦者。徐本曰从豆、象形。唐本曰从豆从山、丰聲。𧯷古文。蜀本曰丰聲、山取其高大。僭爲豐滿之豐。又爲地名、周文王作邑亏豐、在今京兆長安縣豐水上。詩云豐水東注。又曰文王受命、作邑亏豐。別作灃酆。

豐之龤聲

豔　豋

豔豔㠯贍切、豐滿也。說文曰、好而長也、从豐。豐、大也。傳曰宋華督見孔父之妻、目逆而送之曰、美而豔。又曰宋公子鮑美而豔。謂好美而豐滿也。後人誤㠯豔爲美、故豔叚作艷、从色、水之豐盛亦曰豔、本淫字之轉、別作灩。

豋居隱切、士昏禮、三酳合豋。今本从巴、說文曰蠡也、蒸省聲。字林同。康成曰、破匏也。徐氏曰、破瓢爲卮也。說文又有巹字、謹身有所承也、从

巳、讀若亦曷巳巳。字林曰、䜌身有所弄之䜌也。按、作巴者巳之譌。

豆之疑

豊　主

豊盧㪅切。說文曰、行禮之器也、象形。

豆之疑

主知預切、登主也、𡈼象器、丶象注火。說文曰、丶、有所絶止、丶而識之也。主、登中火主也、从丶、丶亦聲。按、丶未成字、絶止亦無義。僭爲賓主之主、知予切。賓主之義奪正義、故登主作炷。

主之疑

咅

咅丨說文曰相與語唾而不受也、从丨从否、否亦聲。孫氏天口切。

亯

亯說文曰獻也、从高省、曰象進孰物形。亨篆文。晉姜鼎文 公緘鼎文

按、亯之用於書傳者凡三、其一為亯獮、普耕切。周官亯人掌共鼎鑊以給水火之齊。俗作烹亯、鍊金鐵之亯俗作鎔、形。其二為獻亯、許兩切。聘禮主君之亯、束帛加璧、廷實。夫人之亯、玄纁束帛加琮。覲禮、三亯皆束帛加璧、廷實惟所有。今書作享。按、二義未知孰為本義、說文从高、㫐無義、疑象形。其三假借為亯通、亯盛、虛庚切。易曰元亯、利貞。曰亯者、嘉之會也。今俗書作亨、蓋篆文。

亯之會意

𦎧

𦎧常倫切。說文曰孰也。一曰䰞也。𦎧說文曰篆文。

𦎧之諧聲

孰

孰、成育切、亯飪也。俗為孰何之孰、孰猶誰也。⑭誰也、誰孰聲義通。孰之本義奪於俗、故俗加火為熟。

皀

皀許良切。說文曰皀、穀之馨香也、象嘉穀在裹中、匕所以扱之。或說皀、一粒也。又讀若香。孫氏皮及切。按、卿从皀、盥兵鍾卿作卿、宋君夫人鼎餗作餗、𢿱季敦伯庶父敦、郘敦、牧敦其簋皆从皀、盄亦从皀、疑此特皀字、象形、其下譌而為匕也。

皀之諧聲

食

食乘力切、凡孰亯之物可食者曰食。歠食者曰飲、啖食因謂之食、今謂之喫。又飯曰食、古有饗食二禮、食主於飯、故曰食、祥吏切。引之則凡餧人者皆曰食。

食之會意

飧

飧蘇昆切、夕食也。古者夕則餕朝膳之餘、故孰食曰飧、饌之鮮薄不備禮者因亦曰飧。聘禮致飧、飪一牢、鼎九、腥一牢、鼎七、致饔則飪一牢鼎九、有陪鼎、腥二

宰鼎二七。康成曰：不簡禮曰飧。又曰：小禮曰飧，大禮曰饔氣。傳曰僖負羈饋盤飧寘璧焉。又曰趙衰以壺飧从。越語曰䑕飯不及壺飧。既食而再飯、三飯亦曰飧。記曰君既食又飯飧。飯飧者、三飯也。又曰君未覆手不敢飧。康成曰：飧，勸食也。又曰客飧、主人辭以疏。又曰孔子曰吾食於少施氏而飽。吾飧作而辭曰、

六書故弟二十八　二十七

疏食也，不敢以傷吾子。食於季氏、不辭、不食肉而飧。由此觀之，飧非勸食也。

飤

飤食也。說文曰糧也。孫氏祥吏切。又作飼。按，飭、飾皆以飤爲聲，孫音非，許義恐亦未然。

食之龤聲

饎

饎昌志切。炊米爲食也。詩云吉蠲爲饎。又作糦。詩云大糦是烝。又作𩟄。周官、𩟄

人掌共盛。

饙

饙府文切。饎之半孰、沃之以湯而更炊之也。說文：饙，滫飯也，从食，奔聲。徐鉉曰：奔音忽，非聲，疑奔字之譌。又作餴。

餾

餾力救切。飯气烝徹也。

飯

飯符萬切。饎也。亦作飰。或又作餅。食飯爲飯、又遠切。陸德明曰：飰，扶萬切，食飰曰飯，扶晚切，二字不同，非也。特一字而二音尒。

六書故弟二十八　二十八

饘

饘諸延切。粥也。亦作[illegible]饘。說文：饘，糜也。又作鍵、飦、餰、餐。

饔

饔於容切。割亯煮和之謂饔。周官、內雝掌膳羞之割亯煮和之事。古通作雝。饔、食禮、雝爨以亯牲臭獸、饎爨以爲黍稷。

飪

飪忍甚切。亯孰也。說文曰：大孰也。[illegible]、古文。恁、亦古文。又作腍。記曰腥肆爓腍祭。康成曰：腍，孰也。又作餁、飪。

餗　䬾　餌　餈　餅　飴　餳　餦

餗桑谷切、鼎實也。易曰鼎折足覆公餗。又作鬻。又作⿰速鬲、鼎實也。陳留謂饘爲餗。

䬾户溝切、乾食也。詩云乃裹餱糧。又曰乾餱吕愆。

餌𥦗置切、周官、羞籩之實、糗餌粉餈。說文作⿰鬲耳、粉餅也。或作餌、又作餙。康成曰合烝曰餌、餅之曰餈。

餈𥦗資切、稻餅也。說具餌下。或作⿱次皿、餈、粢。

餅必郢切、吕粉及麪爲䴵餌也。說文徐本曰麪餈也。唐本曰鏊餈也。

飴與之切、吕糵米煎秫爲曰飴。詩二[illegible]⑮荼如飴。說文曰米糵煎也。𩛛、籀文、異省聲。

餳徒郎切、飴也。又作糖、說文曰飴和糤者也。方言曰餳謂之糖。按、餳糖特一字、易與唐同音。孫氏徐盈切、易非徐盈之音。

餦諸良切。餭、胡光切。楚辭曰粔籹蜜餌有餦餭。朱子曰餳也。類篇曰一曰餅也。

餭　䭔　餡　饌　饋　飣　餖　饗

䭔都回切、吕米麥粉爲吕餌。別作鎚。

餡户韽切、餅中肉也。又作鎌、鐮、腦、膁、臉、鎌。說文曰鐮、嘰也。一曰廉潔也。孫氏力鹽切。歐公歸田錄言京師賣酸鎌者、俚俗誤書爲餕餡、骨⑯稽子謂爲俊叨、蓋不知餡之从臽而誤从舀也。

饌雛免、雛綰二切、具食也。說文曰籑、具食也。或作饌。按、饋食禮、尸謖、祝命嘗食、籑者。康成曰古文皆作餕。籑乃餕字、非饌也。

饋求位切、進食也。

飣丁定切、簇食於器也。俗書。

餖丁透切、合飣也。俗書。

饗許兩切、吕牢羞盛饌獻酬曰饗。按、經傳饗爲饗食之饗、因之爲歆饗、亯爲亯獻之亯、因之爲亯祀。周官、儀禮二字之用、較然不紊、至他書往往錯用、蓋傳寫之譌也。楚茨之詩曰㠯亯㠯祀。又曰神保是饗。此二字之辨也。禮莫重於饗。王合諸侯而饗禮、則具十有二牢、庶具百物備。諸侯長十有再獻、上公九獻、侯伯七獻、子男五獻。饗有體薦、有加籩加豆、酬有幣、其殽禮薦五味、羞嘉穀、㠯歠白黑形鹽、廷實旅百。饗有獻而食有疑饗、

有樂而食無樂、食昜之義也。饗有盬盉則兼飲酒、饋食之禮物也。記曰饗禘有樂、而食嘗無樂。飲養昜气也、故有樂。食養侌气也、故無聲。此饗之大略也。書曰王三宿、三祭、三咤。上宗曰饗。禮曰孝子某圭爲而孝薦之饗。曰哀薦祫事、適爾皇祖、饗。曰孝孫某薦歲事于皇祖、尚饗。

養

此歆饗之義也。

養弋亮切、食所㠯養生也。養之謂之養、余兩倚兩二切。說文曰𢼊、古文。俗爲養、養之養。詩云願言思子、中心養養。

餔

餔奔模切、食也。孟子曰子之从於子敖來、徒餔歠也。楚辭曰餔其糟而歠其醨。呂氏春秋曰下壺餐㠯餔之。史記曰老

父請歠、因餔之。餔爲食、歠爲飲、說者㠯餔爲歠、誤矣。又曰旦至食、食至日昳、昳至餔、餔至下餔、下餔至日夕。古人葢因㠯夕食爲餔。說文曰日加申旹也。

餐

餐食安切、食也。古語曰一餐之恩。說文曰吞也。或作湌、又蘇昆切、水沃飯也。

餧

餧於僞切、食之也。楚辭曰鳳不貪餧而

妥食。月令、餕獸之藥。通作夋。說文曰食半也。

餉

餉式亮切、又平聲。行饋也。書曰葛伯仇餉。說文曰饟也。又作餳餉餉。又作饟。詩云其饟伊黍。說文曰周人謂餉曰饟。孫氏人羕切、陸氏式亮切。按、餉饟實一字。

饁

饁勻輒切、野餉也。詩云饁彼南畝。鄭氏曰饟饋也。祭獸于郊因謂之饁。周禮曰致禽饁獸于郊。康成曰聚所獲禽因以祭三方神於郊。月令、季秋、天子既田、命主祠祭禽于三方是也。

餕

餕子峻切、食餘曰餕。又作[illegible]。

餞

餞才綫切、歆食行者也。

餽

餽具位切、遺也。孫愐曰與饋同、非也。

餫

餫王問切、遠氣也。傳曰晉荀罃如齊逆女、宣伯餫諸穀。說文曰野饋曰餫。杜氏曰運糧餽之。按、古之使者所過邦國皆有委積、牽氣、無運糧之說、荀罃過魯境而不入魯、畏六國遠歸氣牽之禮、故謂之餫。今俗以麪裹肉加泊謂之餫飩、以昆切。

館

館古玩切、客於所止食也。周官、五十里有市、市有候館、候館有積。使者所至之國各授以館。

餬

餬戶吳切、伯曰濩食也。傳曰饘於是、粥於是、以餬余口。又曰使餬其口於四方。說文曰寄食也、非。又作鬻、餰也。

饛

饛莫紅切、滿也。詩云有饛簋飧。

飶

飶毗必切、詩云有飶其香。與苾通。

餤

餤徒甘切、詩云亂是用餤。毛氏曰進也。類篇曰說文云食也、與啖通。按、今說文無此字、今人以薄餅卷肉切而薦之曰餤、徒監切。

飽

飽博巧切、食充也。[illegible]、[illegible]古文。

饇

饇依據切、猒滿也。詩云如食宜饇。亦作飫。詩云飲酒之飫。毛氏曰饇、飽也、不脫屨升堂謂之飫。周語、王公大飫則有房烝。王公諸侯之有飫也、將吕講事成章、建大悳昭大物也、故大成禮烝而已。又曰武王克殷作詩、吕爲飫、歌其詩曰天之所支、不可壞也、其所壞者、亦不可支也。又作䬸、說文曰燕食也。又作飶、飽也。按、飶飫實一字、禮之大成謂之飫者、取其饜飫而已、武王之歌亦由是也。

饒 如昭切、食豐衍也。

餘 吕諸切、食羨遺也。

饕 土刀切、冒亏歆食也。亦作叨。饕、籀文號省聲。別作饀飽。

餮 他結切、貪食也。又作飻、說文曰[17]殄省聲。

饞 鉏咸切、貪羨也。

餧 奴罪切、食不足中歉也、負敗則肉不充、故謂之餧。

飢 居夷切、食不充也。

餓 五个切、無食久餒也。淮南子曰盜一川飢、無一旬餓。

饑 居衣切、穀不孰曰饑。又作䬣。

饉 渠各切、菜不孰曰饉。

饐 乙冀切、飯壹鬱傷溼熱則饐。別作䭓䬣餲。

餲 於邁切、飯臭敗也。語曰食饐而餲、不

食。

餀 呼艾切、又亏聲、食敗亡弁人也。爾雅曰餀謂之餯。許穢切。別作饖、餯、又於僞切、皆非。

餿 疏鳩切、飯臭酸也。字林曰飯傷溼熱也。

即 子力切、就食也。引之則凡就之者皆曰即。

既 居豪切、食盡也。

匕

匕卑履切。雝人所用别出牲體者，亦所用挹湆。亩人所用匕黍稷也。其首蓋類淺勺，象形。少牢饋食禮曰：雝人溉鼎匕俎，亩人溉甑甗匕與敦。公食大夫禮曰：鼎入陳，旅人南面加匕于鼎。康成曰：匕所以别出牲體也。大夫序進，南面匕。載者西面。大夫既匕，匕奠于鼎。此所用别出牲體也。雜記曰：匕以桑，長三尺，或曰五尺。禮或佗仁⑱，或佗朼、佗朼者非。

六書故弟二十八　三十七

少牢饋食禮，有司雝人合執二俎，覂二疏匕于其上。尸升筵，雝人授次賓疏匕與俎。受于鼎西，少手執俎，卻又手執匕柄，縮于俎，以受于竿⑲鼎西。司馬在鼎東，二手執桃匕柄挹湆，注于疏匕。升，以授尸。尸卻手授匕柄，坐祭，嚌之。康成曰：桃讀如或舂或抌之抌。佗挑者，秦人語也。桃長柄，可以抒物於器者。今文桃佗抌。此所用挹湆也。康成曰：二匕皆有淺升，狀如飯

鬯

橙。詩云：有饛簋飧，有捄棘匕。此所用匕黍稷也。說文誤以匕爲反人，說已具人部。又謂匕一名柶，非也。柶小於匕，古以扱醴及醯醬、匕之類也。

匕之象形

鬯丑諒切。周官鬯人掌共秬鬯。康成曰：不和鬱曰秬鬯，以秬黍爲之。象秬米形。

鬯之象形

六書故弟二十八　三十八

爵

䨣即略切。飲器也。象雀形，从又持之。考工記曰：梓人爲飲器，爵一升，獻以爵而酬以觚。䨣，古文。說文曰：禮器也。象爵形，中有鬯酒，又持之也。所以飲器象爵者，取其鳴節節足足也。爵，古文，象形。按：古爵象雀，有足、無足者爲𤼵爵。僭爲官爵之爵。古爵九等，王、公、侯、伯、子、男、卿、大夫、士。

鬱

鬱迂勿切。周官，肆師及果築鬻。鄭司農曰：築香

艸鬻㠯爲鬯。鬱人掌鬱鬯㠯實彝。康成曰築鬱金鬻之㠯和鬯酒。鄭司農曰鬱、艸名、十葉爲貫、百二十貫爲築、㠯鬻之鐎中、鬱爲艸若蘭。說文曰芳艸也、十葉爲貫、百二十貫築㠯鬻之爲鬱、从臼冂缶鬯。彡、其飾也。一曰鬱鬯、百艸之華、遠方鬱人所貢芳艸、合釀之㠯降神。鬱、今鬱林郡也。鄭敷仲曰鬱之上體與爨同意、象鬻鬱之形、从彡、所㠯飾鬯也。

匙

匕之龤聲

匙是支切、柶也。又作鍉。後漢書曰弄盤鍇鍉令曰鍉不濡血、歃不入口、是歃明神也。

酉

酉子久切、酉醴之通名也、象酉在缸瓮中。僭爲戼丣之酉、俗義擅之、故又加水作酒。說文、酉、就也。八月黍成、可爲酎酒、象古文酉之形。丣、古文酉。戼爲春門、萬物已出。丣爲秋門、萬物已入。从一、閉門象也。酒、就也、所㠯就人性之善惡、从水从酉、酉亦聲。一曰造也、吉凶所造也。按、醪醴之類無不从酉、此爲明徵、許氏說迂而不通。

酉之象形

酋

酋字秋切、說文曰繹酒也、从酉、水半見於上。按、酋酒釀而久者。鄭語曰毒之酋腊者、其殺也滋速。詩云俾爾彌爾性、佀先公酋矣。皆謂其能久也。周官、三酒、二曰昔酒。康成曰今之酋久白酒、所謂舊醳者也。酒官因謂之酋。月令、仲冬乃命大酋秫稻、必齊麴糱、必旹湛熾、必絜水泉、必香陶器、必良火齊、必㝵兼用六物、大酋監之、毋有差貸。方言曰久熟曰酋。又作䣧。

酋之龤聲

尊

尊祖昆切、實酒曰尊。又作𢍜、說文曰从収弄之、或从寸。按、从収無義、乃寸之譌。周官、小宗伯、辨六尊之名物、㠯待祭祀賓客。司尊彝、春祠、夏禴、朝踐用兩獻尊、再獻用兩象尊、秋嘗冬烝、朝獻用兩著尊、饋獻用兩壺尊。三亯之閒祀、追亯朝亯朝踐用大尊、再獻用兩山尊、皆有罍、諸臣之所胙也。士冠禮曰側尊一甒醴。康成曰置酒曰尊。燕禮曰司宮尊亏東楹之西、兩方壺。公尊瓦大兩、有豐。尊士旅食亏門西、兩圜壺。大射儀曰尊亏東楹之西、兩方壺。膳尊、兩甒、有豐。尊士旅食、兩圜壺。又尊亏大侯之乏東北、兩壺獻酒。少牢饋食禮曰尊兩甒同[illegible][20][illegible]。是觀之、其初爲甒、爲方壺、圜壺、爲瓦大、實酒加亏棜禁與豐、然後謂之尊、尊卑之義由是㞢焉。或作鐏、樽。

酉之會意

酌

酌之若切、㠯勺挹酒注之爵也、㠯勺曰酌、㠯斗曰斟。

酉之龤聲

釀

釀女亮切、作酒也。

醞

醞於問切、釀之久也。

酴

醾

酴同都切。醾、莫皮切。說文曰酒母也。按、酴醾亦爲酒名、今蔓[illegible]亦有名酴醾者。或謂取其芬㠯漬酒因㠯是名、亦作荼蘼。

醅

醅鋪回切、酒本未投也。說文曰醉飽也。孫氏曰酒未漉也。或作[illegible]。

酵

酵古孝切、發酒[illegible]也。

醴

醴盧啟切、日酒少麴多米、并酋㱃之曰醴。醴爲酒之先、㱃之不至甚醉、故記曰玄酒在室、醴醆在戶、粢醍在堂、澄酒在下、尊之也。又曰禫而㱃醴酒。始㱃酒者先㱃醴酒、爲其不至甚醉也、漢穆生不耆酒、楚王常爲設醴、亦爲是也。周官、五齊、一曰汎齊、二曰醴齊、又曰醴酒縮酌。康成曰泛者成而滓浮汎汎然、醴者成而汁滓相將。士冠禮曰酌醴、加柶、㠯柶祭醴三、啐醴、捷柶、酌之㠯柶、縮之㠯茅、㠯布莤也。顏師古曰醴、甘酒也、少麴多米、一宿而成。呂嘉問曰齊者因其自然之醨、故謂之齊也、昔十五日、夏十日撥醅瓮而浮蟻涌於面謂之撥醅者、此泛齊邪、接取撥醅、其下

汁滓相將、今謂之醅身者、豈所謂醴齊邪。按、呂說泛齊侶是、醴齊則顏說是也。內則醴皆有莤。

醙

醙所九切、聘禮、醙黍清皆兩壺。康成曰白酒也。

醪

醪郎刀切、說文曰汁滓酒也。

酤

酤公戶切、詩云既載清酤。毛氏曰酒也。又曰有酒湑我、無酒酤我。毛氏曰一宿酒也。鄭氏曰買也。按、語、沽酒市脯不食。又曰有美玉於斯、求善賈而沽諸。沽賈之沽當作沽。

醍

醍土禮切、記曰粢醍在堂。康成曰卽周禮所謂醍齊也、醍成而紅赤、如今下酒矣。按、今人又㠯乳酪之精者爲醍醐。醍、田黎切。醐、戶吳切。

酪

酪盧各切、記曰㠯爲醴酪。康成曰酡酨也。又曰功衰歠水漿、無鹽酪不能食、食鹽酪可也。按、酪、酒類也、北方㠯馬乳爲酪、故因謂湩酪、而酥與醍醐皆因之从酉。

醆

醆側限切、記曰醴醆在戶。又曰醆酒涗于

清。康成曰醆酒、盎齊、和㠯清酒而沸之。

酎

酎直又切、月令、孟夏、天子歠酎。說文蜀本曰月令、孟夏歠酎、酎从肘省聲、三重醇酒也。徐本曰月令、孟秋歠酎、从時省。誤㠯肘爲時。按、酎服皆又聲、予已辨於肖矣。史記、高廟酎。張晏曰正月旦作酒、八月成曰酎、酎之言純也。至武帝時因八月嘗酎、會諸侯、出金助祭。

醳

醳羊益切。記曰舊澤之酒。康成曰澤讀爲醳、舊醳、昔酒也、亦與釋通。史記張儀傳曰掠笞數百、不服醳之。鶡冠子曰攫之深、醳之愉者、政令也。

酓

酓倚錦切、周官、辨三酓之物、一曰清、二曰醫、三曰漿、三曰酏。康成曰清謂醴之沛者。醫、內則所謂或以酏爲醴者。漿、今之截漿也。酏、今之粥。內則有黍酏、酏酓、粥稀者之清也。又漿人共王之六酓、水、漿、醴、涼、醫、酏。康成曰醴、醴清也。鄭司農曰涼、以水和酒也。康成曰涼、今寒粥若糗飯襍水也。記曰酓重醴、稻醴清糟、黍醴清糟、粱醴清糟。康成曰糟、醇也、清沛也。或以酏爲醴。康成曰釀粥爲醴。黍酏、漿水、醷、濫。康成

曰酏、粥。漿、酢截。水、清新。醷、梅漿。濫、以諸和水也。亦作⿱今水。別作⿱今食。

酏

酏以支切、說具酓下。周官、羞豆之實、酏食糝食。記曰羞糗餌粉酏。又曰爲稻粉糔溲之以爲酏。又曰取稻米、舉糔溲之、小切狼臅膏、以與稻米爲酏。按、酏有二、三酓六酓之酏、卽內則所謂酓酏、酏之正義也。羞豆之酏食、則內則所謂糗餌粉酏、狼臅膏之酏、以

豆薦者也。

醫

醫隱已切。又作醷、醫卽醷也。說具酓下。按、內則、漬羊肉、食之、以醢若醯醷。俗爲醫藥之醫、殹聲。或曰治病者必行之以醪醴、故从酉。亦作毉、巫毉皆以技愈人疾若者也、故从巫。

莤

莤作曹切、酒覈也。醩籀文。又作糟。亦作莤。周官、酒正共后之致酓醫酏莤。康成曰沛曰清、不沛曰莤。

截

截說文曰酢漿也。孫氏徂奈切。陸氏昨再切。

釃

釃山宜、山街二切、莚莤取酒也。詩曰釃酒有藇。毛氏曰以匡曰釃、以藪曰湑。說文曰下酒也。一曰醇也。

醇

醇常倫切、酒純不殽也。

釅

釅魚欠切、酒濃厚稠釅也。又作醶、說文曰酢漿也。

醹

醹陸氏如主切。顧氏[21]知庾切。詩云酒醴維醹。毛氏曰厚也。字林同。

酷

酷苦沃切、酒香味穠⿱冎灬也。

醨 醨呂支切、酒餧薄也。亦通用漓字。

酹 酹盧對切、沃酒於地呂降神也。說文曰酹餟陟衛祭也。餟、祭酹也。

酢 酢在各切、主人獻而客答獻也。說文曰醶也。孫氏倉故切。說文盖呂爲醯與醋互用。

酬 酬市流切、旣獻酢、乃行酬、𣪠遂徧爲旅皆謂之酬。又作醻。又作醻。

醮 醮子肖切、飲呂酒而無酬酢曰醮、呂醴曰醴。冠禮曰若不醴則醮。醴辭曰甘醴維厚。醮辭曰旨酒旣清。

酳 酳子刃切、旣食而酌獻曰酳。士昬禮、三飯三酳。康成曰酳、漱也、酳之言演也、安也、漱所呂潔口且演安其所食。侗謂演安之說非。

醵 醵其虐切、合出酒食呂會也。記曰周於酬六尸。曾子曰周禮其猶醵與。或作䣰。

酺 酺蒲乎切、又去聲、周官、族師春秋祭酺。說文曰王惪布大歓酒也。康成曰故書酺或爲步。杜子春曰當爲酺。酺者爲人物烖害之神也、因祭酺、與其民呂長幼相獻酬焉。漢文帝即位、賜酒酺五日。文穎曰漢律、三人呂上無故群飲、罰金四兩、今詔許會聚飲酒也。

釂 釂子肖切、飲旣𣪠也。記曰長者舉未釂、少者不敢飲。又作潐、說文曰盡也。又作𣤴、說文曰盡酒也。

酣 酣胡甘切、飫飲也。

醉 醉將遂切、飲酒著也。

酩 酩莫迥切。

酊 酊、都挺切。酩酊、醉而眩瞀不自知也。亦作茗艼。

酡 酡唐何切、酒發於面目也。楚辭曰旣醉朱顏酡。

酲 酲直貞切、中酒病也。詩云憂心如酲。

醒　醒桑經切，醉解也。

酗　酗香遇切，醉而亂也。又作酌。

醟　醟于命切，說文曰酌也。漢書、中山王湛醟。又亐聲。

醯　醯馨奚切，𩞄之酸者，从酉从皿，亐聲。或曰盆聲。又作醯，說文曰酸也，作醯吕鬻，故从皿，从鬻及酒竝省。鬻，粥也，㲋省聲。

醋　醋倉故切，醶也。說文、酢、醶也。醋，客酌主人也。按、經傳酢與醋通用，爲酬酢之酢，今竝通吕醋爲醶，宐从今。

酸　酸穌官切，醶味也。酸痟，酸削也。别作痠，非。古詩曰不覺腳酸。

醶　醶子廉切，微酸也。說文曰酢也。

醭　醭普木切，酒上白也。

醬　醬即亮切，吕肉合酒與醢爲醬也，从肉从酉，爿聲。䐹古文，𤅓籀文。周官、膳夫、凡王之饋醬百有二十甕。醢人王舉則共醢六十甕，吕五亝七醢七菹三臡實之。醢人掌共五亝七菹，凡醢物，王舉則共醢物六十甕。康成曰醬，醯醢也。醢人共醢六十甕，醯人共醯物六十甕，合爲醬百有二十甕。記曰、膾炙処外，醯醬処内。康成曰醯醬食之主。又曰獻肉食者操醬亝。周禮曰醬亝視秋旹。今人吕豆麥爲黄，投鹽與水爲醬，吕和𩞄。

醢　醢呼改切，周官、醢人掌三豆之實，醓醢、蠃醢、蠯醢、蚳醢、兔醢、鴈醢。鄭司農曰有骨曰臡，無骨曰醢。康成曰作醢及臡者，必先膊乾其肉，乃後莝之，襍吕粱麴及鹽，漬吕美酒，塗置甀中，百日成矣。又作醓。說文曰醢，从酉从盇。𧅗籀文。徐鍇曰盇，甌器也，所吕盛醢。說文、盇，小甌也，有聲，讀若灰。按、醢醢皆从酉，从皿而使之吕聲，醢與賄皆吕有爲聲，有誤爲右尒。今人謂醢賛，其方昆多。

醓　醓吐感切。鄭司農曰肉醬也。康成曰醓，肉汁也。陸氏曰本又作𥂴。說文曰𥂴，血醢也，从血，肬聲。禮記有醓醢，吕牛乾脯粱麴鹽酒也。徐鍇曰肬，血汁滓也。

酥　酥孫租切，挏乳酪取而煎之爲酥。

配

配滂佩切、說文曰、酒色也、从酉、己聲。徐鍇曰、己非聲、當从妃省。按、配之本義不可考、其用於經傳則爲匹配。肥妃配皆㠯[23]己爲聲、己當自爲一字。

壺

壺戶吳切、盛水及酒器也、象形、大象其蓋。

壺之諧聲

壹

壹伊吉切、物在壺中壹鬱也。俗爲專壹之壹、一焉不貳之謂壹。

卣

卣與久切、書曰、賚爾秬鬯二卣。孔氏曰、中尊也。詩云、釐爾圭瓚、秬鬯一卣。毛氏曰、器也。

彝

彝單癸彝文 寅伊切、盛鬯與酒器也。周官、小宗伯、辨六彝之名物㠯待果祼。司尊彝、旾祠夏禴、祼用雞彝、秋嘗冬烝祼用斝彝、三旹之閒祀、追亯朝亯、祼用虎彝蜼彝、皆有舟。鄭司農曰、舟、彝下臺、若今承盤。彝商癸彝 彝父辛彝 彝蓋三足、其𣥂象流、其

又象𦥑、下象足、加奴者、兩手奉之也。說文、彝、宗廟常器也、从糸、糸、綦也、廾持米、器中實也、彑聲。此與爵相佀。彝𢑴皆古文。按、彝之从糸、从米皆無義、許氏之說破碎牽彊、絕不可通。𢑴乃古治字。古者惪善勳勞銘諸鼎彝、紀于太常、故彝常皆有常久之義。書曰、彝倫攸敘。詩云、民之秉彝。

斗

斗當口切、酌器也、象形。ㄱ十漢綏和壺文。夊孝成鼎文、徐本說文。詩云、酌㠯大斗。因㠯爲量、十升爲斗、十斗爲斛。斗有魁有柄、天之南北斗象焉、故因㠯名之。北斗、三曐爲魁、三曐爲柄、魁下二曐兮者爲衡。又作枓。少牢禮、司宮設罍、有枓。康成曰、㪺水器也。

斗之指事

升

升識烝切、升、說文。傳曰、三升爲豆。考工記、爵一升、觚三升、獻㠯爵而酬㠯觚、則一豆矣。从斗、一其中㠯別之。說文曰、十龠也。漢志曰、黃鍾之龠、㠯子穀

斞　斛　魁　料

秬黍中者千二百粒實之，㠯水準其槩，十龠爲合，十合爲升，十升爲斗，十斗爲斛，而五量嘉矣。俗爲升降之升。別作昇陞。又俗爲希縷之升，八十縷爲一升。

斗之會意

料力弔切，計口量米也。因之爲計料、料度、又平聲。莊子曰疾走料虎頭。後人因之言料理。

斗之龤聲

魁苦回切，斗魁所用挹者也。因之爲魁首渠魁之義。

斛胡谷切，十斗也。

斞㠯主切，量也。考工記曰桼三斞。康成曰斞之輕重未聞。又曰庾實二㲃，厚半寸，唇寸。豆實三而成㲃。按，此與釜庾之庾異，釜庾之庾其實十有六斗，而此二十有三升，疑當爲斞。

科　㪷　斢　斜　斡　斟　斛

斛他雕切。說文曰斛旁有斛，从斗，𠩺聲。一曰突也。一曰利也。爾雅曰斛謂之疀，古田器也。徐鍇曰說文無𠩺字，疑厂象形，𠩺聲。俗作鍫、銚。

斟職深切，酌也。說文曰勺也。

斡古矮切，旋斗也。引之則凡旋運者皆曰斡。又烏括切，𤪠斡也。說文曰蠡柄也。揚雄杜林皆㠯爲軺車輪斡。孫氏烏括切。斡乃从斗，輪斡非本義。

斜似嗟切，斗柄斜也。說文，抒也，讀若荼。因之爲敧斜。

斢叕朱切，說文曰挹也。纂氏苦㞒切。

㪷火故切，舟中抒水斗也。

科苦禾切，斗類。一說魁也。魁科同聲。科斗之㒵名，㠯其類之也。別作蝌蚪。引之爲科臼。孟子曰盈科而後進。又引之爲科程。語曰爲力不同科。說文曰程也，从斗量禾。按，禾不可斗量，禾乃其聲。

斗之疑

斝

斝古雅切、詩云洗爵奠斝。記曰爵、夏后氏㠯琖、殷㠯斝、周㠯爵。灌尊、夏后氏㠯雞夷、殷㠯斝、周㠯黃目。說文曰玉爵也、从吅从斗、冂象形、與爵同意。或說斝受六升。黃長睿曰三器之名殊、其實一也。㠯其三足象戈、故曰琖。[25]兩柱文佀禾稼、故曰斝。形若飛爵、故曰爵。斝比爵但無咮尾、此爲異耳。

勺

勺祇若實酌二切、挹器也、象形、中象其實。

勺之疑

与

与尹汝切。說文曰賜予也、一勺爲與[26]、與與与同。按、與从舁、兩手數舁、賜予不當从舁、賜與之與亦通佀予。

也

也㠯攴切、又上聲。弫伯仲姞也。沃盥器也、有流㠯注水、象形。亦佀也、又佀匜。士喪禮匜實于槃中南流。傳曰奉匜沃盥。說文、也、女侌也、象形。也、秦刻石文匜、佀鐍魁柄、中有道可㠯注。按、女侌之說㒵舛。僣爲詞助、羊者切。詞助之用多、故正義爲所奪而加匸爲匜。也與也文相近、故多譌互。

鋞

鋞說文曰鋞、酒器也、从金、戓省金。按、斲从此。孫氏天口切。

六書故弟二十八

六書故弟二十九

永嘉戴侗著　　函蜀李鼎元校刊

工事五

刀之指事

刀 𠚣都牢切、象形。詩云誰謂河廣曾不容刀。狹之也、猶曰一葦杭之、一葦非可㠯杭者也、說者誤㠯刀爲舟、故爲舠字。又漢貨殖有刀閒及軍有刀斗。師古曰音貂。孟康曰㠯銅作鐎、受一斗。師古曰銅銚也。俗書作刁。

刃 𠚣而振切、刀口所用割切也、故指其處㠯命之。

刃之指事

刅 𠚨楚良切、刀兩刃也。通作創。說文曰傷也、从刃从一。或作創。

刃之諧聲

劍 𠚫居欠切、兩刃而銳上曰劍、故从刃。考工記曰桃氏爲劍、臘廣二寸有半寸。康成曰臘謂兩刃。兩从半之。鄭司農曰謂劍脊兩面殺趨鍔。㠯其臘廣爲之莖口、長倍之。鄭司農曰莖謂劍夾、人所握、鐔㠯上也。康成曰謂莖在夾中者、莖長㐅寸。中其莖、設其後。康成曰謂從中㠯卻稍大之也、後大則於把易制。參分其臘廣、去一㠯爲首廣而圍之。身長㐅其莖長、重九鋝、謂之上制。身長三其莖長、重七鋝、

謂之中制。身長三其莖長、重㐅鋝、謂之下制。籒文从刀。

刀之會意

刕 𠛅憐題切、鄭敫仲曰剺也。又作𠠲。又作剺。按、荔珕从刕、協勰从劦、說文有劦無刕、故荔珕不㝵其聲。凡字之从刀从力者多錯互、如勦與剿是也。

則 𠟭即惪切、从貝从刀、刀貝、古之貨幣也、輕重有則、故取義焉。說文曰等①畫物也、从貝。貝、古之物貨也。𠟭、古文。

則　分　判　別　刺

則 𠟭籒文、从鼎。因之為法則典則。借為辭助。

分 分甫文切、析也、从刀从八、分別之義也。分之所及曰分、扶問切。

判 判普半切、中解也。古通作片。

別 別冰列切、分異骨體也、从刀从冎、別之義也。既分曰別、憑列切。

刺 刺七賜切、鋒刃朿入也、从朿从刀、朿亦聲。又作剚、亦作傳。史記、蒯通曰莫敢傳刃公之腹。李奇曰東方謂吕物臿地為傳。漢書單作事。師古曰側吏切。又七力切、小刺而深也。又七亦切、刺之重而疾也。別作戳戳。引之為譏刺。詩云維是褊心、是吕為刺。別作誎、說文曰數諫也。又為問刺、詗刺、秦置刺史、葢吕刺事為名。別作覝、說文曰闚觀也。又力達切、列聲也。別作瘌、說文曰楚人謂藥毒曰痛瘌。

劓　刵　魝　剛　剡　剞　劂　剪

劓 劓魚器切、刑割鼻為劓。又作劓。說文、劓刖鼻也、臬聲。

刵 刵仍吏切、刑斷耳為刵。

魝 魝說文曰楚人謂治魚也、讀若鍥。孫氏古屑切。集韻吉詣切、解也。刀之齘聲

剛 剛古郎切、刀鐵堅勁也。詩云白牡騂剛。毛氏曰牲也。公羊作騂犅。何休曰騂犅、赤脊周牲也、非。

剡 剡吕冄切、刀鐵利也。易曰剡木為楫。凡殺上者皆謂之剡。周禮曰琰圭吕易行。考工記曰琰圭九寸。鄭康成曰凡圭、琰上寸半、琰圭、琰半吕上。②又曰圭剡上、少又各寸半。又作鍨、史記曰鍨戈在後。

剞 剞居宜切。又上聲。

劂 劂居月切。又九勿切。剞劂、曲刀也。劂又作劂。楚辭曰握剞劂而不用。③去淨無字。

剪 剪子善切、斷物交刀也。又作翦。又作揃鬋翦。士喪禮、蚤揃如他日。淮南子曰越人翦髮。楚辭曰盛鬋不同。說文曰揃、𢦏斷也。揃、滅也。又冊

加刀作㓞、非。

切

切千結切、義不待訓。不差輕重而一斷吕法謂之一切。俗音七計切。

割

割古達切、義不待訓。

削

削息約切、義不待訓。凡殺下者因謂之削。又爲刀名。考工記曰築氏爲削、長尺博寸、合六而成規。康成曰今之書刀也。又息要切、刀室也。又作鞘韒。又息殺切、殺也。④又作削。又與稍通。周禮曰家削之賦。又作娋、說文曰小小侵也。

刲

刲苦圭切、割開也。記曰刲之刳之。

刌

刌倉本切、切有分寸也。亦會意。

剉

剉粗臥切、斬截也。與莝通。又通作摧。詩云秣之摧之、福祿綏之。

剟

剟都唾切、細剉也。

刎

刎武粉切、横割也。

剄

剄古頂下頂二切、刎之周也。

剸

剸朱遄旨兗二切、裁截亝正也。又作剬斷⑤。說文、剬、斷亝也。鬵、剸截也。

刭

刭於加切、又去聲、剄也。

制

制征例切、裁制短長小大之亝也。引之爲制作制度。𣂺、古文。別作製、說文曰裁也。⑥入征例切。莊周曰制河吕東。今作淛浙。

刑

刑户經切、割正也。引之爲刑法、爲典刑、爲儀刑。書曰觀厥刑于二女。詩曰儀刑文王。又曰尚有典刑。有罪者吕法刑之、割正其罪、故墨劓剕宮殺曰五刑。說文、刑、罰罪也、从井从刀。井、法也。刑、幵聲、剄也。孫氏戶經切。按井非義、幵非聲、从幵者當自爲一音、孫氏合爲一音者、誤。形邢鈃皆吕井爲聲。王制曰刑者、侀也。侀者、成也、一成而不可變。此漢博士諸儒鑿說也。例字他亦無見、故不錄。

刖 刖魚厥切、刑斷足也。古通作兀。莊周曰兀者之屨、無爲愛之。說文、刖、絕也。䠛、斷足也。或作跀。

剕 剕扶沸切、刖刑也。

刏 刏渠希切、刲也。周官、士師刏珥奉犬牲。康成曰刏珥、釁事也。毛曰刏、羽曰珥。說文曰劃傷也。一曰斷也。又讀若鎧。嫗。來 一曰刀不利於瓦石上刏之。又居衣古外二切。按、刏無古外音。

画 画胡麥切、以錐刀画物也。說文曰錐刀曰画。又作劃、別作剨。剨或攜搣。又音呼麥切。

剨 剨呼麥切、理解砉然也。通作砉。莊周曰砉然嚮然。

劉 劉烏莖切、剄絕木膚也。

絕 絕祖悅切、斷也。

副 副芳逼切、判析也。說文曰判也。詩云不拆不副。記曰爲天子削瓜者副之。康成曰析也。又作疈、籒文。周禮曰以疈辜祭四方百物。康成曰疈、牲匈也。又挭尼切。又作劈。又普擊切。說文曰破也。按、劈副疈實一字。又敷救切、借爲副貳之副。又爲首飾名。周官、追師掌王后之首飾、副編次。詩云副笄六珈。毛氏曰編髮爲之。康成曰副之言覆、所以覆首爲飾、若今步搖矣。

削 削力櫱切、決塀也。又作𠛱、𣪠。借爲陳削

希削、因之爲行削。本文奪於借義、故塀削之削加衣爲裂。

剖 剖浦口切、副開也、中虛者曰剖。

辨 辨蒲蹇、蒲莧二切、分別也。因之爲辨論之辨。亦作辯、从言。剝之六二曰剝牀以辨。王氏曰足之上也。朱子曰牀幹也。

刳 刳苦乎切、刳中也。易曰刳木爲舟。書曰刳剔孕婦。⑦又苦侯切。

剜

一官切，取曰⑧也、剈之深也。剈作㓹。

剈

烏玄切，小割而深也。

剟

都括丁劣二切，割取也⑨。又作腏。說文曰：挑取骨閒肉也。史記：吏治貫高榜笞數千，刺剟，身無可擊者。漢書曰：剟寢戶之簾。

剔

他歷切，挑剔骨肉也。

劀

古活古滑工⑩切，又作𠛆，刀刮次骨也。周官瘍醫掌祝藥劀殺之齊。康成曰：劀，厺盥血也。陸氏音刮。考工記：刮摩之工，玉𢪔雕矢㲺。說文：刮，括把也。劀，刮厺惡創肉也。按，此實一字。

刷

所劣切，刷近於刮，輕重如其㲺。周官凌人夏頒冰，掌事秋刷。鄭司農曰：刷，除冰室也。說文：刷，刮也，㕞省㲺。

剝

北角切，披剝皮肉也。說文曰：或作刖，从卜。

㓞

苦戛切，雕剔也。㓞與契㲺相通，㓞深於契。

刊

丘寒切，削除也。又作栞。禹貢：隨山刊木。史記作栞。栞，刊木也。

删

師姦切，芟煩也。

剗

楚限切，削平也。

[illegible]

匹蔑切，斜刺也。

刜

分勿忿勿二切，揮擊也。傳曰：宛子刜林，雝斷其足。

剽

匹妙切，輕疾也。又平聲，與㮽㲺義相通。又作慓。漢書曰：項羽慓悍禍賊。引之爲剽掠、剽劫。說文：剽，砭刺也。一曰剽劫也。又勡，从力，劫也，非。

劌

居衛切。說文曰：利傷也。記曰：廉而不劌。

剴

五來切，又古哀切，又去聲，又渠希切。劘也。字林：鎌也。類篇：摩也。孟康曰：剴切也。

劘

美皮眉波二切，摩切也。蘇林曰：厲也。古通作靡。

剞 竹洽切、刺入也。

劊 古外切、屠割也。說文曰斷也。

勦 子小切、勦叉也。書曰天用勦絕其命。孔氏曰絕也。傳曰無及於鄭而勦民。杜氏曰勞也。今本从力、誤。說見力部。又作𠠗。

創 初良切、傷也。亦作瘡、又作刱。通作刅。因之為懲創、遇傷而懲也、去嚴。

刓 五凡切、削去廉隅也。楚辭曰刓方吕為圜。史記曰印刓敝、忍不能予。又作园。莊周曰五者园而幾向方。又作輐。平準書曰百姓抏敝。子虛賦曰抏士卒之精。

劑 子隨切、說文曰齊也。周禮曰眡賣買吕質劑。康成曰謂兩書一札同而別之、長曰質、短曰劑、今之券書也。又曰掌邦國之約劑、大約劑書於宗彝、小約劑書於丹圖。又為齊量之劑、卞細切。

券 去願切、說文曰契也。凡券別吕一木、契而別之、合吕為信、故曰契券。从刀。从力者罷券之券、與倦同、今書券皆从力、誤。刀之疑

利 力至切、刀刃銛快無留也。引之為利害之利、為貞利之利。說文曰从和省、和然後利。𥝢、古文。按、利⑪穡季皆从禾。水清寒則澀利、別去涮欠、非。

罰 房越切。說文曰罪之小者、从刀从詈、未吕刀有所賊、但持刀罵詈則當罰。書傳之用為刑罰、吕刑吕贖為罰。

斤 俱欣切、斧類。說文曰斫木也、象形。按、孟子曰稱斧斤吕旹入山林。莊子曰運斤成風。斤、斧類也。李陽冰曰吕鐵為刃、天生曲木為柄、象形、剞劂之緫稱。借為斤兩之斤、十六兩為一斤。又詩曰斤斤其明。毛氏曰明察也。陸氏曰紀覲切。伺謂斤、昕也。

斤之會意

析 析先激切、劈木也、从木又斤、析之義也。

所 所說文曰二斤也。孫氏語斤切。按、質吕所爲斲、孫音未然。

斷 斷都管切、截也。斷之既斷曰斷、辻管切、从㡭。因之爲決斷果斷、都玩切。

斤之龤斲

斧 斧匪巨切、斫器也。詩云伐柯伐柯、匪斧不

克。通亦作鈇。又乎斲。毛氏曰隋銎曰斧。

斨 斨七羊切、詩云既破我斧、又缺我斨。說文曰方銎斧也。

斫 斫之若切、揮斧也。又作斮。

斮 斮側略切、說文曰斬也。書云斮朝涉之脛。又作籛劄。

斸 斸陟玉切、小斫也。說文曰斫也。又作欘。說文、斫也、齊謂之鎡錤。一

曰斤柄性自曲者。

斲 斲丁角切、斫木使𢙋規巨繩墨之謂斲。闕吕此爲斲、說文或作䥅、又作剢。

斯 斯息移切、析之細也。詩云墓門有棘、斧吕斯之。亦作𣂔。俗作斯。借用有二、其一爲辭助。詩云螽斯羽。又曰恩斯勤斯、鬻子之閔斯。其一與茲此同義。茲此斯聲相近也。

所 所疏與切。說文曰伐木聲也。引詩伐木所所。按、詩今作許。借爲処所之所。借義昌而本義晦。

新 新斯人切、木始斤斲、新之義也、衣始裁制、初之義也。

斤之疑

斬 斬阻減切。說文曰截也、从車、斬法車削也。按、車削之說未然。

弋 弋與職切。說文曰橛也、象折木衺銳著形、从厂、象物挂之也。又曰橛、弋也。又作

杙。爾雅曰樴謂之杙，在牆曰楎，在地曰臬。又雞棲於弋為桀。春秋傳曰以杙抉其傷而死。因之為弋射之弋。詩云弋鳧與鴈。周官、司弓矢矰矢茀矢用諸弋射。語曰弋不射宿。繳射為弋。別作隿，說文曰繳射飛鳥也。

弋之象形

戈古禾切、考工記、冶氏曰戈廣二寸、內倍之、胡三之、爰三之。鄭司農曰爰、直刃也。胡、其孑。康成曰戈、今句孑

戟也、或謂之鷄鳴、或謂之擁頸、內謂胡以內接柲者也。已倨則不入、已句則不決、長內則折前、短內則不疾。康成曰戈句兵也、主於胡。已倨則胡微直而邪多以啄人則不入。已句則胡曲多、以啄人則創不決。胡之曲直鋒、本必橫、而取圜於㱿折、前謂爰也、內長則爰短、爰短則曲於㱿折、曲於㱿折則引之與胡並句。內短則爰長、爰長則倨於㱿折、倨於㱿折則引之不疾。是故倨句外博、重三鋝。康成曰博廣也、倨之外、胡之裏也。句之外、胡之表也。廣其本以除三疴而便用也、俗謂之曼胡似此。庸人曰

戈柲六尺有六寸。攷長脣銅戈辨曰戈之制有內、有胡、有爰。詳此銅戈之制、兩旁有刃、橫置而末銳、若斂鋒者、爰也。爰之下㱿折、稍刓而漸直、若半頸之乘⑫胡者、胡也。胡之旁有接柲之迹者、內也。爰形正橫、而鄭氏以為直刃、禮圖所畫若矛䂓然、誤矣。戈、擊兵也、可句可啄、而非所以刺也、是以衡而弗从、鄭氏亦謂已倨則胡微直而邪多、以啄人則不入、已句則胡曲、以啄其人則創不決。既謂之啄、則若鳥咮然、不應其刃向上而直也。觀夏商彝器銘文、有作人形執戈者、何戈者、其戈皆橫如斧戉而銳、若鳥咮、胡乘柲直、與此銅戈之制同、此最可證。或曰戈自象其形、非

从戈。又胡瓜切。漢有戈船將軍。別作划、找。鄭敫仲曰進篙謂之划。又古火切、割也。

戈之象形

戉王伐切、戉鐘鼎識文。斧之長柲者也。說文曰从戈、乚聲。按、戉乃象形。徐鉉曰俗作鉞、非。

戉之諧聲

戚倉歷切、戉類也。詩云干戈戚揚。毛氏

戎

曰斧也。別作鉞。傳曰君王命剝圭以爲鏚柲。借義二、⿰歹矣⿰歹甬在身謂之戚。書云未可以戚我先王。因之爲親戚。詩云戚戚兄弟。孟子曰卑踰尊、疏踰戚。謂骨肉⿰歹甬⿰歹矣相屬也。又因之爲戚憂。語曰小人長戚戚。俗作慼。又與慼通、叔六切。考工記曰不微至、無以爲戚速也。康成曰丝

人有名⿰歹矣爲戚者。傳曰蓋以操之爲己戚矣。按、傳今作戚、後人所加也。

戈之會意

戎而融切、被甲何戈、戎之義也。戎翟之戎因之。借義三、⑬對云、烝也無戎。康成曰助相也。又曰戎醜攸行。毛氏曰大也。曰纘戎祖考。曰以左戎辟。曰戎雖小子。曰肇敏戎功。毛氏皆曰大也、鄭氏皆曰汝也。按、戎汝聲相通。

伐　戔　武

伐房越切、以戈擊人、伐之義也。戰功因謂之伐、又因之爲矜伐之伐、自矜其功也。又爲星名。房廢切。

戔說文曰賊也、从二戈。孫氏昨干切。易曰束帛戔戔、吝、終吉。馬氏曰委積皃。又音殘、子夏傳作殘殘。按、帛止於束、非委積也、戔義蓋闕。

戈之諧聲

武亾甫切、威武也。傳曰止戈爲武。鄭敷仲曰武非从止、乃亾聲也。古文歌舞之舞作翌、撫綏之撫作岐、廊廡之廡作庑、有無之無亦从亾、皆以亾爲聲。古文武有作戊者、象執戈揚盾之形、有作𢧢者、取習用干戈之義。若止戈、則文悳矣、非武之義也、且既曰止戈爲武矣、又曰偃武、亦不通矣。按、敷仲之說雖後出而其義當、傳之言雖古而其義少、春秋中季去古未遠、而文字之傳已有譌者如此、學者當惟是之从、不可據古而非今也。

武之借義二、冠卷環額者曰武。記曰居冠屬武。又

曰玄冠縞武。爲步武之武。記曰堂上接武、堂下布武。

戰

戰之扇切、兵鬭也。俗爲戰兢之戰。詩云戰戰兢兢。語曰使民戰栗、寒凜恐懼振搖不自止也。今俗作顫。

戡

戡枯含切、芟夷也。書曰西伯戡黎。又曰戡定厥功。又作𢦟。說文、戡、刺也。𢦟、殺也。引書西伯𢦟黎。又與堪通。漢

志曰王心弗戡。

戮

戮力竹切、刑誅也。別作僇。說文曰戮、殺也。按、戮不必盡殺。

戕

戕慈良切、从旁賊殺也。傳曰自虐其君曰弒、自外曰戕。

賊

賊昨則切、戕害也。說文曰敗也、从戈、則聲。今俗書从貝、从戎、俗說貝戎爲賊、蓋誤以賊爲盜。書曰怙終賊刑。又曰賊虐諫輔。傳曰毀則爲賊、竊賄爲盜。今人習聞盜賊之稱、因合而爲一。盜賊二字本未嘗同也。又詩云螟螣蟊賊。爾雅曰食節賊。

戩

戩即淺切、詩云俾爾戩穀。毛氏曰福也。說文曰滅也。按、戩與盡子忍聲相近、戩穀謂盡善也。

𢦏

𢦏作才切。說文曰傷也。

戜

戜直結切。說文作戜、利也。一曰剔也。呈聲。按、呈非聲。漢書車轔四載、至聲、至譌爲呈也。

戢

戢陟立切、斂兵也。詩云載戢干戈。凡收斂皆曰戢。詩云鴛鴦在梁、戢其左翼。

戲

𢧵香儀切。又作戲。說文曰三軍之偏也。一曰兵也。旌麾亦謂之戲。漢書、諸侯罷兵戲下。師古曰亦讀如麾。又曰戲縛灌夫。又俗爲戲游之戲。亦作娭嬉。因之爲戲謔之戲、去聲。又於戲爲歎聲、與烏呼通。

戭

戭以淺、弋刃二切、春秋傳、高陽氏才子

截　戛　戊

有楬戭。說文曰長槍也。

截昨結切，說文曰斷也。詩云截彼淮浦。又曰海外有截。言截然整齊也。

戈之疑

戛訖黠切，戈屬也。書云戛擊鳴球。孔氏曰戛擊柷敔也。明堂位佮揩擊。說文曰戟也，从戈从百。按，戛無戟義。

戊莫候亾遇二切。月父己彝、戊祖戊匜、戊沈子盉父戊彝同、

六書故弟二十九　廿一

成

戊周㚷敦。說文曰中宮也。象六甲五龍相拘絞，戊承丁，象人脅。鄭樵仲曰戊，亾撫切，卽武字，从戈肯𠂢，執戈揚盾之象，武之義也。按，許氏之說牽彊而於文義不通。趙彥衛曰戊本讀如茂，避唐諱讀如武，或如務。按，茂㠯戊爲聲，詩吉日維戊，與禮好㠯劦，趙說是也。

戊之疑

成是征切，古今通用卒功謂之成。說文曰就也。戚，古文，从午。伯曰柴望大告武成，成之義也。

戌　我

戌辛⑭聿切。說文曰滅也。九月昜气微，萬物畢成，昜下入地也。五行土生於戊，盛於戌，从戊含一。按，戌之本義雖不可知，从戊、一聲。借爲十二辰戌亥之戌。伯曰戌卽戊也，借戊㠯爲辰名。按，威戚皆戌聲。

我五可切。說文曰施身自謂也。或說我，頃頓也，从手。手或說古𠂢字、一曰古殺字。𢦏，古文。鄭樵仲曰我與戊⑮、戊、戚皆从戈，有殺伐之意。說文不知會同取義而其說文離，況我既从殺，古文又从刀，此爲殺義何疑。許氏蓋惑於借

六書故弟二十九　廿二

或　戟

義。按，蛾有蟻音，義㠯我爲聲。借爲吾我之我。

或說文曰邦也，从口从戈㠯守一。一，地也。或作域，从土。孫氏于逼切。徐鉉曰今俗作胡國切，㠯爲疑或不定之意。按，或之本義不可知，於書傳爲疑辭，因之爲疑或。孟子曰無或乎王之不知也。今皆作惑。按，漢書猶皆作或。

戟紀逆切。說文曰有枝兵也，从戈、倝。徐鍇曰倝非聲，當从幹省。幹，枝也。有枝長兵。考工記曰車戟常。戟廣寸有

𢦔　戠　必

笄寸、内三之、胡三之、爰五之、倨句中巨、與刺重三鋝。康成曰今三鋒戟也。胡直中巨言正方也。鄭司農曰刺謂爰也、玄謂刺者、著柲直歬如鐏者也。戟胡橫毋、胡中巨則爰之外句磬折欱。舅駟曰爰、胡、内當从黃氏戈說。戟有攴所用吕叉刺也、故叉手謂之戟手。傳曰公戟其手。別作⑯𢧵。史記曰㩭門者不㨾𢧵。

𢦔說文曰絕也。一曰田器、从从持戈。古文讀若咸、讀若詩云攕攕女手。徐鉉曰銳意也。孫氏子廉切。伯曰即俗尖字。

戠說文義闕。孫氏之弋切。

弋之諧聲

必卑佉切、弓檠也、从弋、八聲。喪禮、弓有柲。康成曰弓檠也、弛則縛之弓裏、備損傷、引詩竹柲緄縢。按、詩今作閉、別作䩛。考工記曰天子圭中必。康成曰讀如鹿車繹之繹、謂吕組約其中央爲執之吕備失隊。按、圭之有必、猶弓之有柲、皆吕夾輔之也。僭爲固必之必、卑吉切。

弓　𢎗　引　𢎨

弓居戎居弘二切、揉木而弛之吕發矢也。

弓之象形指事

𢎗食夜切、手弓加矢、𢎗之義也。又食亦切。譌爲射、爲䠶。說文曰䠶、从身从矢、弓弩發於身而中於遠也。篆文从寸、寸、法度也。按、𢎗之从身、絕無義、考之古器銘識、肰後旻其字之正、葢𢎗文之弓矢譌而爲身、又偏之又譌而爲寸也、文字之傳譌而鑿爲說者、凡皆若此矣。古有僕𢎗之官、御𢎗者也、

孫愐讀爲羊謝切、乃俚俗之音。又夷益亦灼二切、僭爲猒𢎗之𢎗。與斁通。詩云不可度思、矤可𢎗思。

引余忍切、挽弓也、从丨象引而申之也。凡牽引皆曰引、所引之率索曰引、去聲。記曰弔於葬者必執引。又曰弔則執引。別作靷、紖。

𢎨达案切、行丸也。又作撣。彈之之彈、弓聲。別作𢎪。

弦　弜　弼

弓之會意

弦胡田切、从弓加糸、弦之義也。凡亟急者皆曰弦。別作絃。

弜說文曰彊也。其兩切。

弜之疑

弼房密切、弓輔也。說文曰輔也、重也、西聲。徐鉉⑰曰西、舌也、非聲。弼書、古文。或作弻。

弧　弤　弣

弓之龤聲

弧戶吳切、易曰弦木爲弧。考工記曰往體寡、來體多、謂之王弓、弧弓亦然。說文曰木弓也。康成亦曰弧、木弓也、引之中參謂倨句如三也。

弤都禮切、弓也。孟子曰琴朕弤朕。

弣斐父切、弓把中也。記曰遺人弓者、又手執弣、少手承弣。通作拊。記曰弓則少手屈韣執弣。又曰削授拊。皆取手所把爲義。陸氏音撫。

弝　彄　弭

弝必駕切、弣也、手所把、故以弝名。俗書。

彄恪侯切、說文曰弓弩端、弦所居也。

弭彌婢切、弓梢末也。詩云象弭魚服。毛氏曰弓反末也。康成曰弓反末彆必結切者、以象骨爲之、以助馭者解轡紒、宜滑也。記曰又手執弣、康成曰弣、弭頭也。說文曰弓無緣、可以解轡紒者。或作𢐂。傳曰少執鞭弭。杜氏曰弓末無緣者。既發矢必偃其弭、故凡寢弭者皆曰弭。詩云心之憂矣、不可弭忘。傳曰憂猶未弭。曰自今以往、兵其少弭矣。周語曰吾能弭謗矣。

弩　彊

弩乃古切、弓有臂而設機者曰弩。

彊巨良切、弓力勁也。引之則凡剛彊者皆曰彊。通作強。又上聲、彊人以所不能、所不欲

弶 張 彎 彀 彌

之謂也。別作㢸彊。說文曰迫也。又去聲、自勉也。

弶其亮切、桅弧於道以罥鳥獸曰弶。

張陟良切、弓桅弦也。張之滿曰張、去聲。傳曰隨張、必弃小國。少師侈、請羸師以張之。張帷幕亦曰張。漢書曰張御如漢王居。又曰張飲三日。史記曰以刀決張、道从醉卒直出。後人加巾作帳。肌肉䐜起亦曰張。傳曰張脈僨興。別作脹。水張盛亦曰張。別作漲。

彎烏還切、弓引滿也。說文曰持弓關矢也。亦通作關。孟子曰越人關弓而䠶之。

彀古候切、弓張滿也。孟子曰羿之敎人䠶、必志於彀。

彌民卑切、張之盡也。詩云誕彌厥月。又曰俾爾彌爾性。易曰彌綸天地之道。皆取義於此。引之爲彌甚。語曰仰之彌高、鑽之彌堅。又作瀰。

弘 弸 弮 發 彃 弛 弢 弨

弘胡肱切、拓之廣也。說文曰弓聲也。語曰人能弘道。引之爲寬弘。易曰含弘光大。

弸北耕切、張急也。

弮具圜古倦二切、弓曲也。又作彏。

發方伐切、發矢也。又補末切。詩云鱣鮪發發。

彃壁吉切、䠶也。

弛施氏切、解弦也。又作𢐅㢮。

弢土刀切、弓衣也。說文曰从弓从屮、垂飾、與鼓同意。屮、滑也。一曰取也、引詩屮兮達兮。孫氏土刀切。按、屮於聲甚䚡而於義甚迂。

弨蚩遙尺招二切、弓弛而反也。詩云彤弓弨兮。

矢　矦　矰

矢丅人矢式視切、丅人、古文、箭也、象鏑及羽括。借義三、詩云矢其文悳、矢詩不多、呂矢其音、矢猶寘也、陳也。又爲誓言。書云出矢言。孔氏曰直也。語曰夫子矢之。朱子曰誓也。又爲矢溺之矢。傳曰殺而埋之馬矢之中。別作菌、說文曰糞也。俗作屎。

矢之象形

厈乎溝切、張帟而函質的焉、[18]召習弢𢖻中也、从厂象厈之張、矢集其中。又作矦、說文曰从人从厂、象張帟、矢在其下。厈、古文。借爲公厈之厈、古者𡔳乂筭、公厈伯子男。又爲發語辭。詩曰詹彼中林、厈薪厈烝。

矢之鍇聲

矰咨騰切、周官司弓矢、矰矢、茀矢、用諸弋[19]弢。說文曰矰、隿弢矢也。康成曰矰高也、結繳於矢謂之矰、矰矢之屬七分、三在歬、三在後。按、弋、繳弢也、矰矢、茀矢皆用於繳弢、非呂結繳爲矰也、今其制盍不可考矣。

矯　矤　疾　族

矯舉夭切、揉𥫔也。說文曰揉𥫔箱也。引之則凡呂[20]刀矯揉者皆曰矯。中庸曰彊哉矯。漢書亦作撟。又作譑。荀子曰貪利約譑。

矤弞矢忍切。說文曰矤、況也、詞也、从矢、引省聲。从矢、取詞之所之如矢也。按、矤之本義闕、用於經傳者其義二、皆假借也。其一爲笑。記曰笑不至矤。笑見齒本也。亦作哂。又作弞、說文曰笑不壞顏也、引省聲。其一爲語辭、與況通。書云矤予之悳言足聽聞。又曰矤曰其克从先王之烈。曰矤女剛制于酒。

疾秦悉切、矢行捷疾也。借爲疾病之疾。說文曰病也、从疒、矢聲。𤵸、古文。𤶑、籒文。按、矢於聲不諧、說具疒部。李曰从矢、疒聲。又借爲疾惡忌疾嫉[21]妒。別作㑵、說文曰妎也。一曰毒也。又作嫉。

族千木眙木二切、矢鏑也。說文曰矢鋒也。束之族也。[22]族、从

矜　矛　短

扒从矢。按、𥎦从矢、不聲、从扒無義、扒乃不之譌。又作鍭。又千矦切。漢志曰易六爲律、二曰太𥎦。說者曰𥎦、矦也、言易亡大矦地而達物也。亦作𥎦。

矢之疑

短都管切。說文曰有所長短㉓而矢爲正、豆聲。按、短之从矢義迂、从豆聲非。說文新附有矮字、烏蟹切、曰短人也、从短省。別作矮、寄矮、𥎦俗書、古謂之庳。書傳爲長短之短。

矛𢦔𢦔莫浮切、刺兵長而無校者曰矛。考工記曰酋矛常有三尺、夷矛三尋。孔氏曰如鋋而三廉。說文曰㉔古文、从戈。

矛之䚋聲

矜居陵切、又巨巾切。說文曰矛柄也。史記曰鉏櫌棘矜。服虔曰以棘作矛𥎋也。師古曰矜與𥎋同、矛鋋之把也。按、𥎋即矜字、在詩矜與臻民𠰕。按、矜本矛屬。借義有三、詩云何艸不玄、何人不矜。鄭氏曰無妻曰矜。陸氏古頑切。又曰傳予靖之、居以凶矜。毛氏曰危也。又云爰及矜人、哀此鰥寡。又曰不侮矜寡、矜蓋危傷也。按、詩云爰及矜人、哀此鰥寡、矜非鰥也。因之爲哀矜。書云皇帝哀矜庶戮之不辜。詩云矜此勞人。又曰寧不我矜。又爲矜莊。語曰君子矜而不爭。書云不矜細行、兵紫大悳。因之爲矜伐。書云汝惟不矜、天下莫與汝爭能。孔安國曰自賢曰矜。

干　矞　矟

矟所角切、矛也。亦作槊。鑒熙曰矛長丈有八尺曰矟。

矞余律切、揮矛以進也。故引之爲矞迫、爲回矞。亦作遹。說文曰以矛有所穿也。一曰滿有所出也、从冏从矛。又況必切。記曰鳳以爲畜、故鳥不矞。康成曰飛皃。陸氏曰亦作獝。

干古寒切、干蜀本說文盾也、所用以扞禦矢刃也、象形。說文曰犯也、从反入、从一。書曰稱爾戈比爾干。戰者執干自蔽㠯扞犯敵、故因之爲干冒干犯。書曰干先王之誅。傳曰干國之紀。曰天爲剛悳、猶不干旹。曰弗能教訓、使干大命。後人不曉此義、加女爲奸。傳曰子父不奸之謂禮。曰事不奸矣。曰奸先王之禮。曰奸絕我好。陸氏皆音干、奸乃姦之別文。孟子曰㠯食牛干秦穆公。亦緣此義。今人緣此有干求干請之語。又借爲河干江干之干㉕。易曰鴻漸亐干。陸氏曰水畔也。鄭氏曰水旁故停水處。詩云寘之河之干。毛氏曰厓也。又曰秩秩斯干。毛氏曰澗也。㠯爲澗者非。按、干、厈也、干所㠯扞也、故扞禦亦單作干、戶旰切。詩云公侯干城。傳曰扞城其民。通作扞。又作𣪠。

干之指事

𢆉

𢆉仡戟切。說文曰不順也、从干下屮、𢆉之也。鄭𩵋仲曰古戟字。

干之疑

䇂

䇂說文、罪也、从干从二。二、古文上字、張林說。孫氏去虔切。按、言、䇂聲。

䇂之疑

辛

辛辛息隣切。說文曰秋旹萬物成而孰、金剛、味辛、辛痛卽泣出、从一䇂。䇂、辠也、辛承庚、象人股。伯曰辛䇂古篆多通用、豈一字與。按、辛之本義未達、今用爲庚辛之辛、爲辛辣之辛、因辛辣爲辛苦、爲艱辛。

辛之會意

辡

辡說文曰罪人相與訟也。孫氏方免切。

辛之龤聲

辜

辜古乎切。說文曰罪也。𣀔、古文、从死。書云與其殺不辜、寧失不經。又曰凡有辜罪、乃网恆獲。周禮曰㠯疈辜祭三方百物。鄭司農曰疈辜、披磔牲㠯祭、若今旹磔狗祭㠯止風。又曰凡沈辜矦禳飾其牲。又曰殺其親者、焚之、殺

辥　辟

王之親者、辜之。康成曰辜之言枯也、謂磔之。又爲𤕫辜。說文、嫴、𤕫任也。辜辠辟皆从辛。

辥說文曰辠也、𡴘聲。孫氏私列切。

辛之疑

辟說文曰法也、从卩从辛、卩制其罪也、从口用法者也。孫氏必益切。

按、辟之本義未達、其用於書傳者、其義十有二、其音七。爲荆辟之辟。吕荆

墨辟劓辟剕辟宮辟大辟、凡五。君陳曰辟吕止辟。周禮曰吕八辟麗邦法。爲開辟之辟、與闢通。周禮曰大賓客歬王而辟。爲辟踊之辟、發匈也。亦作擗。竝房益切。君王爲辟。書云克左右厥辟。又曰祗爾厥辟。又爲辟禳辟除之辟。又爲辟法之辟。書云我之弗辟。詩

云辟言弗信。亦作𨐨。說文曰治也、引書我之弗𨐨。[26]又爲辟置之辟。竝必益切。又爲退辟之辟。亦作避。婢義切。又爲頗辟邪辟之辟。亦作僻。病之隱者因謂之辟。亦作癖。芳壁切。又爲辟歷之辟。別作霹。普擊切。又爲辟緣之辟。記曰天子素帶朱裏、終辟。大夫素帶、辟垂。鄭康成讀如裨冕之裨、吕繒采飾其側、婢支切。

又爲辟喻之辟。匹婢切。亦作譬。

辢　童

辢郎達切、味辛也。俗書。

童徒紅切。說文曰男有辠曰奴、奴曰童、女曰妾。从辛重省聲。𧷸籒文。童中與竊中同、从廿。廿、古文疾字。按、童之本義未達、於書傳爲兒童之童、男女未冠笄曰童、十有五年曰成童。別作僮。說文曰未冠也。又作勭、類篇曰成人也。

眸中有人景焉、吕其小也、亦謂之童子。

𢆉　羍

别伭瞳。屮羊未角者謂之童屮童羊。别伭犝、說文曰無角也。又作犝。山無艸木者謂之童山。别伭㠉。日月初出、𤕌暉未揚謂之童曨。别伭曈哃朣。

𢆉說文曰撅也、从干从入、入一爲干、入二爲𢆉、讀若飪。孫氏而審切。

𢆉之疑

羍說文曰所目驚人也、从大从𢆉。一曰大聲也。一曰讀若瓠。俗語目盜不止爲羍、讀若籋。孫氏尼輒切。

羍之疑

報　乂

報博号切。說文曰當罪人也、从羍从𠬝。𠬝、服罪也。按、書傳報猶爲報。

乂魚廢切、交刀所用目剬乂艸薉之類、象形。說文曰芟艸也、从丿乀相交。或伭刈、亦通伭艾。俗爲乂治之乂。書云有能俾乂。又曰政乃乂。又爲創乂也。說文、𢘅懲也。孔氏曰乂、治也。又伭嬖、說文曰治也。

癸　樂　壴

癸鼎文𤼾居誄切。說文曰冬時水土平、可揆度也、象水从三方流入地中。癸承壬、象人足。𤼾籀文、从𣥠从矢。按、說文之說甚鑿而不通。書云一人冕執戣。孔氏曰兵也。目癸鼎之文觀之、殆侣三峰矛、篆籀皆傳寫之譌也。俗爲壬癸之癸。

樂玉角切。樂許子鍾文樂分盜鍾文樂商鍾文金石絲竹八音之謂樂、上象鍾鼓、崇牙、下象其虡。說文曰五聲八音緫名、象鼓鞞、木虡也、从木。按、樂非从木、目古鍾文考之、其下盖象虡、上象鍾鼓之屬。聞樂而歡、樂之之謂樂、力角切。好樂之謂樂、五教切。

壴鍾鼎文壴籀文壴說文曰陳樂立而上見也、从屮、从豆。孫氏中句切。李陽冰曰中取象艸木出地之形、豆取象陳籩豆之狀。按、壴、樂器類、艸木籩豆非所取象、其中盖象鼓、上象𠀐業崇牙之形、下象建鼓之虡、㞯之象亦从屮、非屮也。伯曰疑此即鼓字。𪔂、擊鼓也、故从攴。

壴之會意

鼓

鼓公戶切、吕革冐木擊吕出音爲鼓。引之則凡考擊鍾鼓琴瑟有聲者皆曰鼓。又伦鼓、說文曰鼓、郭也。旾分之音、萬物郭皮甲而出、故謂之鼓、攴象手擊之。𪔂、籒文。鼓、擊鼓也、从攴从壴、壴亦聲。蜀本說文曰从攴、言其文㉗然遠聞也。按、鼓不應有二字、說文於弢字又曰攴乑飾、與鼓同意、蓋不能自壴其說、从支爲是、擊鼓爲鼓、猶著衣爲衣、非有二字、攴乃支之譌。

鼓之龤聲

鼛

鼛古勞切、周禮曰吕鼛鼓鼓役事。康成曰鼛鼓長丈有二尺。鼓長則聲緩、故吕節力役。古通伦臯。臯、緩也。

鼙

鼙部迷切、小鼓也。周禮曰旅師執鼙。又曰中軍吕鼙令鼓。大𢼛儀、建鼓在阼階卥、應鼙在其東。卥階之卥、朔鼙在其北。鼙小可執、故中軍執吕令鼓、所謂朔鼙也、旅長執吕應之、所謂應鼙也。又伦鞞、鞞。司馬法曰鼙聲不過闒。說文曰騎鼓也。康成曰朔、始也、先擊朔鼙、應之。

鼗

鼗迭刀切、有柄、兩耳鼓也、播吕節樂。周禮曰凡樂事播鼗。又伦鞉。詩云置我鞉鼓。曰鞉磬柷圉。康成曰鼗如鼓而小、持其柄搖之、兩耳還自擊。說文曰鞀遼也。或伦鞉鼗磬。

鼖

鼖符分切、周官吕鼖鼓鼓軍事。說文曰大鼓也、八尺而兩面。或伦鞼。古單伦賁。詩云賁鼓維鏞。毛氏曰大鼓也。陸氏扶云切。

鼜

鼜鼜周禮曰軍旅夜鼓鼜。杜子春鄭康成讀若戚、謂戒守鼓也、擊聲㾓數故曰戚。司馬法曰昬三通鼓爲大鼜、夜半三通爲晨戒、旦明五通爲發昫。陸氏千歷切、又七到切。

鼕

鼕迭兵迭登二切、鼓聲也。說文、鼕鼓聲也、从鼓、隆聲。孫氏迭兵切。按、隆非迭兵之聲、鼓鼙如囫囫隆隆、簡簡逢逢皆假借吕形聲、不必盡制字。

喜　嚭　彭　嘉

喜許已㉘切、笑樂也。別作憙歡、說文、喜、樂也。歡、古文。憙、說也。欠部又有歎、卒喜也。丂聲。又厺聲。

喜之龤聲

嚭匹鄙切、說文曰大也。春秋傳、吳有太宰嚭。

彭蒲庚蒲光二切、鼓[illegible][illegible]。易曰匪其彭。明辨晳也。說文曰鼓聲、从壴、彡聲。徐鉉曰當从形省聲。按、形亦非彭之聲。俗爲彭亯之彭、腹張皃也。又逋光切、彊盛皃。

詩云行人彭彭。毛氏曰多皃。又曰出車彭彭。毛氏曰三馬皃。又曰四牡彭彭。毛氏曰彭彭然不旻息。又曰駟騵彭彭。又曰百兩彭彭。又曰有驪有黃、以車彭彭。按、詩屢言彭彭、取意略同、毛氏隨文三變其說、皆非也。別作騯、說文曰馬盛也、引詩三牡騯騯。

壴之龤聲

嘉古牙切、善美也。說文曰美也。說文人部又有佳字、善也、古睽古牙二切。按、古無佳字、楚辭始有之、實一字也。

壴之疑

豈

豈苦亥切。說文曰還師振旅樂也。一曰欲也、登也、微省聲。按、微於聲不龤。按、詩云歆酒樂豈、和樂也、从豈、葢本義爲豈樂。亦作凱愷。周禮曰王師大獻則令奏愷樂。傳曰振旅愷以入于晉是也。引之爲豈弟、樂易之謂也。詩云豈弟君子。又爲凱風、

和悅之風也、詩云凱風自南。又祛里切、俗爲反語。詩云豈無他人。曰豈不爾思。正義叜於假俗、故別太愷字。

琴

琴巨今切、[illegible]說文曰古文金聲、从古文瑟。斲木而弦之以絲、彈之以成音、象形。亦作琴。

琴之龤聲

瑟

瑟所櫛切、二十五絃曰瑟。[illegible]、古文。俗義二、

詩云瑟彼玉瓚。又曰瑟兮僩兮。大學曰瑟兮僩兮者、恂慄也。瑟蓋縝慄之皃。或作璱、說文曰玉英華相帶如瑟絃、非。又爲蕭瑟。

琵 琶

琵房脂切。琶蒲巴切。琵琶、胡琴也。徐鉉曰當作枇杷。

𣶒

𣶒先幺切、𣶒樂也、比竹參差、合而歙之、象比竹而約之。書云𣶒韶九成。詩云𣶒管具𤼵。康成曰編小竹管如今賣餳所歙者。鄭氏曰𣶒大者二十三管、長尺有三寸、小者十有六管、長尺有二寸。今文作簫。說文曰參差管樂象鳳之翼、从竹、肅聲。按、肅、歗皆吕𣶒爲聲、𣶒之誤爲𣶒、許氏未睹𣶒之本文、故於肅曲爲之說、而𣶒反吕肅爲聲也。又作箾。傳曰見舞象箾南籥者、舞韶箾者。陸氏曰音𣶒。徐氏曰音朔。

弓末亦謂之𣶒。記曰凡遺人弓者、又手執𣶒、少手承弣。

庚

𢈘庚鼎文 庚古行切。說文曰𠧧方、象秋旹萬物庚庚有實也。庚承己、象人臍。鄭敷仲曰鬲之類也、亦三足。按、許氏之說僅會牽彊、庚蓋鍾類、故庸从之。

庚之龤聲

庸

𢊁庸余封切、大鍾也。詩云庸鼓有斁。毛氏曰大鍾曰庸。別作鏞。書云笙鏞吕閒。

假借義有三。書曰疇咨若旹登庸。曰汝能庸命。曰弗詢之謀勿庸。曰車服吕庸。庸之爲言用也、常用之謂庸、故庸有常義焉。易曰庸言之信、庸行之謹。書云天秩有禮、自我五禮有庸哉。曰夏王弗克庸悳。周官、吕樂悳教國子、中和祗庸。記曰君子中庸。常用之謂也。周官、民功曰庸。續用之謂也。說文曰庸、用也、从用从庚、庚更事也。鏞、大鏞也。㉙

用力於人謂之庸、用其力則與之雇直、因亦謂之庸。別作傭。說文曰傭均直也。又作𩫏、說文曰用也、从亯从自、自知臭香所食也。

声

声殸磬苦定切、石樂也、下象声之倨句、上象所縣、籒文加多、多所㠯擊也、後人又加石。說文曰古文伦歷。

冊

冊楚革切、𠕋鄦𣪊文編策㠯書記也、象形。古者書㠯刀筆、載之方冊、削木爲方、編竹爲冊。亦通伦策。聘禮曰百名㠯上書於策、不及百名書於方。名文也。既夕禮曰書賵於方、若九若七若五、書遣於策。文多者書之冊、少者書之方

也。冊必卷、故弟㠯卷名。說文曰冊、符命也、諸矦進受於王也、象其札一長一短、中有二編之形。古伦𥶜。按、古者命公卿矦伯、必有訓辭、書之㠯冊或㠯方、非專㠯爲符命也、一長一短乃傳寫文飾之變、鄦𣪊乃其本文也。

冊之會意

典

典多殄切、經訓常灋書之於冊、閣而藏之謂之典、从亓、所㠯庋閣也。垚舜之書謂之二典。周禮、六官之大灋謂之六典。引而申之、大經常灋皆謂之典。書云天敘有典、勑我五典、五𣪊哉。父子君臣夫婦兄弟朋友五者、天之所敘而古今之常道也、故謂之五典。又曰有典有則。曰茲率厥典。曰訓典。曰舊典。又推之爲主典典掌。書云惟典神天。曰念終始典于學。曰典朕三禮。曰命汝典樂。傳曰典司宗祏。又伦籅敟。說文、敟、主也。

侖

侖龍𠷎切、敍也。說文曰思也、从亼冊。龠、籒文。說文、龠㉚、佥侖、侖、理也。按、侖理之說近之、思之說遠。又盧昆切、凡物之圜渾曰昆侖、圜而未剖檄曰渾侖。別伦崐崘。或曰昆侖之侖乃本義。

亼冊而卷之侖如也。

侖之會意

龠

龠㠯灼切、管樂也、从侖、吅、象其空竅。又伦籥、从竹。說文曰管之三孔、㠯龢衆聲、从侖、理也。毛氏曰籥六孔。麋

龡　龢　龤

成曰如篴三空。陸氏曰長三尺、執之己舞。廣雅曰七孔。因之爲升龠之龠、十龠爲合、十合爲升。漢志曰本起於黃鍾之龠、用度數審其容、己子穀秬黍中者千有二百實其龠、己井水準其槩、十龠爲合、十合爲升。又因之爲鍵閉之管籥。書云啓籥見書。馬氏曰藏卜兆書管也。月令、孟冬脩鍵閉、愼管籥。康成曰鍵牡閉牝也、管籥、摶鍵器也。亦作鑰。己金爲管、故从金。又作闟、說文曰闟下牡也。按、籥、管也、管爲牝。

龠之會意

龡　尺爲切、吹管也。通作吹。又尺僞切、管樂通謂之吹。說文作籥。

龠之龤聲

龢　胡戈切、樂聲調也。通作和。

龤　胡皆切、樂聲和劦也。通作諧。又作[馬皆]、說文曰馬和也。

甾　簸　甶　畚

甾　甾居之切、竹器侈口、己簸己揚。又作𠀠其、六聲。說文曰箕从竹、甾象形、下其六也。𠀠、𠀠古文、匩、籒文。假借有三、書曰嗚呼曷其與居通、爲語助。又渠之切、義與渠通、指其人其物之辭也。亦爲疑辭、又居忌切。詩云彼其之子。與忌通。

甾之龤聲

簸　補過切、己甾揚去穅粃也。

甶　側辭切。說文曰東楚名缶曰甶。甶、古文。李陽冰曰大腹而舍仐曰甶、缶與甶小變形、皆己仐爲聲。按、甶、竹器也、畚𤱶[甾宁]皆从甶、己是

甶　竹器也、象形。

甶之龤聲

畚　布忖切、又作畬、何土器也。說文曰𤱶屬、蒲器也、所己盛種。傳曰楚篙艾獵城沂、稱畚築。杜氏曰盛土器也。又曰宰夫胹熊蹯不孰、殺之寘諸畚。杜氏曰己

艸索爲之、笆屬。按、畚、特畚畚之屬、非有二物、笆屬之說非也。

⿰甾并 蒲經切。說文曰帡姑㉛杳也。杜林吕爲竹器、揚雄吕爲蒲器。讀若軿。

⿰甾宁 陟吕切。說文、从宁从甾、幡陟倫切也、所吕載盛米甾缶也。

⿸虍甾 郎乎切。說文、⿱甾缶也。讀若盧。𧇊篆文。𧇊籒文。又曰𧇊、飯器、吕柳爲之。按、吕柳爲之者盧也、見皿部。

⿰甾㢟 楚洽切。說文、斛也、古田器。

臾 臾臾朋貴切、土籠也。又作蕢。語曰有何蕢而過孔氏之門者。說文曰蕢、艸器也。臾、古文、象形、引論語何臾。孟子曰不知足而爲屨、我知其不爲蕢也。趙氏曰艸器也。又作簣、从竹。書曰爲山九仞、功虧一簣。語曰譬如爲山、雖覆一簣。按、臾蕢簣實一字、其畚類、所吕負土也、故其形類僂。

𠦒 𠦒說文曰甘屬、所吕推弃之器也、象形、官溥說。孫氏北潘切。

𠦒之會意諧聲

糞 糞方問切、埽除也、从収推𠦒、釆聲。說文曰推𠦒弃釆、官溥說佀米而非米者、矢字也。按、官氏之說斅盎、奚亦吕釆爲聲。亦作拚。別作撲。引之爲糞國、糞國可吕沃田圃、故因之爲糞壅。孟子曰凶年糞其田。又曰百畝之糞。別作坌。

𠦒之疑

畢 畢卑吉切。說文曰田网也、象畢形。或曰由聲。按、饋食禮、主人賓長及執事舉鼎、宗人執畢先入。康成曰畢狀如㉝叉、爲其佀畢星取名焉。既㉞錯鼎又吕畢臨載、備失脫也。記曰畢用桑、長三尺、刊其柄與末。畢星佀之。詩云有捄天畢。按、天畢正吕佀畢㝵名、鄭氏反謂畢佀星、誤矣。又爲罼羅之罼。詩云鴛鴦于飛、畢之羅之。康成曰小网長柄曰畢。天官書曰畢曰罕車。孫炎曰掩兔之畢也。又作罼。此二義者、未知

互

其𩰲爲本義也。借爲畢盡之畢。饋食禮曰宗人告事畢。猶言訖也。書云惟民其畢弃咎。猶言悉也。或作戰、說文、戰盡也。冠卷之餘者屈而著於武因曰畢。喪服傳曰斬衰冠六升外畢。康成曰冠卷垂後屈而縫著於武者也。又作縪。又記曰呻其佔畢。爾雅曰簡謂之畢。

互 胡故切、交木爲距也、象形。周官、牛人祭祀

共牛牲之互。鄭司農曰楅衡之屬。康成曰若今屠家縣肉格。亦作枑、加木。又掌舍掌王之會同之舍、設梐枑再重。故書作柜、杜子春曰行馬也。交木爲互、所吕限距、今謂之行馬、牛牲之互亦如之、所吕限其奔軼也、交互之義取焉。或曰交互爲本義。周官、鼈人掌取互物、吕旹簎魚鼈龜蜃凡貍物。鄭司農曰謂有甲𤰞胡龜鼈之屬。說文曰罝罟也。又作笠、笠可吕收繩也、从竹、中象人手所推握也。或單作互。徐鍇曰此直象形。周禮有梐互、蓋吕交互遮闌也。

卩

卩 子結切、古者爲卩吕爲信、象骨卩之形。說文曰瑞信也、象相合之形。周官、掌卩掌守邦卩而辨其用、吕輔王命。守邦國者用玉卩、守都鄙者用角卩。凡邦國之使卩、山國用虎卩、土國用人卩、澤國用龍卩、皆金也、吕英蕩輔之。門關用符卩、貨賄用璽卩、道路用旌卩、皆有期吕反

卩。凡通達於天下者、必有卩吕傳輔之。今通作節。

卩之會意

令

令 力正切、命令也、卩吕叙之、从亼合卩爲令也。令之之謂令、平聲。借爲㉞鈴鐸之令。詩云盧令令松。根有伏塊如令謂之伏令、艸有豨令、其根如令而睘、謂之豨令、亦曰豬

印

令。別作苓 又借爲令善之義、令人令月是也。

印　於刃切、按璽卪吕志也、故璽亦謂之印。按之之謂印、於棘切。吕氏春秋曰若璽之於塗也、印之吕方則方、印之吕圜則圜。說文曰印、執政所持信也、从爪从卪。𠨘、按也、从反印。於棘切。按、印从𦥑又、不从爪、說文多吕𦥑又為爪、印𠨘實一字。因之為印揚之印、印而下也。借爲發語辭、與緊相近。今作抑。

弜

弜　說文曰弜从此、闕。孫氏士戀切。

卪之龤聲

厀

厀　息七切、脛卪也。又作膝。

卷

卷　巨員切、卪之卷曲也。說文曰厀曲也。引之則凡卷曲者皆曰卷。詩云有卷者阿。山阿拳曲也。手指之曲亦曰卷。中庸曰一卷石之多。亦作卷[35]。髮之曲卷曰拳。詩云卷髮如蠆。別作鬈。身之曲局曰卷。說文、⿺走雚、行⿺走雚⿺走疑也。一曰行曲脊皃。角之卷曲者曰卷。別作觠。曲而轉曰卷、居轉切。詩云我心匪席、不可卷也。別作捲。卷之成軸為卷、居願切。圜[36]規亐外曰卷、起權切。冠武亦曰卷、與圈通。又古本切、與衮通。釋名曰畫卷龍於衣故曰卷、叓宜考之。

卲

卲　實照切。說文曰高也。

卪之疑

卸

卸　司夜切。說文曰舍車解馬也、从卪止午、讀若汝南人寫書之寫。

色

色　所力切、顏色采色也。說文曰顏气也、从人从卪。𢒪、古文。

色之龤聲

艴

艴　叓勿切、怫於中而見於色也。孟子曰曾西艴然不悅。

厄

厄　說文曰科厄、木節也、厂聲。徐鉉曰厂非聲。[37]賢侍中曰厄裹也。一曰厄葢也。孫氏五果切、疑非說文本音。

卮

卮章移切。說文曰圜器也。一名觛、所吕節歙食、象人卩在其下也。

按、記曰敦牟卮匜、非餕莫敢用。康成曰酒漿器。

幻

𢆶𢆶胡關切、兩環相毌也、上象其紐。又作環。

俗爲幻惑幻妄之幻、厺聲。書曰無或譸張爲幻。

幻之轉注疑

予

予余呂切。說文曰予、推予也、象相予之形。幻、相詐惑也、从反予、引書。按、說文之說絕無意義。

於書傳予之上聲與与通、予之平聲與余通。

丰

丯苦計切、說文曰丯、艸蔡也、象艸生之散亂也。孫氏古拜切。按、說文之說絕無理。

丰即契也、又作㓞、加刀、刀所吕契也。說文曰巧㓞也。孫氏恪八切。又作契、大聲。說文曰大約也、从大从㓞。古未有書、先有契、契刻竹木吕爲識、丰象所刻之齒、耒吕丰爲聲。易曰上古結繩而治、後世聖人易之吕書契。呂氏春秋曰契舟求劒。周官、菙氏共燋契吕待卜事。康成曰契、契龜之鑿也。詩云爰始爰謀、爰契我龜。毛氏曰開也。又作栔、說文曰刻也。因之爲契券、刻畫竹木而刮分之、各執其一吕合信。周禮曰聽取予吕書契。列子曰宋人有得遺契者、歸而數其齒曰富可待矣。因之爲契合、契與刻聲義相近、故又因之爲契薄、猶言刻薄也、苦結切。別作鍥。俗爲契闊之契。詩云死生契闊。

又悉結切、俗爲稧契之契。亦作禼。

卜

卜卜博木切、灼龜吕卜吉凶也、象灼契。一說象龜兆之从衡。

卜之象形會意

兆

兆治小切、灼龜坼也、兆象其坼。兆、古文。季

第二十九　工事五

曰古文爲正、从卜、小聲。周官太卜掌三兆之灋、一曰玉兆、二曰瓦兆、三曰原兆。卜師掌開龜之三兆、一曰方兆、二曰功兆、三曰義兆、三曰弓兆。引之爲墾兆、旣攴土坼謂之兆。士喪禮曰掘四隅、外其壤。掘中、南其壤。所謂兆也。俗爲億兆之兆、十萬爲億、十億爲兆。

占　職廉切、旣卜、眂兆而辨論其吉凶曰占、从卜从口、占之義也。旣筮占亦如之。又去聲。漢書曰令商賈各以其物自占。今人因用爲占據之占。俗佔佔。

卜之龤聲

卦　古賣切、易卦也。

鼎貞　知盈切。說文曰卜問也、从卜、貝、以爲贄、京房說鼎省聲。按、京說爲是、古文貞正从鼎。从貝者、鼎之省也。周官、太卜、國大貞、卜立君、卜大封。又曰大與、大師則貞龜。又曰季冬陳玉以貞來歲之媺惡。康成曰貞問於正者也、必先正之乃从問焉、貞龜正龜於卜位也。傳曰衛侯貞卜。杜氏曰正卜夢之吉凶。吴語曰請貞於陽卜。又易內卦爲貞、外卦爲悔。書曰乃命卜筮、曰貞、曰悔。傳曰蠱之貞、風也、其悔、山也。又本卦爲貞、變卦

爲悔。晉語曰筮之昃貞屯悔豫。貞之爲言正、定其吉凶也。易曰吉凶者、貞勝者也。天地之道、貞觀者也。日月之道、貞明者也。天下之動、貞夫一者也。楚辭曰攝提貞于孟陬。凡事不吉則凶、而人有疑焉、卜筮之知足以決正之、故曰貞。卜貞有專固、正靜之義焉、故內卦爲貞、外卦爲悔、本卦爲貞、變

用　葡　甯

卦爲㑭。易曰乾、元亨、利貞。其於三旹也、當冬。文言曰貞固足㠯幹事。屯之六二曰女子貞、不字。又曰小貞、吉、大貞、凶。晉人曰豈可見黃門而稱貞。貞之義居可知矣、正不足㠯盡之、是先人之訓也。

卜之疑

用余訟切、書傳通㠯爲施用之用。用宣皇文㠯

此爲鍾。説文曰用、可拖行也、从卜从中。衛宏說、用、古文。一說此本鏞字、象鍾形。㑭爲拖用之用。

用之鏞聲

葡乎北乎祕二切、具所用也。又伦備、加人。説文曰具也、从用、茍省聲。

甯乃定切。説文曰所願也、寍省聲。按、甯義闕。晉秋衛有甯氏。

甫　外

用之疑

甫方巨切。説文曰男子美稱、从用从父、父亦聲。㑭爲甫田甫艸之甫。毛氏曰大也。

外五會切、外與内對、外爲昜、内爲侌、外爲表、内爲裏。説文曰遠也。卜尚平旦、今夕卜、於事外矣。

六書故弟二十九終

六書故弟三十

永嘉戴侗著　　國蜀李鼎元校刊

工事六

絲　系　繇

絲息茲切、象絲出於絸。說文曰絲、細絲也。象束絲之形、讀若覛。絲、古文。絲、蠶所吐也、从二糸。徐鍇曰一蠶所吐爲忽、十忽爲絲。糸、五忽也。按、絲非一絸之緒、故兩其象吕厷義、其有偏旁者則从省文、非有二字也。

絲之象形

六書故弟三十　一

系胡計切、絲所聯屬也、象形。亦作系。說文曰系、繫也、丿聲。系籀文。與繫通。說文曰系或作毄。又係、絜束也。絭、帶也。

系之龤聲

繇余周切、系也。卜筮皆有繇、蓋系頌系辭也。周官占人、凡卜筮、既事則繫幣吕比其命、歲兵則計其中否。若黃帝戰亏阪泉之類、所謂繇也。陸氏曰直救切。又與由通用。爾雅曰繇、道也。說文曰隨从也。徐鉉曰俗从䍃。又餘招切、遠屬役也。漢書曰高帝嘗繇咸陽。又作傜徭。應劭曰繇役也。師古曰與傜通。塞外羈役之蠻亦謂之傜、蓋取此義。又作傜、說文曰䍃也、自關吕西物大小不同謂之傜。

率

率劣戌切[1]、伯曰大索也、上下兩端象所用絞率者、中象率、旁象麻枲之餘。別作繂、𦆽、類篇曰索也。又爲率帶之率。記曰率帶、諸侯大夫皆五采、士二采。又曰士練帶、率、下辟。凡帶有率、無箴功。康成曰率、繂也、繂之不加箴功。傳曰藻率鞞鞛。杜氏曰藻率吕韋爲之、所吕藉玉。非也。藻、五采也、吕五采率帶也、鞞鞛蓋與帶相屬。又爲彀率。孟子曰羿不爲拙躲變其彀率。說文[2]曰彎弓之限也。又所律切。說文曰捕鳥畢也、象絲网、上下其竿柄也。按、上下竿柄之說未通。俗爲率循之率。書曰率循大卞。詩云交交桑扈、率場啄粟。中庸曰率性

六書故弟三十　二

之謂道。因之爲率先率領。別伭達、說文曰先道也。因之謂彶率之率、與師通、所類切。又借爲率介之率、所律切。

𢇍

𢇍情雪切、斷絲也、象絲而絕之。又伭𢇍、从糸从刀、卩聲。說文曰𢇍、古文。漢書、𢇍者不可㚆續。

𢇍之轉注

𢆶

𢆶古詣切、續斷也、反𢇍爲𢆶。俗伭繼。

六書故弟三十　三

糸之會意

綏

綏息遺切、車中𥿭轡、所爰㠯升者也。語曰：升車必正立執綏。記曰：君車將駕、則僕奮衣由又上、取貳綏。君出就車、則僕并轡授綏。凡僕人之禮必授人綏。又曰：執君之乘車、僕者負良綏、申諸幦、㠯㪅綏升。說文曰車中把也、从糸从妥。徐鍇曰升車必執綏、所㠯安也、當从爪从安省。按、綏無安義。引之爲撫綏之義。書曰：三百里諸侯、五百里綏服。又曰：克綏厥猷。曰綏厥士女。曰撫綏萬方。曰綏予曰無然亐恤。詩云：綏我眉耇。曰綏㠯多福。曰福履綏之。曰㠯綏後祿。語曰：綏之斯來。謂來接爰引之也。綏、綏妥多互用。記曰武車綏旌。陸氏耳佳切。此㠯綏爲緌者也。記曰執天子之器上衡、國君亐衡、大夫則綏之。又曰國君綏視、大④天衡視。康成皆讀爲妥、此㠯綏爲妥者也。

六書故弟三十　四

糸之龤聲

絸

絸古典切、蠶吐絲所自包裹也。又伭繭。說文曰蠶衣也、从糸从虫。徐本从芇省。唐本从芇。絸古文。爾雅、蟓、桑繭。雠由、樗繭。棘繭。欒繭。蚢、蕭繭。按、虫之爲繭者非一、惟蠶繭可繅爲絲。衣㠯繭絮之者因謂之繭。記曰：子羔之襲也、繭衣裳。康成曰若今大襺。又曰：纊爲繭、縕爲袍。康成曰衣有著之異名也。別伭襺。說文曰袍衣也。

繅

繅穌遭切、抽繭取絲也。又子皓切、與繰互用。別作繰。

緒

緒徐呂切、抽絲之端緒也。

統

統他綜切、合衆繭之緒而抽之、繅之統也。甌人呼他鄧切。引之則凡統緒皆曰統。禮曰大宗者、尊之統也。孟子曰君子創業垂統。緫統之曰統、上聲。易曰乃統天。書曰統百官。禮曰尊者尊統上、卑者尊統下。說文曰紀也、不然。

縷

縷力主切、絲麻之縷可經緯者也。周官、典枲掌布緦縷紵麻艸之物。孟子曰麻縷絲絮。

綹

綹力久切、說文曰緯十縷爲綹。按、縷綹一聲、實一字也。甌人㠯繅餘粗絲爲綹。

綫

綫私箭切、大絲所用縫紉者也。又作線。周禮、縫人掌縫線之事。

細

細穌計切、絲之微者也。

緬

緬彌兖切、細不絕也。說文曰微絲也。今之絡者別其絲、最細者爲緬、次曰大緬、凡緬皆㠯爲緯。又作絤。

緢

緢彌遙切、細而毛也。說文曰旄絲也。

紬

紬直由切、抽取純緒也。今人織大絲爲繒亦謂之紬。說文曰大絲繒也。

絡

絡盧各切、既繅而絡之、厺其纏纇、別其經緯也。引之爲羅絡、爲籠絡。

繹

繹羊益切、重絡也。凡反覆紬繹皆曰繹。語曰繹如也、㠯成。曰繹之爲賓祭之明日再祭、因謂之繹。

紡

紡甫罔切、㠯車絡絲欲其緊也。傳⑤口紡焉

繀 紽 緎 緵

㠯度而厹之。㠯⑥訪絲爲繒者因謂之紡。聘禮曰賄用束紡。康成曰紡、紡絲所爲、今之縛也。說文曰网絲也。蜀本伦拗絲。按爲网者必紡其絲、故許氏云。因爲纆縷之義。晉語曰軐而紡於庭之槐。

繀 穌數切、說文曰著絲於筟車也。說文釋篗曰繀絲筦也。筦、筟也。筟、篗也。繀又取猥切。按筟車、紡車也。著絲於篗、著篗於車、踏而轉之、所謂紡也。

紽 䢷何切、詩云素絲五紽。毛氏曰數也。

緎 亐逼切、詩云素絲五緎。西京襍記曰五絲爲䋎、倍䋎爲升、倍升爲緎、倍緎爲紀、倍紀爲緵、倍緵爲襚。爾雅曰緎、縫也。孫炎曰縫之界緎也。按、詩末章云羔羊之縫、則此不旻爲縫矣。紽緎緫皆㠯五疑、疑皆絲之量數、顧今無所考尔。說文黬、羔求之縫、从黑。

緵 子紅切、又厹聲。史記、景帝令䢷隸衣七緵布。正義曰蓋今七升布、言其粗也。如西京襍記之說當爲八升、七緵當爲五十六升矣、必無此理。漢書、十緵布二匹。孟康曰緵、八十縷也。爾雅曰緵罟謂之九罭。

綜 經 緯

綜 子宋切、合絲爲縷、機所用提經也。又子鄧切、與緵疑當合。綜之曰綜、上聲。易曰錯綜其數。

經 堅靈切、又厹聲。軸所持絲也。經从而緯衡、經長竟而緯可接續。凡爲布帛必先經而後緯、故經始經營經常之義生焉。

緯 亐貴切、杼所持絲也、經从而緯衡。又羽

鬼切。一說束也。

䊷 織

䊷 說文曰織絹㠯絲毌杼也。丱聲。孫氏古還切。

織 質力切、經之緯之㠯爲布帛謂之織。又伦𦁍、說文曰樂浪挈令織、从式。染絲織成文采謂之織、郎吏切。書曰厥匪織文。孔氏曰錦綺之屬。周禮曰受文織絲組焉。詩云織文鳥章。記曰士不衣織。康成曰染絲織之也。

紹 市沼切、接繼統緒也。說文曰絕、⑦古文从邵。

續 似足切、繼絕也。說文曰賡、古文、从庚从貝。

纘 作管切、紹續組織之成功也。書云纘禹舊服。詩云載纘武功。中庸曰纘太王、王季、文王之緒。說文曰繼也。與纂通。記曰纂乃祖服。

緫 作孔切、合而緫之也。俗作總。與揔通。說文曰聚束也。徐鉉曰俗作揔、非。書云無緫于貨寶、緫角、撮髮也。緫撮聲相通。記曰櫛縰笄緫。又祖叢切。

六書故弟三十　九

級 紀立切、絲次弟也。詩云素絲五緫。毛氏曰數也。

給 居立切、經緯相給足也。說文曰相足也。語曰禦人㠯口給。因之為周給。

緩 胡玩切、不急也。說文作緩、从素。

紓 商居切、緩之也。

纵 足用切、舍之使緩也。俗作縱。

綽 尺約切、寬緩有餘裕也。詩云寬兮綽兮。孟子曰綽綽然有餘裕。說文作綽、从素。

繟 昌善切、說文曰偏緩也。又作繟、說文曰帶緩也。

絿 渠尤切、詩云不競不絿、不剛不柔。毛氏曰急也。按、詩剛與柔對言、競與絿對言、絿當為弛緩意。

緊 頸忍切、丂急也。

六書故弟三十　十

紾 止忍切、絲纏轉也。考工記曰老牛之角紾而昔。謂其角理紾轉也。孟子曰紾兄之臂而奪之食。謂轉戾其臂也。

綟 洛計切、轉之急也。說文曰綟、帛戾艸染色。亦單作戾。素問曰其病綟戾。又力結切、絞之急也。與捩通。

縮 所六切、絲[illegible][illegible]而短縮也、贏縮之義生焉。僭爲縮酌之縮。周禮曰醴齊縮酌。記曰縮酌用茅、明酌也。康成曰醴齊尢濁、沭之吕茅、縮去滓也。又僭爲衡縮之縮。記曰古者冠縮縫、今也衡縫。縮、直也。孟子曰自反而縮。

繽

繽 毗民紕民二切、繽紛、繁襍亂皃。楚辭曰旹繽紛吕㜶易曰佩繽紛其繁飾。又伀闠、說文曰門連結闠紛相牽也。又伀闠。

六書故弟三十　十一

紛

紛 甫文切、絲緐不治也。說文曰馬尾韜也。亂絲散帛可用吕揩拭者因謂之紛。記曰少佩紛帨。別伀帉、說文曰楚謂大巾曰帉。

紜

紜 王分切、紛紜、絲亂也。孫子曰紛紛紜紜鬥亂。

緊

緊 遣禮切、絲鏳結也。說文曰緻縮也。一曰徽幟信也、有齒。筋肉之小盤結者因謂之緊。莊子曰投經肎緊之未嘗。司馬彪曰結处也、肎緊又伀肎脊。徐鉉曰肥腸也、非。

紊

紊 亡運切、經理鏳亂也。

䜌

䜌 吕員切、又洛官切。說文曰亂也。一曰治也。一曰不絕、从言从絲、會意。按此疑卽亂字、詳具𠬪部。

紿

紿 他亥徒亥二切、說文曰絲勞卽紿。僭爲欺紿之紿。別伀詒、說文曰相欺詒也。

繲

繲 古隘切、絲纇纑也。莊周曰挫鍼治繲。

六書故弟三十　十二

⿰糸聶

⿰糸聶 尼攝切、絲接峻也。西京襍記曰五絲爲⿰糸聶、倍⿰糸聶爲外。

纇

纇 盧對切、說文曰絲節也。傳曰刑之頗纇。僭用纇字。

繅

繅 商交切、說文曰粗緒也。徐鉉曰今俗伀縚。

紇

紇 下沒切、說文曰絲下也。

繄

繄 桒故切、又乎聲、帛未染曰繄、繄省聲。說文曰白致繒也、从糸、取其澤也。繄無文采故因之爲空虛之義。詩云不素餐兮。記曰素隱行怪。傳曰與其素厲。皆此義也。素爲文采之質、在會畫之先。考工記曰會畫之事後素功。因之爲故素乎素、凡在事先之義。喪禮所謂飯素食、傳曰不愆亐素、中庸曰素其位而行、皆此義也。因之爲才樸之素。禮曰獻才獻素。康成曰形法定爲素。俗作塑塐。又僭爲鄉義。别作傃。

純

純常倫切、帛之粹者也。士冠禮、爵弁服純衣。康成曰絲衣也。語曰麻冕禮也、今也純儉。引之爲純壹。詩云文王之悳之純。易曰剛健中正、純粹精也。假借之義三、爲衣純、主尹切。緣也。書曰篾席黼純。記曰具父母大父母、衣純㠯繢、具父母衣純㠯青。又徒渾切。詩云白茅純束。毛氏曰純束猶包之也。康成曰裹束也。陸氏讀如屯、朱子曰徒尊切。又射禮、二算爲純。康成曰純猶全也、耦⑧侌昜。陸氏曰如字、投壺禮音全、非。

縞

縞古老切、粗於素曰縞。書云厥匪玄纖縞。孔氏曰玄、黑繒。縞、白繒也。或曰細繒也。記曰大祥素縞麻衣。又曰祥雖不當縞者必縞。又曰縞冠素紕、既祥之冠也。㠯縞爲未純吉之服、而縞冠乃㠯素紕之、明縞粗於素也。細繒之說非。粗則不能密致、故素問曰生於心如㠯縞裹朱、生於脾如㠯縞裹栝樓實。史記曰彊弩之極矣、不能穿魯縞。

纖

纖思廉切、帛精細者。書曰厥匪玄纖縞。記曰祥而縞、禫而纖。孔氏㠯纖爲玄與縞之細、鄭氏㠯纖爲黑經白緯、皆非也。禫則純吉矣、又何白緯之有。玄纖縞實爲三物、縞粗而纖細。引之則凡纖細者皆曰纖。别作孅。說文曰兑細也。

繒 絹 綈 紈 綾 紽 綺 綃

繒疾陵切、說文曰帛也。記曰削緌祂緌繒。說文曰緈、籀文、从宰省。

絹吉緣切、今人通謂繒爲絹。說文曰繒如麥稍。

綈杜兮切、說文曰厚繒也。

紈胡官切、說文曰素也。

綾力膺切、綈地而織文也。

紽商爻切。徐鉉曰即繅字。

綺去倚切、說文曰文繒也。織采爲文曰錦、織綦爲文曰綺。

綃相幺切、生絲薄繒也。記曰君子狐青裘⑨豹褎、玄綃衣呂裼之。士昏禮曰姆纚笄宵衣。康成曰宵讀如綦衣朱綃之綃、魯詩綃爲綺屬也、姆亦玄衣、呂綃爲領、因呂爲名、且相別觭。饋食禮曰主婦纚笄宵衣。康成曰宵、綺屬也、此衣染之呂哭其繒本名曰宵、詩有素⑩衣朱宵、記有玄宵衣。按、詩無綦衣朱綃、素

紗 縳 縠

成於士昏禮饋食禮一佁綃、一佁宵、必有一誤、一呂爲領、一呂爲衣、未免自相舛。綃蓋輕薄之物、下有綦衣、呂此加其上、猶衣錦尚絅也。又綃。記曰布幕、衛也。繅幕、魯也。康成曰縑也、讀如綃。

紗師加切、輕繒暑所服也。古單佁沙。說文無紗字。周官王后之六服、褘衣、揄狄、闕狄、鞠衣、展衣、緣衣、綦沙。康成曰今之白縳也、六服皆袍制、呂白縳爲裏、使之章顯。今世沙縠之名出亏此。又麻績而紡之者爲紗。類篇

一曰紡繡也。

縳樞絹切、又柱沇切。說文曰白鮮色。康成曰紡絲爲之。類篇曰雙縳致繒也、紡𦃃絲爲之。又周禮曰百羽爲摶、十摶爲縳。康成曰束名也。疉氏古本切、沈氏除轉切。按、專非古本之聲。爾雅曰十羽謂之縳、百羽謂之緷。少氏傳、卬鮮虞呂帷縳其妻而載之。

縠胡谷切、說文曰細縳也。按、縠紡之精者也、其文緊蹙、故曰縠。

縑　縝　緛　縐　縟　紑　縵

縑古恬切。說文曰并絲繒也。淮南子曰縑之質白、縑之性黃。按、縑疑當作兼、二丈爲端、二端爲匹、爲兩爲兼、兼匹兩之義一也、今人猶㠯匹爲兼。

縝章忍切、密致也。記曰縝密㠯㮚。與鬒通。別作稹、非。絲髮之縝至矣、禾不足言也。

緛而沇切、說文曰衣蹙也。類篇曰縬也。纖、縮也、聚文也。王氷曰縮也。

縐側救切、絺縠緊蹙也。詩云蒙彼縐絺。別作皺。又作⿰衤芻。

六書故弟三十　十七

縟而屬切、織采繁縟也。

紑匹丘切、輕潔皃。詩云絲衣其紑。毛氏曰潔鮮皃。男駟曰輕皃。

縵莫半切、說文曰繒無文也。周官、卿大夫縵。康成曰無采也。傳曰降服乘縵。杜氏曰無文也。與漫通。又平聲、縵被之也。與鞔通。周官、凡祭祀、奏縵樂。謂琴瑟之屬被之㠯絲也。記曰不學操縵、不能安絃。

絅　練　緅　緇　紅

絅口迥切、記曰禪爲絅。中庸曰衣錦尚絅、惡其文之著也。又作絅。士昏禮、女从者被潁黼。康成曰禪也。又作褧。詩曰衣錦褧衣、裳錦褧裳。康成曰衣裳用錦而上加禪縠焉。

練郎甸切、㠯灰孰帛也。⑪絲帛曰練、金鐵曰鍊、通曰湅。別作敕⿰氵敕。

六書故弟三十　十八

緅緇鳩切、考工記曰三入爲纁、五入爲緅、七入爲緇。說文新附、緅、青黑色。康成曰纁三入而成、再染㠯黑爲緅。今禮俗文作爵、言如爵頭色也、又再染㠯黑乃成緇矣。

緇側持切、說具緅下。說文曰黑色也。或作紂。

紅戶工切、朱之類也。漢書、錦繡纂組害女紅者也。又㠯此爲女功之功。

紫　絳　縓　緹　縉

紫將此切、說文曰帛青赤色。語曰紅紫不以爲褻服。說文曰紅紫閒色不正、不以爲褻服、則上服可知。又曰惡紫恐其亂朱也。閒之仁宗甞有紫帊爲油所漬、其色黳玄、因命染人放而爲之、謂之油紫、今三品以上韓服用此⑫、其染之以紫艸、色近玄、昔之紫近絳謂之北紫、亂朱者、北紫也。紅紫、色之黳者、故不以爲褻服而已、紅非閒色也。

絳古巷切。說文曰大赤也。按、今人以茜艸染帛謂之茜紅、蓋絳也。說文、綪、赤繒也、以茜染故謂之綪。

縓七絹切。說文曰赤黃色也。爾雅、一染謂之縓、再染謂之赬、三染謂之纁。喪禮、裳縓綼緆。康成曰一染謂之縓、今紅也。陸氏曰淺赤黑色。喪服、公子爲其母麻衣縓緣、爲其妻縓冠。

緹他禮切、說文曰丹黃色。或作祇。周禮曰赤緹用羊。康成曰縓色。漢有緹騎。

縉即刃切、說文曰帛赤色也。春秋傳有縉雲氏。說文引禮有縉緣。按、禮止有縓緣、縓縉聲相近、豈即一字與。

緋　綠　紺　纔　綦

緋甫微切、今人以絳爲緋。說文新附、帛赤色也。

綠力玉切、說文曰青黃色也。

紺古暗切、說文曰深青揚赤色。

纔鋪沼切、又平聲。說文曰帛青白色也。劉熙曰淺青色。

綦渠之切。又作綥、說文曰艾蒼色、从糸畀聲。引詩縞衣綥巾。未嫁女所服。一曰不借。或作綦。書曰三人綦弁。孔氏曰文鹿子皮。詩云縞衣綦巾。毛氏曰艾蒼色。鄭氏曰綦、艾也。記曰玄冠綦組

纓、士之齊冠也。陸氏曰綦色也。又曰世子佩瑜玉而綦組綬、孔子佩象環五寸而綦組綬。康成曰文綦色也。詩云其弁伊騏。毛氏曰騏、騏文也。鄭氏曰騏當作綦。按、綦騏實通用。毛氏曰蒼祺曰騏。說文曰騏、青驪文如愽某也。蒼祺、騏文艾蒼色、子鹿皮大略皆蒼色也。祺文愽某之說恐不然。又爲屨系。士喪禮、屨組綦繫于踵。康成曰屨系也、所以拘止屨也、讀如馬絆綦之綦。陸氏曰一音去聲。記曰偪屨著綦。又假借之義與極

緗　纔　繅　繡

同。荀子曰綦大而王、綦小而亾。目欲綦色、耳欲綦聲。

緗息良切。說文新敀、帛淺黃色也。亞熈曰如嫖桒色。

纔徂來切。說文曰雀頭色。一曰微黑如紺。纔、淺也。讀若讒。按、纔一入色之淺也、故引之則甫尒爲纔。

繅子皓切、五采絲織成也。與藻通。與繅互用、說文曰繅、帛如紺色。或曰深繒。讀若喿。周禮曰王佐、加繅席。康成曰讀如藻率之藻、削蒲蒻展之⑬偏吕五采、若今合歡矣。又曰王晉大圭、執鎮圭、繅藉五采五就。公侯之圭璧皆繅。康成曰繅有五采文。聘禮、諸侯朝天子、圭與繅皆九寸、繅三采六等、朱白倉。記曰天子玉藻十有二旒。康成曰襍采曰藻、天子吕五采藻爲旒。又曰天子之冕朱綠藻。又伦璪。

繡息救切、吕五采綫絺刺爲文章也。又伦綉。

絢　繢　纈　縫　紉　紩　綴

絢許掾切、子夏問曰詩云素吕爲絢兮、何謂也。孔子曰會事後素。聘禮、問諸侯朱綠繅、皆絢組。康成曰采成文曰絢。

繢黃外切、會五采吕畫也。說文曰織餘也。考工記、設色之工畫繢。古單伦會。又伦繪。

纈戶結切、染繒成文采也。

縫符容切、又伦絳。縫衣也。縫之所合爲縫、亦聲。

紉女鄰切、穿鍼也。記曰衣裳綻削、紉箴請補綴。說文曰紉、繟繩也。繟、帶緩也。一說合絲爲紉。

紩直質切、說文曰縫也。

綴陟衛切、縫聯也。本單伦叕。又樂有綴兆。記曰綴兆舒疾、樂之文也。謂樂舞者、行削之聯也。康成曰綴謂贊舞者之位。陸氏丁劣反、徐氏丁衛切、徐音侶是。又陟劣切。士喪禮始飯綴足用燕几。康成曰猶拘也、爲收屨、恐其辟戾也。

緝

緝七入切、緶衣裳緣也。喪服傳曰斬衰者、不緝也。又爲緝績、麻枲之緝引之爲整緝緝理。詩云學有緝熈于光明。亦作緁。説文曰緝、績也。緁、緶衣也。或作緝。孫氏七接切。又作緁、説文曰緁緣也。徐鍇曰鍬緶之也。緁又側洽切。賈誼曰緁㠯偏諸。師古音妾。

六書故弟三十　廿三

緶

緶毗連切、緝也。説文曰交枲也。一曰緁衣也。

紕

紕頻脂切、㠯帛緶衣冠之旁也。説文曰氏人䌙也。孫氏早履切。記曰縞冠素紕。康成曰緣邊也。又曰韠紕㠯爵韋六寸。康成曰在旁曰紕、在下曰純。詩曰孑孑干旄、素絲紕之。毛氏曰紕所㠯織組、緫紕於此、成文於彼、願㠯素絲紕組之法御三馬也。康成曰素絲爲縷、㠯縫紕旌旗之旒縿、或㠯維持之。按紕緶聲相近、義相通、康成縫紕之説是也、維持之説與毛氏之説俱非。又篇

夷切、經緯不相持之謂紕、鎦劉之謂繆。

綖

綖夷然切、冕上覆也。傳曰衡紞紘綖。亦單作延。記曰冔後邃延。

纚

纚所綺所買二切、士冠禮曰緇纚廣終幅、長六尺。又作縰。記曰櫛縰笄緫。説文曰冠織也。康成曰今之幘梁也、廣長足㠯韜髮而結之。因爲縰屬之義、又力馳切。詩曰汎汎揚舟、紼纚維之。毛氏曰緌也。舅氏曰

六書故弟三十　廿四

小索也。

紳

紳升人切、大帶之𠂭曰紳。記曰紳長制、士三尺、有司二尺有五寸。子游曰三分帶下、紳居一焉。語曰子張書諸紳。葢書於下𠂭也、帶之有𠂭者因謂之紳。語曰加朝服拖紳。

繻

繻相俞切、削帛爲繻也。説文曰繒采色。旾秋傳有

紒　纕　緣　綼　緆　納

紀削繻印繻。漢兵軍入關，吏予繻，問何爲，曰爲夏傳還、當吕合符。蘇林曰帛邊也、舊關出入皆用傳、傳煩因削繻頭合吕爲符信也。又伀綸愉。今人削帛吕飾髻謂之繻、俗伀頯。

紒其禁切、士喪禮曰陳衣紒不在算。喪大記曰紒五幅無紞。康成曰單被也。說文曰衣系也。籀文伀䘳。按、衣系當伀衿、見衿下。記曰絞紒衾冒、死而後制。

纕息羊切、說文曰爰臂也。離騷曰既替余吕蕙纕。類篇曰佩帶也。

緣吕絹切、說文曰衣純也。沿其緣之謂緣、平聲。又爲褖衣之緣、詳見褖下。

綼毗攴切。鄭氏音卑、又賓彌切。綈、他計切。鄭氏羊跛切。士喪禮曰明衣裳緣綼緆。康成曰裳飾在幅曰綼、在下曰緆。說文曰緆、細布也。或伀𦆠。燕禮、公尊冪用綌若錫。康成曰今文或爲錫。詳見錫下。

納諾荅切、密行縫紩也。說文曰絲溼納納也。今人吕爲出內之內、故縫納別伀衲。喪服傳、菅屨外納。康成曰收其餘也。

繕　綻　纊　紵　絮

繕旹戰切、紉補也。傳曰繕甲兵、曰繕安葡。曰脩賦繕完。皆謂繕補也。周官、繕人掌王之用、弓弩矢服矰弋決拾。康成曰勁也、善也。又記曰急繕其怒、康成讀伀勁。

綻堂練、直莧二切、衣縫解也。記曰衣裳綻削。說文伀袒、補縫也。又伀袒。縫綻因謂之綻。古詩曰故

衣誰當補、新衣誰當綻。

纊苦謗切、緜也。或伀絖。

紵直呂切、說文曰檾屬、細爲絟、粗爲紵。別伀䌵。周官、典枲掌⑮布緦縷紵之麻艸之物。康成曰細曰緦、粗曰紵。按、布緦縷紵同爲麻艸已治之物名、檾屬者、苧也。詳見艸部。

絮息據切、說文曰敝綿也。絣澼始成而輕毳爲纊、緜忍爲緜、襍碎爲絮、緼著爲緼。記曰客絮

鬻、主人辭不能言。謂投五味而攪和之也。康成曰調也。陸氏勑慮切、非。

縕

縕 於粉切、纊在袍裏爲縕、故舊纊亦曰縕。記曰纊爲繭、縕爲袍。語曰衣敝縕袍。孔氏曰縕、枲著。康成曰纊、新綿。縕、舊絮。說文曰縕、紼也。紼、亂絲也。引之則凡縕著縕結縕畜皆曰縕。易曰乾坤、其易之縕邪。通作蘊。韞。又於云切。絪縕、絲絮襛厚緜

密也。易曰天地絪縕、萬物化醇。又作氤氳。又烏魂切。史記曰束縕請火。師古曰亂麻也、於粉切。按、今俗語呼若溫。記曰一命縕韍幽衡。康成曰赤黃色、所謂韎也。見韎下。

絪

絪 伊眞切、說具縕下。

褫

褫 郎奚切、惡絮也。說文曰褫、繫褫也。一曰維也。繫、一曰惡絮也。又作𦄂。

紙

紙 諸氏切。說文曰絮一苫也。紙 孫氏都兮切。說文曰絲滓也。按、紙紙一字、蓋以絲滓貼絮合而爲之、後漢蔡倫始以敗网樸樹膚爲紙以代簡牘、今人以楮皮爲之。或作帋。

績

績 則歷切、緝麻也。引之爲功績。書曰乃言厎可績。又曰三載考績。別作勣。今人以麻之已績者爲績、側吏切。

纑

纑 郎乎切、說文曰布縷也。孟子曰身織屨、妻辟纑。

朱子曰纑麻也。史記曰山函饒才竹穀纑。司馬貞曰山中紵可以爲布。

絺

絺 抽脂切、凡麻艸之物、細者爲絺、粗者爲綌。又爲絺繡。書云宗彝藻火粉米黼黻、絺繡。鄭氏曰刺也。

綌

綌 乞戟切、說具絺下。別作帢。

綀

綀 所葅切。說文新附、絺也。

緦　縗　絟　紝　組　紃

緦新茲切、喪服傳曰緦者、十五升抽其半、有事其縷、無事其布曰緦。說文曰十五升布也。一曰兩麻一絲布也。

緦、古文。

縗息銳切、喪服傳曰縗衰者何、以小功之縗也、縗衰三升半。康成曰治其縷如小功、而成布三升半、凡布細而疏者謂之縗、今南陽有鄧縗。別作縺繐。

絟逡緣切。說文曰細布也、詳見荃下。

紝如林、尼心二切、說文曰機縷也。孫氏如甚切。記曰織紝組紃。類篇曰織也。或作絍𦁇。傳曰執鍼織紝皆百人。按、織組紞之屬曰紝。

組揔古切。紃詳遵切。合縷以爲紞綖纓綬之屬也、圜曰組、扁曰紃。說文曰紃、圜采也。康成曰條也。記曰織紝組紃。又曰純以綦、紃以五采。康成曰杝諸縫中若今條。按、圜采不可以紃縫、圜者組也、紃又作約。

紘　紞　纓　緌　綬

紘乎萌切、周官、王之五冕、玉笄朱紘。說文曰冠卷也。或作紭。康成曰以組爲之、一條屬兩端於武爲飾。傳曰衡紞紘綖。杜氏曰纓从下而上者也。又爲网綱。班固賦曰覽天网之紘、覂鄺帝紘恢皇綱。司馬相如賦曰覽八紘而觀三海。

紞都感切、傳曰衡紞紘綖。說文曰冕冠塞耳者。徐鍇曰今俗作髧、非。杜氏曰冕之垂者。禮曰緇衾無紞。記曰紟五幅無紞。康成曰被識也、所以別前後。又曰以組類爲之、綴之領側、若今被識。

纓於盈切、說文曰冠系也。飾馬者亦用之。鄭司農曰謂當匈。康成曰今馬鞅。

緌儒佳切、纓下垂也。記曰冠緌纓。康成曰纓飾也。又曰范則冠而蟬有緌。康成曰范、蜂也、蜩喙在腹下。通作蕤。記曰大帛冠、緇布冠、不蕤、委武、玄縞而後蕤。

綬殖酉切、組之長者、所用維繫也。說文曰韍帷也。

記曰天子佩白玉而玄組綬。康成曰所吕毋佩玉者也。

周官幕人掌帷幕幄帟綬。鄭司農曰綬所吕繫帷幕幄帟也。

漢書曰方寸之印、丈二之組。師古曰組者印之綬。

絛

絛土刀切、組紃之通名也。

縭

縭力知切、詩云親結其縭。爾雅曰婦人之褘謂之縭。縭、綏也。毛氏曰婦人之褘也、母戒女施衿結帨。孫炎曰褘帨巾也。爾雅疏曰孫炎說非。鄭氏曰今之香纓也、褘邪交落帶繫於體、因名爲褘。說文曰縭、吕絲介履也。又佮褵。

纂

纂作管切、說文曰佀組而赤。國語曰縷纂吕爲弄。韋昭曰吕縷織纂不用絲也、纂、織文也。漢書曰錦繡纂組、害女紅者也。應劭曰今五采屬綷是也。師古曰綷會也。子內切。按、纂與纘亦互用。記曰纂乃祖服。大槩纂有聚義、纘則繼也。又佮纘。

繶

繶於力切、屨之要飾也。周官屨人爲舄、亦繶黃繶青句。士喪禮、夏葛屨、冬白屨、皆繶緇絇純。士冠禮玄端爵屨、青絇繶純。鄭司農曰亦繶黃繶、吕亦黃絲爲下緣也、禮家亦謂吕采絲礫其下爲繶也。康成曰縫中紃也。

士虞禮曰賓長洗繶爵。康成曰口足之間有篆文也。又佮繶。

絇

絇勤拘、姜踰二切、今鞋帶之屬、古之屨舄、其鼻皆闕、句之吕絇。士喪禮曰綦結于跗、連絇。康成曰絇謂之拘、著舄屨之頭吕爲行戒。又曰狀如刀衣鼻、在屨頭。說文曰纑繩絇也、讀若鳩。古亦單佮句。周禮曰黃繶青句。

緄

緄古渾古本二切、詩云竹閉緄縢。毛氏曰繩也。說文曰織帶也。

縢

縢徒登切、說文曰緘也。書云內冊于金縢之匱。孔氏曰緘也。士喪禮曰兩籩無縢。康成曰緣也。詩云竹閉緄縢。又曰朱英綠縢。毛氏曰約也。記曰國家靡敝則甲不組縢。康成曰吕組飾之及紟帶也。按、縢一字而諸家隨事異說。

緌　紩　繮　轡　縶　纍

緌蒼林牙心二切。詩云貝胄朱綅。毛氏曰以朱綅綴胄也。說文曰絳綫也。

紩息咇切、所以繫犬馬者也。說文、系也。士喪禮、紩車葦紩。康成曰繮也。又作[illegible]。傳曰臣負羈紲。杜氏曰馬繮也。又作緤。記曰犬則執緤。康成曰所以繫制之者。楚辭曰登閬風而緤馬。引之則凡羈縶者皆曰紲。語曰在纍紲之中。考工記、弓人、

居角、極角而達、引如終紩、非弓之利。別作鞊。

繮居良切。說文曰馬紲也。又作韁。

轡必媚切、馭馬轡也。按今所謂靶即轡也。轡靶同聲。

縶陟立切、繫馬繮也。又作馽。說文、馽、絆馬也、从馬口其足。引傳執馬馬崩。或作縶。詩云皎皎白駒、縶之維之。毛氏曰絆也。傳曰韓厥執縶馬前。杜氏曰縶、馬絆也。

纍力追切、索類、所用以纏縛也。語曰在纍

紲之中。傳曰不以纍臣釁鼓。詩曰葛藟纍之。又作絫。說文、纍、綴得理也。一曰大索也。絫、增也、从厽从糸。絫、十黍之重也。別作縲纍。纂累半騰馬。別作縲纍。木實緐多纍纍然。別作欙虆。竝非。又借義爲狓纍之纍。家語曰纍纍若喪家之狗。別作儽。儽。說文曰儽、垂兒。一曰嬾解。別作傫。亦作畾、省聲。累及之曰累。上聲。公羊傳曰及者何、累也。因之爲曾累之義、所累爲累。去聲。又魯果切。

記曰爲大夫削瓜者累之。康成曰倮也。讀若倮。

糾　紖　繩

糾居黝切、丩合絲縷緊急也、故爲糾合糾繆糾匽。

紖直几切、周官、飾其牛牲、置其紖。鄭司農曰著牛鼻繩所以牽牛者。今音謂之雉。康成曰以豸爲聲。陸氏曰本亦作紖、持忍切。

繩食陵切、繩合絲枲以爲繩也、小曰繩、大曰索。引之聯屬不絕之義曰繩繩。又詩云

繩其祖武。循也。

徽

𦅾許歸切、繩類也。說文曰衺幅也。一曰三糾繩也。按、徽从糸、三丂說是。易曰：系用徽纆。蜜氏曰三股曰徽、兩股曰纆。又爲徽幟。傳曰：揚徽者、公徒也。又伩徽、說文曰幟也。借義爲徽美。書曰：愼徽五典。又曰：徽柔懿共。又曰：受人之徽言。詩云：君子有徽猷。又曰：大姒嗣徽音。鄭氏孔氏皆曰美也。

縲

縲莫北切、索類。說見徽下。賈誼曰：禍之與福、何異糾縲。別伩纆。

經

經乞結切、喪服也。在首爲首經、㠯象頍、在要爲要經、㠯象大帶、㠯麻葛爲之。

紼

紼分物切、大索也。記曰：君葬用三紼。凡執用紼。康成曰在廟中曰紼、在塗曰引、及窆又曰紼。亦伩綍。說文曰亂絲也。周官、大喪屬六紼。康成曰叐棺索也。記曰：助葬必執紼。詩云：汎汎楊舟、紼纚維之。毛氏曰繂也。

絙

絙胡官切、大索也。說文曰緩也。

綆

綆古杏切、索類也。又伩綌。漢書曰：單極之統斷幹。晉灼曰統、古綆字。

繘

繘余聿切、綆下垂爲繘、謂其可㠯矞取也。易曰：汔至亦未繘井。士喪禮曰：管人汲、不說繘。說文𦃇、古文。𦃇、籒文。

繈

繈居兩切、織縷爲之、㠯負小兒於背者也。亦伩襁。語曰：三方之民、襁負其子而至矣。說文、襁負兒衣。按、負兒者不㠯衣、从糸爲是。錢㠯繈毌、亦謂之繦。別伩鏹。

繳

繳居繞切、繳繞也。又之若切。說文曰生絲縷也。孟子曰：思爰弓繳而射之。生絲繫箭㠯射飛鳥也。

纜

纜盧瞰切、牽索之㠯攬結者也。今俗謂維

引舟索爲繯。

綯

綯徒刀切。繩類。詩云晝爾于茅宵爾索綯。綯所以編茅也。

綱

綱居郎切。維网長繩也。書云若网在綱。說文曰維紘繩也。射矦亦有綱。

紀

紀苟擬切。网目所麗也。又疑爲綜。說文曰絲別也。詩云綱紀三方。鄭氏曰張之爲綱理之爲紀。凡爲网者必先

有紀。衆目紀焉。然後設綱㠯維。又曰滔滔江漢。南國之紀。言南國之川皆屬於江漢也。書曰勿用丕紀。言歲月日皆所㠯紀天行也。又曰俶擾天紀。又曰肇修人紀。傳曰改紀其政。皆此義也。漢志曰宮中央暢三方。爲三聲綱。角商徵羽三聲爲宮紀。綱通維而紀分隸。綱紀之義於是可見。綱要而紀詳。綱㠯維紀。紀㠯維目。謂綱大紀小者。非也。記載之書目年者謂之紀。

縜

縜于貧切。說文曰持綱紐也。考工記曰梓人爲矦。上綱與下綱出舌尋。縜寸焉。鄭司農曰籠綱者也。讀爲竹中皮之縜。

繯

繯胡畎切。說文曰落也。今人伀絡。謂㠯繩爲環設機伺獸投足其中而取之。莊周所謂蹄

所㠯在兔也。呂氏春秋曰繯网罝罦。又厷聲。別伀繯。

絹

絹古玄切。說文曰彈彄也。孫氏弋宰切。

緱

緱區矦切。刀劍柄當把處㠯索纏之。爲其皿染瀆而滑也。說文曰刀劍緱也。史記曰馮驩有一劍耳。又蔽緱。裴駰曰言其劍把無物可裝㠯蔽纏之也。今人言緱桶。亦伀緱。

紐　紐女久切。說文曰系也。一曰結而可解。一繩之㠯丑者也。

絭　絭居願切。說文曰攘臂繩也。絭取其可絭。

綸　綸龍春切。糾合絲縷爲綸。詩云之子于釣，言綸之繩。記曰王言如絲，其出如綸；王言如綸，其出如綍。引之爲彌綸、經綸。易曰彌綸天地之道。說文曰青絲綬也。

緡　緡眉貧切。合絲爲緡。詩云言緡之絲。又曰維絲伊緡。說文、釣魚繳也。又作罠，說文曰釣也。錢之毌者爲緡錢。漢令商賈各㠯其物自占，率緡錢二千而算一，或三千而算一，謂之占緡。別作鍲。

辮　辮頻犬切。屮又交辮也。

纏　纏直連切。束繞密帀也。又去聲。

繚　繚憐蕭切。又上去二聲。縈之長也。繚牆、牆⑰周口者也。別作㙩，說文曰周垣也。

繞　繞而沼切。周繞也。與遶通。

緬　緬呼麥切。衡繞纏囬也。楚辭曰忽緯緬其難與。類篇曰微也。一曰結礙也。

綢　綢陳留切。綢繆、縈繞重复也。因之爲綢密。詩云綢直如髮。又記曰綢練設旐。康成曰㠯練綢旌之杠。陸氏吐刀切，韜也。徐氏从本音。

繆　繆迷浮切。綢繆說具綢下。說文曰枲十絜也。又去聲。經緯𦅸戾也。引之則事物言行之舛戾亦曰繆。別作謬。又莫六切。宋穆公、魯穆公、秦穆公亦作繆。

縈　縈於營切。旋繞也。說文曰收韏九萬切也。別作藥，說文曰艸旋皃。引詩葛藟藥之。

紆　紆邕俱切。曲繞也。說文曰詘也。一曰縈也。縈紆同聲。考工記曰連行紆行。謂蛇蚓類。

繾綣

繾去演切。綣去阮切。繾綣、縈繫不相舍也。

綰

綰塢版切、絲縷相穿毌也。

締

締特計切、說文曰結不解也。

繫

繫古詣切、絜束之也。之謂繫、繫結聲相近、其義之輕重如其聲。又胡計切、繫屬也、與系通。

結

結古屑切、合兩而繫之為結。又古詣切、古通吕此為髻字。

縛

縛筏钁切、結束也。

約

約於略切、收束也。說文曰纏束也。引之為結約要約。又引之為窮約。又於妙切、周官司約掌邦國及萬民之約劑。

維

維夷隹切、繩索匡繫也。詩云汎汎楊舟、紼纚維之。又曰皎皎白駒、縶之維之。僭為發語辭、與惟通。

絜

絜戶結切、引繩口度也。大學曰君子有絜矩之道。莊周見櫟社樹、絜之百口。史記曰度長絜大。說文曰絜、麻一端也。孫氏古屑切。亦作挈。荀子曰不挈大。師古曰口束之也。

縻

縻旻悲切、縈絆也。說文曰牛轡也。或作𦀚。

縋

縋持偽切、縣索而緣之吕升降也。

絆

絆博慢切、縻牛馬足也。說文曰馬縶也。又作靽、見革部。

緧

緧七由切、馬後勒也。考工記曰必緧其牛後。說文、馬紂也。紂、[illegible]柈馬緧也、肘省聲。鄭司農曰關東謂紂為緧。又作鞧[illegible]綏。

縊

縊壹計切、縣絞也。考工記曰不伏其轅、必縊其牛。傳曰子函縊而縣鹽。又曰絞縊吕戮。

絞

絞古巧切、轉繩而急之曰絞。說文曰縊也。人之

絓　編　綳　緪

急切者因謂之絞。語曰直而無禮則絞。別作絞。又何交切、合而索之也。士喪禮、小歛椒帶紟、三曰絞紟。又爲絞紟之絞。士喪禮絞橫三縮一、廣乒幅、析其末。喪大記曰絞一幅爲三、不辟。康成曰所吕收束衣服爲堅急者也。又記曰麛裘青豻褏、絞衣吕裼之。康成曰蒼黃之色。又曰大夫不揄絞。康成曰采青黃之閒曰絞。

絓古賣胡卦二切、罥絓也。說文曰䌌滓絓頭也。一曰吕囊絮練也。傳曰驂絓而止。與掛通、亦作挂。又作罣絓。

編卑民切、吕繩次弟編連之也。說文曰次簡也。字林曰吕繩次物曰編。

綳悲旹切、束之急也。或作綳繃。說文、綳、束也。引墨子禹葬會稽、桐棺三寸、葛吕綳之。又作絣。說文曰氐人殊縷布也。太玄曰絣之吕象類。

緪居曾切、索之弦急也。別作緪。

緘　緈　纋　胤　繖　繄

緘姑咸切、說文曰束匧也。又作緘、說文曰持意口閉也。

緈側莖切、縈叔繩索也。徐本說文曰紆未縈繩。一曰急絃聲。蜀本曰紆木縈索也。二本俱有誤。又作綪。士喪禮、陳襲事、南上、不綪、歛衣亟上、綪。康成曰綪讀爲緈、緈、屈也、江淮之閒謂縈叔繩索爲緈。古文綪皆爲精。記曰居則設佩、朝則結佩、坐則綪結佩。康成曰屈也、結而又屈之。說文曰赤繒吕茜染故謂之綪。孫氏倉絢切。按、今人吕茜染絳謂之茜紅。

纋伊蚪切、士喪禮、括笄長三寸纋中。康成曰纋、笄之中央吕安髮。

胤弋刃切、嗣續也、从糸省、肖聲。說文曰子孫相承續、从肉从八幺、八象其長、幺象其重累也。胤古文。按、胤从糸、肖聲。又作𦙍。

繖穎旱切、今人吕名蓋。又作傘繖。

繄烏兮切。說文曰戟衣也。一曰赤黑色。按、繄之借義爲發語辭。

絘

七三切、說文曰續所緝也。孫愐曰續所未緝者。集韻同。周官、廛人掌斂帀絘布緫布質布罰布⑱纏布。鄭司農曰絘布、削肆之稅布也。

縏

蒲官切。說具鞶下。

纙

盧臥切、絲一捋謂之纙。俗書。

繠

如壘切、說文曰垂也。傳曰佩玉繠兮。

絿

巨鳩切、說文曰急也。詩云不競不絿。毛氏曰急也。朱子曰緩也。

絲之疑

緜

武延切、纊也。纊之爲物輕微而柔忍難絕、故因之爲眇緜、緜蕞、緜延之義。說文曰聯微也、从系从帛。孫愐曰精曰綿、粗曰絮。按、如許氏說則當从系、纊乃本義、當从絲省、从帛。不可曉。詩云緜緜瓜瓞、綿綿不絕皃。

繁

附袁切、絲采繁縟也。或作緐、馬之飾有繁纓。亦僭用樊字。周禮曰王之玉路、錫樊纓。金路、鉤樊纓。象路、朱樊纓。康成曰樊讀如鞶、謂今馬大帶也。傳曰請曲縣繁纓吕朝。又曰其可吕稱旌繁乎。說文、繁馬髦飾也、每聲。或作緐。按繁通用樊字、明當讀如樊音、鞶、鄭氏曲說也、每、敏皆非其聲。

㬎

說文曰从日、眾微杪蜀本作眇也、从日中眡絲、古吕爲顯字。或曰眾口皃、讀若唫唫。或吕爲繭、繭者絮中往往有小繭也。孫氏五合切。疑此卽繭、旦聲。

覍　衣　裔　兵

六書故弟三十一

永嘉戴侗著　西蜀李鼎元校刊

工事七

覍皮變切、首服也。冠尚弁、弁尚冕、象形、冃象其武、與纓緌、非𠬝也。亦作覍。說文曰从皃、象形。𥄉、籀文。別作𤥊玣。又步官切。詩云弁彼鸒斯。毛氏曰樂也。

衣於希切、上服也、象衣之領袷袂。

衣之象形

裔余制切、衣餘也、象衣下𠂈。又作𧝍。說文曰衣裾也、冏聲。𧘝、古文。引之爲後裔之裔、封土之三垂亦曰裔。傳曰投諸三裔、㠯禦螭魅。餘肄裔亂聲義相通。

兵職戒切、衣之成也。又作䌛。說文曰緫、絿絲也。兵、古文。引之爲始兵之義。

衰　初　卒

衰穌禾切、緝艸爲雨衣也。𧝎、古文。說文曰秦謂之萆。俗義三、盛衰之衰、雙隹①切、減殺也。別作𤸃。等衰之衰、楚危切、物有差級也。衰麻之衰、倉回切、喪服之衣通謂之衰、衣之上又衰㠯希爲衰。喪服曰衰長六寸、愽三寸。或曰五服輕重有衰、故謂之衰。別作縗、非。衰㠯麻不㠯絲。

衣之會意

初楚居切、从衣从刀、刀始裁之、初之義也。

卒臧沒切、从衣而丿其末、卒之義也。說文曰隸人給事者衣爲卒、卒有題識者。李陽冰曰所謂短後衣、衣而丿者、斷也。引其義則人之兵謂之卒、小人曰死、君子曰兵曰卒、謂盡其道而兵也。別作𣨛、說文曰大夫死曰𣨛。非。俗義三、爲卒𨑢之卒、古者士乘車而卒𨑢行、因之爲卒伍。周官、二十五人爲兩、三兩爲卒。又七内切、爲游倅之卒。亦作倅。周禮曰國子存游倅。倅、貳也。又倉沒切、爲倉卒之卒。亦作猝。說文曰猝、犬从艸中暴出逐人也。又作踤。說文曰踤、觸也。一曰駭也。一曰倉踤。又在律切、與崒通。詩云漸漸之石、維其卒矣。

表

表彼矯切、衣之外爲表、凡爲衣者毛在外、从衣从毛、表之義也。說文曰襮、古文。又作襮褾。大木曰

示謂之表、俗用此字。

褭

褭奴鳥切、說文曰以組帶馬也。又作褭、鳥聲。漢靈簪褭。師古曰以組帶馬曰褭。

衣之諧聲

裁

裁牆裁切、爲衣始制其形體也。

衮

衮古本切、冕服也。說文曰天子亯先王、卷龍繡於下幅、一龍蟠阿上鄉。周官、亯先王則衮冕。公之服、自衮冕而下如王之服。康成曰龍衣也。詩云玄衮及黼。葢玄衣而畫龍也、王之衮升龍降龍、公之衮無外龍。通作裷②。記曰天子龍裷。別作裷。

禕

禕許歸切、周官王后之六服、一曰禕衣。記曰夫人副禕。鄭司農曰畫衣也。康成曰畫翬者刻繒爲翬形而采畫之綴於衣、因以爲名、六服皆袍制、禕衣葢玄祭服也。通亦作翬。爾雅曰婦人之禕謂之縭。詳具縭下。

褖

褖吐亂切、記曰君命屈狄、再命禕衣、一命襢衣、士褖衣。士喪禮、爵弁服褖衣。康成曰褖衣裳亦緣謂之褖、褖之言緣也、所以表袍者也。亦通作緣。周官、后之六服、六曰緣衣。康成曰緣衣實褖衣也、褖衣御于王之服、亦以燕居、男子之褖衣黑、則是亦黑也。又俗用稅字。記曰夫人稅衣揄狄。又曰子羔之襲也、繭衣裳與稅衣、纁袡爲一。康成曰禮言褖者甚眾、字或作稅、稅衣若玄端而連衣裳

襃　袗　衻

者也。䙱衣裳表㠯稅衣爲一稱。

襃知扇切、周官六服、二曰襃衣。今作展。詩云瑳兮瑳兮、其之展也。毛氏曰㠯丹縠爲之。說文同。又作襢。記曰一命襢衣。鄭司農曰展與襢聲相近。

袗止忍切、又平聲。士冠禮曰兄弟畢袗玄。康成曰古文袗爲均、衣裳皆玄也。監本蜀本及徐鍇皆作袨。說文曰玄服也。別作裖。漢郊祀服皆袀玄。蔡邕曰袀、紺繒也。吳都賦曰袀、皁服也。漢儀注、大夫郎諸屬官安令

丞皆皁衣、京兆尹張敞自稱備皁衣二十餘年。說者謂秦㠯水德尚黑、漢因之、然觀趙少師觸龍欲㠯子補皁衣之缺、㠯衛王宮、則衣黑、非由秦始矣。侗謂皁近於玄、乃玄之變也。古人上衣皆玄、㠯象天。禮言袗玄、漢言袀玄、袗與袀相近、必有一誤。語曰當暑、袗絺綌。康成曰單也。孟子曰舜爲天子、被袗衣。

衻如占切、昏禮、女純衣纁衻。康成曰緣也、衻之言任也、㠯纁緣其衣也。記曰子羔之襲也、繭衣裳與稅衣、

纁衻爲一。曾子曰不襲婦服。康成曰大夫而㠯纁爲之緣、非也。惟婦服纁衻。記又曰婦人复不㠯衻。康成曰衻、嫁旹上服。陸氏曰又作䋎、裳下襈也。王肅曰婦人蔽厀也。方言曰江淮南楚之閒謂之褘、或謂之袚、魏宋南楚之閒謂之大巾、自關㠯東謂之蔽厀、㓙魯之郊謂之衻。

褕　袿　襦　袍

褕羊朱切。說文曰翟羽飾衣。一曰直裾謂之襜褕。漢書、一男子衣黃襜褕。顏師古曰直裾襌衣也。

袿古攜切。釋名曰女上服曰袿、其下垂上廣、下陿如刀圭。廣雅曰長襦也。

襦人朱切、說文曰短衣也。一曰㬎衣也。弢禮、公祖朱襦㠯弢。大夫與士弢、祖纁襦。記曰衣不帛襦袴。按、自褘至袿七字、於古爲衣名、今葢不知其物。

袍薄褒切、記曰纊爲䙱、縕爲袍。康成曰縕謂纊及舊絮。又曰袍必有表不襌。康成曰袍褻衣、必有㠯表之。按、今謂戒衫曲領者爲袍。

襖　衫　裋　裳　襴　袴　褌　襠

襖鄔浩切，今以夾衣爲襖。

衫所銜切，今以單衣爲衫。

裋常句切，漢書曰裋褐不完。說文曰豎使布長襦也。師古曰童僕所衣布長襦也。方言曰襜褕，自關以西其短者謂之裋褕。

裳市羊切，衣下曰裳。又見常下。

襴郎干切，裳之用横幅者，今謂之襴。又作幱。

袴苦故切，著兩跨之服也。記曰衣不帛襦袴。說文作絝，脛衣也。

六書故弟三十一　七

褌公渾切，袴有當曰褌。司馬相如著犢鼻褌，褌之短者也。或作幝，說文曰幝，幒也。或作褌、幒切職昔幝也。或作㡘。顏師古曰褌，今之衳也。衳，之容切。

襠都郎切，竆袴也。今以袴有當而前開者爲襠。本單作當。漢書曰爲竆袴多其帶。服虔曰有前後當不㝵交通也。釋名曰裲襠，一當匈，一當背。古詩曰單衫繡裲襠。

褐　裏　襮　裻　袷

褐胡葛切。說文曰編枲韤也。或曰短衣。按，孟子曰許子衣褐。婁敬曰臣衣帛、衣帛見，衣褐、衣褐見。顏師古曰織毛布是也，葢以縷撚毛而織之。

裏良市切，衣内也。

襮逋玉切，又補告切，衣外飾也。襮表聲相近。詩云素衣朱襮。毛氏曰領也。諸侯繡黼丹朱中衣。爾雅曰黼領謂之襮。說文曰黼領也。易氏曰古者繡拖於裳而不拖於衣，毛公引記禮朱衣之言以證其爲君服尒，爾雅遂以襮爲繡領，說文又祖爾雅，誤矣。按，吕氏春秋，狄入衛，食懿公之肉，舍肝。弘演啼曰臣請爲襮，因自殺而③肉肝。襮葢在外。

六書故弟三十一　八

裻冬毒切，背縫也。晉語曰衣之偏裻。古通作督。詳見督下。說文：裻，新衣聲。一曰背縫。又作䙱，說文曰衣躳縫也。

袷古狎切，領也。記曰曲袷如矩。又曰眡不上於袷。或以爲單夾之夾。

襘　袼　褎　袂　袪　襟　裾　衿

襘古外切、傳曰衣有襘、帶有結。眂不過結④襘之中。杜氏曰領會也。

袼剛鶴切、衣當亦処也。記曰袼之高下可吕運肘。說文、胳亦下也。葢吕胳爲袼、今人猶謂亦下爲胳側。

褎似又切、袂也、褎衣之被手者、故从衣从屮、由聲。又作䄂、通作褏。詩云羔裘豹褎。又作褏。

袂弭𣪠切、褎也。

袪丘於切、袖口也。記曰袂屬幅、袪尺二寸。康成、褎緣袂口也。傳曰披斬其袪。

襟居音切、衣肩裾也。又作裣。

裾九魚切、肩曰襟、後曰裾。

衿其禁切、內則、婦及男女未冠笄者皆衿纓。康成曰結也。士昏禮、母施衿結帨。庶母曰眂

袵

諸衿鞶。鄭氏無釋。傳曰皆衿甲面縛。杜氏曰不解甲也。按、爾雅、衿謂之袸、切韻無見。釋者曰衣小帶也、一說衣系也。說文、紟、衣系也。二字疑當歸一。衿甲謂縛甲帶也。詩云青青子衿、攸攸我心。毛氏曰領也。陸氏曰音金、本亦作襟。徐氏音琴。孫炎郭璞皆曰交領也。按、詩吕韻合之、衿之爲兮聲是也、未見其爲領。衿襟紟多鍇亂、今吕經傳分之。

袵如甚切、說文曰衣裣也。記曰深衣袵當旁。康成曰袵謂裳幅所交削也。凡袵或殺而下、或殺而上、是吕小要取名焉。袵屬衣則垂而放之、

屬裳則縫之吕合肩後、上下相變。喪服傳曰衣帶下尺、袵二尺有五寸。康成曰袵所吕掩裳際也、二尺五寸與有司紳齊也、上正一尺、燕尾二尺五寸、凡用布三尺。問喪曰親始死、扱上袵、交手哭。康成曰上袵、深衣之裳前。傳曰抽戈結袵。又曰哀袵如故衰。語曰微管仲、吾其被髮左袵矣。中庸曰袵金革。按、袵之物不可詳、然吕上袵左袵哀袵之稱考之、皆屬於衣、鄭氏吕爲或屬於裳者未必然、說文吕爲裣、葢近之。又爲袵

衭　襈　袧　襞

席。士昏禮曰御衽于奥、媵衽良席、皆有枕。記曰父母叔坐、弄席請何鄉。叔衽、長者弄席請何止、少者執牀與坐。御者舉几。康成曰衽、卧席也。良席者、良人之席。按、此衽乃爲寢席之名、故曰叔衽、請席何止。又曰媵衽、良席、衽非席也。又爲棺衽。記曰棺、君蓋用桼、三衽三束。康成曰小要也。

祑風無切、衣歬裨幅也。今俗通謂之衭。說文曰襲衭也。一曰歬襟。

襈睽桂切、衣裾分也。今上馬衣分裾謂之四襈衸⑤。

袧枢服曰裳幅三袧。康成曰謂辟兩側空中央也。蚕氏古侯切。又恪憂切。按、袧、屈也、腓脩之中屈爲胸、裳辟爲袧、屨帶爲絇、其聲義皆當相近、俗謂之襇。

襞必益切、裳摺襞積也。揚雄曰襞而幽之離房。古單作辟。說文曰襞、衣也。徐鍇曰摺帛中辨也。

襋　襱　襜

襋已力切、詩云摻摻女手、可吕縫裳、要之襋之。毛氏曰領也。說文同。按、要與襋皆裳事、非領也、疑爲辟積。

襱盧孔切、又平聲。說文曰袴踦也。或作襩。徐鍇曰踦袴足也。

襜蚩占都藍二切、詩云終朝采藍、不盈一襜。爾雅曰衣蔽歬謂之襜。語曰揖所與立、𠂇又手、衣歬後、襜如也。又襜褕、見褕下。

袢　袘　衾　被

袢普患切、衣系也。又作縏。又豕患切、衣系之長者也。

袘士昏禮曰爵弁、纁裳緇袘。康成曰袘謂袘緣、袘之言施、吕緇緣裳⑥。又作褫。陸氏吕豉切、又音移。

衾袪音切、寢所覆也。

被平義切、衾也。引之則凡衣被者皆曰被。又因爲首飾之名。詩云被之童童。編髮吕

裯　襌　褶　複

被旹也。傳曰楚靈王皮冠翠被。佀又爲衣
名。又音披。楚辭曰靈衣兮被被。
𧜗陳畱切、詩云抱衾與裯。毛氏曰單被也。鄭氏曰牀帳也。
按、詩云肅肅宵征、抱衾與裯。恐難抱帳。楚辭曰被荷裯之晏
晏。王逸曰祗裯也。方言曰汗襦、自關已函謂之祗裯。說文曰祗裯、短衣也。祗、都兮
切。裯、都牢切。又曰衣⑦被祗裯。又曰裯謂之襤褸。襤、無緣衣也。孫氏魯曰切。
襌都寒切、單衣之合稱、亦會意。記曰襌爲

六書故弟三十一　十三

絅。康成曰衣裳無裏也。
褶特獵迖合二切、疊帛爲衣、如今納衣也。
記曰帛爲褶。康成曰有表裏而無著也。士喪禮曰襚者
吕褶則必有裳。又佗褺。
複房六切、夾衣、衣有裏也。記曰小斂、君大
夫士複衣複衾。大斂、君褶衣褶衾。複、褶之
辨蓋如此。

袺　袀　褻　衵　褒　袤　袲　裕　襛

袺熒絢切。說文曰盛服也。
袀漢書王莽紺袀服。師古曰純也、音均。又弋旬切。傳曰
均服振振。陸氏曰字書佗袀、一說戎衣也、偏裻謂之袀。又見袗下。
褻私列切、說文曰私服也。徐鉉曰从熱省、乃㚔聲。唐本說
文从執、曰从埶非。語曰褻裘長短又袂。因之爲褻
瀆褻狎。別佗媟。
衵人質切、親身衣也。

六書故弟三十一　十四

褒博毛切、衣寬博也。又作褎褏。从褏省。
袤莫佟切、衣寬長也。引之爲凡廣袤。說文曰衣
帶已上。一曰南北曰袤、東西曰廣。𧜒、籀文。
袲尺氏切、衣廣袂也。與侈通。春秋公會宋
公衛侯陳侯于袲。說文曰袲衣張也。引春秋公會亝侯于袲。
裕羊孺切、衣寬餘也。
襛如容切、詩云何彼襛矣。毛氏曰襛猶戎戎也。說文曰衣

裵　褊　襍　衺　裨

厚皃。

裵蒲回切、說文曰長衣皃。徐鉉曰裵回、俗作徘徊、非。按、裵回、雙聲俗義、猶言回旋盤桓也。

褊俾緬切、衣陿窄也、凡陿中者皆曰褊。詩云維是褊心。別作惼。

襍徂合切、衣色不純也。

衺徐嗟切、衣不正也。徐本說文、衺孫氏雨非切也。蜀本、紕也。

裨賓彌婢支二切、衣之次也。說文曰接益也。覲禮、侯氏裨冕墨車吕朝。康成曰裨之言埤也、天子六服、大裘爲上、餘爲裨、諸侯亦服焉。按、裨之義、引之爲裨益、爲裨服、爲𠬝師之偏裨。裨冕、冕服之次也。諸矦玄卷爲上服、朝於天子則降而服其次、公當卷則服鷩冕、猶當乘路而墨車吕朝也。鄭氏謂大裘而下爲裨、未然。

補　衷　襲　裼

補博古切、完敝也。

衷陟隆切、中衣也。左氏傳、宋之盟、楚人衷甲。上服裏服之中曰衷、衷之曰衷、去聲。傳曰衷戎師。

襲似入切、襲龖省聲。內裘外衣爲襲。襲與沓聲相通、故單複稱謂之一襲、引之爲襲藏⑧、爲揜襲、爲仍襲、潛師吕揜敵者因謂之襲。

裼先的切、⑨袒衣見裘爲裼。記曰裘之裼也、見美也。服之襲也、充美也。犬羊之裘不裼。不文飾也。是故尸襲、執玉龜襲、無事則裼、弗敢充也。弔則襲、不盡飾也。裼言裘見其裘也、襲言服襲上服也。記曰君衣狐白裘、錦衣吕裼之。襲衣所吕爲裼也、袒衣爲裼、肉袒爲袒、故袒裼並言。詩云袒裼暴虎。孟

褢

子曰袒裼裸裎。康成曰君衣狐白裘、吕褧錦爲衣、覆之使可裼也、此說是也。又曰袒而有衣曰裼、必覆之吕衣者、忝褻也、誤矣。說者因謂忝之上有裼衣、裼之上有襲衣、誤矣。衣之裼襲、猶戶之開闔也、豈有二物哉。又詩云乃生女子、載衣之裼。毛氏曰褓也。康成曰褓夜衣也。韓詩作褅、他計切。說文、褅音同、緥也。引詩載衣之褅。按、緥忝乃小兒男女衣之通名、男衣吕裳、女衣吕裼、非褓也。方書言衣小兒、當吕父母舊衣、詩所言裼雖不知其爲何物、蓋舊衣也。

褢 乎乖切、藏挾於衣中也。又作褱。說文、褢、俠也。一

曰橐也。徐鉉曰眔非聲、褢、袖也。一曰藏也。按、藏俠實一義、褱褢非二字。引之爲褱抱之義。孔子曰子生三年、然後免於父母之褱。書曰湯湯洪水方割、蕩蕩褱山襄陵。心之所思念藏貯因曰褱。別作懷。

襄

襄 息良切、褱裹也。書云褱山襄陵、猶褱山也。詩云牆有茨、不可襄也。謂殄絜不可褱挾也。傳曰葬定公、雨不克襄事。葬之既窆、猶襄之也。詩云兩服上襄。謂兩服居中、兩驂襄之也、兩服稍肯、故曰上襄也。又云跂彼織女、兵日七襄。惟此說不可曉。鄭氏吕襄爲駕、不通。說文曰漢令、解衣耕謂之襄。𦅾、古文。

裹　裒

裹 古火切、吕衣包物也

裒 蒲侯切、裒集也、臼聲。或曰从𠬞、兩手裒之。詩云原隰裒矣。又曰裒荆之旅。又與抔

通。易曰裒多益寡。鄭荀董蜀才作捊、取也、字書作掊、廣雅云掊減。按、裒即捊、謂抔其多吕益寡。

裝　袒　襢

裝 側羊切、飭衣具也。俗因用爲裝飾之義。別作粧。

袒 蕩旱切、偏脫上衣見肉也。說文、⑩袒、衣縫解也。膻、肉膻也。但、裼也。襢記曰一命襢衣。康成曰即展衣也。又曰設牀襢笫。康成曰襢笫、袒簀也、去笫盤水便。又曰爲廬、大夫士襢之。陸氏曰露也。

衩　褰　裎　臝　褫　𧝋　袺　襭

衩楚駕切、免上服也。俗書。

褰袪虔切、挽衣也。詩云褰裳涉洧。記曰暑無褰裳。別作攐。說文曰摳衣也。又爲褰襦。傳曰徵褰與襦。說文曰袴也。

裎馳貞切、脫露也。

臝郎果切、剝衣亦體也。亦作倮、臝。

褫敕止切、扯剝也。易曰或錫之鞶帶、兵𦩎三褫之。又直离切。今人呂周緣爲褫。

𧝋於冒切、傳曰寘之新匧、𧝋呂玄熏。說文曰衽也。杜氏曰薦也。

袺吉屑切、詩云采采芣苢、薄言袺之。爾雅曰持衣執衽也。孫氏根察切。

襭戶結切、詩云采采芣苢、薄言襭之。爾雅曰扱衽曰襭。說文曰呂衣衽扱物之謂襭。或作擷、从手。

褻　襓　袽　袢　裛　袁　襚　禫

褻直一切、記曰拖鞶褻。又作𢙑。說文曰書衣也。莊周曰墮其天褻。

襓記曰劍則加夫襓。康成曰劍衣也。陸氏如遙切。

袽人余女居二切、易曰繻有衣袽。又作袈、說文曰敝衣也。孫氏女加切。又作絮、說文曰絜縕一曰敝絮。引易需有衣絮。子夏易作茹、京房易作絮。陸氏曰絲袽也。王肅音如。

袢詩云蒙彼縐絺、是紲袢也。毛氏曰當暑袢延之服也。

說文曰無色也。陸氏筏袁切。

裛乙業切。說文曰書囊也。

袁羽元切。說文曰長衣皃、叀省聲。按、袁、口聲。

襚徐醉切、贈亾者呂衣衾曰襚。又作祱。漢書曰弄百金祱。

禫辻感切、除服之名也。說文、禫从示、除服祭也。記曰祥而縞、是月禫、逾月樂。又曰中月而禫。康成曰中猶閒也。禫、祭名也，與大祥閒一月，自喪至此凡二十七月。禫之言澹，澹然平安意也。按，諸家禮既祥則與主于廟，二十有七月而禫，禫則祭，皆本諸鄭氏。鄭氏曰禫之祭也，玄冠朝服，既祭，縿冠綦端黄裳，兵月而除之。按，禮，三年而後葬者必再祭，再祭謂練祥也。夫旮而練，禮也，過旮而猶不廢，使禫而果有祭，則三年而禫反可廢乎。鄭氏乃謂練祥而不禫，何也。禮，始虞曰哀薦祫事，再虞曰虞事，卒哭曰成事，旮而小祥曰薦此常事，又旮而大祥曰薦此祥事，中月而禫，獨無辭，何也。凡喪，非虞附練祥無沐浴，練祥之祭，其他禮儀之變槪見於禮經，而獨無一辭及於禫，何也。禫而歓酒、

从御、佮樂，無所不佩，皆旻其常矣，而獨縿冠綦端，何也。且縿冠綦端與夫纖之爲罛，經白緯皆於經無攷，鄭氏之鑿說也。侗謂禫非祭名也，既祥則除矣，孝子之心猶不倦也，故綦縞麻衣而後禫，其變也馴矣。而又何縿冠之有。葢三年之喪，既虞視並衰，既練視大功，既祥則麻衣輕於緦矣，不言禫何旨而除，是禫即除之名也，曰是月禫，王肅之說是也。

製

製征側切，傳曰雨，陳成子衣製、文戈。杜氏曰雨衣也。說文曰裁也。今俗通㠯爲裁制之制，非。

襏　襫　褚

襏北末切。襫，梌隻切。𢇅語曰㬥衣襏襫。韋昭曰衰薛也。

褚中呂丑呂⑪二切，衣橐也。說文曰卒也。一曰制衣。徐鍇曰又衣橐也。記曰飾棺，君纁錦褚。康成曰褚㠯親棺，加帷荒於上。傳曰筍罃之在楚，鄭賈人叡寘諸褚中㠯出。又曰取我衣冠而褚之。莊周曰褚小不可㠯褱大。漢書曰上褚五十衣。師古曰㠯綿裝衣曰

褚。按，顏氏之說非。褚㠯貯衣，衣之精粗異褚，上褚，上物也。

襡

襡辻谷切。記曰斂簟而襡之。又曰襡器而藏之。康成曰韜也。

叕

叕陟劣陟衛二切，聯綴也，象形。亦作綴，詳見綴下。說文，叕，綴聯也。綴，合箸也。

巾

巾居銀切，冪希也。象巾末用承之於丨。周官，冪人掌共巾冪，祭祀㠯疏希巾冪六尊，㠯畫

冂　冃　冡　同

希巾冪六彝、凡王巾皆黼。

巾之象形

冂莫狄切、覆也、象形。亦作冪。又作冪冪幎。說文、冂、覆也、从一下垂。徐鍇曰今俗作冪同。李陽冰曰象巾之垂覆皃。士喪禮、幎目用緇、方尺二寸。說文曰幔也、引周禮幎人、今周禮作冪、說文蓋誤以幎爲幕。

冂之象形

冃說文曰重覆也、从冂一、讀若䒤。孫氏莫杲切。伯氏曰冂冃實一字、冡从冃省、同與肯未必从此。

冃之龤聲

冡謨紅切、覆也。又作幪、說文曰蓋衣也。孫氏莫紅切。詩、麻麥幪幪。毛氏曰茂盛也。陸氏莫孔切。按、蓋覆一義、幪止當作冡、言麻麥茂密蔽芾也。

冃之疑

同徒紅切、說文曰合會也、从冃从口。書曰乃受同冒、王三宿三祭三咤。太保受同、降盥。以異同秉璋以酢。太保受同、祭嚌。徐鉉曰同、爵名也、所以从口、史籀亦从口。李陽冰曰从口非、當从口。又爲同異之同。同、邦敦文。按同疑从口冃聲。同、口之合也。又周官、旹見曰會、殷見曰同。又侯國方百里曰同。

肯　冃　冠

肯說文曰帽帳之象、从冃、屮其飾也。孫氏苦江切。伯氏曰肯声與豈皆从屮、肯恐不从冃。

冃說文曰小兒蠻夷頭衣也、从冂、二其飾也。孫氏莫報切。先人曰此即冡字也、象重覆、或龤以聲、因省其一画介。

冃之會意

冠古完切、从人戴冃加寸、寸、𢍏也。與導同。一說从元加冂、加寸。加冠曰冠、㒰聲。說文、弁冕之緫名、从元、元亦聲。

冃

冃莫報切、覆之深至目也。或曰目聲。說文曰冡而前也。冃、古文。引之則凡覆冒者皆曰冒。書云丕冒海隅出日。又曰我西土惟昔怙冒。因之爲同冒之冒。考工記曰天子執冒三寸、以朝諸侯。顧命作瑁。孔安國曰瑁、所以冒諸侯圭、以合瑞信、方三寸。說文曰玉以冒圭、似犂冠。因之爲冒疾之冒、謂忌人之能而冡殺

之也。書曰人之有技、冒疾以惡之。又作媢、說文曰夫妒婦曰媢、婦曰妒。冡冒直冓者爲冒昧。又俗爲毒冒之冒、莫佩切、介物似龜而其介有文。別作𪓰瑁蝐。又俗爲貪墨之冒、莫北切。匈奴冒頓、讀音同。又作冐。

冃之諧聲

冕

冕亡辡切、首服之上也。周官、王之五

冕、皆玄冕朱裏延紐。五采繅十有二、就皆五采玉十有二。玉笄、朱紘。諸侯之繅斿九就、珉玉三采。玉瑱、玉笄。㒳邦敢、久。

冔

冔況甫切、士冠禮曰周弁、殷冔、夏收。康成曰冔名出於幠。幠、覆也。

胄

胄直又切、首鎧也。說文曰兜鍪也。司馬法作𩊚、从革。

引之則元子謂之胄子。別作冑、从肉、說文曰胤也。又作伷、類篇曰胤也。

最

最祖外切。說文曰犯而取也、取聲。孫愐曰極也。

网

网文紡切、結繩爲目以掩取禽獸也。又作囚。古文。𦉫。籀文、又作網罷。俗義三、書云网失法度。网游亏逸。网淫亏樂。网與無勿聲義相近。亦作罔、从网、亡聲。或曰罔、亦网也、

益之吕聲、猶蚩之加虫、齒之加止也。賈
貰肰無知因謂之网。孔子曰學而不思
則网。又曰网之虫也、牵而免。又曰難网
吕非其道。記曰衣服在躬、而不知其名
謂之网。木石之怪亦曰网兩、謂其蒦有
景象也。亦作方良。周官、方相氏冡熊皮、
黄金三目、玄衣朱裳。及墓入壙、吕戈擊

三隅、敺方良。魯語曰木石之怪夔网兩。
別作魍魎蛧蜽。
网之會意

羅

𦊅羅盧何切、高网羅飛鳥者也、吕繩三
維、故从維。說文曰吕絲罟鳥也。羅絡之義生焉。
今人吕繒之經緯衺絡者爲羅、羅之
之謂羅、厺聲。司馬相如曰焦朋已翔
乎寥廓、而羅者猶視乎藪澤。引之爲
巡羅。今作邏。
网之龤聲

罟

罟公戶切、獸网也。周官、獸人掌罟田
獸。中庸曰驅而內諸罟擭臽穽之中。
因之爲罪罟、謂離于罪戾也。詩云畏
此罪罟。

罪

𦋞徂賄切。說文曰捕魚竹网也、秦吕爲辠字。按、罪本
网罟之類、因吕爲罪戾之罪、謂離于
刑法也。亦作辠。說文曰犯法也、从辛从自、言罪人蹙鼻苦辛之憂、秦吕辠佀皇改爲罪。按、說文蹙鼻之說㬎鑿而不通。詈罵皆从网、疑从罪省、辜辠辟皆从辛、取其辛毒之義、自乃聲也。
罪之會意

詈

詈力知切、吕言罪人也、从罪省。

罵　罻　罦　罬　罿　罘　罝

罷之龤聲

罵　莫駕切，詈也。

罻　於位紆勿二切，鳥网也。記曰：雁⑫爲鳩，然後設罻羅。康成曰：小网也。

罦　亏表切，詩云：雉離亏罦，我生之初尚無造。爾雅曰：罬謂之罦。毛氏曰：覆車也。郭璞曰：今之翻車也。又作䍖，說文曰：覆車也。引詩雉離亏䍖。又或作罘，孫氏芣縛牟切，陸氏音孚。按，

詩罦與造合韻，乃罦音。說文作䍖，包罦一音。孚音非也，說文誤以罦爲孚。

罬　陟劣切。說文曰：捕鳥覆車也。或作輟。

罿　昌容切，詩云：雉離亏罿。毛氏曰：罬也。韓詩曰：施羅於車上曰罿。

罘　芳無切，网類。說文曰：兔罟也。又作罦，又縛牟切。又作罟。

罝　子邪切，网類。詩云：肅肅兔罝。毛氏曰：兔

罳　罭　罶　罛

罟也。說文曰：兔网也。籒文作罝，或作𦋈，从糸。

罳　息茲切，罘罳，网也。釋名曰：罘罳在門外。愽雅曰：罘罳謂之屏。漢未央東闕罘罳災。顏師古曰：罘罳謂連闕曲閣也，以覆重刻垣墉之處，如罘罳然。一曰屏也。

罭　亏逼切，詩云：九罭之魚。爾雅曰：緵罟謂之九罭。毛氏曰：小魚网也。孫炎曰：魚所入有九囊也。鄭氏曰：今之百囊罟亦謂之𦌾。切。回按，如孫說，罭，网下⑬囊。

罶　力久切，詩云：魚麗亏罶。又曰：三星在罶。魯語曰：講罛罶，取名魚。毛氏曰：魚梁也，寡婦之笱也。說文曰：寡婦笱，魚所畱也。別作䍡。孔氏曰：以簿取魚易成，故號寡婦笱，非寡婦所作也。按，笱以竹爲之，䍡以网爲之，罶非笱也。詩言三星在罶，則罶非甚大之具；語稱取名魚，則亦非小魚网矣。

罛　古雩切，詩云：北流活活，柂罛濊濊。淮南子曰：釣者靜之，罛者扣舟。蓋急流取魚之网也。

罜　罜旨庚切。罜麗、盧谷切。說文曰罜麗，魚罟也。魯語、水蟲孕，於是⑭妥宗罝罷。韋昭曰罝當作罜，小网也。

罧　罧離箴切。网遮口取魚者也。說文曰積柴水中聚魚也。孫氏所今切。按、許說、孫音當作槮，俗作綝。

罾　罾作騰切。撩罟也。爲桔槔沈网㝵吕取魚。

罩　罩陟敎切。覆网掩禽魚也。引之爲凡覆罩。詩云南有嘉魚，烝然罩罩。言魚之多罩水上也。毛氏曰罩籗也。鄭氏曰籗捕魚籠也。蓋誤仞罩爲捕魚器，若然，則不應言罩罩。

罨　罨於檢烏敢二切。覆掩也。說文曰罕也。

罯　罯烏合切。网覆厭也。

罕　罕呼旱切。說文曰网也。史記曰畢曰罕車。小网長柄曰畢。又曰百夫何罕，揄吕先驅。蔡邕曰前驅有九斿雲罕。僭爲罕少之罕。又按、春秋宋公子罕、鄭公子罕皆罕。

罥　罥古泫切。絓网也。又作羂羉。又見羉下。

罷　罷部賣切。疲困也。與憊通。又蒲糜切。與疲通。因之爲休罷之罷。部買切。語曰欲罷不能。又因之爲罷柭。漢書曰諸侯罷兵戲下。部罵切。說文曰罷、遣有罪也。从网、能。言有賢能而入网，即貰遣。周官有議能之辟是也。按、說文之說甚鑿而不通。能有耐音，乃取其聲。又與庳通。薄買切。別作矲。

署　署常恕切。說文曰部署，有所网屬。魯語曰文公欲弛孟文子之宅。敫曰署位之表也。有司來命易臣之署，不敢聞命。署从网，蓋网之在綱，各有部屬，因吕爲位署也。

置

置陟吏切。說文曰赦也。按、置之用於經傳者、一曰廢置建也。周禮曰置吕馭其行、廢吕馭其罪。傳曰建置豐氏。孟子曰置君而後去之。二曰錯置舍也、與寘通。易曰寘于叢棘。詩云寘彼周行。傳曰饋盤飧、置璧焉。又曰置虛命徹。

罙

罙說文曰周行也。引詩罙入其阻。孫氏武移切。冞說文曰罙或从

冂。徐鍇曰𥥍从此。說具穴部𥥍下。

罽

罽居例切。又作𦆽。說文、罽魚网也。𦆽函胡毳布也。孫愐曰氊類、織毛為之。漢函域罽賓國、其民巧織罽。

网之疑

羈

羈居宜切、說文曰馬絡頭也。从网从馬。馬、馬絆也。按、馬乃絆其足、絡頭不當从馬、亦未可曉。亦作羈加革。又羇、音同。於書傳為羇旅。說文無羇字、豈从羈而奇聲歟、抑从奇而羈聲也、二字皆可疑。

襾

襾說文曰覆也、从冂、上下覆之。孫氏呼訝切。

襾之諧聲

覆

覆敷救切、蓋也。說文曰覂也。一曰蓋也。中庸曰如天之無不覆。又甫六切、反也。易曰鼎折足、覆公餗。引之為申覆。月令、季春命舟牧覆舟、五覆五反、乃告舟備。古單作复。傳曰荀伯不复从。諸葛孔明曰韋覆而覓中、猶弃擨僑而獲珠玉也。官府吏文之申請於上者曰申覆、俚俗遂悉吕啓請為申覆、今之涵予自以卑隸、故書間之辭皆曰申覆。又扶又切、伏藏也。傳曰為三覆吕待之。又曰師七覆亐敖葥。皆謂伏兵也。

覂

覂方勇切、說文曰反覆也。漢書曰泛駕

覈　㡀

之馬。顏師古曰覂也。本作覂。

覈下革切。說文曰實也、考事、襾笮邀遮、其辤㝵實曰覈。或作㲄、从雨。按、此說㝵鑿而不通。按、今用於書傳者、考實爲覈、與核通。周禮曰其植物宜覈物。

㡀說文曰敗衣也、象衣敗之形、从巾。孫氏毗祭切。李曰此字从巾、八象其文、故黼黻皆从之、不㝵爲敗衣敝壞之義。

㡀之疑

黹　黼　黻　市

黹爾雅曰黹、紩也。說文曰箴縷所紩衣、从丵省、象刺文也。徐鍇曰丵、眾多也、言箴縷之工不一也。孫氏陟几切。

黹之諧聲

黼方巨切、考工記曰白與黑謂之黼。

䋞之象斧形。亦通作斧。

黻分勿切、考工記曰黑與青謂之黻。

市紛勿切、韍韠也、从巾、上象其肩系於革

帶　希

帶。韠韐市一也。又作韍紱。亦僭用芾。市與市亂、故僭用芾。孔氏曰祭服謂之市、他謂之韠。或作祓紼𧘂韠。

市之象形

帶當蓋切、革帶所㠯佩也、市之所系也、上卌象系佩之組。

希香衣切、从爻、象巾之疏也。引之爲希少、希疏幾希。別作稀。僭爲希望希覬。別作睎。說文無希、禾

帘　帛

部有稀、从禾、希聲。徐鍇曰當从爻从巾、爻者、稀疏之義、與爽同意、巾象禾之根莖、莃睎皆當从稀省。何㠯言之、說文無希字故也。按、說文偶遺希字、徐氏雖爲許氏忠臣、牽彊傅會亦已甚矣、禾之下已象其根莖、又欲㠯巾爲根莖、何其贅也。

巾之會意

帘離鹽切。鄭敫仲曰幕也、又酒家幟也。又一叫切。

巾之諧聲

帛蒲陌切、說文曰繒也。綮繒也。或曰會意。

⿱尃帛　錦　布　幅　幣　帥　幠

帛之龤聲

⿱尃帛愽旁切、裨帖也。

錦居歆切、織五采成文章曰錦。

布愽故切、織麻臬爲布。俗爲展布宣布之布、因之爲貝布之布、取其流布也。

幅方六切、布帛經緯廣陿之度也。又音逼。傳曰帶裳幅舃。又作偪。記曰偪屨著綦。康成曰若今行縢。杜氏同。

幣毗祭切、帛之用於交際者曰幣、錢貝因亦謂之幣。

帥所醉切、佩巾也。亦作帨。孫氏所律切。康成曰拭物之巾也。俗爲帥師帥衆之帥、與率通、所律切。帥之者爲帥、所數切。

幠荒烏切、巾覆也。記曰與尸于牀、幠用斂衾。荒幠聲義相通、皆爲冂覆之義。詩云亂如此幠。謂禍亂奄及也。又曰昊天太幠。今作憮。亦此義也。又曰遂荒大東。爾雅引詩作幠、荒幠一也。

幬　幕　帷

幬大到切、覆冒也。考工記曰轂欲幬之廉。又曰幬必負幹。康成曰幔轂之革也。記曰天子龍輴而椁幬。中庸曰如天地之無不覆幬。傳曰如天之無不幬也。亦通作燾。說文曰幬、禪帳也。孫氏直由切。按、鄭康成釋裯爲帳、說文蓋讀幬爲裯也。

幕慕各切、上覆曰幕。說文曰在上曰幕、又曰覆食案曰幕。鄭康成曰在上曰幕。或在地、或展陳于上、帷幕皆㠯布爲之。又音漫。今之擲錢㠯愽戲者、㠯其文爲幕、漢西域傳、罽賓國錢文爲騎馬、幕爲人面。如淳曰音漫。師古曰幕卽漫尒、無勞俗音。

帷于歸切、旁繞曰帷。說文曰匱古文。又作幃。說文曰囊也。一曰單帳。

幄

幄乙角切、帷之小者也、三合象室屋曰幄。康成曰三合象宫室曰幄、王所居帳也。

帟

帟夷益切、幕之小者。周官、幕人掌共帷幕幄帟綬之事。大喪、共帷幕帟綬。三公卿大夫之喪、共其帟。掌次設重帟重案、師田則張幕。又司市夫人過市、罰一幕。世子過市、罰一帟。命夫過市、罰一蓋。命婦過市、罰一帷。帷幄在旁、幕帟在上也。康成曰帟幕及幄中坐上承塵、幄帟皆吕繒爲之。又曰帟、幕之小者。

帳

帳竹諒切、今人吕寢幄爲帳。又見張下。

幔

幔莫半切、漫蔽也。今人吕帳冄㡘爲幔。幔幕聲同。又作𨎮、說文曰衣車蓋也。

㡘

㡘力兼切、戸簾可卷舒開闔者也。說文曰帷也。亦吕竹爲之、故又作簾。見竹部。

常

常市羊切、上衣下帬也。又作裳。因之爲旗常之常、謂其屬幅如常也。周官、司常掌九旗之物名、日月爲常。借義二、爲常久。或曰古者有功則銘書於王之太常、故因之爲常久之義。爲尋常、八尺爲尋、倍尋爲常。正義奪於借義、故衣常之常別作裳。

帬

帬渠云切、裳也。別作裠裙。

帗

帗分勿切、周官、教帗舞、帥而舞社稷之祭祀。康成曰析五采繒爲之、有秉、舞者所執。說文曰一幅巾也、讀若撥。又作翇。

幓

幓師銜切、旗幅也。康成曰正幅爲幓。說文作縿、旌旗斿也。

幡

幡孚袁切、幟屬、今人縣帛爲幡。說文曰書兒拭觚布也。詩云曰既醉止、威儀幡幡。又曰幡幡瓠

幟　幢　幘　帢　幗　幧

亲。幡幡、言其輕飄也。司馬相如賦曰：衆絳幡之絭蜺。又作⿰巾留。說文曰：播幅胡也。徐鉉曰：胡幅之下垂者也。一曰幟也。

幟職吏、尺志二切、幡類也。漢書曰：幡幟皆赤。又曰：人持一赤幟、拔趙幟立漢赤幟。字詁曰：撰也。司馬貞曰：鄒翟云幟帛長丈五、廣半幅。或作識、或作志。嵇康音試、蘭詠音熾。按、幟所吕識也、吕采帛爲之、本作識志。

幢宅江切、橦幡屬。

幘側革切、吕帛繞額爲幘。

帢苦洽切、弁缺四隅曰帢。又作恰、帙帢。魏武吕天下凶荒、擬古皮弁裁縑帛爲帢、並梁吕爲弔服。

幗古或切。說文新附曰：婦人首飾也。

幧七搖切。說文新附曰：斂髮也。又譌爲幓。司馬溫公曰：掠頭也。今人謂之編。釋名曰：綃頭、抄髮使上。又作帩。

幎　帣　幐　帒　帑

幎莫狄切、士喪禮、幎目用緇、方尺二寸。

帣居倦切、又去聲。說文曰：囊也。今鹽官三斛爲一帣。史記、淳于髡侍帣韝鞠𦝮。徐廣曰：帣、收衣褎也。小司馬曰：紀免切、收褎也。類篇曰：囊有底曰帣。

幐徒登切。說文曰：囊也。

帒徒耐切、囊也。說文新附。別作袋。

帑乃都切、又坦朗切。說文曰：金幣所藏也。又與孥通

幨　幭

用。

幨昌廉切、車帷常也。又作襜。既夕禮、婦車有裧。康成曰：車裳幃也。周官謂之容車。記曰：其輤有裧。康成曰：謂鼈甲邊緣。又與襜通。本亦作幨、方言作褗、又作幨。

幭莫結切、詩云：鞹鞃淺幭。毛氏曰：幭、覆式也。又作簚。記曰：鞮屨絭簚。康成曰：覆笭也。陸氏曰：笭、車闌也。孫氏莫歷切。說文曰：蓋幭也。一曰禪被。又作幦、莫狄切。既夕禮曰：薦乘

車鹿淺幦記曰君綦幦虎犆。康成曰覆笭也。又作幭。周官木車、𦆀車、犬複、藻車、鹿淺複、駹車、肰複、桼車、豻複。鄭司農曰覆笭也。說文曰幦髼布也。引周官駹車犬幦。按、詩稱淺幭、禮稱淺幦、淺複、幭篾幦複實一字也。

帊

帊普駕切。說文新附曰帛三幅曰帊。亦作帕。

幞

幞房玉切。說文新附曰帊也。別作襆。按、今俗通用帊覆

者爲帊、包裹者爲幞。

幰

幰虛偃切。說文新附曰車幔也。

飾

飾賞隻切。說文㕞也。从巾、从人、食聲、讀若式。一曰襐飾。徐兩切文外爲飾、飤聲。飭蝕皆㠯飤爲聲。

帖

帖他劦切。說文曰帛書署。今俗謂書曰帖。

幝

幝昌善切、詩云檀車幝幝。毛氏曰敝皃。

帴

帴考工記曰鮑人之事。引而申之、欲其直也。信之而枉、則是一方緩一方急也。及其用之也、必自其急者先削、則是㠯幖爲帴也。鄭司農曰帴讀爲翦、謂㠯廣爲陿也。康成曰翦者如俴淺之俴、或謂如豬羊戔之戔。說文曰帬也。一曰帗也。一曰婦人脅衣、讀若末殺之殺。孫氏所八切。按、幝帴疑一字。考工記之說、葢謂申之而枉、緩急不相㝵則破削、是欲幖而速敝也。

幩

幩符分切、又叀文切。詩云朱幩鑣鑣。毛氏曰飾也。人君㠯朱纏鑣扇汗、且㠯爲飾、鑣鑣、盛皃。說文曰馬纏鑣扇汗也。按、毛氏㠯朱纏

爲飾、不㠯扇汗爲幩、說文葢誤仍毛說。

帤

帤女余切、考工記弓人曰厚其帤則木堅、薄其帤則需。鄭司農曰謂弓中裨、讀如襦有衣絮之絮。說文曰巾帤也。曰[15]敝巾。

㡃

㡃吁廣切、考工記曰設色之工、畫繢鍾匡㡃。鄭司農讀爲芒芒禹迹之芒。㡃氏湅絲。說文曰設色之工、治絲湅者。一曰㡃、隔。讀若荒。又作[illegible]。

幌 胡廣切、帷屬。

帡 屏盈切、又旁經切、覆庇也。揚雄曰夏屋爲之帡幪。

帆 符咸切、舟上幔所㠯馭風也。別作颿。又去聲。

巾之疑

席 祥易切、坐臥所藉也。說文曰从庶省。㘝、古文、从石省。徐鉉曰席㠯禮賓客、賓客非一人、故从庶。按、此說㠯曲而不通。蹠摭蟅皆㠯庶爲聲、遮與蔗鷓亦㠯庶爲聲。

佩 蒲昧切、帶所繫玉及紛帨之類也。說文曰从人从凡从巾、佩必有巾。林罕曰說文佩从重巾、不知罕所見何本也。李陽⑯水曰象佩巵倒垂、非重巾、帶與帀皆不从巾、文偶類尒。古之賢者必佩玉。別作珮。

㫃 鐘鼎文。說文曰古文。楁梡之通名也、中象楁杠、其上注刀⑰、旁象楁梡之颺。說文曰象形、及象楁梡之斿。孫氏於幰切。

㫃之會意

旅 力与切、師眾也。周官、五百人爲旅。㠯人在㫃下、㠯楁致民之義也。說文曰从从从㫃。从、俱也。𣃘、古文。古㠯爲魯衛之魯。合祀五帝天神爲旅上帝、徧祀山川爲旅三望、祀群神於太山之下爲旅

於太山。同見爲旅見、徧酬眾下爲旅酬、延賓之陳㠯百爲旅百。周官、八職、一曰正、治要。二曰師、治凡。三曰司、治目。三曰旅、治數。六卿之屬皆旅下士三十有二人。書稱旅巢、巢伯旅於見也、周公旅天子命、與東方諸侯旅拜王命也、凡此皆取於眾義也。旅祀之旅、俗作祣、禮从示、非。僭爲行旅羈旅之旅。又野禾

爲旂禾。古詩曰井上生旂禾。亦作稆穭。漢書、采稆自給。

旋

旋 似沿切、轉旗旄也。說文曰周旋旌旗之指麾也、从疋。疋、足也。按、旋非指麾、旋以足、指、麾以手。引之凡回旋周旋旋反皆取此。古亦通作還。旋之不自己爲旋、去聲。

旄

旄 莫袍切、麾也。古所用指麾者、有羽有旄、羽以鳥羽爲之、旄以旄牛尾爲之。書曰又秉白旄以麾。詩云孑孑干旄。亦單作毛。

朳之鍇聲

旗

旗 渠之切、熊虎爲旗。又爲旗常之通名。周官司常掌九旗之物名。日月爲常、交龍爲旂、通帛爲旜、雜帛爲物、熊虎爲旗、鳥隼爲旟、龜蛇爲旐、全羽爲旞、析羽爲旌。考工記曰熊旗六斿、以象伐也。

旂

旂 渠斤切、考工記曰龍旂九斿、以象大火也。說文曰旗有衆令、鈴。以令衆也。

旜

旜 之馬切、通帛爲旜。亦作旃。說文曰旗曲柄也、所以旃表士衆。借爲辭助、之馬之合爲旃。

旟

旟 以諸切、考工記曰鳥旟七斿、以象鶉火也。

旐

旐 治小切、考工記曰龜蛇三斿、以象營室也。

旞

旞 徐醉切、全羽爲旞。或作檖。

旌

旌 子盈切、析羽爲旌。旍、楚辭曰孔蓋兮翠旍。

旍

旍。一本作旌。類篇合爲一字。或曰旌上注令者。古之公卿大夫士車行各載其旌。傳曰急子使於莘、盜子載其旌以先。又石晉曰衛懿公惟不去其旗、是以敗於熒、乃內旌於弢中。又曰欒鍼見子重之旌⑱。別旌表之義生焉。

旝

旝古外切、傳曰旝動而鼓。杜氏曰旃也。說文曰建大木置石其上、發機㠯追敵也。引春秋傳。按、說文之說非。

旆

旆蒲蓋切、九旗張旄之通名也。爾雅曰繼旐曰旆。疏曰旐末爲燕尾⑲文曰繼旐之旗也。傳曰狐毛設二旆杜氏曰大旗也。而退之。又曰晉中軍風亏澤、亾大旆杜氏曰旗名。之𠂇旃。又曰司馬庠山澤之險、雖所不至、必旆而疏陳之。使椉車者、𠂇實又僞、

㠯旆先。又晉亏丘之會、治兵建而不旆、明日夏旆之、諸侯畏之。又曰晉人假羽旄於鄭、明日或旆㠯會。又曰㠯兵車之旆與罕、駟兵車先陳。夫大旆中軍之旆也、旗物不一、旃居一馬。故曰亾大旆之𠂇旃。大旆之爲言猶大駕也、大旆非一物、大駕非一車也、且曰設二旆、則必非兩燕尾也。建而不旆者、設戈戟殳矛與建旌旗之杠而不旆、爲若釋兵也。庠山澤之險、旆而疏陳者、多張旗幟㠯疑敵。明非一物、通謂之旆、雖羽旄亦謂之旆也、旆之義居可知矣。

施

施式支切、說文曰旗皃。春秋傳、欒施字子旗。施、張也。又作𢻫⑳文曰叓也。又施知厶聲切、施爺也。易曰云行雨施。施惠者曰施。傳曰重施而報。又

㠯豉切、施及也。詩云葛之覃亏、施亏中谷。又曰旣受帝祉、施亏孫子。施與延聲義相邇也。孟子曰施从良人之所之。謂迆邐徐迹其後也。又式眂切、旖施、旌旗偃靡皃也。又詩云將其來施施。孟子曰施施从外來。讀如字、亦施遮切。舒徐安緜皃也。

旖

旖隱綺切。怟、乃倚切。旖施、旌旗委靡皃。楚

柅

辭曰紛椅柅兮都房。柅又乃可切、古單作猗難。子虛賦作猗柅、又椅柂、說見柂下。

木之疑

斿

斿夷周切、旗常之流也。又作旒、流省聲、力求切。周官、玉路、太常十有二斿。康成曰正幅爲縿、斿則屬焉。又爲冕斿。周官、弁師曰諸侯之繅斿九就。記曰天子玉藻十有二旒。斿旒蓋一字、亦通作游。傳曰鞶厲游纓。說文游旇二字皆爲旌旗之流、孫氏皆夷周切。游从㫃、汓聲。按、汓斿之从子、俱未達、說見水部。

勿

勿文弗切。說文曰州里所建旗、象其柄有三斿。㉑作㫃。按、周官、通帛爲旜、雜帛爲物、大夫士建物。又曰御遂載物。卿大夫士非一人也、故雜帛色以別識之、勿象雜幅之形。借爲禁止之辭。勿與毋聲義相通、與弗不同韻、而其聲加力、故爲禁止。

六書故弟三十一

六書故弟三十二

永嘉戴侗著　函蜀李鼎元校刊

襍

中

中陟弓切、中〇而毌之、中之象義也。旻其中曰中、厺聲。中、古文。說文曰中、和也、从口丨、上下通中。𠁧、古文。𠁩、籒文。鼂說之曰林罕謂从〇象三方上下通中也、說文徐本皆作凵、船誤也。李陽冰曰同異之同亦从口、不从口。㕘用與中皆从中而其中不夕口。或曰㕘中也。鄭叚

六書故弟三十二　一

禮鄭㕘、上个亙尋、中十尺。倍中呂爲躬。規圜而毌矢焉、中之象也。或曰中陟用切、矢中的也。當作𠁧、中象矢中㕘。衛宏說𠁧从卜、中聲、連中爲𠁩。伯曰叚巨釋算者也、象形。鄭叚禮鹿中髤、前足跪、鑿背、容八算。君國中叚、則皮樹中、於郊則閭中、於竟則虎中、大夫兕中、士鹿中。又因之爲伯仲之中、謂其居伯與季之閒也、直用切。

串　毌　虜　合①　僉

中之指事

串尺絹切、連毌爲串。說文無串字、患从心上毌、吅、吅亦聲。按、患當以串爲聲、又作弗、鄭敫仲曰燔肉器。楚限切。詩云串夷載路。陸氏古患切。言徃來毌通也。

毌古換切、从一衡毌〇、毌之象義也。說文曰穿物持之也、毌象寶貨形。俗爲習毌之毌、古患切。別作慣、摜、遦。古亦俗用貫字。

六書故弟三十二　二

毌之龤聲

虜郎古切、虜獲人民也、从力从毌、獲者毌而系纍之也。又作擄、撈擄也。

合①

亼三合也、指事。說文曰三合也、从入一、象三合之形。徐鍇曰疑但象形、非从入。孫氏秦入切。

亼之疑

僉七廉切、僉猶皆也。書曰詢謀僉同。又曰

今

僉曰、於鯀哉。說文曰皆也、从亼从吅从从。

今居音切、當皆爲今、旣徍爲𠷎。說文曰是也、从亼从フ乁、古文及。

會

會黃外切、合聚也。說文曰合也、从亼从曾省。曾、益也。詩云會弁如星。康成曰會謂弁之縫中飾之㠯玉、璪瓅而處狀侶星也。說文伦膾、曰骨擿之可會髮者。按、會弁蓋裁皮韋而會合㠯爲弁、飾其縫㠯玉如星也。又古外切、周官司會㠯歲會考歲成、謂會合而計之也。

八

八悚拔切、說文曰別也、象分別相北形。於數七而加一爲八。

八之疑

业

业兵削切。說文曰分也、从重八。八、別也、亦聲。引孝經說曰上下有业。

业之會意

乖

乖古褱切、書傳㠯爲乖戾乖離。

公

公古紅切、無私也。說文曰夻也、从八从厶。八猶背也。韓非曰背厶爲公。一說八、判也、判厶爲公。俗爲公矦之公。

尚

尙當亮切、加乎上也。中庸曰衣錦尚絅。孟子曰艸尚之風必偃。又庶幾也。說文曰曾也、庶幾也。从八、向聲。

㒸

㒸說文曰从意也、从八、豕聲。孫氏徐醉切。

小

小私兆切、眇小也。說文曰物之微也、从八、丨見而分之。唐本从八、

丨見而八分之。鄭𠭰仲曰小、水之微也。

小之疑

少

少書沼切、不多也。說文曰丿聲。因之爲少長之少、去聲。

少之龤聲

省

省說文曰省、視也、从眉省、从屮。省古文从囧。按、省有二義、其一爲省眡、所景切、其一爲減省、

所𢯱切。疑，澀省爲本義，从少，𡇦聲者是也。若㠯省眡爲本義，从目𡇦，當从少从眉从屮，俱無義。

𡯁子結切。說文曰：少也，讀若輟，乀聲。

尒兒氏切。按，書傳之用尒、爾，通爲如是之合言。語曰：鏗尒，舍瑟。記曰：騷騷尒，鼎鼎尒。又與而、汝通，爲謂人之稱。說文曰：詞之必然也，从入丨八，八象气之分㪔。

曾昨稜、作稜二切。說文曰：詞之舒也，从八从曰，𡆧聲。按，書傳之用曾與嘗，聲義相近。語曰：曾是㠯爲孝乎。孟子曰：是②何曾比予於是。又爲曾絫。記曰：夏則居曾巢。今作橧。陸氏曰本又作增。又作層，說文曰重屋也。楚辭曰：翺飛兮翠曾。古者自祖而上通謂曾祖，自孫而下通謂曾孫，曾絫之義也。書云：惟有道曾孫周王發。詩云：曾孫之嗇。曰曾孫之稼。曰曾孫篤之。毛氏㠯曾孫皆㠯爲成王，是自王季而言也，其說已不通。維天之命祀文王，詩而曰曾孫篤之，毛氏亦㠯爲成王，滋不通矣。故鄭氏釋之曰：曾猶重也，自孫之子而下事先祖皆稱曾孫。鄭說③殳之。傳曰：晉侯伐亝，禱亏河，曰曾臣彪。杜氏曰：曾臣，謂末臣。葢於天地山川之久遠，皆㠯曾言也。又曾晳，㠯曾爲氏。

余㠯諸切。書傳余、予通用。台、余、吾、我皆自

謂之名。又爲姓氏。說文曰：語之舒也，舍省聲。按，金石文多作佘。

𤳳畾厽力軌切。說文曰：厽，絫坺土爲牆壁，象形。絫、𡈼皆从厽。靁从雨从畾，象回轉形。𩇓，古文。𩆸，籀文。靁閒有回。回，靁聲也。壘从土，畾聲。纍从糸，畾聲。蘽从木，藟聲。鑸，籀文。櫑从木，畾聲。𩰠，籀文。鸓从鳥，畾聲。𩙥，籀文。儡、藟皆畾聲。徐鍇曰：說文無畾字，靁从畾，象回轉之形，畾不成字，凡从畾者皆當从靁省。按，說文實闕畾字，而見於他字之偏旁，从畾者甚多，皆言从畾而不言从靁省，明畾自爲一字，徐氏祇欲葢許氏之闕，遂㠯畾爲不成字，誤矣。按，𤳳本象物之重累，𤳳之省文爲畾，又

省而爲田、今纍皆書爲累是也。厽卽畾之省也、田如果之田而非土田之田也、土田之形方、果之形圜。

畾之疑

壘 迮劦切、累也。揚雄說古理官決罪、三日㝵其宜乃行之、从晶从宜。王莽吕爲从三日太盛、改爲三田。按、揚雄之說邑曲而不通、非古也。疊从畾、殆取重累之義、从宜未達。詩云薄言震之、莫不震疊。卽今慴字。

六書故弟三十二

六書故弟三十三

永嘉戴侗著　函蜀李鼎元校刊

疑

王

王亏方切、有天下曰王、帝與王一也。周衰、削國皆僭号自王、秦有天下、遂自尊爲皇帝、漢有天下、因秦制稱帝、封同姓爲王、名始亂矣。說文曰王、天下所歸往也。董仲舒曰三画而連其中爲王。三者、天地人也。參通之者、王也。

孔子曰一毌三爲王。𤣩、古文。𤣩、鐘鼎文。李陽冰曰中画近上、王者則天之義。鄭漁仲曰盛、王本義也、象物自地而出叓盛也。按、一毌三之說太巧、非孔子之言也。且中画近上、李氏雖曲爲之說、兵未通。鄭氏之說亦近。或曰能一下土之謂王。王天下、王盛之王、去聲。俗作旺。

王之疑

皇

𦤎胡光切。按、書傳之用爲大、爲君王。書去①惟皇作極。曰皇帝清問下民。詩云皇王維辟。又曰皇皇后帝、皇祖后稷。𦤎𦤎𦤎𦤎𦤎𢆶鐘鼎文。說文曰大也、从自。自、始也。始皇者、三皇大君也。自讀若鼻、今俗吕始生子爲鼻子。書曰張皇六師。詩云神承是皇。鄭氏曰皇之言暀也。又曰穆穆皇皇。又爲焜皇、熒皇。詩云皇皇者華。毛氏曰猶煌煌也。與煌通。又爲皇暇。書云不皇暇食。詩云皇恤我後。又作偟。爾雅曰暇也。又爲倉皇、皇遽、皇惑、皇恐。別作遑、說文新附曰急也。又作惶、說文曰恐也。又爲鳳

皇。別作凰。毛氏曰雄曰鳳、雌曰皇。周官、舞師教皇舞。鄭司農②曰蒙羽舞也、書或爲翌。又爲馬名。詩云有驈有皇。孔氏曰黃白曰皇。別作騜。

閏

閏儒順切。書云吕閏月定三旹成歲。說文曰餘分之月、五歲再閏、告朔之禮、天子居宗廟、閏月居門中、从王在門中。周禮曰閏月王居門中、兵月也。

后

后胡口切、於書傳爲君。又借爲先後之後。說文

曰𥁕體君也、象人形、㡯令㠯告四方、故厂之从一口、發号者君后也。

后之轉注

司

司息兹切、有職掌也。說文曰臣司事於外者、从反后。

臣

臣植鄰切、服事於君者也。說文曰牽也、事君也、象屈服之形。

臣之會意

𦣝

𦣝說文曰乖也、从二臣相韋、讀若誑。孫氏居況切。

臣之龤聲

臧

臧則郎切、說文曰善也、从臣戕聲。按、古㠯奴爲臧、婢爲獲、从臣、義或取此。𢧹、籀文。

民

民彌鄰切、民猶人也。說文曰衆萌也、从古文之象。𢑚、古文。民、𠬫、鐘鼎文。

民之龤聲

氓

氓武庚切、氓猶民也。亦作甿。

士

士鉏里切、古者三民、農職耕、工職器皿、商職貿與、學㠯治人者曰士、士學古入官、其最卑者曰下士、其次爲中士、其上爲上士、等而上之爲大夫爲卿爲公、士之學而未仕也曰學士、雖天子之元子、士也。說文曰事也、數始於一、終於十。孔子曰推一合十爲士。𡈼、古文。

士之龤聲

壻

壻穌計切、女之夫曰壻。別作婿、非。壻而从女、斯不夫矣。

壯

壯則亮切、人㞢三十曰壯。說文曰大也。爾雅釋曰秦晉之間凡人之大謂之奘。但朗切。

丙

丙兵永切、於書傳爲十日之丙丁。說文曰位南方、萬物成、炳然。侌气初起、昜气將虧、从一入冂。一者、昜也。丙承乙、象人肩。徐鍇曰昜功成入於冂、冂、門也、天地侌昜之門也。鄭敷仲曰丙本魚尾、象形。俗爲十日之名。

己

己居擬切、於書傳爲十日之戊己。又爲人己之己。說文曰中宮也、象萬物辟藏詘形也。己承戊、象人腹形。𢀒、古文。鄭敷仲曰𢀒卽

③几也。㑹爲戊巳之巳。又太聲。傳引彼其之子、其佮巳。

已之疑

㔾

㔾鄭敷仲曰兩已相背、卯弗也。按、今畫轍者如此。

壬

壬如林切、於書傳爲十日之壬癸。說文曰位北方、会極昜生、故昜曰龍戰亐埜。戰者、接也。象人裹妊之形、承亥壬吕子、生之敘也。與巫同意。壬承④亥、象人脛、脛、壬體也。又書云巧言令色孔壬。又詩云百禮既至、有壬有林。毛氏曰大也。鄭氏曰任也。

六書故第三十三　五

辰

辰植鄰切、書云歷象日月星辰。又曰辰弗集亐房。傳曰督瘝謂伯瑕、多語寡人辰而莫同、何謂辰。曰日月之會是謂辰、故吕配日。又北極爲北辰。語曰譬如北辰、居其所而眾星共之。又大火爲大辰。見晨下。又爲十二辰辰巳之辰。說文曰震也、三月昜气動、雷電振、民農旹也、物皆生、从乙匕、象芒達、厂聲也。辰、房星、天旹也。从二。二、古文上字。𠫵、古文。徐鍇曰匕晉化、乙、屮木萌初出曲卷也。徐鉉曰三月昜气盛、屮木生、上徹於土、故从上、厂非聲、疑亦象物之出。又詩云奉旹辰牡。曰辰彼碩女。毛氏曰旹也。

辰之疑

辱

辱儒欲切、於書傳爲汙辱煩辱。月令、季夏土潤辱暑。說文曰恥也、从寸在辰下。失耕旹、於封畺上戮之也。辰者、農旹也、故房星爲辰、田候也。

六

六力竹切、數亖而加一爲六。說文曰昜之數、会變於六、正於八。从入从八。

六書故第三十三　六

七

七親吉切、數六而加一爲七。說文曰昜之正也、从一、微会从中衺出也。

九

九舉有切、數八而加一爲九。說文曰昜之變也、象亓曲究盡之形。[illegible]欒鼎文。[illegible]晉姜鼎文。

幺

幺於堯切。說文徐本曰小也、象子初生。蜀本曰会也、重厶爲幺、幺象月昧也、亦象子初成之形、吕養正也。林罕引說文與蜀本同。

𢆶　幾

幺之會意

𢆶 說文徐本曰微也、从二幺。蜀本曰隱微意也、从重幺者、微之至也。孫氏於虯切。

𢆶之疑

𢆻 居衣切。說文曰微也、殆也、从𢆶从戍。戍、兵守也、𢆶而兵守者、危也。按、幾从戍、疑本爲幾察之幾、絲省聲。謂戍守者、當察於物色幾微之閒也。周禮曰幾其出入。又曰幾出入不物者。又曰幾酒謹酒。此幾之本義也。因之爲幾微。易曰幾者、動之微、吉之先見者也。別作僟、說文曰精謹也。又因之爲幾近庶幾幾希之義。別作嘰、爾雅曰⑤汔也。音祈。又因幾近而爲幾望與冀覬同音、去聲。又借爲幾何之幾、上聲。鄭敫仲曰古文作𢆶、問數也。又借爲雕幾之幾。記曰車不雕幾。康成曰附纏爲圻鄂也。

六書故弟三十三　七

玄　茲

幺之疑

𤣥 胡涓切、青黑色也。易曰玄黃者、天地之襍也。天玄而地黃、古人法天地以作服、故玄冠玄衣而黃裳、引其義則幽深汸穆謂之玄。記曰幽之玄也、以会幽思也。說文曰幽遠也、黑而有赤色爲玄、象幽而入覆之也。𢆯古文。按、天之色日出則青蒼、日入則玄。玄、天之正色也、故水謂之玄酒、燕謂之玄鳥、玄近於青、無赤色焉。从入从幺未達。李耳之徒始有玄妙之說、鶩於虛無、以誤學者、所謂亂悳之言也。聖人言命曰明命、言悳曰明悳、無玄虛之教。

六書故弟三十三　八

玄之會意

𢆶 子之切、玄變而黑也。詩云何艸不玄。茲、玄之甚也、故从二玄。素問曰色如艸茲者死。倉公曰察之如死青之茲。說文曰黑也。字林同。傳曰何故使吾水滋。杜氏曰滋、本亦作茲。又作

玈 叀 麽 厶 篡 白

兹、說文曰艸木益多也、从艸、絲省聲。爾雅曰蓐謂之茲。疏曰艸席也。按、益多之義當作滋、从艸者、言艸舧而色兹也。借義之用與此同。兹此聲相近也。

玄之龤聲

玈洛乎切、黑也、旅省聲。古通作盧。書云盧弓一、盧矢百。又作黸。

叀說文曰小謹也、从幺省、屮、財見也、屮亦聲。𢆶古文。𤰈亦古文。孫氏職緣切。

六書故弟三十三　九

幺之龤聲

麽莫果切、說文曰細也。又作麽。漢書曰幺麽不及數子。

〇息夷切。說文曰姦衺也。韓非曰倉頡作字、自營爲厶。

厶之龤聲

篡初官切、又去聲。說文曰屰而奪取曰篡。

白旁陌切、西方之色也。說文曰西方色也、侌用事物色白、从入合二。二、侌數。⑥𠁧、古文。

白之會意

皛烏皎切。說文曰顯也、讀若皎。

白之龤聲

皎古了切、白而有光也。詩云月出皎兮。說文曰月之白也。又作晈、从日、非。

皦古了切、明白也。孔子語魯太師樂曰縱之、純如也、皦如也。說文曰玉石之白也。

六書故弟三十三　十

皓胡老切、潔白也。詩云月出皓兮。又曰白石皓皓。說文、皓、从日、日出皃也。

皙先擊切、白也。說文曰人色白也。

皤薄波切、白也。易曰賁如皤如。說文曰老人髪白也。或作䪻、从頁。又傳曰皤其腹。杜氏曰大腹也。

的都歷切、白黠也。易曰爲的顙。弢之正鵠

皪　皅　皫　皚　皭　皖　㿟

因謂之的。詩云發彼有的。別作的駒、玓。說文曰旳、明也、从日。馰、馬白額也、旳省聲。

皪落狄切、的皪、珠璣𠌶蕚之粲也。又作皪。又歷各切。

皅普巴切、說文曰艸𠌶之白也。俗作葩、說文曰𠌶也。又白駕切、色不貞也。又作芭。楚辭曰傳芭兮代舞。朱子曰芭與葩同、巫所持香艸也。

皫周禮曰鳥皫色而沙鳴貍。康成曰失色不澤美也。陸

六書故第三十三　十一

氏曰本又作皫、芳表、筱表、芳老三切。徐氏又孚趙切。

皚居⑦來切、白也。說文曰雪霜之白也。

皭即約切、又子肖切、史記曰皭然泥而不滓。

皖戶版切。孫愐曰明星也。又地名、在舒。又从日、戶管切。按、二字止當存一。

白之疑

㿟起戟切。說文曰際見之白也、从白、上下小見。

㠯　矣　乃

㠯羊止切、語卒也、象聲气之出。說文曰用也、从反巳。賈侍中說意㠯實也、象形。齡詐按、今書傳之用已、止也。佀、象也。㠯、用也。唐本、叺、象也、用也、屮㠯而又人。有从而無佀。徐本、㠯、象也、屮人而又㠯。有佀而無从。李昜冰曰㠯爲虵、象形。僭爲已止之已。反已爲㠯。㠯、用也。已㠯音相近而文難辨、故加人於又爲以用之以。按、已本象虵、㠯用之義何取於虵、且均之从㠯从人也、佀屮人何㠯爲象、以又人何㠯爲用、說皆未通。說文、矣、从矢㠯聲、語已辭也。語已辭从矢無義。按、說文矣从㠯、象聲气之出、疑㠯本象聲气之出、語卒也。引其義則爲卒爲既爲止。矣、卒辭之助也、故从㠯、矢聲。㠯用之㠯僭用

六書故第三十三　十二

㠯字、後人加人爲以㠯別之也。𢀳杞圯之圯、圯上苢峊异皆用㠯爲聲、佀姒祀耜阯皆用已爲聲、紀記改皆用已爲聲、今多錯互。肥妃配圯聲相近、偏旁同、當自爲一字、今亾其說矣。

㠯之龤聲

矣于已切、卒辭之助也。說文曰語已辭也、从矢、以聲。按、矣之从矢無義、乃从㠯、矢聲也。說文無以字、而細注隸書所用皆作以、今此當曰㠯聲、而亦曰以聲、明爲傳寫之譌。

乃ㄋ奴亥切、按書傳乃之用二、其一爲謂人之

𠧟 卣 丂 亏

辭。書曰乃言厎可績之類是也。其一爲然後之急辭。書云乃命羲和此類是也。公羊氏曰乃難乎而也。又作迺。說文曰乃、曳詞之難也、象气出難。𢎗、古文。𠄎、籀文。㔾、鐘鼎文。乃、李陽冰篆。

乃之疑

𠧟 說文曰驚聲也、从乃省、卤聲。𠧟、籀文不省。𠧟、古文。或曰𠧟、徃也、讀若仍。孫氏如乘切。徐鍇曰卤非聲、未詳。

卣 說文曰气行皃、从乃、卤聲、讀若攸。

丂 說文曰气欲舒出、上礙於一也。古文以爲亏字、又以爲巧字。孫氏苦皓切。

丂之疑

亏 羽俱切。說文曰亏、於也、象气之舒亏、从丂从一。一者、其气平之也。書傳之用與於同。亏眂於爲力。又記曰易則易、亏則亏。鄭氏曰易謂臣禮、亏謂君禮。莊周曰其覺亏亏。

虧 兮 乎 平 粵

亏之諧聲

虧 驅爲切、書傳之用爲虧損。說文曰气損也。或作虧、从兮。

兮 胡雞切、於詩爲辭助。說文、語所稽也、从丂、八象气越亏也。

兮之疑

乎 戶吳切、書傳之用爲疑辭之助。又與於亏通用。又荒乎切、與呼通用。說文曰語之餘也、从兮、象聲上越揚之形。

平 蒲兵、毗連二切、書傳之用爲衡平。說文曰語平舒也、从亏从八。八、分也。爰禮說。𠀭、古文。又坪、地平也。按、平、辭之不平者、故平之上須而平之上平、从亏从八、恐非。引之爲平議平決。別作評。

粵 說文曰驚辭也、从亏、旬聲。或作㥧。孫氏恩允切、又須倫切。按、今用爲惸獨之惸、與煢通用、渠營切。

羲

羲虛羈切、說文曰气也。古伏羲氏亦作虙犧。

甹

甹 說文曰亟詞也、从由。或曰甹、俠也。三輔謂輕財者爲甹。按、甹、鐘鼎文甹从丁、疑从由、丁聲。孫氏普丁切。

粵

粵王伐切、書傳之用爲發語辭。書云曰若稽古。古文曰作粵、與曰越通用。漢書越多作粵。說文曰亏也、審慎之辭。从亏从宷。

入

入人汁切、由外而入內也。說文曰象从上俱下也。

入之會意

从

从 說文曰二入也。㒳从此。孫氏良奖切。

从之疑

㒳

㒳良奖切、耦也、二數也。又作兩。說文曰㒳、再也。兩、从冂、闕。易曰參天㒳地。兩、二十三銖也。从一、㒳、亏分、㒳亦聲。孫氏㒳兩一音。凡物㠯兩㝵者曰兩、車必兩輪、屨必兩枚、幣必兩端、皆㠯兩數、力讓切。別作緉、說文曰屨兩枚也。又爲斤兩之兩、古㠯二十三銖爲兩。又借爲㒳兩之兩。傳曰木石之怪夔㒳兩。通作方良。別作魍魎。

㒳之疑

㒼

㒼 說文曰亏也、从廿。㐅行之數、二十分爲一辰。㒳㒼、亏也。讀若蠻。

入之疑

內

內奴㪿切、居裏曰內。入之於內曰內、諾荅

切。說文曰入也、从冂、自外而入也。

全

仝疾緣切、又作全、从玉、純玉爲全。書傳之用爲完、爲純。考工記曰玉天子用全、上公用龍、侯用瓚、伯用將。說文曰完也、从工。全、篆文。𠓜、古文。

卯

卯 說文曰事之制也、从卩𠂆。唐本曰反卩爲𠂆。闕。則林罕曰卩止𠂆進也。孫氏曰去京切。

卯之疑

卿

卿 去京切、古爲爵名、公之次卿、卿之次大夫、大夫之下士。說文曰章也、皀聲。

長

長 直良切、書傳之用爲長短之長。引之爲久長、度之其長曰長、去聲。語曰長一身有半。因之爲餘羨之義、又因之爲長少、知丈切。說文曰長、久遠也、从兀从匕。兀者高遠意也、久則變匕、亾聲。𠂆、倒亾也。𠑹古文。李陽冰曰反亾者不亾也。

克

克 苦㝵切、書傳之用爲勝爲能。引之爲克敵之克。說文曰肩也、象屋下刻木之形。亭泉㚉古文。又作勀、說文曰尤極也。俗又作剋。又引之爲忌克。

凡

凡 浮咸切、通疑之曰凡。說文曰最括也、从二、二、耦也、从乃。乃、古文及。林罕曰凡乃疑事之端、从乃从一、非从二从乃。

幵

幵 古賢切。說文曰平也、象二干對冓上平也。孫氏徐鉉曰幵但象物平、音義闕。

弗

弗 分勿切、書傳之用與不勿匪近、弗在不與勿之閒、不弗匪聲相邇也。說文曰撟也、从丿从乀、从韋省。伯曰𢎗紼也、象形。或曰从八、或曰八聲。

乚

乚 說文曰匿也、象迟曲隱蔽形、讀若隱。李陽冰曰乚正身曲足形。

乚之疑

直

直 除力切、不曲也。說文曰正見也、从乚从十从目。徐鍇曰乚、隱也。十目所見是直也。𠧪、古文。相直爲直、除吏切。別作値、說文曰措也。

直之會意

矗

矗 初六直六二切。孫愐曰直皃。類篇曰艸木盛也。

亾

亾 武方切、書傳之用爲失亾爲亂亾逃亾。又武夫切、與無通、古書無皆作亾。說文曰逃也、从入从乚。

亾之疑

乍

乍 鉏駕切、今僭通用、其義近於䟽。說文曰止也、一曰亾也、从亾从一。李陽冰曰从亾曰一、曰乍忽然事也。徐鍇曰出亾曰一、曰一。

則止。䡓、止也。

無

𣠮武夫切、亾有也。說文曰亾也、𣠮聲。无、奇字。无通於元者、虛無道也。王育曰天屈西北爲无也。按、古無字皆作亾、無亦从亾、𣠮聲。无通於元、其說非。周易無皆作无、老莊之徒所改。

匃

匃古代切、气貸也。說文曰气也。逯安說亾人爲匃。

氏

氏承旨切、古者同姓之別㠯氏。魯無駭卒、隱公問𠂺於衆仲。衆仲曰天子建悳因生㠯賜姓、胙之土而命之氏。諸侯㠯字爲謚、因㠯爲𠂺。官有世功、則有官𠂺、邑亦如之。公命㠯字爲展氏。氏𠂺之別也、宗𠂺之派衇、今皆㠯氏爲姓矣。說文曰巴蜀山名厈脅之旁箸欲落墮者曰氏、氏崩、聞數百里。象形、乀聲。揚雄賦曰響若氏隤。按、山或㠯氏名、不可知、爲厈脅之旁箸太文則不然。又章移切、匈奴之妃曰閼氏。

氏之屬

氐

氐丁禮切、木之命根曰氐、从一象地、氏聲。二十八次之氐星、又謂之本、又謂之天根是也。說文曰至也、从氏下箸一。一、地也。別作柢。僣爲氐羌之氐、都奚切。

氒

氒說文曰木本也、从氏大於末、讀若厥。蜀本作大於本。

爲

爲于嬀切、書傳之用爲作爲。說文曰母猴也、其爲禽好爪。爪、母猴象也、下腹爲母猴形。王育曰爪象形。𤔔、古文、象兩母猴相𢿣形。又去聲。

釆

釆說文曰辨別也、象獸指爪分別也。𠂹、古文。孫氏蒲莧切。

釆之疑

番

番附袁切。說文曰獸足謂之番、从釆、田象其掌。𤲱、古文。或作蹞、又作蹯。見足部。又博禾切、書云番番良士。詩云申伯番番。爾雅曰勇也。毛氏曰武勇皃。孔氏說同。按、書云番番良士、旅力既愆、旅力既愆、何言乎勇武。此說非也。又蒲何切、番陽縣名、在番水之陽。今作鄱。又普官切、番禺、南中縣名。又孚

宷　悉　乙　孔

衰切、分葦叓送也、一葦爲一番、𠆢聲。

宷審式荏切、審諦也。說文曰悉也、知宷諦也。審、篆文、从番。徐鍇曰宀、覆也、包覆而深別之。宷、悉也。

悉息七切、說文曰詳盡也。古文。

乙於筆切。說文有兩乙、其一曰玄鳥也、齊魯謂之乙⑨也、取其鳴聲、象形。或作鳦。孫氏烏轄切。其二曰象春艸木冤曲而出、会气尚彊、其出乙乙也、與丨同意、乙承甲、象人頸。孫氏於筆切。鄭敫仲曰象魚鰓骨。記曰魚去乙。按、𠕄从乙、則乙似爲鳥之象、然乳孔乾亂皆从乙、又不可曉。燕鳴亦若曰意、而無烏轄之聲、孫氏彊分二音、非也。借爲十日之甲乙。

乙之疑

孔苦董切、春秋鄭公子嘉、字子孔。孔似訓嘉、然詩云其新孔嘉、曰亦孔之嘉、曰辰牡孔碩、詩之用其義皆爲甚。說文曰通也、从子乙、請子之候鳥也、乙至而㝵子、嘉美之也。

乾　乳　亂　彔　之

乾渠焉切、在周易三易爲乾、乾有健義。易曰君子終日乾乾。又古寒切、今人用爲乾燥之乾。說文曰上出也、从甲乙之乙。乙、物之達也。

乳而主切、禽鳥生子曰乳、故从孚。月令季冬、雉雊雞乳。婦人乳湩因謂之乳。亦作㲴、象乳湩形。說文曰人及鳥生子曰乳、獸曰產、从孚从乙。乙者、玄鳥也。月令、玄鳥至之日、祠于高禖以請子、故从乙。請子必以乙至之日者、乙春分來、秋分去、開生之候鳥、帝少昊司分之官也。按、楚人謂乳穀、奴口切、今人謂乳嬭、奴蟹切、穀嬭皆乳字一聲之轉、故齊人謂母嬭、乳媪因亦謂之嬭、皆俗書也。

亂郎段切、今書傳通以此爲𢀩亂之亂、亦以爲治字。說具𤔔下。說文曰治也、从乙、乙、治之也、从𤔔。

彔盧谷切。說文曰刻木彔彔也、象形。李陽冰曰水彔彔兒、象水下𣲝、與泰泰字同。按、說文𧰨孫氏房六切从彔、彔、籀文魅字。彔字上類肃、下類尾、疑本象獸物。

之止而切、書傳之用之、往也。又借爲辭助。說文曰出也、象艸過屮、攴墪益大、有所之。一者、地也。李陽冰曰又一義象芝艸出地之形、古㠯此爲芝字。鄭敷仲之說同。

之之疑

帀

帀子荅切。說文曰周也、从反之而帀也。周盛說。李陽冰曰之、徃也、倒而還之、既徃复還、周徧之義也。

帀之疑

師

師疏夷切、周官、二千五百人爲師。易曰師、衆也。書云師錫帝。又曰震驚朕師。王者所居因曰京師。又爲師氶師弟子、教人者爲之師也。周禮曰師㠯賢㝵民。又爲官師。周官、八職、一曰正、二曰師、師掌官成㠯治凡。說文曰二千五百人爲師、从帀从𠂤、𠂤三帀衆意也。桼、古文。

六書故弟三十三　二十三

而

而如之切、書傳之用爲辤助。又、考工記曰梓人爲筍虡、凡矍䙕㕛筮之類、必深其爪、出其目、作其鱗之而。說文曰頰毛也、象毛形。康成曰而、頰頷也。說文曰頷、䪼骶切秃也。徐鍇曰俗作髵、非。按、而初無頰毛之象、且鱗之而又非頰毛、疑非制字之本義。伯曰之而皆菌類、今作芝栭。芝坴亏地、故其形仰、栭附木生、故其形俯。

而之屬

耏

耏如之切、㫺秋旹宋人㠯門賞耏班謂之耐門。

耐

耐、奴代切。說文曰耏、罪不至髡也。或作耐、从寸。諸法度字从寸。

六書故弟三十三　二十四

漢書曰耐罪已上請之。又曰罪當刑及當爲城旦舂者皆耐爲鬼薪白粲。應劭曰輕罪不至髡完其耏鬢、故曰耏。古耐字、从彡、髮膚之意也、杜林謂法度字皆从寸、後改如是也。耐讀若能。如淳曰耐猶任也。顏師古曰耏、頰旁毛也。彡、毛髮皃也。如應氏說當音而、如杜氏說音奴代切、功臣表宣曲矦通耏爲鬼薪、應說爲長。孫氏耏耐皆奴代切。按、㫺秋旹未有耏罪、已有耏班、說文之說非耏之本義也。書傳中能耐二字通用。記曰聖人耐㠯天下爲一家。耏與耐當爲二字、耏當音而、耐當音奴代切。

耑

耑說文曰物初生之題也、上象生形、下象其根也。徐鍇曰中一、地也。孫氏多官切。

不

不方亏切、詩云常棣之華、鄂不韡韡。康成曰承華者曰鄂、不當作柎。柎、鄂足也。鄭敷仲曰不象華萼蔕之形。易曰震爲旉、王肅曰華之通名、鋪爲華皃、謂之藪。又方鳩方九旉勿弗漫三切、爲不可之不、爲可不然不之不、亦作否。說文曰不、鳥飛上翔不下來也、从一、一猶天也。否、不也、从口从不、不亦聲。又旉悲切、通爲丕字。書云丕顯哉文王謨、丕承哉武王烈。詩云不顯不承。舅駟曰詩中不顯之類皆當讀如丕。秦和鍾銘曰不顯皇祖。詛楚文曰不顯大沈文湫、不顯大神巫咸、不顯大神亞駝。此最可證者。

丵

丵說文曰叢生艸也、象丵嶽相竝出也、讀若浞。

丵之疑

業

業魚怯切、書傳之用爲功業事業、所執之職務也。爲業業、危懼之皃也。書云兢兢業業。又爲虡業。詩云虡業維樅。毛氏曰大版也、所吕飾栒爲縣也、捷業如鋸齒、或曰畫之。說文曰吕白畫之、从丵象其鉏鋙相承、从巾象其版。

𣡌、古文。

菐

菐說文曰瀆菐也、从丵从廾、廾亦聲。徐鍇曰讀爲煩瀆之瀆、一本注云丵、衆多也、兩手弄之、是煩瀆也。孫氏蒲沃切。

叢

叢徂宗切、書傳之用爲艸木叢生。易曰寘于叢棘。孟子曰爲叢敺爵者、鸇也。書云怨有同、是叢于厥身。說文曰聚也、取聲。又作藂藂。說文、藂、艸叢生皃。

對

對都隊切、書傳之用爲相當、對又爲荅對。說文曰譍無方也、从丵从口从寸。又作對、从士。漢文帝吕爲責對而爲言、多非誠、故去其口从士。

尸

尸式脂切。按、經傳尸之義、主也。書曰太康尸位。又曰羲和尸厥官。詩云誰其尸之、有齊季女。凡祭祀者立之尸、吕依神。禮曰孫可吕爲王父尸。又曰男、男尸。女、女尸。人死骸體亦謂之尸。記曰在棺曰匛、在牀曰尸。別作屍。有罪者

屚

隸其尸於市斡。傳曰殺之、尸諸斡。故又有陳義。說文曰尸、陳也、象臥形。凡尸之屬皆从尸。按、字之从尸、有爲室屋者、若屋若屚是也。有爲人後者、若尻若屎是也、又有爲履爲屨之類者。爲室屋者疑从广之譌、爲尻爲屎者从人省、爲履爲屨者不可曉。

尸之會意

屚盧候切、說文曰屋穿雨水下也。說文曰从雨在尸下、尸者、屋也。又作漏。

六書故弟三十三　二十七

屏

尸之諧聲

屏旁經切。覲禮、諸侯覲、出自屏南、適門西。記曰疏屏、天子之廟飾也。說文曰屏、蔽也。康成曰天子外屏、屏謂之樹、今浮思也、刻之爲雲气蟲獸、如今闕上爲之矣。因之爲藩屏屏蔽之義、必郢切。詩云萬邦之屏、之屏之翰。因之爲屏遠屏席屏置。書曰屏璧與圭。記曰屏之遠方。大學作迸。因之爲隱僻。別作偋、說文曰僻寠也。徐鍇曰僻処也。按、屏从尸無義、當作庰、見广部。

屆

屆古拜古詣二切、至也。書云無遠弗屆。詩云君子如屆。又曰辟彼舟流、不知所屆。說文曰行不便也、凷聲。一曰極也。

尼

尼女夷切、孔子名丘、字尼。說文曰从後近之、匕聲。又作坭、說文曰反頂受水丘。按、此蓋緣說者謂仲尼朽首使會丘文。孟子曰止或尼之。乃禮女質二切。

六書故弟三十三　二十八

屠

屠同都切、刳剝畜牲也。

屢

屢浪遇切、頻數也。說文新附曰數也。屢空本作婁、後人加尸、⑩米詳。

孱

孱鉏貫高曰吾王、孱王也。孟康曰冀州人謂愞弱爲孱。說文曰迮也。一曰呻吟也。从孨在尸下。徐鉉曰尸者、屋也。顔野王曰不肖也。士連切。又劣兗、士山切。又孱陵、古縣、士限切。

屑

屑私列切、貞屑也。周官、共含玉。鄭司農曰含玉屑。傳曰屑屑焉習儀已亟。孟子曰蹴爾而與

屖　㞡

之乞人不屑也。說文曰動佗切切也。又佗僁、說文曰聲也、讀若屑。

屖說文曰遟也。孫氏先稽切。

㞡知衍切、舒爷也。說文曰轉也。傳曰叙㞡爷之。

聘禮曰史讀書㞡幣。謂叀陳其幣也。因之爲㞡省。聘禮、拭圭、執㞡之。拭璧、㞡之。㞡夫人之聘享、亦如之。又詩云㞡矣君子。又曰㞡如之人兮。毛氏皆曰誠也。又曰允矣君子、㞡也

大成。毛氏曰允、信也。㞡、誠也。按、㞡無誠義、毛氏緣詩曲說㠯爲誠、詩云允矣君子、不應又言誠也大成。

尸之疑

屋　履

屋烏谷切、棟宇曰屋。說文曰居也、从尸、尸所主也。一曰尸象屋形、从至、至所至止、室屋皆从至。𡱶籒文。𡲑古文。

履良止切、履也。因之爲踐履。說文曰足所依也、从尸从彳从⑪夊、舟象履形。一曰尸聲。𩍐古文。

屨　屩　屐　屣

履之諧聲

屨九遇切、履之精疏通曰屨。說文、履也。一曰鞮也。

屩居勺切、疏屨也。通作蹻。

屐奇逆切、履下有齒曰屐。說文曰屩也。通作跂。莊周曰墨㠯跂蹻爲服。李氏曰木曰屐、麻曰屩。

屣所履切、履不跟也。鄭敷仲曰履不躡跟也。通作蹝躧縰。孟子曰舜眡弃天下猶弃敝蹝

也。莊周曰曳縰而歌商頌。

屟　尺　咫

屟穌叶切。又佗屟。說文曰履中薦也。類篇又他計切、後人㠯此爲屧。

尺昌石切、十寸爲尺。說文曰人手卻十分動脈爲寸口。十寸爲尺。尺、所㠯指尺規巨事也。从尸从乙。乙、所識也。周制、寸尺咫尋常仞諸度皆㠯人體爲法。

尺之諧聲

咫諸氏切。說文曰中婦人手長八寸曰咫。或佗𧿹。

㞑　疒　疢　病　痛　⿸疒登　痡

㞑說文曰柔皮也、从申尸之後尸、或从又。徐鍇曰注似闕脫、未詳。孫氏人善切。按、報㠯此爲聲。

疒秦悉切。孫氏女尼切。說文曰倚也、人有疾病象倚著之形。今作疾。說文曰病也、矢聲。孫氏秦悉切。𤕫、古文。𤺋、籀文。按、疾病倚著形、其說甚牽彊、矢亦與疾聲不諧、疑从牀省、一聲、即疾病之疾、言其寢疾也、㠯容偏旁、故省其木。疾从矢、疒聲、乃矢之孔疾也、詳見矢部。

疒之會意

疢丑刃切、說文曰熱病也、从火。詩云疢如疾首。傳曰美疢不如惡石。

疒之諧聲

病皮命切、疾甚也。

痛他貢切、義不待釋。

⿸疒登辻登切、痛也。又辻夅切。

痡奔胡、普胡二切、書云毒痡四海。詩云我

瘏　瘥　痻　疧　瘼　瘝

僕痡矣。疲病也。

瘏同都切、詩云我馬瘏矣。又曰予口卒瘏。毛氏曰病也。

瘥才作切、詩云天方薦瘥。毛氏曰病也。說文㠯爲差字、瘉也、非。傳曰札瘥夭昏。杜氏曰大死曰札、小疫曰瘥。

痻式巾切、又上聲、詩云無將大車、祇自塵兮。無思百憂、祇自痻兮。今本作疧。按、痻與塵協、非疧也、民之

譌爲氏者多矣。又作⿸疒昏。詩云多我覯⿸疒昏。毛氏曰病也。

疧章移、祁支二切、詩云之子之遠、俾我疧兮。毛氏曰病也。又都禮切。

瘼莫各切、詩云亂離瘼矣。又曰瘼此下民。毛氏曰病也。

瘝姑頑切、書云恫瘝乃身。又曰若昔瘝厥官。孔氏曰病也。

癠　癠才細切。記曰親癠、色容不盛。爾雅曰癠病也。

痗　痗虍每切。詩云使我心痗。又曰攸攸我里、亦孔之痗。毛氏曰病也。

痯　痯古緩切。詩云三牡痯痯。爾雅曰痯痯病也。毛氏曰罷皃。

瘵　瘵側介切。勞病也。詩云無自瘵焉。又曰士民其瘵。

瘨　瘨都年切。詩云胡寍瘨我吕旱。又曰瘨我饑饉。毛氏曰病也。

瘉　瘉勇主切。詩云父母生我、胡俾我瘉。又云不令兄弟、交相為瘉。毛氏曰瘉病也。說文曰病瘳也。

痾　痾於何切。五行傳曰及六畜謂之旤、及人民謂之痾。痾痾病皃、言寖深也。又作疴。說文病也。

⿸疒肙　⿸疒肙烏沿切。素問曰瘦厥腨⿸疒肙。王冰曰酸疼也。劉子曰心⿸疒肙體煩。類篇曰骨酸也。

痟　痟相邀切。周官、萅旹有痟首疾。說文曰酸痟頭痛。康成曰酸削也。

疫　疫營隻切。皆疾流行也、役省聲。

瘧　瘧魚約切。說文曰病寒熱休作也。

痁　痁失廉切。說文曰熱瘧也。

痎　痎古諧切。說文曰瘧二日一發也。亦作⿰歹皆。

癉　癉當但切。素問曰消癉伏熱也。又曰癉成

消中。王冰曰溼熱也。又癉瘧、但熱不寒。書云章善癉惡。孔氏訓病。詩云下民卒癉。爾雅作⿸疒亶、毛氏曰病也。傳曰荀偃癉疽、生瘍於頭。杜氏曰癉疽、惡創。

痙　痙巨井切。說文曰彊急也。醫書曰中寒溼發熱、惡寒、頸項彊、急身反張、如中風狀、或掣縱口噤為痙、有汗為柔痙、為会痙、無汗為剛痙、為易痙、且曰痓、亦作痙。考之說文、

合之吕聲、痙乃瘗之譌、當定為瘗。

癇　何閒切、病忽掣縱顛欹也。

痱　筱非切、風腫也。賈誼曰辟者一面病、痱者一方痛。

痹　必至切、病肌肉麻木也。說文曰溼病也。或作疪。

𤸷　渠云切、痹也。

疚　居又切、病也。

痀　其俱切、說文曰曲脊也、莊周曰見痀僂者。又婁禹、其禹、居具三切、疑即傴字。

瘈　尺㞢切、又征例切、傳曰國人逐瘈狗。又曰國狗之瘈、無不噬也。杜氏曰瘈、狂也。又作猘狾㺟。又掣縱亦作瘈瘲。

痿　邕危切、萎弱也。與萎通。說文曰痹也。一曰兩足相及。按、痿乃萎弱、醫書有又痿、又有昧痿、侌痿、皆萎弱也。

瘇　豎勇切、賈誼曰天下之勢方病大瘇、一脛之大幾如要、一指之大幾如股。說文曰脛气足腫。引詩既微且瘇。𤺄、籀文。又見尰下。

痰　辻甘切、次液之停積稠黏者。古通作淡。

癖　匹歷切、脅下停水也。說具僻下。

癥　知澄切。

瘕　居牙切。腹中積塊也、堅者曰癥、有物形曰瘕。

痃　胡千切、癖積弦急也。亦單作弦。

疝　所晏切、又去聲。寒气入腹絞刺痛有形也。

癃　良中切、罷病也、淋𤸎本亦謂之癃。𤸇、籀文。

㿉　辻回切、侌病腫脹攻刺也。又作㿗。

疸　黨旱切、又去聲。黃病也。或通作癉。

瘀　依據切、血瘀積不行也。通作淤。

𤵸　所禁切、又疏臻、所錦二切。所噤𤵸、感寒健忍之狀也。說文曰寒𤵸也。孟郊詩䃂毛各噤瘮。又作𤸰、讀音荏者非。

⿰歹尤

⿰月尤羽求切、縣⿰歹尤、贅無用之肉也。又作肬。⿰歹尤之小者曰⿰歹尤目。俗謂之⿰歹侯子。

⿰歹畱

⿰月畱力求切、又去聲。血气㞢底流聚爲⿰歹畱。醫書言⿰歹畱有六、肉⿰歹畱、骨⿰歹畱、脂⿰歹畱、盥⿰歹畱、血⿰歹畱、气⿰歹畱。肉⿰歹畱、⿰歹尤也、不可決、決之殺人。

⿰歹嬰

⿰月嬰於郢切、⿰歹畱著肩項擁腫曰⿰歹嬰。

⿰歹絫　⿰歹歷

⿰月絫魯戈切。又魯猥切。⿰月歷狼擊切。⿰歹絫⿰歹歷、殤繞頸項絫絫也。

⿰歹鼠

⿰月鼠賞呂切、扁創也。淮南子曰貍頭愈⿰歹鼠。詩曰⿰歹鼠憂㠯癢。毛氏曰⿰歹鼠癢皆病也。按、⿰歹鼠當⑫作鼠。鼠、伏獸。鼠憂、幽憂也。兩無正曰鼠思泣血、正此義也。

⿰歹婁

⿰月婁盧候切。說文、頸腫也。按、此當作扁、扁⿰歹侯不止一処、⿰歹嬰⿰歹畱不瘥、久則潰扁、所謂頸腫者卵。亦通作螻。周官馬黑脊而班臂螻。內則作扁、乃扁⿰歹侯、鄭氏曲說、非也。

殤

⿰月昜與章切、周官、殤醫掌腫殤、潰殤、金殤、折殤之祝藥、劀殺之齊。記曰頭有創則沐、身有殤則浴。

⿰歹㔾

⿰爿㔾早履切、周官、凡⿰歹㔾殤者、造於醫師。又匹履芳夷二切。說文曰⿰歹㔾、頭殤也。殤、頭創也。康成曰⿰歹㔾、頭殤、亦謂禿也。身殤⑬曰殤。按、古通謂之殤、今俗通謂之創、鄭說蓋近是。

⿰歹雝　殂

⿰月雝於容切。⿰月且子余切。又七余切。殤之㞢聚爲盥腫者曰⿰歹雝、⿰歹雝㞢也、深者曰殂。古單作㞢且。

今人又㠯殤之小者爲節、气節而爲殤也。俗作⿰歹節。

⿰歹㬎

⿰月㬎必妙切、又卑遙匹妙二切。千金方曰肉中忽生黠、大者如豆、細者如黍粟、劇者如梅李、有根、痛傷應心、久則四面腫泡、⿰熏風爛、壞筋骨、逐脈入藏者能名曰⿰歹㬎殂、南人名曰⿱昜羽著毒。通作⿰氵㬎。莊周曰⿰氵㬎殂⿰歹爪㞢。亦通作⿰火㬎。

⿰歹扁

⿰月扁紕延切、千金方曰⿰歹扁病者喜發三⑭、文其狀亦、𤵸起如編繩、急痛壯熱。說文曰半枯也。

瘑

瘑古𡜏古禾二切、又作𤺄。千金方曰瘑創初作如肥創、甚著手足、常相數生、隨月生𤴔、痛痒瘙削。類篇曰旹發爲𤶄瘑、秋發爲𤺄瘑。

𤸷

𤸷直里切、肛門瘀也。

瘯

瘯千木切、傳曰不疾瘯蠡。瘯蠡承生、疥類是也、蠡則緣生、癬類是也。說文瘯單作族。

癬

癬息淺切、癬緣皮膚生、有蟲攻其關、其類不一。又作𤻩、說文曰癬、乾瘍也。

疥

疥古拜切。癆郎到切。周禮曰夏旹有痒疥疾。疥瘍之細者、徧肌膚搔痒、今謂之疥癆也。

癆

說文曰朝鮮謂藥毒曰癆。疥、搔也。又作𤷋。

、

疹

疹止忍切、膚創隱軫如麻粟也、俗謂之麻。又風搔隱疹、其類不一。又見胗下。隱俗作癮。

痤

痤昨禾切、素問曰汗出見溼、乃生痤疿。說文曰小腫也。一曰族絫。

疿

疿方吠切、汗出遇溼、膚疹如沸也。

痒

痒昌掌切、膚痒欲搔也。又作癢。記曰痒不敢搔。說文曰蛘、搔蛘也、从虫。痒又余章切。詩云哀我小心、鼠憂以痒。又[illegible]降此蟊賊、稼嗇卒痒。毛氏曰病也。

瘃

瘃陟玉切、說文曰中寒腫覈。類篇曰寒創也。漢書曰手足皸瘃。

疷

痏

疷諸氏切、痏榮美切。漢書曰遇人不以義而見疷者、與痏人之罪鈞、惡不直也。說文曰痏、疷痏也。應劭曰以丈與手毆人、剝其皮膚、青黑而無創瘢者、律謂之疷痏。類篇曰疷、血腫也。

瘴

瘴之亮切、山海之癘⑮氣中者輒疾曰瘴。本

亦作障。

瘐　瘐容朱切、又上聲。漢律、囚㠯飢寒死曰瘐。

疲　疲蒲糜切、病憊也。古通作罷。

瘁　瘁秦醉切、疾病顦顇也。又作顇。見頁部。

瘠　瘠秦昔切、瘦側也。説文作膌。

瘦　瘦所又切、病肌肉消減也。

痂　痂其加、古牙二切、創弁也。

瘢　瘢蒲官切、創跡也。説文曰痍也。

痕　痕胡根切、瘢餘跡也。

疵　疵疾移切、瑕也、又病也。孫愐曰罷病。

癡　癡丑之切、愚無知也。又作儗、説文曰騃也。

療　療力照切、治病也。又作⿸疒樂、説文曰治也。

瘳　瘳敕鳩切、病已也。

痊　痊逡緣切、瘳也。古無此字、瘳痊蓋一聲。

凶　凶凶許容切、凡書傳死喪爲凶、凶與吉對。説文曰惡也、象地穿交陷其中也。

亞　亞亞⑯衣架切、書傳之用長之次爲亞。又爲因亞、今俗通㠯爲馮亞。説文曰醜也、象人局背之形。賈侍中説㠯爲次弟也。

由　由㠯州切、書傳之用爲由从。語曰觀其所由。曰誰能出不由戶、何莫由斯道也。引之爲因

由、又與猶通。説文無由字。甹、木生條也、从马、由聲。引書顛木之有甹枿、古文言由枿。徐鍇曰今書作由枿、蓋古文省马、从马、上象枝條華函之形、後人因用省文㠯爲因由等字。按、説文、油、由聲、抽、怞、由聲、柚、宙、袖、岫皆由聲、肰、迪、笛則皆諧迂歷切、軸、舳則皆諧直六切。説文又甹、亟⑰詞、从丂从由。皆未詳。又見軸下。

良　良呂張切、書傳所用其義爲良善、爲易良。説文曰从畗省、亡聲。徐鍇曰昰也、目、戶、皀皆古文。

亹　亹莫匪切、易曰成天下之亹亹。詩云亹亹文

王。記曰天眚雨澤、君子達亹亹焉。亹亹、勉勉不已之皃也。徐鉉曰字書所無、不知所从、當作娓。詩鳧鷖在亹、與釁劦。陸氏讀音門。毛氏曰山絕水也。

肸

肸羲乙切、竿舌肸字向。說文響布也、从十从肸。徐鉉曰肸、振肸也。

卞

卞皮變切、書云率循大卞。蔡氏曰法也。又傳、郲莊公卞急而好潔。杜氏曰躁疾也。又爲邑名。

六書故弟三十三

校勘記

六書故序

①頁一上右行二字十五，明影抄元本作「䭩」。
②頁一下右行二字八，明影抄元本作「三」。
③頁一下右行二字十七，明影抄元本作「高」。

重刻六書故序

①頁二上右行六字二下，《四庫全書總目·六書故》條有「理」，據文意，蓋李本脱文。

六書故目

①頁四下右行三字三，明影抄元本作「珏」。
②頁四下右行六字三、四（小字右行），明影抄元本作「凡、𠂆」。
③頁四下左行七字八（小字左行），明影抄元本作「曰」。
④頁五上左行三字一下小字，明影抄元本無，明影抄元本在行四單獨排列「從攴敉放殳殺反攺皮」等九字，與李本相比無「父」字。從卷十五正文文字排列看，明影抄元本排列是。
⑤頁五上左行六字四，明影抄元本作「由」，從正文來看，此非是。
⑥頁五下左行七「木」下所附八字，明影抄元本順序爲「朿桼禾朿橐片林耒」，從正文順序看，明影抄元本順序爲是，李本非。
⑦頁六上右行五字二，明影抄元本無，從正文看，李本非。

⑧頁六下右行三字一，明影抄元本作「瓦」。
⑨頁六下右行四字八，明影抄元本作「臼」。
⑩頁六下右行六字四，明影抄元本作「盟」。
⑪頁六下左行二字四（小字右行），明影抄元本無。
⑫頁六下左行三字一，明影抄元本作「豈」。
⑬頁七上右行五字七，明影抄元本作「畾」，是。
⑭頁七上左行二字七，明影抄元本作「夘」。
⑮頁七上左行四字三，明影抄元本作「条」。
⑯頁八上右行四字一，凡李本「索」字，明影抄元本均作「索」。
⑰頁八上左行五字三，明影抄元本作「刂」。
⑱頁八下右行二字一，明影抄元本作「[illegible]」。
⑲頁八下右行二字十五，明影抄元本作「[illegible]」。
⑳頁八下左行一字十一，明影抄元本作「表」。
㉑頁八下左行四字十一，明影抄元本作「受」。
㉒頁九上左行七，明影抄元本在每卷末最後一行下端有「孫奎謹校」四字，下不再出校。

六書通釋

①頁一一下右行三字十三，明影抄元本作「㐅」。
②頁一三下左行一字十一，明影抄元本作「限」。
③頁一五下右行一字十，明影抄元本作「稗」。
④頁一六上右行五字九，明影抄元本作「邿」。
⑤頁一七上左行二字七，明影抄元本作「[illegible]」。
⑥頁一七下左行三字九，明影抄元本作「要」。
⑦頁一七下左行四字二下，明影抄元本有「一」字，是。

⑧頁一八下右行一字四下，明影抄元本有「簡策」二字，應與下「費才」連讀。
⑨頁一八下右行一字十三下李本横列兩字，明影抄元本正常竪排。
⑩頁一九下右行一字九，明影抄元本作「章」。
⑪頁二〇上右行七字六，明影抄元本作「者」，四庫本同，依文意，李本誤。
⑫頁二〇下右行四字十四，明影抄元本作「又」。
⑬頁二〇下左行六字十七，明影抄元本作「囟」，是。
⑭頁二一上右行三字八（小字左行），明影抄元本作「鈠」。
⑮頁二三下右行一字七，明影抄元本作「く」，是。
⑯頁二三下右行二字二，明影抄元本作「冎」，是。
⑰頁二三下左行一字十，明影抄元本作「巜」，是。
⑱頁二五下右行七字十二，明影抄元本作「[illegible]」。

六書故第一

①頁一下右行二字十（小字右行），明影抄元本作「二」，是。
②頁一下右行五字一，明影抄元本作「竺」。
③頁一下左行六字十二，明影抄元本作「[illegible]」。
④頁四上左行一字十三，明影抄元本作「笑」。
⑤頁四上左行七脱字頭「文」，明影抄元本、四庫本有。
⑥頁四下右行四字十四，明影抄元本作「木」，是。

六書故第二

①頁八下左行四字十四（小字右行），明影抄元本作「璣」。
②頁八下左行五字六（小字右行），明影抄元本作「[illegible]」。
③頁九下右行二字四，明影抄元本作「昔」，是。

④頁九下右行七字一，明影抄元本作「[illegible]」。

⑤頁一一上左行七字八，明影抄元本作「眗」。

⑥頁一五上右行三字一「夢」之篆文，明影抄元本为通行小篆体，是，李本下部封口，爲變體，非是。

⑦頁一七下右行四字九（小字右行），明影抄元本作「辰」。

⑧頁一七下右行五字九（小字右行），明影抄元本作「[illegible]」，是。

⑨頁一七下右行五字十五（小字右行），明影抄元本作「[illegible]」。

⑩頁一九上右行六字十一，明影抄元本作「畾」。

六書故第三

①頁二一下左行二字十四（小字左行），明影抄元本字無「心」字底。

②頁二四上右行七字十二，明影抄元本作「冂」，是。

③頁二四上左行一字七（小字右行），明影抄元本作「冂」，是。

④頁二四下右行三字六（小字右行），明影抄元本作「舅」，是。

⑤頁二八下右行四字一，明影抄元本作「[illegible]」。

⑥頁二九上右行一字一，明影抄元本作「[illegible]」。

⑦頁二九上左行四字九，明影抄元本作「潰」。

⑧頁三〇下右行七字頭，明影抄元本作「煌」，是。

⑨頁三一上右行六字一，明影抄元本作「[illegible]」。

⑩頁三一下右行六字一，明影抄元本作「[illegible]」。

⑪頁三一下右行七字一，明影抄元本作「[illegible]」。

⑫頁三二上左行三字四（小字左行），明影抄元本作「慰」，是。

⑬頁三二上左行七字十（小字左行），明影抄元本作「[illegible]」。

⑭頁三三上左行七字八（小字右行），明影抄元本作「眡」。

⑮頁三三下左行七字十，據《周禮·春官》，爲「八」之誤。

⑯頁三四上右行四字十一（小字左行），明影抄元本作「厷」。
⑰頁三四下左行四字十四（小字左行），明影抄元本作「夳」。
⑱頁三五下左行七字十三（小字右行），明影抄元本作「⿰亻夳」。後不再出校。
⑲頁三六上右行五字六（小字左行），明影抄元本作「⿰亻止」。
⑳頁三八下右行七字一，明影抄元本作「⿰礻乙」。
㉑頁三九上右行七字頭，明影抄元本作「禧」，是。
㉒頁三九下右行三字四（小字左行），明影抄元本作「貞」，李本避諱，「貞」下缺捺笔。
㉓頁三九下左行一字四，明影抄元本作「筀」，李本为小篆。

六書故第四

①頁四〇下右行五字三，明影抄元本作「褚」。
②頁四〇下左行一字三，據文意，「目」當作「自」。
③頁四一上右行一字二（小字左行），明影抄元本作「虛」。
④頁四一上右行六字頭，明影抄元本作「堇」。
⑤頁四一上左行三字頭，明影抄元本作「坐」。
⑥頁四一上左行五字十六（小字右行），明影抄元本作「讀」。
⑦頁四二下右行五字二，明影抄元本作「与」。
⑧頁四二下右行六字七下，明影抄元本有「别作**鐵**銕」四小字。
⑨頁四二下左行三字八，明影抄元本作「与」。
⑩頁四三上右行一字六，明影抄元本作「半」。
⑪頁四三上左行二字五（小字左行）下，明影抄元本有「鍇」字，據《左傳》正有「鍇」字，李本脱文。
⑫頁四三上左行五字十二（小字左行），明影抄元本作「鎔」，李本「鎔」字少中間右下捺。
⑬頁四五上左行七字六（小字右行），明影抄元本作「尤」，據文意，是。
⑭頁四五下左行三字十二，明影抄元本作「橾」。

⑮頁四八下右行三字十四，據上下文疑爲衍文。

⑯頁四八下右行七字六，明影抄元本「鉉」字避諱缺右下點，下文同。

⑰頁五〇下左行三字一，明影抄元本作「[illegible]」。

⑱頁五一上左行七字十四（小字左行），明影抄元本作「刀」，是。

⑲頁五三上右行一字十（小字右行）下，李本脱「漁」字，明影抄元本有。

⑳頁五八上右行一，「垓」字條以下，據明影抄元本、明張萱校訂本、四庫本，李本脱十一個字頭及注釋（恰爲書版半頁，共三一一字）。其文爲：

塧　乚盇切，埃塵之合也。又於蓋切。又作壒。

坌　蒲問切，塵邕集也。《説文》：一曰大防也。

垢　居后切，滋塵也。

在　才載切，又才几切。在存同聲，其義亦同。

垠　魚斤切。垠堮，土之厓岸也。亦作圻，渠衣切。《説文》曰：垠或从斤。方千里曰圻。具畿下。別作埜。

堮　五各切，土之厓級也。別作壚。

場　羊益切。詩云乃場乃畺。《漢書》單作易。

域　于逼切，地有區限也。

境　羈景切，地域所竟也。古亦單作竟。

坐　是爲切，邊地也。別作陲。

堧　而緣人兖二切。又奴亂切。又作壖。《史記·河渠書》有河壖。韋昭曰緣河邊地。鼂錯，穿夅上廟堧垣。顏師古曰廟内垣之外遊地也。通作陾。別作㬉、壖。《説文》曰壖，城下田也。

㉑頁五八上左行三字十六，明影抄元本作「濬」。

㉒頁五九下左行五字一（小字左行），明影抄元本作「夅」。

㉓頁五九下左行六字十一、十二（小字左行），明影抄元本作「垓畡」。

㉔頁六〇上左行四字十一（小字左行），明影抄元本作「暘」。

㉕頁六〇下右行四字五，明影抄元本無該字。

㉖頁六一上右行一字三下空格，據明影抄元本、四庫本，脱「𠔃」字。
㉗頁六一下右行二字一，明影抄元本作「坫」。
㉘頁六一下右行五字一，明影抄元本作「坮」。
㉙頁六二上左行七字二，明影抄元本作「況」。
㉚頁六三上左行五字一，明影抄元本作「墼」。
㉛頁六三下右行七字九（小字左行），明影抄元本作「坳」。
㉜頁六三下左行七字十三（小字右行），明影抄元本作「毀」。

六書故第五

①頁六五上左行一字六，明影抄元本作「配」。
②頁六五上左行二字八，明影抄元本作「恆」。
③頁六六上右行四字七，明影抄元本作「首」。
④頁六六下左行一字二，明影抄元本無，李本衍。
⑤頁六七上左行四字十一（小字左行），明影抄元本作「隰」。
⑥頁六七下左行四，「別作」下脱字，明影抄元本作「讔」，是。
⑦頁六八上右行五字五，明影抄元本作「会」。
⑧頁六八上左行六字一，明影抄元本作「陼」。
⑨頁六八下右行四字十五（小字右行），明影抄元本作「墒」。
⑩頁六八下右行五字十五（小字右行），明影抄元本作「際」。
⑪頁六八下右行六字十四（小字左行），明影抄元本作「髓」。
⑫頁六八下左行七字十四（小字左行），明影抄元本作「頔」。
⑬頁六九上右行五字一，明影抄元本作「障」。
⑭頁六九下右行四字頭，明影抄元本作「隝」。
⑮頁六九下右行七字三，明影抄元本作「罪」。字五（小字左行），明影抄元本作「已」。

⑯頁六九下左行二字一，明影抄元本作「[illegible]」。
⑰頁七二下左行二字三，明影抄元本作「慱」。
⑱頁七三上左行五字三下，明影抄元本有「謂」字，是。
⑲頁七四上右行七字十，明影抄元本作「翊」，是，李本訛。
⑳頁七四上左行三字九（小字左行），明影抄元本作「埈」，是。
㉑頁七四下右行六字十六，明影抄元本作「兮」。
㉒頁七四下左行六字十一（小字左行），明影抄元本作「鬵」。
㉓頁七六上左行二字十二（小字左行），明影抄元本作「道」。
㉔頁七六上左行三字一，明影抄元本作「[illegible]」。
㉕頁七六上左行四字四，明影抄元本作「他」。字十六（小字左行），明影抄元本作「隋」。
㉖頁七六上左行六脱字頭「崩」，明影抄元本、四庫本有。
㉗頁七六下右行二字五，明影抄元本作「嵁」。字十三（小字右行），明影抄元本作「广」。
㉘頁七六下左行一字二（小字右行），據文意及《説文》段注，蓋爲「升」之誤。
㉙頁七六下左行四字四、五，文句不通，據明影抄元本、四庫本，「魯」下脱「水切」二字，當補。
㉚頁七七下右行三字十五（小字右行），明影抄元本作「兆」。
㉛頁八〇下左行二字一，明影抄元本無竹字頭。
㉜頁八一上右行四字十六（小字右行），明影抄元本作「户」。
㉝頁八一上左行一字頭，明影抄元本作「匡」。
㉞頁八二下右行四字十一，明影抄元本作「皃」。下同，不再出校。
㉟頁八二下左行三字頭，明影抄元本作「厥」。
㊱頁八四下右行一字六（小字左行），明影抄元本作「注」。
㊲頁八五下右行六字一（小字左行），明影抄元本作「鹿」。
㊳頁八五下右行七字三，明影抄元本作「蓳」。
㊴頁八六下左行一字十四，明影抄元本作「莘」。

㊵頁八七上右行六字四，明影抄元本作「他」。

㊶頁八七下左行三字八（小字左行），明影抄元本作「尔」。

六書故第六

①頁八九上右行四字十四，李本誤，明影抄元本、明張萱校訂本作「☵」，是。

②頁八九下右行三字十一，明影抄元本作「困」，是。字十四下，明影抄元本、明張萱校訂本有「別作淵剎」四字。

③頁九〇下左行一字四下，「又作」二字明影抄元本豎排。

④頁九一上左行四字頭，明影抄元本作「永」。

⑤頁九二上右行六字五（小字右行），明影抄元本作「演」。

⑥頁九二下左行三字十六（小字右行）「道」字，明影抄元本作「道」，下同，不再出校。

⑦頁九三下右行一字三（小字左行），明影抄元本作「決」。

⑧頁九三下右行七字十，明影抄元本作「[illegible]」。

⑨頁九四下右行六字九，明影抄元本作「沛」。

⑩頁九四下左行三字十四，明影抄元本作「亙」。

⑪頁九八下左行一字一，明影抄元本作「[illegible]」。

⑫頁一〇〇上右行二字十五（小字左行），明影抄元本作「沛」。

⑬頁一〇〇上右行四字八（小字左行），明影抄元本作「洫」。

⑭頁一〇〇上左行七字三，明影抄元本作「脂」。

⑮頁一〇〇下右行一字九，明影抄元本作「芎」。

⑯頁一〇一上右行四字十三，明影抄元本作「甲」。

⑰頁一〇三上右行五字十五（小字右行），明影抄元本作「汴」。

⑱頁一〇三上左行二字五（小字左行），明影抄元本作「他」。

⑲頁一〇三下右行一字十（小字左行），明影抄元本作「濰」。

⑳頁一〇三下左行三字十，明影抄元本作「彌」。

㉑頁一〇四下左行四字九，明影抄元本作「末」。
㉒頁一〇四下左行六字五（小字右行），明影抄元本作「二」。
㉓頁一〇五上左行五字十（小字左行），明影抄元本作「玄」，不缺筆。
㉔頁一〇五下右行七字四（小字左行），明影抄元本作「申」。
㉕頁一〇六上右行四字十二、十三，明影抄元本作「潊浦」。
㉖頁一〇八上左行四字十下，明影抄元本有「俗作瀨」三字。
㉗頁一〇八下左行三字十五（小字左行），明影抄元本作「衺」。
㉘頁一〇八下左行四字十五（小字左行），明影抄元本作「坈」，下同，不出校。
㉙頁一〇八下左行七字十三、十四（小字左行），明影抄元本作「引詩」。
㉚頁一一〇上左行七字七，明影抄元本作「魯」。
㉛頁一一二下左行二字頭，明影抄元本作「汩」，下同，不再出校。
㉜頁一一二下左行四字五，明影抄元本作「湧」。
㉝頁一一七上右行二字頭，明影抄元本作「滨」，下各字同。
㉞頁一一八上右行四字六，明影抄元本作「甘」，是。
㉟頁一一九下左行一字十一（小字右行），李本衍，明影抄元本、明张萓校訂本、四庫本無此字。
㊱頁一二〇上左行二字六，明影抄元本作「冃」。
㊲頁一二三下右行一字八下，四庫本有「淰字」二字；字十一，四庫本作「見」；字十二前，四庫本有「禮」。
㊳頁一二四上左行二字十三，明影抄元本作「涂」。
㊴頁一二四下右行七字一，明影抄元本作「濂」。
㊵頁一二五上右行七字一，明影抄元本作「沿」。
㊶頁一二五上左行六字九，明影抄元本作「遊」。
㊷頁一二五下右行一字一（小字右行）上，明影抄元本有「从」字。
㊸頁一二五下左行二字四下，四庫本有「曹去聲」三字。
㊹頁一二五下左行六字一，明影抄元本作「洄」。

㊺頁一二六上右行七字八，明影抄元本作「漑」。

㊻頁一二六下右行三字頭，明影抄元本、明張萱校訂本作「滴」。

㊼頁一二六下左行五字十一，明影抄元本作「云」。

㊽頁一二八上右行二字五（小字右行），明影抄元本作「箇」。

㊾頁一二九上左行七字七、八（小字左行），明影抄元本、明張萱校訂本、四庫本作「沃汁」，是。

㊿頁一二九下右行七字十一（小字左行），明影抄元本、明張萱校訂本作「袁」，下同。

51頁一三〇上右行一字十（小字右行）下，李本有「萱曰又與澀通内經寒氣入經稽遲泣而不行泣乃澀也」共二十二字，明影抄元本無。此是李本所據爲明張萱本的依據之一。

52頁一三〇上左行二字十（小字右行），明影抄元本作「用」。

53頁一三〇下左行四字一，明影抄元本作「[illegible]」。

54頁一三一下右行一字十六（小字左行），明影抄元本作「[illegible]」。

55頁一三一下左行二字一，明影抄元本作「回」。

六書故第七

①頁一三四下右行三字十二（小字右行），明影抄元本作「珣」。

②頁一三六上右行一字五（小字左行），明影抄元本作「玉」。

③頁一三七下右行二字三，明影抄元本作「赤」。

④頁一三八上右行五字四、五（小字左行），四庫本無。

⑤頁一三九下右行三字二，明影抄元本作「慱」。

⑥頁一四〇下右行六字一上，明影抄元本有「[illegible]」字。

六書故第八

①頁一四二下右行七字七（小字左行），明影抄元本作「劦」。

②頁一四二下左行七字四下，明影抄元本有「皆从包省」四字。

③頁一四三上右行三字十二（小字右行），明影抄元本作「籒」。
④頁一四三下左行七字十（小字左行），明影抄元本作「㰅」。
⑤頁一四四上左行七字十一，明影抄元本作「啜」。
⑥頁一四五上左行七字五，明影抄元本作「燠」。
⑦頁一四六上右行三字四（小字左行），明影抄元本作「吒」。
⑧頁一四六上左行七字頭，明影抄元本作「歕」。
⑨頁一四七上左行六字五、六（小字右行），明影抄元本作「嗛嗛」。
⑩頁一四七上左行七字三（小字左行），明影抄元本作「挽」。
⑪頁一四七下左行三字十五（小字右行），明影抄元本作「或」，是。
⑫頁一五一上左行三字十，明影抄元本作「[illegible]」。
⑬頁一五二上右行三字三，明影抄元本作「知」。
⑭頁一五二下右行七，脱字頭「比」。
⑮頁一五四上左行三字三，明影抄元本作「歷」。
⑯頁一五五上左行六字十三，明影抄元本作「美」，四庫本作「美」，是，李本誤。
⑰頁一五六上右行一字十六，明影抄元本作「一」。
⑱頁一五六上右行二字十一（小字左行），明影抄元本作「[illegible]」。
⑲頁一五六下右行二字二，明影抄元本作「搏」。
⑳頁一五六下左行五字一，明影抄元本作「[illegible]」。
㉑頁一五七上右行一字一，明影抄元本作「或」。
㉒頁一五七上右行四字十三，明影抄元本作「[illegible]」。
㉓頁一五八下左行二字十二，明影抄元本作「辭」。
㉔頁一五九上左行一字四，明影抄元本作「云」，是。
㉕頁一六〇上右行七字一上，明影抄元本有「又」字，是。
㉖頁一六一上右行七字十二，明影抄元本作「笑」。

㉗頁一六一下右行三字一（小字右行），明影抄元本作「簷」。

㉘頁一六三上左行一字一，明影抄元本作「閑」。

㉙頁一六五下右行七字十四（小字左行），明影抄元本作「俛」。

㉚頁一六六上右行三字十一、十二，明影抄元本作「息偃」。

㉛頁一六九上右行一字十五（小字右行），明影抄元本作「廌」。

㉜頁一六九上左行五字十五、十六，明影抄元本作「掝掝」。

㉝頁一六九下右行三字七（小字右行），明影抄元本作「愢」。

㉞頁一七〇下右行四字五（小字左行），明影抄元本作「旻」。

㉟頁一七〇下左行四字七（小字左行），明影抄元本作「功」。

㊱頁一七七下左行七字十三（小字右行），明影抄元本作「丄」。

六書故第九

①頁一七九上右行二「元校刊」，李本其他各部均署「西蜀李鼎元校刊」，此章脱文。

②頁一八〇上右行七字一上，明影抄元本有「[illegible]」，李本脱文。

③頁一八〇下左行二字頭，明影抄元本作「孫」。

④頁一八三下右行一字十五（小字左行），明影抄元本作「耆」。

⑤頁一八四下右行二字五，明影抄元本作「芮」。

⑥頁一八五上左行四字一，明影抄元本作「[illegible]」。

⑦頁一八五上左行五字一，明影抄元本作「[illegible]」。

⑧頁一八五下右行一字十六，明影抄元本作「嬪」。

⑨頁一八五下右行七字一，明影抄元本作「[illegible]」。

⑩頁一八五下左行四字九，明影抄元本作「文」，李本誤。

⑪頁一八六上左行六字十、十一，明影抄元本作「㠯謂」。

⑫頁一八七上右行四字十，明影抄元本同，四庫本作「爲」，依文意，是。

⑬頁一八九上右行七字一（小字左行），明影抄元本作「娩」。
⑭頁一八九下左行五字九，明影抄元本重疊作「嫋嫋」。
⑮頁一九〇下左行三字九，明影抄元本作「戲」。
⑯頁一九〇下左行七字二，明影抄元本作「叓」。
⑰頁一九一上右行四字一，明影抄元本作「[illegible]」。
⑱頁一九一上右行五字二（小字右行），明影抄元本作「[illegible]」。
⑲頁一九一下右行六字六，明影抄元本作「里」，從該條附注看，李本誤改。
⑳頁一九二上右行三字三，明影抄元本作「瓜」，是。
㉑頁一九二下右行一字十五，明影抄元本作「娣」。
㉒頁一九二下右行七字三（小字右行），明影抄元本作「戌」。
㉓頁一九三下右行二字九，明影抄元本作「㐆」。
㉔頁一九四上右行一字一，明影抄元本作「[illegible]」。字十三，明影抄元本作「姙」。
㉕頁一九四下右行四字一，明影抄元本作「[illegible]」。
㉖頁一九四下左行五字一，明影抄元本作「嫧」。
㉗頁一九四下左行七字八，明影抄元本作「婧」。
㉘頁一九六上右行四字十二、十三（小字左行），明影抄元本作「壯皃」，據下文，明影抄元本是。
㉙頁一九六下左行二字一，明影抄元本作「奭」。
㉚頁一九七上左行七字十，蓋爲「民」之誤，本條辨析時有「進食於民」句，又四庫本「氏」作「民」。
㉛頁一九八下右行六字一，明影抄元本作「[illegible]」。

六書故第十

①頁二〇〇上左行一字五、六，四庫本作「口上」。九（小字左行），明影抄元本作「髭」。
②頁二〇〇上左行五字十二（小字右行），明影抄元本無。

③頁二〇一上左行四字九（小字右行），明影抄元本作「[illegible]」。

④頁二〇二下左行四字五，明影抄元本作「[illegible]」。

⑤頁二〇四下左行六字六，明影抄元本作「首」。

⑥頁二〇五上右行二字十四，明影抄元本、四庫本作「賦」，李本誤。

⑦頁二〇五上右行五字十四（小字左行），明影抄元本作「冠」。

⑧頁二〇五上右行七字三（小字左行），明影抄元本作「兒」。

⑨頁二〇五上左行七字二，明影抄元本作「連」，是。

⑩頁二〇五下右行二字八（小字左行），明影抄元本作「作」。

⑪頁二〇六上右行一字十六（小字左行），明影抄元本作「囟」。

⑫頁二〇六上右行七字十一，明影抄元本作「著」。

⑬頁二〇六下右行五字三，明影抄元本作「亾」。

⑭頁二〇七上左行二字十六，明影抄元本作「聖」。

⑮頁二〇七下左行二字八（小字右行），明影抄元本作「童」。

⑯頁二〇七下左行三字十三，明影抄元本作「并」，是。

⑰頁二〇七下左行五字十（小字右行），明影抄元本作「睛」，是。

⑱頁二〇八下右行一字五，明影抄元本作「皆」。

⑲頁二一〇上右行二字頭，明影抄元本作「睟」。

⑳頁二一〇上右行六字頭，明影抄元本作「睇」。

㉑頁二一〇上左行四字頭，明影抄元本作「沓」。

㉒頁二一〇下左行五字一，明影抄元本作「盱」。

㉓頁二一一上右行六字十（小字左行），明影抄元本作「眓」，是。

㉔頁二一一下右行二字十二（小字右行），明影抄元本作「尼」。

㉕頁二一一下右行三字六下，明影抄元本有「曰」字。

㉖頁二一二上左行七字四，明影抄元本作「弗」。

㉗頁二一三下左行四字十二，明影抄元本作「歁」。

㉘頁二一四上右行二字五，明影抄元本作「己」。

㉙頁二一四下左行二字六（小字右行），明影抄元本、四庫本作「説」，是，李本誤。

㉚頁二一六上右行四字一，明影抄元本作「[illegible]」。

六書故第十一

①頁二一八上左行一字二（小字左行），明影抄元本作「㠯」。

②頁二一八下右行三字一（小字右行），明影抄元本作「[illegible]」。

③頁二一九上右行一字六（小字右行），明影抄元本作「又」。

④頁二一九上右行四字一，明影抄元本作「[illegible]」，下同。

⑤頁二一九上右行七字八，明影抄元本作「身」，是，李本誤。

⑥頁二一九上左行六字六、七之間，明影抄元本有「身」字。

⑦頁二一九上左行七字七下，明影抄元本有「又作𦉪」三字。

⑧頁二二一上右行七字九，明影抄元本作「肰」。

⑨頁二二二上右行一字十（小字右行），明影抄元本作「曰」，是。

⑩頁二二二上右行五字六（小字左行），明影抄元本作「瀱」。

⑪頁二二二上左行三字頭，明影抄元本作「阦」。

⑫頁二二三下左行一字九，明影抄元本作「削」。

⑬頁二二四上右行四字十二，明影抄元本作「知」。

⑭頁二二六下右行四字一，明影抄元本作「[illegible]」。

⑮頁二二七下右行五字十四（小字左行），明影抄元本作「謟」。

⑯頁二二九上左行五字三，明影抄元本作「問」。

⑰頁二三一上右行五字七，明影抄元本作「通」。

⑱頁二三二上右行六字一，明影抄元本作「[illegible]」。

⑲頁二三五上右行四字一，明影抄元本作「詶」。

⑳頁二三五下右行二字一，明影抄元本作「誘」。

㉑頁二三六下右行一字三（小字左行），明影抄元本作「名」。

㉒頁二三七上右行七字一，明影抄元本作「謹」。

㉓頁二四〇上右行五字一，明影抄元本作「訾」。

㉔頁二四〇上左行一字九，明影抄元本作「巴」。

㉕頁二四一上右行二字十二（小字左行），明影抄元本作「諍」。

㉖頁二四一下右行六字一，明影抄元本作「讇」。

㉗頁二四二下左行四字一，明影抄元本作「譏」。

㉘頁二四三下右行一字一、二，明影抄元本此二字順序顛倒。

㉙頁二四三下左行七字二（小字右行），明影抄元本作「富」。

㉚頁二四四上右行一字一，明影抄元本作「[illegible]」。

㉛頁二四四上右行二字頭，明影抄元本作「讕」。

㉜頁二四四上左行五字一，明影抄元本作「答」。

㉝頁二四四下右行六字頭，李本脱，明影抄元本作「沓」。字一，明影抄元本作「[illegible]」。

㉞頁二四四下左行三字三，明影抄元本作「曷」。

㉟頁二四四下左行七字六，明影抄元本作「譻」。

㊱頁二四五下左行五字一，明影抄元本作「和」。

㊲頁二四八上右行六字一，明影抄元本作「[illegible]」。

㊳頁二四八上右行七字一，明影抄元本作「[illegible]」。

㊴頁二五一上左行四字七（小字左行），明影抄元本作「号」。

㊵頁二五二下右行一字十五（小字左行），明影抄元本作「悟」。

㊶頁二五二下右行四字一，明影抄元本作「訥」。

㊷頁二五二下左行四字十四，明影抄元本作「申」。

㊸頁二五五上左行七字十（小字左行），四庫本無。

㊹頁二五六上右行七字三，明影抄元本作「[illegible]」。

六書故第十二

①頁二五七上左行四字頭「彡」脱，明影抄元本、四庫本有。

②頁二五七下左行五字二（小字右行），明影抄元本作「尔」。

③頁二五八下右行六字六，明影抄元本作「潔」。

④頁二五九下左行四字十（小字左行），依文意及今傳大徐本，當作「大」。

⑤頁二六一上右行二字三，明影抄元本作「与」。

⑥頁二六二上左行二字十四，明影抄元本作「無」。

⑦頁二六三上左行三字頭，明影抄元本作「[illegible]」。

⑧頁二六三下右行二字三、四之間，明影抄元本有「之」字。

⑨頁二六四上左行七字六下，明影抄元本有「禮」字，四庫本「喪」徑作「禮」。李本脱文。

⑩頁二六四下左行六字五，明影抄元本作「教」。

⑪頁二六五上左行三字九（小字左行），明影抄元本作「錇」。

⑫頁二六七下右行六字十六（小字右行），明影抄元本作「冰」。

⑬頁二六七下左行一字十五、十六，明影抄元本作「亏兩」，是。

⑭頁二六七下左行七字二、三，四庫本作「弭沼」。

⑮頁二六九下左行一字二（小字右行），明影抄元本作「[illegible]」。

⑯頁二六九下左行一字八、九、十（小字左行），四庫本作「芳符反，又普回反」。

⑰頁二七一上右行一字一，明影抄元本作「[illegible]」。

⑱頁二七四上左行五字十二（小字左行），明影抄元本作「[illegible]」。

⑲頁二七四下左行七字十一（小字右行），明影抄元本無。字十一（小字左行），明影抄元本無。

⑳頁二七五上左行三字一，明影抄元本作「[illegible]」。

㉑頁二七七下右行四字七，明影抄元本作「菹」。
㉒頁二七八上左行三字九，明影抄元本無。

六書故第十三

①頁二七九上右行五字十二，明影抄元本作「主」。
②頁二八一上右行四字十五，明影抄元本作「金」。
③頁二八一上左行六字九，明影抄元本作「於」。
④頁二八五上右行一「别作」下脱字，明影抄元本同，四庫本有「鰓」字，是。
⑤頁二八五上左行一字六，明影抄元本作「叀」。
⑥頁二八六上右行七字九（小字左行），明影抄元本作「因」。
⑦頁二八六下左行七字一、二之間，明影抄元本有「給」。
⑧頁二八七上左行二字八（小字左行），明影抄元本作「亟」。
⑨頁二八八上左行七字二，明影抄元本作「勇」。
⑩頁二八九下右行四字一，明影抄元本作「惴」。
⑪頁二八九下左行一字一，明影抄元本作「緣」。
⑫頁二九一上左行四字八，明影抄元本作「鬱」。
⑬頁二九一下左行五字三（小字左行），明影抄元本作「闊」。
⑭頁二九二下右行一字十四（小字左行）下，明影抄元本有「省聲」，李本脱文。
⑮頁二九三上左行四字一，明影抄元本作「悕」。
⑯頁二九三上左行七字一，明影抄元本作「恇」。
⑰頁二九五上右行二字一，明影抄元本作「懁」。
⑱頁二九五上右行三字一，明影抄元本作「愊」。
⑲頁二九五上右行五字五，明影抄元本作「慆」。
⑳頁二九五上左行一字五，明影抄元本、四庫本作「从」。

㉑頁二九六上左行一字十六（小字左行），明影抄元本、四庫本作「書」，李本誤。

㉒頁二九七下左行五字八（小字右行），明影抄元本作「恨」。

㉓頁二九八上右行七字九，明影抄元本作「弢」。

六書故第十四

①頁二九九下右行六字十、十一，明影抄元本作「[illegible]、[illegible]」，且多一「[illegible]」字，元殘本同，李本脱文。

②頁二九九下左行一字五，明影抄元本作「博」。

③頁三〇一上右行三字八，元殘本、明影抄元本作「手」，李本誤。

④頁三〇二上右行二字十一（小字右行），明影抄元本作「拓」。字九（小字左行），明影抄元本作「一」，是。

⑤頁三〇二上左行三字十六，元殘本、明影抄元本、四庫本皆作「書」，李本誤。

⑥頁三〇二上左行七字七，元殘本、明影抄元本、四庫本作「入」，是。

⑦頁三〇二下右行二字二及行五字十五（小字左行），明影抄元本均作「匕」。

⑧頁三〇二下左行二字三（小字左行），明影抄元本作「㞢」。

⑨頁三〇二下左行四字七（小字左行），明影抄元本作「检」。

⑩頁三〇四上右行五字六（小字左行），明影抄元本作「袍」。

⑪頁三〇四上左行四字九（小字右行），元殘本、明影抄元本及四庫本作「又」，李本誤。

⑫頁三〇五下右行七字四（小字右行），元殘本、明影抄元本、四庫本作「音」。

⑬頁三〇七上右行四字一，明影抄元本作「[illegible]」。

⑭頁三〇七上左行一字六，明影抄元本作「語」。

⑮頁三〇八上左行五字二（小字左行），明影抄元本作「代」。

⑯頁三〇八下左行一字十一，明影抄元本作「卒」。

⑰頁三〇九上右行一字一，明影抄元本作「[illegible]」。

⑱頁三〇九上右行五字一，明影抄元本作「[illegible]」。

⑲頁三〇九上左行三字十六，明影抄元本作「寫」。

⑳頁三〇九下左行五字十三（小字左行），明影抄元本作「摩」。

㉑頁三一〇上右行一字一，明影抄元本作「[illegible]」。字五（小字左行），明影抄元本作「一」。

㉒頁三一二上左行一字十六，明影抄元本作「故」，如此，「故」當斷下。

㉓頁三一二下左行七字八，明影抄元本作「撓」。

㉔頁三一三上左行四字五，明影抄元本作「著」。

㉕頁三一六下右行五字六，明影抄元本作「蒻」。

㉖頁三一七下左行六字十，明影抄元本作「大」。

㉗頁三一八上左行四字九（小字右行），明影抄元本作「駭」。

㉘頁三一九下右行五字十二（小字右行），元殘本、明影抄元本及四庫本作「氏」，李本誤。

六書故第十五

①頁三二二下右行五字三，明影抄元本作「玉」。

②頁三二三上左行七字十，明影抄元本作「於」。

③頁三二四下右行三字三、四（小字右行）之間，明影抄元本有「其」字。

④頁三二四下左行七字十二、十三，明影抄元本作「可乃」。

⑤頁三二五上右行二字四（小字左行），明影抄元本作「辧」。

⑥頁三二六上左行五字十，明影抄元本無。

⑦頁三二七上右行二字十四（小字右行），明影抄元本作「肁」。

⑧頁三二九下右行一字十、十一（小字左行）之間，明影抄元本有「俗」字。

⑨頁三二九下右行五字二（小字左行），明影抄元本作「作」。

⑩頁三二九下左行二字十五，明影抄元本作「爰」。

⑪頁三二九下左行六字四，明影抄元本作「処」。

⑫頁三三〇上左行四字五、六，明影抄元本脱。

⑬頁三三〇上左行五字一前，明影抄元本有「[illegible]」，李本脱。

⑭頁三三〇上左行七字四，元殘本、明影抄元本、四庫本爲「若」，李本誤。
⑮頁三三〇下左行一字一上，明影抄元本有「我」字。
⑯頁三三〇下左行一字四，明影抄元本作「[illegible]」，下同。
⑰頁三三六上左行七字五，明影抄元本作「[illegible]」。
⑱頁三三六下右行七字十一（小字右行），明影抄元本作「兮」。
⑲頁三三六下左行二字十（小字右行），明影抄元本作「𠕁」。
⑳頁三三六下左行七字十六（小字右行），明影抄元本作「二」。
㉑頁三三七下左行三字十（小字左行），明影抄元本作「𣥂」。
㉒頁三三七下左行四字四，元殘本、明影抄元本及四庫本作「乂」。
㉓頁三三七下左行六字十一（小字左行），明影抄元本作「綱」。
㉔頁三三八上左行六字五，明影抄元本作「[illegible]」。
㉕頁三三九上左行七字六，明影抄元本作「特」。
㉖頁三三九下左行四字三，明影抄元本作「[illegible]」。
㉗頁三四〇下右行一字一（小字左行），明影抄元本作「豎」。
㉘頁三四〇下左行二字一（小字左行），明影抄元本作「肅」。
㉙頁三四一下右行四字一，明影抄元本作「[illegible]」。
㉚頁三四二上右行三字五、字六之間，明影抄元本有「爲」字。
㉛頁三四二上右行六字一，明影抄元本作「[illegible]」。

六書故第十六

①頁三四七上右行六字六，明影抄元本作「挑」。
②頁三四七上左行五字八，明影抄元本作「八」。
③頁三四七下右行七字八，明影抄元本同，四庫本作「遇」。
④頁三四七下左行六字七，明影抄元本作「追」。

⑤頁三四八上右行五字十（小字右行），明影抄元本作「曰」。

⑥頁三四九上右行五字十四（小字右行）、行六字五（小字右行），明影抄元本均作「隶」。

⑦頁三五〇下左行六字四，明影抄元本無。

⑧頁三五一上左行二字四、五（小字左行），明影抄元本作「人切」，是，李本誤。

⑨頁三五三下右行三字十三（小字左行）下，明影抄元本有「[illegible]」，李本脱文。

⑩頁三五四下右行二字十，明影抄元本作「虒」。

⑪頁三五六上右行一字十（小字右行），明影抄元本作「又」。

⑫頁三五六下右行七字十四（小字左行）下，明影抄元本有「[illegible]」字。

⑬頁三五六下左行一字十五（小字右行），明影抄元本作「又」。

⑭頁三五七下左行六字十三，明影抄元本作「与」。

⑮頁三五九上右行六字十二，明影抄元本作「[illegible]」。

⑯頁三五九上左行二字八，明影抄元本同，四庫本作「大」，依文意，李本、明影抄元本誤。

⑰頁三五九下左行五字十四，明影抄元本作「弛」。

⑱頁三六二上右行四字三，明影抄元本作「犮」。

⑲頁三六二上右行七字五（小字右行），明影抄元本作「躓」。

⑳頁三六二上左行三字九、十，明影抄元本作「之爲」。

㉑頁三六二上左行五字九（小字左行）下，據明影抄元本，李本脱「傳曰是饔言也」。

㉒頁三六二下右行三字八，明影抄元本作「歷」。

㉓頁三六三上左行三字十三（小字左行）下空格，元殘本、四庫本有「拘」字，李本、明影抄元本脱文。

㉔頁三六五下左行二字十一（小字左行），明影抄元本作「楊」。

㉕頁三六六下左行三字二，明影抄元本作「瀼」。

㉖頁三六八下右行五字十一，明影抄元本作「囿」。

㉗頁三六九上左行六字四，明影抄元本作「歈」

㉘頁三七〇下右行一字九（小字右行）下，明影抄元本有「皆」字。

㉙頁三七〇下右行四字七、八，明影抄元本作「之謂」。
㉚頁三七一上右行六字八（小字左行）下，明影抄元本有「又去聲」三字，李本脱。
㉛頁三七二上右行三字二（小字左行）下，明影抄元本有「飾」字。
㉜頁三七二上左行五字十二（小字右行），明影抄元本、四庫本作「刀」，李本誤。
㉝頁三七二下右行四字五（小字左行），明影抄元本作「刀」。

六書故第十七

①頁三七四下右行一字八（小字右行），明影抄元本作「爰」。
②頁三七五下右行七字五，明影抄元本作「辟」。
③頁三七六上左行一字十，四庫本作「犧」。
④頁三七六下右行二字十四（小字左行），明影抄元本作「大」。
⑤頁三七八上左行六字十一（小字左行），明影抄元本作「駲」。
⑥頁三七八下右行一字十四（小字左行），明影抄元本作「綦」
⑦頁三七九下左行五字二，明影抄元本作「几」。
⑧頁三八〇上右行二字九，明影抄元本作「云」。
⑨頁三八〇上右行七字五，明影抄元本作「緣」。
⑩頁三八〇下左行四字十二、十三（小字左行），明影抄元本作「足白」。
⑪頁三八二下左行二字十一（小字右行），明影抄元本作「馬」。
⑫頁三八六上右行一字十五（小字右行），明影抄元本作「从」。
⑬頁三八七下左行一字十五，明影抄元本作「淫」。
⑭頁三八八上左行四字头，明影抄元本作「豨」。
⑮頁三八八下右行七字十二（小字左行），明影抄元本同，四庫本作「牡」。
⑯頁三八九上右行一字十，明影抄元本作「悃」。
⑰頁三八九下左行二字十三，明影抄元本作「逢」。

⑱頁三九一上右行一字八（小字左行），明影抄元本作「徯」

⑲頁三九二上右行四字三（小字左行），明影抄元本作「儇」。

⑳頁三九三下左行七字四（小字右行），明影抄元本作「爰」。

㉑頁三九四下左行五字十一（小字左行），明影抄元本、四庫本作「獅」是，李本誤。

六書故第十八

①頁三九六下右行六字二，明影抄元本作「薄」。

②頁三九七下右行四字三，明影抄元本脱。字十六下，明影抄元本有「曰」字。

③頁三九七下右行六字头下，據明影抄元本，李本脱第一個字形「兄」。

④頁三九七下左行一字头下，據明影抄元本，李本脱第一個字形「羌」。

⑤頁三九八下左行七字二，明影抄元本作「薄」。

⑥頁三九九下右行二字六（小字右行），明影抄元本作「非」。

⑦頁三九九下左行一字十五（小字左行），明影抄元本、四庫本皆作「義」，李本誤。

⑧頁三九九下左行四字三、四、五（小字右行），明影抄元本作「曰倡熊」。

⑨頁四〇二上左行一字一前，明影抄元本有「羨」。

⑩頁四〇三上右行六字十五（小字左行），明影抄元本同，四庫本作「碩」，據文意，李本、明影抄元本誤。

⑪頁四〇三上左行三字六（小字右行），明影抄元本作「此」。

⑫頁四〇三下左行一字十一（小字右行），明影抄元本作「鼠」。

⑬頁四〇四下右行一字十五（小字右行），明影抄元本作「貉」。

⑭頁四〇七下右行四字五，明影抄元本同，四庫本作「人」，據文意，李本、明影抄元本誤。

⑮頁四〇八上右行六字三（小字左行），明影抄元本作「菲」。

⑯頁四〇八上右行七字十一（小字右行），明影抄元本作「扉」。

⑰頁四〇八上左行二字十五（小字左行）下，明影抄元本有「氏」字，四庫本下有「忱」字。

⑱頁四〇八下左行六字八下，明影抄元本有「也」字。

⑲頁四〇八下左行七字八下，明影抄元本、四庫本有「鞹」，李本脱字。
⑳頁四〇九上左行七字十一（小字左行），明影抄元本作「絆」。
㉑頁四〇九下右行五字十五（小字左行），明影抄元本作「絧」。
㉒頁四一〇下左行二字七，明影抄元本作「弢」。
㉓頁四一一下右行五字三（小字左行）下，明影抄元本有「缺」字。
㉔頁四一一下右行六字十三、十四（小字左行），明影抄元本作「下注」。
㉕頁四一二下左行四字八（小字左行），明影抄元本作「義」。
㉖頁四一四上右行六字頭，明影抄元本作「氈」。
㉗頁四一四下右行七字七，明影抄元本作「也」，大徐本《説文》正是「毛巤也」，李本誤。
㉘頁四一五上左行二字九，明影抄元本作「兼」。

六書故第十九

①頁四一六下右行三字十二，明影抄元本作「人」。
②頁四一六下左行三字四（小字左行），明影抄元本作「灰」。
③頁四一八上右行三字八、九，明影抄元本作「跦跦」。
④頁四一九下右行三字十六（小字右行），明影抄元本作「虵」。
⑤頁四二二上左行二字六（小字左行），明影抄元本作「幽」。
⑥頁四二二下右行二字五（小字右行），明影抄元本作「戕」。
⑦頁四二二下左行五字二，明影抄元本作「弋」。
⑧頁四二二下左行七字十五（小字左行）下，明影抄元本有「鍇」字，四庫本有「鉉」字。李本脱文。
⑨頁四二三上右行七字十六（小字右行），明影抄元本作「仞」。
⑩頁四二三上左行五字十二（小字左行），明影抄元本作「烏」。
⑪頁四二三上左行七字七（小字右行），明影抄元本作「此」。
⑫頁四二三下右行一字八（小字左行），明影抄元本作「此」。

⑬頁四二四上右行七字七（小字左行），明影抄元本作「捋」。
⑭頁四二四上右行七字十四，明影抄元本作「云」。
⑮頁四二四上左行五字十六（小字右行），明影抄元本作「嶋」。
⑯頁四二四上左行五字十四（小字左行），明影抄元本作「鵲」。
⑰頁四二四上左行七字二（小字右行），明影抄元本作「髮」。
⑱頁四二四下右行二字十六（小字左行），明影抄元本作「雕」。
⑲頁四二六上右行一字十一（小字左行），明影抄元本作「文」。
⑳頁四二六上左行三字七（小字左行），明影抄元本作「廬」。
㉑頁四二七上左行二字九（小字右行），明影抄元本作「父」。
㉒頁四二七上左行二字十一（小字右行），明影抄元本作「又」。
㉓頁四二七上左行四字九（小字右行），明影抄元本作「勃」。
㉔頁四二七下右行四字五（小字右行），明影抄元本作「者」。
㉕頁四二九上右行四字九（小字右行），明影抄元本作「鷂」。
㉖頁四二九下右行五字一（小字右行），明影抄元本作「多」。
㉗頁四三〇上右行二字二（小字左行），明影抄元本作「夫」。
㉘頁四三〇下左行一字六（小字左行）下，明影抄元本有「有」字。
㉙頁四三一下左行三字十六，明影抄元本作「卜」。
㉚頁四三二上左行四字八（小字左行），明影抄元本作「颷」。
㉛頁四三二上左行七字五，四庫本無。
㉜頁四三二下右行一字三，明影抄元本作「揄」。
㉝頁四三三上左行七字十上，明影抄元本有「[illegible]」字。末字下，明影抄元本、四庫本有「攻」字，據《周禮》是，李本脱文。
㉞頁四三四上左行三字三，明影抄元本作「歸」。
㉟頁四三四下右行五字二，明影抄元本作「許」。
㊱頁四三四下左行六字十六（小字左行），明影抄元本作「礐」。

㊲頁四三五下左行三字二（小字右行），明影抄元本作「㲖」。
㊳頁四三六上右行五字七（小字左行），明影抄元本作「倚」。

六書故第二十

①頁四三七上左行五字九（小字右行）下，明影抄元本有「蟲」字。
②頁四三八上右行五字六上，元殘本、明影抄元本、四庫本有「而」字，蓋李本誤。
③頁四三八上右行六字十五，明影抄元本作「淫」。
④頁四三八下右行四字十五，明影抄元本作「歔」。
⑤頁四三八下左行三字八，明影抄元本作「羕」。
⑥頁四四〇下左行四字十二（小字右行），明影抄元本作「登」。
⑦頁四四一下右行四字七，明影抄元本作「蠅」。
⑧頁四四一下右行六字四（小字右行），明影抄元本作「韋」。
⑨頁四四一下左行五字八，明影抄元本作「昨」。
⑩頁四四二下左行五字十一（小字右行），明影抄元本、四庫本作「曰」，據文意，李本誤。
⑪頁四四四下右行一字十一（小字右行），明影抄元本作「曰」。
⑫頁四四四下右行三字十六，明影抄元本作「父」。
⑬頁四四五上左行六字六（小字左行），明影抄元本作「省」。
⑭頁四四五下左行六字五（小字左行），明影抄元本作「黿」。
⑮頁四四六上右行三字六（小字右行），明影抄元本作「言」。
⑯頁四四六上左行三字六，明影抄元本作「佗」。
⑰頁四四六下右行五字四（小字左行），明影抄元本作「淫」。
⑱頁四四七上右行二字五（小字右行），明影抄元本作「蹊」。
⑲頁四四七上左行五字十四（小字左行）下，明影抄元本有「蝨」字。
⑳頁四四七下左行五字五，明影抄元本、四庫本作「人」，依文意，蓋李本誤。

㉑頁四四八上右行四字九，明影抄元本作「虵」。

㉒頁四四八上左行七字十六（小字右行），明影抄元本作「沙」。

㉓頁四四八下右行五字十六（小字左行），明影抄元本作「囗」，四庫本作「圍」，是，蓋李本誤。

㉔頁四四九下右行二字十，明影抄元本作「魚」。

㉕頁四五〇下右行三字九，明影抄元本作「蜎」。

㉖頁四五〇下右行六字二，明影抄元本作「昨」。

㉗頁四五〇下右行七字十一（小字左行），明影抄元本作「螃」。

㉘頁四五一上左行五字九（小字右行），明影抄元本、四庫本作「曰」，李本誤。

㉙頁四五二下右行四字一（小字左行），明影抄元本、四庫本同，依文意，蓋爲「雌」之誤。

㉚頁四五三上左行一字一（小字右行），明影抄元本作「亂」。

㉛頁四五三下右行一字二、五，明影抄元本分別作「蟜、矯」。

㉜頁四五三下左行五字十，明影抄元本作「腹」。

㉝頁四五四上左行五字十二（小字左行），明影抄元本作「虫」。

㉞頁四五四下右行二字十四（小字右行），據四庫本當作「宛」。

㉟頁四五四下右行三字十七（小字右行），明影抄元本作「易」。

㊱頁四五五下右行一字三（小字右行），明影抄元本作「若」。

㊲頁四五五下右行一字一（小字左行），明影抄元本作「昆」。

㊳頁四五五下右行五字十四（小字右行），明影抄元本作「虵」。

㊴頁四五五下左行四字九（小字右行），四庫本作「从」，依文意，李本誤。

㊵頁四五六下左行五字六，明影抄元本、四庫本作「江」，是，李本誤。

㊶頁四五七上右行四字四，明影抄元本作「淫」。

㊷頁四五七上右行七字七（小字右行），明影抄元本作「味」。

㊸頁四五七下左行四字十四（小字左行），明影抄元本作「魾」。

㊹頁四五八上左行三字十六（小字右行），明影抄元本作「揚」。

㊺頁四五八下右行七字十一（小字右行）下，明影抄元本有「白」字。

㊻頁四五九上右行一字十，明影抄元本作「且」。

㊼頁四五九上右行五字三，明影抄元本作「盍」

㊽頁四六一上右行六字三，明影抄元本作「楊」。

㊾頁四六一上左行二字五，明影抄元本作「丄」。

㊿頁四六二上左行一字十六（小字右行），明影抄元本、四庫本作「文」，是，李本誤。

51頁四六三上右行四字一上，明影抄元本有「[illegible]」字，李本脫。

52頁四六四下左行四字八，明影抄元本作「凡」。

53頁四六六下左行三字二（小字右行），明影抄元本作「嗀」。

54頁四六八下右行六字三，明影抄元本作「爪」。

55頁四六八下左行三字三（小字左行），明影抄元本作「邪」。

六書故第二十一

①頁四七〇上右行四字七，明影抄元本作「枝」。

②頁四七〇下左行一字六（小字左行），明影抄元本作「鼠」。

③頁四七〇下左行四字十，明影抄元本作「苦」。

④頁四七一上右行二字一，明影抄元本作「甘」。

⑤頁四七一上左行二字十四（小字右行），明影抄元本作「虫」。

⑥頁四七二上右行七字二，明影抄元本作「鉏」。

⑦頁四七二上左行七字四（小字左行），明影抄元本作「株」。

⑧頁四七三下左行三字十五（小字右行），明影抄元本作「囗」。

⑨頁四七五上左行六字三，明影抄元本作「林」。

⑩頁四七六上左行六字十六，明影抄元本作「木」。

⑪頁四七七上右行五字七（小字右行），明影抄元本、四庫本作「本」，依文意，李本誤。字十四，明影抄元本作「幹」。

⑫頁四七七下右行一字三（小字左行），明影抄元本、四庫本作「㕁」，據文意，李本誤。
⑬頁四七七下右行六字五（小字左行），明影抄元本作「窠」。字九，明影抄元本作「陌」。
⑭頁四七七下左行三字十六，明影抄元本、四庫本作「大」，據文意，李本誤。
⑮頁四七七下左行五字二（小字右行），明影抄元本作「梧」。
⑯頁四七七下左行六字三（小字右行），明影抄元本、四庫本作「果」，據文意，蓋李本誤。
⑰頁四七七下左行七字十六，明影抄元本作「業」。
⑱頁四七八上右行一字十二（小字左行），明影抄元本無。
⑲頁四七八上右行四字七（小字左行），明影抄元本脱，四庫本作「柀」，據《爾雅》，李本誤。
⑳頁四七八下右行一字六（小字右行），明影抄元本作「白」。
㉑頁四七八下右行六字六（小字左行），明影抄元本作「虒」。
㉒頁四七九上右行一字十四（小字右行），明影抄元本作「璞」。
㉓頁四七九上左行二字十四（小字右行），明影抄元本作「虍」。
㉔頁四七九上左行七字三，明影抄元本、四庫本作「如」，據文意，李本誤。
㉕頁四七九下右行六字五（小字左行），明影抄元本、四庫本作「丑」，依文意，蓋李本誤。
㉖頁四七九下左行一字四，明影抄元本作「姑」。
㉗頁四七九下左行五字十二（小字右行），明影抄元本作「類」。
㉘頁四七九下左行七字十二（小字左行），明影抄元本作「檍」。
㉙頁四八〇上左行二字十三（小字左行），明影抄元本作「皮」。
㉚頁四八〇下右行七字三（小字左行），明影抄元本作「餘」，據文意，李本誤。
㉛頁四八一上右行一字十六（小字右行），明影抄元本作「狙」。
㉜頁四八一上右行七字八（小字左行），明影抄元本作「橡」。
㉝頁四八一下左行七字十（小字左行），明影抄元本作「杲」。
㉞頁四八二上右行一字二（小字左行），明影抄元本作「梅」。
㉟頁四八二上左行一字十一（小字右行），明影抄元本、四庫本作「如」，蓋李本誤。

㊱頁四八三上右行三字九（小字右行），明影抄元本作「常」。

㊲頁四八三上左行五字十三、十五（小字右行），明影抄元本分別作「棠、唐」。

㊳頁四八三上左行七字八（小字左行），明影抄元本作「唐」。

㊴頁四八三下左行四字八、九（小字左行），明影抄元本無。

㊵頁四八四上右行三字一（小字右行），明影抄元本作「杝」。

㊶頁四八四下右行二字十五、十六，明影抄元本作「厚皮」。

㊷頁四八四下左行七字三（小字左行），明影抄元本作「端」。

㊸頁四八五上左行七字十五，明影抄元本作「棐」。

㊹頁四八六上右行二字十五（小字右行），明影抄元本作「頼」。

㊺頁四八六下左行六字十（小字右行），明影抄元本作「言」。

㊻頁四八七上左行七字五（小字左行），明影抄元本作「月」。

㊼頁四八七下右行六字九（小字左行），明影抄元本作「虵」。

㊽頁四八八上右行四字三，明影抄元本作「藏」。

㊾頁四八八上右行五字六，明影抄元本作「灰」。

㊿頁四八八上左行七字六、下右行三字十六，明影抄元本均作「隶」。

51頁四八九上左行三字十，明影抄元本作「亐」。

52頁四八九下左行三字五，明影抄元本作「誌」。

53頁四九〇上右行三字四（小字左行），明影抄元本作「木」。

54頁四九三上左行五字十三（小字右行），明影抄元本作「言」。

55頁四九三下右行七字三（小字左行），明影抄元本作「睬」。

56頁四九四下左行一字十六（小字左行），明影抄元本作「作」。

57頁四九六上右行四字十三（小字左行），明影抄元本作「上」。

58頁四九六下左行六字十五，明影抄元本作「三」。

59頁四九七上左行三字十四（小字左行），明影抄元本作「才」。

⑥0頁四九七下左行四字八（小字左行）前，明影抄元本有「檿」。

⑥1頁四九八上右行五字十四（小字右行），明影抄元本作「爲」。

⑥2頁四九八下右行五字十一，明影抄元本作「楔」。

⑥3頁五〇一上右行一字三，明影抄元本作「匕」。

⑥4頁五〇二上右行一字十（小字左行），明影抄元本作「柫」。

⑥5頁五〇二上右行六字九（小字右行），明影抄元本作「臿」。

⑥6頁五〇二上左行三字二，明影抄元本作「著」。

⑥7頁五〇三上右行三字一（小字左行），明影抄元本作「木」。

⑥8頁五〇三上右行五字十（小字左行），明影抄元本作「箷」。

⑥9頁五〇三上右行七字一，明影抄元本作「加」。

⑦0頁五〇三下右行一字十三，明影抄元本作「剮」。

⑦1頁五〇四上左行七字六（小字左行），明影抄元本、四庫本作「鉉」，李本誤。

⑦2頁五〇四下右行六字十六，明影抄元本作「卓」。

⑦3頁五〇五上左行三字九（小字右行），明影抄元本作「三」。

⑦4頁五〇六上右行五字十六，明影抄元本作「刅」。

⑦5頁五〇六上左行二字十，明影抄元本作「水」。

⑦6頁五〇六上左行三字十二（小字右行），明影抄元本作「上」。

⑦7頁五〇六下左行五字五（小字右行），明影抄元本作「控」。

⑦8頁五〇六下左行六字五（小字右行），明影抄元本無。

⑦9頁五〇七上右行一字四（小字左行），明影抄元本作「汏」。

⑧0頁五〇七下右行六字九（小字左行），明影抄元本作「縷」。

⑧1頁五〇七下左行二字五，明影抄元本作「登」。

⑧2頁五〇七下左行六字二，明影抄元本作「梧」。字下有「亦」字。

⑧3頁五〇八下左行六字七（小字左行），據《説文》及四庫本，當作「杖」。

⑧④頁五〇九上右行二字一（小字左行），明影抄元本作「主」。

⑧⑤頁五〇九上右行六字十一，明影抄元本作「檛」。

⑧⑥頁五〇九下右行二字头，明影抄元本作「榕」。

⑧⑦頁五〇九下左行二字一，明影抄元本作「[illegible]」。

⑧⑧頁五一〇下左行一字十三（小字右行），依文意及戴注體例，爲「俗」之誤。

⑧⑨頁五一一上左行四字十六（小字左行），明影抄元本作「横」。

⑨〇頁五一一上左行六字五（小字左行），明影抄元本作「箮」。

六書故第二十二

①頁五一六上右行一字六（小字左行），明影抄元本作「半」。

②頁五一六下右行五字八（小字左行），明影抄元本作「沐」。

③頁五一七上左行七字十一（小字左行），明影抄元本後有「也」字。

④頁五一七下左行二字十五，明影抄元本作「機」。

⑤頁五一七下左行六字三（小字左行），明影抄元本作「定」。

⑥頁五二〇上右行三字八下，明影抄元本有「也」字。

⑦頁五二一上左行二字十五（小字右行）下，明影抄元本有「有」字。

⑧頁五二三下左行五字二（小字左行），明影抄元本作「環」。字十三，明影抄元本作「麵」。

⑨頁五二四下右行六字六（小字左行），明影抄元本作「攵」。

六書故第二十三

①頁五二七下左行一字十二（小字左行），明影抄元本作「闊」。

②頁五二九上右行五字七（小字右行），明影抄元本作「有」。

③頁五二九下左行七字七（小字左行），明影抄元本作「玉」。

④頁五三〇下右行二字五前，明影抄元本有「記」字。

⑤頁五三一上左行二字九（小字右行），明影抄元本作「賢」

⑥頁五三一下右行一字七，明影抄元本作「寸」。

⑦頁五三四上左行四字十六（小字左行），明影抄元本作「杇」。

六書故第二十四

①頁五四〇上右行一字九（小字右行），明影抄元本作「甌」。

②頁五四〇上右行五字十一（小字左行），明影抄元本無。

③頁五四〇下右行四字四（小字左行）下，明影抄元本有「从」字。

④頁五四二下右行二字四（小字右行），明影抄元本作「目」。

⑤頁五四三上左行六字十三（小字右行），明影抄元本作「匕」。

⑥頁五四四上右行二字十六，明影抄元本作「染」。

⑦頁五四六下左行二字十六、行三字一，明影抄元本均作「裳」。

⑧頁五四七上整頁文缺，明影抄元本、四庫本同。

⑨頁五四七下右行四小字注釋，明影抄元本無。

⑩頁五四八上左行七字十五（小字左行），明影抄元本作「烝」。

⑪頁五五二下右行四字一（小字左行），明影抄元本作「沝」。

⑫頁五五三下左行二字二，明影抄元本作「間」。

⑬頁五五四上右行五字九（小字右行），明影抄元本作「箐」。

⑭頁五五五下左行六字八（小字右行），明影抄元本作「甘」。

⑮頁五五八下右行二字十二，明影抄元本作「滿」。

⑯頁五五八下右行四字十五（小字右行），明影抄元本作「藾」。

⑰頁五六三上左行六字二（小字右行）下，明影抄元本有「荼」字。

⑱頁五六三下右行一字十五（小字右行），明影抄元本、四庫本作「雅」。

⑲頁五六四下左行一字十二（小字左行），明影抄元本作「皃」。

⑳頁五六四下左行四字十三（小字左行），明影抄元本作「柏」。
㉑頁五六八下左行六字三下，明影抄元本有「賢」字，是。
㉒頁五六九上左行七字十六（小字左行）残缺，明影抄元本作「聲」。
㉓頁五七一上左行一字二，明影抄元本作「蔵」。
㉔頁五七一下右行七字二（小字右行），明影抄元本、四庫本作「[illegible]」，是。
㉕頁五七四上右行三字五，明影抄元本作「茶」。
㉖頁五七五下左行七字一，明影抄元本作「马」。
㉗頁五七六上左行二字一，明影抄元本作「[illegible]」。

六書故第二十五

①頁五七八上右行七字一，明影抄元本作「巨」。
②頁五七九上右行二字二，明影抄元本作「荆」。
③頁五八二上右行一字三、十二，明影抄元本均作「戜」。
④頁五八二下右行一字二，明影抄元本作「辛」。
⑤頁五八三上左行七字九（小字左行），明影抄元本、四庫本作「仲」，是。
⑥頁五八五下左行三字十五（小字右行），明影抄元本作「閨」。
⑦頁五八六上左行六字七（小字左行），明影抄元本作「脃」。
⑧頁五八六下左行三字十，四庫本作「豫」。
⑨頁五八六下左行五字十一（小字右行），明影抄元本作「嵺」。
⑩頁五八八上右行二字十五（小字右行），明影抄元本作「火」。
⑪頁五八八上右行六字八，明影抄元本作「井」。
⑫頁五九〇上右行五字三，明影抄元本作「甸」。
⑬頁五九〇上右行六字十二，明影抄元本作「冒」。
⑭頁五九〇下左行二字九，明影抄元本作「云」。

⑮頁五九一上左行一字三，明影抄元本作「統」。

⑯頁五九一下左行一字五（小字右行），明影抄元本作「窒」。

⑰頁五九二上右行四字六、十（小字左行），明影抄元本作「丅、丄」，是。

⑱頁五九二下左行五字六，明影抄元本作「容」。

⑲頁五九三下左行七字六（小字左行），明影抄元本、四庫本作「今」。

⑳頁五九五上左行三字一前，明影抄元本有「之」字。

㉑頁五九五下左行二字八前，明影抄元本有「虎」字。

㉒頁五九六下左行二字六，明影抄元本作「弋」。

㉓頁五九七下右行五字六（小字右行）下，明影抄元本有「曰」字。

六書故第二十六

①頁五九八下右行三字十二（小字右行），明影抄元本作「來」。字十（小字左行），明影抄元本作「二」。

②頁五九八下左行七字四，明影抄元本作「博」。

③頁五九九上左行五字一，明影抄元本、四庫本作「覞」，是。

④頁六〇一上左行五字六（小字左行），四庫本作「二」。

⑤頁六〇一下右行一字十五，明影抄元本作「垩」。

⑥頁六〇六下左行七字十（小字右行），明影抄元本同，四庫本作「沬」。

⑦頁六〇七下右行三字七，明影抄元本作「都」。

⑧頁六〇七下右行四字六，明影抄元本作「郗」。

⑨頁六〇八下右行二字九，明影抄元本作「伐」。

⑩頁六〇八下左行七字十五（小字左行），明影抄元本作「丅」。

⑪頁六〇九下左行一字十（小字右行），明影抄元本作「輿」。

⑫頁六一〇下左行一字十三、行三字四，明影抄元本均作「鄠」。

⑬頁六一五上右行一字十，明影抄元本作「牧」。

六書故第二十七

①頁六一六上右行七字十（小字右行），明影抄元本作「藏」。
②頁六一七上右行二字十二，明影抄元本作「正」。
③頁六一七下右行一字十一、十二、十三（小字右行），四庫本作「又作柗」。
④頁六一七下左行五字二（小字左行），四庫本作「乚」，依文意，李本、明影抄元本誤。
⑤頁六一八下右行六字十六，明影抄元本作「㚘」，是。
⑥頁六一九下右行二字一，明影抄元本作「加」，是。
⑦頁六一九下左行七字三（小字左行），明影抄元本作「兔」。
⑧頁六二〇上右行二字四（小字右行），明影抄元本作「旻」。
⑨頁六二〇上左行五字十一（小字右行），四庫本作「箱」。
⑩頁六二〇上左行七字七（小字左行），明影抄元本作「爻」，是。
⑪頁六二〇下右行六字一（小字左行），明影抄元本作「者」，是。
⑫頁六二一上左行二字八（小字左行），明影抄元本作「軨」。
⑬頁六二二下右行四字二（小字右行），明影抄元本作「篴」。
⑭頁六二三下左行一字十三（小字右行）、行二字五（小字右行），明影抄元本均作「兔」。
⑮頁六二四上右行三字五，明影抄元本作「軓」。
⑯頁六二四上右行四字九（小字右行），明影抄元本作「三」、四庫本作「四」。
⑰頁六二五下右行三字十一，明影抄元本、四庫本作「其」。
⑱頁六三〇下左行六字四，明影抄元本作「俎」。
⑲頁六三〇下左行七字八（小字左行），明影抄元本作「俎」。
⑳頁六三二上右行七字十六（小字左行），明影抄元本作「穴」。
㉑頁六三二上左行五字四（小字左行），明影抄元本作「戴」。

六書故第二十八

①頁六三三上左行五字六（小字右行），明影抄元本作「曰」。

②頁六三四上左行一字十五（小字右行）、行二字四（小字左行），明影抄元本均作「瓬」。

③頁六三五上左行三字十五、十六（小字左行），文字不清，明影抄元本作「甂也」。

④頁六三五上左行五字二（小字右行），明影抄元本作「鈣」。

⑤頁六三六上左行三字六（小字左行），明影抄元本作「鼎」。

⑥頁六三六下左行二字十四（小字右行），明影抄元本作「鋑」。

⑦頁六三七上右行三字十四、十五，明影抄元本作「竃彌」。

⑧頁六三八上左行六字七（小字右行），明影抄元本作「徐」。

⑨頁六三九上左行二字十四、十五，明影抄元本作「恥具」。

⑩頁六四〇上右行一字三（小字左行），明影抄元本作「增」。

⑪頁六四一上右行六字二（小字左行），明影抄元本作「厔」。

⑫頁六四三下左行五字三，明影抄元本作「錠」。

⑬頁六四四上右行三字十四（小字左行），明影抄元本作「鐙」。

⑭頁六四五下右行一字三、四，明影抄元本、四庫本無，李本衍。

⑮頁六四七上左行三字十五，明影抄元本作「堇」。

⑯頁六四七下右行四字十五（小字左行），明影抄元本作「滑」。

⑰頁六五〇上左行四字九（小字左行），明影抄元本作「彤」。

⑱頁六五一上右行七字十七，明影抄元本作「匕」。

⑲頁六五一上左行四字六，明影抄元本作「干」。

⑳頁六五三上左行二字十四、十五，明影抄元本作「棜由」。

㉑頁六五五下左行六字四（小字左行），明影抄元本作「如」。

㉒頁六五七上左行六字十四，明影抄元本作「十」。

㉓頁六五八上右行三字五、八，明影抄元本均作「己」。

㉔頁六六〇上右行五字十二、十六（小字左行），明影抄元本分别作「曰、禾」。
㉕頁六六〇上左行二字十四、十五（小字右行），明影抄元本、四庫本均作「与」。

六書故第二十九

①頁六六一下左行七字十二（小字右行），明影抄元本作「国」。
②頁六六二下左行二字十四（小字左行），明影抄元本作「上」。
③頁六六二下左行五注釋有「去淨無字」，明影抄元本、四庫本無此四字。
④頁六六三上左行一字九（小字左行），文字殘缺，明影抄元本作「掔」。
⑤頁六六三下右行三字十六（小字右行），明影抄元本作「[illegible]」。
⑥頁六六三下右行七字十一，文句不通，據四庫本當作「又」。
⑦頁六六四下左行七字二，明影抄元本作「孕」。
⑧頁六六五上右行一字六，明影抄元本、四庫本作「肉」，李本誤。
⑨頁六六五上右行三字十下，四庫本有「刺也」二字。
⑩頁六六五上右行七字六，明影抄元本作「二」。
⑪頁六六六下右行七字十四（小字左行），明影抄元本作「稚」。
⑫頁六六八下右行二字十二、十五（小字右行），明影抄元本作「末、劍」。
⑬頁六六九上左行四字七，明影抄元本、四庫本作「詩」。
⑭頁六七一下右行一字三，明影抄元本作「書」。
⑮頁六七一下右行六字十五（小字右行），明影抄元本作「戌」。
⑯頁六七二上右行六字一（小字右行）下諸字，明影抄元本作「氏曰殺鬥擑」。
⑰頁六七三上右行六字十（小字左行），明影抄元本作「鍇」。
⑱頁六七五上右行七字十二，明影抄元本作「𦣝」。
⑲頁六七五上左行六字十六，明影抄元本作「弋」。
⑳頁六七五下右行三字一，明影抄元本作「力」。

㉑頁六七五下左行六字七、八，明影抄元本作「之、疾」。

㉒頁六七五下左行七字十四、十五（小字左行），明影抄元本作「[illegible]也」。

㉓頁六七六上右行五字十二（小字右行），明影抄元本作「冃」。

㉔頁六七六上左行二字十六（小字左行）下，明影抄元本、四庫本有「[illegible]」字。

㉕頁六七七上右行七字十四，明影抄元本作「干」。

㉖頁六七八下右行一字十（小字右行），明影抄元本作「文」。

㉗頁六八〇上右行四字一（小字左行），明影抄元本作「攴」。

㉘頁六八一上右行一字三，明影抄元本作「己」。

㉙頁六八二下左行三字十三（小字左行），明影抄元本作「鐘」。

㉚頁六八三下左行一字十一（小字左行），明影抄元本作「从」。

㉛頁六八五上右行二字十（小字右行），明影抄元本作「沓」。

㉜頁六八五下右行二字六，明影抄元本作「除」。

㉝頁六八五下左行三字三（小字右行），明影抄元本作「叉」，四庫本作「义」。字一、三（小字左行），明影抄元本作「錯、叉」，當爲「鐘、文」。

㉞頁六八六下左行五字十二、十三，明影抄元本作「鈴、鐸」。

㉟頁六八七上左行七字三，明影抄元本作「拳」。

㊱頁六八七下右行四小字，明影抄元本为大字，而非注釋。

㊲頁六八七下左行七字三（小字左行），明影抄元本作「賈」。

㊳頁六八九上左行七字頭，明影抄元本作「貞」。

㊴頁六九〇下右行五字五（小字左行），明影抄元本作「旦」。

六書故第三十

①頁六九一下右行五字三，明影抄元本作「戌」。

②頁六九一下左行五字二（小字右行），明影抄元本作「者」。

③頁六九二上右行二字二，明影抄元本作「爲」。

④頁六九二下右行七字八（小字右行），明影抄元本、四庫本作「夫」。

⑤頁六九三下左行七字十四，明影抄元本、四庫本作「曰」。

⑥頁六九四上右行一字七，明影抄元本、四庫本作「紡」，是。

⑦頁六九五上右行一字十三（小字右行），明影抄元本作「[illegible]」。

⑧頁六九七下右行一字十一（小字左行），明影抄元本作「侌」。

⑨頁六九八上左行三字十四，明影抄元本作「狐」。

⑩頁六九八上左行七字十六（小字右行），明影抄元本作「綮」。

⑪頁六九九下右行七字八，明影抄元本作「治」。

⑫頁七〇〇上右行四字三（小字左行），明影抄元本作「此」。

⑬頁七〇一上左行一字二（小字左行），明影抄元本作「編」。

⑭頁七〇二上左行五字十一（小字右行），明影抄元本無。字十六（小字右行）下，明影抄元本有「也」字。

⑮頁七〇三下左行三字十六，明影抄元本作「掌」。

⑯頁七〇七上右行一字四，明影抄元本作「子」。

⑰頁七一〇上左行七字一上，明影抄元本有「之」字。

⑱頁七一三上右行二字十三，明影抄元本作「廛」。

六書故第三十一

①頁七一四下右行二字十，明影抄元本作「隹」。

②頁七一五下右行三字五、十一，明影抄元本均作「卷」。

③頁七一七下左行三字七（小字左行），明影抄元本作「内」。

④頁七一八上右行一字十三、上左行七字十六，明影抄元本均作「眡」。

⑤頁七一九上左行三字三，明影抄元本作「衫」。

⑥頁七一九下左行四字五（小字右行）下，明影抄元本有「也」字。

⑦頁七二〇上右行六字九（小字右行），明影抄元本作「袂」。

⑧頁七二一下右行六字十六，明影抄元本作「藏」。

⑨頁七二一下左行一字五，明影抄元本作「袒」。

⑩頁七二二下左行四字十四（小字右行）、行六字九（小字右行），明影抄元本均作「袒」。

⑪頁七二四下右行三字六，明影抄元本、四庫本作「二」。

⑫頁七二八上右行三字十三下，明影抄元本、四庫本有「匕」字。

⑬頁七二八下右行七字五（小字左行）下，明影抄元本有「也」字。

⑭頁七二九上右行二字六、七，明影抄元本、四庫本作「乎禁」，是。

⑮頁七三五下左行四字一（小字右行）上，明影抄元本、四庫本有「一」字。

⑯頁七三六上左行四字十三（小字左行），明影抄元本作「冰」。

⑰頁七三六下右行一字五，明影抄元本作「刃」。

⑱頁七三七下左行七字五下，明影抄元本有「栓」字。

⑲頁七三八上右行四字六（小字右行）下，明影抄元本、四庫本有「説」字。

⑳頁七三八下右行六字五（小字右行）下空格，明影抄元本、四庫本下有「説」字。

㉑頁七三九上左行三字九（小字左行）下空格，明影抄元本、四庫本有「或」字。

六書故第三十二

①頁七四〇下左行四字頭，明影抄元本作「入」。

②頁七四二上左行三字六，據《孟子》及四庫本，當作「爾」。

③頁七四二下右行三字十四（小字左行），明影抄元本、明张萱校訂本作「旻」，是。

六書故第三十三

①頁七四四上左行六字十六，誤，明影抄元本作「云」，四庫本作「曰」。

②頁七四四下左行一字十六（小字左行），明影抄元本作「曰」。

③頁七四六上右行一字一（小字右行），明影抄元本作「己」。

④頁七四六上右行六字一（小字右行），明影抄元本作「辛」。

⑤頁七四七上左行四字二（小字左行），明影抄元本作「气」。

⑥頁七四八下右行一字一（小字左行），明影抄元本作「[illegible]」。

⑦頁七四九上左行二字二，明影抄元本作「吾」。

⑧頁七五二下左行六字六，明影抄元本作「俗」。

⑨頁七五四上右行五字八（小字左行），明影抄元本無。

⑩頁七五七下左行二字十五（小字左行），明影抄元本、四庫本作「未」。

⑪頁七五八上左行七字三（小字右行），明影抄元本作「夂」。

⑫頁七六二上左行四字十六（小字左行），明影抄元本、《詩經》作「雨」，是。

⑬頁七六二下右行五字二（小字右行），明影抄元本作「傷」。

⑭頁七六二下左行七字十五，明影抄元本作「攴」，四庫本作「肢」，依文意，李本誤。

⑮頁七六三下左行七字九，明影抄元本作「气」。

⑯頁七六四下右行三字三，明影抄元本作「衣」。

⑰頁七六四下左行四字十（小字右行）下，明影抄元本有「也」字。

《六書故》與《説文解字》對照索引

説　明

一、本索引按字頭筆畫多少順序排列。同一筆畫内按《六書故》卷次順序排列，如“子9.1/309下”，指字頭“子”在《六書故》卷九第一頁，《説文解字》第三〇九頁下欄。

二、字頭多使用規範繁體字，但在《六書故》原書中有一部分字頭使用的是隸古定，如“每、折、故、楣、趁”諸字，《六書故》字頭寫做“毋、䜣、敁、楣、趁”等。因爲編排的緣故，也爲了便於讀者檢索到要找的字，索引中没有標出這些古體字，請讀者諒解並在檢索時注意對照。

三、《説文解字》依中華書局1963年影印陳昌治本。

一　畫

二　畫

三　畫

四　畫

四畫

五　畫

六　畫

七　畫

七畫

八　畫

九　畫

十　畫

十畫

十一畫

十一畫

十二畫

十三畫

十四畫

十四畫

十五畫

十六畫

十七畫

十八畫

十九畫

十九畫

二十畫

二十一畫

二十二畫

二十三畫

二十四畫

二十五畫

二十六畫

二十七畫

二十八畫